Willigis Jäger

Wohin unsere Sehnsucht führt

Mystik im 21. Jahrhundert

Ansprachen – Predigten – Inspirationen

vianova
Verlag Via Nova

2. Auflage 2003

Verlag Via Nova, Neißer Straße 9, 36100 Petersberg
Telefon und Fax: (06 61) 6 29 73
E-Mail: info@verlag-vianova.com
Internet:
www.verlag-vianova.de
www.transpersonal.com

Gestaltung des Buchtitels: Klaus Holitzka, 64756 Mossautal
Satz: typo-service kliem, 97647 Neustädtles
Druck und Verarbeitung: Rindt-Druck, 36037 Fulda

ISBN 3-936486-21-2

Inhaltsverzeichnis

Vorwort von Peter Lengsfeld

Vor einigen Wochen hat mir P. Willigis drei Disketten mit Predigten und Ansprachen der letzten Jahre zugeschickt und dazu die Bitte geäußert, ich möge die Texte so überarbeiten und redigieren, dass sie in absehbarer Zeit gedruckt werden können. Nach einer ersten Durchsicht der 145 Predigten und Ansprachen kam mir die Idee, sie nach Themen zu ordnen. Vor allem sollten die Ansprachen zu wichtigen Themen und zu den Hauptfesten des Jahres leicht zu finden sein. Künftige Leserinnen und Leser können vom Inhaltsverzeichnis her schneller das finden, was sie zu bestimmten Anlässen suchen. Interessant, erfrischend und inspirierend sind die Texte ja allemal. Manche stellen wegen ihrer Tiefe, Klarheit und Originalität eine ganz besondere Kostbarkeit dar. Wer die eine oder andere Ansprache selbst gehört hat, wird sich an den Klang der Stimme erinnern – und sich jetzt vielleicht noch einmal wachgerüttelt fühlen, wenn er die Texte liest. Ich habe versucht, die Willigis eigene Diktion möglichst zu erhalten, und nur gelegentlich das für den mündlichen Vortrag Konzipierte der Schriftsprache angepaßt. Um die Übersichtlichkeit zu erhöhen, sind auch einige neue Überschriften entstanden. Die umfangreichsten Kapitel sind die über das Christsein heute, über Jesus Christus sowie über Berufung und Schulung. Nachdem P. Willigis das Konzept gesehen hatte, bat er mich auch um ein Vorwort und schrieb dazu: es darf „ruhig länger und theologisch" sein.

Aus meiner Beschäftigung mit den Ansprachen und Predigten möchte ich ein paar Eindrücke benennen, die mir besonders wichtig erscheinen, und sie theologisch reflektieren. Ich hoffe, dass ich dadurch die besondere Art des Umgangs mit biblischen Texten würdigen und auf das umwälzend Neue, wie ich es wahrnehme, aufmerksam machen kann.

Die Bibel aus ungewohnter Perspektive

Schon auf den ersten Blick fällt die starke Orientierung an der Bibel auf. Die biblischen Stellen werden auch eigens notiert und sollten nicht unbeachtet bleiben, auch wenn sie nicht Satz für Satz ausgedeutet werden. Wer genauer hinschaut, merkt aber bald, dass es nicht um Exegese im üblichen Sinn geht. Zwar kann man immer auch die fachtheologische Exegese mitsamt ihren historisch-kritischen Analysen im Hintergrund wahrnehmen. Doch geht es dem Autor nicht um

---

Peter Lengsfeld ist seit 1988 Zenlehrer der Sanbokyodan-Schule und war von 1967 bis 1992 Professor für Ökumenische Theologie und Direktor des Katholisch-Ökumenischen Instituts der Universität Münster.

die Exegese dieser Texte nach herkömmlicher Art, also nicht um den historisch-philologisch zu ermittelnden Inhalt. Das Hauptgewicht liegt weder auf der historischen Faktizität der berichteten Ereignisse noch auf der bewussten Intention des biblischen Autors und deren nachträglicher Übertragung in die heutige Zeit.

Die biblischen Texte dienen vielmehr – wie viele andere Mystiker-Texte auch – als Zeugnisse und Hinweisschilder für den Zugang zu der Quelle, aus der sie stammen. Die Erfahrung der Nähe und Einheit mit Gott. Immer geht es um diese Quelle! Und den Zugang zu ihr! Und um die Auswirkungen solcher „Quell-Erfahrungen" auf Menschen, die sich von ihr angezogen fühlen oder ihr schon begegnet sind und von ihr gespeist werden. Im Zentrum stehen also nicht die bewussten Absichten der Autoren, sondern deren – auch unbewusstes – Zeugnis von einem Vorgang tiefer religiöser Erfahrung. Und weil der heute wie damals dieselbe Struktur hat, darum können die biblischen Symbolgeschichten Wegweiser auch für den heutigen Menschen sein. Geht es doch um die damals wie heute wichtigste Erfahrung des Menschen, um die Erfahrung seiner Einheit mit dem göttlichen Urgrund, mit Gott – oder wie immer die absolute Wirklichkeit genannt wird. Willigis scheut sich nicht, viele Namen für diese Erfahrung der absoluten Quelle anzuführen. Die Vielfalt der Namen, die aus allen Religionen und Kulturen genommen werden, zeigt, dass keine Sprachtradition die „Quelle" für sich allein beanspruchen kann. Im spirituellen Bereich gibt es keine Exklusivität. Aber dass es die Quelle gibt und dass sie heute genau so lebendig sprudelt wie früher, das zu vermitteln, ist ein Herzensanliegen des Verfassers, das man aus jeder Ansprache heraus spüren kann.

Die Offenbarung des Göttlichen ist nicht abgeschlossen

Sie gehört eben nicht der Vergangenheit an, wie landläufig geglaubt und verbreitet wird. Die göttliche Quelle fließt auch heute und ist allen, die sich auf sie einstellen, zugänglich. Wie man ihr begegnet, sie wahrnimmt, ihre Eigenart kennenlernt und sich selbst in ihr erkennt, das spiegelt sich in den überlieferten Texten auch für den Lebensweg der heutigen Menschen.

So wird beispielsweise die Jordantaufe mit der anschließenden Wüstenzeit Jesu zu einem Spiegelbild für jeden Menschen, der sich der Erfahrung seiner eigenen Gottessohn- oder -tochterschaft – wie Jesus bei seiner Taufe am Jordan – öffnet. Wie damals kann man auch heute nachher vom Geist in die dürre Wüstenlandschaft geführt werden und dem Ansturm der Dämonen ausgesetzt sein. – Auch die Gethsemani-Erfahrung, der Kreuzweg und das Geschehen von Golgatha samt Auferstehung sind Symbole für den Weg des Menschen zu Gott und in Gott. Willigis spricht in solchem Kontext gern von Symbolen oder auch Mythen oder mythologischen Bildern. Symbole sind nicht nur Namen, sondern haben Teil an dem, was sie darstellen. Und Mythen ergreifen den Menschen in größerer Tiefe als historische Tatsachen, deren Bedeutung man erst erläutern muss.

Die Art und Weise, wie P. Willigis die biblische Zeugnisse interpretiert und mit ihnen umgeht, ist wesentlich anders als die herkömmliche Exegese. Als Konsequenz würde sich meines Erachtens sogar ein anderes Grundkonzept für die theologischen Wissenschaften und die theologische Ausbildung ergeben, was später wenigstens kurz angedeutet sei.

Der traditionelle Zugang

Es scheint mir wichtig, sich dieses Unterschiedes bewusst zu sein. Im Theologiestudium hatten wir gelernt, dass man beim Bibelstudium vor allem den Literalsinn erforschen muss. Anders sei ja der „garstige Graben“ so vieler Jahrhunderte zwischen damals und heute nicht zu überbrücken. Wir lernten zu fragen: Was hat der Autor, nehmen wir Paulus mal als Beispiel, mit diesen oder jenen Worten seinen Adressaten sagen wollen? Was war seine (bewusste) Intention? Welches Bild hatte Paulus von der Gemeinde in Rom vor Augen, als er seinen Römerbrief schrieb? Wie war die Situation der Gemeinde dort tatsächlich? Was wollte er den Römern in dieser Situation mitteilen? Was sollten sie – den Paulusbrief lesend oder hörend – glauben, wie ihren Glauben verstehen, welche Glaubensvorstellungen für sich übernehmen? Und wie alles in die Alltagspraxis einbringen? Erst nach der Vertiefung in die Vergangenheit kann die Gegenwart in Blick genommen werden. Wie ist unsere heutige Situation im Vergleich zur damaligen Situation? Wie muss die Absicht, die Paulus damals hatte, in die heutige Zeit übersetzt werden? Welche Glaubensvorstellungen sollen wir aus dem Text übernehmen? Welche Auswirkungen soll das für unser Leben haben? Nach diesem Muster entsteht eine Art Parallelogramm: Die Glaubenswahrheit, die der damalige Autor den damaligen Adressaten in der damaligen Situation sagen wollte, soll der heutige Exeget in der heutigen Situation den heutigen Adressaten übermitteln. Dieselbe Glaubenswahrheit, die in den alten Texten zur Sprache kam, wird den heutigen Menschen vorgelegt, damit sie diese Wahrheit im Glauben annehmen, verstehen und im Leben realisieren können.

Dies scheint mir das Muster zu sein, nach dem die biblische Exegese zumeist praktiziert wurde, vor allem in den letzten beiden Jahrhunderten. Natürlich ist das nur eine ganz grobe Skizze, zu der es im Laufe der Zeit sehr unterschiedliche Varianten gegeben hat. Aber ich glaube, dass man den theologischen Ansatz so zusammenfassen kann. Aus diesem Muster ergab sich dann auch die ganze Systematik der theologischen Disziplinen. Der Exegese zuarbeiten mussten die Sprachwissenschaften sowie alle historischen Fächer, insbesondere die biblische Zeitgeschichte. Wenn es dann um die Übertragung in die Gegenwart ging, mussten Kirchengeschichte und Dogmengeschichte dazwischen geschoben werden, bis dann die Dogmatiker an die Arbeit gehen konnten. Sie sollten ein Gesamtbild dessen, was heute geglaubt werden darf und soll, aufbauen und es möglichst einsichtig darstellen und begründen. Aus der Dogmatik konnte dann der jeweils dem Volk zu präsentierende Katechismus abgeleitet werden. Für die Realisierung in der Praxis war zunächst die Moraltheologie gefragt. Schließlich mussten die Fächer der Praktischen Theologie zusammen mit den Sozialwissenschaften noch ihren Beitrag leisten, damit der so ausgebildete Theologe in die praktische Arbeit entlassen werden konnte. Die persönliche Realisierung wurde dem einzelnen gleichsam privat überlassen, zusammen mit seinem Beichtvater und Seelenführer.

Wichtig an dieser Skizze ist mir vor allem die Erkenntnis, dass es immer zuerst um mentale Konzepte, Bilder und Gedanken ging und die persönliche Realisierung der geistigen Arbeit folgte. Das grundlegende Muster lässt sich in einem Dreischritt zusammenfassen: Glauben – Verstehen – Praktizieren.

Primat der Erfahrung

Folgt man dagegen der Methode, die P. Willigis im Umgang mit den biblischen Texten anwendet, dann müsste die Praxis an erster Stelle genannt werden, und zwar ganz konkret die Übungspraxis der Kontemplation (oder des Zen). Die Praxis folgt also nicht am Ende, sondern steht am Anfang. Alle Ansprachen sind an Kontemplation Übende gerichtet, an Menschen, die eine ungegenständliche Meditationsform praktizieren, sich also in diesem Sinne „Auf-dem-Weg" befinden. Ob Anfänger oder Fortgeschrittene, Adressaten sind immer Praktizierende. Das Auf-Sich-Wirken-Lassen der biblischen Perikopen ist keine intellektuelle Schreibtischtätigkeit, wie es das Studium der Exegese und die Lektüre von Katechismen sein kann. Zeugnisse von „Quell-Erfahrungen" wirken anders auf die, die selbst auf dem „Weg-zur-Quelle" sind und ihren eigenen Weg vertiefen wollen. Das Zur-Quelle-Gehen ist ein Weg nach innen und ein Weg im Inneren. Es ist der kontemplative Weg. Für ihn sind in den biblischen Texten Hinweisschilder aufgestellt. Und nicht nur dort, sondern auch in vielen anderen Texten, die aus der mystischen Erfahrung herkommen. Deshalb von einer „mystischen" Schriftinterpretation zu sprechen will mir wegen der Schwammigkeit des Begriffs nicht gut scheinen. Wohl aber könnte man sagen, dass die mystische Erfahrung im Zentrum der Aufmerksamkeit steht, und zwar die von damals ebenso wie die heutige. Deswegen darf man sich nach den aufgestellten Richtungsschildern richten, soll aber nicht bei ihnen stehen bleiben. Es lohnt sich auch nicht, lange über sie zu diskutieren. Auch eine am Schreibtisch ausgeübte Textkontrolle bringt nicht viel. Das Wichtigste an den Schildern ist die Richtung, in die sie weisen, die Erfahrung, aus der sie erwachsen sind, und die Erfahrung, die sie auslösen und fördern wollen. In diesem Sinn ermuntern die Ansprachen jeden, den Weg zur göttlichen Quelle auch selbst zu gehen. Dazu kann man sich von ihnen inspirieren lassen, und das immer wieder neu.

Allerdings, beim Gang zur Quelle und von da wieder in den Alttag geschieht etwas mit dem Menschen, der die kontemplative Übung wirken läßt. Es geschieht eine Umwandlung, eine Transformation wie die vom Saulus zum Paulus. Niemand kommt auf diesem Weg voran, ohne großen Hindernissen zu begegnen und harten Prüfungen unterworfen zu werden. Wirklich ankommen an der Quelle kann man nur, wie Willigis immer wieder betont, wenn das kleine, um sich selbst kreisende Ich den Ich-Tod stirbt und seine Existenz als reines Transparent für den göttlichen Urquell akzeptiert. Verstand und Wille, die um das individuelle Personsein kreisen, müssen stillgelegt werden, damit die „Quelle" wirken kann, die in jedem Menschen vorhanden und für jeden auch erreichbar ist. Sind wir doch alle Söhne und Töchter Gottes, dazu berufen, das Leben Gottes in unserem Leben zu leben und nichts anderes. Denn wo Leben ist, ist es das göttliche Leben. – Ich kenne keinen anderen neuzeitlichen Autor, der diese Wahrheit so beharrlich, konsequent und nachhaltig für alle möglichen Situationen durchdekliniert, jedenfalls soweit das aus Publikationen ersichtlich ist.

Die Einsicht am Ende eines Theologenlebens

Mündlich kann man Vergleichbares auch im Gespräch mit anderen erfahren. Ich erinnere mich an einige Gespräche mit dem Jesuiten P. Wilhelm Klein, der während meines Studiums in Rom als Spiritual tätig war und 1996 im 107. Lebensjahr in Münster starb. Er war ein hochgelehrter, weiser und frommer Mann, der viele Menschen in persönlichen Gesprächen inspiriert, sich aber konstant geweigert hat, irgend etwas in gedruckter Form zu publizieren. Als ich ihm zwei Jahre vor seinem Tod mein letztes Buch „Zum tieferen Sinn von Religion" übergab und er den Titel las, sprach er mich direkt an: „Peter, gibt es etwas außerhalb von Religion?" Ich: „Nein." Darauf er: „Recht so! Wenn wir jetzt beide miteinander sprechen, dann geht das abwechselnd. Mal rede ich – und du hörst zu. Mal sprichst du – und ich nehme mein Hörgerät und höre dir zu. Stimmt das?" Und kurz darauf: „Nein! Es ist immer derselbe, der hört und spricht." – Bei anderer Gelegenheit habe ich ihn gefragt: „Du bist nun schon so alt. Wer stirbt, wenn du stirbst?" Er lachte herzhaft und gab zur Antwort: „Gott ist es, der stirbt." Sicher hätte er auf die Frage: Und wer wird geboren, wenn ein Kind geboren wird? auch geantwortet: Gott wird geboren. – Wer erinnert sich da nicht an den Satz aus der Gita, den Willigis oft wiederholt hat: „Geboren wird immer nur der Herr." – Willigis und die Seinen, Kontemplationsschüler und -schülerinnen sowie -lehrer und -lehrerinnen, sind also nicht allein in dieser Weise auf dem Weg.

Natürlich gehen auch alle ihren Übungsweg nicht allein. Letztlich muss jeder den Weg Jesu bis zum Ende mitgehen und denselben Tod sterben wie er. Erst nach diesem Ich-Tod ersteht jenes neue Daseinsverständnis, das der Auferstehung Jesu entspricht. Darum ist es wichtig, sich in kompetenter Begleitung auf den Weg zu machen. Jeder braucht auch Hilfen, das Erfahrene zu verstehen und in sein Leben zu integrieren. Irgendwann steigt dann auch die Erkenntnis auf, dass die Sehnsucht, welche zum Aufbruch motiviert hatte, ihre Erfüllung findet in der göttlichen Quelle, auf welche die Hinweisschilder hinzeigen. So weisen die biblischen Hinweisschilder immer über sich hinaus und in den tiefen Wurzelgrund des menschlichen Daseins hinein. Sie zeigen den Weg, wohin uns unsere Sehnsucht führt.

Das neue Paradigma

Damit hat sich die Funktion von Religion gewandelt. Statt des alten Dreischritte-Modells „Glauben – Verstehen – Praktizieren" heißt das neue Paradigma jetzt: „Praktizieren – Erfahren – Verstehen". Am Anfang steht die Praxis, nicht irgendeine Theorie und auch keine theoretischen Konzepte. Alle Ansprachen stehen im Kontext der kontemplativen Praxis. Die Hörerinnen und Hörer sind eingewiesen in die Übungspraxis der Kontemplation (oder des Zen, was der Form nach ja nicht verschieden ist) und machen ihre eigenen Erfahrungen. Die Ansprachen helfen ihnen, in die Erfahrung hineinzukommen und zu verstehen, um was es geht. Es geht nicht um die Übernahme vorgeprägter Glaubensvorstellungen, sondern um die Einübung einer bewährten Praxis, die zur je eigenen Erfahrung hinführt. Da es letztlich immer um die Erfahrung derselben „Quelle" geht, wird es niemanden überraschen zu erleben, dass die biblischen Symbolgeschichten schon spiegelbildlich den Weg beschreiben, den auch der heutige Mensch zu gehen im Begriff ist.

Ich halte diesen Paradigmenwechsel für revolutionär. Wenn das neue Paradigma sich im Leben der Kirchen und in der theologischen Ausbildung durchsetzen würde, ergäben sich ganz neue Strukturen, Akzente und Lebensstile. Die Vermittlung spiritueller Übungspraxis stünde im Mittelpunkt. Zusammen mit neuen Gottesdienstformen würde sie das Leben der Gemeinden prägen. Auch in der Theologie würde die spirituelle Praxis und Erfahrung im Zentrum stehen. Natürlich müßten alle historischen und systematischen Disziplinen weiterarbeiten, aber in veränderter Form. In der Exegese ginge es beispielsweise dann nicht mehr so sehr um die historische Verifizierung früherer Ereignisse, deren Sinn ins Heutige „übersetzt" werden muss. Die Bibel würde wieder entdeckt als „Folge von spirituellen Erfahrungen", wie Jörg Zink sagt, und als ein Werk, das „letztlich in das ‚Jenseits der Worte', in die Meditation führt", wie Peter Rosien formuliert[1]. Die Aufmerksamkeit würde sich richten auf das Durchdringen des damals wahrgenommenen Lichtes und sein Wiederfinden im heutigen Kontext. Letztlich handeln alle Texte von dem, was hier und jetzt geschieht, aber meist nicht wahrgenommen wird. So würde die biblische Orientierung helfen, die Wahrnehmungsfähigkeit für das Gegenwärtige zu schärfen und das Wirken der Quelle, die damals gewirkt hat, auch im gegenwärtigen Moment zu erkennen. Natürlich bedürfen auch die Erfahrungen (vor, mit und nach dem biblischen Zeugnis) der Interpretation und Reflexion, sogar der systematischen, wenn man der Entwicklung wie auch der jeweiligen Einheit des Bewusstseins Rechnung tragen will. Jedenfalls würde das, was der Physiker Gary Zukav[2] für das Physik-Studium im 21. Jahrhundert prophezeit hat, erst recht für die theologischen Fakultäten gelten: Der Einführung in die Praxis der Meditation würde eine fundamentale Rolle zukommen. Andere Fächer hätten die spirituelle Erfahrung und Bildung zu begleiten, inhaltlich interpretierend zu umkreisen und durch andere Erkenntnisquellen, die dem Erkenntnisfortschritt der Menschheit entsprechen, anzureichern.

---

[1]) Beide in dem anlässlich des Bibeljahres 2003 erschienenen Publik-Forum-Dossier zum Thema „Abschied von der Bibel?", S. III, 3 und S. XI, 3.

[2]) Gary Zukav, Die tanzenden Wu Li Meister, rororo transformation 7910, S. 351: „Seien sie nicht überrascht, wenn die Vorlesungsverzeichnisse für Physik im 21. Jahrhundert Seminare über Meditation beinhalten." Willigis zitiert diesen Satz öfter.

Kinderreligion – Erwachsenenreligion

Eine solche Entwicklung wäre auch im Bezug auf die Form von Religion überhaupt ein großer Schritt nach vorn. Es wäre ein Schritt von einem kindhaften Typ von Religion zu einer Erwachsenen-Religion. – Bei der Beschäftigung mit diesem neuen Paradigma, das mit der Praxis beginnt und in die Erfahrung und das Verstehen führt, ist mir nämlich aufgefallen, dass es in überraschender Weise einer Idee entspricht, die Yamada Kôun Roshi (1907–1989), unser gemeinsamer japanischer Zenmeister, bei verschiedenen Gelegenheiten schon früher geäußert hat. – Auch wenn Zen keine Religion im landläufigen Sinn ist, kann man von der Zenpraxis etwas über typische Funktionsarten von Religion lernen. Yamada unterscheidet zwei Typen, und zwar den Typus „Religion für Kinder“ und den Typus „Religion für Erwachsene“[3].

Religion für Kinder folgt dem Stil der früheren Kindererziehung. Wie Yamada berichtet, wurden auch in Japan kleine Kinder oft zur Räson gebracht, indem man ihnen drohte: Wenn du nicht brav bist, kommt ein böser Geist und holt dich ab. Oder du wirst bestraft vom Schwarzen Mann, oder dergleichen. Der Typus Kinder-Religion folgt diesem Modell insofern, als den Menschen bestimmte Vorstellungen, Gedanken, Konzepte und Bilder vor Augen gestellt werden, um ein bestimmtes Verhalten zu erwirken. Dem entspricht im religiösen Bereich etwa die Aufforderung: Du musst das und das glauben, um selig zu werden. Du musst moralisch Gutes tun, um in den Himmel zu kommen! Du darfst dieser oder jener Vorstellung nicht folgen! Du musst alles Böse meiden, um nicht in die Hölle zu geraten! Charakteristisch für Kinder-Religion ist also der Einsatz von Konzepten, Vorstellungen und Bildern.

Erwachsenen-Religion dagegen will in erster Linie, so Yamada, inneren Herzensfrieden vermitteln, und zwar durch die Erfahrung der Realität, wie sie ist. Als Beispiel zitiert Yamada ein kleines Gedicht, das so lautet: „Das Gespenst, das ich sah, war nur vertrocknetes Steppengras – sonst nichts.“ Religion für Erwachsene ist desillusionierend, räumt auf mit Gespenstern und Illusionen, zum Beispiel auch mit der Ich-Illusion, und macht frei von mitgebrachten Vorstellungen, Bildern und Konzepten. Es stehen sich also gegenüber der Religionstyp, der nach dem Modell der Kindererziehung Konzepte und Vorstellungen vermittelt, und ein Religionstyp, der Menschen in die Erfahrung der wahren Wirklichkeit hineinführt. Mit Yamadas Worten: In der Kinder-Religion geht es um „belief and understanding“, also um die Übernahme von Glaubensvorstellungen und deren Verständnis, in der Erwachsenen-Religion dagegen um „practice, realization and actualisation“. Dabei meint er mit „Praxis“ die disziplinierte Übungspraxis (des Zen etwa), mit „Realisation“ die Erleuchtungserfahrung als Erfahrung der Wirk-

---

[3]) So in seinem Werk „Zen No Shômon“ (Tokio 1980), das leider nur in Japanisch gedruckt wurde. Paul Shepherd hat 1983 eine englische Übersetzung mit dem Titel „The Right Gate of Zen“ angefertigt, die mir als Manuskript (von 482 Seiten) vorliegt. Die Einleitung beginnt mit einem Abschnitt über „Adults' Religion in Contrast to Children's Religion“. Ich stütze mich darauf.

lichkeit, wie sie ist, und mit „Aktualisierung" die Integration dieser Erfahrungen in die Persönlichkeit und das Alltagsleben.

Im Anschluß an die Explikation dieser Unterscheidung fährt Yamada Roshi fort: „Im ganzen gesehen ist die Menschheit noch im Kindesalter. Einige sind noch Kleinkinder, andere sind im Volksschulalter, andere in der Unter- oder Oberstufe des Gymnasiums. Die Menschheit als Ganze hat das Kindesalter noch nicht hinter sich. Darum ist es keine Übertreibung zu sagen, dass die meisten der existierenden Religionen noch Religionen für Kinder sind. Ich glaube aber, dass die Menschheit in einer Entwicklung des spirituellen Wachstums begriffen ist, die nicht aufgehalten werden kann. Schritt für Schritt entwickelt sich die Menschheit vom Kindesalter in das Erwachsenenalter. Dementsprechend ist auch die Religion in einem unabwendbaren Entwicklungsprozeß von der Kinder-Religion zur Erwachsenen-Religion." (ebd.)

Dass wir in einer solchen Übergangsphase leben, kann man an vielen Zeichen ablesen. Die überlieferten Formen der Religionsausübung, zumal im parochial gegliederten Territorialsystem der Kirchen, finden weniger Anklang, der Kirchenbesuch nimmt ab, der öffentliche Einfluss geht zurück, und es gibt ein wachsendes Bedürfnis nach genuiner religiöser Erfahrung, wie sie von spirituellen Zentren angeboten wird. Viele Menschen suchen genau das, was da angeboten wird und in den hier abgedruckten Ansprachen und Predigten Niederschlag gefunden hat. Sie sind Zeichen des Übergangs in eine neue Form von Erwachsenen-Religiosität, die auf der Erfahrung der Wirklichkeit basiert und anknüpft an die Tradition der christlichen Mystik, besonders an Meister Eckehart[4], der übrigens ebenso wie St. Benedikt auch von den östlichen Meistern als Erleuchteter anerkannt wird. – Vielleicht hat Karl Rahner nicht an diesen Übergang ins menschheitliche Erwachsenenalter gedacht, aber die Richtung, in der es weitergeht, hat er sehr klar geahnt, als er sagte, der Christ der Zukunft werde ein Mystiker sein oder er werde nicht mehr sein. – Wenn im Osten dem Zen eine Vorreiterrolle zukommt, wie Yamada sagt, dann kann man dasselbe für den Westen von der kontemplativen Praxis der christlichen Mystik sagen. Und viele, die diesen Weg gehen, Willigis eingeschlossen, haben ja das Gefühl, Vorreiter zu sein und eine Entwicklung voranzutreiben. Nicht zufällig hat der Kontemplationsweg durch die Begegnung mit Zen neuen Auftrieb und Schwung erhalten, was übrigens auch die Erfüllung eines Wunsches von Yamada Roshi darstellt. Oft hat er gesagt, er wünsche sich, dass Zen wie eine Injektionsspritze in das Christentum hinein wirkt.

Transkonfessionelle Religiosität

Zum Erwachsenwerden der christlichen Spiritualität gehört auch, dass sie sich jenseits der konfessionellen Spaltungen etabliert. Denn die Spaltungen hängen ja alle mit konzeptuellen Verhärtungen à la Kinder-Religion zusammen. Als Öku-

---

[4]) Zitate meist aus: Meister Eckehart, Deutsche Predigten und Traktate, übers. von J. Quint, München ^{5}1978. Fundorte stehen in Klammern mit dem Hinweis „Quint", dazu Seite plus Zeilenzahl.

meniker habe ich schon lange die Auffassung[5] vertreten, dass die Überwindung der Trennungsmauern einen in die Tiefe gehenden spirituellen Wandlungsprozeß voraussetzt. Im Unterschied zu einer ökumenischen Spiritualität, die auf einem Minimalkonsens basiert, spricht Willigis gern von einer transkonfessionellen Spiritualität. Gemeint ist damit keineswegs eine Missachtung konfessioneller Besonderheiten, sondern ein Ansatz „jenseits“ aller sprachlichen, mentalen und in diesem Sinn eine Konfession konstituierenden Konzepte. Die konfessionellen Grenzen werden überstiegen (bzw. unterlaufen) durch eine Spiritualität, welche auf der Erfahrung des Absoluten beruht und von Sprache und Confessio ohnehin nicht eingeholt werden kann. Wenn die Selbstmanifestation des Absoluten in der geschichtlichen Welt schon „jenseits“ aller sprachlichen Möglichkeiten liegt, dann muss auch der Weg dahin und das Leben aus dieser Quelle alle Konfessions- und Sprachgrenzen immer wieder überschreiten.

Ich stelle mir das vor wie bei einer Bergbesteigung. Die Spitze des Berges, auf der Erde und Himmel als eins erfahren werden, ist weit oberhalb der Baumgrenze. Die Baumgrenze entspricht der Sprachgrenze. Nur unterhalb der Baumgrenze, im Wald der sprachlichen Möglichkeiten, konnten noch Hinweisschilder angebracht werden, dort, wo man noch auf gebahnten Wegen gehen und sich an bestimmten Bäumen und Sträuchern orientieren konnte. Die Sprache reicht nicht bis zur Spitze. Da oben gibt es nur noch Felsen und keine erkennbaren Wegspuren mehr, keine Sprache, keine Worte, keine Hinweisschilder. Man kann nur allein aufwärts und vorwärts gehen. Vielleicht gibt es einen erfahrenen Menschen, der mitgeht, oder einen Engel, der zum Weitergehen ermutigt. Am Gipfel, wo die Einheitserfahrung sprachlos und konfessionslos „geschieht“, kann der Mensch aber nicht lange bleiben. Es lassen sich keine Zelte aufschlagen, auch wenn er das möchte. Sobald er nun wieder vom Berg herunterkommt, muss er wieder ins Sprachfeld eintreten, nach Worten suchen und das Erlebte in den Alltag integrieren. Natürlich wird er um schon bekannte Sprachbilder, Vorstellungen und Ausdrucksweisen nicht herumkommen, sie aber, wenn überhaupt, dann in neuer Weise benutzen, ja vielleicht eine neue Sprache schaffen. So führt die transkonfessionelle Erfahrung dann doch wieder in den Alltag des Allgemeinverständlichen, aber ohne die konfessionsspezifischen Grenzen erneut zu verabsolutieren, wie das vorher der Fall war.

Reformation oder Transformation der Religion

Eine andere Möglichkeit, das Besondere der hier vorliegenden Ansprachen zu charakterisieren, bietet die von Ken Wilber[6] eingeführte Unterscheidung zwischen Reform und Transformation. Alle Religionen haben immer wieder Wandlungsprozesse durchgemacht und nötig gehabt. Jede Religion hat auch in sich ein

---

[5]) Vgl. zuletzt dazu meine Abschiedsvorlesung über „Ökumenische Theologie und Spiritualität“ in P. Lengsfeld, Zum tieferen Sinn von Religion, Petersberg 1993, 9–27.

[6]) Ken Wilber, Der glaubende Mensch. Die Suche nach Transzendenz, München 1988, 88 ff. – Vgl. dazu auch die Ansprache mit dem Titel „Religion heute“!

Potential, sowohl Wandlungsprozesse in einzelnen Menschen anzustoßen als auch sich selbst zu wandeln. Je nach dem Grad der Radikalität kann man von Reformen oder Transformationen sprechen.

Reformen entsprechen dem Umsetzen von Möbeln im gleichen Stockwerk. In manchen Wohnungen geschieht das ja auch praktisch von Zeit zu Zeit. Ein neues Bild, eine neue Sitzgruppe, eine neue Lampe, ein neuer Teppich, ein kleines Kind kommt dazu oder ein älteres zieht aus – es gibt viele Anlässe, mal die Inneneinrichtung zu verändern und dadurch ein paar neue Perspektiven in der eigenen Wohnung zu gewinnen. Man war des Alten überdrüssig und fühlt sich nun im neuen Arrangement frischer und lebendiger als zuvor. Ähnliches kann man auch auf geistig-spirituellem Gebiet beobachten. Da gibt es eine Bibelbewegung, wenn die Bibel neu in den Mittelpunkt gestellt wird, eine liturgische Bewegung, wenn dasselbe mit der Liturgie geschieht. Früher waren es bestimmte Formen der Sakramentsfrömmigkeit, der Herz-Jesu- oder Marienverehrung, des Laienengagements im sozialen Bereich, des Bibellesens im kleinen Kreis oder meditative Frömmigkeitsformen wie im Pietismus. Die Geschichte der Verlagerung von Schwerpunkten innerhalb der christlichen Frömmigkeit ist lang und reich an Variationen. Nimmt man noch die Impulse hinzu, die von unterschiedlichen Sozialformen, Gemeinden, Bruderschaften, klassischen Orden und ordensähnlichen Gemeinschaften kamen, dann ergibt sich eine kaum überschaubare Zahl von „Wohnungseinrichtungen", in denen sich christliche Spiritualität einsiedeln und entfalten konnte. Gleichwohl scheint das überlieferte Angebot seit einigen Jahrzehnten nicht mehr zu reichen.

Das Bedürfnis nach spiritueller Wegbegleitung und Erfahrung reicht über den gewöhnlich angebotenen Rahmen hinaus und sucht sich neue Formen der Praxis und vor allem neue, tiefere Quellen, um daraus zu schöpfen. Es reicht nicht mehr, nach den vielen Reformen, die es über die Jahrhunderte schon gegeben hat, noch einmal die Möbel umzustellen und vom vorhandenen Mobiliar nur etwas anderes in die Mitte zu rücken, aber auf dem gleichen Stockwerk zu bleiben.

Angesagt ist ein Umzug in ein anderes Haus oder zumindest anderes Stockwerk, es bedarf der Transformation. Alle Möbelstücke müssen einzeln angeschaut und auf die weitere Brauchbarkeit hin überprüft werden. Manches muss wahrscheinlich weggeworfen und anderes in die andere Behausung befördert werden. Man lebt in einem neuen Haus, man schöpft aus einer neuen Quelle. Es gibt neue Gesichtspunkte und Wertvorstellungen. Man erlebt eine neue Ebene des Daseins. Vieles wird neu angeschafft, was das Wohnen in der neuen Wohnung schöner machen kann. Es gibt neue Wege hin zur Wohnung und von ihr weg zur Stadt, und vor allem: Es gibt einen neuen Blick in die Welt aus den Fenstern und ein neues Wohngefühl im Inneren der Wohnung. Und einen neuen Lebensstil.

Ken Wilber nennt solchen Wandel Transformation im Unterschied zur Translation, dem Herumtragen der Möbelstücke. Ich denke, dass die Ansprachen und Predigten von P. Willigis – zusammen mit der Übungspraxis – nicht nur bei vielen Menschen eine solche Transformation bewirkt haben, sondern auch selbst

– zusammen mit dem Rückgriff auf die esoterischen Quellen des Christentums – eine Transformation darstellen, eine umgewandelte Form von An-Sprache, die sich in anderer Weise an die Menschen wendet als sonstige Predigten und Ansprachen. So gesehen, mag man es einen „ Zufall", ja ein symbolisches „Zusammenfallen" der Ereignisse nennen, dass die Predigten und Ansprachen gerade in dem Jahr erscheinen, da der Umzug von einem Haus in ein anderes stattfindet. Auch das eine Trans-Formation, ein Formwechsel, der neue Perspektiven eröffnet.

Nach dem Durchsehen und Bündeln der Texte von P. Willigis komme ich mir vor wie ein Blumenbinder. Er hat wunderschöne Blumen vorgefunden, sie durchgesehen, sortiert und neu zusammengebunden. Jetzt möchte er das Gebinde dem Geburtstagskind des heutigen Tages, P. Willigis Jäger, zu seinem 78. Geburtstag überreichen und die besten Wünsche für Umzug und Neubeginn hinzufügen.

Kirchzarten i. Br., am 7. März 2003
Peter Lengsfeld

1. Christsein heute

Religion heute

Aus meinen zahlreichen Gesprächen entnehme ich, dass viele von euch nach Sinn, Wahrheit und Bedeutung der Religion fragen. Nicht wenige sind an ihrem bisherigen Glaubensverständnis irre geworden. Die Kritik an der Geschichtlichkeit der Berichte des Alten und Neuen Testaments verunsicherte viele. Ich möchte im folgenden ein paar Gedanken zum Thema Religion äußern.

Was ist Religion? Dieses Wort wird auf verschiedene Weise gebraucht: Theologen verstehen darunter etwas anderes als Sozialwissenschaftler, der gewöhnliche Mensch meint etwas anderes als der Mystiker. Gewöhnlich versteht man darunter vor allem die rationalen Aspekte des Daseins, etwa Konfession, Rituale und Sakramente. Manche zählen auch den Glauben an Götter und Göttinnen, an beseelte Bäume und Berge dazu.

Reformation und Transformation einer Religion

Religionen sind wie alles andere Veränderungen unterworfen. Alles Wissen, auch religiöses Wissen, ist geschichtlich bedingt. Alles Wissen ist auch subjektbedingt. Ein absolutes Wissen gibt es nicht. Auch was der Mensch im religiösen Bereich zu wissen glaubt, ist gefiltert durch seine menschliche Persönlichkeit und ihre Eingrenzungen. Jede tiefe mystische Erfahrung muss durch diese personale Struktur, um mitgeteilt zu werden. Dies bedeutet, dass die jenseits allen Begreifens liegende Wirklichkeit in Denkmuster und Sprachmodelle der jeweiligen Person übersetzt werden muss. So ist jede Aussage über die Erste Wirklichkeit einer Linse vergleichbar oder einem Glasfenster. Beide können nur Ausschnitte erfassen. Damit entfällt jeder theologische Exklusivitätsanspruch. Auch Jesus erhebt keinen exklusiven Anspruch auf Vermittlung der Erlösung. Neben Jesus gibt es andere ebenfalls gültige und sicherlich genauso umfassende Offenbarungen der Ersten Wirklichkeit. Sie stehen neben der Offenbarung Gottes durch Jesus. Respekt vor anderen Religionen und Toleranz sollten daher eine Selbstverständlichkeit sein.

Im Christentum setzten die meisten Erneuerungsbewegungen systemintern an. Die meisten Theologen versuchen, das System von innen her zu reformieren. Ihre Arbeit ist von großer Wichtigkeit, aber stabilisiert letztlich das alte System. Weil alle diese Versuche systemintern bleiben, können sie von der Institution leicht durch Exkommunikation und Ausscheidung bekämpft werden. Im Grunde handelt es sich bei diesen Reformen aber nur um oberflächliche Veränderungen, Reformen der Oberflächenstruktur (Translation), nicht aber der Tiefenstruktur (Transformation). Diese Unterscheidung stammt von Ken Wilber. Nach ihm ist eine Reformation (Translation) lediglich der Versuch, systeminterne Veränderungen vorzunehmen. Er vergleicht das mit dem Herumschieben von Möbelstücken auf dem gleichen Stockwerk (Translation). Eine transformatorische Veränderung aber stellt eine Religion auf eine neue Ebene, fügt gleichsam ein neues Stockwerk hinzu. Glaubensvorstellungen bekommen eine neue Grundlage und damit eine andere Aussage- und Überzeugungskraft.

Alle Religionen machten im Laufe der Geschichte eine Wandlung durch. So wandelte sich das magisch-religiöse Bewusstsein der Frühzeit in ein mythisches und das mythische in ein mentales. Heute erleben wir die Anfangsphase einer Umwandlung vom mental-kognitiven ins mystisch-transpersonale Bewusstsein. Dies ist auch das wichtigste Kennzeichen des Übergangs von der mosaisch-jüdischen zur christlichen Religion, also von der nach außen gerichteten Gottesverehrung zur Erfahrung der Einheit mit Gott.

Sowohl Halladsch, ein Sufimystiker, wie auch Jesus wurden umgebracht, weil man sie beschuldigte, sie würden sich zu Gott machen: „Weil du, der du doch ein Mensch bist, dich als Gott ausgibst", war die Anklage. Und Jesu Bewusstsein kommt zum Ausdruck in dem bekannten Satz aus dem Johannesevangelium: „Ich und der Vater sind eins." Wandlungen wurden in der Geschichte oft als eine Krise empfunden. Unsere Zeit ist also keine Ausnahme.

Eine Religion gerät dann in eine Krise, wenn eine vorherrschende Weltanschauung (oder Religion) durch die Anschauungen einer höheren Ebene in Frage gestellt wird (Wilber). Heute stellt die mystische Ebene die auf bloß kognitiven Erkenntnissen aufbauenden theistischen Religionen in Frage. Die Unsterblichkeitsprojektion des Christentums zum Beispiel kann viele Menschen nicht mehr überzeugen. Viele Christen stehen an der Schwelle einer transpersonalen Erfahrung. Sie ahnen, dass es eine durch Erfahrung gewonnene Gewissheit gibt, die rein kognitive Glaubenswahrheiten übersteigt. Was uns daher heute Not tut, ist eine Transformation des Christentums oder eine vertikale Entwicklung: das Erreichen einer anderen Ebene. Wir stehen vor einer Transformation, wie Ken Wilber, dessen Beschreibung ich mich im folgenden bediene, diese Entwicklung[1] nennt: „Die gegenwärtige Translation (systeminterner Erneuerungsversuch oder Reformation) beginnt ihren besänftigenden, phasenspezifisch integrativen Aufgaben nicht mehr nachzukommen, d. h. ihre Sinn-Einheiten beherrschen nicht mehr den Alltagsverstand; zu viele ihrer Unsterblichkeits-Symbole (im Christentum z. B. der Auferstehungsglaube) haben auf schockierende Weise Schaden erlitten; strukturelle Spannungen nehmen allmählich zu und treiben das System in Unruhen und Wirren; die Struktur fängt schließlich an, sich zu lockern und abzubröckeln; wenn es auf der alten, translatorischen Ebene keine lebensfähigen Samen-Kristalle gibt, regrediert das System entweder (was heute der Fall ist) auf niedere Formen oder zerfällt völlig; wenn es lebensfähige Samen-Kristalle gibt, dann werden die strukturellen Spannungen absorbiert und durch diese Kristalle kanalisiert, und das System als ganzes kommt durch seine Konflikte auf eine höhere Ebene struktureller Organisation und Integration. Die alte Translation stirbt ab; es kommt zur Transformation; neue und höhere Translationen werden geboren."

Ken Wilber bringt auch den Vergleich mit dem Schachspiel. Solange man die Figuren in ihren fest geschriebenen Funktionen belässt, kann man sie nach festen Regeln in gewissem Rahmen bewegen. Wenn man aber die Tiefenstruktur des Spieles verändert, verändern sich die Funktion und Reichweite der Figuren total. Dadurch werden die Grundregeln des Spieles verändert und damit das ganze Spiel. Die Wandlung des religiösen Bewusstseins oder Transformation der Religion ist der Sprung von einer Ebene in eine andere. Es gleicht einem Umzug in ein neues Stockwerk. Es gibt nicht nur eine Vielfalt religiöser Erfahrungen auf der gleichen Ebene, es gibt auch eine Hierarchie religiöser Erfahrungen. Dies ist zwar ein gefährliches Wort, weil damit leicht eine Wertung verbunden wird. Aber es lässt sich auch nicht leugnen, dass höhere Stufen einen umfassenderen Erkenntnischarakter haben.

Das Individuum erlebt diesen Übergang von einer Ebene auf die andere als Sterben. Sowohl die Mystik des Ostens wie die des Westens sprechen vom Sterben als Voraussetzung für die Transformation. Das Ich wird von Angst befallen und wehrt sich. Es erfindet immer neue Abwehrmaßnahmen und zieht Veränderungen auf der gleichen Ebene vor. Aber mit fortschreitender Erfahrung trägt diese Ebene nicht mehr, was noch mehr Unsicherheit und Angst auslöst. Das Ich kann sich nicht mehr durch eine Unsterblichkeitsprojektion schützen. Es kommt zum Kollaps, eine Voraussetzung für jede echte Transformation.

Immer wieder wird heute nach der Gültigkeit der Religion im allgemeinen gefragt. Die rein kognitive Grundlage, wie sie vor allem in den theistischen Religionen als Ausgangspunkt diente, befriedigt nicht mehr. Das bloß hermeneutische Interpretieren religiöser Texte, die mehr oder weniger kritiklos übernommen werden, ergibt für viele Menschen weder Sinndeutung noch Lebenshilfe. Die Menschen fragen nach dem Ursprung dieser Texte und nach dem Ursprung der Religion überhaupt. Leider gehen zu wenig Theologen vom Glauben als einem Fürwahrhalten zu einem Glauben aus der Erfahrung über. Wenn sie es heute tun, stoßen sie auf dankbare Weggefährten, aber auch auf Ablehnung und Anfeindung.

Zur Mystik oder transpersonalen Erfahrung gehören alle religiösen Wege, die Menschen in die Erfahrung des Numinosen führen, wie auch die Erfahrung des Numinosen selber. Oft benütze ich für Mystik auch das Wort Esoterik, weil es sich hier nicht um ein äußeres, exoterisches Annehmen von Wahrheiten handelt, sondern um innere, von außen nicht ersetzbare Erfahrungen. Es ist die Erfahrung des Inhalts von dem, was Bekenntnisse, Dogmen und Rituale verkünden. Normalerweise wird diese Ebene heute im Westen mit dem Wort transpersonal umschrieben. Diese Art von Erfahrung wird oft auch Gipfelerlebnis genannt. Im Christentum heißt die höchste Stufe Unio Mystica, im Zen Satori oder Kensho, im Yoga Samadhi.

Verschiedene Auffassungen von Religion

In Bezug auf die Art, wie Religion gelebt wird, kann man verschiedene Auffassungen unterscheiden.

1. Die reduktionalistische und funktionalistische Auffassung von Religion.

Nach der reduktionalistischen Auffassung vermittelt Religion nur einen primitiven Trost für Menschen mit einer einfachen Mentalität. Manche sehen darin auch eine Form von Regression, die kindliche Beziehungen auf einen himmlischen Vater verlagert, der liebend oder hassend, eifersüchtig oder rachgierig das Leben der Menschen kontrolliert. – Andere betonen den Funktionswert der Religion. Danach ist Religion nützlich für die Aufrechterhaltung von sozialen Strukturen. Sie ist wichtig für die Erziehung und für kulturelle Ausdrucksformen wie auch für ein allgemeines menschliches Selbstverständnis. Sie dient der Gruppenidentität, die sich in gemeinsamen Gottesdiensten immer neu regeneriert. Sie dient besonders auch dem Spannungsausgleich zwischen den Menschen und dem sozialen Zusammenhalt.

Selbst wenn Religionen also nicht objektiv wahr sind, erfüllen sie nach dieser Auffassung einen wichtigen Zweck und eine notwendige Funktion im Zusammenhalt einer Gruppe. Die Forschung spricht hier von einem funktionalistischen Begriff von Religion. Hier geht es im Grunde weniger um etwas Göttliches, es geht eher um eine Art Sicherheitsventil und Ausgleichsversprechen für alle, die im Leben zu kurz gekommen sind. Im nächsten Leben wird eine Korrektur geschehen, die das Ungleichgewicht dieses Lebens verändern wird, und zwar zugunsten derer, die in diesem Leben zu kurz gekommen sind.

2. Die hermeneutische Auffassung von Religion

Hermeneutik ist die Interpretation und Ausdeutung von überlieferten Texten. Voraussetzung ist die uneingeschränkte Annahme dieser Texte als Offenbarung eines universellen Geistes, die einem Individuum, einem Weisen oder Heiligen (Buddha, Jesus, Mohammed, Laotse) widerfahren ist. Diese Texte werden oft für einmalig und absolut erklärt. Solange jemand in diesem System bleibt, kann er daraus Halt und Stütze ziehen. Wer aber aus dem System heraustritt, sägt sich gleichsam den Ast ab, auf dem er bisher saß. Wer nicht mehr daran glauben kann, dass die überlieferten Aussagen die Offenbarung eines transzendenten Wesens sind, erhält keine Deutung mehr für sein Leben.

3. Die mystische Auffassung

Die unter 1 und 2 genannten Deutungen vom Wesen der Religion sind sicherlich für viele Menschen eine Hilfe. Sie bleiben jedoch auf der lateralen Ebene, d. h. sie bleiben innerhalb eines Systems und werden dem Bedürfnis nach Selbsttranszendenz, das heute stärker denn je in den Vordergrund tritt, nicht gerecht. Die Menschen ahnen, dass es in der direkten Erfahrung tiefere und umfassendere Erkenntnisse gibt. Es ist dies eine direkte spirituelle, trans-symbolische Intuition der letzten Wirklichkeit und die Erfahrung der Einheit mit ihr. Sie bringt zugleich einen Einblick ins eigene Wesen. Wer diese Erfahrung nicht hatte, dem bleibt sie unverständlich.

Gott – oder welch anderen Namen der Mensch auch dieser Urwirklichkeit zukommen lassen will – Gott also als Gegenüber, als zu verehrende Person, zu der ich beten kann, hört dann auf. Reine Offenheit und Hingabe an das Unbegreifliche werden zum Gebet. Es ist das, was Eckehart mit der Erfahrung der

Gottheit bezeichnet, die dann beginnt, wenn ‚Gott' tot ist. „Darum bitte ich Gott, dass er mich Gottes quitt mache; denn mein wesentliches Sein ist oberhalb von Gott." (Quint[2] S. 308,6) – „Darum bitten wir Gott, dass wir Gottes ledig werden und dass wir die Wahrheit dort erfassen und ewiglich genießen, wo die obersten Engel und die Fliege und die Seele gleich sind." (Quint S. 305,17)

Religion hat in der Mystik ihren fundamentalen Urquell. Es ist die Erfahrung eines Propheten, eines Weisen oder eines Sehers, die nachträglich in ein Glaubenssystem gefasst wurde. Um sie anderen Menschen zugänglich zu machen, wurde die authentische Erfahrung später in kognitiven Systemen festgehalten. Diese Systeme haben sich in Dogmen und Riten verfestigt und teilweise für absolut erklärt.

Jean Gebser spricht von der magischen, mythischen, mentalen und der aperspektivischen Entwicklungsstufe der Religion. Die jeweils neue Ebene kann nur in Erscheinung treten, wenn die ausschließliche Identifizierung mit der vorausgehenden Ebene beendet wird. Der neue Weg braucht daher Beratung und Begleitung. Es müssen einzelne, die auf der neuen Ebene angekommen sind, zur Hilfe für andere bereitstehen. Was für die Entwicklung des einzelnen gilt, gilt auch für die Religion als Ganzes. Eine Religion, die auf Machtstrukturen aufgebaut ist, tut sich allerdings in der Entwicklung wesentlich schwerer als der einzelne Mensch.

Ken Wilber betont mit Recht, dass zwar jede höhere Ebene auf der niedrigeren ruht, dass sie von dieser aber nicht verursacht wird. Er hält die jeweils höhere Ebene für eine Neubildung. Die höhere Ebene geht gleichsam durch die niedrigere Ebene hindurch, wird aber nicht von ihr produziert. Das gilt auch für die Gottesvorstellungen: Die magische Vorstellung von Gott ist der mythischen gewichen und die Vorstellung der mythischen der Vorstellung der mental-psychischen. Man kann es auch so formulieren: Die präpersonale Vorstellung ist der personalen gewichen und diese wiederum der transpersonalen. So ist „Gottheit" nicht nur der Ausgangspunkt der Evolution, sondern auch ihr Ziel. Das Ziel aber ist immer präsent im Hier und Jetzt. Es ist zeitlos und ist daher in jedem Augenblick erreichbar; wobei erreichbar nichts Zukünftiges meint, sondern nur den Einbruch ins Jetzt.

Die transpersonale Psychologie

Mit dem transpersonalen Bewusstseinsraum, um den es in der Mystik geht, hat sich in besonderer Weise die transpersonale Psychologie befasst. Sie hat ein Modell geschaffen, das die Ebenen der religiösen Erfahrung in verschiedene Stufen einteilt, und zwar in die übersinnliche, die feinstoffliche und die ursächlich-kosmische. Im einzelnen sieht das so aus:

a) Die übersinnliche Stufe impliziert paranormale Zustände. Es ist eine Zwischenebene, die sowohl Elemente des Rationalen und Logischen enthält wie auch Elemente des Feinstofflichen. Hier ist bereits eine intuitive Schau von Zusammenhängen möglich, wie sie manchen Propheten gegeben war und auch bei Jesus vorkam.

b) Die feinstoffliche Ebene ist der Sitz der archetypischen Bilder, der feinstofflichen Laute und der Lichterscheinungen. Auf dieser Ebene sehen manche Menschen personale Gottesgestalten. Es ist die Erfahrung der Gemeinschaft von Seele und Gott. Noch herrscht die Vorstellung der Einigung mit einem Gegenüber vor. Auf dieser Ebene könnte man viele Heilige ansiedeln, deren Erfahrungen genau auf diese Stufe passen. – Die Erfahrungen des Mose zum Beispiel tragen die Merkmale dieser Ebene: Brennender Dornbusch, Licht, Feuer, Donner werden als Zeichen des großen Anderen, des Göttlichen erlebt.
c) Auf der ursächlich-kosmischen Ebene verweilt der Geist in bildloser und grenzenloser Weise in sich selber. Alle Strukturen sind zurückgelassen. Der Seinsgrund selbst wird erfahren. Spinoza nennt diesen Grund „ewige Substanz", Tauler spricht vom „Grund". Der Mensch betrachtet nicht mehr die Gottheit als Gegenüber. Er erfährt sich als identisch mit ihr, er ist eins mit ihr. Die Ebene der Dualität, der Spannung zwischen Subjekt und Objekt, wird restlos transzendiert. Der Erfahrende löst sich auf in das Erfahrene. Der Beobachter stirbt in dem, was ihm widerfährt. Das Gefühl, eine abgesonderte Existenz zu sein, verschwindet. Auch jede unterscheidende Wertung wie „heilig" oder „profan", „hoch" oder „niedrig" ist verschwunden. Gleichzeitig ist dieser Zustand ganz banal und gewöhnlich und doch ganz vollkommen. Nichts drückt ihn besser aus als der berühmte Zenspruch: „Wie wunderbar, ich trage Wasser, ich spalte Holz." Jesus formuliert diese Erfahrung mit den Worten: „Ich und der Vater sind eins." Die Upanischaden sagen: „Das bist du." „Dieser Atman ist Brahman." Ken Wilber sieht hier den hauptsächlichen Unterschied zwischen der mosaisch-vedischen und der christlich-upanischadischen Offenbarung. In der ersten *erkennt* man das transzendente Wesen, und in der zweiten *ist* man dieses Wesen.

Wenn ich die Erfahrungsberichte von Theresa von Avila in ihrem Buch die „Innere Burg" recht verstanden habe, beschreibt sie die beiden Möglichkeiten:

Die erste Einheit löst sich auf, wenn der Mensch ins Tagesbewusstsein zurückkehrt: „Bei dieser Gnade des Herrn aber, von der wir jetzt sprechen, gibt es keine Trennung mehr, denn immer bleibt die Seele mit ihrem Gott in jener Mitte. Wir wollen sagen: Die Vereinigung gleicht zwei Wachskerzen, die man so dicht aneinanderhält, dass beider Flamme ein einziges Licht bildet; und sie ist jener Einheit ähnlich, zu der der Docht, das Licht und das Wachs verschmelzen. Danach aber kann man leicht eine Kerze von der anderen trennen, so dass es wieder zwei Kerzen sind".

Die wirkliche Einheit beschreibt sie mit folgenden Worten: „Hier jedoch ist es, wie wenn Wasser vom Himmel in einen Fluss oder eine Quelle fällt, wo alles nichts als Wasser ist, so dass man weder teilen noch sondern kann, was nun das Wasser des Flusses ist und was das Wasser, das vom Himmel gefallen; oder es ist, wie wenn ein kleines Rinnsal ins Meer fließt, von dem es durch kein Mittel mehr zu scheiden ist; oder aber wie in einem Zimmer mit zwei Fenstern, durch die ein starkes Licht einfällt: dringt es auch getrennt ein, so wird doch alles zu einem Licht." *(Die Innere Burg, herausgegeben und übersetzt von Fritz Vogelgsang)*

Zur Entwicklung von Religion in der Menschheit und im Kind

Der Mensch ist ein vielschichtiges Individuum. Er hat als Spezies verschiedene Entwicklungsstufen durchlaufen. Im allgemeinen teilen wir sie in folgende Abschnitte ein: Materie – Körper – Verstand – Psyche – Geist. Jede dieser Ebenen transzendiert die Stufe vorher. Die jeweils höhere Ebene umschließt und enthält die niedrigere. Jede Ebene ermöglicht einen Austausch mit dem Umfeld. Der Austausch wird durch Bedürfnisse geregelt. So gibt es physische Bedürfnisse wie Nahrung, Wasser, Luft und Unterkunft, emotionale Bedürfnisse wie Gefühle, Berührung und Sexualität, mentale Bedürfnisse wie Kommunikation und Reflexion, sowie spirituelle Bedürfnisse und dabei vor allem das Ego-Transzendenz-Bedürfnis. In manchen Menschen sind die höheren Bedürfnisse nicht geweckt. Sie haben gleichsam keine Membrane, die schwingen kann, wenn entsprechende Impulse gesendet werden.

Diese Ebenen sind nicht alle von Geburt aus manifest. Das Kind durchläuft diese Stufen nacheinander. Es wird von seiner Umwelt von der physischen Ebene auf die psychische Ebene, auf die emotionale Ebene, auf die geistige Ebene und schließlich auf die spirituelle Ebene gebracht. Manche Ebenen werden in Kindern weniger oder gar nicht geweckt. Es ist wichtig, in Kindern die religiöse Bedürfnisebene zu wecken. Man kann deswegen nicht sagen: „Ich warte, bis mein Kind 18 Jahre ist, dann soll es sich selber entscheiden, welche Religion es annehmen will." Wer die religiöse Bedürfnisebene nicht weckt, darf kaum hoffen, dass ein Kind sich später überhaupt für eine Religion entscheiden kann.

Postkonfessionelle Religiosität

Das höchste Bedürfnis nach universell-mystischer Egotranszendenz ist das Bedürfnis nach einem tief verwurzelten Lebenssinn, nach Ganzheit und Vollendung. Aus diesem Bedürfnis der Egotranszendenz resultiert eine universelle Religiosität. Sie führt zu dem, was die Tradition Philosophia perennis nennt. Ich sage dazu lieber ‚Sophia perennis'. Es ist der Weg in die transzendente Einheit aller Religionen. Jeder esoterische Weg ist ein Weg heraus aus dem eng konfessionellen Religionsverständnis. Das bedeutet aber nicht einen Abschied von der Religion selbst, sondern nur ein Übersteigen des engen dogmatischen Rahmens. Auf die Dauer führt die Sophia perennis aber sicher in eine Religiosität, die jede Konfession übersteigt.

Die Mystiker so gut wie aller Religionen bekamen daher Schwierigkeiten mit der Institution. Sie mussten ihre Erfahrungen redogmatisieren, wenn sie darüber reden wollten. Heute leben wir in einer Zeit, in der die echten tiefreligiösen Erfahrungen vieler Menschen alles Konfessionelle und Begriffliche übersteigen. Das religiöse Bewusstsein der Menschheit tritt offensichtlich in eine postkonfessionelle Phase ein. Der Mensch erreicht eine neue Sprosse der Leiter, wie Rumi sagt: „Du bist erst dann auf dem Dach, wenn du die oberste Sprosse der Leiter erklommen hast. Fehlen noch zwei Sprossen, so kommst du noch nicht hinauf. Solange das Seil am Eimer noch zu kurz ist, erreicht der Eimer nicht das Wasser im Brunnen." (Rumi, Tanz meiner Seele, [Schellenberg übersetz.], Stuttgart 2003)

Christentum heute

Die Chance, als Menschen auf diesem Kontinent mit Würde zu leben, hängt davon ab, ob wir eine neue Bewusstseinsebene erreichen. Kontemplation ist für mich daher lebenswichtig. Wir sind, wie zur Zeit Jesu, mit der Notwendigkeit konfrontiert, alte Denkweisen zu transformieren, wenn wir als Spezies Mensch überleben wollen. Das ist heute so schwierig wie zur Zeit Jesu. Dieser Sprung ins neue Bewusstsein wird uns so ungeheuerlich vorkommen wie den Pharisäern, die in ihrem Legalismus verhaftet waren. Dieses neue Bewusstsein ist nicht abgehoben oder elitär. Es vollzieht sich in Raum und Zeit, agiert hier und jetzt. Mit anderen Worten: Wir Menschen sind ebenso tief in Gott verwurzelt wie in der Materie oder – wie der Osten sagt – Form ist Leerheit und Leerheit Form. Diese beiden Aspekte der Wirklichkeit lassen sich nicht trennen. Sie sind Nicht-Zwei. Wenn wir als Christen sagen „Gott wirkt in der Geschichte“, dann ist das nur eine andere Formulierung für die Aussage „Gott ist auch Raum und Zeit“. Gott ist kein Prozess. Diese Wirklichkeit ist immer ganz da, aber wir sind in einem Prozess und können immer mehr davon erfahren. Wer die Hl. Schrift auf ihren literarischen Sinn allein festlegt oder auf einen demythologisierten Rationalismus, der verfehlt ihren tieferen Sinn. Die Wahrheit um Jesus Christus ist weder nur Symbol und Mythos, noch ist sie bloße Buchstabenlehre.

Der klassische Theismus bedarf einer Ergänzung. Die Tradition hat uns nicht nur Gutes beschert. Sie hat uns auch in Engpässe und Sackgassen geführt. Zugegeben, ein völliger Neubeginn ist für eine Institution fast unmöglich. Das würde bedeuten, Propheten und Charismatikern mehr Gehör zu schenken und Macht aus den Händen zu geben. Die Institution neigt aber zum umgekehrten Weg. So steht z. B. in einem nachsynodalen apostolischen Rundschreiben über die Laien (Christifideles Laici): „Darum dispensiert kein Charisma von der Rückbindung an die Hirten der Kirche und von der Unterordnung unter sie. Das Konzil schreibt mit großer Klarheit: ‚Das Urteil über ihre (der Charismen) Echtheit und ihren geordneten Gebrauch steht bei jenen, die in der Kirche die Leitung haben und denen es in besonderer Weise zukommt, den Geist nicht auszulöschen, sondern alles zu prüfen und das Gute zu behalten, damit alle Charismen in ihrer Verschiedenheit und Komplementarität zum Allgemeinwohl beitragen.‘“

Der Gott der Bibel ist ein lebendiger Gott. Er lässt sich nicht in Zwangsjacken stecken. Wie bei Jesus kommt der Wandel wahrscheinlich nur über Auseinandersetzungen mit Leid und Tod. Die Atombombe musste erst fallen und der gefürchtete GAU in den Atomwerken musste erst passieren, bis wir aufgewacht sind. Die Geschichte vom Exodus aus Ägypten vollzieht sich heute in einem viel umfangreicheren und dramatischeren Ausmaß. Wir sollten aus einer Weltsicht ausziehen, aus unserem Verhaftetsein an traditionelle Weltanschauungen und Glaubensvorstellungen. Wir sind geknechtet von unseren überkommenen Konzepten und wagen es nicht, uns zu befreien. Auch Religionen haben für einen Wandlungsprozess offen zu sein.

Es herrscht eine Spannung zwischen dem Bewussten und dem Unbewussten. Eine ähnliche Spannung gibt es auch zwischen der Rationalität und der Kausalität auf der einen Seite und der mystischen Erfahrung auf der anderen Seite. Das Mysterium Gott oder das Mysterium „Erste Wirklichkeit" lässt sich nicht in irgendeiner Kategorie festschreiben. Deutungen und Symbole entstehen immer wieder neu. Sie kommen aus der Tiefe des einen Bewusstseins. Man kann daher eine Generation nicht auf veraltete Symbole und Gottesbilder festlegen. Symbole werden von allein mächtig. Niemand kann das verhindern. So glaube ich, dass z. B. der Atompilz ein apokalyptisches Symbol geworden ist. Es ist ein Symbol für den Untergang von Welten und Galaxien.

Kritische Zeit

Wir Menschen leben in einem sehr kritischen Zeitpunkt unserer Geschichte. Wir erkennen, dass es um ein Überleben unserer Rasse geht und nicht nur um wirtschaftliche, materielle, soziologische, politische und kulturelle Fragen. Es ist erschreckend, wie viel Lebensenergie wir auf den Bau von Waffen verwenden. Wir haben ein entsetzliches 20. Jahrhundert hinter uns. Wir sind eine „entartete Spezies", die sich gegenseitig umzubringen versucht. Es geht hintergründig auch nicht darum, wie wir die Bedrohung durch chemische und atomare Kriege, durch verschmutzte Luft, Verseuchung unserer Meere, verschwenderische Ausbeutung unserer Ressourcen, durch nicht wieder gutzumachende Eingriffe in unser Ökosystem überstehen. Denn alle diese Bedrohungen sind von Menschen geschaffen, die einen ganz bestimmten Bewusstseinszustand haben, die sogar erkennen lassen, dass unser Verhalten falsch und kaum mehr zu ändern ist. Wir legen ein bedrohlich irrationales Verhalten an den Tag und finden keinen, der uns heilen könnte. Die Bewusstseinskrise ist perfekt. Wir sind krank. Wo ist der Heiler? Wer befreit uns von unserem Egozentrismus? Wie gelangen wir auf eine neue, höhere Bewusstseinsstufe? Wo sind die Ressourcen, die wir anzapfen können? Die Evolution hatte diese Ressourcen immer bereit, wenn die Menschheit in eine Existenzkrise kam. Wo liegen sie heute? Kommt es zu jenem Quantensprung in unserem Bewusstsein, der allein das Ruder umschwenken kann, das unseren Planeten in den Abgrund zu steuern scheint?

Dass so viele Menschen sich auf den Weg zu einer „Bewusstseinserweiterung" gemacht haben, darf uns mit großer Hoffnung erfüllen. Mit unserem Ich-Bewusstsein können wir nämlich die Evolution, die transrationalen Gesetzen folgt, nur sehr begrenzt manipulieren. Die Natur hat sich immer wieder selbst geholfen und Kräfte hervorgebracht, welche die Menschheit vor dem Auslöschen bewahrt haben. Das ist auch heute unsere Hoffnung. Wenn ich sage „die Natur", dann meine ich vielmehr diese göttliche Energie, die sich entfaltet und von ein paar armseligen Lebewesen sich nicht hindern lässt. Darum bin ich trotz allem optimistisch und vertraue auf Gott, der sich in allem entfaltet.

Eine neue Spezies Mensch ist im Kommen. Sie ist noch nicht organisiert, sondern setzt sich vorläufig nur aus einzelnen zusammen. Diese fühlen sich keiner bestehenden Gruppe verpflichtet, auch keiner religiösen, fühlen sich aber verbunden mit der „Sophia perennis", die der Gipfel aller Religionen war und ist. Sie war immer von Individuen getragen, die zum Kristallisationspunkt für eine Gruppe geworden sind. Diese Basisgruppen überschreiten auch heute alle rassischen, nationalen, ethnischen, religiösen und geschlechtsspezifischen Merkmale. Sie zeigen großes Interesse an psychologischen, spirituellen und religiösen Disziplinen, ohne sich an sie zu binden. Sie sind die Träger der Hoffnung auf Zukunft. Sie entstehen aus der sterbenden Kultur unserer Zeit, die von schwersten Erschütterungen heimgesucht ist: aufgeblähte Institutionen, von Lobbies gesteuerte Regierungen, unersättliche Wirtschaftsgiganten, aggressive Wettbewerbe, stagnierende Religionssysteme, verflachter Unterhaltungskonsum, manipulierende Presseketten, sterbende leere Hüllen, die sich nur mühsam aufrechterhalten.

Die Zahl der Menschen, jener unerkannten „Außenseiter", ist immer noch sehr klein. Sie sind kaum wahrnehmbar. Sie besitzen ein doppeltes Gesicht. Mit einem schauen sie noch in die alte Epoche, mit dem andern erkennen sie neue Ufer für die Menschheit. Man findet sie in kleinen Gruppen. Sie machen keine Propaganda. Sie wirken ansteckend. Sie sind getragen von einer starken Liebe zur Gemeinschaft und einer holistischen Weltstruktur. Dazu gehören auch viele Gruppierungen, die man zur New-Age-Bewegung zählen kann. Wenn sich in diesen Gruppen auch viel Scharlatanerie angesiedelt hat, so sind sie doch ein Zeichen für den Aufbruch in eine neue Zeit.

Meine Erfahrung aus vielen Kursen deutet darauf hin, dass Durchbrüche zum kosmischen Bewusstsein sich in der neueren Zeit wohl häufiger ereignen als in den Zeiten davor. Diese Erscheinung erlaubt den Schluss, dass die psychisch-geistige Evolution schneller vonstatten geht als vermutet. Mitten unter uns vollzieht sich die Geburt des „neuen Menschen". Es ist nicht der Übermensch eines Nietzsche, sondern der Mensch, der seine Anbindung an die Transzendenz neu entdeckt. Ihm gehört die Zukunft. Bleibt zu hoffen, dass die Christen ihre Stunde erkennen und sich eingliedern in die Reihe der Aufbrechenden. Wir haben viel Schmerzvolles erlitten. „Aber Gott will uns helfen, so macht er uns weinen. – Überall, wo Wasser fließt, blüht Leben auf." (Rumi)

Wir haben die Gottheit Jesu überbetont. Er wollte unser Führer ins Reich Gottes sein, wie er diese neue Epoche nannte. Solange wir eine unüberbrückbare Kluft zwischen Jesus und uns aufrichten, wird das Christentum seine wahre Mission nicht erfüllen. Solange wir ihn distanziert von uns als Gott anbeten, werden wir ihm nicht als Führer folgen. Er ist der Erstgeborene unter Brüdern und Schwestern, der uns gesagt hat, wer wir wirklich sind: Kinder Gottes. Diese Kindschaft Gottes gilt es zu erfahren. Das Göttliche möchte in uns zum Durchbruch kommen. Das ist die nächste Entwicklungsstufe unserer Spezies. Hier liegen unsere Überlebenschancen. Wenn wir sie nicht ergreifen, wird uns die göttliche Evolution fallen lassen. 15 Milliarden Jahre kam dieser Kosmos schließlich ohne uns aus. Er wird eines Tages auch wieder ohne uns auskommen.

Bewusstseinsenge und Leere

In diesen Tagen habe ich bei Deepak Chopra gelesen, wenn man Fliegen für mehrere Tage in ein Glas setzt und das Glas mit einem Deckel verschließt, bleiben sie auch noch darin, wenn man den Deckel entfernt. Die Fliegen haben sich eine Weltsicht geschaffen, die sie nicht mehr ändern. – In Indien, schreibt er, bindet man junge Elefanten mit einem leichten, grünen Strick an einen kleinen Baum. Wenn der Elefant groß geworden ist, bindet man ihn mit einer Kette an einen großen Baum. Manchmal reißt er diesen Baum aus und schleppt ihn hinter sich her. Bindet man ihn aber wieder an den leichten, grünen Strick, bleibt er stehen. Er hat sich in seinem Körper-Bewusstsein ein Gefängnis aufgebaut, das er nicht durchbricht. Die Psychologie nennt das „premature cognitive commitment." An der Harvard Medical School gewannen ein paar Physiologen den Nobelpreis für die Enthüllung der Mechanik des Aufnehmens (unraveling the mechanics of perception). Sie zogen ein paar junge Katzen in einem Raum auf, der nur vertikale Streifen hatte, und eine andere Gruppe in einem Raum, der nur horizontale Streifen hatte. Als sie erwachsen waren, konnten die einen nur die horizontale Welt sehen, die andere Gruppe nur die vertikale. Als man ihr Hirn untersuchte, stellte man fest, dass ihnen die Verbindungen zwischen den Neuronen fehlten, die vertikal und horizontal hätten verknüpfen sollen. Mag das auch manchen übertrieben und zweifelhaft vorkommen. Sie charakterisieren uns als Menschen sehr treffend.

Unser Körper ist so leer wie interstellarer Raum. Der Körper ist zusammengesetzt aus Atomen und subatomaren Teilchen, die mit Lichtgeschwindigkeit erscheinen und verschwinden, kollidieren und sich neu verbinden. Sie sind keine materiellen Objekte, auch wenn sie uns für weniger als einen Augenblick so erscheinen. Wir sind fluktuierende Energie in einem Feld von Energie, das uns umgibt. Wenn wir unseren Körper sehen könnten, wie er wirklich ist, würden wir eine gähnende Leere erkennen. Jedes Atom ist ein vollkommenes Solarsystem für sich, ein leerer Raum mit einigen Punkten und elektrischen Entladungen. Leerheit ist der eigentliche Grund unseres Seins und des Seins überhaupt. Leerheit aber ist nicht nichts. Sie ist vielmehr höchstes Bewusstsein, das sich im materiellen Körper ausdrückt. Der Körper kommt und geht, aber Bewusstsein bleibt für immer. Es ist jenseits von Raum und Zeit. Wenn wir das erfahren, verschwinden die Probleme des Ich-Bewusstseins. Wir würden dann erkennen, dass wir eigentlich nicht-menschliche Wesen sind. Wir sind nicht-menschliche Wesen, die sich gerade als Menschen erfahren. Diese Erkenntnis verwandelt jede Identitätskrise und verändert unsere Beziehung zu unseren Mitmenschen. Das Universum ist nichtlokalisierbares Bewusstsein, das sich von Zeit zu Zeit in körperlichen Strukturen manifestiert. Dieses eine Bewusstsein ist interagierend in Strukturen des Mikro- und Makrokosmos.

Geist verwandelt sich offensichtlich in das, was wir Materie nennen. „Geist ist der Urgrund aller Materie!" (Max Planck) Die Neuropsychologie sagt uns, dass sich Gefühle auf Neuro-Peptide aufladen. Aus Fluktuationen von Energie werden

Peptiden in unserem Gehirn. Sie interagieren mit sich selber und kreieren Moleküle, die Neuropeptiden, wie Deepak Chopra erläutert. Diese Vorgänge scheinen sich nicht nur im Gehirn vorzufinden, sondern im ganzen Körper. Man spricht heute bereits von denkenden Zellen, vor allem in unserem Immunsystem. Etwas volkstümlicher ausgedrückt heißt das: Wenn wir traurig sind, sind auch die Zellen unseres Immunsystems traurig und sagen: „Lass mich allein! Ich möchte nicht behelligt werden.“ Sie kommen ihrer Funktion zur Abwehr von Fremdstoffen nicht mehr nach. Wir haben einen mitdenkenden Körper.

Es gibt verschiede Wirkungsebenen. Der Arzt heilt mit einer direkten Methode. Er schneidet z. B. die kranke Stelle heraus. Die Simontonsche Heilmethode sagt, dass man durch Visualisierung heilen kann. Es lassen sich offensichtlich auch geistige Kräfte in physiologische Wirklichkeit umsetzen. Warum sage ich das? Wir brauchen eine ganz neue Auffassung von Wirklichkeit, von unserem Körper, von der Welt, von Weiterleben, Auferstehung und von Gott. Der Gott, der da irgendwo sitzt und die Welt dirigiert und alles notiert, was da passiert, ist eine Kindervorstellung. Gott ist die Energie, die tanzend das Universum und uns kreiert.

Wir sollten aufhören, unsere Körper als gefrorene Eisklumpen zu sehen. Der Körper ist ein unbegrenztes Feld von Information und Rezeption aus dieser Leere, die zu unbegrenzten Transformationen führen können. Je mehr wir von diesen Dingen wissen und auch erfahren, um so mehr werden sie uns helfen. Erfahrung kommt über die Ruhe, die uns mehr von uns selber wahrnehmen lässt.

Esoterik und Christentum

Das Ziel der Esoterik ist die Erfahrung der Einheit mit der letzten Wirklichkeit, die wir Christen Gott nennen. In anderen Religionen hat sie andere Namen. Diese Einheit ist unser tiefstes Wesen. Wir können alle zu dieser tiefen Erfahrung erwachen. Das ist das eigentliche Ziel und die eigentliche Aufgabe des Menschen. Dieses tiefste Wesen kann nicht beschrieben werden, es kann auch nicht durch irgendwelche Übungen herbeigeführt werden, wir können uns nur dafür bereit machen, damit es sich uns offenbart.

Der beste Weg dorthin ist das Sitzen in Achtsamkeit. Achtsamkeit zieht sich von da aus auch durch unseren Alltag. Achtsamkeit hilft uns, das Herz leer zu machen, damit wir in dieser Leere unser wahres Wesen erkennen. Es gibt also kein Suchen nach einem transzendenten Gott, einem Gott außerhalb. Die esoterischen Wege lehren uns, nach innen zu schauen, um dort zu erfahren, wer wir wirklich sind. Unser wahres Wesen ist göttlich. Wir bereiten uns für die Manifestation dieses unseres tiefsten Wesens.

Von Jesus haben wir zu lernen, dass das Reich Gottes in uns ist und dass wir uns nach innen zu wenden haben. Daher seine Aufforderung zur Metanoia, zu

Umorientierung. Jesus wollte die Menschen zu derselben Erfahrung führen, die er gehabt hat: „Ich und der Vater sind eins." Diese Einheitserfahrung läuft über die Erfahrung unseres eigenen tiefsten Wesens, das göttlichen Ursprunges ist. Augustinus konnte sagen: „Noverim me, noverim te" (Wenn ich mich kenne, kenne ich dich, Gott). Die konfuzianische Philosophie sagt dazu: Wenn ich alle Möglichkeiten meines Herzens ausschöpfe, kenne ich meine menschliche Natur. Seine Natur zu kennen heißt, den Himmel zu kennen.

Alles, was von uns verlangt wird, ist Aufmerksamkeit nach innen, um diese Präsenz des Göttlichen zu erfahren. Das geht nicht denkend und nicht durch Festhalten an Geboten, Bildern und Zeremonien. Das heißt nicht, dass ich diese nicht auch auf meinem spirituellen Weg benutzen kann. Der letzte Schritt der Nachfolge ist nicht, Jesus hinterher zu gehen, sondern wie er zu erkennen, wer wir sind, und daraus zu leben. Er muss daher fortgehen von uns. „Es ist gut für euch, dass ich gehe", sagt er nach dem Johannesevangelium. Wir könnten weiterfahren mit den Worten Jesu an Maria von Magdala: „Halte mich nicht fest." (Joh 20,17) „Noch vieles habe ich euch zu sagen, aber ihr könnt es jetzt nicht tragen. Wenn aber jener kommt, der Geist der Wahrheit, wird er euch in die ganze Wahrheit einführen." (Joh 16,12 ff.) „Die Stunde kommt, und sie ist schon da, zu der die wahren Beter den Vater anbeten werden im Geist und in der Wahrheit; denn so will der Vater angebetet werden." (Joh 4,23)

Jesus Christus ist kein Objekt der Kontemplation, er ist unser innerstes Wesen. Das aber lässt sich nur erfahren. Das Gebet Jesu in der Einsamkeit, in die er sich immer wieder zurückzog, war das Gebet der Einheitserfahrung mit dem, was er Vater nannte. Er war immer in dieser Einheit mit der Göttlichen Wirklichkeit. Er war sich bewusst, dass er in der Tiefe seines Seins die Göttliche Natur mit dem Vater teilte. Genau das sollen auch wir erkennen. Das Loslassen der äußeren Symbole und Bilder in der Kontemplation ist allen esoterischen Schulen gemeinsam. Im Taoismus spricht man vom „Fasten des Herzens" und vom „Leermachen des Herzens". Johannes vom Kreuz nennt es „Die Nacht der Seele" und Jesus Christus „Das Verlieren des Lebens".

Johannes vom Kreuz sieht die Erlösung der Welt begründet in diesem Sterben des Ich, wenn einer den Weg der Kontemplation geht. In diesem Zusammenhang ist es gut, einmal in seinem Buch „Aufstieg zum Berge Karmel" im 2. Buch, Kap. 7 die Nr. 11 u. 12 zu lesen. Hier steht, dass Jesus das Erlösungswerk vollbracht hat in seiner tiefsten Erniedrigung, der sogenannten Kenosis[3]: „Im Augenblick des Todes war er (Jesus) auch der Seele nach vernichtet, ganz ohne Trost und Hilfe, da der Vater ihn dem niederen Bereich nach innerster Trockenheit überließ. Dies drängte ihn zu dem Schrei: Mein Gott, mein Gott, warum hast du mich verlassen. Es war die tiefste fühlbare Verlassenheit seines Lebens. Und in ihr wirkte er das größte Werk."

Jesus Christus in dieser „Vernichtung" gleich zu werden ist der höchste Stand, den die Seele erreichen kann. Dieser höchste Stand besteht im erlebten Kreuzestod, sinnlich und geistig, innerlich und äußerlich. Für Johannes vom Kreuz ist die Gleichgestaltung mit Jesus Christus in seiner tiefsten Entäußerung die Voraussetzung

zung für die mystische Erfahrung. Diese vernichtende Entäußerung gilt auch für alles religiöse Erleben, für Vertröstungen, Visionen, Elevationen, ekstatische Erfahrungen usw. Aber das Ziel ist nicht die Entäußerung und die Leere. Sie sind vielmehr nur Durchgang und Voraussetzung für die folgende Auferstehung.

Wir haben Jesus Christus in seiner Gottheit und Menschheit zu leben. Wir sind ein anderer Christus. So wie er göttliches Leben in seiner Menschlichkeit manifestierte, haben auch wir göttliches Leben in unserer menschlichen Gestalt zu manifestieren. Da wir an allen Christusgeheimnissen teilhaben, sollen wir sie auch alle leben: Geborenwerden, Heranwachsen, Lernen, Arbeiten, Mitglieder einer Gesellschaft sein, Leiden und Sterben und wie er auferstehen.

Es geht nicht um eine Nachahmung, sondern um eine Gleichgestaltung als Söhne und Töchter Gottes. Wir sollen unsere Menschlichkeit lieben, weil sich in ihr unsere Göttlichkeit ausdrückt. Wir haben uns in einer Erfahrung als Mensch und Gott wiederzufinden. Aber: In dieser Erfahrung gibt es dann kein menschliches Ego mehr, sondern jene mystische Identität, die von der Theologie immer wieder als anstößig verurteilt worden ist und die doch bei allen wirklichen Mystikern zum Ausdruck kommt. Als Beispiel sei hier Hadewijch von Antwerpen[4] zitiert: „Ich gehöre nicht mehr mir, es bleibt mir nichts von mir selbst." – „Er hat die Substanz meines Geistes verschlungen." Und: „Die Seele wird mit Gott genau das, was er ist." „Das Feuer (der Liebe) macht keinen Unterschied, es verzehrt alles, was es erfasst: ich versichere Euch … von Verdammnis oder Segen ist nicht mehr die Rede. In der Erfüllung der Liebe ist man Gott geworden." „Wer das Wunder verstanden hat, das Gott in seiner Göttlichkeit ist, erscheint oft den Menschen, die diese Erkenntnis nicht haben, gottlos durch ein Übermaß an Gott, unwissend durch ein Übermaß an Wissen." – Und von Baalschem, einem Juden der Chassidim, erzählt man: „Einmal war der Sinn des Baalschem so gesunken, dass ihm schien, er könne keinen Anteil an der kommenden Welt haben. Da sprach er zu sich: „Wenn ich Gott liebe, was brauche ich da eine kommende Welt?"

Wahre Religion
(Lk 17,20)

„Als Jesus von den Pharisäern gefragt wurde, wann das Reich Gottes komme, antwortete er: ‚Das Reich Gottes kommt nicht so, dass man es an äußeren Zeichen erkennen könnte. Man kann auch nicht sagen: Seht, hier ist es oder: Dort ist es! Denn: Das Reich Gottes ist in euch'."

Reich Gottes, das meint soviel wie Leben Gottes. Das Leben Gottes ist in euch, will uns Jesus sagen. Religion, das waren für die Pharisäer die Tora und ihre Gebote. Für viele ist das auch heute noch so. Religion besteht dann aus Dogmen, Vorschriften und Ritualen. Wirkliche Religion beginnt dort, wo das Glaubensbekenntnis aufhört. Wirkliche Religion ist das Leben selber, Glaubensbekenntnisse muss man bekennen und reflektieren. Wirkliche Religion ertrinkt im göttlichen Sein. Glaubensbekenntnisse müssen Formeln und Bilder erschaffen und damit arbeiten. Wirkliche Religion ist die Erfahrung dessen, was Bild und Wort sagen wollen. Glaubensbekenntnisse versuchen zu erklären, zu deuten und zu regeln. Wirkliche Religion ist die Wahrheit, die sich als Leben vollzieht, sie ist das Abenteuer, das Leben heißt, ja sie ist der Tanz des göttlichen Lebens selber. Ich werde noch oft wiederholen: Religion ist unser Leben und unser Leben ist die eigentliche Religion. In unsrem Leben vollzieht sich Gott.

Glaubensbekenntnisse errichten Tempel und Kirchen, in denen Gott angebetet wird. Wirkliche Religion spielt sich im Alltag ab, denn dieser Leib, dieser Kosmos, ist der Tempel, in dem sich Gott vollzieht. Wahre Religion erhellt das Geheimnis, das wir selber sind: Leben Gottes! Es gibt nichts zu bekennen, nichts zu bitten, es gilt nur, Gott zu leben. Die wahre Religion kennt keine Götter, keine Helden und keine Gefolgsleute. Sie kennt auch keinen Ort der Verehrung. Der wirklich religiöse Mensch ist ein Heimatvertriebener, ein Vagabund, der überall und nirgends daheim ist. Er selber ist ja die Offenbarung Gottes. Seine Heimat ist er selber. Es gibt keinen Platz, wo nicht Offenbarung Gottes wäre. Gott wird nicht hier oder dort angebetet, er wird und entwird in jedem Augenblick in uns und in den Dingen.

Deswegen muss auch ein Glaubensbekenntnis zerbrechen, bevor man wirklich religiös werden kann. Die wahre Religion ist das Lied des Lebens selber. Es singt in jedem von uns seine einmalige und unverwechselbare Melodie. Je weniger wir sie stören durch unsere Vorstellungen von Gott und Welt, um so reiner klingt sie. Meister Eckehart meint nichts anderes, wenn er predigt: „Du gibst nur vor, Gott zu suchen; in Wahrheit machst du aus Gott eine Kerze, mit der du etwas anderes suchst, und hast du es gefunden, so wirfst du die Kerze hinweg.“ (Quint S. 170,36) „Du erniedrigst den unendlichen Gott zur Milch-Kuh, die man um der Milch und des Käses, um des eigenen Profits willen schätzt.“ (Quint S. 29) Und an anderer Stelle: „Alles, was du da über deinen Gott denkst und sagst, das bist du mehr selber als er, du lästerst ihn, denn, was er wirklich ist, vermögen alle jene weisen Meister in Paris nicht zu sagen. Hätte ich auch einen Gott, den ich zu begreifen vermöchte, so wollte ich ihn niemals als meinen Gott erkennen. Darum schweige und klaffe nicht über ihn, behänge ihn nicht mit den Kleidern der Attribute und Eigenschaften, sondern nimm Ihn ‚ohne Eigenschaft‘, als er ein überseiendes Sein und eine überseiende Nichtheit ist.“[5]

Wahre Religion verlangt auch keine Werke, als ob wir uns etwas zu verdienen hätten. Das Reich Gottes, dieses Leben Gottes, war schon immer unser Eigen. Und Jesus kam, um uns vor allem das eine zu sagen: „Das Reich Gottes ist in euch!“ Nochmals Meister Eckehart: „Es gibt Leute, die sich dafür (arm) halten, wenn sie ein Leben der Askese und äußeren Frömmigkeitsübungen führen. Sie sind nicht gerade schlecht daran, denn ihre Absicht ist gut; schenke ihnen denn der Herr in seiner Barmherzigkeit den Himmel. Aber dass man solche Menschen für groß erachtet, das erbarme Gott! In Wahrheit sind sie Esel, die nichts davon verstehen und keinen Hauch der wahren geistigen Armut verspürt haben. Geistig arm vielmehr ist der, der nichts will, nichts weiß und nichts hat und alles das so radikal, dass er nicht einmal so viel will, dass er den Willen Gottes erfüllen will; dass er nicht einmal weiß, dass Gott in ihm wirkt; dass er nicht einmal eine Stätte habe in sich, in der Gott wirken könnte; mit anderen Worten: mystisch arm ist der, der so ist, wie er war, da er noch nicht war." (Quint S. 304) – „Darum bitte ich Gott, dass er mich Gottes quitt mache; denn mein wesentliches Sein ist oberhalb von Gott." (Quint S. 308,6)

Was tun wir hier in dieser Eucharistiefeier? Ist das die wahre Religion? Es kommt darauf an, wie man diese Eucharistie versteht. Hier feiern wir das Reich Gottes, den ganzen Kosmos in Brot und Wein. Da ist nicht nur Brot und Wein, da ist jene andere Dimension, die sich in Brot und Wein vollzieht, jene Dimension, die wir das eine nennen. Es offenbart sich als Brot und Wein. Es offenbart sich in der Blume als Blume und im Menschen als Mensch.

Hier feiern wir die ganze Wirklichkeit, ihre beiden Aspekte: Gott und Welt. Hier sagen wir Gott und Brot. Dies aber sind nicht zwei getrennte Dinge, denn sie sind so wenig getrennt wie der Ton von der Schale, die aus dem Ton gemacht ist. Eine Schale ist etwas anderes als Ton und Ton etwas anderes als Schale. Aber sie können nur zusammen auftreten. Wenn eine Schale entstehen soll, braucht sie den Ton. Wenn der Ton sich zeigen will, braucht er die Form der Schale. Das Reich Gottes offenbart sich in dem, was wir Schöpfung nennen. Gott braucht uns, um zu erscheinen. Er braucht die Blume, den Baum, den Vogel, den Menschen und die Engel, um zu erscheinen.

So verhält es sich mit der Eucharistie. Heute ist oben in der Kirche ewige Anbetung. Wenn man vor dem Brot kniet und es anbetet, dann ist da nicht das, was wir die wahre Religion nennen. Wenn man aber im Brot die Manifestation Gottes als Brot erkennt, dann ist das die wahre Religion. Dann ist jeder von uns die wahre Religion, denn in jedem von uns vollzieht sich Gott. Darum sind wir Gottmenschen. Wenn wir erkennen könnten, wer wir wirklich sind, würden wir voreinander niederknien, wie wir vor dem Brot niederknien. Wir sind eine Inkarnation Gottes, wie Jesus eine Inkarnation Gottes ist.

Diese Erkenntnis allein wird in der Welt einmal den Krieg überwinden und Frieden schaffen, die Erkenntnis des wahren Wesens der Dinge und des Menschen. – Wer so weit ist, weiß auch, dass Glaubensbekenntnisse von Bedeutung sein können, sie sind nämlich wie der Finger, der auf den Mond zeigt, denn sie weisen auf den wahren Glauben hin. Sie sind wie die Schale, die den kostbaren Trank birgt. Sie laufen aber auch Gefahr auszutrocknen. Dann wird zwar über das Reich Gottes und über das Wasser des Lebens geredet, aber nicht davon getrunken. Dann wird auch aus Jesus nur ein Glaubensbekenntnis und ein Objekt der Verehrung und nicht der Verkünder des Reiches Gottes, das wir selber sind.

Der Leib als Tempel – Sport und Spiritualität
(1 Kor 3,17; 1 Kor 6,19 ff.)

Mein alter Sportverein lud mich ein zu einem Gottesdienst. In diesem Verein gewann ich viele Preise. Als ich ins Kloster ging, verbrannte ich eine ganze Kiste mit Lorbeerkränzen. Was sagt man alten und jungen Sportlern? Natürlich fiel mir gleich Paulus ein: „Wisst ihr nicht, dass eure Leiber Glieder Christi sind? ... Wisst ihr nicht, dass euer Leib ein Tempel des heiligen Geistes ist, der in euch wohnt und den ihr von Gott habt? Ihr gehört nicht euch selbst, denn um einen teuren Preis seid ihr erkauft worden. Verherrlicht also Gott in eurem Leib." (1 Kor 6,19 ff.) „Gottes Tempel ist heilig, und der seid ihr." (1 Kor 3,17)

Was hat der Sport mit Religion zu tun? Warum feiern wir das Bestehen eines Sportvereins auch mit einem Gottesdienst? Ist es am Ende doch nur die bekannte katholische Bauchwelle, weil die Kirche auch da mitreden will? Es gibt einen klaren Trend in der Homöopathie und Psychotherapie, der erkannt hat, dass der Mensch ein Körper-Psyche-Geist-Wesen ist und dass körperliche, psychische und geistige Gesundheit zusammenhängen.

Plato[6] berichtet von Sokrates, dass er mit einem jungen Mann über sein Kopfweh sprach. Er lässt Sokrates sagen: „Er (der junge Mann) klagte mir neulich, … der Kopf wäre ihm immer so schwer, wenn er des Morgens aufstände." Was aber ist das Mittel, das Sokrates dem jungen Mann empfiehlt? Er sagte: „So wie man nichts unternehmen dürfe, die Augen zu heilen ohne den Kopf, noch den Kopf ohne den ganzen Leib, so auch nicht den Leib ohne die Seele; sondern dieses eben wäre auch die Ursache, weshalb bei den Hellenen die Ärzte den meisten Krankheiten noch nicht gewachsen wären, weil sie nämlich das Ganze verkennten, auf welches man seine Sorgfalt richten müsste, und bei dessen Übelbefinden sich unmöglich irgendein Teil wohlbefinden könnte. Denn alles, sagte er, entspränge aus der Seele, das Böse und das Gute."

C. G. Jung[7] meint, dass der Mensch sich nur dann ganz entfalten kann, wenn er das Göttliche in sich mit einbezieht: „Unter allen meinen Patienten jenseits der Lebensmitte, das heißt jenseits 35, ist nicht ein einziger, dessen endgültiges Problem nicht das der religiösen Einstellung wäre. Ja, jeder krankt in letzter Linie daran, dass er das verloren hat, was lebendige Religionen ihren Gläubigen zu allen Zeiten gegeben haben, und keiner ist wirklich geheilt, der seine religiöse Einstellung nicht wieder erreicht, was mit Konfession oder Zugehörigkeit zu einer Kirche natürlich nichts zu tun hat."

Paulus hat das etwas anders formuliert: „Wisst ihr nicht, dass euer Leib ein Tempel des heiligen Geistes ist, der in euch wohnt und den ihr von Gott habt? Ihr gehört nicht euch selbst... Verherrlicht also Gott in eurem Leib." (1 Kor 6,19 f.) Gott offenbart sich als dieser Körper! Gott offenbart sich als Materie! Er möchte Gott verherrlicht sehen, der sich in diesem Körper manifestiert. Der Körper gehört nicht uns selber, sagt er sogar, denn er gehört Gott. Wer eine solche Einstellung zum Körper hat, dem wird er so wichtig wie Wein und Brot auf dem Altar.

Warum soll sich Gott im Körper des Menschen weniger offenbaren als in Wein und Brot? Wer eine solche Einstellung gewinnt, der geht sehr sorgfältig mit diesem seinem Körper um, der hat Ehrfurcht vor seinem eigenen Körper und auch vor dem Körper des anderen. Paulus drückt das aus, wenn er sagt, dass wir Gott darin verherrlichen sollen.

Das bringt eine ganz neue Einstellung zum Menschen und zum Sport. Der Körper ist viel mehr als nur ein Lebewesen, das im Laufe der Zeit Geist entwickelt hat. Der Mensch ist zuerst Geist, der sich einen Körper kreiert. Wir sind zuerst Geistwesen, die einen Körper haben, und nicht Körper, die auch Geist haben. Versteht ihr diese Umkehrung? Der Körper ist unser Partner auf dem Lebensweg. Christlich ausgedrückt heißt das: Wir sind göttliches Leben, das diese menschliche Erfahrung macht. Wir sind göttliches Leben, das sich inkarniert hat, das Mensch geworden ist.

Das ist die Botschaft von der Inkarnation Jesu! Wie in Jesus ist dieses göttliche Prinzip in uns Mensch geworden. Das Universum ist nichts anderes als dieses göttliche Bewusstseinsfeld, das sich immer wieder materialisiert. Es kreiert den physischen Körper und das Universum. Gott kreiert sich gleichsam selber in jedem Augenblick. Leider haben die christlichen Kirchen diese Botschaft auf Jesus verkürzt und eingeschränkt. Nicht nur der Mensch Jesus ist eins mit Gott, jeder Mensch ist eins mit Gott, jeder ist Gott-Mensch.

Eine solche Einstellung bringt Lebensfreude! Wir alle sind Mitspieler in diesem göttlichen kosmischen Spiel. In diesem Körper sind wir Mitspieler, denn er macht dieses Lebensspiel für uns alle spielenswerter. Es ist schwer verständlich, wie sich im Christentum eine solche Körperfeindlichkeit entwickeln konnte. Von vielen wird kritisiert, dass es immer so schnell auf die Seele zu sprechen komme, auf das Jenseits, viel zu viel von Kasteiung und Abtötung, von Fasten und Verneinung rede. Aber jede Askese, die körperfeindlich ist, ist ein Feind des Lebens. – Franziskus zum Beispiel hat lange vom Leib als dem Bruder Esel gesprochen, der widerspenstig ist und gezüchtigt werden muss. Erst am Ende seines Lebens fand er auch das Wort vom Bruder Leib. Alle Askese, die aus einem anderen Grund geschieht als aus der Sehnsucht, mehr Mensch zu werden, scheint mir abwegig. Askese hat den Sinn, Hindernisse aus dem Weg zu räumen.

Die Weisheit unseres Körpers gilt es wieder zu entdecken, denn Körper, Psyche und Geist haben sich entfremdet. – Wir bewegen uns nicht mehr, wir lassen uns bewegen im Auto, auf der Rolltreppe, im Fahrstuhl und erholen uns passiv vor dem Fernseher. Es gilt die Weisheit unseres tiefsten Wesens zu entdecken, die auch in unserem Körper gespeichert ist. Wir sollten unseren Körper wieder als Partner auf dem Weg zum Heil entdecken. Es gibt deutliche Anzeichen dafür, dass sich ein neues Körper-Bewusstsein entwickelt. Hinter all den Moden und Marotten der Fitnessindustrie zeichnen sich die Umrisse eines tiefgreifenden Wandels ab, denn die Einheit von Geist, Psyche und Körper wird wieder entdeckt. Die Wechselwirkungen zwischen Geist, Psyche und Leib ermöglichen eine Vertiefung unseres Menschseins, denn diese drei sind eine Einheit.

Liebe zu unserem Körper! Wir sollten zwei Extreme vermeiden, nämlich die Überbetonung unseres Körpers und seine Verachtung. Als Menschen sind wir eine ganz individuelle Form des göttlichen Lebens, unverwechselbar und einmalig. Wir sind der einmalige Tanzschritt des Tänzers Gott. Wir sind die einzigartige Note in der Symphonie Gott. Gott hat diese Symphonie nicht komponiert, um sie sich nun ständig vorzuspielen, denn er erklingt selbst als diese zeitlose Symphonie. Er klingt auch als diese ganz individuelle Struktur meiner Person. Er klingt in jedem einzelnen Ding ganz.

So geht es auch im wahren Sport nicht um körperliche Fitness, sondern um den ganzen Menschen. Manche meinen, wenn sie nicht zu einer Meisterschaft aufsteigen können, sollten sie den Sport gleich lassen. Sport aber ist nicht der Meisterschaft wegen da! Auf der anderen Seite wird Sport auch als Allheilmittel zur Gesundwerdung verkündet, eine Art Wunderdroge. Wer sich am meisten quält, erzielt die besten Ergebnisse. Der Sport aber sollte physische und psychische Selbsterfahrung bringen und zur Freude und Lebenssteigerung führen.

Der Leib ist unser Partner auf dem Weg zum Heil. Zum Leib gehört auch Sexualität. Ich bin überzeugt, dass auch Sexualität einen transpersonalen Aspekt hat. Das heißt nicht, dass es Sexualität nicht mehr geben soll oder dass sie negativ einzustufen wäre. Es bedeutet, dass sich auch die Sexualität des Menschen in die geistige Offenheit hinein entfalten wird und damit zur Einheit mit allem Seienden. Der Mensch öffnet sich mehr und mehr zum Universalen hin. Es gibt Erlebnisse, die aus dem physischen und psychischen Erleben kommen, dann aber das physische und psychische Erleben weit überschreiten.

Vielleicht hat Paulus das gemeint, wenn er vom Leib als Tempel Gottes sprach und von der Verherrlichung Gottes in unserem Leib. Wir werden nicht aus den Dingen heraus geführt, sondern aus der Verhaftung an die Dinge, damit wir Gott in den Dingen ergreifen und erfahren können, wie Eckehart sagt. Damit wir Gott in unserem Leib erfahren können.

Was wir Menschen unter Glück verstehen und was wir uns unter Heil vorstellen, ist nicht dasselbe. Glück und Heil gehören zwar irgendwie zusammen, aber wir Menschen meinen etwas ganz Verschiedenes, wenn wir diese beiden Worte gebrauchen. Glück hängt zusammen mit angenehmen Erlebnissen, und dazu gehören Essen, Haus, Erfüllung der leiblichen Bedürfnisse, aber auch Angenommensein, Zuwendung, einen Status haben und Geborgenheit. – Nicht zum Glück gehören Angst, Leid, Konflikte, Einsamkeit und Tod. Heil dagegen meint etwas ganz anderes. Wenn wir von Heil sprechen, denken wir nicht einfach an ein glückliches Leben, denn Heil meint vielmehr, eine endgültige Antwort auf den Sinn des Lebens gefunden zu haben.

Die Heilswege sind zwar ganz verschieden, haben aber alle eines gemeinsam. Sie führen durch Konfrontation, durch Not, durch Angst, durch Sterben und Tod zur Auferstehung. Das Leben Jesu, das wir das Jahr über feiern, zeigt uns diesen Heilsweg auf. Und wir gehen mit ihm durch alle Etappen, von der Geburt, über den Berg Tabor zum Berg Golgatha und bis zur Auferstehung. So können sich Heil und Glück in unserem Leben widersprechen. Der Weg zum Heil ist keine breite Straße. Er führt durch eine enge Pforte, über einen steilen Weg, er führt durch die Tiefe des Unbewussten, denn dort werden wir konfrontiert mit Menschen, mit der Welt, mit Teufel, mit Tod und mit Gott.

Suche nach dem Lebenssinn

Die Suche nach dem Lebenssinn oder die Suche nach unserem wahren Wesen oder, wie wir als Christen gewöhnlich sagen, die Suche nach Gott, gehört zum Prinzip der Evolution. Eigentlich ist es gar kein Suchen. Es entfaltet sich vielmehr das Göttliche in uns und durch uns. Das Göttliche kommt in uns zum Bewusstsein. Nicht wir sind es also, die die Erste Wirklichkeit suchen, sondern es ist die Erste Wirklichkeit, die diesen Drang der Unzufriedenheit und des Suchens in uns bewirkt. Gott ist der Suchende, Gott erwacht in uns. Wir selber können nichts „machen", wir können nur loslassen, damit das Göttliche aufscheinen kann. Wir können Gott „aus dem Wege gehen", damit er sich zeigen kann, wie Eckehart sagt. Die Wesensnatur offenbart sich, wenn wir sie nicht hindern. Und wenn es eine Erlösung gibt, dann ist es Erlösung von unserem Ichbesetztsein, damit aufscheinen kann, was wir wirklich sind.

Viele Menschen ahnen heute, dass Leben mehr ist als das, was uns die Ebene des Tages-Bewusstseins zu bieten vermag. Sie ahnen, dass es Räume kosmischen Ausmaßes gibt, die mit Intellekt und Sinnen nicht erreichbar sind. Intuitiv erfassen sie, dass nur von dorther das eigene Leben und auch das Leben des ganzen Kosmos seinen Sinn erhält. Sie spüren, dass dieses ihr jetziges Leben mehr sein kann. Sie sind unzufrieden. Unzufriedenheit aber ist ein Zeichen, dass Bedürfnisse in uns nicht erfüllt werden. Wenn der Mensch Bedürfnisse verdrängt, wird er krank. Was auf der psychologischen Ebene gilt, gilt auch auf der spirituellen Ebene. Auch auf dieser Ebene können Bedürfnisse verdrängt werden, z. B. das Bedürfnis nach Sinndeutung unseres Lebens. Durch Verdrängung dieser Bedürfnisse kommt es zu traumatischen Störungen und Blockierungen. Die transpersonale Psychologie nennt das Metapathologie, eine Art von Krankheiten also, die hinter den normalen psychischen und physischen Erkrankungen liegen. Das Spirituelle gehört zum Wesen des Menschen. Ohne das ist er nicht vollständig und gesund.

C. G. Jung hat darauf hingewiesen, wenn er sagt, dass er keinen Patienten, der älter als 35 Jahre ist, behandelt hat, dessen eigentliches Problem nicht ein religiöses gewesen wäre. Wenn der Mensch physische Grundbedürfnisse nicht erfüllt, wird er krank. Er wird aber genauso krank, wenn er seine spirituellen Grundbedürfnisse nicht erfüllt. Ein Mensch, der z. B. Hunger verspürt, wird etwas dafür tun, dass er zu essen bekommt, um seinen Organismus wieder ins Gleichgewicht zu bringen. Dagegen hat jemand, der seinen Hunger nicht wahrnimmt, keinen Grund, sich um Nahrung zu mühen. Hält er diesen Zustand über längere Zeit hinweg aufrecht, wird er Symptome von Unterernährung bekommen. Diese Symptome werden sein Befinden beeinträchtigen, und er wird unzufrieden sein und eine Änderung seiner Situation herbeiführen. Er sucht vielleicht einen Arzt auf, um diesem seine Symptome zu schildern und um Abhilfe zu bitten.

Wohl dem Menschen, der seine spirituellen Grundbedürfnisse spürt und einen „Arzt" findet, der ihm hilft, diesen Hunger zu stillen. Die meisten versuchen es mit der Religion, und vielen gelingt auch ein Weg in die spirituelle Tiefe. Aber manche sind unbefriedigt von der herkömmlichen Religion. Sie meinen unter Umständen sogar, dass Religion ein Hindernis war für ihre spirituelle Entfaltung. Sie suchen daher einen Weg ohne den „unnötigen Ballast" von Religion. Religion muss nicht so sein. Ich komme noch einmal darauf zu sprechen.

Wieder andere sagen, dass sie von ihren Eltern oder anderen Autoritäten verbildet worden sind, so dass sie heute noch unter ihrer Kindheit leiden. Es nützt uns aber wenig, die Misere auf andere zu schieben. Das Leben ist uns gegeben, damit wir wachsen und reifen, damit wir uns auf den Weg machen, wenn wir der Flachheit unseres Oberflächen-Bewusstseins überdrüssig geworden sind. Dieser Überdruss an einem flachen Leben ist ein entscheidender Beweggrund, um sich auf den spirituellen Weg zu machen. Wir haben ja eigentlich alles, oder wenigstens fast alles, was wir zum Leben brauchen. Warum sind wir nicht zufrieden?

Warum hat vielen auch eine ausgiebige Psychotherapie nicht den inneren Frieden gebracht? Warum suchen wir mehr als ein ausbalanciertes psycho-physisches Wohlbefinden? Unzufriedenheit und Leidensdruck sind gleichsam der Brennstoff für die Energie des Suchens. Es ist ein Suchen, das uns über unsere psycho-physische Existenz hinausführen soll. Wir wollen erfahren, wer wir wirklich sind, wir wollen den letzten Sinn des Lebens wissen. Es ist eine „göttliche Unruhe" in uns, die uns weiter treibt.

Der Weg nach Hause

Dem Numinosen kann man sich auf verschiedene Art und Weise nähern. Es gibt verschiedene Wege des Loslassens, damit das Göttliche in uns aufbrechen kann. Da ist:

1. Der Weg über den Intellekt. Wir können uns Gedanken machen über Gott und die Welt. Das ist der Ursprung der Philosophie, der Metaphysik und der Theologie. Davon soll hier jedoch nicht die Rede sein.

2. Man kann sich dem Numinosen auf dem Weg der Religion nähern. Das heißt, auf dem Weg des Kultes, des Ritus, der Zeremonie, der Sakramente und, meist damit verbunden, durch das Studium der Heiligen Schriften, ihrer Parabeln, Symbole und Mythen. Was verbirgt sich hinter ihnen? Wie weisen sie auf das Wesentliche hin? Die Parabeln, Symbole und Mythen in den Heiligen Büchern sind wie Glasfenster. Sie werden vom Licht, das dahinter steht, angestrahlt.

Das Licht selbst können wir nicht sehen. Wir können es nur in der Reflexion erkennen. Es leuchtet also gleichsam in diesem Glasfenster der Parabel oder des Mythos auf. Das Licht, das selbst keine Struktur hat und nicht fassbar ist, bekommt im Glasfenster Farbe und Struktur. Wichtig ist, dass wir diese Fenster nicht für die letzte Wirklichkeit halten. Sie sind nur ein Aufleuchten dieser Wirklichkeit in dieser bestimmten Form. Wir haben auch noch hinter diese Fenster zu schauen. Wie aber kommen wir ins Licht selbst?

3. Es ist der Weg der Kontemplation oder, wie es in anderen Religionen heißt, der Weg des Zen, des Vipassana, der tibetischen Meditationsformen oder der Sufiform. Diese drei angeführten Möglichkeiten, sich dem Numinosen zu nähern, widersprechen sich nicht. Im Gegenteil, sie ergänzen sich. Und wohl dem Menschen, der sich auf allen drei Spuren dem Göttlichen zu nähern versucht. Hier sei jedoch auf den 3. Weg etwas näher eingegangen, auf den Weg der gegenstandsfreien Kontemplation.

Gegenstandsfrei heißt, dass wir auf diesem Weg keinen Gegenstand haben, über den wir meditieren. Meditieren heißt: sich Gedanken machen; Sinne, Verstand und Gemüt von einem Bild, von einem Wort oder von der Natur ansprechen lassen und dann darüber nachdenken. Die seelischen Kräfte werden in der Meditation aktiviert. Auf dem Weg der Kontemplation, d. h., wenn man seinen Geist gegenstandsfrei zu halten versucht, hat man keinen Inhalt. Man lässt alle Inhalte los. Alle Konzepte, alle Bilder, alle Symbole, alle Überlegungen bleiben zurück.

Am einfachsten nehmen wir dazu den Atem. Wir setzen uns entspannt hin und lassen unseren Atem kommen und gehen. Wir verfolgen unseren Atem mit großer, innerer Aufmerksamkeit, ohne dass wir ihn manipulieren. Im Laufe der Zeit wird er langsamer. Das Ausatmen sollte etwas länger sein als das Einatmen. Nach dem Ausatmen entsteht eine kleine Pause. Wir verlängern sie nicht künstlich, aber wir horchen in diese Pause hinein. In dieser Pause erfahren wir zum ersten Mal die absolute Ruhe unseres Inneren. Wir atmen dann wieder ein und nehmen nun diese Ruhe, die wir in der Pause erfahren haben, mit in das Einatmen und ebenso wieder mit in das Ausatmen. Wiederum sei gesagt, dass es gut ist, den Atem möglichst wenig zu beeinflussen. Das Ausatmen sollte jedoch wichtiger sein als das Einatmen. Wir atmen im Grunde genommen nur ein, um auszuatmen und auf diese kleine Pause zwischen Ausatmen und Einatmen zuzusteuern. Nach einiger Zeit sollte in unserem Bewusstsein nur Atem sein. Wenn uns das gelingt, dann haben wir die zehntausend anderen Möglichkeiten, mit denen sich unser Ich sonst befasst, losgelassen. Immer wieder: dieser eine Atemzug! Kein Vorher und kein Nachher. Wir lassen los, was uns von innen bedrängen will. Wir beginnen langsam, unsere tiefere Identität zu erfahren. Dort herrschen Ruhe und große Klarheit.

Immer, wenn wir abgezogen werden von unserem Atem, kehren wir zurück, sobald wir es merken. Es bedarf keines Tricks, keiner besonderen Übung als dieser simplen Atembeobachtung. Nach einiger Zeit sollte aus dem Beobachten eine Einheit werden. Einheit mit dem ganzen Vorgang des Ein- und Ausatmens. Das können wir jedoch nicht machen. Wir müssen uns täglich hinsetzen, wenigstens eine halbe Stunde, bis diese Übung eine eigene Dynamik entfaltet. So wie ich Violinspielen nicht an einem Tag lernen kann, sondern Tag für Tag längere Zeit üben muss, bis „Es“ wirklich „spielt“. So muss ich auch diese Atemübung täglich wiederholen, und es dauert eine geraume Zeit, bis ich im Atem loslassen kann, um meine eigene Tiefe zu finden.

Gotteserfahrung – Auszug aus Mustern und Vorstellungen

„Und Gott sprach zu Abraham: Geh aus deinem Land und aus deiner Verwandtschaft und aus dem Haus deines Vaters in das Land, das ich dir zeigen werde! Und ich will dich zu einer großen Nation machen und will dich segnen, und ich will deinen Namen groß machen, und du sollst ein Segen sein!“ (Gen 12,1) – Dieser Text wird oft zitiert und oft gedeutet. Heilige Schriften können ganz verschieden ausgelegt werden: moralisch, historisch, psychologisch oder auch spirituell. Mir geht es um die spirituelle Auslegung, es ist die Auslegung der Mystik.

In diesem Jahr feierte ich meinen 77. Geburtstag. Von Abraham heißt es, dass er 75 Jahre alt war, als Gott ihm sagte: „Zieh aus!“ Als ich den Text las, hat er mich neu angerührt. Dieses klare „Zieh aus deinem Land und deiner Verwandtschaft aus und auch aus dem Haus deines Vaters in das Land, das ich dir zeigen werde“ wird mystisch gedeutet als Auszug aus den personalen Verhaftungen. Gott sagt Abraham nicht, wohin er ziehen soll. Er sagt nur, wenn die Zeit kommt, werde ich es dir zeigen. Zieh aus! Darauf kommt es in dieser Stelle an. Lass die Menschen zurück, die dir Heimat bedeuteten, lass das Haus zurück, das dir Geborgenheit gibt, lass dein Volk zurück, zu dem du gehörst.

Aber der Mystik ist das nicht genug und auch nicht das Wichtigste. Für sie gilt: Zieh aus aus deinen religiösen Vorstellungen! Zieh aus aus den Worten, Bildern und Konzepten von Gott! Zieh aus aus der Sicherheit und Geborgenheit einer schützenden und behütenden Hand Gottes! Zieh aus aus deinem Image, dem Nimbus, den andere um dich legen, und die Gemeinschaft, die dich getragen hat. Und das Schwerste von allem: Zieh aus aus deiner vordergründigen Ich-Identität. Der Tod des Ich ist die Voraussetzung für die Erfahrung Gottes. – Zieh aus aus deiner Angst vor dem Ich-Tod. Vertraue!

Die wirkliche Gotteserfahrung befreit von aller Angst, einschließlich der Angst vor dem Verlust des Ich. Paulus versucht uns das nahe zu bringen mit dem Satz: „Nicht ich lebe, sondern Christus lebt in mir.“ (Gal 2,20) Mit diesen Worten meint er nicht, dass Christus physisch in ihm lebt. Er drückt aus, dass sein tiefstes Sein Christusbewusstsein, d. h. Gottesbewusstsein ist. Er erfährt sich nicht als „alter Christus“, sondern als „ipse Christus“; nicht als ein anderes Christusbewusstsein, sondern als Christus selbst, als das eine Christusbewusstsein, gleichbedeutend mit dem einen Gottesbewusstsein, außer dem es nichts gibt. – Dabei ist Bewusstsein als solches gemeint, nicht ein Bewusstsein von etwas, auch nicht Bewusstsein *von* sich selbst. Und doch spielt diese menschliche Form, in der das geschieht, eine Rolle, sie gehört mit zum Ich Gottes. Ich bin ein Du aus Gott. Ich bin eine Welle des Ozeans. Der Ozean erfährt mich als Welle. Wir sind eins mit Gott, ohne aufzuhören, Menschen zu sein. Aber diesen Satz sagt nicht das Ich, unser tiefstes göttliches Sein spricht diesen Satz.

Zieh aus aus deinem Ich! Die Furcht vor der Vernichtung ist der beste Beweis, dass dieses verängstigte „personale Ich" nicht unsere wirkliche und echte Identität ist. Wir erfahren unsere eigentliche göttliche Identität, wenn wir loslassen können. Darin liegt allerdings auch eine Gefahr. Wenn der Mensch sein Ich nicht ganz loslassen kann, kommt es zu dem, was die Psychologie Inflation nennt. Das Ich bläst sich plötzlich auf und sagt: „Ich bin Christus" oder „Ich bin Gott". Das ist genau das Gegenteil von einer wirklichen Erfahrung. Das ist spiritueller Narzissmus. Es ist noch einmal eine Form von Regression. – Es zeigt, dass die spirituelle Ebene auch gefährlich sein kann, doppelgesichtig. Darum hat jede echte Erfahrung drei Aspekte: Sie bringt eine ungeheure Freiheit, eine große Demut und eine umfassende Liebe. Wenn eines fehlt, ist die Erfahrung nicht echt.

Zieh aus aus deinen Freundschaften! Manche werden sich von dir abwenden. Manche werden gegen dich sein. Viele erfahren das, wenn sie sich ernsthaft auf einen spirituellen Weg machen. Es gab kaum jemand, der einen solchen Weg konsequent ging und nicht bei irgend jemandem in Misskredit geraten wäre. Oft verbrannte man nicht nur die Bücher dieser Menschen, sondern auch sie selber. Toleranz ist nicht gerade Sache der Konfessionen.

Zieh aus aus deiner Rolle! Aus der Rolle des Meisters, des Priesters, des Vaters, der Mutter, des Mannes, der Frau. Die Erfahrung ist wie ein Rollentausch. Nicht ich erfahre Gott, sondern Gott bringt sich in mir zur alleinigen Erfahrung. Das macht alles andere unbedeutend und doch wieder bedeutsam in einer ganz neuen Weise. Es ist ein Erwachen Gottes, wie Johannes vom Kreuz es nennt. Daher sind in der Erfahrung auch keine anderen Dinge oder Wesen. Es ist nur Unendlichkeit, Freiheit, die aber in allen Dingen erfahrbar wird. Darum ist sie nichts Abgehobenes. „Alle Dinge schmecken dann nach Gott", wie Eckehart predigt. Dadurch wird die Gotteserfahrung identisch mit dem Alltagsgeschehen. Diese Aussagen sind paradox und verweisen auf das Mysterium. Wirklichkeit ist nichts Festes und Abgeschlossenes, sondern ein Prozess, der sich dem wachsenden Bewusstsein immer umfassender erschließt. Sie ist eine Symphonie, die jedem erklingt nach der Weite und Tiefe seines Fassungsvermögens.

Zieh aus aus deinem psychologischen Ich! Die Psychologie hat uns neue Erkenntnisse unserer Psyche gebracht. Natürlich kann man Heilige Schriften auf Grund dieser Kenntnisse auch psychologisch deuten und zur Lebenshilfe nutzen. Aber Gotteserfahrung geht über die psychologische Einteilung von unbewusst, unterbewusst und bewusst hinaus. Sie geht auch über die ersten Stufen der transpersonalen Psychologie hinaus. Erst im kosmischen Bewusstsein ist eine wirkliche Gotteserfahrung möglich. Leerheit und Form, Gott und Welt sind nicht getrennt. Aber man ist nicht mehr das Subjekt der Erfahrung, es gibt nur die Erfahrung selber. Darin ist nichts anderes.

Jetzt warnen natürlich die Psychologen, nicht abzuheben, und mahnen zur Schattenarbeit. Jeder wirklichen Erfahrung geht eine tiefe Erkenntnis der dunklen Seite der Psyche voraus. So wie eine Nahtod-Erfahrung oft noch einmal durch das ganze Leben führt und alle Schatten glasklar sichtbar macht, geschieht es auch hier. – Ein Mensch kann tief erleuchtet sein und trotzdem noch Ecken und Kanten haben, an denen er zu arbeiten hat.

Zieh aus aus deinen theologischen Konzepten! Der Mensch erfährt Einheit, wenn er wirklich ganz da ist, offen und unbesetzt. Jede theologische Meinung grenzt ein. Sie bleibt im rationalen Bereich stecken. Das spricht nicht gegen eine Theologie. Aber die Theologie ist nur eine Möglichkeit, sich Gott zu nähern. Bloße Wiederholung der Dogmen und des Katechismus, dessen, was andere gesagt haben, bleibt unbefriedigend. Offenbarung wird zur Offenbarung in dem, der sie empfängt. Nicht die Worte sind es, sondern die Erkenntnisdimension des Empfängers entscheidet. Was wir Gott nennen, ist immer ganz da. Unser Fassungsvermögen entscheidet, wie viel wir davon erfahren. Kontemplation erweitert unser Fassungsvermögen. Dieses Fassungsvermögen öffnet sich bis in den transmentalen Raum. Eckehart spricht von der Empfänglichkeitsanlage im Menschen. Die Wirklichkeit ist immer ganz da, das Gefäß ist nicht das Gleiche. Es kann weit oder eng sein.

Zieh aus! Dieses Wort Gottes an Abraham führt zu einem radikalen Identitätswechsel. Er führt in ein neues Land, es ist ein Land, das Gott denen zeigt, die Mut haben auszuziehen. Und noch etwas sagt Gott: „Ich werde dich zu einem Segen machen.“ Ein solcher Auszug bedeutet nicht Rückzug aus der Welt. Im Gegenteil, er führt zu neuer Verantwortung. Er führt zurück in die Familie und in die Gesellschaft.

Die Erste Ursache

Nicht alle Menschen haben den gleichen religiösen Bewusstseinsstand, und Religionen sind nicht für alle Zeiten unwandelbar festgeschrieben. Eine Religion hat sich zu entfalten und mit der Anthropologie und der Weltsicht ihrer Anhänger Schritt zu halten. Sie hat sie in der Evolution zu begleiten. In dieser Ansprache möchte ich einmal das Wort Gott nicht gebrauchen. Das Wort ist belastet, und die Inhalte, die dem Wort oft gegeben werden, sind nicht immer meine. Es gibt ein wunderbares Gedicht von Dionysius[8] Areopagita, einem frühchristlichen Mönch:

„Die erste Ursache von allem ist weder Sein noch Leben;
denn sie ist es ja gewesen, die Sein und Leben erst erschaffen hat.
Die erste Ursache ist auch nicht Begriff oder Vernunft;

denn sie ist es gewesen, die Begriffe und Vernunft erst erschaffen hat.
Die erste Ursache ist auch nicht an einem bestimmten Ort zu finden,
weder an einem Ort im Raum noch an einem Ort in den Gedanken.
Denn jeder Ort ist ja nur ihr Geschöpf.
Nichts in dieser Welt ist die erste Ursache.
Denn alles in dieser Welt ist ja von ihr erschaffen worden.
Und dennoch ist sie keineswegs ohne Macht:
Denn sie hat doch alles erschaffen, alles ins Sein gerufen, was ist.
Und Schöpfung, Ruf ins Sein, braucht eine Macht, damit auch wirklich etwas entsteht.
Und dennoch ist diese erste Ursache auch keine Macht;
denn sie ist es ja gewesen, die jede Macht erschaffen hat."

Ich werde also dieses Wort „Erste Ursache" gebrauchen. Ich deute damit die folgenden Worte aus: Gott, Gottheit, Vater, Reich Gottes, ewiges Leben, das Numinose, das Absolute, Wesensnatur, Dharma, Nicht-Form, Sunyata und Leerheit. Alles, was man über diese Erste Ursache sagt oder denkt, ist sie bereits nicht mehr. Sie kann nur erfahren werden. Ja, letztlich erfährt sie sich selber in jeder Form, und sie erfährt sich in jeder individuellen Form als das Eine und Einzige. Diese Erste Ursache manifestiert sich als Universum. Sie existiert als Universum, sie ist Gestalt geworden als Universum.

Diese Erste Ursache offenbart sich von innen. Sie braucht keinen Gott von außen. Es ist der innerste Impuls der Evolution, der zu dieser Erfahrung treibt. Sie treibt auch den Menschen immer wieder von innen her an, sich auf die Suche zu machen. Die Erste Ursache manifestiert sich als Universum und existiert als Universum, ohne sich damit zu vermischen. Shakyamuni, Laotse, die Weisen der Upanischaden, Mose, manche Propheten, Jesus und viele andere Menschen haben diese Erste Ursache selbst erfahren. Nach der Erfahrung mussten sie dieser Ersten Ursache einen Namen geben, wenn sie anderen etwas davon mitteilen wollten. Religion ist also eine Art Erfahrungsbericht. Dieser Bericht fällt in jeder Kultur und in jeder Zeit anders aus. Darum gibt es verschiedene Religionen.

So beschrieb Parmenides, der 500 Jahre vor Christus lebte, seine Erfahrung in der Sprache und den Bildern seiner Zeit. Das Gleiche hat Mose getan. Nachdem er vor dem Brennenden Dornbusch die Erste Ursache bildlos erfahren hatte, musste er sie irgendwie benennen, wenn er den Israeliten davon Botschaft bringen wollte. Er nannte diese Erste Ursache „Jahwe", d. h. „Ich bin da", „Ich bin der, der dabei ist." Es ging ja um den Auszug aus Ägypten. Die Namensgebung fiel also in eine ganz bestimmte Situation. Der wirkliche Anfang der Religionen liegt in der Erfahrung der Weisen und Religionsstifter. Zur Ausgestaltung der Religion haben natürlich auch andere Umstände und Ursachen beigetragen, bis hin zur Vergottung von Naturkräften und zu besonderen Antworten auf die Frage nach Tod und Weiterleben. Aber das, was Religion ins Leben rief, war die Erfahrung der Weisen. Sie zeigte sich oft in Urbildern der Menschheit. Wir wissen, dass unser Glaubensbekenntnis viele dieser Urbilder von den Ägyptern übernommen hat. (M. Görg) Offenbarung vollzog sich an vielen Orten der Menschheit.

Gott erfahren – von Gott sprechen
(Spr 8; Joh 15, 1 ff.)

Aufgabe und Grenze von Religion

Wenn jemand intensiv den kontemplativen Weg geht, kommt der Augenblick, da ihm die alten Gottesbilder und herkömmlichen Gottesdienste zerbröckeln und die Dinge weit weg und auch dogmatische Aussagen vollkommen leer erscheinen. Die Festigkeit der Welt verschwindet. Das geht oft Hand in Hand mit einer großen Verunsicherung. Der Halt, den das Bild vom liebenden Vater gab, ist verschwunden. Der Erlöser Jesus, der alles für einen getan hat, an den man sich nur anhängen musste, ist nicht mehr da. Alle Möglichkeiten, sich festzuhalten, sind entschwunden. Das nennt die Mystik die Nacht der Sinne und des Geistes. Es ist eine Zeit großer Unruhe und Unsicherheit, und nicht wenige versuchen umzukehren. Und viele Seelsorger raten dann auch, diesen eingeschlagenen Weg der Kontemplation zu meiden, wie Johannes vom Kreuz schon feststellen musste. Dabei ist es die Reise heimwärts, zurück in unseren Ursprung, die Reise zu Gott, ohne doch die Form und die Formen letztlich ganz zu verlieren.

Im Buche Jesus Sirach (24, 3–4) heißt es: „Ich bin hervorgegangen aus dem Munde des Höchsten, und wie ein Nebel hüllte ich die Erde ein. Ich wohnte in den höchsten Höhen, und mein Thron stand auf einer Wolkensäule. Die Wölbung des Himmels umkreiste ich allein, und in der Tiefe der Abgründe wandelte ich. Über die Wogen des Meeres und über die ganze Erde und über jedes Volk und jede Nation herrschte ich.“ Hier ist es Sophia, die göttliche Weisheit, die so spricht. Im Alten Testament wird sie zunächst vorgestellt als junge Frau, als eine Vertraute des Allerhöchsten, die durch ihre tanzende Lebensfreude die Welt mitgestaltet. Lest es einmal nach im 8. Kapitel des Buches der Sprüche!

Die Erfahrung der Menschen damals war offensichtlich, dass nicht der große Kummer, nicht ein irrer Zufall, sondern eine weise Heiterkeit und Lebensfreundlichkeit dem All zugrunde liegen. Um diese Erfahrung kundzutun, kleidete man sie in das Bild einer tanzenden jungen Frau, die vor Beginn der Welt Gottes Vertraute war und an seiner Schöpfung mitwirkte. Diese Weisheit, von der es hier heißt, sie sei wie ein Wort „aus dem Munde des Höchsten“ hervorgegangen, wurde später Gott zugeordnet. Man sprach vom Wort Gottes und von der Weisheit des göttlichen Geistes. Und wieder viel später wurde daraus die Lehre von Gott Vater, Gott Sohn und Gott Heiliger Geist. Auch Religionen entwickelten sich und sie werden sich weiter entwickeln, weil die Weltsicht des Menschen und die Einordnung in das kosmische Geschehen sich verändern.

Es gibt verschiedene Arten von Gotteserkenntnis

Da ist die begrifflich-bildhafte Erkenntnis. Wir projizieren im Grunde menschliche Verstehensbilder auf diese letzte Wirklichkeit. Wir sind gewohnt, von Gott in unseren menschlichen Bildern, in unseren intellektuellen und psychischen Strukturen zu sprechen und ihn uns auch darin vorzustellen. Wenn der Gang der

Evolution auch nur ein bisschen anders verlaufen wäre, hätten wir ganz andere Strukturen der Erkenntnis und des Erlebens. Gott aber wäre der Gleiche. – In Walen, Delphinen und Tümmlern hat sich das Bewusstsein ganz anders strukturiert. Sie besitzen eine ganz andere Vorstellungswelt. Ihr Gehirn ist im Vergleich zum menschlichen genauso groß und entwickelt. Sie besitzen andere Muster des Erkennens.

Eine zweite Erkenntnisart ist die Liturgie und der Gottesdienst. In der Liturgie wird das Heilsgeschehen entfaltet. Darin liegt eine tiefe Aussage über Gott, Mensch und Welt. Eine Aussage, die nicht in Worten geschieht, aber den Menschen auf eine Ebene des Verstehens führt, die jenseits des Intellekts liegt. Der göttliche Urgrund wird im Feiern erlebt.

Und es gibt letztlich die strukturlose Erfahrung der Wirklichkeit, die wir Gott nennen. Ein Erleben, das sich nicht mehr in Worte fassen lässt. Aber wenn dieses Erleben sich in unserem Ich-Bewusstsein strukturiert, kann dies nur in Bildern und Begriffen geschehen. So wird im obigen Text die Erfahrung einer weisen und lebensfreundlichen Ordnung dieser Welt zunächst in das Bild der strahlenden jungen Frau in Gottes Nähe gekleidet. Später wird es dann in die Lehre vom Geist in der göttlichen Dreieinigkeit umgeformt.

Begrifflich-bildhaftes Denken schafft Kategorien, Analogien und Muster. Es trennt fein säuberlich, ordnet über und unter und steckt in Schubladen, damit unser Verstand damit arbeiten kann und zu neuen begrifflich-bildhaften Erkenntnissen kommt. Das gleicht einer übersichtlichen Landkarte, ist aber nicht die Gegend, durch die ich wandere. Lange halten Menschen diese Landkarte für wirklich, ohne dass sie sich darüber Rechenschaft ablegen.

Wirklichkeit, und darunter verstehe ich das, was wir Abendländer Gott nennen, Wirklichkeit aber ist nicht mit dem Verstand begreifbar, nicht zu überblicken, zu ordnen oder zu teilen. Sie ist eine ruhende Ganzheit und gleichzeitig ein Prozess, d. h. in ständiger Wandlung begriffen. Wirklichkeit ist letztlich die immerwährende Selbstentfaltung jenes universalen Prinzips, das wir Abendländer seit einigen Jahrtausenden Gott nennen. Es entfaltet sich in allem, was ist. Alles, der Mensch eingeschlossen, ist diese Wirklichkeit.

Daher kann kein Mensch diese Wirklichkeit wie ein Objekt von außen mit seinem Verstandesdenken begreifen, sondern nur von innen in einem alles umfassenden Augenblick der Erkenntnis erfahren. Die Mystik spricht vom „Schauen mit dem Auge der Erkenntnis“. Ein Schauen, das alles Verstandeswissen und alle Sinneseindrücke übersteigt, das jede Frage verstummen lässt und jeden Zweifel mit einem Schlag ausräumt. So kommt es, dass Menschen nach einer solchen Erfahrung sagen: „Wie blind war ich zuvor und wie taub!“ Menschen, die Gott erfahren haben, erleben sich und die ganze Welt „durchgottet“. Darum kann Angelus Silesius dichten:

Gott ist mein Geist, mein Blut, mein Fleisch und mein Gebein:
Wie soll ich dann mit ihm nicht ganz durchgottet sein?

Wenn du vergottet bist, so isst und trinkst du Gott. Und dies ist ewig wahr in jedem Bissen Brot.

Der Mystiker lebt in einer ganz natürlichen, wesenhaften Verbindung mit Gott. Er braucht im Grunde keine Religion als Rück-bindung (re-ligio) an das Göttliche. Er braucht kein Gebet als Wortbrücke zu Gott, keinen Sakralbau als Ort der Begegnung mit ihm, keine Lehre, um von Gott zu wissen und an ihn zu glauben, und keine Gebote, um gottgemäß zu handeln. Er lehnt all dies nicht ab. Und doch: „Wes' das Herz voll ist, des' läuft der Mund über." Eines Tages möchte und muss der gotterfahrene Mensch seine Erfahrung mitteilen. Als Wesen von Leib, Seele und Geist wird er sie einfließen lassen in die Ausdrucksmittel von Leib, Seele und Geist, auch wenn die Erfahrung dadurch verkürzt und eingeengt wird. Er wird, was ihm widerfahren ist, in Worten zu artikulieren versuchen, im Lied besingen, ihm in Gesten und zeremoniellen Handlungen Gestalt verleihen. So haben sich im Grunde die Religionen entwickelt. Anfangs waren sie erd- und naturverbunden, einfach in ihren Worten und Riten, reich an Mythen und Symbolen – später unter dem Einfluss der Philosophie vergeistigt, lehrhaft, intellektualisiert und im Laufe der Zeit mehr und mehr institutionalisiert. Dabei unterliegen die Religionen ständig der Gefahr, sich zu einer absoluten Größe auszuwachsen, die auch über Gott verfügt. Statt Raum zu lassen und zu schaffen für die Erfahrung des Göttlichen, statt Glasfenster zu sein, in dem das Licht aufscheinen kann.

Eine Religion ist ein Modell, es sollte den Menschen dienen und helfen. Dem, der Gott erfahren hat, sollte es ermöglichen, seine Erfahrung mitzuteilen und sie auch dem begrifflich-bildlichen Denken des Ich erfassbar zu machen – soweit das überhaupt möglich ist. Und dem, der auf der Suche nach Gott ist, dem sollte sie von ihm Kunde geben, bis er einmal selbst deren Wahrheit erfährt. Dazu gibt es die Bilder, Metaphern, Symbole und Parabeln, dazu die Riten und Zeremonien, die Schriften und Dogmen, die gesamte Theologie. All das sind verschiedene Versuche, über Gott etwas auszusagen. Sie sind gefärbt vom Weltbild, von der Erziehung und dem Bildungsstand der jeweiligen Menschen. Und sie sind der Wirklichkeit Gott mehr unähnlich als ähnlich.

Es gibt eine eigene theologische Richtung, die sog. negative Theologie, die – im Wissen um die Begrenztheit aller Worte – mehr sagt, was Gott nicht ist, als was er ist. Und Menschen mit mystischen Erfahrungen fügen ihren stammelnden Aussagen meist hinzu, dass es in Wirklichkeit ganz anders ist, als sie ausdrücken können. Viele schweigen, weil viele Menschen diese Worthülsen und Bilder mit dem, was sie ausdrücken, verwechseln. Trotzdem hat Religion ihre Berechtigung – solange sie sich bewusst bleibt, dass sie lediglich „der Finger ist, der auf den Mond zeigt". All ihr Sprechen von Gott ist mehr ein Umschreiben, bruchstückhaft, vorläufig, begrenzt.

Gott – Ruhe und Prozess

Die Naturwissenschaft sagt uns, dass der Kosmos ein sich selbst organisierendes Gebilde ist. Viele Naturwissenschaftler werden sich immer klarer, dass das Universum ein lebendiges System ist mit einem immanenten geistigen Prozess, einem Prozess der Selbstorganisation. Gott ist dieses sich selbst organisierende Wesen Universum. Er ist nach Eckehart Ruhe und Prozess. Er nennt Gott ein

Sein, das eine gewisse auf sich selbst und über sich selbst zurück gebogene Hinwendung und ein In-Sich-Selbst-Ruhen und Feststehen ist. Er nennt es aber auch ein gewisses Kochen oder Sich-Selbst-Gebären, das in sich glüht und in sich selbst und über sich selbst verfließt und kocht; ein Licht, das im Licht und ins Licht mit sich ganz durchdringt und das mit sich ganz über sich ganz überall gewandt und zurück gebogen ist (Quint S. 34).

Man spürt, wie Eckehart hier und oft mit Worten ringt, um die Durchdringung und Einheit der Gottheit mit allem aufzuzeigen. Wir brauchen Gott nicht *hinter* allem zu suchen, er *ist* dieser Tanz des Kosmos. Es gibt für dieses göttliche Prinzip keinen Punkt Omega. Das würde Stillstand bedeuten und wäre mit der Gottesvorstellung nicht vereinbar. Ursache und Zweck existieren nur in unserer rationalen Anlage. Wir werfen sie wie ein Netz über das kosmische Geschehen. Die erste Wirklichkeit Gott bewegt sich nicht auf ein Ziel hin. Sie hat ihr Ziel in sich selbst. Sie strebt nicht auf eine endgültige Form hin, weil sie in sich bereits vollständig und vollkommen ist. Alles Erschaffene ist darin enthalten. Die Spaltung in Vergangenheit, Gegenwart und Zukunft existiert nicht. In Gott gibt es keine Zeit.

Die Selbstorganisation muss nicht einem vorher festgelegten Bauplan folgen. Es sind metaphysische Prinzipien, die da am Werk sind und sich mit wachsender Komplexität in immer neuen Möglichkeiten strukturieren und selbst organisieren. Was hindert uns daran, in diesen metaphysischen Energien und in den daraus hervorgehenden Strukturen diese Wirklichkeit Gott zu erkennen? Diese Auffassung widerspricht sowohl einem naturwissenschaftlichen Reduktionismus wie auch einer deterministischen Prädestinationslehre.

Der Kosmos – der Tanz Gottes. Es liegt in diesem Gottesbild sogar eine Art Wahlfreiheit der Lebensenergie, wie sie heute von der Chaostheorie beschrieben wird. In diesem Verstehensmodell wird erläutert, dass es immer wieder zu neuen Strukturen mit minimaler Abweichung kommen kann. Da das ganze System aber kohärent ist, d. h. zusammenhängt, sind alle Einzelsysteme davon betroffen. Es besteht eine ständige Rückkoppelung. Die kleinste Abweichung wird also im ganzen System, letztlich im ganzen Kosmos registriert und bringt ein Ungleichgewicht, das, mit unseren rationalen Formeln nicht voraus berechenbare, neue Richtungen und Strukturen zur Folge hat.

Aus gleichen Ursachen folgen nicht unbedingt gleiche Wirkungen. Viele Vorgänge sind nicht linear. Dieses erste Prinzip „Gott", das alles bewegt, zeigt also eine ungeheure Freiheit im Handeln. Im Kosmos findet sich keine Spur von Permanenz und fester Struktur. Erzeugen und Vernichten ist an der Tagesordnung. Aber das heißt noch lange nicht, dass der Kosmos ein Chaos im üblichen Sinn des Wortes ist. Die Zersplitterung ist nur eine scheinbare. In Wirklichkeit ist alles miteinander verwoben. Gott ist dieser Tanz des Universums. Tanz und Tänzer sind verschieden, aber sie können nur zusammen auftreten. Wo ein Tänzer ist, muss auch ein Tanz sein und umgekehrt. Der Tänzer ist nicht der Tanz und der Tanz ist nicht der Tänzer. Aber niemand kann sie auseinander nehmen. Dieses letzte Prinzip Gott ist nicht die Schöpfung und die Schöpfung ist nicht Gott, aber niemand kann sie auseinander nehmen, sie können nur zusammen auftreten. Das bewahrt uns vor einem flachen Pantheismus. Der Pantheist sagt: „Der Baum ist Gott." Der Mystiker sagt: „Das göttliche Prinzip offenbart sich als Baum."

Diese Selbstorganisation besteht aus drei Dimensionen oder Aspekten: Muster, Struktur und Prozess. Alles Lebende ist letztlich ein geistig-materieller Prozess. Fritjof Capra[9] beschreibt diesen Prozess wie folgt: „Das seltsame an dem Konzept der Selbstorganisation ist, dass man sie als von ‚dreifaltiger' Natur beschreiben kann, nämlich mit folgenden Aspekten: Das Muster der Organisation, die Struktur und der Prozess. Das Muster der Selbstorganisation ist die Gesamtheit aller Zusammenhänge zwischen den Systemkomponenten. Dieses Muster kann beschrieben werden ohne Bezugnahme auf Raum, Zeit, Energie, Materie und alle sonstigen Begriffe der Physik und Chemie. Es ist also ein abstraktes Muster von Zusammenhängen. Die Verwirklichung dieses Musters in konkreten lebenden Systemen ist die Struktur, die mit physikalischen und chemischen Begriffen beschrieben wird. Die kontinuierliche Verwirklichung des Musters der Selbstorganisation erfordert einen dynamischen Prozess, den Lebensprozess. Und der ist im wesentlichen ein geistiger Prozess."

Darum dürfen wir ruhig sagen: „Gott" ist dieses Muster, er ist der Entwicklungsprozess des Kosmos. Er ist die Entfaltung dessen, was wir Universum nennen. Wir können Jesus als den Kosmischen Christus, als „Struktur" verstehen, als Symbol für alles, was existiert. Aber wir dürfen auch an diesen Bildern nicht hängen bleiben. Was hier am Werk ist, hat mit unserer Ratio wenig zu tun. Das Universum ist vielmehr a-rational organisiert, besser gesagt: es ist ein trans-rationales Bewusstsein, das schaffend dieses Universum erfüllt.

Wir sind keine Monaden

Die Welt ist ein zusammenhängendes Netzwerk, eine Einheit, in der wir Teil sind. Holismus nennt das ein Fachausdruck. Wirklichkeit lässt sich nur in einer tiefen, ganzheitlichen, mystischen Erfahrung erahnen. Alle unsere Worte, Bilder, Parabeln, Mythen und natürlich auch die naturwissenschaftlichen Formeln können nur darauf hindeuten. Aber sie können uns aus dem statischen, personalistischen Gottesbild, das so vielen Christen Schwierigkeiten macht, herausholen.

Die Naturwissenschaft erkennt im Universum lauter sich selbst organisierende Einzelsysteme, die netzartig zusammenhängen. Eckehart sagt daher: „Die Monade erzeugt und erzeugte eine andere Monade und wandte auf sich selbst die Liebe oder Glut zurück. Deshalb heißt es bei Johannes ‚In ihm war das Leben'. Das Leben besagt nämlich ein Ausströmen, bei dem etwas in sich selbst schwellend sich zunächst in sich selbst ergießt mit jedem Teil seiner selbst in jeden Teil seiner selbst, bevor es sich ausgießt und überkocht nach draußen." (Quint S. 35)

Wenn ein Ei befruchtet ist, entwickelt es sich, ohne dass von außen nachgeholfen wird. Es holt sich über chemische und biologische Prozesse alle Bausteine, die es für seine Entwicklung braucht. Aber das Prinzip, das Feld (Sheldrake), das hinter dieser Entfaltung steht, sagt uns heute die Naturwissenschaft, ist nicht biologischer oder chemischer Art. Es ist ein geistiges Prinzip, das sich in den materiellen Strukturen entfaltet.

Dieses geistige Prinzip und die materielle Struktur sind nicht dasselbe, darum passt die östliche Bezeichnung „nicht-zwei“ besser; aber sie sind koexistent, d. h. sie existieren gleichzeitig und durchdringen einander, man kann sie nicht trennen. Der Ausdruck „nicht-zwei“ hilft uns, einen vordergründigen Pantheismus zu vermeiden. Das einzelne Ei kann sich nur eingebettet in ein Netz von Zusammenhängen entwickeln. Es gibt letztlich keine Einzelstruktur, die unabhängig vom Ganzen wäre, und das Ganze kann nicht unabhängig vom geistigen Prinzip auftreten.

Mit dem Namen Universum bezeichnen wir alles, was existiert, alle Prozesse und Strukturen materieller, psychischer und geistiger Art und auch das Organisationsprinzip, nach dem sie sich entwickeln. Dieses Organisationsprinzip hält alles zusammen und erschafft kontinuierlich das ganze Universum als *creatio continua*. Gott ist die Summe all dieser Organisationsprinzipien auf kosmischer Ebene. Er ist dieser kosmische Prozess der Selbstorganisation selber. Er *ist* also die Bestandteile des Universums und er *ist* ihr Organisationsprinzip. Er *ist* Materie und Geist. Gott ist dieses sich selbst erschaffende und sich selbst organisierende Prinzip oder Wesen. Zeit und Raum sind eine Vorbedingung und damit eine Einschränkung für unser sinnlich-rationales Verstehensmuster. Die raum- und zeitlose Erfahrung einer letzten Wirklichkeit, wie sie die Mystik kennt, unterliegt dieser Einschränkung nicht. Was wir Gott nennen, lässt sich eben nicht in unsere Denkkategorien einfassen. Alles, was wir von ihm aussagen, sind nur Verstehensversuche. Nur ein bornierter Geist kann solche Modelle absolut setzen. Wer sie absolut setzt, tötet Gott.

Bilder und Modelle wandeln sich

Religiöse Modelle und das Sprechen von Gott muss sich wandeln dürfen. So wie die Naturwissenschaft immer neue Modelle entwirft, an denen sie Erkenntnisse zu verifizieren versucht, sich aber hütet, diese Modelle mit der Wirklichkeit gleichzusetzen, so müssen die Religionen ihre Verstehensmodelle wandeln und bereit sein, neue zu entwerfen.

Der Gott der absolut gesetzten Dogmen, dieses überkommene Verstehensmodell, ist für viele Menschen längst tot. Nicht nur Nietzsche hat das festgestellt, Eckehart bittet bereits Gott, dass er ihn dieses Gottes quitt mache. Wenn ich in einem Zugabteil sage, dass ich katholischer Priester bin, sprudeln die Mitreisenden sofort heraus, warum sie aus der Kirche ausgetreten sind, warum sie an diesen christlichen Gott nicht glauben können. Es sind neben den Untaten, die Religionen begangen haben – und es gibt kaum eine Untat, die von ihnen im Namen Gottes nicht begangen wurde –, die festgefahrenen und für absolut erklärten Lehrsätze, die sie nicht mehr nachvollziehen können. Dadurch wird ein Gottesbild vermittelt, das nicht mehr in ihr Weltverständnis passt. Es ist der Gott außerhalb, der noch dazu ein moralischer Wächter und Rächer von Untaten sein soll. Er hat vielen Menschen eine Neurose verursacht, mit denen sich die Psychotherapie, aber auch eine aufgeschlossene Seelsorge ständig herumschlagen muss, so dass mancher geneigt ist, das derzeitige christliche Religionsverständnis selber zur Neurose zu erklären.

Es ist ein für die Psyche destruktives Gottesbild. Dieses Gottesbild muss erst sterben, bevor ein tragendes Gottes- und Weltbild entstehen kann. Zu wenige schaffen das leider, so dass sie am Ende sagen könnten: „Gott ist tot – es lebe Gott!“ Viele ziehen lieber aus. Solange das Gottesbild nicht durch einen hinterfragenden Skeptizismus gegangen ist, hat es für das Leben der kritischen Erwachsenen keine tragende Kraft. Den Menschen in diesem Prozess beizustehen, sehe ich als meine wichtigste Aufgabe an.

Neue Weltsicht – neues Menschenbild

Meister Eckehart meint in einer Predigt über die Eucharistie, dass es ganz natürlich sei, dass sich etwas in ein anderes verwandelt. Der Same verwandelt sich in die Pflanze, die Blüte in die Frucht. Ich meine, dass Kontemplation so ein Samenkorn ist, das etwas ganz Neues in der Natur des Menschen hervorbringen kann. Es gibt auch geistige Samenkörner, die aufgehen, solche, die wir gut, und solche, die wir schlecht nennen. Es geschieht etwas, wenn jemand sich auf einen Weg einlässt.

Alle Dinge haben einen eingepflanzten Trieb, letztlich in das verwandelt zu werden, was wir Gott nennen. Eckehart sagt daher: „Wisset, alle Kreaturen jagen und wirken von Natur aus zu dem Ende, dass sie Gott gleich werden. Der Himmel liefe nimmer um, jagte oder suchte er nicht nach Gott ... Wäre Gott nicht in allen Dingen, die Natur wirkte noch begehrte nichts in irgendwelchen Dingen; denn es sei dir lieb oder leid, du wissest es oder wissest es nicht: heimlich jedoch in dem Innersten sucht oder erstrebt die Natur Gott.“ (Quint 346,15 ff.)

„Die Natur würde weder nach Essen noch nach Trinken, nach Kleidern noch nach Gemach noch nach irgend etwas in irgendwelchen Dingen verlangen, wenn nichts von Gott darin wäre, und sie sucht heimlich und jagt und nagt immerzu danach, Gott darin zu finden.“ (Quint S. 346,24) Im Grunde sucht der Mensch Gott, sein tiefstes Wesen in all seinem Verlangen sucht Gott. Selbst im perversen Suchen des Tötens und Raubens, des Kriegführens und der Vergewaltigung ist es so, dass der Mensch in diesen seinen Trieben etwas viel Tieferes sucht. Denn auch darin sucht er seinen letzten Urgrund, seine wahre Heimat, sein tiefstes Wesen, das Reich Gottes, das ewige Leben, er sucht Gott.

Es ist uns etwas geblieben wie Heimweh. „Der Ruf des Kuckucks ruft uns nach Hause“, sagt ein Wort aus der östlichen Mystik. Kabir[10] meint: „Ich habe einen Brief vom Geliebten: er enthält eine unaussprechliche Botschaft, und nun ist meine Furcht vor dem Tode hinweg.“ – Und an anderer Stelle: „Der ist mir wahrlich lieb, der den Wanderer nach Hause zurückrufen kann. Zuhause ist die wahre

Einheit, Zuhause ist Freude am Leben – warum sollte ich mein Heim verlassen und in den Wald gehen? Wenn Brahma mir hilft, die Wahrheit zu realisieren, so werde wahrhaftig ich finden beides: Bindung und Erlösung: Zuhause.

Der ist mir wahrlich lieb, der die Kraft hat, tief in Brahma zu tauchen,
dessen Geist sich verliert leicht in Seiner Betrachtung.
Der ist mir wahrlich lieb, der Brahma kennt
und in Versenkung wohnt auf seinem Gipfel der Wahrheit;
der auch, der spielen kann die Melodien des Unendlichen,
Liebe und Verzicht vereinend im Leben.
Kabir sagt: Das Zuhause ist der bleibende Ort;
Zuhause ist die Wirklichkeit, das Zuhause hilft, Ihn zu erlangen,
der wirklich ist.
So bleibe, wo du bist, und alles kommt auf dich zu –
zu seiner Zeit." (Ebd. S. 52)

Und wieder an anderer Stelle sagt er: „O Freund! Dieser Körper ist Seine Lyra: Er strafft die Saiten und entlockt ihr die Melodie des Brahma. Wenn die Saiten erschlaffen und die Schlüssel sich lockern, dann muss zu Staub werden wieder dies Instrument aus Staub: Kabir sagt: Niemand als Brahma kann diese Melodie hervorbringen." (Ebd. S. 51)

Man kann diesen Vorgang als Wandlungsprozess sehen, wie es der christlichen Esoterik mehr liegt. Wer in die höheren Formen eingehen will, muss durch die Vernichtung der gegenwärtigen Form hindurchgehen. Holz wird zu Feuer, indem es verbrennt. Kupfer wird zu Gold (nach Eckehart), indem es zuvor durch Erhitzung auf die Stufe des Wassers zurückgeführt worden ist. Dieser Verwandlungsprozess, von dem Eckehart oft spricht, könnte alle, die Probleme haben, Fleisch zu essen, beruhigen. Er predigt[11]: „Wüsste ein Kraut, dass es von seiner schwachen Natur entfernt würde und in Leben gekehrt werden sollte, das in so vollem Sinne natürlich ist, wie es der Mensch ist, dann würde es von Natur aus mit aller Kraft begehren, dem Menschen als Speise zu dienen. Denn alle Speise, die der Mensch empfängt, die verwandelt sich in sein Fleisch und Blut, und wir zu einem Leben mit ihm." Ein Fisch wird gleichsam mehr, wenn er von einem höheren Lebewesen gegessen wird.

In meinen Auslegungen geht es nicht um eine äußerliche Verwandlung, sondern um ein Erkennen, dass hinter diesen körperlichen und psychischen Abläufen unser wahres Wesen liegt. Das kann man nur erfahren, wenn diese Abläufe nicht mehr stören, sondern ruhig gestellt sind. Das ist die andere Sicht des Menschen und der Welt. Da ist nicht ein sündiger Mensch, der durch gute Vorsätze immer besser und Gottes immer würdiger wird. Da wirkt vielmehr diese Erste Ursache, wie Dionysius Gott nennt, die das Wesen des Menschen ausmacht, die der Grund von allem ist, die sich entfaltet, die aber verdeckt ist durch unsere Ichstruktur. Nicht als ob diese Ichstruktur etwas Schlechtes wäre, nein! Sie dominiert nur so, dass sie uns ein falsches Bild von uns und von der Welt gibt. Es liegt im evolutionären Geschehen, dass wir dieses falsche Bild revidieren müssen. Das ist im Grunde nichts anderes, als wenn ein Baum lauter wilde Äste treibt und unfähig wird, Früchte zu bringen. Er erstickt sich selber in seinen immer neuen Trieben. Er geht an sich selber zugrunde.

Und ich meine, dass der Mensch an seinen eigenen Fähigkeiten, die er in der Evolution entwickelt hat, zugrunde gehen kann. Man kann aus biologischen Gründen zugrunde gehen, weil nicht genug Wasser, Nahrung und Licht vorhanden ist. Man kann aus psychologischen Gründen zugrunde gehen, wenn sich eine Spezies zu lauter Schizophrenen entwickelt. Man kann auch aus geistigen Gründen untergehen, wenn der Intellekt sich verselbständigt, egoistisch wird und nicht merkt, dass seine isolierte Aktivität zum Ruin führt. Es gehört eine gewisse Demut zum Gehen eines esoterischen Weges. Es ist die Erkenntnis, dass unser Ich nicht alles machen kann, schon gar nicht im spirituellen Bereich. Darum sprechen wir vom Loslassen, damit die Kräfte wirksam werden können, die da sind, die korrigierend in unsere Leben einwirken könnten, die aber meistens brach liegen.

Die Ruhigstellung der niederen Seelenkräfte – um ein Wort zu gebrauchen, das in der christlichen Spiritualität verwendet wird, wenn es um die Unterscheidung von Egokräften und von transpersonalen Kräften geht – bringt uns tatsächlich weiter. Die Ruhigstellung von Verstand, Wille, Gedächtnis, Gefühl und körperlichen Bedürfnissen lässt unser tiefstes Wesen hervorbrechen. Wir erkennen, wer wir wirklich sind. Das ist der Sinn allen Übens. Die Gefahr, dass wir mit unserer Gebetsübung wieder etwas machen und erreichen wollen, ist sehr groß.

Kontemplation, eine Lebensschule. Der kontemplative Weg ist eine Schule, in der man lernen kann, mehr Mensch zu werden und für sein Leben eine weitere Dimension zu gewinnen. Unsere Erziehungszentren sind keine Lebensschulen, auch wenn sie das für sich beanspruchen. Sie sind auf mentale Leistung ausgerichtet, auf Beruf, Karriere, Prüfungen, gute Abschlüsse und nicht auf das Sein. Differenziertes Spezialwissen beansprucht die ganze Kraft. Unser Geist wird in enge Leitplanken gezwängt. Er kann sich kaum frei entwickeln. Der Modus des Habens steht im Vordergrund, nicht der Modus des Seins, wie Erich Fromm kritisch betont hat.

Schulung des Intellektes ist nicht nur nicht schlecht, sie ist angebracht und notwendig. Schlimm ist nur, dass daneben keine ergänzenden Möglichkeiten angeboten werden. Selbst Religion und Philosophie fahren auf dieser Schmalspur der Ausbildung. Zum Doktor der Theologie wird man ernannt, wenn man nachgewiesen hat, dass man viel über Gott weiß und gelesen hat, nicht aber, dass man etwas von ihm erfahren hat. Dr. phil. wird man, wenn man das, was andere gesagt haben, gut wiederkauen kann. Man bekommt gesagt, was und wie man zu denken hat. Dafür zahlen wir einen hohen Preis. Es führt zu einer Verengung des Lebens auf materielle Werte, zu einem verarmten, ja unglücklichen Lebensstil. Die Folge ist eine steigende Zahl von politischen, sozialen und psychosomatischen Problemen. Weltweit gesehen könnte der Verlust der Spiritualität der Grund der derzeitigen erschütternden globalen Krisen sein, die das Überleben der Spezies Mensch in Frage stellen.

Ich habe von der „anderen“ Dimension gesprochen und damit auf fälschliche Weise ausgedrückt, dass sie etwas anderes ist als die größte Selbstverständlichkeit. Es gibt nur eine Dimension. Diese Dimension hat zwei Aspekte, wie die Münze zwei Seiten hat. Doch es ist nur eine Münze. Die Menschen im Westen sind dabei, diese andere Dimension, die Gott genannt wird, das Numinose, das Absolute, diese Wirklichkeit, die sie nährt und die ihnen Kraft gibt, zu vergessen, ja abzulehnen.

Aber vielen eröffnet sich eine andere Weltsicht, ein anderes Menschenbild entsteht. Was wir wirklich sind, könnte man mit geistbegabter Energie bezeichnen. Jeder Körper ist ein Fluss von Energie. Wer auf einen Fluss schaut, meint, dieser bleibe immer gleich. In Wirklichkeit ändert er sich jeden Augenblick. Das nicht zu begreifen, ist die große Täuschung von Maya, sagt die indische Esoterik. Es sieht zwar nach etwas Permanentem aus, aber das ist es nicht. Wir werden von den Mustern, die wir unseren Sinnen beigebracht haben, ständig betrogen. Die Sonne geht nicht auf, die Erde dreht sich.

Das Schema meinte, der Geist sei im Gehirn, Intelligenz sei im Nervensystem. Bewusstsein aber ist nicht im Körper eingeschlossen, es reicht so weit wie der Kosmos. Es ist unendlich, es drückt sich nur in lokalisierbaren Formen aus. Das alte Paradigma lautete: „Wir sind menschliche Wesen, die eine spirituelle Erfahrung machen." Das neue Paradigma lautet: „Wir sind Bewusstsein, das menschliche Erfahrungen macht."

Christlich ausgedrückt heißt das: Wir sind göttliches Leben, das diese menschliche Erfahrung macht. Wir sind göttliches Leben, das sich inkarniert hat, das Mensch geworden ist. Das ist die Botschaft von der Inkarnation Gottes in Jesus. Wie in Jesus ist dieses göttliche Prinzip in jedem von uns Mensch geworden. Das Universum ist nichts anderes als ein Bewusstseinsfeld, das sich immer wieder materialisiert. Es kreiert den physischen Körper und das Universum. Gott kreiert sich selber in jedem Augenblick. Leider haben die christlichen Kirchen diese Botschaft auf Jesus verkürzt und eingeschränkt.

Die Mystik sagt uns, dass wir unser Leben nicht in Zeiträume von ein paar Jahren messen dürfen, als etwas, das für 80 Jahre erscheint und dann endgültig eingefroren wird in das, was wir Christen Himmel nennen oder Anschauung Gottes. Unsere wahre Existenz ist die Erfahrung des Kommens und Gehens, also die Entfaltung dieser Urwirklichkeit. Diese ist nicht Statik. Sie ist Ruhe und Dynamik. Diese Dynamik im Werden und Vergehen zu erfahren, das ist Vollendung. Geborenwerden und Sterben als Ausdrucksform dieser Urwirklichkeit zu erfahren, das ist Satori, Unio mystica, Erfahrung des Atman usw. Es ist das Innewerden der überquellenden „Gottheit", von der Meister Eckehart spricht. Nach ihm ist Gott ein In-sich-selbst-Ruhen und Feststehen, „überdies aber ein gewisses Kochen oder Sich-selbst-Gebären, das in sich glüht und in sich selbst und über sich selbst verfließt und kocht, ein Licht, das im Licht und ins Licht mit sich ganz sich ganz durchdringt." (Quint S.34 f.)

Der Mystiker erfährt die Einheit von Atman und Brahman, von Welt und Gott, von Form und Leerheit. Er erfährt, dass die individuelle Form und der göttliche Urgrund koexistent sind. Daher geht es in der echten Mystik nicht um eine Weltverneinung, sondern darum, sie als die Manifestation der Urwirklichkeit zu begreifen. Was der Mensch Person nennt, ist eine falsche Person. Diese Person erlebt sich als von der Urwirklichkeit abgespalten. Die ewige Person erfährt der Mensch, wenn diese falsche Person in der mystischen Erfahrung stirbt.

Schon mit der Sprache haben wir die Entfremdung gelernt. Wir drücken uns falsch aus. Wir gebrauchen eine betrügerische Sprache. Wir sagen: „Ich bin geboren.“ In Wirklichkeit müssten wir sagen: „Es ist geboren.“ Geboren wird immer nur diese Urwirklichkeit. „Geboren wird immer nur der Herr“, sagt die Gita. Es ist nicht unser Leben, das wir leben, es ist Gottes Leben. Wir sind nur die Gefäße, in denen er sich präsentiert. Dass Welt und Mensch aus Materie bestehen, ist Aberglaube. Kosmos und Mensch sind Bewusstseinsenergie, die sich in verschiedenen Objekten und so auch im Menschen offenbart. Langsam erkennen wir, dass der Materialismus, dem unsere Spezies eine Zeitlang verfiel, der größte Unsinn war.

Das bringt mich immer wieder zur Frage: Was ist der Kern von Religion? Wir haben uns daran gewöhnt, unter Religion sogenannte religiöse Akte zu verstehen: Beten, Meditieren, liturgische Feiern, Sakramente, fromme Gedanken und Gefühle. Das scheint mir eine Religion für Anfänger zu sein. Religion ist unser Menschsein, unser menschliches Tun und Handeln aus der Erfahrung der Seinseinheit mit dem göttlichen Prinzip. Ihr merkt, wie ich das Wort Gott oft mit Umschreibungen ersetze. Weil das Wort zu belastet ist mit Vorstellungen, die ich nicht wecken möchte. Religion ist die Erfahrung der Seinseinheit von Gott und Mensch. Wie diese Einheit zu verstehen ist, machen uns einige Beispiele klar.

Das einfachste ist das von Wasser und Welle. Das Wasser ist nicht die Welle. Die Welle ist nicht das Wasser, aber beide können nur gleichzeitig da sein. Von einem anderen Gesichtspunkt aus ist daher die Welle das Wasser und das Wasser die Welle. Das Wasser ist das Urprinzip. Ohne Wasser gäbe es keine Welle. Aber es gilt auch umgekehrt, wenn die Welle nicht wäre, wäre auch das Wasser nicht. Das gleiche gilt von Sonne und Sonnenstrahl. Der Strahl ist nicht die Sonne. Wenn die Sonne nicht wäre, gäbe es keine Strahlen. Aber die Sonne kann nicht ohne Strahlen sein. Es gehört zum Wesen der Sonne, dass sie strahlt. Ein anderes Beispiel ist das von Gold und Figur. Eine goldene Figur ist etwas anderes als bloß Gold. Gold ist etwas anderes als die Figur. Und doch können beide nur gleichzeitig erscheinen.

Der Körper, ein Fluss von Bewusstsein. Der Körper ist ein Fluss von Bewusstsein. Dadurch erneuert er sich ständig. Was aber bleibt, sind unsere alten Muster. Auch die Krise bleibt. Obwohl der Körper sich in 6 Wochen erneuert, sind unsere Neurosen noch da. Wir strukturieren immer wieder die gleichen energetischen Muster. Die Psychologie nimmt an, dass ein Mensch etwa 60 000 Gedanken am Tag hat. Das Interessante daran ist, dass der Mensch 95 % davon bereits gestern hatte. Sie sind also nur Wiederholungen. Man kann das leicht nachprüfen. Nehmt ein Stück Papier und schreibt 10 Dinge auf, die anders sind als im letzten Jahr. Wir produzieren die gleichen Muster, und diese Muster wirken wieder auf unseren Körper ein.

Für unsere Gesundheit kann das bedeuten, dass wir immer nur die körperlichen Symptome einer Krankheit behandeln, aber zu wenig die eigentlichen Ursachen. Die Muster machen die Krankheit, die Erinnerung, die uns immer die gleichen psychischen Abläufe bringen, machen die Krankheit. Unser Körper bekommt daher auch die richtigen Abwehrstoffe. Unser Immunsystem agiert entsprechend. Impulse unseres Bewusstseins bringen die physische Maschine in Bewegung. Gefühle, Verlangen, Konzepte, Ideen strukturieren die physischen Abläufe.

Das führt zu einer neuen Interpretation des physischen Körpers. Die wichtige Erkenntnis ist: So wie wir etwas aufnehmen, gestaltet sich unsere Wirklichkeit. Gedanken, Gefühle materialisieren sich in Molekülen in unserem Körper. Unser Körper ist zwar Materie, unterliegt aber trotzdem einer ständigen Transformation. Wir können also auch unseren Körper beeinflussen durch neue Einsichten. Neue Informationen bringen neue Formierungen.

Unser Körper ist eine pharmazeutische Fabrik, die jeden Augenblick das richtige Medikament machen und an den richtigen Platz bringen kann, an dem es gebraucht wird. Er ist aus Atomen gemacht, Partikel fluktuierender Energie tanzen, kollidieren, ja bewegen sich in einem ewigen Tanz. Und so ist unser Körper leer wie der interstellare Raum. Wir sind Bewusstsein, das eine physische, psychische, intelligente Maschine zu kreieren und zu benützen weiß.

Diese neue Erkenntnis hat einen großen Einfluss auf unseren Körper. Die alte materialistische Ansicht, dass unser Körper gefrorene Materie sei, ist Aberglaube. Das Wunderbare ist jetzt, dass wir nicht anfangen müssen, diese Erkenntnis intellektuell umzusetzen. Die Erkenntnis selber arbeitet in uns, wenn wir sie nur zulassen. Die Erkenntnis selber wird wirksam. Unser Körper ist eben nicht das, was wir in der Vergangenheit gemeint haben, ein Konglomerat von Molekülen, er ist vielmehr ein fortdauernder Prozess, und die energetischen Vorgänge formen einen Körper. Wir sind in erster Linie Prozesse, ausgelöst durch diesen leeren Raum, den wir auch Bewusstsein nennen können, aus dem Energie kommt, sich materialisiert und formiert zu einem Instrument, das auf der psycho-physischen Ebene agieren kann. Um diese entstehenden Muster zu verändern, müssen wir ruhig werden. Wir sind nichtmaterielle Wesen, die sich einen Körper strukturieren.

Spürt ihr, wie eine solche Auffassung von Wirklichkeit unser religiöses und politisches Weltbild transformieren kann? Dieser Körper, den ich habe, steht in ständiger Interaktion mit meinem wahren Selbst, mit meinem tiefsten Wesen. Was wir in der Kontemplation versuchen, ist nichts anderes, als aufmerksam werden auf die Impulse, die aus der Tiefe unseres Seins kommen, die sich materialisieren wollen. Wir dürfen sie nicht durch unsere Ego-Initiative abzublocken versuchen.

Das ganze Universum ist nichts anderes als diese Korrespondenz zwischen den beiden Polen Leerheit und Form, Bewusstsein und Materie oder, um es wieder christlich zu formuliern: Gott und Schöpfung, Urprinzip Vater und Erscheinungsform Sohn. Wir sind Teil einer unendlichen Fluktuation des Universums. Da ist kein Beweger von außen. Da ist nur dieser Fluss zeitloser Energie. Das bringt eine vollkommen neue Weltsicht, ein vollkommen neues Paradigma herbei. Es war schon immer da, doch heute erkennen wir es deutlicher. Da ist keine objektive Welt da draußen, die objektive Welt ist nur eine Antwort auf den Wahrnehmenden. Bis jetzt haben wir gemeint, wir seien menschliche Fleischklumpen, die durch Raum und Zeit voneinander getrennt sind. Das neue Paradigma sagt, die Welt entsteht aus einer ersten Ursache, die ein Energiefeld hervorbringt, das allem zugrunde liegt. Was wir Geist, Psyche und Materie nennen, gehört zum gleichen Energiestrom. Und darum finden wir in unserem tiefsten Wesen den ganzen Kosmos und die Einheit mit ihm. Von daher kommt die Aussage „ich bin das", „ich bin Gott", ich bin nicht getrennt, ich bin der Vollzug dieser ersten Ursache. Wir können das auch göttliches Leben nennen oder Gottheit oder Wesensnatur, ich bin der Vollzug dieses göttlichen Lebens.

Davon spricht Jesus, wenn er von der Seinseinheit mit dem Vater spricht. „Philippus, wer mich sieht, sieht den Vater." (Joh 14,9) „Wenn ihr mich erkannt habt, werdet ihr auch meinen Vater kennen." (Joh 14,7) Vater ist diese erste Ursache, Sohn die Schöpfung. Eckehart spricht dieses Thema immer wieder an im Wort von der Gottesgeburt in der Seele. Es ist das einzige Thema, das er hat. „Gott ist mehr daran gelegen, dass er geistlich geboren werde von einer jeglichen Jungfrau, als dass er leiblich geboren ward von Maria." „Nie ward etwas durch Geburt mit einem andern so verwandt, so gleich, so eins mit ihm, wie die Seele Gott wird in dieser Geburt." (Quint S. 256,15) Warum machen sich nicht mehr Menschen auf den Weg in diese tiefere Dimension ihres Menschseins? Warum springen manche wieder ab? Eine spirituelle Öffnung führt durch eine spirituelle Krise. Die Esoterik wusste das schon immer. Aber wenn der Mensch in dieser Krise steckt, will er es nicht wahrhaben. Er meint, er sei krank oder er sei einfach für einen solchen Weg nicht begabt. Dabei ist er auf dem Weg, wiedergeboren zu werden zum ganzen Menschen.

In der westlichen Welt ist es zu einem merkwürdigen Schisma gekommen. Offiziell wird die jüdisch-christliche Tradition als Basis und Rückgrat der westlichen Zivilisation ausgegeben. In vielen Ländern liegt die Bibel auf dem Nachttisch der Hotelzimmer, und in den Reden hochrangiger Politiker wird Gott immer wieder zitiert. Wenn jedoch ein Mitglied einer religiösen Gemeinde eine kraftvolle spirituelle Erfahrung macht, die der vieler wichtiger Persönlichkeiten in der Geschichte des Christentums ähnelt, wird der Pfarrer den Betreffenden im Zweifelsfall zu einem Psychiater schicken. „Die traditionelle Psychiatrie macht keine Unterscheidung zwischen Psychose und Mystik und tendiert dazu, alle außergewöhnlichen Bewusstseinszustände mit unterdrückender Medikation zu behandeln", sagt Stanislaus Grof[12].

Verzagt nicht, lauft nicht irgendwelchen Heilspropheten nach. Es ist alles in euch. Das ist die eigentliche Botschaft jeder esoterischen Erfahrung, sei es im Osten oder Westen.

Kabir[13] dichtet: „Weder bin ich in Riten und Zeremonien, noch in Yoga oder Entsagung. Wenn du ein wahrhaft Suchender bist, wirst du mich sogleich sehen, mir begegnen im gleichen Augenblick". Kabir sagt: „O Sadhu! Gott ist der Atem allen Atems." – „O, der du mir dienst, wo suchst du mich? Siehe, Ich bin bei dir.

Ich bin weder im Tempel noch in der Moschee, weder in der Kaaba noch auf dem Kailash."

Das göttliche Sein drückt sich in uns aus. Dieses göttliche Sein ist etwas anderes als diese unsere menschliche Form Diese Form ist etwas anderes als das göttliche Sein. Aber sie können nur zusammen erscheinen. Daher sagt der Mystiker von einem anderen Standpunkt aus: „Ich bin Gott." So wie die Welle sagt: „Ich bin Wasser." Aber es ist nicht das kleine Ich, das dann sagt: Ich bin Gott. Es ist das tiefste Wesen, das göttliche Wesen selber, das sagt: Ich bin Gott. Das heißt, dass wir die Ausdrucksform des göttlichen Seins sind. Das zu erfahren ist das Ziel der Mystik und sollte auch das Ziel jeder Religion sein. Dann erfahren wir, dass all unser Tun und Handeln die Ausdrucksform des Göttlichen ist, nicht nur unsere frommen Gedanken, unsere Gottesdienste und was wir sonst noch für religiös halten mögen.

Wir sitzen als Menschen wie Goldfische in einem Glas. Die Glaswand ist unser Ich-Bewusstsein. Sie macht unseren Käfig aus. Die Tragik liegt darin, dass sie uns einschränkt. Dieses Ich-Bewusstsein rekapituliert bis zum Überdruss seine Vokabeln.

Der Verlust des Weiblichen in der Religion

Die heutige Lesung ist aus dem apokryphen Evangelium der Maria. Das Christentum hat eine Reihe nicht anerkannter Schriften. Viele davon haben esoterischen Inhalt. Sie wurden nicht in den Kanon aufgenommen, weil sie dem geläufigen Christusverständnis nicht entsprachen. Jede Religion schenkt dem Menschen eine visionäre Vorwegnahme des Zieles. Die Menschen wollen dieses Ziel mit dem Verstand und mit Taten erreichen. Aber das Organ, das dieses neue Ziel schaut, ist nicht das alte Bewusstsein. Es muss schon Teil des neuen Menschen sein, des Menschen, der die Initiation der Wiedergeburt, der Metanoia vollzogen hat. Nur wer aus der Wahrheit geboren ist, wer wiedergeboren ist, kann die Stimme der Wahrheit hören. „Nur in seinem Licht schauen wir das Licht", sagt die Schrift. Und *Eckehart* meint: „Das Auge, mit dem ich Gott sehe, ist das gleiche Auge, mit dem Gott mich sieht." Es muss im Menschen ein Organ vorhanden sein, das anspricht, das Resonanz gibt, sonst klingt diese ewige Melodie nicht in ihm.

Die meisten Menschen, die eine Ahnung bekommen von diesem neuen Leben, von ihrem wahren Wesen, von dieser transpersonalen Erkenntnismöglichkeit, wehren sie zunächst instinktiv ab. Sie ahnen, dass dieses Neue ihr altes Leben erschüttern würde. Dieser Erschütterung wollen sie sich nicht aussetzen. Oft höre ich in den Kursen, dass jemand sagt: „Ich getraue mich nicht, ganz loszulassen, ich habe Angst, mich jemandem auszuliefern, der mich ganz in Anspruch nimmt." Gott ist ein eifersüchtiger Liebhaber.

Das *Evangelium der Maria* will uns sagen, dass der Mensch *nicht* mit seinem natürlichen Streben, Verstand und Willen Gott erfahren kann. Es ist zu wenig, nur mit dem Intellekt, mit dem Willen und der natürlichen Sehnsucht die Angst vor der Vergänglichkeit überwinden zu wollen, denn diese Ich-Kräfte gehören selber der Vergänglichkeit an. Der Christ versucht Heiligkeit und Frömmigkeit auf Werke zu gründen. Wenn jemand heilig gesprochen wird, müssen heroische Taten nachgewiesen werden. Im spirituellen Bereich aber gilt Sein, nicht Leistung. – Das zu hören ist hart für den Christen, der getrimmt ist auf gute Vorsätze, auf Gebotehalten und auf Gesetzesfrömmigkeit. Der Eintritt in das Christus-Bewusstsein ist nur möglich, wenn dieses Unvergängliche selbst im Menschen wach wird und ihm zu Hilfe kommt. Das Lichtvolle, wenn auch verborgen, macht das Wesen des Menschen aus, nur von da wird das Dunkle in ihm erleuchtet.

Es ist das *weibliche Element*, sagt uns das Evangelium der Maria, das Empfangende und Hörende, das allein als Instrument tauglich ist, das Christusbewusstsein zu spüren und uns in die Erfahrung Gottes zu führen. Dieses neue Bewusstsein wird im Evangelium dargestellt von Maria Magdalena. Die natürlichen seelischen Kräfte Verstand und Wille werden von den männlichen Figuren Petrus, Andreas und Jakobus dargestellt. Es sind nur Symbolfiguren, die mit den historischen Gestalten nichts zu tun haben. Sie haben auch letztlich mit Mann und Frau nichts zu tun. Jeder ist Maria und jeder ist Petrus, Andreas und Jakobus.

Das erste große Hindernis für die Erfahrung Gottes ist sichtbar gemacht an der Symbolfigur Petrus. Petrus symbolisiert den Zweifel. Es ist der Zweifel, der die Sehnsucht des Menschen als Täuschung entlarven will. Der Zweifel ist raffiniert. Er versucht Maria (der Seele) einzureden, dass sie sich belügt. Die Sehnsucht nach dem Ewigen sei nur eine Kompensation unerfüllter und enttäuschter Wünsche, letztlich nur Kindheitsmuster, nichts als eine regressive Tendenz und eine Reaktion auf Verlassenheitsgefühle und Enttäuschungen. Die Seele halte die Unsicherheit des Daseins nicht aus und flüchte sich in eine *falsche Geborgenheit*. – Auch heute noch versucht so mancher Zeitgenosse religiöse Tendenzen genau so abzuschmettern und in Frage zu stellen. Alles *nur* Regression, sagen sie, Erinnerung an den Mutterschoß.

Das zweite große Hindernis, das in der Symbolfigur von Andreas dargestellt wird, ist der Verstand. Er wirft dem neuen Bewusstsein Unwissenheit vor. Der Verstand ist doch schließlich die Instanz, nach der man sein Leben auszurichten hat. Das gilt auch für den religiösen Bereich. Warum meinst du mehr zu wissen, sagt der Verstand zu dieser inneren Erkenntnis und Erfahrung: Du hast keine Maßstäbe für deine innere Erkenntnis. Woher willst du deine Sicherheit nehmen? Ist deine Erkenntnis wirklich authentisch? Läufst du nicht wieder einem Phantom nach? – Es gehört zunächst Mut dazu, sich auf diese schwache innere Ahnung zu verlassen, bis sie so stark wird, dass sie sich vom Verstand nicht mehr beurteilen und abbringen lässt.

Das dritte Hindernis, dargestellt in der Symbolfigur des Jakobus, ist der Wille. Er sagt der Seele, dass *er* doch zuständig sei für den Weg zu Gott. Mit Bemühen, Anstrengung und Energie meint er letztlich die Kraft und Motivation für die Heimkehr zu geben. Die Tiefe unseres göttlichen Seins, dargestellt durch Maria, muss dem Willen aber sagen, dass er auf einem Ich-Trip ist. Er merkt es nicht einmal, weil er meint, er könne das Heil erreichen mit Wohlverhalten, mit Methoden und Bemühungen, mit Planen und Streben und Gebotehalten. In Wirklichkeit gehe es aber nur um dieses alte Ich, das seinen Herrschaftsbereich auch in der ‚neuen Welt' aufrechterhalten will.

Die Kräfte des alten Bewusstseins versuchen den Menschen zurückzuholen in ihren Machtbereich. Sie können nicht akzeptieren, dass Ruhe, stille Aufmerksamkeit, Schauen nach innen und Empfänglichkeit die einzige Haltung sind, mit der ein Mensch sein wahres Wesen, das Göttliche, in sich erkennt. Werden doch auch in der Religion Aktivität und Planen, intellektuelle Wahrheiten und gute Vorsätze als die Hauptinstrumente gelehrt, die zu einer tieferen Erfahrung führen sollen.

Maria ist die Symbolfigur des Empfangenden im Menschen, man kann sagen des neuen Menschen des Reiches Gottes. Es geht also im Evangelium nicht um Maria, die gegen die Jünger Petrus, Andreas und Jakobus auftritt, sondern um die Erkenntnis, dass das Weibliche, das Empfängliche eher geeignet ist, das Göttliche zu erfahren, als das Aktive, Männliche. Das Weibliche schenkt uns den Zugang zu unserem tiefsten Wesen. Es hat eine Affinität zu Gott, die dem Verstand und Willen nicht eigen ist. Die Mystik mobilisiert die weiblichen Fähigkeiten. Unser Weg verlangt die Fähigkeit des Offenseins, Wartens, Wachsenlassens und der Hingabe.

„Der Mensch sieht nur mit dem Herzen gut." (Exupéry) Maria v. Magdala war offensichtlich so ein Mensch, der mit dem Herzen gut sah. Jesus hat sie offensichtlich bevorzugt, und sie galt in der Urkirche als seine Jüngerin.

(Nach „Apokryphe Evangelien aus Nag Hammadi", Andechs 1988, S. 242, siehe auch Einleitung von Dietzfelbinger)

Der sogenannte Sündenfall
(Gen 3,1–8)

Jeder kennt die Erzählung vom Sündenfall. Wie sollen wir diese Lesung aus dem Alten Testament verstehen? Wir wissen ja, dass dies eine mythologische Einkleidung ist und nicht Geschichte. Nur ein vordergründiges religiöses Verständnis kann daraus schließen, dass die Frau der Geschichte irgendeiner Versuchung zum Opfer gefallen wäre und den Mann in eine Sünde hineingezogen hätte. Diese Erzählung hat mit Sünde nichts zu tun.

Genau so vordergründig ist die Annahme, dass diese Begebenheit etwas mit Sexualität zu tun habe, als ob die Frau den Mann in eine sexuelle Verfehlung hineingezogen hätte. Von falschen Auslegungen dieser Art ist viel Leid für die Frauen ausgegangen. In dieser Erzählung geht es letztlich um das Auftauchen des menschlichen Bewusstseins aus dem archaischen Vor-Bewusstsein, in dem der Mensch noch absolut eins war mit seiner Umgebung. Er war symbiotisch in die Welt eingebettet, wie das Kind in den Schoß der Mutter. Dieses symbiotische

Empfinden begleitet das Kind auch noch in den ersten Wochen und Monaten. Am Kind können wir die Entfaltung des menschlichen Bewusstseins ablesen.

So wenig wie das Kind zurück kann in den Mutterschoß, so wenig kann der Mensch zurück in den Uroborus, in diese symbiotische Einheit mit allem. Vor diesem Uroborus (dem narzisstischen Paradies) steht der Engel mit dem Flammenschwert und lässt niemand mehr hinein. Das wäre eine narzisstische Regression. Unser Weg führt uns nach vorne, in das Pleroma, in die Fülle der Vollendung. Aber er führt auch durch die Ichwerdung und den mystischen Ichtod.

Was da als Sünde bezeichnet wird, hat mit Schuld nichts zu tun. Im Gegenteil, es ist die Evolution des Göttlichen selber, das diesen Bewusstseinssprung zum Ich geschaffen hat. Das Auftauchen des Ich gehört zum schöpferischen Prozess Gottes, es ist also gottgewollt und damit gut. Der Fortgang des Schöpfungsaktes wird dadurch bejaht. – Leider wird die psychologische Grundtatsache, dass das Ich sich in dieser Entfaltung vom Ganzen getrennt hat, theologisch als Sünde bezeichnet und als Abfall des Menschen von Gott gewertet. Weil die Menschen diesen Vorgang, der sie für ihre Taten verantwortlich macht, nicht annehmen wollten, erklärten sie die ganze Welt für gefallen, für schlecht, abgesunken, verführt, getäuscht und verdorben. Sie projizierten das Böse somit nach draußen, und die Schuld dafür wurde lange genug der Frau in die Schuhe geschoben.

Die Menschen wollen es nicht wahrhaben, dass Leben und Schöpfung sich nur in einer Welt von Polarität abspielen kann, zu der auch der Teufel, das Böse, die Schuld, die Sünde und der Tod gehören. Solche Leute halten die Schöpfung für einen Irrtum des Schöpfers. Sie wollen es offensichtlich besser wissen als der Schöpfer selber.

Doch die Verselbständigung des Ich ist von Gott gewollt. Nicht der böse Mensch fällt von Gott ab, sondern Gott lehrt den Menschen, alleine zu gehen. Bal-Schem-Tow, der Begründer der chassidischen Bewegung, hat den Satz geprägt: „Das ist, damit ich gehen lerne." Das alles ist geschehen, damit wir gehen lernen. Wie ein Kind sich aus der symbiotischen Umarmung der Mutter lösen muss, musste sich der Mensch aus der symbiotischen Umarmung der Natur lösen. Gott hat uns Eigenständigkeit gegeben und damit die Möglichkeit, frei zu handeln. Das Ich wird damit in den Schöpfungsprozess Gottes eingegliedert. Es nimmt an ihm teil.

Das ist oft nicht leicht. Vielleicht ist das die Erlösung am Kreuz! Die Spannung zwischen den beiden Polen Immanenz und Transzendenz gilt es zu bewältigen. Jedenfalls liegt das Paradies nicht in der Vergangenheit hinter uns. Es gibt nur den Durchbruch nach vorne ins Pleroma, in die Fülle. Es geht um eine neue Einheit, in der das Ich seine Wirkkraft behält, aber gespeist wird aus der Tiefe des Göttlichen. Der Weg führt über die Ich-Entfaltung.

Wahre Mystik ist immer weltzugewandt. Christliche, buddhistische und andere Redogmatisierungen der Erfahrung geben manchen mystischen Aussagen einen weltfeindlichen Anstrich. Mystik hat mit Rückzug aus der Welt nichts zu tun, das wäre Pseudomystik. – Der Mystiker zielt nicht auf das Jenseits, auf den Himmel, denn die Vollendung, die er anstrebt, ist hier und jetzt. Nur ist sie verborgen. In der Welt wird das Göttliche transparent. Wie soll es sich sonst zeigen? Das Göttliche ist die Weltwerdung. Es sind die zwei Aspekte der Wirklichkeit, die in der mystischen Erfahrung als eines erfahren werden: Gott und Welt. Die Welt ist grundsätzlich gut und göttlich. Und der sogenannte Sündenfall ist nicht Sünde, sondern die Aufforderung Gottes, an der Schöpfung mitzuwirken und nach vorne in eine umfassendere Erfahrung durchzubrechen.

Die heiligen Schriften

Die heiligen Schriften können auf ganz verschiedenen Ebenen gedeutet werden. Hinter jeder Geschichte, hinter jeder Parabel liegt eine Wahrheit, die vom buchstäblichen Sinn der Worte verschieden sein kann. Die Gleichnisse vom Gärtner, vom Weinbauer, vom Hausvater, vom Öl, Wasser, Wein, Samen, Boden sind, wörtlich genommen, voller Widersprüche, und manchmal klingen sie sogar unsinnig, wie beispielsweise der Satz: „Wer sein Leben gewinnen will, muss es verlieren."

Wenn alle Gleichnisse etwas anderes bedeuten, warum sagt man dann nicht gleich, was sie bedeuten? Warum denn die Verschleierung? Doch es geht dabei um eine Wahrheit, die nicht erklärbar ist, die der Mensch nur innerlich erkennen oder erfahren kann. Es geht um die Vermittlung eines höheren Wissens. Der Satz „Du sollst nicht stehlen!" hat eine allen erkennbare Bedeutung. In der esoterischen Auslegung aber bedeutet er, dass man versuchen soll, alles aus sich selbst heraus zu tun. „Wiedergeburt" meint eine neue Ebene des Verstehens. Der Mensch, darin sind sich alle esoterischen Wege einig, muss noch einmal geboren werden. Er muss zu seinem inneren Menschen, zum wirklichen Menschen geboren werden. Die erste Geburt ist gleichbedeutend mit einer Entwicklung der Zellen, die zweite Geburt aber führt in die Ebene der Erfahrung seines tiefsten Wesens, das Gott selber ist.

Gott – ein rächender Gott?
(Jes 49,8–15)

Das Gottesbild, das auch heute noch viele Menschen haben, ist der rächende, strafende, kontrollierende Gott. Immer noch wird er verkündet. Eines der Hauptprobleme, mit denen ich in meinen vielen Gesprächen zu tun habe, ist dieses monströse Gottesbild, das sich neurotisch in der Psyche vieler Christen festgesetzt hat. Die Angst vor Gott, die Angst vor einem Gericht dominiert immer noch in vielen Christen. Dieses falsche Gottesbild belastet auch das Sterben. Die Angst vor einem Richter, der alle Untaten bestraft, geistert noch immer durch die Köpfe vieler Christen. Dabei gibt es in der Schrift so viele Gottesbilder, die von einem liebenden Gegenüber sprechen, wie z. B. der heutige Text: „Vergisst denn eine Frau ihr Kind, eine Mutter ihren eigenen Sohn? Würde sie auch ihr Kind vergessen: ich aber vergesse dich nicht." „Im Hause meines Vaters sind viele Wohnungen. Ich gehe, euch eine zu bereiten." Der Tod ist eine Geburt zu neuem Leben. Wir sollten mit der Erwartung sterben, mit der wir ein Neugeborenes erwarten. Wir treten wie bei unsrem Tod aus der Enge des Schoßes in die Freiheit Gottes.

Der Gott Jesu ist kein Rächer und Richter. Er ist der liebende Vater, der für die Lilien auf dem Feld ebenso sorgt wie für die Vögel des Himmels, der seinen durchgebrannten Sohn nicht einmal fragt, wo er denn gewesen ist und was er mit all dem Geld, seinem Erbe, gemacht hat. Er umarmt ihn, zieht ihm ein Festkleid an und lässt das Mastkalb schlachten. „Das geknickte Rohr wird er nicht zerbrechen und den glimmenden Docht nicht auslöschen." (Mt 12,20) Er hat keine Bedingungen gesetzt für die, die ihn lieben. „Kein Ohr hat je gehört und kein Auge gesehen, was er denen bereitet hat, die ihn lieben." (1 Kor 2,9)

Wir Christen sind große Macher. Wir werfen den östlichen Religionen zwar vor, dass sie Selbsterlösung betreiben, in Wirklichkeit aber sind wir es, die meinen, wir könnten uns den Himmel durch Wohlverhalten und gute Taten verdienen. Auf unsere Taten können wir nicht zählen, aber auf das, was wir sind: Kinder Gottes, Söhne und Töchter des ewigen Vaters, wie es im Thomasevangelium heißt. Nur was wir sind, zählt, nicht aber, was wir geleistet oder verbrochen haben.

Dass man Religion – in dem Ausmaß, wie es nicht nur wir Christen getan haben – mit Moral verknüpft hat, ist eine der schlimmsten Entwicklungen in der Geschichte der Religionen. Jesus war kein Moralist. Er wollte die Menschen zu dem führen, was er Reich Gottes genannt hat, d. h. zu diesem göttlichen Leben, das sie nicht nur in sich haben, sondern das sie auch wirklich sind. Dieses göttliche Leben ist unvergänglich. Es erscheint nur in verschiedenen Formen. Der Jammer aber ist, dass wir die jeweilige Form festhalten wollen. Wir können nicht loslassen, denn wir wehren uns gegen unser Neuwerden. Wir möchten ewig in dieser Form bleiben, diese Form aber können wir nicht mitnehmen. Wir brauchen sie nicht mehr in unserer nächsten Seinsweise, denn was wir wirklich sind, ist nicht an diese Form gebunden.

Das, was wir wirklich sind, feiern wir in dieser Mahlgemeinschaft. Das Mahl ist eine der intimsten Formen menschlicher Gemeinschaft. Es ist die Gemeinschaft „Leben Gottes", an der alles partizipiert, was existiert.

Der eigene Name
(Offb 2,17; 3,12)

„Wer siegt, dem werde ich von dem verborgenen Manna geben. Ich werde ihm einen weißen Stein geben, und auf dem Stein steht ein neuer Name, den nur der kennt, der ihn empfängt." (Offb 2,17) „Wer siegt, den werde ich zu einer Säule im Tempel meines Gottes machen, und er wird immer darin bleiben. Und ich werde auf ihn den Namen meines Gottes schreiben und den Namen der Stadt meines Gottes … ich werde auf ihn auch meinen neuen Namen schreiben." (Offb 3,12)

Name bedeutet immer Individualität. Wir sind eine einmalige Ausformung des Göttlichen. Wir sind die Selbstoffenbarung Gottes in dieser ganz individuellen Form und sind von Gott so gemeint, wie wir sind. Es geht daher darum, uns so anzunehmen, wie wir sind.

„Ich werde meinen eigenen neuen Namen auf sie schreiben." (Offb 3,12) Wir haben eine ganz individuelle Aufgabe in dieser Welt zu erfüllen. Niemand kann sie uns abnehmen. Wir sind der „neue Name" unseres Gottes. In uns geht er durch diese Zeit. Wir sollten den Mut haben, das durchzustehen, und uns nicht ständig einen anderen Platz wünschen, eine vermeintlich bessere Situation, angenehmere Lebensumstände usw.

Unser Aufenthalt hier auf dieser Erde ist nur ein Akt unseres Lebens. Worin seine besondere Bedeutung liegt, können wir offensichtlich in diesem unserem Bewusstseinsstand nicht vollständig erkennen. Die Erklärung liegt jedenfalls nicht im Ichbereich. Wir haben zu unserem wahren Wesen durchzustoßen, dorthin, wo die Einheit mit Gott erfahrbar ist. Dort und nur dort macht unser Leben Sinn.

Der Klang der Flöte

Jesus ist der Typus, an dem wir erkennen können, wer wir sind. Wie kann er unsere jetzige menschliche Existenz mit Sinn erfüllen?

Der Meditierende beginnt mit seiner eigenen Willensanstrengung. Aber mit fortschreitender Übung führt der Weg vom Ich und vom Erreichenwollen weg. Man kann den Fortschritt in der Meditation gerade am Zurücktreten des ichhaften Prozesses messen. Je mehr das kontrollierende Ich überschritten wird, umso besser gelingt die Meditation. Der Inhalt der Meditation wird mehr und mehr das formlose Göttliche selbst. Alle Techniken der Meditation dienen nur der Hinführung. Sie öffnen die menschliche Ichstrukutur. Das Ich wird immer weniger die antreibende Kraft. Antriebskraft und Motivation kommen aus der erfahrenen transpersonalen Wirklichkeit. Wir sind nicht die Suchenden, wir sind die Gesuchten. Die christliche Mystik bezeichnet daher die Erfahrung als Geschenk Gottes. Man kann die Erfahrung nicht machen. Je mehr es gelingt, die verdunkelnden Ego-Schleier fallen zu lassen, um so deutlicher tritt ES hervor. Es lässt sich um so eher finden, desto weniger das Ich aktiv ist – bis hin zur Aufhebung der Dualität. Die Ursünde, aus der wir erlöst werden, ist die Ichzentrierung unseres Lebens. Dabei sind wir nur die Flöte, auf der Gott spielt. Je mehr wir Gott spielen lassen und je weniger wir selber Misstöne hervorbringen, um so reiner wird der Klang dieser Flöte.

2. *Weihnachten*

Drei Bewusstseinsebenen
(Jes 35,1 ff.)

Die Texte des 3. Adventssonntags erscheinen wie ein Hohn auf unsere heutige Welt. Niemand glaubt, dass sie je in Erfüllung gehen werden. Billiger Trost? Opium für das Volk? Vertröstung auf das Jenseits? – Die Tradition sagt uns, dass es drei Bewusstseinsebenen für uns Menschen gibt. Ich nenne sie das simple Bewusstsein, das komplexe Bewusstsein und das erleuchtete Bewusstsein.

Das simple Bewusstsein gibt es heute kaum mehr. Der Mensch, der einfach selbstverständlich, ohne viel zu fragen, von einem Tag in den anderen lebt, ist auf unserer Welt fast ausgestorben. Er existiert im Don Quichotte weiter, für manche noch im Cowboy oder im Urwaldindianer.

Das komplexe Bewusstsein, in dem die meisten Menschen leben und das auch wir sehr gut kennen, wird uns im Faust I geschildert oder im Hamlet. Dieser Menschentyp verbringt viel Zeit mit den äußeren und inneren Problemen, ist voller Ängste, Sorgen und Wünsche.

Das erleuchtete Bewusstsein finden wir nur bei den Weisen und Heiligen unserer Erde, und ich wage zu behaupten, auch bei nicht wenigen, die einen esoterischen Weg gehen.

Es gibt einen Spruch, der diese drei Bewusstseinszustände charakterisiert: Als ich jung war und unbeschwert, waren die Berge Berge, die Täler Täler und die Flüsse Flüsse. Dann verlor ich mich in der Wildnis, und die Berge waren nicht länger Berge und die Täler nicht länger Täler und die Flüsse nicht mehr Flüsse. Als ich erleuchtet wurde, waren die Berge wieder Berge, die Täler wieder Täler und die Flüsse wieder Flüsse.

Unsere biblische Tradition führt uns wie jede Religion durch diese drei Stadien. Sie führt uns aus dem simplen Bewusstseinsstand des Paradieses heraus und bringt uns in den komplexen Bewusstseinsstand des mentalen, egozentrischen Durchschnittsmenschen, um uns dann in den Zustand des Schauens zu führen, in dem wir die Welt mit anderen Augen zu sehen vermögen.

Ins Paradies, zurück in diesen simplen Bewusstseinszustand, können wir nicht. Manche machen zwar Anstrengungen und suchen ein alternatives Leben, irgendwo auf dem Land, weit weg von jeder Gesellschaft. Aber das ist nur Selbsttäuschung. Sie nehmen ihr komplexes Bewusstsein mit in die neue Lebensweise. Dies ist eher Regression als Progression.

Der Reichtum und der Endzustand eines Lebens liegen im dritten Bewusstseinsstand. Es ist ein Bewusstseinsstand, der sich nicht vor den harten Tatsachen des Lebens verschließt, sondern der diese harten Tatsachen von einer neuen

Warte her einschließt und durchdringt. Wir nennen diesen Bewusstseinszustand Erleuchtung. Wir müssen darunter nicht gleich eine bombastische mystische Erfahrung verstehen, sondern die Einsicht, dass es noch eine Dimension hinter diesem vordergründigen mentalen Begreifen gibt, die wir die göttliche Dimension nennen. Wer sich ihr immer wieder für die Gestaltung seines Lebens öffnen kann, dem verwandelt sich diese Welt und sein Leben.

Wenn ich diese Texte der heutigen Lesung höre, dann ist genau dieser dritte Bewusstseinsstand gemeint: „Jauchze, Jerusalem! Fürchte dich nicht, Zion! Die Augen der Blinden werden geöffnet, die Ohren der Tauben sind wieder offen, der Lahme springt wie ein Hirsch, die Zungen der Stummen jauchzen." (Jes 35,1–6) Der komplexe Bewusstseinszustand sagt sofort: „Gibt es nicht! Unmöglich!" Und er hat auch recht. Denn wir werden diese Welt nicht ändern, wir können nur unsere Einsicht in diese Welt ändern.

Da fällt mir eine Geschichte von Mutter Teresa ein. Ein Reporter erhielt die Gelegenheit für ein Interview. Er ging zum Saal der Sterbenden in Kaligath neben dem Kalitempel und platzte mit der Frage heraus: „Zehntausende von Flüchtlingen ergießen sich jeden Tag aus Bangladesch in diese hoffnungslose Stadt Kalkutta, in der es weder Essen noch Wohnungen gibt. Millionen von Menschen leben auf der Straße." – „Nein!" sagte Mutter Teresa. „Schauen Sie dieses Kind auf meinem Arm an, es bekam gerade zu essen." Und sie zeigte auf das verrunzelte Kindergesicht in ihrem Arm, dem sie gerade ein paar Löffel Milch gegeben hatte.

An dieser Welt wird sich nichts ändern. Die Lahmen bleiben lahm und die Stummen stumm. Für den Unerleuchteten ist das eine wirre und komplexe Welt. Die Berge sind für ihn offensichtlich nicht mehr Berge und die Flüsse sind nicht mehr Flüsse. Es ist eine Wildnis, in der jeder gegen jeden zu kämpfen scheint.

Ich frage mich heute, was wohl wichtiger ist: Ist es wichtiger, für materiellen Wohlstand und äußeren Frieden zu demonstrieren und zu kämpfen, oder ist es besser, den Menschen zu helfen, bei all ihrem Elend diesen dritten Bewusstseinszustand zu erreichen? Ganz sicher können wir unsere Bemühung um eine menschenwürdigere Welt nicht aufgeben, aber ich halte es für noch wichtiger, die Menschen in diesen dritten Bewusstseinszustand der tieferen Erfahrung der Wirklichkeit zu führen. Für solche Menschen öffnet sich eine reiche innere Welt, mit der sie all dem begegnen können, was das Leben bringt, Krankheit und Tod nicht ausgeschlossen.

Da sind wir wieder bei Jesus Christus, der uns durch sein Leben diesen Bewusstseinszustand aufzeigt. Er hat dieses sein Leben aus einem solchen Erleuchtungs-Bewusstsein heraus gelebt, zu dem auch wir berufen sind. Erleuchtung muss nicht eine bombastische Erfahrung sein, aber etwas von dieser inneren Welt kann uns dann zum Zentrum werden und zum Schwerpunkt, der unserem Leben Sinn gibt und Licht. Und darum sind wir hier zusammengekommen, um diese Tiefe zu erfahren und daraus wieder Richtung und Kraft zu bekommen.

Freuet euch im Herrn zu allen Zeiten! Noch einmal sage ich: Freuet euch! Ihr werdet Wasser schöpfen voll Freude aus den Quellen des Heiles. Sagt den Verzagten: Habt Mut, fürchtet euch nicht! Gott selbst ist gekommen, um euch zu erretten. Zum Abschluss hört ein Gedicht von Erich Fried:

Was es ist

Es ist Unsinn sagt die Vernunft
Es ist was es ist sagt die Liebe
Es ist Unglück sagt die Berechnung
Es ist nichts als Schmerz sagt die Angst
Es ist aussichtslos sagt die Einsicht
Es ist was es ist sagt die Liebe

Es ist lächerlich sagt der Stolz
Es ist leichtsinnig sagt die Vorsicht
Es ist unmöglich sagt die Erfahrung
Es ist was es ist sagt die Liebe

Weihnachten und Krishna

Aus der Atharva Veda wird uns folgender Text[14] überliefert: „Das Haupt der Anachoreten ließ Devaki (die Jungfrau) zu sich rufen und sagte: Der Wille der Devas hat sich erfüllt, du hast in der Reinheit des Herzens und in göttlicher Liebe empfangen. Jungfrau und Mutter, wir grüßen dich. Ein Sohn wird von dir geboren werden, welcher der Erlöser der Welt sein wird. Aber dein Bruder Kansa sucht dich, um dich und die zarte Frucht zu töten, die du in dem Leibe trägst. Du musst vor ihm geschützt werden. Die Brüder werden dich zu den Hirten führen, die am Fuß des Meru wohnen, unter den duftenden Zedern, in der reinen Luft des Himavat. Dort wirst du einen göttlichen Sohn gebären, und du wirst ihn nennen: Krishna, den Gesalbten."

Wir haben es in dieser Erzählung mit einem alten Mythos zu tun. An solchen Mythen sollen wir uns selber und die Bedeutung unseres Lebens erkennen. Das gilt auch für Weihnachten. Es geht an Weihnachten nicht darum, die Historizität der Geburt Jesu zu beweisen, etwas Geschichtliches im Gedächtnis festzuhalten. Denn wer in der Historie stecken bleibt, tötet das Lebendige der religiösen Botschaft. Die religiöse Botschaft bezieht sich nicht auf „historische Tatsachen". Sie bezieht sich auf das, was dahinter liegt. Nur die Symbole können dieses Dahinterliegende ausdrücken. Bilder müssen als Bilder gedeutet werden. Wer sie nur als geschichtliche Ereignisse nimmt, missdeutet sie.

Heute ist euch der Heiland geboren. Nicht damals, vor langer Zeit. „Wär' Christus tausendmal in Bethlehem geboren und nicht in dir, du wärst doch ewiglich verloren", sagt Angelus Silesius. Der Mythos berichtet uns von der Entfaltung des Ewigen in der Zeit. Im Christentum feiern wir diese Entfaltung im Kirchenjahr. Es ist uraltes religiöses Wissen, das da ausgesprochen wird. Leibnitz nannte das die Philosophia perennis. Wir feiern also etwas aus der ewigen Philosophie, nicht irgendein historisches Gedächtnis. Unsere Zeit hat dieses Wissen an den Rand gedrängt, doch es ist das Wissen um die Freiheit, die der Mensch erlangen kann. Kein Wunder, dass es manche Parallelen zwischen den Erzählungen über Krishna und den Evangelien gibt.

Die Welt ist nur Gleichnis, Gleichnis für etwas, das dahinter liegt. Was dahinter liegt, das suchen wir. Die meisten Menschen aber bleiben in den Formen stecken, als ob die Erscheinungsformen das Wichtige wären. Die Welt ist nur das Medium, um mit dem Unsichtbaren in Kontakt zu kommen. Sie ist die Nahtstelle, an der die beiden Aspekte der Wirklichkeit zusammenhängen, die Eckehart mit Gottheit und Welt benennt. Die Welt ist ja die Membrane, die den Ton des Unendlichen zum Klingen bringt. Ohne diese Membrane erklingt nichts. „In der Leerheit ist keine Form."

Durch eine falsch verstandene Spiritualität erreicht man das Gesuchte nicht. Das kann man nicht durch Fliehen lernen, sagt Eckehart, denn die Formen sind kein Hindernis. Als ob man die Welt verachten müsse, denn die wirkliche Wandlung kommt durch den rechten Umgang mit den Dingen. Die esoterischen Wege sind sich einig in der Annahme, dass gerade diese menschliche Existenz die Chance der Transformation in sich hat

Die Wirklichkeit ist vergleichbar mit dem Licht, bevor es durch das Prisma fällt. Licht selber kann man nur sehen, wenn es reflektiert wird. Dieses Licht, so sagt uns Johannes vom Kreuz, können wir zunächst nicht sehen, deswegen klammern wir uns an die Stäubchen in der Luft, die vom Licht erhellt werden. Was aber können wir tun, um dieses Licht selber zu sehen? Was können wir tun, um diese Polarität zu überschreiten? Die Wirklichkeit nämlich ist ganz! Darum geht es also, wenn wir von Religion oder Metaphysik sprechen. Diese ganze Wirklichkeit ist etwas Lebendiges, wir aber klammern uns an das Tote. Wir wollen festhalten! Die Wissenschaften betrachten immer etwas Totes, denn Formen sind tot. Menschen, die nur diesen Aspekt kennen, müssen etwa durch Hektik sich vorgaukeln, lebendig zu sein. Die Welt der Erscheinungsformen ist dem Werden und Vergehen anheim gegeben. Der Mensch aber möchte festhalten, er möchte das Erreichbare genießen, doch es wird ihm unter den Händen schal, und so muss er nach dem nächsten jagen. Wenn er aber dieses Nächste erreicht hat, japst er wie ein Jagdhund dem nächsten Hasen hinterher. Er ist auf einem Ego-Trip, denn dieser Trip muss sich Leben vorgaukeln. Esoterik aber zeigt uns einen anderen Weg, und dieser Weg hat sich selber zum Ziel. Und das schon seit langer Zeit.

Pythagoras und seine Anhänger wurden auf Sizilien verfolgt und getötet, und ihre Schulen wurden ausgerottet. Plato verschaffte sich unter großer Mühe ein Manuskript des Meisters. Seine Lehre war in einer Geheimschrift niedergelegt, denn der mündliche Unterricht hatte den Vorrang. Pythagoras war ein Zeitgenosse von Buddha Shakyamuni und Lao-Tse. Er sah die ganze damals bekannte Welt: Afrika, Asien. Er war in Memphis und Babylon. Er stammte von der Insel Samos. Mit einem Empfehlungschreiben des Tyrannen Polykrates ging er nach Ägypten und unterwarf sich dort der Priesterschaft von Memphis. Als Babylon Ägypten eroberte, wurde Pythagoras nach Babylon verschleppt. So studierte er die Religion und die Kultur Babylons und befasste sich vor allem mit der Magie. Zwölf Jahre war er in Babylon interniert, dann kehrte er nach Samos zurück. Dort konnte er nicht bleiben, sondern ging nach Griechenland. In Delphi wurde er mit der apollinischen Wissenschaft vertraut und der Theorie der Divination, denn die Pythia prophezeite dort. Aus einem Felsen in Delphi stiegen Dünste empor. Diese bewirkten offensichtlich eine Art Bewusstseinserweiterung für die Pythia.

Die älteste esoterische Lehre, die wir kennen, ist die ägyptische. Es gibt Wissenschaftler, die überzeugt sind, dass letztlich von hier aus alle Religionen mehr oder weniger stark beeinflusst worden sind. Vor allem aber sollen die esoterischen Lehren von dort her befruchtet worden sein, wenn sie nicht letztlich dort ihren Ursprung haben. Die arische Rasse hat ihren Kern in der Dreifaltigkeitslehre des Krishna.

Moses hat diese Esoterik aus Ägypten zu den Israeliten gebracht. Sie ist aber auch in die griechische Esoterik des Dionysoskultes eingegangen. Als „perennis quaedam philosophia", wie der Philosoph Leibniz das nennt, zieht sie sich durch die Jahrtausende hindurch. Sie ist eine Art Universalreligion oder – vielleicht besser gesagt – der Kern aller Religionen. Sie kommt aus der Erfahrung, und wenn sie in des Menschen Bewusstsein dringt, befreit sie ihn aus dem Ghetto aller engen Strukturen, seien sie religiöser oder moralischer Art. Der Mensch wird erfasst vom Taumel und Schauer des Unendlichen, seinen Abgründen und Höhen.

Gott lässt sich in den Religionen und ihren Wegen ganz verschieden erkennen. Das Licht aber ist das gleiche. Durch manche religiösen Wege scheint es stärker hindurch, durch andere weniger. Je nach der Erkenntniskraft des Menschen wird er dieses Licht aufnehmen können. Es ist und bleibt aber dasselbe Licht.

Es ist die Aufgabe der Zukunft, die Menschen ihre transzendenten Fähigkeiten zu lehren und sie so zu ihrer eigentlichen Würde zu führen. Das ist die wahre Aufgabe aller Religionen. Das ist die Hausaufgabe unseres Lebens.

Die esoterischen Wegweisungen der Religionen sind das Wesentliche einer jeden Religion. Alle Religionen haben eine äußere und eine innere Ebene. Sie müssen nicht voneinander getrennt sein. Sie gehören sogar aufs engste zusammen. Durch die äußere Ebene erschließt eine Religion den Menschen über Kult, Riten und Dogmen den tieferen Sinn des Göttlichen in der Welt. Über die innere Ebene gelangt der Mensch zur Erfahrung des Göttlichen. Die innere Ebene zeigt dem Menschen die Lichtseite seiner Existenz.

Der Mythos macht diese Wahrheit allen Menschen bekannt. Dahinter steht ein Muster, das sich in vielfältigen Formen wiederholt, es ist die Befreiung des Menschen. Dies ist in der Tiefe des Bewusstseins angelegt. Unsere Märchen und Heldensagen berichten davon. Heldengeschichten und religiöse Erzählungen sind sich dabei sehr ähnlich. Was in jeder Menschenseele verankert ist, steigt bei vielen auf ähnliche Weise auf. Jedem ist es daher möglich, an dieses Wissen heranzukommen.

Die historische Dimension, die im Christentum traditionell eine große Rolle spielt, ist in Wirklichkeit die Manifestation eines ewig seienden Grundmusters.

Es ist das Muster des menschlichen Weges. Es verdichtet sich ins materielle Geschehen hinein und wird so zur Geschichte, doch dies ist nur eine Phase der Evolution des Göttlichen. Wie ein Theaterstück die Verdichtung einer Idee ist, so ist die Liturgie eine Verdichtung des Heilsweges. Das Leben eines Menschen macht die Welt zur Bühne des religiösen, des ewig gültigen Heilsweges.

Weihnachten steht nicht an einem beliebigen Zeitpunkt. Es ist der Punkt, an dem schon immer in religiösen Kreisen das Gleiche gefeiert wurde. Die Wanderung der Sonne ist der Ausgangspunkt. „Gottessöhne" wurden schon immer mit der Sonne identifiziert, denn dieses Zentralgestirn war schon immer ein Symbol für Gott und seine Söhne. Mit den Stationen der Sonne hat man auch die einzelnen Stationen des Lebens symbolisiert.

An Weihnachten hat die Sonne den Tiefpunkt erreicht. Die Nacht ist dann am längsten und der Tag am kürzesten. Die Sonne ist ein Symbol für das Licht, das Licht jedoch ist zu diesem Zeitpunkt ziemlich eingeengt. Die dunklen Kräfte bedrohen dieses Licht. Das Böse hat somit seinen stärksten Punkt erreicht. Am Tiefpunkt aber kommt die Wandlung. Die Dunkelheit kann das Licht nicht total verschlingen. Das Licht breitet sich wieder aus und der Siegeszug des Lichtes beginnt wieder.

Äußerlich erleben wir Menschen das seit Urzeiten. Es ist wie ein Kampf zwischen Finsternis und Licht. Das Licht aber siegt, denn der „Sol invictus" beginnt aufs neue seinen Siegeslauf. Daher hat auch das Christentum auf diesen Tag die Geburt Jesu verlegt. Die Liturgie verlegt das Geschehen in unsere Psyche und bezieht sich auf das Hier und Jetzt. Weihnachten ist eine Aufforderung zu einer Wiedergeburt im Geiste. Die Geburt des Lichtes. Diese Geburt kann sich nur ereignen, wenn es dunkel geworden ist. Deswegen kommt es zur Abschirmung der Außenwelt, zum Schalwerden der äußeren Werte, denn die Öde spielt auf unserem Weg eine wichtige Rolle. Dies ist ein psychologisch wichtiger Vorgang. Weihnachten kann nur stattfinden, wenn ein Sterbeprozess abgelaufen ist. Solange der Mensch im Erfolg steht und sein Ego verwirklicht, solange er in der Mitte seines Lebens, seiner Lebensjahre steht, solange ist die Zeit noch nicht da, um das innere Licht zu gebären. Dazu muss man vieles infrage stellen, die Grundhaltung unseres Lebens muss erschüttert werden.

Das Ego wird oft als der falsche König (Herodes) dargestellt, er ist das Ego, das sich anmaßt, Macht zu haben. Daher hat er auch Angst vor der Geburt des wahren Königs. Er müsste sich seine Erbärmlichkeit eingestehen, solange aber noch so viel Außenlicht da ist, kann dieser Prozess nicht stattfinden. Der Zweifel an der Sinnhaftigkeit der äußeren Verwirklichung muss erst aufkommen, denn dann erst durchschauen wir Menschen die Dinge, erst dann richtet sich unser Blick hinter die Dinge. Wer dies tut, für den stürzt die äußere Welt ab. Dieser Prozess wird oft mit Depressionen einhergehen. „Früher machten die Dinge doch so viel Spaß. Den haben jetzt nur noch die andern. Warum denn ich nicht mehr?" Glanz und Glitzer dieser Welt entschwinden.

Die „Gottessöhne" werden immer von Jungfrauen geboren, von Myra, Maya, Maria, Mara und Meer. In ihren Anfangsbuchstaben zeigt sich auch die unverwechselbare Verwandtschaft zur Materie, dem empfangenden Charakter der Materie. Die Materie ist schwanger von Gott. Das Sichtbare ist ein Symbolon für das Unsichtbare. In der Materie finden wir es, im Meer, der *Stella Maris*. Wasser ist ein Symbol für das seelische, empfängliche, das psychische Prinzip, dort also finden wir die Weiblichkeit. Oder in Maria auf dem Mond und bei all den anderen Mondgöttinnen, denn es ist nur der Mond, der die Sonne widerstrahlt.

Jungfräulichkeit ist ein Symbol der Zeitlosigkeit, denn sie ist ein Symbol für Gegenwärtigsein. Der fliegende Vogel hinterlässt keine Spur. Wir aber identifizieren uns immer mit einer Spur, denn das Ich hinterlässt Spuren, aber es ist nur die Kontinuität der Erinnerung. Sich mit der Vergangenheit zu identifizieren heißt, mit dem Ichhaften identisch zu sein. Die Jungfräulichkeit bedeutet aber Zeitlosigkeit. Maria ist die Seele, die sich von der Zeit befreit hat. Erst wenn die Seele jungfräulich wird und sich nicht mehr mit der Vergangenheit identifiziert, kann sie Mutter werden.

Mutter zu werden heißt auch, ganz offen und bereit zu sein. Es bedeutet auch, einverstanden zu sein mit dem, was gesagt wird. „Mir geschehe, wie du gesagt“, antwortete Maria. Es zeigt ihre Widerstandslosigkeit, eine Grundhaltung für das Mutter-Werden. Wir jedoch sind oft voll von Widerständen. Maria ist das Symbol für das geöffnete Gefäß. „Wenn der Sohn geboren ist, wird jede Seele Maria“, formuliert Eckehart.

Das Kind ist das wahre Selbst. Christus ist ein Repräsentant für die Göttlichkeit in uns, mit der wir uns aber leider nicht identifizieren. Weil wir uns in die Welt der Formen verstrickt haben und damit in die Idee des Ich, drängen wir unser wahres Selbst so zur Seite, dass wir es kaum kennen. Das Kind jedoch will alle Jahre in der Seele des Menschen wiedergeboren werden. Doch es ist schwierig, eine Herberge zu finden, denn die Herbergen sind alle besetzt. In dieser Welt ist kein Platz in unserer Seele, denn wir haben so viele Egowünsche, so viele Gäste, dass das einzige Wahre zu kurz kommt und keinen Platz findet. Im Stall findet die Geburt statt, eigentlich ist es eine Höhle, sie aber liegt unter der Erde, da, wo es noch dunkler ist.

Der Stall ist eine zerfallene Behausung. Der Wind bläst hindurch. Kälte und Unwetter dringen ein. Im intakten Haus (der Herberge) können wir uns zurückziehen, da machen wir die Türe zu und grenzen uns ab. Da geht es um eine Ichabgrenzung. Dieses Haus jedoch muss zerfallen, muss in Frage gestellt werden, muss durchlässig werden, muss zerstört werden! Sein Turm muss einstürzen! Die Herberge (das Haus also) ist überfüllt von Triebansprüchen.

Weihnachten ist also keine Gedenkfeier eines Ereignisses, das damals vor 2000 Jahren sich abspielte, sondern ist ein Prozess, der immer wieder in uns stattfinden muss. Wir müssen zum Stall werden, in dem der Menschensohn geboren werden kann.

Unbefleckt empfangen – jungfräulich geboren

Drei Mysterien stehen im Mittelpunkt der Weihnachtszeit, drei Mysterien, die unserem menschlichen Verstand viel zu schaffen machen: Die Unbefleckte Empfängnis Mariens, die Jungfrauengeburt und die Empfängnis Mariens durch den Hl. Geist.

Dreimal wird uns zugemutet, dass Gott seine Schöpfungsstruktur durchbrochen haben soll. Maria soll also nicht, wie alle anderen Menschen, von der Erbsünde belastet sein, Jesus soll durch den Hl. Geist empfangen worden sein, nicht von einem Mann; und Maria soll Jesus auf jungfräuliche Weise geboren haben, ohne ihren mütterlichen Schoß zu verletzen. Viele haben sich an diesen Mysterien skandalisiert, viele lachen heute darüber, und viele wissen schon nicht mehr, warum sie Weihnachten eigentlich feiern. Für mich sind es mit die wichtigsten Aussagen der Religion schlechthin. Sie nämlich deuten und sagen uns, wer wir eigentlich sind. Das aber ist die Aufgabe einer Religion.

Die Unbefleckte Empfängnis Mariens besagt, dass Maria ohne Erbsünde empfangen worden ist. Es geht aber an diesem Fest nicht nur um Maria. Wir alle sind unbefleckt empfangen. In diesem Fest feiern wir unsere eigene unbefleckte Empfängnis. Von uns ist hier die Rede. Hier bekommen wir gesagt, wer wir sind. Es sind Bilder unseres Heiles, die uns da an Maria und Jesus aufgezeigt werden.

In jedem Wesen gibt es etwas, an das alle Schuld nicht hinreicht. Dort haben wir nichts falsch gemacht. Dort ist das „unentweihte Antlitz“ des Menschen, wie Gertrud von Le Fort sagt. Dort ist das „Antlitz vor unserer Geburt“, wie Zen sagt. Dorthin kommt weder die Bosheit der Welt noch die eigene Schuld. Unbefleckte Empfängnis will sagen, dass unser eigentliches Wesen göttlich ist. Dieses göttliche Urprinzip hat sich diese menschliche Form kreiert. Sie hat sich in dieser Form und in allen Formen physischer, psychischer oder geistiger Art eingegrenzt. Dieses unverfälschbare Urprinzip, das wir Gott nennen, lebt als diese Form. Es kann nicht befleckt werden. Es zeigt sich leuchtend klar sogar in Leid und Versagen. Über dieses Geheimnis kann man zwar lächelnd hinweggehen und Religion als Humbug bezeichnen. Man kann aber auch die tieferen Wahrheiten dieser Mysterien zu erfassen versuchen: Wir sind nämlich gemeint, denn dieses göttliche Urprinzip lebt in uns und „als uns“ wie in Maria. Wir sind unbefleckt empfangen.

Auch wir sind durch den Hl. Geist gezeugt. Wir sind vom Hl. Geist empfangen. Das trifft nicht nur für Jesus zu, sondern für alle Wesen. Wir feiern in diesem Fest unsere göttliche Natur und die göttliche Natur des Kosmos. Man kann es Zufall nennen, dass im Buddhismus am Erleuchtungstag Shakyamunis auch das Fest der Unbefleckten Empfängnis Mariens gefeiert wird, jeweils am 8. Dezember. Die Erfahrung, die er an diesem Tag machte, als der Morgenstern noch am Himmel stand, ist die gleiche, die alle Mystiker machen. Shakyamuni hat sie so ausgedrückt: „Alle Wesen haben von Anfang an Buddhanatur.“ Das heißt nichts anderes, als dass alle Wesen eine Manifestation dieses Urprinzips sind, dem wir Menschen viele Namen gegeben haben. Maria erfuhr, dass ihr tiefstes Wesen göttlich ist und nicht befleckt sein kann. Wir Christen nennen dieses unser tiefstes Wesen göttliches Leben, Reich Gottes, Kindschaft Gottes. Buddhisten nennen es Leerheit, Wesensnatur, Buddhanatur, Prajna usw.

Dieses göttliche Prinzip ist uns bei der Taufe bestätigt worden. So wie über Jesus eine Stimme erscholl: „Dieser ist mein geliebter Sohn", so erschallt über jedem Kind, das getauft wird, diese Stimme, die bestätigt, dass wir Kinder Gottes sind, dass wir göttlichen Ursprungs sind, dass wir unbefleckt empfangen sind. Die Taufe hat uns nichts Neues gebracht, sie hat uns nur unser göttliches Wesen bekräftigt.

Das Fest der Empfängnis Mariens, das Fest der Zeugung aus Gott, wie wir die Empfängnis durch den Hl. Geist nennen, ist das Fest *unserer* Empfängnis aus Gott. Es geht um *unsere* Zeugung aus Gott, denn Gott ist unser Vater. Wenn Gott unser Vater ist, dann sind wir Gott-Menschen. Das zu erkennen und zu erfahren ist das einzige Ziel der Mystik und Esoterik.

Darum predigt Eckehart: „Die Meister sagen gemeinhin, alle Menschen seien in ihrer Natur gleich edel. Ich aber sage wahrheitsgemäß: All das Gute, das alle Heiligen besessen haben und Maria, Gottes Mutter, und Christus nach seiner Menschheit, das ist mein Eigen in dieser Natur. Nun könntet ihr mich fragen: Da ich in dieser Natur alles habe, was Christus nach seiner Menschheit zu bieten vermag, woher kommt es dann, dass wir Christus erhöhen und als unseren Herrn und unseren Gott verehren? Das kommt daher, weil er ein Bote von Gott zu uns gewesen ist und uns unsere Seligkeit zugetragen hat. Die Seligkeit, die er uns zutrug, die war unser." (Quint S.178, 23 ff.)

Darum kann Meister Eckehart sagen: „Der Vater … gebiert mich als sich … als seine Natur. … Darum gebiert er mich als seinen Sohn ohne jeden Unterschied. Mein leiblicher Vater ist nicht eigentlich mein Vater, sondern nur mit einem kleinen Stückchen seiner Natur, und ich bin getrennt von ihm; er kann tot sein und ich leben. Darum ist der himmlische Vater in Wahrheit mein Vater." (Quint, 185, 20 ff.)

Wir sind jungfräulich geboren: Wir sind zuerst spirituelle Wesen, die in einen Leib hinein geboren wurden, damit sie sich dort entfalten. Wir sind spirituelle Wesen, die sich in einem Leib ausdrücken. Das ist in der Botschaft, dass Maria ohne Sünde empfangen ist, ausgesagt. Auch wir sind jungfräulich empfangen und geboren.

Wir sind die Brüder und Schwestern dieses Jesus. Wenn er „Sohn Gottes" ist, sind auch wir „Söhne und Töchter Gottes" und wie er und Maria und alles, was Form hat, jungfräulich aus Gott geboren. Wie könnte aus Gott etwas anderes geboren werden? – Der Inhalt dieser Dogmen ist älter als das Christentum. Alle Mystiker des Ostens und Westens sagen uns das Gleiche, wenn auch in anderen Worten. Es sind Bilder des Heiles, die nichts über ein historisches Faktum berichten wollen. Sie sollen uns vielmehr vermitteln, dass wir zuerst spirituelle Wesen sind, die sich in dieser Leibesform entfalten sollen.

Mit anderen Worten, wir sind „Gottmenschen". Diese Mysterien verweisen uns auf unsere göttliche Herkunft und auf unser göttliches Wesen. Wer aber daraus bloß historische Fakten macht, übersieht die eigentliche Heilsbotschaft.

Der Inhalt der Dogmen ist im Grunde älter als das Christentum. Was in ihnen ausgesagt wird, liegt in der menschlichen Seele verborgen und wird nur in den Dogmen artikuliert. Es sind menschliche Urbilder, die da ans Licht gehoben werden, Bilder des Heiles und nicht Aussagen über historische Fakten. Es sind also unsere ureigensten Urbilder, mit denen wir Empfängnis, Weihnachten und Himmelfahrt feiern. Sie sollen eine Wahrheit vermitteln, die sich hinter der Oberfläche des Wortes oder Bildes befindet, denn sie enthalten geschaute Wahrheiten. Das bildlos Geschaute wird in Bilder übersetzt, damit wir es feiern und einander mitteilen können.

Was wir also am Mythos der jungfräulichen Empfängnis und Geburt lernen können, ist unsere Herkunft aus Gott. Unser Dasein als solches hat einen großen Wert, denn so, wie wir sind, sind wir die Ausdrucksform des Göttlichen. Nicht unser Wohlverhalten macht uns Gott wohlgefällig, denn unser Sein ist es, das uns wesenhaft erhoben hat.

Nur aus dieser Sicht machen die Verse von Angelus Silesius Sinn, der sagt: „Wer Gott um Gaben bitt', der ist gar übel dran. Er betet das Geschöpf und nicht den Schöpfer an." Oder Eckehart: „Warum geht ihr aus? Warum bleibt ihr nicht in euch selbst und greift in euer eigenes Gut? Ihr tragt doch alle Wahrheit wesenhaft in euch." (Quint S. 181,27) Oder an anderer Stelle: „Dann wird's recht mit den Leuten, und sie ergreifen Gott in allen Dingen gleich, und sie finden von Gott gleich viel in allen Dingen." (Quint S. 63) „Mit wem es recht steht, wahrlich, dem ist's an allen Stätten und unter allen Leuten recht. Mit wem es aber unrecht steht, für den ist's an allen Stätten und unter allen Leuten unrecht. Wer aber recht dran ist, der hat Gott in Wahrheit bei sich; wer aber Gott recht in Wahrheit hat, der hat ihn an allen Stätten und auf der Straße und bei allen Leuten ebensogut wie in der Kirche oder in der Einöde oder in der Zelle; wenn anders er ihn recht und nur ihn hat, so kann einen solchen Menschen niemand behindern. – Warum? Weil er einzig Gott hat und es nur auf Gott absieht und alle Dinge ihm lauter Gott werden. Ein solcher Mensch trägt Gott in allen seinen Werken und an allen Stätten und alle Werke dieses Menschen wirkt allein Gott." (Quint S. 58/59)

Gott von Gott – Licht vom Licht
(Joh 1,1 ff.)

Was hat es mit diesem esoterischen Evangelium auf sich, das wir gerade gehört haben? Von zwei Polen ist darin die Rede: vom Wort (Logos) auf der einen Seite und vom Sprecher des Wortes (Vater) auf der anderen Seite. Dieses Wort war am Anfang bei Gott, so wie jedes Wort am Anfang beim Sprecher ist. Sie gehören zusammen, man kann sie nicht trennen. Dieses Urprinzip, das wir Vater nennen, wird sichtbar, ja, erfahrbar im Wort. Wort ist die ganze Schöpfung.

Wir könnten auch sagen, dass Schöpfer und Geschöpf sich nicht trennen lassen. Wo ein Schöpfer ist, da ist ein Geschöpf. Wo ein Vater ist, da ist ein Sohn.

Beide gehören zusammen, wie die beiden Enden eines Stabes. Einen Stab mit einem Ende gibt es nicht. Gott kann nicht ohne seine Schöpfung erscheinen. Ein Wort kann nicht erscheinen ohne Sprecher. Andere Religionen nennen diese beiden Aspekte anders. Sie sprechen von Leerheit und Form, von Sunyata und Maya. Immer sind die beiden Aspekte gemeint, aus denen Wirklichkeit besteht.

Vom Logos heißt es, dass er gezeugt ist aus Gott, nicht geschaffen. Auch wir sind gezeugt aus Gott, nicht geschaffen. Logos ist nicht nur ein Wort für Jesus Christus, es ist auch ein Wort, das uns selbst bezeichnet. Auch wir sind der Logos, wir sind Gestalt gewordenes Leben Gottes. Wir leben sein Leben. Das unsichtbare Urprinzip nimmt in uns Form an. Wir sind die Gestalt dieses Urprinzips Gott. Gott erfährt sich als Gott in dieser unserer menschlichen Form. Wir sind gottesgestaltig. Wir sind Gottmenschen. Auch wir können mit Jesus sprechen: „Wer mich sieht, sieht den Vater." Das aber gilt es zu erfahren, denn das ist unsere letzte Bestimmung. Darum sitzen wir auch hier. Darum gehen wir durch alle diese Schmerzen und durch diesen Reinigungsprozess.

Genau wie im Hinduismus und Buddhismus können auch die Christen von Nicht-Zwei sprechen. Eckehart meint z. B.: „Auf einmal und zugleich, als Gott war, da er seinen ihm gleich ewigen Sohn als ihm völlig gleichen Gott erzeugte, schuf er auch die Welt." (Quint S. 450,3) Oder: „Desgleichen kann zugegeben werden, dass die Welt von Ewigkeit her gewesen ist." (Quint S. 450,2) Gott ohne Welt gibt es nicht. – Gott und die Schöpfung sind koexistent. Gott und wir sind koexistent. Sie sind nur zwei Aspekte der gleichen Wesenheit: Vater und Sohn – Leerheit und Form – Atman und Maya.

Wie Jesus sind wir „Gott-Menschen". Wir leben nicht unser Leben, wir leben Gottes Leben. Die Christus-Offenbarung ist nicht ein einmaliges, statisches Ereignis, das in Jesus stattgefunden hat, nicht ein Endpunkt, der keine weitere Möglichkeit mehr zuließe. Sie ist vielmehr ein nicht endendes Geschehen, das sich heute genauso vollzieht, wie vor 2000 Jahren und seit dem Urknall. Ich weiß, dass es schwer ist, das zu glauben, wenn man die verrückte Menschheit sieht, wie sie sich gegenseitig umbringt, peinigt und vernichtet. Aber dies ist die Wahrheit.

Die Christus-Offenbarung ist eine Heilsaussage für alle Geschöpfe. Allen Mysterienlehren gemeinsam ist, dass sich hinter der Vielfalt der Erscheinungsformen des Kosmos ein Großer Geist befindet, der sich in allem manifestiert. Zwischen diesem letzten Prinzip und den sichtbaren Formen besteht kein seinsmäßiger Unterschied. Diesen „großen Geist" haben verschiedene Kulturen unterschiedlich benannt: Liebe, Wahrheit, Amida, Krishna, Maitreya, oder sie gaben ihm Namen aus der Natur wie Sonne, Licht, Helles Dunkel oder aus der Philosophie wie das Absolute, die Wahrheit, das Bewusstsein. Dieser Große Geist, dieses Urprinzip erscheint in der Zeit. Und das feiern wir an Weihnachten. Gott von Gott, Licht vom Licht! Das gilt auch von uns.

Wir sprechen von der Quelle und vom Bach. Die Quelle ist nicht der Bach, und der Bach nicht die Quelle. Die Quelle hat den Bach hervorgebracht. Man kann beide unterscheiden, aber sie können nur zusammen auftreten. Wo eine Quelle, da auch ein Bach. Es ist Unsinn, von einer Quelle zu sprechen, die sich nicht in einen Bach ergießt, und umgekehrt. Der Bach ist nicht der Ursprung, aber er hat das gleiche Wasser. Der Sohn ist nicht der Vater, aber er hat das gleiche Wesen. Die Schöpfung ist nicht das Urprinzip, aber sie hat das gleiche Wesen, wie Quelle und Bach das gleiche Wasser haben.

Diese Quelle Gott strömt jeden Augenblick über. Sie ergießt sich in den Bach der Formen. Gott hat seinen „ewigen Sohn“ nicht nur einmal und für alle Zeiten geboren, er gebiert ihn ohne Unterlass. Und: „Wo der Vater seinen Sohn in mir gebiert, da bin ich derselbe Sohn und nicht ein anderer“, sagt Meister Eckehart (Quint S.172,12). Oder: „Der Vater gebiert mich als seinen Sohn und als denselben Sohn.“ (Ebd. S. 185,21) Und: „Sollst du der Sohn Gottes sein, so kannst du es nicht sein, du habest denn dasselbe Sein Gottes, das der Sohn Gottes hat.“ (Quint S. 317,19; 317,30; 318,12; 319,10; 319,30)

„Nun sagt ein Meister: Gott ist Mensch geworden, dadurch ist erhöht und geadelt das ganze Menschengeschlecht. Dessen mögen wir uns wohl freuen, da Christus, unser Bruder, aus eigener Kraft aufgefahren ist über alle Chöre der Engel und sitzt zur rechten Hand des Vaters. Dieser Meister hat recht gesprochen; aber wahrlich, ich gäbe nicht viel darum. Was hülfe es mir, wenn ich einen Bruder hätte, der da ein reicher Mann wäre und ich wäre dabei ein armer Mann? Was hülfe es mir, hätte ich einen Bruder, der da ein weiser Mann wäre, und ich wäre dabei ein Tor? Ich sage etwas anderes und Eindringenderes: Gott ist nicht nur Mensch geworden, vielmehr: er hat die menschliche Natur angenommen … all das Gute, das alle Heiligen besessen haben und Maria, Gottes Mutter, und Christus nach seiner Menschheit, das ist mein Eigen in dieser Natur. Nun könntet ihr mich fragen: Da ich in dieser Natur alles habe, was Christus nach seiner Menschheit zu bieten vermag, woher kommt es dann, da wir Christum erhöhen und als unseren Herrn und unsern Gott verehren? Das kommt daher, weil er ein Bote von Gott zu uns gewesen ist und uns unsere Seligkeit zugetragen hat. Die Seligkeit, die er uns zutrug, die war unser.“ (Quint S. 180,16 ff.)

Was würde uns das alles helfen, wenn nicht auch wir sagen könnten: „Ich bin Sohn, ich bin Tochter Gottes.“ Es gibt nur ein Leben Gottes. Das gleiche göttliche Leben, das den Menschen Jesus durchpulst, durchpulst auch uns.

Warum Weihnachten feiern?

Warum treiben wir diesen ganzen Aufwand um Weihnachten? Wir erinnern uns an Kindertage und wunderbare Gefühle, die wir doch nicht mehr zurückholen können. Was lässt uns trotzdem so viel in dieses Fest investieren? Wir feiern die Geburt des Heilandes dieser Welt, dieses Jesus, der zum Christus wurde. Eine Geburtstagsfeier? Es gab viele große Menschen, deren Geburtstag wir feiern könnten. Warum ist es uns so wichtig, immer noch daran zu denken, dass damals Jesus geboren wurde? Darauf aber kommt es an, was ich von diesem Jesus halte.

Es gibt Menschen, die in einer einfachen und direkten Weise an seine jungfräuliche Geburt glauben. Eine andere Gruppe hat den Mut, diese Erzählung näher anzuschauen. Sie sagt: Historisch kann das nicht wahr sein und lehnt die Vorstellung der Jungfrauengeburt als unwissenschaftlich ab.

Unser Standpunkt liegt in der Mitte. Es geht in der Erzählung der Jungfrauengeburt nicht um historische Geschichtsschreibung, und trotzdem sind diese Bilder und Geschehnisse wahr. Sie sind wahr in einem anderen und tieferen Sinne. In der Kirche legt man manchmal zu großen Wert darauf, dass die Dinge im historischen Sinne wahr seien, doch damit läuft man Gefahr, an der wirklichen Botschaft vorbeizugehen. Was aber ist die wirkliche Botschaft?

In der Welt der Religion nennt man Wirklichkeit nicht das Vordergründige. Wirklich ist nur die hintergründige Welt, die Welt der Archetypen, der Urideen, die sich im Stofflichen ausdrückt. Die Bilder sind nur Gleichnis. Es ist wichtig, dass wir zurückfinden in die Gleichnishaftigkeit der Formen.

Religion kümmert sich in erster Linie um das, was hinter den Formen liegt. Da gelten ganz andere Aussagen als in der Welt der Formen. Wissenschaftliche und historische Betrachtungen kümmern sich um die rationale Welt. Menschen, die sich nur um diese rationale Welt kümmern, leben ein sehr eingeschränktes Leben. Sie sitzen sozusagen im Aquarium.

Es geht bei der Jungfrauengeburt um eine mythologische Erzählung. Das Christentum lehrt wie alle Religionen, die Wahrheit im Mythos zu finden, denn der Mythos ist die Abbildung eines ewigen Urmusters, das zur „Philosophia perennis" gehört. Alle Weisen haben das hinter den Formen erfahren. Diese Urmuster sind dann in mythologische Erzählungen übersetzt worden. Wer im Historischen stecken bleibt, tötet die religiöse Botschaft. Religion ist der Versuch, das, was hinter den Formen steht, zu erfahren.

Rational können wir diese göttliche Wirklichkeit nicht adäquat ausdrücken. Daher verwenden wir Symbole; Symbole jedoch und Bilder müssen als Bilder wahrgenommen und entsprechend gedeutet werden. Bei der Jungfrauengeburt handelt es sich um ein archetypisches Muster. Die Jungfrauengeburt finden wir bei vielen berühmten religiösen Gestalten, z. B. auch bei Krishna und Shakyamuni Buddha. Dahinter steckt eine zeitlose Wahrheit, die aus den Symbolen herausgezogen werden muss, damit wir betroffen werden. Doch in welcher Form sollen wir betroffen sein?

Wir sollen erkennen, dass es dabei um uns geht. Es werden uns Muster unseres Menschseins gezeigt. Wir sollen erkennen, dass sich das Göttliche auch in uns bis ins Materielle hinein verdichtet, dass auch wir jungfräulich geboren sind, dass auch wir Söhne und Töchter Gottes sind, dass es auch in uns dieses unbefleckte göttliche Leben gibt. Es ist alles in uns. Auch wir sind Gotteskinder. Wir sind dies viel mehr, als wir die Kinder unserer Eltern sind.

Meister Eckehart predigt daher: Darum „gebiert … mich (der Vater) als seinen Sohn ohne jeden Unterschied. Mein leiblicher Vater ist nicht eigentlich mein Vater, sondern nur mit einem kleinen Stückchen seiner Natur, und ich bin getrennt von ihm; er kann tot sein und ich leben. Darum ist der himmlische Vater in Wahrheit mein Vater, denn ich bin sein Sohn und habe alles das von ihm, was ich habe, und ich bin derselbe Sohn (wie Jesus) und nicht ein anderer. Weil der Vater (nur) *ein* Werk wirkt, darum wirkt er mich als seinen eingeborenen Sohn ohne jeden Unterschied." (Quint 185,27 ff.) – Wir alle sind jungfräulich geboren. Das ist die Botschaft der Jungfrauengeburt. Wir müssen uns in diesen Bildern selber erkennen und begreifen.

Ziel der Religion ist die Wandlung in eine andere Daseinsform und nicht das Voranschreiten auf der gleichen Ebene. Zwischen Fortschritt und Wandlung besteht ein großer Unterschied. Durch den Fortschritt kann ich mir Leben vorgaukeln lassen, durch die Wandlung aber komme ich in die Erfahrung des wahren Lebens.

Diese Erfahrung muss in Bildern und Worten vermittelt werden. Unsere Zeit jedoch drängt den Kern der mythologischen Aussage durch eine Überbetonung des historischen Vorgangs an den Rand.

Hier kann man von zwei Wegen sprechen: Einmal vom Weg der antiken Mysterienschulen. Sie waren eine intellektuelle Form für suchende Menschen. Ihre Einweihungen waren nicht für jeden zugänglich, denn erst musste ein Mensch eine gewisse Reife erreicht haben. – Dann gab es auch den Mythos, der für alle da war. Hinter diesem Erlösungsweg steht ein Muster, das sich in vielen Formen wiederholt. Es ist im Menschen selber angelegt, deswegen sind die Erzählungen in allen Religionen die gleichen. Über diese mythologischen Vermittlungsformen ist es jedem Menschen möglich, an dieses Wissen heranzukommen.

Jedes heilige Buch kann man auf drei Ebenen lesen: Man kann auf die historische Ebene schauen, auf die mythologische und auf die psychologische Ebene, die uns zwar als Mikrokosmos betrifft, aber auch eine makrokosmische Dimension hat. Durch Analogien sind diese drei Ebenen miteinander verbunden.

Die historische Ebene möchte ich hier nicht betrachten. Sie ist lediglich eine äußere Manifestation des ewigen Grundmusters. Das Muster nimmt körperliche Gestalt an in der Geschichte. Der Mythos ist eine dramatische Verdichtung des Immer-Gleichen: Krishna, Jesus und Buddha. Es ist nicht wichtig, dieses historische Geschehen zu betonen, denn das Historische ist nur eine Verdichtung des religiösen Musters.

Wichtiger ist der kosmische Aspekt, der viele Einzelheiten hat. Weihnachten feiern wir an einem ganz bestimmten Zeitpunkt des Jahres. In religiösen Kreisen wurde dieser Zeitpunkt schon immer als ein Gleichnis für innere Prozesse gefeiert. Es geht um die Wanderung der Sonne im Tierkreis. Gottessöhne wurden schon immer mit der Sonne identifiziert.

Der Stall ist zerfallen, so wird berichtet, und bietet keinen guten Schutz. Das intakte Haus ist ein Symbol für die Abgrenzung unseres Ich, denn dort schließen wir uns ab: unser Haus und unsere Wohnung bedeuten auch unsere Absonderung. Dieses Haus muss durchlässig werden, es muss offen werden, daher der eingestürzte Turm. Das Alte muss sterben, damit Neues kommen kann. Die alte Herberge ist überfüllt, dort kann nichts Neues mehr aufgenommen werden.

Auch die Magier bedeuten hier Verschiedenes. Sie sind in alten Darstellungen unterschiedlich alt dargestellt: der Winter als Säugling, der Frühling als Jüngling, der Sommer als bärtiger und der Herbst als grauhaariger Mann. Sie sind auch Vertreter der Weisheit. Und das Christkind ist ein Bild für das Licht, das das Kind noch zu durchlaufen hat. Die Hirten sind als Juden Symbole für Menschen, die nicht über einen Einweihungsweg zum Licht finden, sondern durch ihre Herzenskräfte dahin kommen. Doch Magier und Hirten – d. h. alle Menschen – finden zur Krippe, Menschen, die das Kopfwissen repräsentieren, und solche, die vom Herzen bewegt werden. Die Kronen sind Symbole des überbewussten Wissens. Die Magier haben eine Schulung hinter sich, sie kennen sich in der Astronomie aus: Die Hirten stehen dazu in polarem Gegensatz. Sie sind durch das Licht geblendet. Die Könige sind gewohnt, dem Unendlichen zu begegnen. Die Hirten sind geblendet bei der Begegnung mit dem Geistigen. Sie sind einfache Menschen, ungebildete, ja nicht eingeweihte Leute. Die Könige dagegen sind gewohnt, das Heilige zu schauen. Die Hirten müssen ihre Augen verdecken, da sie nicht gewohnt sind, das Überirdische zu schauen. Die Krone der drei Könige bleibt auf dem Kopf, die Kopfbedeckung der Hirten aber muss abgenommen werden, und ihre Gaben sind schlicht.

Die Gaben der drei Könige sind: Myrrhe als Symbol für den Tod, das Begräbnis und die Bitterkeit, Weihrauch als Symbol der Auferstehung, der Himmelfahrt und des Sich-Lösens, und das Gold als ein Symbol der Einheit und der Selbstverwirklichung.

Die Könige verlieren kurz vor dem Ziel den Stern. Nach einer Legende zeigten die Hirten ihnen dann den Weg. Mit den reinen Verstandes- und Kopfkräften der Magie können sie offensichtlich nicht ganz zum Ziel gelangen. Sie müssen sich von den Herzenskräften führen lassen.

Die Zeichen sind: der Stern für die Könige – der Stern war wahrscheinlich eine Jupiter-Saturn-Konjunktion – und der Engel für die Hirten. Der Engel sagt ihnen ganz konkret, wo sie was finden.

Die Darstellung der Krippe ist ein Seelenbild. Alle Aspekte des menschlichen Körpers und seiner Seele sind zusammengefügt. Josef zusammen mit den Hirten symbolisieren den Körper, Maria aber ist ein Bild für die Seele und die Könige für die höheren Seelenkräfte.

Die abstrakteste Weihnachtsgeschichte finden wir bei Johannes. Das Licht kam in die Finsternis, aber sie hat es nicht begriffen. Diese Geschichte ist gleichzeitig Schöpfungsgeschichte. Was an Weihnachten geschieht, ist eine Analogie zu dem, was Schöpfung heißt, Sündenfall und Erlösung. Wenn Gott inkarniert, erstirbt er in seiner Göttlichkeit und geht in das Gefängnis der Welt, in das Gefängnis des Fleisches und in das der Form. Die Weihnachtsgeschichte ist die Sterbensgeschichte Gottes und Ostern die Geburtsgeschichte Gottes, damit also kehrt er zurück in seine Welt.

In dem Moment, in dem Gott sich zur Welt macht, tritt das Licht in seine Zergliederung. Gott als Einheit zergliedert sich in der Welt, er wird aufgefächert und getötet. Damit ist auch der Geist in die Materie geronnen, denn Materie ist geronnener Geist. Der Geist hat sich also in der Materie verdichtet, und die vormalige Einheit ist in die Polarität zerbrochen. Der Mensch verlässt die Bewusstseinseinheit (des Paradieses) und kommt in die Unterscheidbarkeit, verstrickt sich in die Maya.

Das Geistprinzip geht also in die Welt, in die Gefangenschaft der Form. Das ist ein innerkosmischer Vorgang. Das Göttliche im Menschen tritt damit seine Rechte ab an den Herrscher der Welt. Das Licht muss in der Materie befreit werden, denn es muss das Leben in der Form gefunden werden. Maria muss die Schwangerschaft auf sich nehmen, um das Licht der Welt gebären zu können.

Die Kraft muss im untersten Shakra, im Stall, gefunden werden, doch die Finsternis hat es nicht begriffen. Weihnachten ist also die Aufforderung an uns, das Licht in der dunkelsten Nacht, in unserer dunkelsten Stelle zu verwirklichen.

Weihnachten ist ein hochaktuelles Fest und deswegen auch keine bloße Gedenkfeier. Es ist ein Prozess, der in jedem Jahr wieder in uns stattzufinden hat. Wir müssen zum Stall werden, in dem das Christkind geboren wird.

Weihnachten heute

Als ich zum ersten Mal nach Japan kam, staunte ich über Bilder von der Jungfrauengeburt von Siddharta, dem späteren Buddha. Seine Mutter hält sich in graziöser Haltung am Zweig eines Sandelholzbaumes fest, und der kleine Buddha tritt aus ihrer rechten Seite heraus. Seine Mutter soll geträumt haben, ein Bodhisattva (eine Gottheit) gehe in ihren Leib ein. Ihr Schoß bleibt bei Empfängnis und Geburt unverletzt. Nach der Geburt kommt ein alter Mann und weissagt, dass aus diesem Kind eine erlösende Gestalt für die Menschheit erwachse.

Es überraschte mich dann nicht mehr, als ich in Indien die Geburtsgeschichte von Krishna las: „Das Haupt der Einsiedler ließ Devaki (die Jungfrau) zu sich rufen und sagte: ‚Der Wille der Devas (der Gottheiten) hat sich erfüllt, du hast in der Reinheit des Herzens und in göttlicher Liebe empfangen. Jungfrau und Mutter, wir grüßen dich. Ein Sohn wird von dir geboren werden, welcher der Erlöser der Welt sein wird. Aber dein Bruder Kansa sucht dich, um dich zu töten. Die Brüder werden dich zu den Hirten führen. Dort wirst du einen göttlichen Sohn gebären, und du wirst ihn nennen: Krishna, den Gesalbten.‘“

Später las ich, dass es im ganzen Mittelmeer-Kulturraum Göttinnen gab, die Jungfrau und Mutter waren. Die Gottessöhne wurden immer von Jungfrauen-Müttern geboren. Diese Erzählungen beziehen sich nicht auf geschichtliche Tatsachen. Sie wollen uns vielmehr eine tiefere Wahrheit über uns selbst verkünden. Es geht an Weihnachten nicht darum, die Geschichtlichkeit der Geburt Jesu zu beweisen oder zu feiern. Wer in der Historie stecken bleibt, tötet das Lebendige der Heilsbotschaft.

Und was ist die Heilsbotschaft für uns? „Heute ist euch der Heiland geboren.“ Nicht damals, vor langer Zeit. „Wär’ Christus tausendmal in Bethlehem gebor’n und nicht in dir, du wärst doch ewiglich verlor’n.“ (Angelus Silesius) Und Meister Eckehart fragt: „Was hülfe es mir, wenn Jesus Christus aus Gott geboren wäre und ich nicht?“ Jesus Christus ist der Typus, an dem ich ablesen kann, wer ich bin: Sohn, Tochter, Kind Gottes.

Die Geburtsgeschichten verkünden uns eine Botschaft für hier und jetzt. Es ist uraltes religiöses Wissen, das wir für unsere Zeit zu deuten haben. Es geht um uns an Weihnachten. Wir feiern unser eigenes Geburtsfest. Das macht die Seligkeit der Weihnachtslieder aus. Der Mythos verkündet allen diese Wahrheit. Dahinter steht ein Muster, das sich in vielfältigen Formen wiederholt. Der Mensch soll seinen göttlichen Ursprung erkennen. Wir feiern Jesus Christus als unsere Mitte und als Ursprung und Mitte des Kosmos. Er war nicht irgendwo 14 Milliarden Jahre lang – so lange soll der Kosmos bestehen – und hat gewartet, um zu uns zu kommen. Er ist das Innerste dieses Kosmos. Er entfaltet sich als dieser Kosmos. Jesus Christus, das ist die sichtbare Seite Gottes, so wie jeder und jede von uns ein sichtbarer Ausdruck Gottes ist. Als der ganze Kosmos ist Gott in Jesus Christus geboren, und in ihm sind auch wir aus Gott geboren.

Jesus Christus, der „Sol invictus“

Weihnachten steht nicht an einem beliebigen Zeitpunkt. Es ist der Punkt, an dem schon immer in religiösen Gemeinschaften das Gleiche gefeiert wurde. Die Wanderung der Sonne war der Ausgangspunkt. Gottessöhne wurden mit der Sonne identifiziert. Auch Jesus Christus hat den Beinamen „Sol invictus – unbesiegbarer Sonnengott“. Dieses Gestirn war von jeher ein Symbol für Gott. Am 25. Dezember, an Weihnachten also, hat die Sonne den Tiefpunkt erreicht. Die Nacht ist am längsten, der Tag am kürzesten. Sonne ist Symbol für Licht, das Licht Symbol für Gott. Die dunklen Kräfte bedrohen das Licht. Am Tiefpunkt kommt die Wandlung. Die Dunkelheit kann das Licht nicht verschlingen. Es breitet sich wieder aus. Der Siegeszug des Lichtes beginnt.

Äußerlich kennt der Mensch das seit Urzeiten. Der Kampf zwischen Finsternis und Licht findet sich in den meisten Religionen als Bild für ein inneres Geschehen. Das Licht siegt. Der „Sol invictus“ beginnt aufs Neue seinen Siegeslauf. Daher hat auch das Christentum im Jahr 337 nach Christus die Geburt Jesu auf den 25. Dezember gelegt. Davor gab es viele verschiedene Daten. Ein Grund mit war, den Christen eine ungestörte Feier der Geburt Jesu zu ermöglichen, wenn ringsum die Heiden ihre Kulte feierten.

Das Kind symbolisiert unser wahres Selbst. Christus ist ein Repräsentant für die Göttlichkeit in uns und in der Schöpfung. Das ist die eigentliche Weihnachtsbotschaft. Weihnachten ist keine liebliche Geburtstagsfeier. Es ist die Feier unserer Geburt aus Gott und die Feier der Geburt des Kosmos aus Gott.

Fleischwerdung des Göttlichen

Wir feiern das Geburtsfest eines Menschen, der später erkannt hat, dass er der Christus ist, der Gesalbte, der Göttliche. „Ich und der Vater sind eins“, und „Ich bin das Licht der Welt“, wird er später sagen können, und er wird auch uns einbeziehen und uns zurufen: „Das Reich Gottes ist in euch.“

Jesus war ein ganz gewöhnlicher junger Mann, sonst wüssten die Evangelien etwas von seiner langen Jugendzeit zu berichten. Er hatte vielleicht schon als Kind und Heranwachsender mystische Erfahrungen, wie viele andere Menschen auch, wie z. B. Hildegard von Bingen. Bei seiner Taufe durch Johannes erkannte er, wer er wirklich war. Da hörte er eine Stimme, die ihm sagte: „Du bist mein geliebter Sohn.“ In diesem Augenblick erfuhr er sich als der Christus, als der Gesalbte, und berufen, den Menschen das Geheimnis seiner und ihrer Gotteskindschaft zu verkünden. Wir sind nicht nur Menschen, wir sind Gott-Menschen.

Die Juden jedoch konnten in ihm nur den Sohn des Zimmermanns sehen. Aber er erfährt bei der Taufe, dass er nicht nur des Zimmermanns Sohn ist, sondern Gottes Sohn. Die Juden nannten ihn deshalb wahnsinnig (Mk 3,21), er aber war gottsinnig.

Es geht in der Weihnachtszeit nicht darum, einen Geburtstag zu feiern. Wer in der Geschichte stecken bleibt, tötet das Lebendige der Botschaft dieser Nacht. Religiöse Botschaft bezieht sich nicht auf historische Tatsachen.

Heute ist euch der Heiland geboren, nicht damals vor langer Zeit. „Wär’ Christus tausendmal in Bethlehem geboren und nicht in dir, du wärst doch ewiglich verloren“, dichtet Angelus Silesius. Im Weihnachtsfest vollzieht sich – wie in allen christlichen Festen – der Mythos von der Entfaltung des Ewigen in der Zeit. Was uns dieser Mythos erzählt, das sollen wir heute an uns selbst erkennen.

Die Fleischwerdung des Göttlichen ist der Modellfall für alles Lebendige. Auch wir sollten Christus werden oder besser, wir sollten erkennen, dass wir Christus sind, d. h. Gesalbte. Im Teisho haben wir gehört: „Jemand, der in seinen eigenen Geist sieht und zu seiner wahren Natur erwacht, sieht, dass er selbst von Anfang an Buddha ist und nicht zum erstenmal Buddhaschaft erlangt.“

Jemand, der in seine wahre Natur sieht, erfährt, dass er das Christus-Bewusstsein von Anfang hatte und nicht erst geschenkt bekommt. Wie Jesus, ist es auch uns in der Taufe bestätigt worden. Wir feiern dieses Fest, damit wir begreifen, dass auch wir Gottessöhne und Gottestöchter sind, dass auch wir Gott-Menschen sind und dass auch über uns bei der Taufe gesprochen wurde: „Dieser ist mein geliebter Sohn, diese ist meine geliebte Tochter.“ Wir feiern dieses Fest, damit wir bei all unserer Plumpheit, Erdhaftigkeit und Dummheit doch merken, dass wir göttlichen Ursprungs sind.

Wir brauchen eine umfassendere Christologie. Wir müssen den Christusglauben auf alle Menschen und alle Wesen ausweiten. Gott inkarniert sich in allen Strukturen. Wir nennen dies mit einem zeitgemäßen Ausdruck „Evolution“. Ob das nun von den einen Buddhanatur genannt wird und von den anderen Krishna-Bewusstsein, ist dabei sekundär. Es ist nur eine andere Benennung für diesen göttlichen Funken, der in uns als Mensch lebt. Das ist auch die Botschaft aller Religionsstifter: Krishna, Zoroaster, Buddha und Mohammed. So verkündeten sie entsprechend ihrer Zeit und gemäß ihrer Kultur. Wir haben diese Botschaft als ewig gültige Wahrheit heute zu erkennen.

Eckehart predigt: „Alles, was die Hl. Schrift über Christus sagt, das bewahrheitet sich völlig an jedem guten und göttlichen Menschen.“ (Quint 451,12) An uns bewahrheitet sich heute, was sich an Jesus bewahrheitet hat. In der Geburt dieses Kindes feiern wir unsere göttliche Geburt. Dieses Weihnachtsfest soll uns unseren transzendenten Ursprung lehren und uns so unsere eigentliche Würde erfassen lassen. Es will uns die Identität mit Jesus Christus nahe bringen, damit der Christus auch in uns Gestalt annimmt, wie Paulus sagt (Gal 4,19), und wir erkennen, dass wir ein anderer Christus sind. Das zu erkennen, ist die wichtigste Aufgabe unseres Lebens.

Und nur wenn wir das erkennen, werden wir auch entsprechend handeln. Die Moral kommt aus der Erkenntnis unserer Würde. Wir werden nicht würdig, weil wir uns moralisch gut verhalten. Wir sind würdig, wenn wir erfahren haben, wer wir sind. Dann erst werden wir uns auch entsprechend verhalten.

Wir feiern dieses Fest, damit auch uns eines Tages aufgeht: „Ich und der Vater sind eins“ und: „Das Reich Gottes ist in uns“ und: „Ich bin das Licht der Welt.“ Dieses Fest zeigt uns die Lichtseite unserer Existenz.

Unser Menschsein ist eine Form, in der das Göttliche erklingt wie der Ton eines Instrumentes. Aber wir dürfen nicht am Instrument, an dieser unserer menschlichen Form hängen bleiben. Wir dürfen nicht nur unseren irdischen Geburtstag feiern. Früher feierte man in der katholischen Kirche den Tauftag, denn der Tauftag ist unser eigentlicher Geburtstag. Da wurde uns gesagt oder sollte uns wenigstens gesagt worden sein, wer wir eigentlich sind. Wir sind Gotteskinder, und wie Jesus sollte uns diese Verheißung im Laufe unseres Lebens aufgehen.

Es gehört zur wichtigsten Aufgabe unserer Zeit, die Menschen ihre transzendente Identität zu lehren und sie so zu ihrer eigentlichen Würde zu führen. Das ist die wahre Aufgabe auch aller Religionen. Es ist auch die einzig wichtige Aufgabe unseres Lebens und der tiefe Sinn dieser Weihnachtszeit.

Ein wichtiges Fest

Was bedeutet Weihnachten? Was bedeutet es für mich? Es ist ein wirklich schönes Fest, und ich freue mich darauf. Ich erinnere mich dabei auch an meine Kindheit und möchte das wieder erleben, was ich damals erlebt habe. Das aber gelingt natürlich nicht. Oder ist es eine nachträgliche Geburtstagsfeier und deswegen nur Erinnerung? Warum denn 2000 Jahre nach dieser Geburt sich noch daran erinnern?

Doch dies ist ein sehr wichtiges Fest für uns Christen. Wir feiern das Fest des Jesus von Nazareth, der zum Christus wurde. Diese Redewendung ist mir sehr wichtig. Ich komme darauf noch zurück. Es ist nicht leicht für mich, an Weihnachten zu predigen, denn die einen möchten an dem Text, wie er dasteht, trotz der Zweifel, die in ihnen aufsteigen, festhalten. Die anderen haben den Mut, den

Text genauer anzuschauen. Sie aber kommen dann vielfach zum Schluss, dass es so, wie er da steht, sicher nicht war. Also weg mit dieser ganzen Geschichte, denn dieser Text ist nicht mehr als ein Märchen. Sie meinen: Aufgeklärt, wie wir sind, können wir das genauso gut hinter uns lassen.

Beides jedoch macht für mich nicht das Weihnachtsfest aus, denn diese Berichte sind weder wörtlich zu nehmen, noch sind sie als erfundene Märchen abzulehnen. Es liegen darin sehr bedeutsame Aussagen, ihre Wahrheit jedoch liegt nicht auf der historischen Ebene. Wer nur Wert auf die historische Aussage legt, tötet den Geist.

Die christliche Theologie betont die Historizität der Geschehnisse sehr, damit aber läuft sie Gefahr, die religiöse Botschaft auf ein vergangenes Ereignis zu reduzieren. In unserem Fall ist es dann eine Geburtstagsfeier. Doch der religiösen Botschaft geht es darum, hinter diesen Ereignissen, Formen und Bildern die eigentliche Wirklichkeit zu erfassen. Es geht letztlich in der Geburt Jesu nicht um die geschichtliche Beschreibung eines Vorganges, sondern um religiöse Bilder, die gedeutet werden müssen. Es sind archetypische Bilder, die wir in allen Religionen in ähnlicher Form vorfinden. Die Geburtsgeschichten von Shakyamuni, Abraham, Krishna werden alle nach einem bestimmten Muster erzählt. Obwohl wir um die historischen Ereignisse der Geburt Shakyamunis wissen, ist im Buddhismus dieses Muster auch auf Buddha angewandt worden. Diese so vermittelten Bilder und Ereignisse sollten wir auch auf uns selbst beziehen.

Nach C. G. Jung gibt es für jeden Menschen vor allem eine wichtige Frage. Er schreibt in seinen Erinnerungen[15]: „Die entscheidende Frage für den Menschen ist: Bist du auf Unendliches bezogen oder nicht? Das ist das Kriterium deines Lebens." Erkennst du das Besondere auch in deinem Leben und im Leben eines jeden Kindes? Bist du auf dieses Besondere, auf dieses Unendliche und auf dieses Göttliche in dir ausgerichtet oder nicht?

In den Bildern offenbart sich eine wirkende Kraft. Das Bild und das Wort sind Echo der Wirklichkeit, sie sind Abdruck einer unsichtbaren Wirklichkeit. Wir sollten die Formen als Gleichnisse des Unsichtbaren sehen, denn die Welt der Formen ist das Medium, die Nahtstelle, die uns mit dem Formlosen zusammenheftet.

Wirklichkeit aber ist das, was hinter den Formen liegt, denn sie ist das Licht, das da ist, bevor es durch das Prisma der Formen zerlegt wird. Manche Menschen kommen aber aus der Gefangenschaft der Formen nicht heraus. Sie müssen sich durch Aktivität in Bewegung halten, um sich auf diese Weise vorzumachen, dass sie lebendig sind. Das Leben aber liegt hinter den Formen.

Unser Ziel ist zwar der Fortschritt. Haben wir aber das Gefühl, einen Fortschritt erreicht zu haben, dann suchen wir weiter. Offensichtlich sind wir auf einem Weg ohne erreichbares Ziel. Wir laufen, weil wir Angst vor der Ruhe haben. Wer angekommen ist, muss weiter laufen. Wir gaukeln uns vor zu leben, denn es muss etwas los sein in unserem Leben, doch dieses „Los-sein" verwechseln wir offensichtlich mit Leben. Wir verlieren uns in dieser Daseinsform, ohne auch nur einmal innezuhalten.

Hier noch einmal die Frage C. G. Jungs: „Die entscheidende Frage für den Menschen ist: Bist du auf Unendliches bezogen oder nicht? Das ist das Kriterium seines Lebens." Erkennst du dieses Besondere auch in deinem Leben und im Leben eines jeden Kindes? Bist du auf dieses Besondere, auf dieses Unendliche oder auf dieses Göttliche in dir ausgerichtet oder nicht? Das ist die entscheidende Frage, die uns an diesem Fest gestellt wird.

Damit der Mensch Gott werde

Wir feiern Allerheiligen und Allerseelen. Es geht mir in dieser Stunde aber nicht so sehr um jene, die ihre Heiligkeit von der Kirche bestätigt bekamen. Jüngste Ereignisse in Rom zeigen, wie subjektiv eine solche Beurteilung sein kann. Es geht mir um die „Suchenden", die „Noch-Christen", die „Nichtmehr-Christen" und die „Nicht-mehr-Gläubigen". Um ihre Heiligkeit geht es, die nichts mit Wohlverhalten zu tun hat. Obwohl ich weiß, dass christliche Texte für viele nicht mehr „griffig" sind, wage ich, euch einen Text aus dem Römerbrief vorzutragen.

„Wir sind also durch die Taufe auf den Tod mit Christus begraben, damit, wie Christus durch die Herrlichkeit des Vaters von den Toten auferweckt wurde, so auch wir in einem neuen Leben wandeln. … Denn wenn wir mit dem Bilde seines Todes zusammengewachsen sind, so werden wir es erst recht auch mit dem Bild der Auferstehung sein. … Sind wir aber mit Christus gestorben, so glauben wir, dass wir auch mit ihm leben werden." (Römer 6,3 ff.)

Gott wurde Mensch, damit der Mensch Gott werde

Paulus stellt uns in diesem Text mit Christus gleich. Was an ihm geschehen ist, ist auch an uns geschehen. Wie Jesus Christus eins ist mit Gott, so sind auch wir in unserem tiefsten Wesen eins mit Gott. Er offenbart sich als das, was wir sind. Je mehr wir das erkennen, um so mehr werden wir auch entsprechend handeln. „Gott wurde Mensch, damit der Mensch Gott werde", wagte der Kirchenvater Irenäus noch zu sagen. Es ist unsere Aufgabe, die Göttlichkeit in uns zu entdecken und aus ihr zu leben. Wir haben den Trennungsgraben zwischen Gott und Welt zu weit aufgerissen. Klemens von Alexandrien (vor 216 gestorben) schreibt: „Der göttliche Logos ist Mensch geworden, damit wir von einem Menschen lernen können, wie ein Mensch vergöttlicht werden kann." Es gehe darum, so schreibt er, hier in dieser irdischen Wirklichkeit bereits „Gott zu werden" und „als ein Gott im Fleische umherzugehen" (107). Und der Kirchenlehrer Basilius wagt den Gläubigen zu sagen: „Es ist uns aufgegeben, Gott gleich zu werden nach dem Vermögen der menschlichen Natur."

Und Eckehart, der wie sie Plato und Plotin folgt, predigt: „Er (Jesus) ist aus dem Grund Mensch geworden, dass er (Gott auch) dich als seinen eingeborenen Sohn gebäre und als nicht weniger … Denn deine menschliche Natur und seine (Jesu Christi) haben keinen Unterschied." – Gott grenzt sich ein in diese unsere menschliche Natur. Wir können von ihm nur so viel erfassen, wie wir fähig sind. Einheit mit Gott bedeutet einen dynamischen Lebensprozess, der auf unsere Umwandlung ausgerichtet ist und auf die Umwandlung der Welt. Eckehart würde sagen: Wir sollen „Gott in uns Gott sein lassen“. Aus der Erfahrung Gottes soll ein „Gott-Leben“ werden. Damit werden wir in den Alltag verwiesen, wo alle Mystik beginnt und endet.

Die Väter hatten Bilder für die Einheit von Gott und Menschen, z. B. Sonne und Licht. Ohne Sonne gibt es kein Licht oder Quelle und Bach, Wurzel und Baum. Wer nur den Baum anschaut, kann vergessen, dass er Wurzeln hat. Wer nur den Menschen anschaut, kann vergessen, dass Gott seine Wurzel ist. Hat nicht auch Jesus vom Weinstock und den Rebzweigen gesprochen? Damit ist auch der Unterschied zwischen Gott und Mensch klar ausgedrückt. Sie sind Nicht-Zwei. Das Eine ist in allem und alles ist auch im Einen. Die Welt ist ein heiliger Organismus. Wir haben uns leider in eine Welt verrannt, in der wir Fremdlinge geworden sind.

Gotteserkenntnis führt zu keinem Wissen über Gott, sie führt zur Erfahrung der Einheit. „Wer da glaubt, dass er Gott erkannt habe und dabei irgendetwas erkennen würde, der erkennte Gott nicht.“ (Eckehart) Gott wirkt und der Mensch wird. Das ist die Gottesgeburt in der Seele. Gott kann nichts Abgespaltenes sein, er kann nicht gegenüberstehen, von uns getrennt, sondern er ist die Quelle, die uns hervorbringt. Jedes Seiende ist in das Eine eingefügt. Das führt zu einer umfassenden Lebenserfahrung mit und aus Gott und zu einem sinnerfüllten Leben. Aus dem „An Gott Glauben“ wird ein „Aus Gott Leben“. Gott verströmt sich im Menschen.

Wir haben Angst, so etwas zu sagen. Der Unterschied zwischen Gott und Mensch ist uns, fast hätte ich gesagt, eingetrichtert worden, die Einheit von Gott und Mensch hätte uns viel stärker vermittelt werden können. Wir haben Gott und den Menschen, Gott und Welt auseinandergerissen. Wir haben Gott zu sehr ins Jenseits geschoben. Der Gott im Jenseits und der Mensch im Diesseits verfestigte die dualistische Trennungslinie zwischen Gott und Welt, was auch die Trennung von Macht und Unterordnung nach sich zog, die Trennung von Mensch und Natur, von Mann und Frau. Wir haben Gott ins Jenseits verschoben und uns für anders, für autonom erklärt.

Nur die *christliche Mystik* belebte immer wieder den Gedanken der Einheit von Gott und Welt. Und diese Tradition wollen wir wieder aufgreifen. D. h. wir müssen unser Wesen immer tiefer erkennen. Unsere Empfänglichkeitsanlage muss größer werden, würde Eckehart sagen.

Wir leben nicht nur in Gott, wir sterben auch in Gott. Gott selber stirbt in uns. Aber sterben meint hier nicht tot für immer, sterben heißt ganz in die Seinsweise Gottes eingehen, besser noch: die Seinsweise, die wir immer waren, zu erkennen. Gott ist Kommen und Gehen, er ist Geborenwerden und Sterben. Gott offenbart sich als Geborenwerden und Sterben. – Gott stirbt in uns, d. h. Gott ist auch der Prozess des Sterbens. Wir sollten die Angst vor einem strafenden Gott endlich fallen lassen. Gott selber stirbt mit uns und offenbart uns sein Wesen als unser wahres Wesen. Sterben führt ins Erkennen. Erkennen, wer wir sind und immer schon waren, das ist der Himmel. Das nimmt dem Sterben jede Angst, denn was wir zutiefst sind, kennt den Tod nicht.

Diese neue Seinsweise verbindet uns auch mit den Verstorbenen. Das Leben Gottes verbindet uns mit ihnen, nicht die individuelle menschliche Beziehung von Person zu Person. Das ist zu wenig. Die Seinseinheit ist eine viel tiefere Verbindung. Wenn der Ast erfährt, dass er Baum ist, eins mit Wurzel, Stamm und allen anderen Zweigen, ist das weit mehr, als wenn er die Zweige nur als Gegenüber wahrnimmt. Lasst uns jetzt die Einheit mit Gott suchen, indem wir stille werden.

Was erscheint?

Das Fest am 6. Januar nennen wir Epiphanie Gottes, also die Erscheinung des Göttlichen. An dieser Erzählung von den Sterndeutern soll uns etwas gesagt werden. Es ist der alte Mythos der Gottsucher, der sich in dieser Erzählung zeigt. Das Aufscheinen des Göttlichen. Im Evangelium scheint es den Magiern auf. Heute scheint es uns auf. Wir sind die Sterndeuter, die dem Licht am Himmel gefolgt sind. Epiphanie ereignet sich heute in uns. Das Göttliche Leben will in uns aufscheinen.

Der Mythos von den Weisen charakterisiert unser Leben hier und jetzt. Wir kommen von weit her gegangen. Aus der Dunkelheit der Ichzentrierung. In dieser Dunkelheit sieht die Welt ganz anders aus. Auch wir haben erst bei Herodes gesucht und in vielen Palästen unserer Wohlstandsgesellschaft, bis wir erkannt haben: Da ist es nicht zu finden. Es scheint in den einfachen Dingen und Ereignissen des Lebens auf, im Stall, bei den Hirten, im Hier und Jetzt des Alltags. So wie es den Magiern in diesem Kind im Stall aufschien. Aber es dauert lange, bis wir erkennen, es ist in jeder Blume, in jedem Stein, in jedem Menschen, in jedem von uns. Wenn unsere Augen sehend geworden sind, erkennen wir es in allem.

Wir haben zu erkennen:

Es existiert nichts, was nicht Ausdruck dieses göttlichen Einen wäre.

Es gibt nichts, was nicht gottesförmig wäre.

Es gibt nichts, was nicht SEINE Epiphanie wäre.

Mit Worten der Weihnachtsbotschaft gesagt, lautet das: „Alle Menschen sind aus Gott geboren." (Joh Prol.) Oder wie es Paulus ausdrückt: „Wir gehören zu demselben Leib und haben an derselben Verheißung in Christus Jesus Teil." (Eph 3,2 ff.)

Alle Mystiker sagen uns, und sogar der große Theoretiker Thomas v. Aquin meint, „… dass Gott nicht mit einem Teil seiner selbst gegenwärtig sein kann, denn in Gott gibt es keine Teile. Er ist mit seiner Wesenheit (Essenz) in allen Dingen." Mit anderen Worten: Was wir Gott nennen, offenbart sich in jedem Teilchen, in jedem subatomaren Teilchen der Materie, in jedem Wesen, in jedem Menschen leuchtet es auf, wenn wir sehend geworden sind.

Was uns bei solchen Aussagen immer Schwierigkeiten macht, ist unsere Erbärmlichkeit. Es ist uns eingetrichtert worden, dass es in der Religion doch am Ende auf Leistung und Moral ankommt. Aber in der Religion geht es zuerst um

Sein, nicht um Leistung. Es geht um die Erfahrung des Göttlichen, um die Erfahrung des Göttlichen in uns und in allem. Und das ist Grund zur Freude und Gelassenheit in allen Turbulenzen unseres Lebens.

Wenn das gesagt ist, kommt die nächste Frage, was ist dann mit all dem Bösen in der Welt, vor allem mit bösen Menschen, noch genauer, was ist mit Bin Laden, mit Hitler, mit Stalin und all denen, die andere geschunden und gemordet haben. Ich meine, dass wir die Entfaltung des Göttlichen Prinzips mit viel zu menschlichen Augen betrachten. Wir versuchen diese multidimensionale Welt in die *jämmerlichen Kategorien* unseres Denkens einzuordnen. Aber das Göttliche Prinzip ist nicht rational organisiert. Es ist a-rational oder transrational organisiert. Und wir dürfen unsere eigene Unvollkommenheit und auch die der anderen getrost in die Hände Gottes legen.

Vielleicht haben wir alle viel mehr Anteil an Bin Laden, an Stalin und Hitler, als wir meinen. Vielleicht sind sie nur die Eiterbeulen am Leibe der Menschheit, zu denen wir alle beigetragen haben. Wenn wir uns nicht positiv in dieses Weltgeschehen einbringen, zählen wir bald nicht mehr.

Wir gehen den Weg der Spiritualität aus der Stille, um immer mehr von der unverstellten Wirklichkeit zu erfahren. Es ist ein langer Prozess, bis wir das erkennen. Aber wenn wir es erkannt haben, ändert es unsere Weltanschauung im wahrsten Sinne des Wortes.

Was wir hier tun, ist also nicht so eine überflüssige Marotte, sondern ist der Weg zur vollen Menschwerdung. Es geht um mehr an Menschsein. Und darum ist es wert, dass wir Seine Epiphanie in uns und in allem erkennen.

Christus mansionem benedicat!

Es ist keine Magie. Es ist ein Ritual, das uns auch im Alltag an unsere ewige Bestimmung erinnern soll. – Gleichzeitig ist es ein Wunsch. Wünsche senden Energien aus. Und so wird diese Inschrift über den Türen unserer Häuser auch eine Quelle positiver Energien oder, wie wir als Christen sagen, zum Segen.

Weihnachten und Personsein

Was feiern wir an Weihnachten? Was bedeutet das: Menschwerdung Gottes? Immer wieder kam in der letzten Zeit die Frage nach der Bedeutung der Person in der Mystik auf.

Gott grenzt sich ein. Würden wir diese Menschwerdung nur auf Jesus beziehen, wäre das zu wenig. Was wir Abendländer Gott nennen, was Eckehart Leerheit nennt und die Philosophie das Absolute, „inkarniert“ sich in allen Wesen und allen Dingen. Das Universale grenzt sich ein ins Personale. Auch im Individuum ist Gott Person. Die Nicht-Form existiert in der Form. „Die Nicht-Person existiert in der Person.“ In jedem Menschen ist Gott Person geworden.

Die wahre Mystik kennt keinen Schöpfergott, der getrennt von seiner Schöpfung lebt. Sie kennt aber eine große Ehrfurcht vor dem Kosmos und seinen Erscheinungsformen, denn in ihnen offenbart sich ja dieses Urprinzip, das wir Gott nennen. In ihnen wird das Urprinzip gleichsam Person. Die Evolution ist die sich immer neu vollziehende und manifestierende Gestalt dieser Urwirklichkeit. Sie manifestiert sich in jeder Form. Daher ist jede Form einmalig und kostbar.

Gott und Welt sind Nicht-Zwei. Nicht-Zwei bedeutet die Abwesenheit von Dualität. Der Vergleich mit einer Filmvorführung kann hier etwas weiterhelfen. Bilder, die auf die Leinwand projiziert werden, haben keine Existenz ohne das Licht. Licht ist nicht gleich Bild, aber ohne Licht können die Bilder nicht entstehen. Licht ist wie Leerheit. Beide haben keine Farben, bringen aber die Farben und Formen zur Existenz. Leerheit ist formlos, ist aber doch fähig, millionenfach Farben und Formen ihr Dasein zu geben. Licht und die Formen auf dem Zelluloidstreifen sind nicht das gleiche. Leerheit und Form sind nicht das gleiche, sie können aber nur zusammen auftreten.

Die Leerheit ist das konstituierende Moment von Farben, Formen und allen Erscheinungen. Diese Erscheinungsformen werden unwirklich genannt, Trugbild und Traum. Sie sind also mit anderen Worten substanzlos, denn sie haben kein eigenes Sein. Formen sind eine sich ständig verändernde Manifestation der Leerheit. Als Nicht-Zwei *mit* der Leerheit sind sie Realität. Die Leerheit ist das Beständige.

Naturwissenschaft und Mystik nähern sich einander an. Die Naturwissenschaft kommt zu ähnlichen Feststellungen wie die Mystik. Max Planck, der Entdecker der Quantenmechanik und des Planckschen Wirkungsquantums, hielt im Jahr 1944 in Florenz einen Vortrag zum Thema „Das Wesen der Materie“. Bereits damals führte er aus: „Als Physiker, also als Mann, der sein ganzes Leben der nüchternsten Wissenschaft, nämlich der Erforschung der Materie, diente, bin ich sicher frei davon, für einen Schwarmgeist gehalten zu werden, und so sage ich Ihnen nach meinen Erforschungen des Atoms dieses: Es gibt keine Materie an sich! Alle Materie entsteht und steht nur durch eigene Kraft, welche die Atomteilchen in Schwingung bringt und sie zum winzigsten Sonnensystem des Atoms zusammenhält. … So müssen wir hinter dieser Kraft einen bewussten, intelligenten Geist annehmen. Dieser Geist ist der Urgrund aller Materie! Nicht die sichtbare, aber vergängliche Materie ist das Reale, Wahre, Wirkliche, sondern der unsichtbare, unsterbliche Geist ist das Wahre! Da es aber Geist an sich allein ebenfalls nicht geben kann, sondern jeder Geist einem Wesen gehört, müssen wir zwingend Geistwesen annehmen.“

Die theistischen Religionen sprechen von einem transzendenten Gott, vom Absoluten, das außerhalb oder oberhalb der Materie steht. Die letzte Wirklichkeit aber ist Leerheit *und* Form, sie ist Gottheit *und* Schöpfung, sie ist Geist *und* Materie. Diese beiden Aspekte der Wirklichkeit lassen sich nicht auseinandernehmen. Das höchste, heilige Prinzip wurde von den Mystikern nicht als ein Wesen erkannt, das von menschlichen Opfern und Bitten umgestimmt werden kann, sondern als die „Substanz“ des Seins.

Es gibt keine Trennung von dieser Urwirklichkeit, auch nicht eine Trennung durch Sünde. Eckehart kennt diese Vorstellung der Trennung nicht. Ganz im

Gegenteil sagt er sogar: „Wer jemanden mit einer Schmähung lästert, lobt Gott durch eben diese Sünde der Schmähung; und je mehr er schmäht und je schwerer er sündigt, um so kräftiger lobt er Gott." (Quint S. 450) Solche Sätze haben nichts mit Moral zu tun. Sie sind auf der Seinsebene gesprochen und müssen auch so verstanden werden.

Wenn sich der Mensch von diesem Urprinzip, den Dingen oder Personen getrennt fühlt, so liegt das an seiner eigenen verblendeten Vorstellung. In Wirklichkeit aber ist jedes Wesen eine Manifestation dieser Wirklichkeit. Sie ist aller Erscheinungen tiefstes Wesen. Diese Urwirklichkeit grenzt sich in der Blume ein als Blume, im Tier als Tier und im Menschen als Mensch. Es gibt keine gewöhnlichen Menschen, denn wir alle sind eine Offenbarung des göttlichen Prinzips. Alle sind wir „Gott-Menschen".

Ein Schüler kommt zum Meister und fragt: „Ein alter Meister sagte: ‚Was weltlich gesinnte Leute lieben, liebe ich nicht.' Ich möchte wissen, was der Meister liebt? Darauf antwortet der Meister: ‚Ich bin das.'" Er will damit sagen: „Ich sehe keinen Unterschied. Ich bin eins." – Das bedeutet nicht, dass die personalen Strukturen verschwunden sind, sondern dass sie in eine umfassendere Einheit eingebettet sind. Es bedeutet, dass es ein distanziertes „Ich liebe dich" nicht gibt, denn es ist im Grunde Selbstliebe, wenn ich den anderen liebe.

Person, was ist das? Das Gesagte hat Konsequenzen für unsere Auffassung von Person. Das zu erläutern ist der eigentliche Grund meiner bisherigen Ausführungen. Man wirft der Mystik oft vor, sie vernachlässige das Personale auf Kosten des Universalen oder Kosmischen. In der echten Mystik finden wir aber eine sehr tiefe Auffassung von Person. Die Ehrfurcht und Achtung vor der Person und allen Dingen kommt aus der Erfahrung der Einheit, die durch den einen Urgrund gegeben ist. Wenn dieser eine Urgrund erfahren wird, entsteht das, was die Mystik die universale Liebe nennt. So wenig, wie das Auge den Fuß hassen kann, kann ein Wesen das andere bekämpfen oder hassen. Die Beziehung von Person zu Person entsteht über die Erfahrung der grenzenlosen Verbundenheit und Einheit im gleichen Wesen.

Es gibt eine chassidische Geschichte[16], die folgendermaßen lautet: „Wann immer der Wasower eine Person leiden sah, an der Seele oder am Leibe, nahm er daran mit solcher Inständigkeit teil, dass das Leid zu seinem eigenen wurde. Als ihm jemand einmal seine Verwunderung darüber aussprach, dass er immer so mitleiden könne, sagte er: ‚Wie denn, mitleiden? Das ist doch mein eignes Leid, wie kann ich denn anders als es leiden?'"

Wenn der Mystik Mangel an personaler Liebe vorgeworfen wird, dann meint man meist die affektive Liebe, die Sympathie also im Gegensatz zu Antipathie. Aber das ist nicht die Liebe der Mystik. Wer das wahre Wesen des anderen erfährt, erfährt sein eigenes Wesen. Die Person geht dadurch nicht unter, sie wird im Gegenteil als einmalige und kostbare Ausdrucksform dieser Urwirklichkeit erkannt. Die Liebe, von der die Mystik spricht, ist absolutes Wohlwollen aus der Erfahrung dieser Einheit. Sie übersteigt jede Sympathie oder Antipathie, denn diese Begriffe kommen aus einem sehr vordergründigen Beziehungssystem. Die

Liebe der Mystik ist wie die Sonne, die nicht auswählt nach gut oder böse, sondern allen scheint. Trotzdem ist diese Liebe personal, aber sie kann nicht exklusiv sein, genau so wenig, wie die Hand nur die andere Hand lieben kann und nicht den ganzen Körper.

Die personale Liebe steigt aus dem gemeinsamen Ursprung hervor. Die Liebe zu einer Person, zur Natur und der Tierwelt ist die Erfahrung des gemeinsamen Lebens. Keine psychologisch begründete personale Beziehung kann dieser Dichte einer Beziehung gleich kommen. Ein Text von Rumi[17] zeigt diese ganz neue Basis, auf der das Personale und Nicht-Personale zu verstehen ist. Der andere ist gleichsam der Spiegel, in dem man sich selber sieht: „O du, der du den Selbstlosen mit dem Schwert durchbohrst, du durchbohrst dich selbst damit. Hüte dich! Denn der Selbstlose ist dahingegangen, ist ein Spiegel geworden: nichts ist mehr da als das Spiegelbild des Gesichts eines anderen. Wenn du darauf spuckst, so spuckst du in dein eigenes Gesicht; und wenn du den Spiegel schlägst, schlägst du dich selbst. Und wenn du ein hässliches Gesicht im Spiegel siehst, bist es du; und wenn du Jesus und Maria siehst, bist es du. Er ist weder dies noch das: er ist rein und frei vom Ich: er hält dir dein Bild vor."

Wie soll man zu etwas zurückkehren, von dem man nie getrennt war? Der Mystiker ist sich der unzutreffenden Bezeichnung bewusst, kann sie aber kaum vermeiden, da jede Sprache unterteilen muss. Rückkehr zum Ursprung oder Einswerden sind Ausdrücke, die das Ich gebraucht, um seinen eigenen Urgrund anzusprechen. So dichtet Rumi[18]: „In dem Garten tausend Zeugen seiner Schönheit sind, Rosen, Veilchen voller Blüten, Duft und Farbe sind. Wasser fließt, und in dem Bache leichte Wellen sind: Er ist alles dieses selber – sie nur Vorwand sind."

Geist und Materie sind Manifestationen der Ersten Ursache. Nichts, mag es in unseren Augen auch als das Erbärmlichste erscheinen, ist getrennt von diesem zeitlosen Urgrund.

Ein Schüler fragte den Meister in allem Ernst: „Was ist Buddha?" Unmon antwortet: „Kanshiketsu!" (Kotspachtel). In allem offenbart sich die Wesensnatur, auch im Misthaufen. Nichts kann getrennt sein. Nur wir Menschen teilen ein in gut – schlecht, oben – unten, richtig – falsch, gut – böse und mag ich – mag ich nicht.

Die Erfahrung von Nicht-Zwei gibt jeder Person und jedem Ding seine Würde und Einmaligkeit. Der Mystik Mangel an Würdigung der Person vorzuwerfen und Mangel an personaler Beziehung beruht auf einem großen Missverständnis. Das eine zu achten, das andere zu verurteilen, heißt Unterscheidungen zu machen, die der Mystik fremd sind. „Der Frosch ist ja so schön wie Engel Seraphim" dichtet Angelus Silesius. Die personale Liebe ist von der universalen Liebe nicht zu trennen. Alle Wellen des Ozeans sind im gleichen Wasser verbunden.

Daher dichtet Kabir[19]:

> „Der Fluss und seine Wellen sind eine Brandung.
> Wodurch unterscheiden sich Fluss und Wellen?

Wenn die Welle sich hebt, ist es Wasser, wenn sie fällt,
ist es das Wasser auch. Sag mir, Herr, wo ist da Unterscheidung?
Da es Welle genannt wird, darf man es nicht mehr als Wasser betrachten?
Im Innern des Höchsten Brahma sollen die Welten wie Perlen sein:
Betrachte den Rosenkranz mit den Augen der Weisheit."

Es gehört alles zum Einen, wie der Rosenkranz einer ist, auch wenn er verschiedene Perlen hat. Die Urwirklichkeit ist eins, ist Nicht-Zwei. Abgrenzungen sind eine Illusion. Die Welt ist so, wie sie ist, vollkommen. Alle Wesen haben diese Einheit und Vollkommenheit in sich. All unser Leiden kommt aus der Anhänglichkeit. Erfahrungen des Ich sind gleich den Wellen eines Flusses, sie kommen und gehen.

Ich hoffe, ihr könnt den Zusammenhang mit Weihnachten aus dem Gesagten ersehen. Gott wurde in jedem von uns Mensch. Alle haben wir den Nachnamen „Gott". Wir sind „Gott-Menschen". Wir gehören zur gleichen Familie. Vielleicht hat das auch Johannes in seinem 3. Brief gemeint: „Jeder der liebt, stammt von Gott." (3 Joh 4,7)

Geweihte Nacht

Wir feiern Weihnachten in dieser Nacht, es ist eine geweihte Nacht. Weihnachten steht nicht an einem beliebigen Zeitpunkt. Es ist der Punkt, an dem schon immer in religiösen Kreisen das Gleiche gefeiert wurde: die Sonnenwende im Winter und die Geburt des neuen Lichtes. Sonne und Licht waren immer Zeichen für das göttliche Leben.

Die Wanderung der Sonne ist also der Ausgangspunkt. Gottessöhne wurden schon immer mit der Sonne identifiziert. An Weihnachten hat die Sonne den Tiefpunkt erreicht, und ihr Licht ist zu diesem Zeitpunkt eingeengt. Die dunklen Kräfte bedrohen dieses Licht. Das „Böse" hat also seinen stärksten Punkt erreicht.

Am Tiefpunkt aber kommt die Wandlung, denn die Dunkelheit kann das Licht nicht total verschlingen. Das Licht breitet sich wieder aus, und der Siegeszug des Lichtes, der Siegeszug des göttlichen Lebens beginnt. Äußerlich erleben wir Menschen das seit Urzeiten. Es ist der Kampf zwischen Finsternis und Licht. Das Licht aber siegt, und so beginnt der , Sol invictus" aufs neue seinen Siegeslauf. „Sol invictus", der unbesiegte Sonnengott, das war der Beiname des antiken Sonnengottes. Daher hat auch das Christentum auf diesen Tag die Geburt Jesu verlegt. Und darum nannten die Christen in Rom ihren Jesus den „Sol invictus", den unbesiegbaren Sonnengott. Eigentlich ist es nichts anderes als das, was die alten Mysterienschulen die Menschen schon immer lehrten: dass wir als Gottessöhne und Gottestöchter geboren sind und dass wir das Göttliche in uns selber entdecken und entfalten sollen. Wir sollen erkennen, dass es dabei um uns selbst geht. Uns werden Muster unseres Menschseins gezeigt, und uns wird gesagt, dass auch in uns sich das Göttliche verdichtet bis ins Materielle hinein.

Die historische Ebene ist die Manifestation eines ewig seienden Grundmusters. Es ist das Muster des menschlichen Weges schlechthin. Das Göttliche wird sichtbar im materiellen Geschehen, und so wird es Geschichte. In allen Mysterienkulten war die Zeit der Wintersonnenwende eine Einweihungsnacht. Die „Sonne der Mitternacht schauen" war soviel wie eine tiefe Erleuchtung erfahren. Im 4. Jahrhundert entschloss sich die Kirche, das Weihnachtsfest auf den 25. Dezember zu verlegen (337). Davor gab es für das Fest viele verschiedene Daten. Ein Grund für die endgültige Festlegung war auch, dass die Christen dann ihre Feiern ungestört abhalten konnten, wenn die Heiden ihre Kulte feierten.

Der antike Schriftsteller Apuleius[20] schreibt über seine Einweihung in die Isismysterien: „Nun war der Tag der Einweihung da. Sobald sich die Sonne gen Abend neigte, flossen von allenthalben her die Leute zusammen und verehrten mir, nach altem, gottesdienstlichem Brauche, allerhand Geschenke. Darauf mussten sich alle und jegliche Profanen entfernen. Ich wurde mit einem groben, leinenen Gewande angetan, und der Hohepriester führte mich bei der Hand in das innerste Heiligtum des Tempels ein. – Vielleicht fragst du hier neugierig, geneigter Leser, was nun gesprochen und vorgenommen worden? – Wie gern wollte ich's sagen, wenn ich es dir sagen dürfte! Wie heilig solltest du es erfahren, wenn es dir zu hören erlaubt wäre! Allein Zunge und Ohr würden gleich hart für den Frevel zu büßen haben! Doch es möchte dir schaden, wenn ich deine fromme Neugier so auf die Folter spannte; so höre denn und – glaube, traue! Es ist wahrhaftig. – Ich ging bis zur Grenzscheide zwischen Leben und Tod. Ich betrat Proserpinens (Göttin der Unterwelt) Schwelle, und nachdem ich durch alle Elemente gefahren, kehrte ich wiederum zurück. Zur Zeit der tiefsten Mitternacht sah ich die Sonne in ihrem hellsten Lichte leuchten; ich schaute die unteren und oberen Götter von Angesicht zu Angesicht und betete sie in der Nähe an. Siehe! Nun hast du alles gehört! Aber auch verstanden? – Unmöglich!"

„Erkenne dich selbst!" stand über dem Tempel von Delphi. Im Innenraum erfuhr dann der eingetretene Mensch: „Und du wirst das Universum und die Götter erkennen." Was wir an Weihnachten feiern, ist in Wirklichkeit eine Deutung unseres Menschseins. Es ist eine Phase der Evolution des Göttlichen.

Wie ein Theaterstück die Verdichtung einer Idee ist, so ist die Liturgie Verdichtung des Heilsweges. Das Leben eines Menschen macht die Welt zur Bühne der Entfaltung Gottes. Und das feiern wir jetzt im Mysterium der Weihnacht und im Mysterium der Eucharistie.

Beschneidung

Kult und Ritual

An Jesus wird ein uraltes Ritual vollzogen. Er wird in den Tempel gebracht und beschnitten, um an ihm, wie an jedem anderen Menschen, zu bezeugen, dass er aus Gott geboren ist und dass er Gott gehört.

Auch wir vollziehen hier einen uralten Ritus. Auch wir bekunden unsere Einheit mit dem göttlichen Prinzip. Kult und Ritual sind die Antwort auf die Tatsache, dass wir göttlichen Ursprungs sind. Sie sind ein Ausdruck, der über die Sprache hinausgeht. Die kultische Handlung ist eine symbolhafte Handlung, die weit mehr einschließt als ein rationales Bekenntnis. Symbol kommt vom griechischen *symballein* (zusammenwerfen). Im Symbol wird die Kluft zwischen der formalen Welt und dem Numinosen überwunden. Die kultische Handlung schließt die beiden Pole zusammen. Riten sind im wahrsten Sinn des Wortes *religio*, Rückbindung des Menschen an Gott.

Daher brauchen wir als Menschen Rituale und Kulthandlungen. Kult und Kultur hängen zusammen. Der Kult ist der Ausgangspunkt jeder wahren Kultur. Früher war jede Kultur wie der Kult auf das Numinose bezogen. Die alten Kulturdenkmäler waren Tempel, Kathedralen, Götterfiguren. Die heutigen Denkmäler sind Wolkenkratzer, Kraftwerke, Fernsehtürme, Super-Jets. Unsere Kultur entspricht unserem Kult. Wir tanzen wieder einmal um das Goldene Kalb, das in uns ist und aus uns kommt, statt um Gott.

Früher kannte jeder Lebensabschnitt eine Initiation, ein ganz bestimmtes Ritual, das den Menschen in einen neuen Abschnitt seines Lebens einführte. Im Vollzug dieser Rituale wurde ihm schrittweise bewusst, dass er göttlichen Ursprungs ist. Die biologische Existenz macht noch keinen Menschen aus. Er ist dann lediglich ein höher entwickeltes Tier. Erst wenn er seine Geburt aus Gott erfährt, ist er ein wahrer Mensch.

Das Wesen einer Initiation war es, dies dem Menschen kundzutun. Taufe z. B. bedeutet eine zweite Geburt! Eine Wiedergeburt. Sie soll dem Menschen klar machen, dass er mehr ist als ein biologisches Wesen. Auch an Jesus wurde ein uraltes Ritual vollzogen. Es war eine Initiation ähnlich der Taufe. Er wurde beschnitten und in den Tempel gebracht, um an ihm wie an jedem anderen Menschen zu bezeugen, dass er aus Gott geboren ist (vgl. Lk 2,21 ff.). Der Mensch soll erfahren, dass er nicht allein Kind seiner Eltern ist, sondern ebenso Kind Gottes, ein göttliches Wesen.

Die Initiation der Pubertät bedeutete, dass der Mensch aus seiner Kindheit heraus ins Erwachsenenalter tritt. Es beginnt ein neues Leben. Das aber setzt das Sterben des alten voraus. Wer in eine neue Seinsweise hinein geboren werden soll, muss diesen schmerzvollen Prozess des Sterbens durchstehen. Es ist ein Sterben, um zu leben. Sterben aber ist verbunden mit Schmerz, Leid, Krankheit, Depression und Verzweiflung. Darum waren Initiationsriten immer auch mit einem symbolischen Sterben, mit Leid, Angst und Gefahr verbunden. Um in ein spirituelles Leben hineinzuwachsen, muss der Mensch sich mit all diesen Themen auseinandersetzen. Dies aber sind die Themen, die der moderne Mensch am liebsten aus der Welt schaffen möchte. Nur wer hindurchgeht, ahnt hinter der Zerbrechlichkeit des menschlichen Seins jenes absolute und heile Sein.

Was wir hier in dieser Eucharistiefeier vollziehen, ist ein Ritus. Es ist der Ritus des Leidens, Sterbens und Auferstehens Jesu. Aber es ist nicht nur sein Leiden, Sterben und Auferstehen. Wir feiern unser eigenes Leiden, Sterben und Auferstehen. Wir feiern das, was ich heute früh zu sagen versuchte, den Wandel. Wir feiern das Strukturprinzip der ganzen Schöpfung: Sterben und Auferstehen.

Unsere Welt gleicht mehr einer Spielwiese als einem ernsthaften Suchen nach dem Sinn des Daseins. Spielen wäre zwar genau das, was wir tun sollten. Etwas von der Leichtigkeit des Evangeliums, von den Lilien auf dem Feld und den Raben auf dem Dach, sollte unser Leben bestimmen. Aber gerade diese Leichtigkeit, die alles auf der offenen Hand trägt, fehlt uns. Wir haben vergessen, dass diese Wiese Zeit und Ewigkeit zugleich bedeutet. Der Kult und das Ritual erinnern uns daran.

Epiphanie

Wie ich euch schon oft gesagt habe, ist die Kindheitsgeschichte Jesu nicht historisch zu verstehen. An Weihnachten feierten wir die Menschwerdung Gottes. Der Akzent lag auf „Fleisch geworden". Das morgige Fest nennen wir Epiphanie Gottes, also die Erscheinung des Göttlichen, das Aufscheinen des Göttlichen. Im Evangelium scheint es den Magiern auf. Es scheint ihnen auf in diesem Kind. Dies ist die mythische Einkleidung eines sich ständig wiederholenden Ereignisses im Menschen. Wir sind diese Magier. Epiphanie soll sich auch in uns ereignen. Das Göttliche will auch in uns aufscheinen.

Der Mythos von den drei Weisen charakterisiert unser Leben hier und jetzt. Wir kommen von weit her gegangen, wie wir gleich singen werden. Aus der Dunkelheit der Ichzentrierung. In dieser Dunkelheit sieht die Welt ganz anders aus: „verhangen" und „dunkel", sagt das Lied. Auch wir haben erst bei Herodes gesucht und in vielen Palästen, bis wir erkannt haben: Dort ist es nicht zu finden. Es scheint in den einfachen Dingen und Ereignissen des Lebens auf, im Stall, bei den Hirten, im Hier und Jetzt des Alltags. So wie es den Magiern in diesem Kind aufschien.

Aber es dauert lange, bis wir erkennen, es ist in jeder Blume, in jedem Stein, in jedem Menschen. Damit wir es lernen, feiern wir Eucharistie. So wie es in Brot und Wein aufscheint, scheint es in allem auf, wenn unsere Augen sehend geworden sind.

So wie es im Kind Jesu erschienen ist, erscheint es in jedem Menschenkind. Das war die Erleuchtungserfahrung von Shakyamuni: Alle Wesen haben die Buddhanatur, d. h. sie manifestieren dieses göttliche Prinzip.

Heute haben mir zwei Personen von einem Traum erzählt, in dem ihnen ein Kind anvertraut worden war. Es vergeht kein Sesshin, in dem mir nicht zwei, drei Teilnehmer von einem solchen Kind berichten, das sie im Traum geboren haben oder das ihnen anvertraut worden ist. Es ist das Göttliche Kind, unser innerstes Wesen, das sich uns als Kind offenbart. Warum dauert es nur so lange, bis wir begreifen, dass wir wirklich Kinder Gottes sind?

Es existiert nichts, was nicht in Gott existieren würde.
Es gibt nichts, was nicht gottesförmig wäre.
Es gibt nichts, was nicht SEINE Epiphanie wäre.

Shakyamuni hat es am Tag seiner Erleuchtung mit den Worten ausgedrückt: „Alle Wesen haben von Anfang an die Buddhanatur.“ – Christlich ausgedrückt mit Worten der Weihnachtsbotschaft gesagt, lautet das: „Alle Menschen sind aus Gott geboren“, wie es im Johannesprolog heißt. Oder wie es Paulus ausdrückt: „Die Heiden sind Miterben, gehören zu demselben Leib und haben an derselben Verheißung in Christus Jesus teil.“ (Eph 3,2 ff.)

Thomas v. Aquin meint dazu, „dass Gott nicht mit einem Teil seiner selbst gegenwärtig ist, denn in Gott gibt es keine Teile. Er ist mit seiner (ganzen) Wesenheit (Essenz) in allen Dingen.“ Mit anderen Worten: Der Schöpfer-Gott ist in jedem Teilchen, in jedem subatomaren Teilchen der Materie, in jedem lebendigen Wesen, in jedem Menschen mit seiner Wesenheit anwesend.

Was uns bei solchen Aussagen immer Schwierigkeiten macht, ist unsere Erbärmlichkeit. Es ist uns eingetrichtert worden, dass es in der Religion doch am Ende auf Leistung ankommt. Wir meinen, wir müssten uns den Himmel verdienen. Aber in der Religion geht es um Sein und nicht um Leistung. Es geht um die Erfahrung des Göttlichen, um die Erfahrung des Göttlichen in uns und in allem.

Wenn das gesagt ist, kommt oft die nächste Frage: Was ist dann mit all dem Bösen in der Welt, vor allem mit bösen Menschen, noch genauer, was ist mit Hitler, mit Stalin, mit Mao und all denen, die andere geschunden und gemordet haben? Gibt es eine Vergeltung oder gibt es sie nicht? Ich meine, dass wir die Entfaltung des Göttlichen Prinzips mit viel zu menschlichen Augen betrachten. Wir versuchen diese multidimensionale Welt in die jämmerlichen Kategorien unseres Denkens einzuordnen. Aber das Göttliche Prinzip ist nicht rational organisiert. Es ist a-rational oder transrational organisiert.

Das kosmische Gesetz ist gerecht. Ob es eine individuelle Gerechtigkeit gibt, weiß ich nicht. Vielleicht haben wir alle viel mehr Anteil an Stalin, Hitler und Mao, als wir meinen. Das kosmische Gesetz ist gerecht. Damit will ich sagen, wer sich nicht positiv in die Evolution einbringt, fällt einfach über den Rand. Er zählt nach einiger Zeit nicht mehr. Wir gehen einen spirituellen Weg, um immer mehr zu erfahren von der unverstellten Wirklichkeit. Es ist ein langer Prozess, bis wir das erkennen. Aber wenn wir es erkannt haben, ändert es unsere Weltanschauung im wahrsten Sinne des Wortes. Was wir auf dem spirituellen Weg tun, ist also keine überflüssige Marotte, sondern ist der Weg zur vollen Menschwerdung. Und darum ist es wert, dass wir alles auf eine Karte setzen, um seine Epiphanie in allem zu erkennen.

Prophetische Vision
(Lk 2,36 ff.)

Im heutigen Evangelium begegnet uns eine Prophetin, Hanna. Sie war verheiratet und ist sehr jung Witwe geworden. Das hat sie offensichtlich auf den Weg nach innen gebracht. Sie verließ den Tempel nicht mehr, heißt es. Es ist immer die Not, die uns Menschen auf den Weg nach innen bringt. Und wenn diese Not ihre größte Bedrängnis erreicht hat, kommt oft eine tiefe Erfahrung, eine Erfahrung, die für unser Leben und vielleicht auch für das Leben anderer bedeutsam sein kann. Wir erkennen plötzlich unser eigenes Wesen. Wir erkennen unsere wahre Gestalt. Eine Vision, wie sie Hanna hatte, ist eine Erkenntnis, die in der Überzeugung gipfelt: das Leben macht trotz allem einen tiefen Sinn.

Nicht wenige haben solche Erkenntnisse im Laufe eines Kurses. Ich will sie nicht gleich Visionen nennen, obwohl sie dem sehr nahe kommen können. Auch hier gibt es ganz verschiedene Tiefen. Fast alle erleben einmal, dass ihnen eine Sache, um die sie lange gerungen haben, plötzlich zur absoluten Klarheit wird. Oft erscheint diese Klarheit in einem Bild. Die Erkenntnis fließt in einer symbolhaften Struktur oder Figur zusammen. „Sie sprach über das Kind zu allen, die auf die Erlösung Jerusalems warteten." In diesem Kind erkennt sie das Heil für sich und für ihr Volk. Oft sind solche Erkenntnisse nichts anderes als die Heimkehr abgespaltener Teile unseres Bewusstseins. Das wertet eine solche Erfahrung nicht ab, sondern zeigt uns, dass uns das Göttliche nicht fern ist, sondern dass es sich in solchen Bildern und Zeichen aus unserem tiefsten Wesen heraus offenbart. Wir können Ja zu uns sagen und weiterleben.

So können Visionen und Erkenntnisse, die uns plötzlich widerfahren, eine starke Motivation für unser Leben sein. Aber wir sollen sie nicht festhalten, sondern ihre Botschaft erkennen. Für Hanna war die Vision ein tiefes religiöses Erlebnis. Und sie hat anderen mit ihrer Erfahrung Mut gemacht.

Lichtmess

An Jesus wird ein uraltes Ritual vollzogen. Dazu wird er in den Tempel gebracht und beschnitten, um an ihm, wie an jedem anderen Menschen, zu bezeugen, dass er aus Gott geboren ist und dass er Gott gehört. Dies ist eine Initiation ähnlich unserer Taufe. Der Mensch soll durch dieses Ritual erfahren, dass er zuerst ein göttliches Wesen ist und erst in zweiter Linie Kind seiner Eltern.

Auch wir vollziehen hier einen uralten Ritus, einen Licht-Ritus. Damit bekunden wir unsere Einheit mit dem göttlichen Prinzip. Kult und Ritual sind die Antwort auf die Tatsache, dass wir göttlichen Ursprungs sind, und ein nichtsprachlicher Ausdruck, eine symbolhafte Handlung, die weit mehr einschließt als ein rationales Bekenntnis. Symbol kommt von *symballein* (zusammenwerfen). Das Symbol überwindet die Kluft zwischen der formalen Welt und dem Numinosen, denn das Symbol fügt sie zusammen. Riten sind im wahrsten Sinn des Wortes religio, eine Rückbindung des Menschen an Gott.

Früher kannte jeder Lebensabschnitt eine Initiation, ein ganz bestimmtes Ritual, das den Menschen in einen neuen Abschnitt seines Lebens einführte. Licht ist das wichtigste Symbol für die Erste Wirklichkeit. An Weihnachten feierten wir die Geburt des Lichtes, denn der „Sol invictus“, der unbesiegbare Sonnengott der Römer, wurde auf Jesus übertragen. Im Licht feiern wir die Erste Ursache, die wir Europäer Gott nennen.

40 Tage nach Weihnachten feiern wir wieder ein Lichtfest. Auch dieses Fest stammt aus vorchristlicher Zeit. Was mich allerdings interessiert, ist nicht das Vorchristliche an diesem Fest, sondern das allgemein Religiöse. Es gibt wohl keine Religion, die nicht das Licht als Symbol der Ersten Ursache feiert.

Wir aber feiern nicht irgendein Licht, wir feiern das göttliche Urlicht in uns. Wir sind eigentlich mit diesem Fest gemeint, denn es ist das Licht Gottes, das wir sind, als das wir durch die Welt gehen sollen. Darum geben wir diesen Kerzen, die wir mitgebracht haben nach einem alten Brauch, einen Segen. Wenn wir sie daheim wieder anzünden, sollen sie uns an das Licht in uns erinnern.

Gott, Quell und Ursprung des Lichtes,
Segne diese Kerzen, diese Lichter, die wir bereitgestellt haben!
Wenn wir sie in den Händen tragen, lass uns Dein Licht in uns und in allen Wesen erkennen.
Schenke uns Trost und Licht in den dunklen Stunden unseres Lebens.
Erhelle die dunklen Gebiete unserer Erde, wo Leid, Hunger, Folter, Verfolgung und Krieg herrschen.
Darum bitten wir Dich durch Christus, der gesagt hat:
Ich bin das Licht der Welt,
und der zu uns gesagt hat, dass wir Söhne und Töchter des Lichtes sind, aus dem wir kommen. Amen.

Wir Kosmopoliten

Wenn ihr jetzt die Zeitungen und Magazine aufschlagt, stellt ihr fest, dass nun auch die Theologen zu Wort kommen. Denn es ist schließlich Weihnachtszeit. Und so ganz dunkel erinnert sich unsere Gesellschaft, dass das etwas mit Gott und Religion zu tun hat. Man beklagt die schlechten Zeiten, wie sich das für Theologen gehört. Die Schlechtigkeit der Welt war schon immer ihr Thema.

Religion sollte uns sagen, wer wir sind und was der Sinn unseres Daseins ist. Sie sollte uns nicht Angst machen vor einem rächenden Gott, der uns am Ende unseres Lebens richtet. Es ist schlimm, wie dieses primitive Gottesbild immer noch in den Köpfen spukt und den Menschen Angst macht. Wenn wir uns dagegen an die tröstlichen Bilder halten, die uns jetzt in der Lesung aufgezeigt werden, bekommen wir eine ganz andere Einstellung zu unserem Dasein. Wir sind Kosmopoliten, die aus dem Licht kommen und eine Zeit lang als Erdenpilger unseren Weg gehen. Wir gehören in diese Familie Gott. Gott ist gleichsam unser Nachname. „Jesus sprach: Wenn man euch fragt: ‚Woher seid ihr gekommen?‘, sagt zu ihnen: ‚Wir sind aus dem Licht gekommen!‘ – Wenn man euch fragt: ‚Wer seid ihr?‘, antwortet: ‚Wir sind seine Söhne und Töchter, die Erwählten des ewigen Vaters‘.

Wenn man uns fragt, woher seid ihr? Können wir antworten: „Wir sind aus dem Licht gekommen.“ Und es ist das Licht, das durch diese unsere Augen schaut – oft verdunkelt und entstellt, aber es ist das göttliche Licht, wie es im Thomasevangelium heißt. Und dorthin werden wir zurückkehren. Ich hoffe und wünsche, dass der Weg, den wir gehen, uns so verwandelt, dass wir frei von Angst über diese Schwelle treten können, die uns von der nächsten Existenz trennt. Es ist nur eine Türschwelle. Wir in unserer Religion haben zu viel vom Tod geredet und zu viel vom Gericht, und viel zu wenig haben wir vom ewigen Leben gesprochen, obwohl die Schrift voll davon ist.

Wenn ich noch einmal auf die Frage der Reinkarnation zurückkommen darf, so müsste uns langsam klar werden, dass es immer nur dieses Licht ist, das wiedergeboren wird, ganz gleich, in welcher Existenz wir uns befinden sollten. „Wiedergeboren wird immer nur der Herr“, sagt ein Wort aus der Gita. Und es ist die Hausaufgabe unseres Lebens zu erkennen, dass diese Form, in der wir leben, nichts anderes ist als eine Manifestation dieses Lichtes.

Warum geht diese Erkenntnis, dass es den Tod nicht gibt, nicht wie ein Lauffeuer um die Erde? Deswegen vielleicht, weil unser vordergründiges Ich, das uns für die Reise durch dieses Leben gegeben ist, sich so dominierend aufspielt. Es möchte ewig leben. Aber dieses Ich ist uns nur für eine kurze Reise auf dieser Erde gegeben. Wir brauchen es nicht in einer anderen Seinsweise. Unsere Identität ist nicht an dieses Ich gebunden. Unsere Identität ist das Leben Gottes, das im Evangelium mit Licht bezeichnet wird.

Wenn wir unsere wahre Identität erkennen könnten, hätten wir keine Angst. „Wann wird die Ruhe der Toten kommen?“, fragten die Jünger Jesus. Und Jesus antwortete: „Die Ruhe, die ihr erwartet, ist schon da, aber ihr erkennt sie nicht.“ (Thomasevangelium) Das ewige Leben ist schon da, aber wir erkennen es nicht, und darum haben wir Angst.

Unser Ich hat diese Todesangst. Der Weg, den wir gehen, ist ein Stück Aufarbeitung der Todesangst. Daher ist das Sterben des Ich das Grundthema aller Mystik des Ostens und des Westens. „Wer stirbt, bevor er stirbt, stirbt nicht, wenn er stirbt“, sagt Abraham a Sancta Clara. Vor dem Tod steht die Angst. Jede Transformation ist versperrt durch die Angst. Darum steigt oft die Angst auf, wenn wir sitzen. Alle Angst ist letztlich Todesangst des Ich. Unsere Übung ist die beste Vorbereitung auf das Sterben. Alles, was wir zu tun haben, ist loszulassen, damit das aufscheinen kann, was wir wirklich sind.

Wir sind Kosmopoliten, die aus dem Licht kommen. Gerade deswegen nehmen wir diese Erde und unsere Erdenzeit ernst. Hier und jetzt offenbart sich dieses ewige Licht in uns und in allen Formen. Hört, was das Thomasevangelium[21] dazu sagt: „Jesus sprach: ‚Das Reich ist in euch und außerhalb von euch. Wenn ihr euch erkennt, werdet ihr erkannt werden und werdet erkennen, dass ihr Söhne des lebendigen Vaters seid. Wenn ihr euch aber nicht erkennt, so seid ihr (geistig) arm.“ (Nr. 3) „Jesus sprach: Wenn man euch fragt: ‚Wer seid ihr?‘, sagt: ‚Wir sind seine Söhne und Töchter, und wir sind die Erwählten des lebendigen Vaters'. Wenn man euch fragt: ‚Was ist das Zeichen eures Vaters an euch?', sagt ihnen: ‚Bewegung ist es und Ruhe'." (Nr. 50) Seine Jünger fragten ihn: „Wann … wird die neue Welt kommen?" Er antwortete: „Die Neue Welt ... ist schon gekommen. Aber ihr erkennt sie nicht." (Nr. 51) (Thomasevangelium)

3. Jesus Christus

Jesu Taufe
(Mt 3,13 ff.)

Ich freue mich, diesen Gottesdienst mit euch halten zu können. Wenn ich in einem Vortrag über Religion rede, dann hat mancher den Eindruck, dass ich alles Religiöse ablehne. Ganz im Gegenteil. Wir brauchen Rituale und Formen, die uns sichtbar einbetten in die Wirklichkeit, die wir suchen. Wir feiern an diesem Wochenende in der Kirche die Taufe Jesu.

Die Taufe ist ein uraltes Ritual, älter als das Christentum. Viele Religionen kennen eine Initiation durch ein Wasserritual, durch Untertauchen. Es ist also wesentlich mehr als ein Brauchtum der Gesellschaft, Verbrämung eines Ereignisses.

Vor einiger Zeit erzählte mir eine Frau, dass sie mit drei Jahren ein ganz tiefes Erlebnis hatte, das sie ihr ganzes Leben lang begleitete. Sie wusste als Kind, dass sie „woanders" hingehört, dass ihre Heimat „woanders" ist, wobei das „Woanders" nicht räumlich zu verstehen ist. Sie wusste, dass ihre Eltern nur für sie zu sorgen haben, dass sie aber viel mehr ist als die Tochter ihrer Eltern. Da dieses Erlebnis bis ins Erwachsenenalter anhielt, war es wohl mehr als eine phantasievolle Kinderlaune. Die Eltern waren zuerst verwundert, als sie davon erzählte, und dann schockiert, als sie ihnen auch noch sagte: „Ihr seid nicht meine richtigen Eltern. Ich gehöre euch nicht." Diese Frau erfuhr schon als Kind, dass sie nicht einfach ein Körper mit Seele und Geist ist, den ihr Menschen gaben, sondern dass sie Bewusstsein ist, das sich einen Körper kreiert und gewählt hat.

Taufe ist eine Initiation, in der uns bestätigt wird, dass wir mehr sind als Fleisch und Blut. – Taufe rüttelt uns zu jener anderen Wirklichkeit wach, die wir Gott nennen, die unsere wahre Heimat ist. Wer in diese Dimension des Göttlichen eintreten will, muss eine Grenzüberschreitung vornehmen. Wer in einen buddhistischen Tempel geht, muss deutlich einen Balken überschreiten, er wäscht sich die Hände, spült den Mund aus und trinkt vom reinigenden Wasser. Wer in eine Moschee geht, wäscht sich Füße und Gesicht. Wer in eine katholische Kirche geht, nimmt Weihwasser und bekreuzigt sich.

Wer getauft wird, begeht eine Initiation. Er nimmt eine Grenzüberschreitung vor. Er reiht sich in die Reihe derer ein, die sich zum Lebensziel gesetzt haben, diese Urwirklichkeit Gott mit ihrem ganzen Sein zu suchen. Durch die Initiation erhält der Mensch eine Prägung, die nicht mehr rückgängig gemacht werden kann. Man verschreibt sich nicht einer Gemeinschaft, man verschreibt sich der Urwirklichkeit Gott selber.

In den Mysterienreligionen stand auf dem Verlassen des Weges die Todesstrafe. Wer getauft ist, kann aus der Kirche austreten, aber er kann eigentlich nicht aus dem Christsein austreten. Er ist gezeichnet. Man kann nicht halbherzig eintreten. Man erfährt sich gleichsam eingepflanzt, um darin zu wachsen und zu reifen.

Von der Mönchsweihe gilt das und von der Priesterweihe ebenso wie von allen Sakramenten. Etwas Ähnliches ist geschehen, als wir Schüler/in auf einem spirituellen Weg geworden sind. Normalerweise geschieht auch das durch eine Initiation. Manchmal erhalten Menschen in einer Initiation ein neues Gewand, ein Zeichen dafür, dass man ein ganz neues Leben beginnt. Ich habe eine Sannyasin-Initiation in Indien mitgemacht. Der Anwärter stieg in den Fluss, entledigte sich aller Kleider und ließ sie davonschwimmen. Er tauchte dreimal unter als Zeichen für das Sterben des alten Menschen. Als er auftauchte, sang er der aufgehenden Sonne das OM entgegen und stieg aus dem Wasser, um aus den Händen des Meisters das Sannyasingewand zu empfangen. Es ist das äußere Zeichen dafür, dass er heimatlos geworden ist auf dieser Erde und dass seine wahre Heimat tief in seinem Innern lebt. Fast das gleiche Ritual haben wir Benediktiner bei der Mönchsweihe. Genau das hat sich auch bei unserer Taufe vollzogen. Eigentlich erhält man bei dieser Gelegenheit auch ein weißes Kleid.

Ich bekam dieser Tage eine Karte von Riva S. Vitale, einem Ort am Südufer des Luganer Sees, auf der ein altes Baptisterium abgebildet ist. Ein großes Becken, in dem man bei der Taufe untertauchen konnte. Man stieg in der Osternacht im Westen in das Becken, das an das Grab Jesu erinnern sollte, hinein, tauchte dreimal unter und stieg auf der Ostseite wieder herauf. Dort wurde man mit einem weißen Kleid bekleidet, das man dann am Weißen Sonntag, der daher seinen Namen hat, ablegte. Das dreimalige Untertauchen und Heraussteigen symbolisierte das Sterben und Auferstehen mit Jesus Christus. Sterben und Auferstehen wurden auch in unserem Taufritus gefeiert. Manchmal meine ich, wir sollten unsere Taufe einmal als Erwachsene – vielleicht in der Osternacht – wiederholen, um ihre tiefe Bedeutung zu erfassen.

Jesus stieg in den Jordan. Wahrscheinlich tauchte er unter, wie das üblich war. So wurde mancherorts in den frühchristlichen Jahrhunderten getauft, und so geschieht das Ritual heute noch, z. B. in afrikanischen Kirchen. Als Jesus aus dem Wasser stieg, erschallte über ihm eine Stimme: „Dieser ist mein geliebter Sohn, an dem ich mein Wohlgefallen habe!" Über jedem Täufling erschallt diese Stimme: „Dieser ist mein geliebter Sohn, diese ist meine geliebte Tochter." Wir gehören in die Familie Gott. Gott ist gleichsam unser Nachname.

Die Stimme, die über Jesus erscholl, erklang auch bei unserer Taufe, und sie erschallt über jedem Kind, das getauft wird. Und es ist kein Unterschied zwischen Jesus und uns, wie Meister Eckehart predigte: „Was nützte es mir schon, wenn ich einen Bruder hätte, der ein König ist, wenn ich nur ein gewöhnlicher Mensch wäre. Was nützte es mir schon, wenn mein Bruder weise wäre, ich aber unweise?" (Quint S. 178,15) Er will damit sagen, dass wir wie Jesus Christus Söhne und Töchter Gottes sind. Das heißt aber nicht nur, dass Gott in uns wohnt, es heißt vielmehr, dass Gott durch uns lebt. Gott offenbart sich in der Blume als Blume, im Baum als Baum und im Menschen als Mensch. Gott offenbart sich in einem jeden von uns. Das mag uns in unserer menschlichen Unvollkommenheit sehr unwahrscheinlich vorkommen. Und doch ist es das, was uns das Evangelium verkündet.

Jesus – Verkünder des Reiches Gottes
(Mt 4,12; 13.44 ff.)

Wir hörten in der Weihnachtszeit von der Geburt Jesu und von seiner Kindheit. Heute erfahren wir von seinem ersten Auftreten. Er war in der Wüste, so heißt es. Vielleicht war er eine Zeit lang bei den Essenern in Qumran am Toten Meer oder er gehörte einer nonkonformistischen Bewegung an, die gegen die Pharisäer und die Römer gerichtet war. Nun kommt er an die Öffentlichkeit. Was hat er zu sagen? Auf was hat er sich jahrelang vorbereitet? Jetzt ist die Stunde der Wahrheit gekommen, denn jetzt muss er sagen, was er zu verkünden hat. Und er sagt nicht: Ich erlöse euch, ich mache es für euch! Hängt euch nur an meinen Rockzipfel! Von ihm heißt es: „Von da an begann Jesus zu verkünden, kehrt um, denn das Gottesreich ist nahe."

Jesus könnte man charakterisieren als den Propheten, der das Reich Gottes verkündet hat. „Euch – meinen Jüngern – ist es gegeben, das Geheimnis des Reiches Gottes zu kennen, den übrigen nur in Gleichnissen." (Mk 4.11) Fast vierzig Mal erscheint das Wort im Matthäusevangelium. Was meint Jesus mit diesem Wort „Reich Gottes"?

Dieses Reich Gottes ist nicht ein äußeres Reich, das bald kommen wird, wie Johannes der Täufer geglaubt hatte und auch die Essener. Damit setzt sich Jesus von all diesen Gruppen ab. Er verweist die Menschen auf die Metanoia, die Umkehr nach innen. Dieses Gottesreich ist wie ein Schatz im Acker, wie eine kostbare Perle.

Reich Gottes, das ist diese Dimension, die wir heute mit transpersonal, mit mystisch bezeichnen. Für Johannes ist diese Wirklichkeit „ewiges Leben". Jesus nennt es an anderer Stelle „Kindschaft Gottes". Dies sind Worte, die unser Innerstes, unseren göttlichen Kern, unser tiefstes Wesen, unsere göttliche Abstammung und Zugehörigkeit meinen. Sie besagen, dass der Mensch mehr ist als ein Gebilde aus Körper, Sinnen, psychischen Vorgängen und intellektuellen Aktivitäten. Viele haben andere Namen benützt: „Lebensgrund" sagt Johannes Tauler, „Seelenfunken" Meister Eckehart. Manche sagen dafür auch „Christus-Bewusstsein" und meinen damit die Erfahrung des göttlichen Urprinzips, wie Jesus sie hatte und wie es ihm bei der Taufe und auf dem Berg Tabor bestätigt worden ist. Es ist wohl nichts anderes gemeint, als was im Hinduismus „Atman" und im Buddhismus „Wesensnatur" oder „Buddhanatur" genannt wird.

„Dieses Reich Gottes ist in euch", sagt Jesus. Es ist euer wahres Wesen. Aus dieser Mitte seid ihr geboren. Reich Gottes ist die treibende Kraft, die euch zu vollen Menschen macht, zum Ebenbild Gottes, zur Imago Dei. Es ist die treibende Kraft in der Evolution des Kosmos. Sie hat uns und alles hervorgebracht und sie bleibt auch, wenn wir diese Gestalt einmal wechseln und in eine andere Seinsform übergehen.

Von dieser göttlichen Kraft kann uns niemand trennen und kann sich niemand trennen. Man kann sie nur vergessen und so tun, als existiere sie nicht. Man kann an dieser Dimension vorbeileben, aber da ist sie immer. Auch wenn wir diese Wahrheit nicht erkennen, sie wirkt in uns. Wir können uns ihr öffnen, aber wir können sie im Alltagsleben auch überspielen oder vergessen. Wirkliche Religion möchte nichts anderes, als den Menschen zu diesem seinem wahren Wesen führen. Wir sollen erwachen zu diesem Leben, ermahnen uns Christentum, Hinduismus und Buddhismus.

Jesus ist gekommen, um uns diese Wahrheit zu enthüllen. Das war sein Anliegen. Darum sagte er: „Kehrt um!" Das hat zunächst nichts mit Buße zu tun, sondern mit einer Richtungsänderung hin zu unserem wahren Wesen. Dass wir als Wesen aus Fleisch und Blut geboren werden, reicht nicht. Wir müssen erkennen, dass wir als Söhne und Töchter Gottes geboren sind, das aber ist ein anderes Bild für diese unaussprechbare Wirklichkeit.

Nur wenn wir diese Mitte, die Jesus mit Reich Gottes bezeichnet, erreichen und daraus leben, sind wir wirklich wir selber. Nur da tragen wir unser eigentliches Gesicht. Nur da liegt unsere Würde. Da wächst unser Leben aus dem Geheimnis Gottes. Wer erfährt, dass Gott sein tiefstes Wesen ist, der wird ihn nicht von außen erwarten und schon gar nicht in ferner Zukunft. Zukunft ist etwas, was Gott nicht kennt. Das Reich Gottes ist hier und jetzt.

Aus dieser innersten Erfahrung dessen, was Jesus das „Reich Gottes in uns" nennt, fließt auch sein Wort: „Ich und der Vater sind eins." Jeder kann das auch von sich sagen. Jesus ist der Erstgeborene, der uns in diese Erkenntnis führen möchte.

Aus dieser Erfahrung fließt auch jenes andere Wort Jesu: „Ehe Abraham ward, bin ich." Auch das kann jeder von uns sprechen. Wir sprechen dann aus unserem göttliche Kern heraus, der – ewig und unvergänglich – unser tiefstes Wesen ist.

Die Tatsache, dass wir hier sind und so sind, wie wir sind, ist also kein Zufall. Es ist der Vollzug des Göttlichen in dieser unserer Form. Wer sich auf sein Innerstes einschwingen kann, erfährt durch Umkehr und Hinkehr zu seinem Lebensgrund dieses Reich Gottes, das immer in ihm ist. Wer diesen seinen Lebensgrund wirklich erfährt, der lebt entsprechend. Zuerst kommt die Erfahrung des göttlichen Urgrundes, daraus ergibt sich dann das Verhalten und die Moral.

Zazen macht man nicht, um die Buddhaschaft zu *erlangen*, sondern um zu erfahren, dass man Buddha *ist*. Zum Reich Gottes kehrt man sich nicht hin, um dort einzutreten, sondern um zu erkennen, dass man immer dort war, auch ohne es zu wissen. Da nämlich ist unsere wahre Heimat. Wir sind Kinder Gottes, wir brauchen es nicht erst zu werden. In der Taufe wird uns – wie Jesus bei seiner Taufe – offenbart, dass wir Söhne und Töchter Gottes sind. „Dieser ist mein geliebter Sohn", sagt die Stimme aus der Wolke. Das gilt uns genauso wie Jesus. „Dieser ist mein geliebter Sohn, diese ist meine geliebte Tochter." Bei der Taufe öffnete sich der Himmel über jedem von uns.

Das ist der Realismus der Mystik. Alles andere ist nur eine verkürzte Lebensauffassung und Lebenserfahrung. Wenn wir das verstanden haben, ist unser Christentum nicht eine Lehre über Jesus, sondern die Lehre von Jesus, die uns helfen soll, unsere wahre Existenz in seiner Existenz zu erkennen.

Die Gleichnisse vom Reich Gottes wollen uns diese Wahrheit nahe bringen. Das Gleichnis vom Sauerteig (Mt 13,33), der von innen her das Mehl durchsäuert. Das Gleichnis vom Senfkorn (Mt 13.31), das uns zeigen will, wie das Reich Gottes von innen her sich in unserem ganzen Leben entfaltet, das Gleichnis vom Schatz und der Perle (13,44 ff.). Das Gleichnis von den Vögeln auf dem Dach und den Lilien auf dem Feld, das abschließt mit den Worten: „Euch muss es zuerst um sein Reich … gehen, dann wird euch alles andere dazugegeben.“ (Mt 6,33 ff.)

Reich Gottes – ein Fischernetz
(Mt 13, 47)

Was hat Jesus wohl mit dem Wort „Reich Gottes“ gemeint? Das ist die Frage, die wir uns am Ende des Kirchenjahres immer wieder stellen. Das Reich Gottes ist kein Platz irgendwo im Weltenraum, es ist auch nicht die geistige Gemeinschaft derer, die glauben. Es muss etwas sein, an dem alle Menschen und Geschöpfe partizipieren. Denn warum sollte so etwas nur für eine kleine Gruppe von Auserwählten existieren? Gott hat diesen Kosmos nicht geschaffen, um ein paar Wesen in die Hölle und andere in den Himmel zu bringen. Das Reich Gottes, das ist das, was wir den Kosmos selber nennen. Es ist jene nur holistisch zu verstehende Lebensgemeinschaft, die sich in einer ungeheuren Ko-Evolution[22] entfaltet.

Das Reich Gottes ist wie ein Fischernetz. Keine Masche kann für sich existieren. Es wird uns damit gesagt, dass niemand und nichts gesondert existiert. Wie in einem Fischernetz hängt alles zusammen. Gleich an welcher Ecke man zieht, das ganze Netz bewegt sich. Das Reich Gottes ist also wie ein Fischernetz. Was wir gut und was wir böse nennen, gehört alles mit dazu: Engel, Teufel, Mensch, Tier, Pflanze, Materie. Es ist diese holistische Wirklichkeit, die wir Evolution des Kosmos nennen.

Wir können nicht von außen in das Reich Gottes eintreten, wir *sind* Reich Gottes. Das Unendliche sucht das Endliche, es sucht die individuelle Form, um sich zu verwirklichen. Alle Wesen gehören zu diesem einen Netz. Andere Religionen mögen dafür andere Namen haben, aber alle wissen, dass wir alle eine große Gemeinschaft sind.

Wir Menschen haben einen wichtigen Lernschritt vor uns. Es geht nicht in erster Linie um eine individuelle Entfaltung der Persönlichkeit, wie uns oft gepredigt wird, sondern um eine Ko-Evolution mit dem ganzen Universum.

Vielleicht sträubt sich etwas in euch, einen so unreligiösen Begriff, der aus der Naturwissenschaft stammt, ins Religiöse zu übernehmen. Was meine ich damit?

Im Reich Gottes kann man sich nicht allein entwickeln. Wer sich allein außerhalb der allgemeinen Vernetzung entwickeln will, isoliert sich und schadet dem Organisationsmuster und letztlich sich selber. Die Krebszelle, die nur auf eigenes Wachstum bedacht ist, bietet das beste Beispiel. Der Entwicklungsprozess vollzieht sich in ständigem Austausch mit unserer äußeren Umgebung und unseren innerseelischen Vorgängen. Nicht wer den giftigsten Stachel besitzt oder das größte Gebiss hat, überlebt, sondern das Biotop, sagt uns die Naturwissenschaft.

Deswegen ist aber nicht Auflösung der Individualität das Ziel im Reich Gottes. Individualität und Ganzheit sind nicht Begriffe, die sich ausschließen. Sie sind koexistent. Die einzelne Masche des Netzes verschwindet nicht. Sie ist fester Bestandteil des Ganzen. Der Tropfen löst sich nicht im Meer auf, wie das oft der Mystik vorgeworfen wird. Das Meer wird vielmehr als Tropfen erlebbar. Oder umgekehrt, das Meer erlebt sich als Tropfen. Was wir Ich nennen, bleibt in einer höheren Einheit lebendig, so dass die beiden Aspekte nicht mehr als Gegensätze erfahren werden. Im Endlichen erfährt das Unendliche Sinn. Im Einzelnen vollzieht sich das Ganze.

Reich Gottes umschließt alle Möglichkeiten des Universums, denn es sind die Möglichkeiten Gottes selber. Wir stehen in einem gewaltigen übergreifenden Prozess, und das Ziel dieses Prozesses ist Selbstverwirklichung des göttlichen Prinzips in der Vielzahl der individuellen Formen. Das Universelle verwirklicht sich im Individuellen und das Individuelle im Universellen.

Das Reich Gottes gleicht einem Fischernetz. Ko-Evolution bedeutet nichts anderes als zu wachsen in Beziehung und Gemeinschaft. Wir brauchen das Gegenüber zur Selbstwerdung. Wir brauchen den ganzen Kosmos zur Selbstwerdung. Das Ich verwandelt sich in der Beziehung mit dem anderen. Wir werden Mensch in der Begegnung. Selbstverwirklichung wird mehr und mehr zur Ko-Evolution. Je mehr wir uns selbst verwirklichen, desto weniger autonom werden wir, um so mehr öffnen wir uns in Liebe zu allem anderen.

Unser tiefstes Wesen entwickelt sich nicht allein aus sich selber. Es bedarf der Provokation durch die Interaktion mit der Umgebung, also der Bezugspersonen, der Religion und der Gesellschaft. Wieviel ein Mensch von seinen Anlagen zur Entfaltung bringt, hängt also sehr stark auch von der Provokation von außen ab und von der Öffnung zum anderen hin.

Solange die Illusion eines getrennten Ich besteht, besteht auch der Gegensatz zu den anderen Religionen. Was haben wir uns in der Auseinandersetzung der Religionen in Europa alles geleistet? Heute ist Reformationsfest, ein Tag der Besinnung auf die Einheit im Reiche Gottes. Wer die Welt nur aus der Sicht seines Ego-Gefängnisses betrachten kann, also aus der Sicht seiner Begierden und Bedürfnisse, bleibt von allem abgesondert. Wir stehen mit allem in Verbindung. Wer sich auf seine Wesensmitte beziehen kann, erfährt sich nicht mehr vereinzelt, sondern als das Eine: dieses Eine aber ist das Universum.

So gesehen sind wir auch nicht von den verstorbenen Wesen getrennt. Vor Gott gibt es keine Zeit. Diese andere Ebene ist ganz anders, denn sie ist zeit- und raumlos. Es gibt Existenzmöglichkeiten, in der sich Individualität und Einheit nicht ausschließen. Als Christen haben wir für diese Einheit die Bilder vom Hochzeitsmahl, Reich Gottes, Leib Christi, Bund, *hagios gamos* (Heilige Hochzeit) und Fischernetz.

Alles Leid liegt in der Egostruktur. Es geht also in der Spiritualität um eine Einbindung unseres Ich in die größere Einheit, die wir Christen Reich Gottes nennen.

Reich Gottes – ein Füllhorn
(Mk 4,11 ff.; Joh 3,3)

„Euch – meinen Jüngern – ist es gegeben, das Geheimnis des Reiches Gottes zu kennen, den übrigen nur in Gleichnissen. Denn sehen sollen sie, sehen, aber nicht erkennen, hören sollen sie, hören, aber nicht verstehen." (Mk 4,11 ff.)

Was sind die Geheimnisse des Reiches Gottes? Wir können sie nicht erfahren ohne Umkehr. Sie werden laut verkündet, aber man braucht Augen, um sie zu sehen, man braucht Ohren, um sie zu hören. Man muss umkehren. Metanoia nennt das der klassische Ausdruck. Die Einreisebestimmungen ins Reich Gottes fordern die Schau nach innen. Wir müssen nirgendwohin. Wir müssen nur nach innen schauen, nach innen hören. Innen, das ist diese andere Ebene. Es geht dabei nicht um ein äußeres Entdecken, sondern um ein Wiederfinden, um ein Wiederfinden von uns selber.

Aber dazu muss man gestorben sein, heißt eine andere Anweisung. Wir können ins Reich Gottes nichts mitnehmen. Es geht dabei nicht darum, dass wir äußere Dinge nicht mitnehmen können. Zu oft wird dieses Wort Metanoia moralisch ausgelegt. Es hat mit Moral nichts zu tun. Es geht vielmehr um das Loslassen von Konditionierungen, von Konzepten, Vorstellungen, ethischen Normen, Weltanschauungen.

Außerhalb des Reiches Gottes stehen wir auf dem Kopf. Man hat uns diesen Kopfstand mühsam beigebracht. Im Reich Gottes stehen wir auf den Füßen. Da sehen wir richtig. Man muss wiedergeboren werden, um richtig zu sehen, sagt Jesus: „Wahrlich, ich sage euch, wenn jemand nicht von neuem geboren wird, kann er das Reich Gottes nicht sehen." (Joh 3,3) Es reicht nicht, dass wir einen Körper und Augen aus Fleisch und Blut haben. Dieser Körper und diese Augen aus Fleisch und Blut sind Instrument unseres wahren Wesens. Daher müssen wir aus dem Geist geboren werden. Wir müssen nicht auswandern, um ins Reich Gottes einzutreten. Wir müssen nur diese zweite Geburt erfahren.

Wenn wir wirklich Gott finden, finden wir ihn hier und jetzt, im Alltag also. Gott manifestiert sich in allen Formen, und wir können ihn in allem erkennen. Wer sich auf einen spirituellen Weg macht, sucht oft zuerst sekundäre Dinge, etwas für sich selber: Gesundheit, Ausgeglichenheit, bessere Voraussetzungen für sein Studium, Fitness für den Beruf usw. Wer aber eine gewisse Grenze überschreitet, merkt, dass erst eine umfassendere Erfahrung Gottes alle diese Dinge wirklich belebt.

Das Reich Gottes ist ein Füllhorn. Es birgt alles. Aber alles ist nur zu haben ohne das „Ich“, das besitzenwollend danach greift. Denn „Ich“ gibt es dort nicht. Es gibt nur das „Wir“. Besser, dort gibt es nur ein allumfassendes „Ich“, das nichts und niemanden ausschließt. Wir haben das Wort „Ich“ pervertiert. Wir haben es eingegrenzt. Wir haben ein den Besitz anzeigendes „Mein“ daraus gemacht. Ein echtes „Ich“ und „Mein“ kann nur einer sagen: Gott. Und das ist das Ganze. Die gewöhnliche Person lebt von der Abspaltung. Im Himmel gibt es nur einen Bewohner, Gott.

Was wir sonst Person nennen, ist eine Puppe. Sie hängt an den Fäden unseres wahren Wesens. Aber diese Puppe treibt ihren Schabernack mit uns. Sie spielt ihr eigenes Spiel. Unsere ewige Person erfahren wir, wenn diese falsche Person zurücktritt. Wir haben die Entfremdung von unserem wahren Wesen schon durch die Sprache gelernt. Wir gebrauchen eine betrügerische Sprache. Wir sagen: „Ich bin geboren.“ In Wirklichkeit müssten wir sagen: „Es ist geboren.“ Geboren wird immer nur dieses göttliche Leben. „Geboren wird immer nur der Herr“, sagt die Gita. Es ist nicht unser Leben, das wir leben, es ist Gottes Leben. Wir sind nur die Gefäße, in denen es sich präsentiert.

Wir verfallen der Täuschung, dass wir mit diesem Ich in einer stabilen Welt leben. Manche Naturwissenschaftler haben das klarer erkannt als so mancher Theologe. Die Quantenphysik sagt uns, dass alles in Bewegung ist. Nur das Kommen und Gehen ist Realität. In der Quantenphysik interagiert der Beobachter so sehr mit dem Beobachteten, dass man sich die interagierenden Partikel nicht als von separater Existenz vorstellen kann. D. h. es gibt nichts Separates.

Wir werden von unserem Ich-Bewusstsein unterdrückt. Jesus sagt: Ihr müsst werden wie die Kinder, wenn ihr in das Reich Gottes eintreten wollt. Wir sind unbefleckt empfangen. Wir kommen aus diesem kosmischen Schoß, jungfräulich und makellos. Aber wer Mitglied dieser unserer Gesellschaft werden will, der wird aus seiner klaren Sicht der Welt, wie sie Kinder noch haben, herausgerissen. Das ist der Tribut, den die Gesellschaft für ihre Mitgliedschaft verlangt. Wir sind bereit, diesen Zoll zu zahlen und der Halluzination, ja Blindheit zu verfallen. Wenn wir diese Gehirnwäsche begreifen, ändern sich die Prioritäten unseres Lebens. Eine „Dummheit“ nennt die Mystik unseren mentalen Zustand. Es ist eine verstellte Auffassung von Wirklichkeit.

Erlösung ist Erkennen, Erkennen, wer wir sind. Erkennen aber setzt Metanoia voraus, Umkehr. „Kehrt um, das Reich Gottes ist in euch“, sagt Jesus. Kehrt um! Schaut nach innen! Jesus hat uns einen Weg gezeigt. Wir aber halten uns lieber an seinen Rockzipfel, wie sich viele Buddhisten lieber an den Rockzipfel des Amida Buddha halten und Hindus an den Rockzipfel ihres Guru, statt deren Wege zu gehen. Wir suchen lieber nach dem großen Retter, der es für uns macht. Metanoia tut weh, wir lassen lieber einen anderen für uns leiden.

Wenn wir das Reich Gottes erfahren, machen alle Dinge Sinn. Auch die unsinnigen. „Suchet zuerst das Reich Gottes! Alles andere wird euch hinzugegeben." „Euch ist es gegeben, die Geheimnisse des Reiches Gottes zu erfahren."

Jesus heute

Jesus war auf der einen Seite konservativ. Er hat das Gesetz nicht aufgelöst, sondern ließ den religiösen Rahmen bestehen, soweit er ihn nicht daran hinderte, seine Auffassung von Gott zu predigen. Er war sich über die Relativität der Aussagen über Gott bewusst, daher machte er auch keine Lehrsätze über ihn, sondern erzählte nur Gleichnisse. Theologie ist zwar wichtig, aber sie muss sich ihres analogen Charakters bewusst sein.

Jesus war aber auch der Revolutionär schlechthin. Er hat alles Hindernde abgestreift, wenn es darum ging, die Barrieren zwischen Gott und Mensch einzureißen. Die Starrheit des Sabbatgebotes und der Reinigungsriten hat er überwunden und sagte überdeutlich, dass das Gesetz des Menschen wegen da ist und nicht umgekehrt. Damit aber erregte er Anstoß und wurde deswegen zuletzt von den Pharisäern umgebracht.

Jesus hat die alten Gottesbilder zerstört, doch wer die Gottesbilder zerstört, der nimmt manchen Menschen Gott selbst, den sie damit identifizieren. Gottesbilder aber können zum Hindernis werden. Sie türmen sich auf wie der Turm zu Babel und tragen zur Verwirrung unter uns Menschen bei. Wenn es im Alten Testament heißt „Du sollst dir kein Bild machen", dann ist das ein wichtiger Hinweis auf die Begrenztheit aller Aussagen über diese Urwirklichkeit Gott.

Wenn sich in einer Kultur Spannungen ergeben, die aus den Konflikten zwischen den inneren seelischen Gewissheiten und äußeren theologischen Ansichten kommen, können Menschen in größte Schwierigkeiten und seelische Nöte geraten. Das Ich, von seinen traditionellen Auffassungen geplagt, tendiert bald nach der einen, bald nach der anderen Seite.

Wie können wir Jesus Christus heute verstehen? Ich will dazu ein paar Beispiele anfügen. Er war ganz Mensch, und er war ganz Gott, sagt die christliche Dogmatik. Er war ganz Mensch, das ist einleuchtend, aber was heißt: Er war ganz Gott?

Wenn man die Zensprache benützt, ist das einsichtig. Zen hat die Metaphern Leerheit und Form. So gesehen, ist das, was wir Christen „Vater" nennen, die Leerheit, und das, was wir „Sohn" nennen, die Form. Die Leerheit spricht sich in der Form aus, die Gottheit manifestiert sich als Milliarden und Abermilliarden von materiellen, psychischen und geistigen Formen, die in der Metapher „Sohn" ausgesprochen sind.

Es existiert nichts, was nicht Form der Leerheit wäre. Es existiert nichts, was nicht Sohn des Vaters wäre. Sohn ist also eine Umschreibung für alles, was geschaffen ist. Die Schrift sagt bei Johannes: „Nichts ist entstanden ohne ihn. In allem Geschaffenen war er das Leben." (Joh 1,3)

Bis hierhin haben die meisten Christen keine Schwierigkeiten. Die Schwierigkeit beginnt erst, wenn wir sagen, dass jeder Mensch „Sohn“ Gottes ist, ja, dass alles, was existiert, „Sohn“ Gottes ist. Alles, was existiert, ist Form und Manifestation der Leerheit, d. h. des Vaters. Jeder kann sagen „Ich bin Sohn Gottes“ oder „Ich bin Tochter Gottes“. Wir sind alle Kinder Gottes.

Jesus war ein tief erleuchteter Mensch. Er stand immer in der Einheitserfahrung mit dem, was er Vater genannt hat oder Reich Gottes oder, wie Johannes es ausdrückt, ewiges Leben. Diese tiefe mystische Einheitserfahrung wird ihm an zwei Stellen im Neuen Testament bestätigt. Zum erstenmal bei der Taufe. Dort heißt es, dass eine Stimme erscholl, die sagte: „Dies ist mein geliebter Sohn.“ Ein zweites Mal bei der Verklärung, wo die Ausstrahlung Jesu so stark war, dass sie auch die Jünger wahrnahmen. Aber Jesus hat diese mystische Erfahrung nirgendwo für sich allein in Anspruch genommen. „Das Reich Gottes ist in euch“, hat er gesagt. „Du musst wiedergeboren werden“, erklärt er Nikodemus, „dann kannst du deine Kindschaft erfahren.“ Wem diese Metanoia, diese Wende nach innen gelingt, der erfährt, dass er eins ist mit diesem Urprinzip, das wir Abendländer Gott nennen. Eckehart sagt „Gottheit“ und Jesus „Vater“. Darum kann der johanneische Jesus aus seiner Einheitserfahrung heraus sprechen: „Ich und der Vater sind eins“, und: „Wer mich sieht, sieht den Vater.“ Das sagt auch der Mystiker, wenn er diese Einheitserfahrung macht.

Als Shakyamuni den Morgenstern am Tag seiner Erleuchtung sah, rief er aus: „Ich bin der Einzige im Himmel und auf Erden.“ Und gleichzeitig bekannte er: „Alle Wesen haben diese Wesensnatur.“ Das führt zu dem Paradox, dass jeder mit Shakyamuni ausrufen kann: „Ich bin der Einzige.“ Vielleicht müsste man im Deutschen sagen: „Ich bin das Einzige.“ Und jeder ist dieses Einzige. Und darum sagen Mystiker: „Ich bin Gott“, das heißt: „Ich bin das Einzige.“ Darüber kann man nichts weiter sagen. Jedes weitere Wort führt zu Missverständnissen.

„Wer die Stadt der Liebe betritt, findet dort nur Raum für Einen“, sagt der Sufidichter Rumi (gest. 1492). Im Himmel gibt es nur einen Bewohner, Gott. Die Identität wechselt in der mystischen Erfahrung in die erste Person Singular über. Als Führer ins Reich Gottes, als Begleiter in die Erfahrung unseres wahren Seins ist Jesus unser Erlöser. Wer ihm folgt, erfährt wie er, dass er Sohn, dass er Tochter, dass er Kind Gottes ist. Gott ist Mensch, und Mensch ist Gott. Sie sind koexistent, weil das, was wir Gott nennen, koexistent ist mit dem, was aus ihm hervorgeht. Eckehart bringt dafür folgendes Beispiel: „Das Wirken und das Werden aber ist eins. Wenn der Zimmermann nicht wirkt, wird auch das Haus nicht. Wo die Axt ruht, ruht auch das Werden. Gott und ich, wir sind eins in solchem Wirken; er wirkt, und ich werde.“ (Quint S. 187)

„Den Weg zum Ort, an den ich gehe, kennt ihr ja“, sagt Jesus. Es ist der Weg in unser tiefstes Wesen. Wenn wir wiedergeboren werden in diesem unserem tiefsten Sein, dann sind wir angekommen, dann sind wir in der Wohnung, von der er spricht, dass sie für uns beim Vater bereit ist (Joh 14,1 ff.). „Ich werde zurückkommen und euch zu mir nehmen, damit auch ihr seid, wo ich bin.“ Wir dürfen diese Stellen nicht zeitlich verstehen. Wenn wir ins Reich Gottes eintreten, in dieses unser Innerstes, dann sind wir dort, wo er ist, bei dem, was er Vater genannt hat.

Mit der Sprache haben wir auch die Entfremdung erlernt. Wir drücken uns falsch aus, denn wir gebrauchen eine betrügerische Sprache. Wir sagen: „Ich bin geboren." In Wirklichkeit müssten wir sagen: „Es ist geboren." Geboren wird immer nur dieses eine göttliche Leben. „Geboren wird immer nur der Herr", steht in der Gita. Es ist nicht unser Leben, das wir leben, es ist Gottes Leben. Wir sind nur die Gefäße, in denen er sich präsentiert. Der Mensch kann also sagen: „Ich bin Gott." Aber das hat mit seinem Ego nichts zu tun. Nicht dieses kleine Ich ist Gott, sondern in diesem kleinen Ich offenbart sich Gott. In dieser Weise ist dieses kleine Ich Gott.

Die östlichen Religionen versuchen das zu erläutern mit dem goldenen Löwen, der oft auf den Weihrauchgefäßen in den buddhistischen Tempeln zu finden ist. Gold und Löwe sind koexistent. Gold kann nicht ohne Form erscheinen, so erscheint es in der Form des Löwen. Das Gold ist nicht der Löwe, und der Löwe ist nicht das Gold. Aber beide können nur zusammen erscheinen. So kann der Löwe sagen: „Ich bin Gold", und das Gold kann sagen: „Ich bin der Löwe." Und doch bleibt diese Zweiheit in der Einheit, wie es das Wort ‚Nicht-Zwei' ausdrückt. So können wir sagen: „Ich bin Gott", und Gott kann sagen (und sagt es auch in Jesus Christus und damit auch in jedem von uns): „Ich bin Mensch." Sie sind koexistent und Nicht-Zwei.

Das hat nichts mit einer äußeren Heiligkeit oder mit Moral zu tun. Nicht unser Wohlverhalten macht uns eins mit dem Vater, unser Sein ist sein Sein. Was wir unser Leben nennen, ist in Wirklichkeit sein Leben, und das macht uns eins mit ihm.

„Für wen halten die Leute den Menschensohn?", fragte Jesus die Jünger. „Du bist der Sohn Gottes", antwortete Petrus. – Ich werde oft gefragt: Was bedeutet Jesus für dich? Glaubst du, dass er der Sohn Gottes ist? Darauf kann ich mit Freuden nur „Ja" antworten. Aber dann muss ich mit Eckehart sagen: „Was hülfe es mir, wenn ich einen Bruder hätte, der ein reicher Mann wäre, und ich wäre dabei ein armer Mann." (Quint S. 178,16) Was würde mir alles helfen, wenn nicht auch ich sagen könnte: „Ich bin Sohn, ich bin Tochter Gottes" wie Jesus? Eckehart fährt daher weiter: „Wollt ihr Gott erkennen, so müsst ihr dem Sohn nicht allein gleich sein, sondern ihr müsst der Sohn selber sein." (Quint 227,23)

Lest einmal die Predigt 35! Eckehart wiederholt ständig das Gleiche: „Gott könnte nicht machen, dass ich Gottes Sohn wäre, ohne dass ich das Sein des Sohnes Gottes hätte, sowenig wie Gott machen könnte, dass ich weise wäre, ohne dass ich das Weise-Sein hätte. Wie sind wir Gottes Kinder? Noch wissen wir es nicht: ‚Es ist uns noch nicht offenbar' (1 Joh 3,2). Nur so viel wissen wir davon, wie er sagt: ‚wir werden ihm gleich sein'" (Quint S. 317,30).

Angelus Silesius dichtet: „Gott wohnt in einem Licht, zu dem die Bahn gebricht; wer es nicht selber wird, der sieht ihn ewig nicht." Es gibt nur ein Leben Gottes. Das gleiche Leben, das Jesus durchpulste, durchpulst auch uns. Göttlichkeit ist unser innerstes Wesen.

Jesus sagt: „Die Zeit ist erfüllt, das Reich Gottes ist nahe. Kehrt um und glaubt an die Frohbotschaft." (Mk 1,14) „Kehrt um" heißt hier, über den gewöhnlichen Geisteszustand hinauszugehen. Wir sollten versuchen, das um sich selbst kreisende Ich zu transzendieren, um jene göttliche Mitte zu erfahren. Man kann beide nicht auseinandernehmen. Wer Mensch sagt, sagt auch Gott, und wer Gott sagt, sagt auch Mensch. Jesus prophezeit seinen Jüngern in den Abschiedsreden: „Eines Tages werdet ihr wissen, dass ich und mein Vater eins sind."

Wenn Jesus von sich selber sprach, nannte er sich Menschensohn. Jesus hält sich für den Menschen schlechthin. Er verstand sich als der neue Mensch des Reiches Gottes. Er ist der Typus des neuen Menschen. Er lehrt einen höheren Bewusstseinsstand, den Bewusstseinsstand des Reiches Gottes, der Kindschaft Gottes, der in jenem göttlichen Seinsgrund ruht, der unser wahres Wesen ist. Er hält sich aber nicht für den Einzigen, der so dasteht. Wenn der Prozess der Metanoia abgeschlossen ist, kann jeder mit Jesus sprechen: „Ich und der Vater sind eins." Das ist die Heilung von aller Isolation und Entfremdung.

Wir heißen ihn Christus, den Gesalbten. Christus entspricht dem aramäischen Wort M'shekha. Seine Grundbedeutung ist: vervollkommnet, erleuchtet. Jesus war eine historische Person, Christus aber ist Symbol für unsere ewige, transpersonale Seinsweise. Wir sind alle Christus, wir sind alle gesalbt mit dieser Seinsweise Gottes. Wir sind zuerst Christus, dann erst sind wir Johannes, Jakob, Gertrud und Veronika. Wir sind zuerst dieses göttliche Urprinzip, das in uns Form angenommen hat.

Nirgendwo sagt Jesus, dass er der Einzige ist, der dieses Leben besitzt. Wir haben wie er diese Seinsform, die er Reich Gottes oder ewiges Leben nennt, zu leben. Wir sollen nicht Christen *werden*, sondern wir sollten erkennen, dass wir Christus sind. Christus ist der Name für diesen neuen Menschen.

Unsere Sünde ist, dass wir nicht erkennen, wer wir wirklich sind. Die Erlöserfunktion Jesu besteht darin, uns hinzuführen zur Erkenntnis unseres wahren Wesens, zum Reich Gottes in uns. Wir gelangen nicht über eine Eigenleistung in dieses Reich. Wir haben uns vielmehr nach innen zu wenden, um dieses göttliche Leben als angeboren zu erfahren. Wir heißen nicht nur Kinder Gottes, wir sind es. Es wird Zeit, dass wir aufhören, nach einem Erlöser außerhalb zu suchen, denn Erlösung ist in uns. Solange wir meinen, wir bräuchten uns nur an den Mantelzipfel Jesu zu hängen, um „in den Himmel zu kommen", leben wir an seinem Anliegen vorbei. Solange wir an eine unüberbrückbare Kluft zwischen Jesus und uns glauben, haben wir ihn nicht verstanden. Das Christentum wird mit einer solchen Deutung von Jesus Christus dem religiösen Status der Menschheit nicht gerecht. Auch eine Religion hat sich mit dem Menschen und seiner Entwicklung zu wandeln. Erst wenn die Christen lernen, ihre Religion so zu sehen, wird sie für die Menschheit wieder anziehend.

Im Laufe der Geschichte wurden die Religionsstifter oft zu Erlösern erhoben. Auch Shakyamuni Buddha musste sich das gefallen lassen. Für Shinran z. B., der den Buddhismus in Japan zur Volksreligion machte, war nur der erleuchtete Geist des historischen Buddha Shakyamuni eine rettende Kraft. In der Schule der Buddhisten vom „Reinen Land“ gilt die bloße Anrufung des Namens Buddha als heilbringend. Auf diese Weise wird aber nur die im Menschen eingestiftete Urkraft, das göttliche Urprinzip, nach außen projiziert, und das Ego-Bewusstsein bleibt in seiner Isoliertheit und Entfremdung. Die uranfängliche Einheit des „Nicht-Zwei“ wird nicht wahrgenommen.

Vielleicht kann dies am einfachsten durch das Bild von der Welle und vom Meer ausgedrückt werden. Man kann die Welle vom Meer unterscheiden, man kann ihr auch eine eigene Existenz zusprechen, aber in Wirklichkeit ist die Welle das Meer und das Meer die Welle. So können wir sagen: „Ich bin Gott.“ Und Gott kann sagen (und sagt es in Jesus und in uns): „Ich bin Mensch.“ Wir sind also „Gottmenschen“.

Eckehart drückt es mit dem Wort der Gottesgeburt in der Seele so aus: „Und es gebiert der Vater seinen Sohn in der Seele in derselben Weise, wie er ihn in der Ewigkeit gebiert und nicht anders. … Er gebiert mich als seinen Sohn und als denselben Sohn. Ich sage noch mehr: Er gebiert mich nicht allein als seinen Sohn; er gebiert mich als sich und sich als mich und mich als sein Sein und als seine Natur … Was Gott wirkt, das ist eins; darum gebiert er mich als seinen Sohn ohne jeden Unterschied … Und ich bin derselbe Sohn und nicht ein anderer.“ (Quint 185,25 ff.)

Eckehart geht bis zur letztmöglichen Einheit. Darum sagt er in der gleichen Predigt: „Ich dachte neulich darüber nach, ob ich von Gott etwas nehmen oder begehren wollte. Ich will es mir sehr wohl überlegen, denn wenn ich von Gott (etwas) nehmen würde, so wäre ich unter Gott wie ein Knecht und er im Geben wie ein Herr. So aber soll es mit uns nicht sein im ewigen Leben.“ (Quint S. 186,17 ff.) – Darum sagt Jesus aus seiner Einheitserfahrung heraus: „Ich und der Vater sind eins“, und: „Wer mich sieht, sieht den Vater“. Das sagt auch der Mystiker, wenn er diese Einheitserfahrung macht.

Das feiern wir in der Eucharistie in Brot und Wein. Brot – das ist die Form, das ist die Welle. Als Christen glauben wir, dass da nicht nur Brot ist, nicht nur Form, sondern auch die göttliche Dimension. Wir feiern die Einheit von Meer und Welle, die Einheit von Gott und Mensch. Das ist der tiefe Sinn einer jeden Eucharistiefeier.

Der historische Jesus und der Kosmische Christus (Eph 1,3 u. Kol 1,15)

Welche Bedeutung hat Jesus Christus für jemand, der einen spirituellen Weg geht? Gibt es doch ein Zenwort, das sagt: „Begegnest du Buddha unterwegs, dann töte ihn!“ Kann ein Christ das auch von Jesus sagen: „Wenn du Jesus triffst, dann töte ihn“? – Wir haben zwei Vorstellungen von Jesus zu unterscheiden: 1. den historischen Jesus, 2. den Kosmischen Christus.

1. Der historische Jesus ist für uns der Ausgangspunkt unseres Glaubens. Über ihn und seine Worte zu meditieren tut uns allen sehr gut. Er ist für unser Leben richtungweisend. Er hat uns den Weg zum „Vater", zu dieser Urwirklichkeit, gezeigt. Auf den historischen Jesus möchte ich hier aber nicht näher eingehen. Wenn wir Jesus nur als historische Gestalt sehen, bleiben wir in einem retardierten religiösen Verständnis stecken. Von diesem Jesus gilt, dass wir ihn „lassen" müssen. Zen sagt: „Wenn du Buddha unterwegs triffst, dann töte ihn." Wenn du auf diesen Jesus in der Kontemplation triffst, dann lass ihn los. Das heißt: Hänge dem Bild Jesu nicht nach; denn du sollst den Christus erfahren. Johannes vom Kreuz ist in dieser Hinsicht sehr konsequent: „Die Seele muss sich auch blenden und abdunkeln im Bereich ihrer Beziehungen zu Gott und zum Geistigen, nämlich im vernünftigen und höheren Teil. ... Denn dies ist klar: Will eine Seele zur übernatürlichen Umgestaltung gelangen, so muss sie alles, was ihrer Natur eignet, das Sensitive wie das Rationale, verdunkeln und übersteigen. Denn übernatürlich heißt ja, was über die Natur hinausgeht... (Daher) muss sich die Seele, soweit es an ihr liegt, im Gemüt und im Willen, leer halten von allem, was deutlich und gewollt in sie eindringen könnte, sei es von oben oder von unten... Die Seele hat sich also leer zu halten... gleich einem Blinden, gestützt auf den dunklen Glauben, durch ihn geführt und erleuchtet, nicht aber auf etwas gestützt, das sie begreift, verkostet, fühlt oder ersinnt. Denn all dies ist Finsternis, die irreführt... Und wenn sie sich nicht gegen all dies blind macht, um völlig im Dunkeln zu bleiben, so kommt sie nicht zum Höheren, das der Glaube lehrt." (ABK II,4,2)

2. Der Kosmische Christus (Eph 1,3 u. Kol 1,15). Die Christusoffenbarung ist nicht ein statisches Ereignis, nicht ein Endpunkt, der keiner weiteren Ergänzung mehr bedürfte. Sie ist vielmehr ein nicht endendes Geschehen. Die Christusoffenbarung ist ein Heilsweg unter vielen. Allen Mysterienlehren gemeinsam ist, dass sich hinter der Vielfalt der Erscheinungsformen des Kosmos ein umfassendes Bewusstsein befindet, das sich in allem ausdrückt. Dieses universale Bewusstein haben verschiedene Kulturen auch verschieden benannt: Liebe, Wahrheit, Amida, Krishna, Maitreya; oder sie geben ihm Namen aus der Natur wie Sonne, Licht, Helles Dunkel; oder Namen aus der Philosophie wie z. B. das Absolute, die Wahrheit, Bewusstsein.

Im Christentum können wir dafür das Wort „Kosmischer Christus" nehmen. Wir benennen damit diese Gotteswirklichkeit, die sich im ganzen Kosmos ausdrückt. Wir Christen haben den Unterschied in der Wirklichkeit zwischen Gott und Schöpfung allzu genau festgelegt und definiert. Damit haben wir einen unüberbrückbaren Dualismus in die Religion gebracht. Eine ähnliche Entwicklung finden wir in allen Religionen. Hinduismus und Buddhismus haben diesen Dualismus am ehesten überwunden. Sie kennen zwei Aspekte der Wirklichkeit: Wesen und Form oder Brahman und Maya. Aber diese Aspekte klaffen nicht so auseinander wie im Christentum. Es sind nur zwei Pole derselben einen Wirklichkeit. Die Wirklichkeit gleicht einem Fächer. Keine Falte kann herausfallen. Es kommt nur eine neue Falte im gleichen Fächer hinzu.

Im Prolog des Johannesevangeliums heißt es: „Alles ist durch das Wort geworden und ohne das Wort wurde nichts, was geworden ist.“ Wenn wir den Vater als das erste Prinzip nehmen, von dem alles ausgeht, dann ist der Sohn (das Wort) das, was von ihm ausgegangen ist und Form angenommen hat. Die östlichen Religionen nennen dieses erste Prinzip „Leerheit“. Leerheit bedeutet nicht „Nichts“ im nihilistischen Sinn, sondern ist nur Ausdruck für das erste Prinzip. Aus der Leerheit kommt die Form. Christlich ausgedrückt: Aus dem Vater kommt der Sohn. Beide gehören zusammen, sagen wir im Glaubensbekenntnis. Sie haben die gleiche Wesenheit und sind doch verschieden. Sie sind eins in ihrem Wesen und doch zwei. Sie können allein nicht in Erscheinung treten. „Wer mich sieht, sieht den Vater“, sagt Jesus. Das erste Prinzip tritt nicht allein auf. Es erscheint im Wort und in dem, was geworden ist. Vater und Sohn sind nur zwei Aspekte der Wirklichkeit. Darum spricht man im Hinduismus und Buddhismus von Nicht-Zwei.

Und darum sagt Eckehart: „Auf einmal und zugleich, als Gott war, da er seinen ihm gleich ewigen Sohn als ihm völlig gleichen Gott erzeugte, schuf er auch die Welt“, oder: „Desgleichen kann zugegeben werden, dass die Welt von Ewigkeit her gewesen ist.“ Quint J. S. 450)

Der Kosmische Christus ist der Aspekt des Geschöpflichen, der Aspekt der Form. Er symbolisiert das Wesen des Göttlichen, das sich in allem Geschaffenen ausdrückt. Der Kosmische Christus steht für das, was wir Schöpfung nennen. Christus ist ein anderer Name für alles, was geschaffen ist. So wie sich der Vater im Menschen Jesus ausgedrückt hat, so drückt er sich in allem aus, was durch ihn erschaffen ist. „Ohne ihn (das Wort) wurde nichts, was geworden ist.“ (Joh 1,3) In Jesus Christus sind wir geschaffen, und genau wie er sind wir Ausdruck des göttlichen Urprinzips.

Im Christentum wird gewöhnlich das göttliche Leben Jesu von unserem menschlichen Leben unterschieden. Was Jesus von Natur aus zukommt, sagt man, haben wir aus Gnade. Er hat die ursprüngliche Fülle, wir haben die geschenkte Fülle. Diese theologischen Formulierungen schaffen einen kaum zu überbrückenden Dualismus im Christentum.

Warum gebrauchen wir nicht Bilder wie die Väter, etwa das Bild von Quelle und Bach? Die Quelle ist nicht der Bach, der Bach nicht die Quelle. Die Quelle hat den Bach hervorgebracht. Ich kann beide unterscheiden, aber sie können nur zusammen auftreten. Wo eine Quelle, da auch ein Bach. Es ist Unsinn, von einer Quelle zu sprechen, die sich nicht in einen Bach ergießt, und umgekehrt. Der Bach ist nicht der Ursprung, aber er hat das gleiche Wasser.

Der Sohn ist nicht der Vater, aber er hat das gleiche Wesen. Die Schöpfung ist nicht Gott, aber sie hat das gleiche Wesen. Eckehart überspringt – wie alle Mystik – das, was die Theologie den ontologischen Unterschied zwischen Gott und Mensch nennt. Sie behauptet nämlich, dass Gottes Wesen ein anderes sei als das Wesen des Menschen. Demgegenüber sagt Eckehart: „Denn der ewige Vater gebiert seinen ewigen Sohn in dieser Kraft ohne Unterlass.“ (Quint S. 161,25 f.) Und: „Wo der Vater seinen Sohn in mir gebiert, da bin ich derselbe Sohn und nicht ein anderer“ (Quint S. 172) , oder: „Der Vater gebiert mich als seinen Sohn und als denselben Sohn.“ „Sollst du der Sohn Gottes sein, so kannst du es nicht sein, du habest denn dasselbe Sein Gottes, das der Sohn Gottes hat.“ „Nun sagt ein Meister: Gott ist Mensch geworden, dadurch ist erhöht und geadelt das ganze Menschengeschlecht. Dessen mögen wir uns wohl freuen, dass Christus, unser Bruder, aus eigener Kraft aufgefahren ist über alle Chöre der Engel und sitzt zur rechten Hand des Vaters. Dieser Meister hat recht gesprochen; aber wahrlich, ich gäbe nicht viel darum. Was hülfe es mir, wenn ich einen Bruder hätte, der da ein reicher Mann wäre, und ich wäre dabei ein armer Mann? Was hülfe es mir, hätte ich einen Bruder, der da ein weiser Mann wäre, und ich wäre dabei ein Tor? Ich sage etwas anderes und Eindringenderes: Gott ist nicht nur Mensch geworden, vielmehr: er hat die menschliche Natur angenommen … . All das Gute, das alle Heiligen besessen haben, und Maria, Gottes Mutter, und Christus nach seiner Menschheit, das ist mein Eigen in dieser Natur. Nun könntet ihr mich fragen: Da ich in dieser Natur alles habe, was Christus nach seiner Menschheit zu bieten vermag, woher kommt es dann, dass wir Christum erhöhen und als unseren Herrn und unseren Gott verehren? Das kommt daher, weil er ein Bote von Gott zu uns gewesen ist und uns unsere Seligkeit zugetragen hat. Die Seligkeit, die er uns zutrug, die war unser.“ (Quint S. 178)

Was würde uns alles helfen, wenn nicht auch wir sagen könnten: „Ich bin Sohn, ich bin Tochter Gottes?“ Es gibt nur ein Leben Gottes. Das gleiche Leben, das den Menschen Jesus durchpulst, durchpulst auch uns. Eckehart kennt natürlich die theologischen Unterscheidungen zwischen „imago dei“ und „ad imaginem dei“ oder „filius per naturam“ und „filius per gratiam adoptionis“. Aber wenn er predigt, lässt er diesen Unterschied fallen.

Zu den obigen Stellen will ich noch eine anfügen, die klar zeigt, wie sehr die Trennung zwischen Mensch und Gott bei Eckehart immer wieder aufgehoben ist: „So ist er (der Mensch) wahrlich dasselbe durch Gnade, was Gott von Natur aus ist, und Gott erkennt von seiner Seite keinen Unterschied zwischen ihm und diesem Menschen.“ Die Gnade ist bei Eckehart ein Überlaufen und Überkochen Gottes. Die Begriffe werden bei ihm nicht nur unscharf, er übersteigt immer wieder jede Unterscheidung. Darüber kann man stundenlang streiten. Es kommt sehr darauf an, ob man Eckehart überhaupt versteht und ihn als Mystiker anerkennt oder ob man ihn nur für einen neuplatonischen Philosophen hält.

Jesus – der Eckstein
(Mk 12,10)

„Der Stein, den die Bauleute verworfen haben, dieser ist zum Eckstein geworden.“ Die Tiefe der Religion spricht sich im Mythos, im Symbol und in der Parabel aus. Diese Bilder sind in ihrer Tiefe in dem verankert, was wir den Archetypus nennen. Stein, Fels ist ein mächtiger Archetypus. Er bedeutet Sicherheit gegen die Brandung des Lebens. Es gibt viele Stellen in der Schrift, die darauf verweisen.

Ich möchte das Bild verinnerlichen. Stein ist Symbol für Christus, Symbol für das göttliche Wesen in jedem von uns, das göttliche Leben. Es ist der einzige Stein, auf den wir bauen können. Alles andere fließt.

Wenn wir dieses göttliche Leben nicht als unsere Mitte haben, behindern wir unseren Reifungsprozess als Menschen. Gott ist nicht einer, der straft. Wir sind es, die sich die Chance zum Bau unseres Menschenhauses vermasseln. Wer nicht auf diesen Eckstein „Göttliches Leben“ baut, der baut auf Sand. Sein Lebensgrund wird nicht tragen. Gott tut ihm nichts, er straft ihn nicht. Der Mensch verpasst vielmehr etwas. Er hat einen schlechten Platz gewählt für sein Lebenshaus.

Wir brauchen solche Symbole und Archetypen. Campbell, ein großer Mythenforscher, fragte einmal seinen jüngsten Sohn: „Warum bist du 12 mal in den Film ‚Krieg der Sterne‘ gegangen?“ Er hat geantwortet: „Aus demselben Grund, aus dem du immer wieder im Alten Testament liest.“

Oft sind tiefe Erkenntnisse nichts anderes als die Heimkehr abgespaltener Teile unseres Bewusstseins. Das wertet eine solche Erfahrung nicht ab, sondern zeigt uns vielmehr, dass uns das Göttliche nicht fern ist, sondern seine Präsenz in Bildern und Zeichen offenbart, die tief in uns angelegt sind.

So können Bilder und Erkenntnisse, die uns plötzlich widerfahren, eine starke Motivation für unser Leben sein. Aber wir sollen sie nicht festhalten. Wir sollen durch sie hindurchtauchen, ohne ihre Botschaft zu verlieren. Auch Bilder einer anderen Religion können in uns auftauchen. Wir sollten deswegen nicht erschrecken. Ich habe einmal in der Gestalt der tanzenden Kali Untergang und Entstehen des Kosmos erlebt, d. h. ich habe die letzte Wirklichkeit Gott in ihrem Bild als Entstehen und Vergehen erlebt.

Gott ist nicht Stein und nicht Fels, er ist nicht Hirte und nicht König, er ist nicht Vater und nicht Sohn. Wenn wir an den Bildern hängen bleiben, verharren wir in einer archaischen Form von Religiosität. Gott ist das, was hinter diesen Bildern steht. Er ist die Wirklichkeit, die sich in diesen Bildern unserem Ich-Bewusstsein anschaulich macht. Mir sind im Laufe meines kontemplativen Weges viele solche Bilder mit ungeheurer Wucht widerfahren. Sie haben mein Leben gewandelt. Aber ich habe immer gewusst, es sind Bilder; das Eigentliche ist hinter den Bildern, und das ist es, was sie mir vermitteln wollten.

Jesus – der Hirte
(Joh 10,11)

Heute wird uns Gott unter dem Bild des liebenden Hirten gezeigt, der die Lämmer auf dem Arm trägt und seine Herde zur Weide führt. Die Texte stammen aus der Nomadenzeit der Israeliten. Sie reden von der unwegsamen Steppe, die eine Straße bekommt, und von der Berglandschaft, die so mühevoll zu durchwandern ist und die abgetragen wird. Wunschvorstellungen der Nomaden, die für sie zum Symbol für das Kommen Gottes werden. Sie sehen die Stadt Jerusalem, Symbol für die Herrlichkeit Gottes. Wenn ein Nomade aus der Steppe in die Stadt kam, da wusste er sich geborgen. So sollen auch wir voller Hoffnung sein und uns trösten, dass es Gott ist, der sich in allem offenbart, der im Krummen krumm ist und im Geraden gerade. Ja, wir sollen erkennen, dass wir die Herrlichkeit Gottes sind.

In den heutigen Texten wird uns gesagt, dass wir nichts zu fürchten haben. Gott wird sich durchsetzen. Aber das ist sehr menschlich gedacht. Es gibt nichts außer Gott. Gott entfaltet sich in dem, was ist. Gott ist das innerste Prinzip dieses Kosmos. Der Kosmos ist sein Kleid. Der Kosmos ist das Echo Gottes. Aus Gott kann nur Göttliches geboren werden. All unsere Angst vor dem Untergang ist unnötig; denn Gott ist auch der Untergang. Was kümmert es mich, wenn mein Lebensschiff untergeht, wenn Gott das Meer ist? Wo sollen wir denn hinfallen? Gott fällt in uns, wohin auch immer wir fallen. Nur Er kann wiederkommen. Wenn wir sterben, ist es Gott, der in uns stirbt und in eine eventuelle neue Seinsweise eingeht. Unser Verstand kann das nicht fassen. Aber der Glaube gibt uns Hoffnung und Zuversicht, denn es ist nicht unser Leben, das wir leben, sondern Gottes Leben.

Jesus – der Narr

Hat Jesus je gelacht? Das ist eine Frage, die sich Theologen immer wieder gestellt haben. Man hat in den Evangelien geforscht, um Stellen zu finden, die über diesen Punkt Klarheit verschaffen könnten. Ich habe nie danach gesucht. Aber ich kann mir nicht vorstellen, dass ein Mensch wie Jesus mit seiner Gesellschaft von Jüngern durchs Land gezogen ist, ohne dass sich eine Menge von Gelegenheiten zum Lachen ergeben hätte. Für mich war Jesus ein ganz gewöhnlicher Mensch mit einer tiefen Gotteserfahrung. Lachen gehört zum Menschen, es ist eines seiner Erkennungsmerkmale.

In den Tarotkarten symbolisiert der Narr das Bewusstsein, das uns vor Geburt und Tod geschenkt war. Es ist das Bewusstsein, das am Anfang des Lebens steht und das zur Kreativität führt. Ein Bewusstsein also, von dem unbeschwert etwas Neues ausgehen kann. Der Narr ist unbesetzt, gelöst, voller Ideen und voll kreativer Kraft. Er inspiriert andere, gibt ihnen Lebensmut, Lebensfreude und Courage, etwas Neues zu beginnen. Er erinnert uns daran, dass wir sein dürfen wie die Kinder.

Ein heiteres Bewusstsein kennt keine Furcht. Es bringt sogar Leben in das unfruchtbare Land der Traurigkeit und in die dunklen Bereiche. Der Narr in uns macht uns gelöst, und alles kann aus ihm entstehen, auch die Transformation in eine neue Bewusstseinsebene. Wir sollten uns viel öfter vorsagen, dass wir strahlende Wesen sind, die den unbezahlbaren Schatz des Lebens in sich tragen. Wir sollten dankbar sein für die vielen Möglichkeiten, die unser Leben bietet. Der

Narr in uns gibt uns Respekt vor uns selber, vor unserem Sosein. Er lehrt uns, dass wir eigentlich nichts zu fürchten haben und dass wir sein dürfen, was wir wirklich sind, selbst wenn andere über uns lachen. Dieses Ja zu uns selber, diese Selbstannahme ist von größter Bedeutung.

Lachen lässt uns zur Quelle kommen, aus der unser Leben strömt. Der spirituelle Weg kennt keine Traurigkeit. Ein trauriger Heiliger ist ein „trauriger Heiliger". Mystik wird leider verbunden mit Schwere und Askese, das aber kommt von den traurigen, abgehobenen Gestalten, die uns in Bildern präsentiert werden.

Es gibt im Osten das Bild des Hotei (Putai im Chinesischen). Er wird dargestellt mit einem Hanfsack auf dem Rücken, mit dem er angeblich als lachender Buddha Maitreya (Buddha der Endzeit) durch die Dörfer zog. An ihm konnte man sogar das Wetter ablesen. Wenn es schön wurde, lief er barfuß durch die Gegend; und wenn Regen drohte, suchte er rechtzeitig nach einem Unterschlupf. Er wird auch auf dem letzten der Ochsenbilder dargestellt. Er zeigt die typische Liebe zum Paradoxen. Bei seinem Tod soll er gesagt haben:

> „Maitreya, wahrer Maitreya, unzählige Male wiedergeboren,
> von Zeit zu Zeit unter den Menschen erschienen,
> doch die Menschen der Zeit erkennen ihn nicht."

Seine Figur fand sich in jedem chinesischen Kloster. Wir haben hier leider keine Figur von ihm, doch vielleicht sollten wir ihm einen Platz in unseren Herzen geben. Einen Platz für den Narren in unserem Herzen und in unserer Gemeinschaft.

Seligpreisungen
(Mt 5,1 ff.)

Sich getrennt von allem zu erleben ist der Zoll, den wir für unsere „Menschwerdung", für das Auftauchen des Ich aus einem symbiotischen Vor-Bewusstsein zu bezahlen haben. Wir wissen noch nicht, wie wir mit dieser Gabe „Ich" umzugehen haben. Sie hat uns in die Isolation geschleudert. Wir bauen Zäune und sagen „mein", verteidigen unseren Besitz oder wollen den anderen etwas wegnehmen. Wir bauen immer neue Scheunen, um eine Ernte für uns einzubringen, die uns am Ende nichts nützt.

Wir wissen noch nicht, wie man sich als Gemeinschaft fühlt, wie man als Gemeinschaft lebt, wie man mit anderen teilt und Misstrauen abbaut. Und das alles nicht aus moralischen Gründen – das ist sehr wichtig –, sondern weil sich alle als eine Familie erfahren, die eine gemeinsame Quelle hat, aus der sie lebt. Es ist das gleiche Leben, das uns trägt. Die Neigung zu Abgrenzung, Egozentrik, Narzissmus – und wie diese Worte alle heißen –, hindert uns an der Einheit. Das ist das große Problem des Einzelnen, aber auch der Stämme, der Völker und Nationen.

Rumi, ein Sufimystiker (gest. 1492), sagt in seinem Gedicht: „Wer die Stadt der Liebe betritt, findet dort nur Raum für Einen." Dort gibt es das Wort „Ich" überhaupt nicht. Dort gibt es nur das Wort „Wir", besser noch, das Wort „Eins".

Wer in die Dimension des Göttlichen – als Christen sagen wir „Reich Gottes" – eintreten will, muss eine Grenzüberschreitung vornehmen. Er muss heraus aus der Ich-Isolation und in einen Bereich eintreten, der noch nicht aufgespalten ist in „mein – dein", in „Geist – Materie", in „licht – dunkel", in „gut – böse" und in „Heil – Unheil".

Was wir Person nennen, ist eine falsche Person und führt in die Irre. Unsere „zeitlose Person" erfahren wir, wenn diese „Person auf Zeit" zurücktritt. Die „Person auf Zeit" lebt von der Abspaltung. Aber schon die Quantenphysik sagt uns, dass es isolierte Existenzen nicht gibt. Der Naturwissenschaftler Niels Bohr sagt: „In der Quantenphysik interagiert der Beobachter so sehr mit dem System, dass man sich die interagierenden Partikel nicht als von separater Existenz vorstellen kann."

In der Sprache der Spiritualität lautet das: „Wer die Stadt der Liebe betritt, findet dort nur Raum für Einen." Dort wechselt meine Identität zur einzigartigen ersten Person Singular über, die niemand anders ist als diese Urwirklichkeit Gott selber. Das kann sich unser Verstand nicht vorstellen, daher enthält man sich am besten jeder Diskussion darüber.

Unsere Gesellschaft hat uns zerstörerische Grundhaltungen beigebracht: Mein und Dein, Eigentum, gewaltsames Verteidigen, rücksichtsloses Erobern, Anhäufen von Besitz und das Absichern dieses Besitzes um jeden Preis. Wer Mitglied dieser Gesellschaft werden will, wird aus der wirklichen Sicht der Welt herausgerissen. Jesus aber sagte, dass wir wieder wie die Kinder werden müssen, wenn wir ins Reich Gottes eintreten wollen.

Wie überwinden wir diese Isolation? Wie überwinden wir das Gruppendenken? Wir sind ja in hohem Maß vom Gruppendenken geprägt. Ein Unternehmen muss die Konkurrenz aus dem Felde schlagen, und eine Partei muss auf Kosten der anderen Stimmen gewinnen. Jeder sorgt zuerst für sich, die Beamten, die Arbeiter, die Besser-Verdienenden. Das Gruppendenken schlägt sich nieder in vielen Zeitschriften und Fernsehprogrammen.

Es wird uns immer wieder vorgegaukelt, dass wir mit diesem Ich-Bewusstsein in einer stabilen Welt verankert seien. Und so meinen wir, im Ich sei Sicherheit. Aber tief in uns ahnen wir, dass es keine Sicherheit gibt, und darum plagt uns die Angst, und wir suchen verzweifelt Halt in Besitz, Macht und Eingrenzung gegenüber anderen. Wir schließen noch eine Versicherung ab, bauen noch eine Scheune, um uns abzusichern.

Da kommt nun dieser kleine Joshua und stellt diese Welt auf den Kopf, indem er seine Seligpreisungen (Mt 5,1 ff.) verkündet: Die Armen haben das Leben, diejenigen, die nicht nach Reichtum und Macht gieren. Nicht die Gewalttätigen werden das Land besitzen, nicht die Eroberer, sondern die Friedfertigen. Nicht die Rücksichtslosen, die überall Gewinn machen, sondern die Barmherzigen. Nicht die Verfolger, sondern die Verfolgten. Nicht die Trickreichen, sondern die Einfältigen, jene also, die reinen Herzens sind.

Wir können uns drehen und wenden, wie wir wollen, mit einem Vorsatz und mit heroischem Bemühen werden wir eine solche Geisteshaltung nicht erreichen.

Nur wenn es uns Menschen gelingt, in die Erfahrung der Einheit allen Lebens zu kommen, werden wir unsere Einstellung zueinander ändern. Erst wenn das, was wir dem andern antun, uns selber wehtut, werden wir aufhören mit Ausbeutung, Krieg und Nationalismus. Bis dahin tun wir gut daran, uns an die Leitlinien zu halten, die weise Menschen uns angeraten haben und die wir Gebote nennen. Der kontemplative Weg soll uns in die Stadt der Liebe führen, wo nur Platz ist für Einen.

Wer war Jesus – was wollte er?

Eine ernst zu nehmende Expertengruppe von 77 Neutestamentlern, unter ihnen viele nüchterne Christen, hat sich in den USA zu einer Arbeitsgruppe zusammengeschlossen. Sie treffen sich zweimal im Jahr und veröffentlichten kürzlich[23] ihre jüngsten Erkenntnisse über Jesus von Nazareth.

Danach war Jesus ein jüdischer Bauer, möglicherweise nicht der erstgeborene Sohn. Er konnte vermutlich nicht lesen und nicht schreiben. Er war ein beeindruckender Wanderprediger, ein Sozialrevolutionär, der für Römer und die Elite der Juden eine große Herausforderung darstellte. Er war ein Heiler, aber hat keine Wunder vollbracht. Wunderberichte sind Einkleidungen, die seine Bedeutung hervorheben sollen. Er war ein Mystiker, geschult von Weisen und Asketen während einer langen Zeit in der Einsamkeit. Er rief zu einem „Reich Gottes“ auf, das nicht irgendwann einmal an einem Tag des Gerichtes kommen wird, sondern hier und jetzt zu finden ist. Er wollte, dass die Menschen Gott direkt und ungehindert durch irgendeine Hierarchie von Tempel oder einen Staat erfahren konnten.

Der Verrat von Judas ist eine christliche Fiktion. Jesus ist auch nicht in einem physisch-physikalischen Sinn vom Tod auferstanden. Der Mythos der Auferstehung, wie er sich auch um andere Figuren der Menschheitsgeschichte gebildet hat, besitzt aber eine ganz wichtige und entscheidende Bedeutung als Hoffnungsbild zur Bewältigung und Sinndeutung der menschlichen Existenz. Die Auferstehungsbotschaft lautet: Es gibt keinen Tod! Leben kann nicht sterben!

Das „Letzte Abendmahl“ war ein einfaches Paschamahl, wie es alle Juden gehalten haben. Aber im Mythos hat das Mahlhalten die tiefe Bedeutung von Einheit und Gemeinschaft mit der göttlichen Wirklichkeit. Daher hat es in vielen Religionen eine kultische Bedeutung bis zum heutigen Tag. (Vergleiche dazu auch „Publik Forum“, 2003/2) Bricht deswegen unser Glaube zusammen? Für mich ändern solche Erkenntnisse nichts an meinem christlichen Selbstverständnis. Jesus ist der Typus, an dem wir erkennen sollen, wer wir sind. „Da ihr mit Jesus Christus gestorben seid, werdet ihr auch mit ihm auferstehen“, sagt Paulus. Es gibt etwas, das uns mit Jesus, mit seinem Tod und seinem Leben eint. Es ist das, was wir Christus nennen oder den Kosmischen Christus oder das Christus-Bewusstsein. Dieses Etwas ist in uns allen lebendig. Es ist unser Wesen. Der

Mensch Jesus ist Symbol für diesen Kosmischen Christus. Der Kosmische Christus oder das Christus-Bewusstsein ist nichts anderes als das Göttliche, das in allem west. Wenn wir sagen, wir sind Christen, dann bekennen wir nur, dass dieses göttliche Wesen, dieses Christus-Bewusstsein auch unser tiefster Grund ist, denn nicht wir leben, sondern Gott lebt als diese Form.

Jesus rief die Menschen zu einer inneren Erfahrung Gottes auf. Die Begebenheit am Jakobsbrunnen in Samaria zeigt uns das ganz klar. „Wenn du wüsstest, worin die Gabe Gottes besteht, … dann hättest du ihn gebeten und er hätte dir lebendiges Wasser gegeben.“ (Joh 4,10) Wasser, wie auch Brot, ist bei Jesus ein Symbol für diese göttliche Wirklichkeit. „Wer von dem Wasser trinkt, das ich ihm geben werde, wird niemals mehr Durst haben; vielmehr wird das Wasser, das ich ihm gebe, in ihm zur sprudelnden Quelle werden, deren Wasser ewiges Leben schenkt.“ (Joh 4,14)

Dieses Leben ist in jedem Menschen, und daher kann er fortfahren: „Die Stunde kommt, zu der ihr weder auf diesem Berg noch in Jerusalem den Vater anbeten werdet. … Die Stunde kommt, und sie ist schon da, zu der die wahren Beter den Vater anbeten werden im Geist und in der Wahrheit. Gott ist Geist und alle, die ihn anbeten, müssen ihn im Geist und in der Wahrheit anbeten.“ (Joh 4,24)

Wir Menschen haben uns im Laufe unseres Lebens selber kennenzulernen, denn wir sind viel mehr, als wir von uns zu wissen meinen. Wir sollten erfahren, wer wir wirklich sind. Dann wissen wir, dass wir wie Jesus ein „anderer Christus“ sind, d. h. eine Offenbarung des Göttlichen in und durch uns. Der ganze Kosmos ist letztlich Christus, d. h. eine Offenbarung Gottes, er ist jene Fülle, die wir Christus heißen.

Diese Christuswirklichkeit ist nichts Statisches, nicht ein Endpunkt, sie ist ein ständig neues Begreifen und Einsehen unseres Menschseins. Dieses Christus-Bewusstsein ist ein Prozess unseres Bewusstwerdens. Das Unfassbare offenbart sich in uns und in allem fortschreitend. In uns allen ist diese Gotteswirklichkeit grundgelegt. In uns will das Bild des Unendlichen in endlicher Form aufleuchten. Diese Gotteswirklichkeit ist eine Potenz, die im ganzen Kosmos schlummert. Diese Potenz zu entfalten ist unsere Aufgabe als Menschen. Eckehart nennt das unsere Empfänglichkeitsanlage, die sich erweitern muss, um immer mehr von dieser Gotteswirklichkeit zu erfassen.

Alles, was wir von Jesus wissen, spricht von einer dynamischen göttlichen Wirklichkeit und Kraft im Menschen Jesus. Diese Kraft drückt sich auch in uns aus. In dieser Kraft setzt sich die Offenbarung Gottes an den Menschen fort. Wir können Gott ganz verschieden zu begreifen versuchen. Man kann Gott sehr menschlich verstehen, als ein in die Transzendenz verlegtes, allmächtiges Superwesen, das von dort alle Schnüre zieht und dieses Marionettentheater Kosmos tanzen lässt. Man kann ihn aber auch als diese alles schaffende evolvierende Kraft verstehen, die selber in allem lebt und tanzt. Das macht uns Schwierigkeiten, denn wir würden uns so gerne in die Hand eines solchen Superwesens kuscheln. Denn in dieser Existenz haben wir Angst, unser Sosein zu leben. Und dann fangen wir an zu betteln: „Schneide doch unseren Lebens-Faden noch nicht ab!“ Das aber ist eindeutig eine Regression. Man kann Gott auch als diese alles schaffende evolvierende Kraft verstehen, die selber in allem tanzt. Wer aus seiner Ich-Identität heraustritt und sich als eins erfährt mit dieser Ersten Wirklichkeit, verliert die Angst.

Es gibt einen personalen und einen transpersonalen Zugang zur Erfahrung der ersten Wirklichkeit. Der personale Ansatz beruht auf der Ich-Du-Beziehung. Die Urwirklichkeit ist dann ein Gegenüber. Diese Ich-Du-Beziehung ist für viele Menschen sehr wichtig. Erst durch diese Beziehung erreichen sie das richtige Selbstwertgefühl. Das Angenommensein hat eine stärkende und heilende Funktion. In dieser Beziehung teilt sich die erste Wirklichkeit im Wort oder im Heilsereignis mit, wie es sich in der Liturgie entfaltet. Der Mensch versucht, diese Heilsereignisse in Worte und Begriffe zu fassen. Dogma und Gebote spielen eine wichtige Rolle, ebenso der daraus sich ergebende Gehorsam. Das alles gibt Sicherheit auf dem Weg. Das Leben wird ganz nach dem Willen dieser ersten jenseitigen Wirklichkeit gestaltet. Sie wird im Kult verehrt. In liebender Hingabe an sie und an den Mitmenschen wird Gemeinschaft erfahren, die zur Heilsgemeinschaft wird.

Im transpersonalen Ansatz geht es um ein Erwachen zur Ersten Wirklichkeit. Diese Wirklichkeit ist nicht außerhalb von uns und daher auch kein Gegenüber. Der Mensch erfährt sich als Manifestation dieser Urwirklichkeit. Daher wird sie Grund, Erste Ursache, Gottheit (im Gegensatz zu Gott), Leerheit usw. genannt. Dieses Erwachen bedeutet eine radikale Verwandlung des menschlichen Selbstverständnisses. Wenn der göttliche Grund sich öffnet und als „Licht oder Leerheit“ erfahrbar wird, erfährt der Mensch einen Wandel von innen. Aus der verwandelten Persönlichkeit kommen eine neue Weltsicht und eine neue Wertordnung. Jedem Versuch, dieses Mysterium in feste Formen zu gießen, widersteht der Mystiker.

Mir scheint, dass Jesus beide Wege gelehrt hat. Dass er auf der einen Seite den Jahwe-Glauben nicht ablehnte, aber doch eine Erste Ursache im Menschen lehrte, die er als Reich Gottes, als ewiges Leben oder Kindschaft Gottes bezeichnet hat. So verstehe ich die Begebenheit am Jakobsbrunnen, die im 4. Kapitel des Johannesevangeliums erzählt wird. Da sagte Jesus zu der Frau: „Glaube mir, Frau, die Stunde kommt, zu der ihr weder auf diesem Berg noch in Jerusalem den Vater anbeten werdet.“ (v. 21) Und gleich darauf: „Die Stunde kommt, und sie ist schon da, zu der die wahren Anbeter den Vater anbeten werden im Geist und in der Wahrheit; denn so will der Vater angebetet werden. Gott ist Geist, und alle, die ihn anbeten, müssen ihn im Geist und in der Wahrheit anbeten.“ (v. 24)

Was hat das mit der Gedächtnisfeier, wie Jesus dieses Mahl nennt, zu tun, das wir hier feiern? So wie in Brot und Wein das Göttliche aufleuchtet, so leuchtet es auch auf in allen Dingen und allen Wesen. Alle Dinge schmecken ihm nach Gott, wie Eckehart sagt. Wer sein tiefstes Wesen erfährt, der weiß, dass es Geburt und Tod nicht gibt. Das ist die Kernerfahrung jeder echten Mystik, denn Sterben bedeutet nur einen Wechsel der Form. Wenn ein Mensch seine Kleider wechselt, bleibt er doch der gleiche. Wenn wir diese Form wechseln, besteht das, was wir zutiefst sind, Leben Gottes, weiter. Dieses unser tiefstes Wesen wechselt nur die Form, so wie unser Ich in diesem Leben seine Kleider wechselt.

Das Verlangen nach der individuellen Unsterblichkeit des vordergründigen Ich verstellt dem Menschen den Weg zu seinem tiefsten Wesen. Es ist ein letzter Trick, den das Ich erfunden hat, um seine Existenz über den Tod hinaus zu verlängern. Wer den Tod nicht akzeptieren kann oder will, kann auch die Einheit mit dem Urgrund allen Seins nicht erfahren. Eine solche Erfahrung setzt den Ich-Tod voraus.

Unsere wahre Existenz ist nicht personal im üblichen Sinn, denn personal bedeutet Abgrenzung. Diese Abgrenzung wurde im Abendland immer überbetont. Unsere wahre Identität ist die Einheit, welche die Mystik Unio nennt. Was aber diese Unio wirklich ist, lässt sich rational nicht mehr erklären; das ist die Schwierigkeit, und es macht nicht viel Sinn, darüber zu diskutieren. Darum eckte auch die Mystik immer wieder an. Ob ein spezifisches Kontinuum über den Tod hinaus weitergeht und als Impuls für eine neue Existenzform dient, so wie eine Billardkugel, die eine andere anstößt, liegen bleibt, aber Impulse an eine zweite Kugel weitergibt, kann ich offen lassen. Was weitergeht, ist nicht dieses Ich des Tages-Bewusstseins, dieser Schnittpunkt von Sinneswahrnehmung, Ratio und Gedächtnis. Es sind wohl nur Grundtendenzen, die weitergehen. Mein Trost ist: Wenn es eine Wiedergeburt gibt, wird immer nur Gott wiedergeboren. Das ist meine tiefste Überzeugung. Es ist nicht unser Leben, das wir leben, sondern es ist das Leben dieser Urwirklichkeit, die wir Gott nennen.

Die gleiche Überbetonung der Personalität haben wir auch in Gott hineininterpretiert. Das Ich kreiert einen Gott außerhalb, der dann wiederum nur Wesen außerhalb von sich erschaffen kann. Er soll dann bei Wohlverhalten diese individuelle Unsterblichkeit garantieren. Wenn aber dieser personale Gott verschwindet, verliert auch das Ich seinen Halt und versinkt in Angst. Das ist daher das Letzte, was der Mensch zu lassen hat, seine Gottesvorstellung und seinen vermeintlichen Halt, den er darin sucht. Die christliche Mystik kennt diesen Zustand als die dunkle Nacht, als den *horror vacui*, als die Sinnlosigkeit, die den Menschen überfallen kann, wenn er wirklich loslässt. Alle Biographien von Mystikern sind voll davon.

Auferstehung bedeutet nicht ein immerwährendes Fortbestehen in einer Art goldverbrämtem Himmel. Gott ist nicht Statik. Auferstehung bedeutet Einheitserfahrung mit diesem raum- und zeitlosen Urgrund. Unser Ziel ist also nicht die Unsterblichkeit, sondern die Erfahrung der Zeitlosigkeit unseres wahren Wesens, das sich in ganz verschiedenen Formen manifestieren kann.

Auferstehung ist also nicht etwas, was sich am Ende unseres Lebens ereignet. Auferstehung ist der Durchbruch in die Erfahrung, dass es Geburt und Tod nicht gibt, sondern nur diesen Wechsel der Form. Auferstehung des Leibes meint nicht, dass wir in dieser menschlichen Struktur wiederkommen, mag sie auch in unserer Vorstellung noch so ätherisch sein. Auferstehung bedeutet, dass sich diese Urwirklichkeit Gott in *jeder* Struktur manifestiert und in jeder Struktur als der Urgrund erfahren werden kann.

Religion kann dem Menschen wohl den Weg zeigen, sie kann ihm aber auch den Weg verstellen. Das Weltbild und das Weltverständnis der Menschen verändern sich ständig. Eine Religion muss sich in der Deutung ihrer Lehren mit dem allgemeinen Weltverständnis verändern, denn die sogenannten Wahrheiten werden nicht wahrer, indem man sie ständig unverändert wiederholt. Sie müssen dem jeweiligen Welt- und Lebensverständnis gerecht werden.

Unser fundamentales Dilemma besteht darin, dass jeder sich zutiefst nach Unvergänglichkeit sehnt, sich aber entsetzlich vor dem Verlust dieses vordergründigen Ich fürchtet. Es möchte ewig existieren. Weil der Mensch den Tod des Ich nicht annehmen kann, sucht er nach Lösungen, die ihn am Erreichen seines eigentlichen Zieles hindern: Sex, Essen, Wissen, Macht, Ansehen, Überaktivität. Das alles sind primitive Ersatzlösungen, die nie zur Befriedigung führen, denn wenn jemand sich etwas angeeignet hat, muss er zwanghaft nach dem nächsten greifen. Der Fehlschlag ist also bereits im Ansatz vorprogrammiert. Der Mensch kann diese Illusion nicht aufrechterhalten, ewig, stabil, beständig und unsterblich zu sein. Es zerrinnt ihm alles zwischen den Händen, was er zu besitzen glaubt, denn immer wieder muss er nach dem Nächsten jagen.

In der Erfahrung unseres wahren Wesens liegt auch die Lösung unserer persönlichen Fragen. Wer den Urgrund des Seins erfährt, wird auch seine psychischen, körperlichen und geistigen Probleme mit anderen Augen anschauen können. Sie schrumpfen einfach zusammen, da sich die Weltsicht verändert und die Wertordnung sich verschiebt.

Was wir Gottheit oder Leerheit, das Absolute oder das Numinose nennen, ist das, was sich vollzieht im evolutionären Geschehen. ES ist der Tanz des Alls. ES tanzt das, was wir Schöpfung nennen. ES „macht" es aber nicht, sondern ES tanzt es. Tanz und Tänzer sind Nicht-Zwei. Sie können daher nur zusammen auftreten. Wo Tanz ist, ist auch der Tänzer. Wo ein Tänzer ist, ist auch Tanz. Der Urgrund offenbart sich in Form und Struktur, sonst ist er nicht erfahrbar, das aber ist ein zeitloses Geschehen. Ewigkeit ist nicht eine sehr lange Zeit, Ewigkeit ist Zeitlosigkeit. Das große Andere – Gott – ist nicht etwas Außenstehendes, sondern der zeitlose Urgrund dessen, was wir Evolution nennen.

In diesen Erfahrungszustand zu gelangen ist die tiefste Sehnsucht des Menschen, ob er nun darum weiß oder nicht. Jeder Mensch hat eine Erinnerung an seinen Urgrund, eine Ahnung davon, dass da etwas auf ihn wartet, was seine wahre Heimat bedeutet. „Der Ruf des Kuckucks lockt uns nach Hause", sagt ein Zenwort. Wir Menschen suchen lange außen, in Dingen also, in einer Partnerschaft oder in einem personalen Gott, bis wir merken, dass alles das nur die Lockmittel des Ewig-Zeitlosen sind, die uns zur Heimkehr rufen.

Verklärung Jesu
(Mk 9,1–13)

Auf dem Berg Tabor erkannten die Jünger zum erstenmal, wer Jesus wirklich war. Jesus war immer transparent für das Göttliche, nur konnten die Jünger es nicht sehen. Jetzt erst erkannten sie ihn. Sein wahres Wesen kommt zum Vorschein und dringt sogar durch die Kleider, sagt das Evangelium. Das Göttliche dringt ungehindert durch alles hindurch, wir sehen es nur nicht. Wir dürfen bei Jesus nicht stehen bleiben. Wir sollten uns selber, unsere eigene wahre Gestalt in Jesus erkennen. Das Christus-Bewusstsein will sich an uns wiederholen, denn auch wir sind Gottes voll. Auch wir sind des Göttlichen transparent. Auch wir sind theophan, durchscheinend für Gott, eine Erscheinungsform des Göttlichen. Die Transfiguratio, die Durchformung, ereignet sich auch an uns, auch wenn wir das nicht sehen. Auch wir sind eine Epiphanie des göttlichen Urprinzips. Leider sind unsere Augen gehalten, wie die Augen der Jünger die ganze Zeit gehalten waren.

Das Leben wäre so einfach, wenn wir immer erkennen könnten, wer wir sind, oder wenn wir unsern Nachbarn erkennen könnten, wer er ist. Wenn wir unser Strahlen, das auch durch unsere Kleider dringt, erfahren könnten. Wir sehen noch nicht, dass die ganze Welt Tabor ist, dass selbst alles Leid davon durchdrungen ist. Wir leben zusammen mit strahlenden, leuchtenden Menschen. Wir sind nur noch nicht so weit, dass wir das erkennen können. Einmal werden wir uns als Menschen so weit entwickelt haben, dass wir uns als Söhne und Töchter Gottes erkennen. Dann und nur dann wird auf dieser Erde Friede sein.

Die Mystik des Ostens und Westens ist sich darin einig, dass es unsere erste und wichtigste Aufgabe ist zu erkennen, wer wir sind. Auch Eckehart meint das. Darum predigte er: „Nun sagt ein Meister: Gott ist Mensch geworden, dadurch ist erhöht und geadelt das ganz Menschengeschlecht. … Dieser Meister hat recht gesprochen; aber wahrlich, ich gäbe nicht viel darum. Was hülfe es mir, wenn ich einen Bruder hätte, der ein reicher Mann wäre und ich wäre dabei ein armer Mann? Was hülfe es mir, hätte ich einen Bruder, der da ein weiser Mann wäre, und ich wäre dabei ein Tor.“ Eckehart will damit sagen: Diese Verklärung geschieht auch mit uns. In seinen Worten würde der Satz lauten: „Was hülfe es mir, wenn Jesus so verklärt wäre und ich nicht?“ Die Heiligkeit und Göttlichkeit Jesu ist auch unsere Heiligkeit und Göttlichkeit.

Mancher von euch ist an einem Punkt angekommen, wo ihm alles andere wahrscheinlicher erscheint als das, was ich hier sage. Es ist notwendig, dass wir uns in der Ohnmacht unseres Ich begreifen, damit wir nicht aufhören, nach unserem wahren Wesen zu suchen. Alle weisen Frauen und Männer wollten die Menschen auf einen spirituellen Pfad führen, auf den Pfad der Erfahrung des Göttlichen. Die Hl. Schrift spricht in vielen Bildern davon. Rückkehr in den Schoß des Vaters, in das Vaterhaus, in das Reich Gottes, in die himmlische Stadt Jerusalem. Das hat aber nichts mit Zukunft zu tun, denn in Wirklichkeit müssen wir nirgendwo hin: Wir müssen nur unserer eigenen göttlichen Tiefe eine Chance geben, uns zu finden.

Diese ursprüngliche, unmittelbare Göttlichkeit drückt sich immer in uns aus. Jesus vermittelt uns diese Göttlichkeit nicht, er verkündet sie uns nur. Eckehart sagt daher weiter: „Die Seligkeit, die uns Christus zutrug, die war unser." Er ist gekommen, damit wir sie erkennen, damit wir erkennen, dass das Reich Gottes in uns ist, dass wir ewiges Leben haben, und dass wir Kinder Gottes sind. Oder, wie Paulus sagt, dass wir „Gottes Eigentum" sind, „Gottes Erben", „Gottes Wohnung".

Ich weiß sehr wohl, dass das, was ich hier sage, für jemand, der in einer richtigen Depression steckt, wie Hohn klingt. Ich weiß sehr wohl, dass das Gesagte für jemand, der um die Atombombe von Hiroshima weiß und um das Leid der vom Krieg und von Hunger und anderen Katastrophen Heimgesuchten, nicht nachvollziehbar ist. Ich weiß aber auch, dass auf der Ebene der Erfahrung – aber nur dort – selbst Atombombe, Krieg, Hunger und Leid der Vollzug des Göttlichen ist. Auf dem Weg, den wir hier gehen, versuchen wir, auf diese Ebene zu gelangen, denn nur dort enthüllt das Leben seinen wahren Sinn.

Auch nach einer tiefen mystischen Erfahrung kann man nicht auf dem Berg Tabor verweilen. Petrus hätte gerne dort drei Hütten gebaut. Jesus führte seine Jünger den Berg hinab. Dort sagte er ihnen, dass er zum Leiden nach Jerusalem gehe. Auch Zen spricht vom Marktplatz, auf den es den erwachten Menschen führt. Es gilt, uns und unsere Mitmenschen mit allen Banalitäten und Schwierigkeiten des Alltags in einem neuen Licht, im Taborlicht, zu sehen; in dem Licht, das uns allen, der ganzen Schöpfung zutiefst eigen ist.

Die Heiligen, die wir verehren, sind nicht heilig, weil sie heroische Taten vollbracht haben, auch wenn ihnen das beim Heiligsprechungsprozess bescheinigt worden sein sollte. Sie sind deswegen Heilige, weil das Göttliche durch ihre Gestalt weniger verdunkelt hindurch gebrochen ist als bei anderen. In der Erzählung vom Berg Tabor geht es um uns selbst, geht es um unsere eigene Verklärung.

Ihr spürt, dass es zwei ganz verschiedene Auffassungen von Religion gibt. Für die einen besteht Erlösung durch Jesus darin, dass er Führer und Begleiter zur Erfahrung ihrer eigenen Gottessohnschaft ist, für die anderen ist er der Erlöser, weil er ihnen durch sein Lebensopfer zum Eintritt ins Himmelreich verhilft. Auf der einen Seite steht die spirituell-mythologische Auslegung und auf der anderen Seite die historisch-dogmatische. Die spirituell-mythologische sagt, dass jeder von uns von Anfang an eine Manifestation des göttlichen Urprinzips ist und dass es darum geht, diese unsere Würde zu erkennen. Die Erlösung ist immer da, und Christus hat sie uns verkündet. Er ist uns Führer und Begleiter. Dieser Pfad jedoch ist für die meisten schwierig.

Die andere Auffassung sagt: Halte dich an Christus, denn er vermittelt dir das Heil. Er hat es durch sein Kreuz für dich verdient. Er hat es für dich gemacht. Er hat dich erlöst. Dieser Weg ist einfacher, denn der Mensch hängt sich lieber an den Rockzipfel eines anderen. So entstand z. B. im Buddhismus auch der Amida-Glaube. Wer Amida-Buddha anruft, wird gerettet. So entstand auch das Baghdi-Yoga im Hinduismus. Es wird dem Menschen versichert, dass er durch Liebe zu den Mitmenschen gerettet werden kann.

Beide Auffassungen haben ihre Bedeutung, je nach Lebenssituation und Erkenntnisstand des Einzelnen. Beide können, wenn sie nicht nur gedanklich vollzogen werden, helfen, den Menschen zum letzten Ziel zu führen Ich möchte keine dieser Auffassungen bewerten, sie können beide nebeneinander bestehen bleiben und Menschen zu ihrem letzten Ziel verhelfen. Nicht wenige aber haben heute Schwierigkeiten, aus der traditionellen Auffassung unserer Kirchen Kraft für ihr Leben zu schöpfen.

Der Kosmische Christus
(Röm 6,3)

„Da ihr mit Jesus Christus gestorben seid, werdet ihr auch mit ihm auferstehen", heißt es im Römerbrief. Was ist es, was uns mit Jesus eint, mit seinem Tod und seinem Leben? Es ist das, was wir den Christus nennen oder den Kosmischen Christus nennen können. Der Mensch Jesus ist Symbol für diesen Kosmischen Christus. Der Kosmische Christus, das ist nichts anderes als das Göttliche, das in allem west. Wenn wir sagen, wir sind Christen, dann bekennen wir nur, dass dieses göttliche Wesen unser tiefster Grund ist, dass in Wirklichkeit nicht wir leben, sondern Gott als diese Form lebt. Wir Menschen sollten uns im Laufe unseres Lebens selber kennen lernen. Wir sollten erfahren, wer wir wirklich sind. Dann erfahren wir, dass wir wie Jesus auch der Christus sind, d. h. Offenbarung des Göttlichen. Der ganze Kosmos ist letztlich Christus, d. h. Offenbarung Gottes. Es ist die Fülle, die wir Christus nennen, die sich im Kosmos offenbart.

Diese Christuswirklichkeit ist nichts Statisches, nicht ein Endpunkt, sie ist ein ständig neues Geschehen, Begreifen und Einsehen. Christentum ist ein Prozess des Bewusstwerdens. Das Unfassbare offenbart sich fortschreitend in uns und in allem. Immer, wenn Gott durch Menschen spricht, ist das ein Christusgeschehen, eine Menschwerdung des göttlichen Wortes. Es ist ein Aufstrahlen der Göttlichen Wirklichkeit in dieser Form. In uns allen ist die Gotteswirklichkeit grundgelegt. In uns will das Bild des Unendlichen in endlicher Form aufleuchten. Diese Gotteswirklichkeit ist eine Potenz, die im ganzen Kosmos schlummert.

Es steht nirgendwo in der Schrift „Jesus ist Gott", wohl aber „Sohn" Gottes. Noch zurückhaltender verheißt es die Verkündigung: „Er wird Sohn Gottes genannt werden" (Lk 1,1) oder „in ihm wohnt die Fülle der Gottheit" (Ko 2,9). Jesus ist von den Menschen eine Identifikation mit Gott gleichsam aufgezwungen worden. Aber er hat das immer wieder relativiert: „Was nennt ihr mich gut? Einer ist gut, Gott" (Mt 19,17), oder: „Der Vater ist größer als ich" (Joh 14,28).

Alle diese Worte sprechen von einer Wirklichkeit und Kraft im Menschen Jesu. Diese Kraft drückt sich auch in uns aus. In dieser Kraft setzt sich die Offenbarung Gottes an den Menschen fort. Wir können Gott ganz verschieden zu begreifen versuchen. Man kann Gott sehr menschlich verstehen, z. B. als ein in die Transzendenz verlegtes, allmächtiges Superwesen, das von dort alle Schnüre zieht und dieses Marionettentheater Kosmos tanzen lässt. Man kann ihn aber auch als diese alles schaffende evolvierende Kraft verstehen, die selber in allem lebt und tanzt. Das macht uns Schwierigkeiten, wir würden uns so gerne in die Hand eines solchen Superwesens legen und darin einkuscheln. Denn wir haben Angst, dieses Wesen, das wir sind, in dieser und in der nächsten Existenz zu leben. Und dann bitten wir trotzdem, schneide doch unseren Lebensfaden noch nicht ab! Das aber ist eine regressive Tendenz.

Wer war Jesus Christus eigentlich? Hundertmal habe ich schon diese Frage gestellt. Sie ist für mich immer wieder wichtig. Es ist dies die Frage, die sich auch schon die Urgemeinden gestellt haben. Sie haben Antworten aus ihrem Zeit- und Lebensverständnis heraus gegeben. Das absolute Jesusverständnis aber gibt es nicht, auch wenn manche Konfessionen so etwas für sich in Anspruch nehmen. Ich versuche, Jesus aus meinem Zeit- und Weltverständnis heraus zu deuten. Und dies ist ein kosmisches Zeit- und Lebensverständnis.

Außer unserem Kosmos gibt es wohl noch viele andere Kosmen. Das meint jedenfalls die zeitgenössische Naturwissenschaft. Wir müssen daher auch dem evolutionären Geschehen Zeitlosigkeit zubilligen. Eckehart würde sagen, dass die Welt von Ewigkeit her gewesen ist (Quint S. 450), dass Welten also so alt sind wie Gott. Unser Kosmos existiert etwa 15 Milliarden Jahre. Kosmen kommen und gehen. Galaxien entstehen und vergehen. Spezies, in ihrer millionenfachen Vielfalt, kommen und gehen, genau so auch die Spezies Mensch.

Wenn wir die 18 Milliarden Jahre dieses Kosmos auf ein Jahr zusammenziehen, ist diese Spezies Mensch in der letzten Minute kurz vor Jahresschluss entstanden. Sie tauchte vor etwa drei Millionen Jahren auf. Sie wird wohl einige Millionen Jahre weiterbestehen und dann untergehen, wie Millionen anderer Spezies auch. Es wird für das kosmische, evolutionäre Geschehen nicht viel bedeuten, denn es werden andere geistbegabte Wesen entstehen, und warum sollte es nicht auch jetzt schon solche Wesen außer uns irgendwo im Weltenraum geben? Wir Menschen leiden an einer unglaublichen, lächerlichen Arroganz, da wir uns immer noch für die Mitte der Welt halten.

Als diese Spezies Mensch auftauchte, musste sie sich selber in diesem evolutionären Geschehen einen Platz suchen, um sich selbst zu verstehen. Sie entwarf das Bild eines Schöpfergottes, der alles gemacht hat, alles lenkt und leitet. Einen Außen-Gott also. Dieses Bild dominiert heute noch im religiösen Selbstverständnis der meisten Menschen. Der schuldbewusste Mensch entwarf Bilder der Erlösung. Es entstanden die Mythen. An den Gestalten der Mythen deutete der Mensch seine eigene Existenz. So entstand z. B. der Mythos von Hermes Trismegistos und der Mythos von Isis und Osiris. Shakyamuni Buddha wurde aus der Erlösungssehnsucht der Menschen heraus zum Amida Buddha, an den man sich wenden kann, damit er alles für den Menschen macht, an dessen Mantel man sich nur zu hängen braucht. Ähnlich ist es auch Jesus ergangen, er wurde zum Erlöser, aus dessen Erlösungs-Reservoir der Mensch nur zu schöpfen braucht.

Wir können aber auch unsere eigene Existenz an der Gestalt Jesu deuten. So wie Jesus Sohn Gottes ist, sind auch wir Söhne und Töchter Gottes. Wie er sind auch wir Gott von Gott, Licht von Licht. Jesus ist also ein Verstehensmodell, an dem ich mein eigenes Menschsein in dieses gewaltige kosmische Geschehen einordnen kann. Das aber bedeutet Befreiung und Erlösung. Wo war Gott, bevor dieser Kosmos entstand? Er (Es) war in dem, was damals war.

Homoousios

„Ich bin der Weg, die Wahrheit und das Leben", sagt Jesus im Johannesevangelium. Was hat er damit gemeint? Heilige Schriften müssen für jede Zeit neu interpretiert werden. Schon im ersten Jahrhundert gab es ganz verschiedene Gemeindetheologien. Juden, Nichtjuden, Griechen und Römer – sie alle hatten ihr spezielles Jesusverständnis. Was aber wollte Jesus wirklich? Diese Frage ist so alt wie das Christentum. Besser würden wir fragen: Was bedeutet Jesus und seine Botschaft für uns heute?

Im 4. Jahrhundert waren die Menschen ganz besonders von der Frage bewegt: „Wer war Jesus eigentlich?" Sie versuchten es auszudrücken mit dem Wort „homoousios", d. h., Christus ist vom gleichen Wesen wie der Vater, also Gott, als Form und Person aber getrennt. Verschiedene Auslegungen zu diesem Thema wurden als Häresien abgestempelt und durch ein kaiserliches Verdikt verboten. Auch den Satz „Ich bin der Weg, die Wahrheit und das Leben" hat man immer wieder zu interpretieren versucht. Letztlich aber brauchen wir nur Jesus selbst zu bitten, dann wird er uns in ein solches Verstehen einführen. Er wollte uns ja in die gleiche Erfahrung führen, die er gemacht hat.

Was hindert uns anzunehmen, dass viele Menschen im Laufe der Zeit die gleiche transformierende Erfahrung gemacht haben? Auch sie erkannten, ich bin „homoousios" mit Gott. Ich bin eins mit dieser letzten Wirklichkeit. Diese Wirklichkeit manifestiert sich in mir als Mensch. In dieser Form als Mensch sind wir im Verhältnis zu Gott Nicht-Zwei. Ich bin vom gleichen Wesen wie er, aber doch eine eigene Person, eingegrenzt in diese Gestalt.

Jesus ist der Typus, an dem aufgezeigt wird und an dem uns aufgehen soll, dass wir alle zu dieser Erfahrung berufen sind, dass das Reich Gottes in uns ist, dass wir alle Gottessöhne und Gottestöchter sind, dass wir alle an dem partizipieren, was Johannes „ewiges Leben" nennt, dass wir also alle „homoousios", eines Wesens mit dem Vater sind.

Wenn Jesus homoousios war, ist es dann nicht jeder Mensch? Das genau lehrt die Mystik aller Zeiten und Zonen. Jesus hatte eine transformierende Erfahrung. Er erkannte sich als dieses göttliche Leben, das er Vater nannte. Die christliche Tradition hat daraus etwas Ausschließliches gemacht und gesagt, dass nur er das war (homoousios) und dass alle anderen nur an ihn als Gottes Sohn glauben dürfen. Er habe diese Erfahrung gleichsam für alle gemacht. Wir brauchen uns deswegen nur an seinen Rockzipfel zu hängen.

Wenn wir in der Bibel lesen, dass Jesus der „Weg“ ist, dann meint sie, dass wir alle durch ihn erkennen sollen, was er ist und auch wir sind, Sohn oder Tochter Gottes. Er sagt: „An mir sollt ihr ablesen, wer ihr seid. Das Reich Gottes ist in euch, wie es in mir ist. Ihr seid aus dem gleichen Wesen des Vaters, wie ich es bin. Ihr seid diese Wahrheit und auch ihr seid das Leben. Meine Gestalt soll euch helfen, euch als solche zu erfahren, als der gleiche Christus, doch als andere Form im gleichen Wesen. Auch ihr könnt sagen „Ich und der Vater sind eins“ und „Ehe Abraham war, bin ich“. Ihr seid homoousios, wesensgleich mit dem Vater, in der Person aber verschieden.

Wenn man annimmt, dass Jesus uns das alles nur vermittelt hat, damit wir das verstandesmäßig für wahr halten, dann braucht es eine Priesterschaft und eine Institution, um den Gläubigen diese Botschaft zu vermitteln und immer wieder neu zu erläutern. Wenn man aber glaubt, dass Jesus sagen wollte „Du bist Mensch wie ich und wesensgleich mit dem Vater wie ich“, dann brauchen wir Gefährten auf dem Weg und Begleiter, die uns in die Erfahrung unseres tiefsten Wesens führen.

Im ersten Fall wird diese Priesterschaft ihre Machtposition, die sie sich angeeignet hat, verteidigen wollen. Es entsteht eine Hierarchie, die den Heilsweg zu kennen glaubt und uns dann sagt, wie dieser Weg durch treue Befolgung von Geboten zu gehen ist. Sie beansprucht für sich den Besitz der „Schlüssel zum Himmelreich“, eine Passage in der Bibel, die sicher nicht von Jesus stammt, sondern ein späterer Einschub ist. So können Konfessionen zum Feind einer tiefen mystischen Erfahrung werden. Menschen suchen lieber jemanden, den sie verehren können, nicht aber jemanden, der sie zur Selbstrealisierung führen kann. Die Massen betrachten zwar die Landkarte, aber scheuen die Anstrengung des Weges. Sie lieben die Reisebeschreibung, aber nicht die Reise selber. Die Gefahr, dass jeder mystische Aufbruch wieder in Institutionalisierung versandet, ist groß.

Sogenannte Häresien haben oft eine direkte Gotteserfahrung im Hintergrund. Eine Erfahrung, die Gott als den „Deus absconditus“, den verborgenen Gott, erfährt, den Gott, der in Begriffen und Lehrsätzen nicht erreicht werden kann. Die absoluten Lehrsätze der Konfessionen jedoch können Aussagen, die aus solchen Erfahrungen stammen, nur schwer dulden. Die Grundbedeutung des Wortes Gnosis zum Beispiel (nicht der Begriffsinhalt, der diesem Wort im Laufe der Geschichte beigegeben wurde) zielt auf eine ganzheitliche, bis ins tiefste Wesen reichende, überwältigende Erfahrung. Sie ist viel umfassender und tiefer als alles rationale Erkennen.

Erlösung
(Offg 21,21 f.)

In der Apokalypse, dem letzten Buch in der Bibel, steht über das neue Jerusalem folgendes zu lesen: „… und die Gassen der Stadt waren lauteres Gold wie ein durchscheinendes Glas. Einen Tempel sah ich nicht in ihr (der Stadt), denn der Herr, Gott der Allherrscher selbst, ist ihr Tempel. … Auch braucht die Stadt keine Sonne und keinen Mond, … denn die Herrlichkeit Gottes hat sie erleuchtet." (Offb 21,21 ff.)

Viele Menschen können heute mit der Vorstellung einer Erlösung durch Jesus Christus nichts mehr anfangen. Die lateinischen Väter entwickelten aus den Schriften des Neuen Testaments und der griechischen Philosophie eine Theologie nach römischen Rechtsvorstellungen. Wer nicht getauft wird, kann nicht erlöst werden. Er geht zur Hölle, weil ihm die Erlösung durch Jesus Christus nicht zuteil wurde. Später wurden diese Vorstellungen gemildert, aber die Grundzüge dieser Erlösungstheologie wurden nicht geändert. Erlösung kommt aus dem Sühneaspekt und dem Strafcharakter des Leides. Der Tod Jesu wird als Lösegeld für den Freikauf des Menschen aus den Händen Satans betrachtet oder als Preis für die Wiederherstellung der Ehre Gottes. Das setzt ein sehr simples Gottesverständnis voraus. Gott wird zum Herrscher, Richter und Strafvollzieher für schlechtes Verhalten. Gott wird zu einem grotesken Wesen, das man beleidigen kann und das sich rächt für diese Beleidigung.

Der Kreuzestod Jesu wurde von den Theologen zum Sühnetod erklärt. Jesus habe das Lösegeld für unsere Sünden bezahlt, sagen sie. Sünde wurde zur Beleidigung Gottes stilisiert. Für dieses ‚schreckliche' Vergehen der Beleidigung Gottes kam nur eine unermessliche Reparation in Frage, nämlich der Tod des Gottessohnes Jesus. Jesus hat eine Strafe zu erdulden, die eigentlich der Mensch verdient hätte. Das bedeutet im Grunde einen Rückfall in eine alttestamentliche Religiosität. Dort wurden die Sünden des Volkes durch Handauflegung vom Hohenpriester auf ein Tier übertragen, auf einen Ziegenbock oder Schafbock, der damit zum Sündenbock wurde. Dieser wurde vor das Lager geführt und geopfert. Mit dem Blut wurde das Volk entsühnt. Diese Zeremonie wurde auf Jesus übertragen. Er wurde zum Opferlamm, das für unsere Sünden gestorben ist. Aber Jesus selber hat seinen Tod sicher nicht als Sühnetod verstanden. Er wurde hingerichtet als Volksverführer. Er hat eine Lehre verkündet, die der Gesetzesreligion der Schriftgelehrten widersprach.

Erlösung im Sinne der Mystik bedeutet Erweckung zu unserem wahren Wesen. Das sollte auch das Ziel aller Religion sein. Oft steht die Religion aber dieser Erfahrung entgegen. Darum wurden viele von denen, denen es um die Erfahrung ging, wie Jesus hingerichtet. Religion kann auch zum Hindernis für eine Glaubenserfahrung werden. Immer wieder haben Mystiker aus diesem Grund auch vor festgefahrenen religiösen Formen und Lehren gewarnt. So etwa der Sufi Idries Shah in seinem Buch „The Way of the Sufi": „Bis Schule und Minarett zerbröckeln, wird dieses unser heiliges Werk nicht vollendet sein. Bis Glaube zur

Verwerfung, Verwerfung zu Glaube wird, gibt es keinen wahren Muslim." Und der Mystiker Kabir[24] dichtet: „O, der du mir dienst, wo suchst du mich? Siehe, ich bin bei dir. Ich bin weder im Tempel noch in der Moschee, weder in der Kaaba noch auf dem Kailash. Weder bin ich in Riten und Zeremonien, noch in Yoga oder Entsagung. Wenn du ein wahrhaft Suchender bist, wirst du mich sogleich sehen, mir begegnen im gleichen Augenblick. Kabir sagt: O Sadhu! Gott ist der Atem allen Atems."

Ähnlich schreibt Rumi[25], ein Sufimystiker (gest. 1273): „Der rotgewandet einst gekommen war, in brauner Kutte kam er dieses Jahr. Der Türke, von dem damals du vernahmst, als Araber stellt er dieses Jahr sich dar. Der Wein ist eins, die Flasche wandelt sich, wie schön berauscht uns dieser Wein so klar!"

Salbung Jesu
(Joh 12,3)

Judas sagt: „Warum hat man das Öl nicht für 300 Denare verkauft und das Geld den Armen gegeben?" Er hat kalkuliert. Und im Großen und Ganzen wäre das doch auch vernünftig gewesen.

Maria jedoch folgt einfach ihrer Traurigkeit. Offensichtlich ahnt sie, was in den nächsten Tagen geschehen wird. Jesus kann seinem Geschick nicht mehr entrinnen, er wird sterben. Sie kalkuliert nicht. Sie folgt einfach ihrer Liebe, und darin liegt die Schönheit dieser Szene. Diese absichtslose Handlung will nichts verkünden oder beweisen oder gar ändern, sie hat keine moralische Konsequenz und keinen sozialen Appell. Sie hat sich selbst zum Thema, denn sie ist eine Geste der Liebe und der Trauer, die vor den kalkulierenden Augen des Judas und der Jünger nicht bestehen kann.

Viele unserer Gottesdienste folgen dem allgemeinen Grundgesetz der Rationalisierung. Überflüssiges bleibt weg. Es geht dabei um die Vermittlung einer Überzeugung, auch um einen Appell zum Handeln. Man will das Evangelium verständlich machen, einsichtig. Es geht um Verstehen, Wissen und kritische Analyse. Die Predigt hat oft ein Lernziel wie jede gute Unterrichtsstunde. Es geht um Verstehbarkeit und Durchschaubarkeit, und die biblische Geschichte muss moralische Konsequenzen haben und in einem guten Vorsatz enden.

Das alles hat seine Berechtigung und ist in Ordnung. Aber es gibt noch eine andere Form des Gottesdienstes, eine Form, die Zweckfreiheit atmet. Rituale sind Ausdrucksformen. Wir brauchen Symbole, Gesten und Klänge, um unserer Sehnsucht, Hoffnung, Trauer, Liebe und unserem Glücksverlangen Ausdruck zu geben. Unser Alltag ist durchrationalisiert bis zum letzten: der Arbeitsplatz, der Haushalt, der Verkehr, der Arzt, ja selbst der Urlaub.

Wir sind so arm an absichtsfreien Lebensäußerungen. Es fällt uns so schwer, nur einfach da zu sein. Wenn ich durch die fränkischen Weindörfer gehe, sehe ich manchmal noch Steinbänke vor den Häusern. Zuweilen sitzen wirklich noch ein paar alte Leute darauf. Es rührt mich jedesmal an, dass Menschen Zeit haben, sich vor ihrem Haus, nicht im Urlaub, sondern nach einem „Feierabend“ – welch komisches altmodisches Wort! – einfach hinzusetzen. Sie wollen einfach nur da sein, sich austauschen, nicht weil da ein Gespräch im Terminkalender steht, sondern einfach so. Wir sind getrieben. Nie vergesse ich jene Frau, die einmal in unserer kleinen Gemeinschaft in Japan zu Besuch war und eine halbe Stunde mit uns in der Stille saß. Ihr Fazit am Schluss lautete: Ich habe die ganze halbe Stunde nur daran gedacht, was ich alles hätte tun können, wenn ich nicht hier herumgesessen wäre.

Und ich vergesse auch nie den Missionar, den ich auf den Philippinen besuchte. Er erzählte mir, dass er am Anfang fürchterlich aggressiv war, weil niemand sich an zeitliche Abmachungen hielt. Der Gottesdienst ging nie zu der Zeit an, die festgesetzt war. Die Leute kamen nicht pünktlich. Bis er – wie alle anderen auch – seine Uhr ablegte. Dann war alles in Ordnung. Der Gottesdienst ging immer rechtzeitig an. Im Gottesdienst sollten wir wirklich unsere Zeit „verschwenden“, wie Maria ihr kostbares Öl verschwendet hat. Damit will ich nicht sagen, dass Gottesdienste lang sein müssen, sie sollten aber nicht so verzweckt sein, nicht so viele „weil“ und „damit“ und „um zu“ haben. Sie müssten wieder zur absichtsfreien Lebensäußerung werden.

Rituale formen uns, ja, sie prägen uns weit mehr, als wir glauben. Ich traf in Japan einen Mönch, der drei Monate nichts anderes tat, als sich vom Morgen bis zum Abend zum Boden zu verneigen. Er hatte nach dieser Zeit eine tiefe Erfahrung. Welch unsinnige Übung! Oder doch nicht? Hingabe, Glaube, Religion braucht Sprache, Tanz, Gesang und sichtbare Äußerung. So wie die Liebe ihren Ausdruck braucht und oftmals auch Torheiten sagt, wie z. B.: „Ich bleibe dir ewig treu. – Du bist der schönste Mensch, ohne dich würde ich sterben“, so braucht auch unsere Offenheit zu Gott hin manchmal Übertreibungen in Wort, Geste und Gesang.

„Die Sprache des Glaubens ist unendlich. Sie formuliert, was unmöglich ist; sie formuliert das, wovon sie den Ort der Erfüllung und Bewahrheitung nicht kennt. Wo der Glaube sich formuliert, wo die Leidenschaft für das Leben mitspielt, wird der Mund immer zu voll genommen; da werden Versprechungen gemacht und da werden Versprechen angenommen, die unbegrenzt sind“, schreibt Fulbert Steffensky[26] in seinem Buch „Feier des Lebens“.

Wer einmal im Kölner Dom in der Marienkapelle war und all die goldenen und diamantenen Halsketten gesehen hat, die Maria umgehängt wurden, der ahnt etwas vom Mitgerissenwerden durch diese Lebensströme. Man könnte das alles verkaufen und den Armen geben! Dadurch jedoch, so glaube ich, würden wir sehr viel ärmer werden, wenn niemand mehr in seiner Liebe zu Gott verschwenderisch sein könnte. Um wirklich leben zu können, muss man seine Sehnsucht und seine Liebe, seine Not und seine Erbärmlichkeit ausdrücken dürfen, wie Maria das getan hat.

Fußwaschung
(Joh 13,1–20)

Wenn wir von Jesus nicht mehr wüssten als das, was wir soeben über ihn in der Erzählung von der Fußwaschung gehört haben, wüssten wir, dass er ein außergewöhnlicher Mensch war. Eigentlich sollte man nach dieser Lesung nichts mehr sagen. Es ist alles gesagt.

Liebe macht Menschen aus uns. Wir sind für das verantwortlich, was wir ausstrahlen. Es geht immer etwas von uns aus: Wohlwollen, Abneigung, Hass, Mitleid. Liebe beginnt nicht beim Wort und bei der Umarmung, sie beginnt in unseren Gedanken und Gefühlen. Das gilt auch von den Gedanken, die wir von uns selber haben. Selbstzerstörerische Gedanken schaden uns.

Liebe ist das Weltbaugesetz. Wer nicht lieben kann, kann sich nicht öffnen, er kann nicht in Austausch mit anderen treten. Er kann dann auch nicht wachsen. Charon, ein französischer Nobelpreisträger und Forscher im subatomaren Bereich, meint: Die kleinsten Teilchen stehen bereits miteinander in Verbindung. Aus ihrem Austausch entwickeln sich die höheren Formen des Lebens. Was sich nicht öffnen kann, selbst für Unbekanntes, so schreibt er, kann nicht wachsen. Liebe ist das Weltbaugesetz.

Liebe ist die Voraussetzung zum Wachsen und Reifen. Wer nicht in liebendem Austausch steht, kann sich nicht entwickeln. Wer liebt, empfängt. Liebe ist wie der Ruf in eine Echowand. Es schallt zurück, was man hineinruft.

Liebe heilt. Liebe hilft offensichtlich mehr als alle anderen Mittel. Liebe ist die beste Medizin, nicht nur im übertragenen Sinn. Krankheit ist oft nur ein Symptom für mangelnde Zuwendung. Krankheit versucht oft Zuwendung zu erzwingen.

Nicht gelebte Liebe macht krank. Liebe muss verbraucht werden. Sie staut sich an und wird am Ende Hass gegen sich selber. Die Liebe wird zum Narzissmus. Narziss war eine griechische Sagengestalt. Narziss war so in sich selber verliebt, dass er immer sein Bild im Wasser anschauen musste, bis er darin ertrank. Er war unfähig, mit einem anderen Menschen eine Beziehung einzugehen. Er ging an seiner aufgestauten Liebe zugrunde. Wahrscheinlich war er ein Opfer mangelnder Zuwendung.

Nur die Liebe zählt. Was wir am Ende unseres Lebens in Händen haben, sind nicht unsere Leistungen und unsere Werke. Wir werden uns zuerst und vor allem der Frage stellen müssen, wieviel wir geliebt haben. Vergleicht dazu die Nahtodberichte! Fast alle, die eine solche Erfahrung machten, kommen zurück mit zwei Vorsätzen: Mehr von dieser Wirklichkeit, die sie erfahren durften, kennenzulernen und mehr zu lieben. Wir werden nämlich nicht nach unserem Bekenntnis gefragt, wir werden aber gefragt, wie viel wir geliebt haben.

Wer liebt, ist wie Gott. „Gott ist die Liebe, und wer in der Liebe bleibt, bleibt in Gott, und Gott bleibt in ihm." (1 Joh 4.16) „Wer liebt, stammt von Gott und erkennt Gott." (1 Joh 4,7)

Jesus – Führer zum Göttlichen

Wir haben das Bild, das uns die vier Evangelisten von Jesus geben, zu ergänzen durch die Apokryphen Evangelien. Dabei spielen vor allem die Schriften, die in der Nag Hammadi Bibliothek zusammengefasst sind, eine große Rolle. Sie wurden 1945 in Oberägypten gefunden. Die wichtigsten[27] sind das Thomas-Evangelium, das Evangelium des Philippus, das Apokryphon des Jakobus, die Paulus-Apokalypse, die Briefe des Petrus an Philippus und die Apokalypse des Petrus. Diese Schriften sind zwar in koptischer Sprache geschrieben, gehen aber auf Texte zurück, die teilweise so alt sind wie die vier Evangelien, teilweise vielleicht sogar älter.

In den frühen Evangelien und Schriften wurde Jesus sehr viel mehr als ein Führer verstanden, der eine spirituelle Botschaft zu vermitteln hat, denn als ein göttliches Wesen. Bis ins 4. Jahrhundert hinein war eine ganze Reihe anderer Evangelien im Umlauf. Sie hatten ein Jesusverständnis, das unser Verständnis des Neuen Testamentes ergänzen könnte.

Was wollte Jesus? Jesus wollte sicher keine institutionalisierte Religion stiften. Er wollte Menschen in die Erfahrung Gottes führen. Er wollte sie in die Fülle des Lebens führen. Er nannte diese Fülle des Lebens Reich Gottes oder ewiges Leben. Er wollte ihnen die Augen öffnen für eine Wirklichkeit hinter den Worten und Gesetzen. Er wollte zur Umkehr zu diesem Leben bewegen. Um das zu erfahren, müssen wir „wiedergeboren werden“, wie Jesus zu Nikodemus sagt. Wir müssen unser wirkliches Leben erfahren. Die leibliche Geburt hat diese Erfahrung nicht gegeben. Man muss in diese ständige Kommunikation mit Gott eintreten, d. h. Kommunikation mit unserem tiefsten Wesen, das göttlich ist. Unser Leben ist die eigentliche Religion. Eine junge Journalistin fragte mich vor einiger Zeit: Was ist Ihr Lebensmotto? Sie erwartete eine hochspirituelle Antwort. Als ich ihr sagte: „Ganz Mensch sein“, war sie fast enttäuscht. Gott möchte in dieser meiner Gestalt, zu dieser Zeit über diese Erde gehen. Der Vollzug unseres Lebens ist die wirkliche Religion, nicht nur das, was wir als religiös bezeichnen. Man tritt nicht wirklich in einen religiösen Weg ein, wenn man nicht erkennt, dass der ganze Lebensweg der religiöse Weg ist. Religiöses Leben ist die ständige Kommunikation mit Gott im täglichen Leben. Es ist die Kommunikation mit unserem tiefsten Wesen. Dahin haben wir „umzukehren“. Oder um ein Beispiel zu sagen: Wir sollen vom Wasser trinken und nicht die Form des Kruges bewundern.

Das nicht zu erkennen scheint mir die Sünde wider den Hl. Geist zu sein. Diese Sünde kann nicht vergeben werden, weil sie eine falsche Ausrichtung ist. Der Mensch geht in die falsche Richtung. Er verfehlt Ziel und Sinn seines Lebens, wenn er in diese falsche Richtung geht. Das hat nichts mit Sünde im üblichen Sinn zu tun, auf die Strafe folgt. Der Mensch straft sich selbst, weil er sich vom Leben entfernt. Die Verleugnung des Göttlichen in uns ist die eigentliche Sünde. Diese Kommunikation mit Gott ist nicht beschränkt auf mündliches Gebet, Ritual und Sakrament. Wir haben das Göttliche im Vollzug des Lebens zu erfahren. Da ist nichts, was nicht göttlich wäre. Gott hat sich im Kosmos nicht eine Symphonie komponiert, die er sich vorspielt. Er ist diese Symphonie. Und wir sind eine ganz individuelle Note. Wir haben die Musik Gottes zum Klingen zu bringen. Der ganz Kosmos ist der Klang des Göttlichen.

Licht aus Licht

Im Thomasevangelium lesen wir: „Jesus sprach: ‚Das Reich ist in euch und außerhalb von euch. Wenn ihr euch erkennt, werdet ihr erkannt werden und werdet erkennen, dass ihr Söhne des lebendigen Vaters seid. Wenn ihr euch aber nicht erkennt, so seid ihr (geistig) arm.'" (Nr. 3) Und weiter sagte Jesus: „Wenn man zu euch sagt: ‚Woher seid ihr geworden?', dann sagt zu ihnen: ‚Wir sind aus dem Licht gekommen, dem Ort, wo das Licht geworden ist aus sich selbst'. Und wenn man euch sagt: ‚Wer seid ihr?', sagt: ‚Wir sind seine Söhne und Töchter, und wir sind die Erwählten des lebendigen Vaters'. Und wenn man euch fragt: ‚Was ist das Zeichen eures Vaters an euch?', sagt ihnen: ‚Bewegung ist es und Ruhe'. (Nr. 50) Seine Jünger fragten ihn: ‚Wann wird die Ruhe … eintreten und wann wird die neue Welt kommen?' Er antwortete: ‚Die Neue Welt ist schon gekommen. Aber ihr erkennt sie nicht.'"

Religion sollte uns sagen, wer wir sind und was der Sinn unseres Daseins ist. Sie sollte uns nicht Angst machen vor einem rächenden Gott, der uns am Ende unseres Lebens richtet. Es ist schlimm, wie dieses primitive Gottesbild immer noch in den Köpfen spukt und den Menschen Angst macht.

Wenn wir uns dagegen an die tröstlichen Bilder halten – und es sind Bilder, noch nicht die Wirklichkeit selber –, aber wenn wir uns an diese tröstlichen Bilder halten, die uns gerade in dieser Lesung aufgezeigt worden sind, werden wir nicht in Angst vor einem Richter sterben. Denn: „Wir sind seine Söhne und Töchter, und wir sind die Erwählten des lebendigen Vaters."

Wir gehören in diese Familie Gott. Gott ist gleichsam unser Nachname. Und wenn man uns fragt: „Woher seid ihr?", können wir antworten: „Wir sind aus dem Licht gekommen." Und es ist das Licht, das durch diese unsere Augen schaut – oft verdunkelt und entstellt, aber es ist das göttliche Licht.

Licht ist das Symbol für Gott. Im 1. Kapitel des Johannesevangeliums wird Licht und Leben Gottes gleichgesetzt.:„In ihm war das Leben, und das Leben war das Licht der Menschen. … Das war das Licht, das jeden Menschen erleuchtet. Er kam in sein Eigentum … und allen, die ihn aufnahmen, gab er Macht, Kinder Gottes zu werden." (Joh 1, 1 ff.) Wir sind also aus dem Licht gekommen und werden dorthin zurückkehren. Wir sind nicht aus dem Willen des Fleisches, sondern aus Gott geboren (Joh 1,13). Ich hoffe und wünsche, dass der Weg, den wir gehen, uns so verwandelt, dass wir frei von Angst über diese Schwelle treten können, die uns von der nächsten Existenz trennt. Es schließt sich nicht ein Tor, es öffnet sich ein Tor, wenn wir sterben. Wir kehren nur dorthin zurück, wo wir hergekommen sind. Wir haben dieses Licht wiederzuerkennen, wenn es uns in der Stunde des Todes begegnet. Das üben wir hier ein, das Wiedererkennen des Lichtes. Bei der Taufe übergebe ich dem Täufling das Licht mit den Worten: „Empfange das Licht, Symbol für das Göttliche, das in dir lebt. Behüte es auf deinem Lebensweg durch die Zeit, damit du es wiedererkennst in der Stunde deines Todes."

Es ist nur eine Türschwelle, die wir überschreiten müssen. Wir haben in unserer Religion zu viel vom Tod geredet und von der Sünde und zu viel vom Gericht. Wir haben jedoch zu wenig vom ewigen Leben und vom ewigen Licht gehört, obwohl die Schrift voll davon ist. Es wird heute so viel von Reinkarnation gesprochen und von der Sorge, was wohl aus uns wird, wenn wir noch einmal geboren werden sollten. Doch es ist immer nur dieses Licht, das wiedergeboren wird, ganz gleich, in welcher Seinsweise wir uns befinden sollten. „Wiedergeboren wird immer nur das Licht." Und es ist die Hausaufgabe unseres Lebens zu erkennen, dass die jeweilige Form nichts anderes ist als eine Manifestation dieses Lichtes.

Warum geht nicht diese Erkenntnis, dass es den Tod nicht gibt, wie ein Lauffeuer um die Erde? Deswegen wohl nicht, weil unser vordergründiges Ich, das uns für die Reise durch dieses Leben gegeben ist, sich so dominierend aufspielt. Es möchte ewig leben. Aber dieses Ich ist uns nur für diese kurze Reise auf der Erde gegeben. Wir brauchen es nicht in einer anderen Existenz. Unsere Identität ist nicht an dieses Ich gebunden. Unsere Identität ist das Leben Gottes, das im Evangelium mit Licht bezeichnet wird. Wenn wir unsere wahre Identität erkennen könnten, hätten wir keine Angst.

„Wann wird die neue Welt kommen?", fragten die Jünger Jesus. Und Jesus antwortete: „Die neue Welt, die ihr erwartet, ist schon da, aber ihr erkennt sie nicht." Das ewige Leben ist da, das Licht ist da, aber wir erkennen es nicht. Und darum haben wir Angst.

Unser Ich hat diese Todesangst, und der Weg der Kontemplation besteht darin, ein Stück dieser Todesangst aufzuarbeiten. Daher ist das Sterben des Ich das Grundthema aller Mystik des Ostens und des Westens. „Wer stirbt, bevor er stirbt, stirbt nicht, wenn er stirbt", sagte Abraham a Santa Clara. Der Tod ist das Zwischenziel aller mystischen Erfahrung. Die neue Geburt, die danach erfolgt, ist das letzte Ziel. Der Weg ins wahre Leben führt mitten durch den Tod hindurch.

Vor dem Tod steht die Angst. Jede Transformation ist versperrt durch die Angst. Darum steigt oft die Angst auf, wenn wir sitzen. Alle Angst ist letztlich die Todesangst des Ich. Unsere Übung ist die beste Vorbereitung auf das Sterben. Alles, was wir zu tun haben, ist loszulassen, damit das aufscheinen kann, was wir wirklich sind. Ich hoffe, dass trotz Angst und Schmerz in uns allen, auch in den dunklen Stunden, eine Ahnung von diesem Licht bleibt, das in uns leidet, hofft und arbeitet. Und dieses Licht hat auch in Jesus Christus gelitten, bis hin zum Wort am Kreuz: „Gott, mein Gott, warum hast du mich verlassen?" Aber dies war nicht sein letztes Wort. Ich hoffe, dass unser aller Leben enden kann wie das seine: „Vater, in Deine Hände empfehle ich meinen Geist." Wiedergeboren wird immer nur dieses Licht.

Kenosis
(Phil 2,5)

Nach Johannes vom Kreuz liegt die Erlösung der Welt im Sterben des Ich begründet. In diesem Zusammmenhang ist es gut, einmal in seinem Buch „Aufstieg zum Berg Carmel“ das Kapitel II zu lesen. Danach hat Jesus das Erlösungswerk vollbracht in seiner tiefsten Erniedrigung (Kenosis). Johannes schreibt: „…Im Augenblick des Todes war er (Jesus) auch der Seele nach vernichtet, ganz ohne Trost und Hilfe, da der Vater ihn dem niederen Bereich innerster Trockenheit überließ. Dies drängte ihn zu dem Schrei: Mein Gott, mein Gott, warum hast du mich verlassen? Es war die tiefste fühlbare Verlassenheit seines Lebens. Und in ihr wirkte er das größte Werk.“ „…Dem möge der im Geist Strebende das Geheimnis der Tür und des Weges Christi zur Vereinigung mit Gott entnehmen.“ (ABK II,7,11)

Die Erlösung der Welt geschah in der vollkommenen Entäußerung. Kenosis wird übersetzt mit Selbstentäußerung. In unserer Sprache hat das die Bedeutung von Verzicht und Entsagung mit einem stark asketischen Charakter. In Wirklichkeit aber impliziert Kenosis die wahre Natur Gottes. Kenosis kann man am besten übersetzen mit Leerheit, mit Nichtsubstantialität. Sie kann durch den Verstand nicht erfasst werden. Diese Leerheit kann nicht außerhalb gedacht werden oder jenseits der Formen, denn Leerheit erscheint als die Dinge, die entstehen.

Diese Leerheit entspricht dem Wort Sunyata in der östlichen Mystik. Kenosis, Sunyata und Leerheit sind weder Sein noch Nichtsein, denn sie sind die erste Ursache des Seins. Die Worte sind nicht statisch zu verstehen, sie bezeichnen vielmehr die dynamische Entfaltung der Dinge. Kenosis, Leerheit, ist also nicht ein Attribut Gottes, sondern sein wahres Wesen. Kenosis, Leerheit, ist das wahre Wesen aller Dinge. Darin verbindet sich alles, darin ist alles eins, auch was wir Leid, Sünde und böse nennen.

Kenosis ist auch der Grund der Liebe. Wo Einheit ist, kann keine Feindschaft oder Abneigung sein. Der Kopf hasst nicht den Zeh am gleichen Körper. Kenosis ist der wahre Grund für das, was wir Menschen Liebe nennen. In dieser Liebe gibt es kein moralisches Urteilen, kein Besser-Sein, es gibt auch nicht richtig oder falsch, denn alle diese Begriffe transzendiert die Leerheit.

4. Fasten- und Wüstenzeit

Aschermittwoch

Der Mensch musste zu Gleichnis und Bild greifen, um das Göttliche, das er in sich ahnt und vielleicht auch vernimmt, zu bezeichnen. Darum ist jeder Kult heilig. Im Kult verehrt der Mensch auch das Göttliche in sich. Selbst dort, wo der Mensch ins Magische abgleitet, zeigt er noch jene andere Dimension der Wirklichkeit auf.

Zeremonien, Liturgie, Rituale sind Zeichen und Zeugnis für die Wirklichkeit, die wir noch nicht voll erkennen. Sie rufen Visionen einer Dimension wach, die Verstand und Sinnen verschlossen ist. Sie sind eine tief innerlich wirkende Kraft, die uns ahnen lässt, dass hinter der vordergründigen Wirklichkeit etwas liegt, das zur Sinndeutung unseres Lebens gehört. Aber jeder Kult ist nur Mittel, um das Allerinnerste des Menschen zu erreichen. Das Geschehen in der Außenwelt wirkt zurück auf die Innenwelt. Und wir sollten daraus lernen, dass auch unser Tun im Alltag helfen sollte, unser Allerinnerstes zum Erwachen zu bringen.

Heute, wenn wir die Asche auf unser Haupt streuen, wird uns gesagt, dass wir sterblich sind. Nur angesichts dieser Sterblichkeit können wir wirklich leben. Aber die Mitte dieses Rituals ist nicht unsere Sterblichkeit, es wird uns auch gesagt, dass wir unsterblich sind, dass unser tiefstes Wesen göttlichen Ursprungs ist und daher weder geboren wird noch untergehen kann.

Zur Aschenweihe:

Gott, segne diese Asche, die wir nach altem Brauch auf unser Haupt streuen.

Es sei ein Zeichen der Umkehr zu Dir und zu unserem wahren Wesen.

Ein Zeichen, dass wir uns von allen Abhängigkeiten befreien wollen, um in Freiheit zu leben.

Darum bitten wir Dich durch Christus, unseren Herrn.

Bedenke, Mensch, dass du Staub bist,
Dein tiefstes Wesen aber unsterblich.

Auszug aus Ägypten
(Ex 14,1 ff.)

An jedem Osterfest wird uns die Geschichte von der Befreiung Israels aus Ägypten vorgelesen. Das Paschafest ist die Gedächtnisfeier für den dramatischen Auszug Israels. Die Israeliten waren in ihrem eigenen Land in Not geraten. So wurden sie Gastarbeiter in Ägypten, als billige Arbeitskräfte dem Staat also höchst willkommen. Als sie aber zu zahlreich und zu mächtig wurden, bekam der Staat Ägypten Angst und unterdrückte sie. Geburtenkontrolle hieß jetzt das Rezept. Die Kinder werden ausgesetzt oder umgebracht. Eine Zeit lang lassen sich die Israeliten das gefallen, dann aber begehren sie auf und beschließen zu fliehen. In der Nacht vor der Flucht essen sie stehend – voll für den Auszug gerüstet und mit Hut auf dem Kopf – das Lamm, das ihnen Mose als Wegzehrung angeordnet hatte. Dann brechen sie auf.

Die Ägypter merken es und setzen sich mit ihrer Armee auf ihre Fersen. Verzweifelt stehen die Israeliten am Roten Meer, vor sich das Wasser, hinter sich die Armee der Ägypter. Mose streckt nun seinen Stab aus, und die Wasser bilden rechts und links eine Mauer und lassen die Israeliten durch. Als die Ägypter ihnen folgen wollen, schlagen die Wellen über ihnen zusammen, begleitet von Jubel und Tanz bei den Israeliten. – Diese Geschichte hat sich sicher nicht so ereignet, wie sie erzählt wird. Es geht auch gar nicht um eine historische Tatsache. Wir feiern unseren Auszug aus aller Knechtschaft und Unterdrückung, Auszug aus allem, was uns hindert am vollen Leben. Dazu aber müssen wir in die Wüste.

Dann aber kommt die Wüste, und das „Gelobte Land“ ist noch weit. Die Israeliten haderten bald mit Mose und sehnten sich zurück an die Fleischtöpfe Ägyptens. Fast hätten sie ihn umgebracht. Die Landnahme ist nicht einfach. Das Land muss erobert werden. Und einmal erworben, bleibt es nicht unangefochtener Besitz. Auch im gelobten Land gibt es Not und Bedrängnis, Unterdrückung und Tod. Warum also Auszug, wenn er so endet? Lohnt sich denn wirklich die Mühe, oder bleibt man nicht besser in der alten Situation, auch wenn sie bedrückend ist?

Natürlich könnte man jetzt Parallelen ziehen zu unserer Zeit. Beispiele, die dem geschilderten Auszug gleichen, gäbe es genug: Die Schwarzen z. B. in Afrika und Südamerika, die Flüchtlinge und die Gastarbeiter bei uns. Aber die Geschehnisse der Heiligen Bücher verweisen noch auf eine andere Ebene, eine spirituelle Ebene. Was sagt uns diese Begebenheit für unseren eigenen spirituellen Weg? Besitzt sie nicht geradezu Modellcharakter? Auch wir sind in einer Notlage, und unser Leben scheint oft keinen Sinn zu machen! Wie können wir herauskommen aus den Mustern und Konditionierungen, die wir uns selber, die uns die Gesellschaft, die uns die Religion aufgebürdet hat? Da ist Angst vor dem Unbekannten, Trägheit, Bequemlichkeit, Zögern und auch die Faszination der Fleischtöpfe Ägyptens, nämlich Geld, Karriere, Macht, Sicherheit und Anerkennung. Lange dauert dieser Prozess, bis es endlich zum Aufbruch kommt. Und dann wird man eingeholt von der Armee der Ägypter, vom Zweifel also, von der Irritation und von nicht erfüllten Erwartungen. Wer kann garantieren, dass das gut endet? Ist es der richtige Weg? Man hat sich letztendlich aufgerafft, aber der Weg führt nicht gleich ins Gelobte Land, sondern erst in die Wüste, in die Trockenheit, in die Nacht. Denn nur dort ist die Stätte der Begegnung mit Gott. Wenn man alle Bilder, Vorstellungen und Erwartungen losgelassen hat, dann erst kann er sich zeigen. Lange schwankt man noch zwischen den Fleischtöpfen Ägyptens und dem Land, das von Milch und Honig fließt, hin und her. Immer wieder kommt dieser alte Stachel: Wären wir doch geblieben, wo wir waren! Die Wüste ist nackt und einsam. Alles Unwesentliche wird nun abgestreift. Alle Schleier fallen, auch die Schleier vor der Egozentrik. Man erkennt sich nun, wie man wirklich ist. Zum Ja für das Absolute gesellt sich nun auch das Nein zur vitalen menschlichen Natur und fordert zum Wandlungsprozess heraus.

Wer aushält, für den wird die Wüste zum Ort der wunderbaren Entdeckung. Sie legt Erfahrungen frei, die man nicht einmal geahnt hatte: Speise und Trank, wo man sie nicht vermutet hatte, der brennende Dornbusch, in dem sich Gott offenbart, der Berg Sinai, auf dem Jahwe erfahrbar wird. Man ahnt etwas vom Gelobten Land, das Kundschafter schon gesehen haben wollen. Die Landnahme aber ist ein schwieriger Vorgang. Er verlangt den Einsatz aller Kräfte. Doch auf Gott ist Verlass, denn er selbst steht bei und er greift ein. Auch schickt er Manna und bringt Heilung in einer Not durch die Eherne Schlange. Irgendwann kommt man offensichtlich an im Gelobten Land.

Dann aber beginnt wieder der Alltag. Die Welt hat sich nicht verändert, nur wir haben uns verändert. Es sind die gleichen Probleme, die gleichen Menschen, die gleichen Sorgen. Und mancher mag sich fragen: Warum bin ich ausgezogen? Warum habe ich mich nicht arrangiert, angepasst und abgefunden? Das Gelobte Land bleibt, einmal erworben, nicht unangefochtener Besitz. Solange wir Menschen sind, geht die Landnahme weiter. Aber in unserer tiefsten Seele spüren wir, dass wir unendlich viel gewonnen haben, die Freiheit nämlich in all den Bindungen, Problemen und Sorgen des Lebens.

Mose in der Wüste
(Ex 3,1)

Das Thema der Fastenzeit ist das Thema Wüste. Jesus wurde in die Wüste geführt. – Der brennende Dornbusch ist ein Phänomen, das wir innerlich verstehen müssen. – Die Frage, die sich Mose in der Wüste stellte und die wir auch uns oft selber stellen, ist: Wie kann sich Gott eines so erbärmlichen Trägers wie Mose bedienen, um in diesem Menschen aufzuleuchten? Wie kann sich das Göttliche in einer so erbärmlichen, allzumenschlichen Gestalt wie der meinen offenbaren? Manche vermuten, dass Mose klein war, unansehnlich und ein Stotterer. Er war wohl auch aus der Familie des Pharao, hatte aber aus Staatsinteressen wahrscheinlich seinem Bruder weichen müssen.

Der Dornbusch ist ein Symbol für die Nichtigkeit, die Wertlosigkeit. Ein Dornbusch taugt höchstens zum Verbrennen. Mose fühlt sich als ein inadäquates Instrument. Wie kann Gott sich ausgerechnet seiner bedienen? Der wertlose Dornbusch wird zum Symbol der seelischen Situation des Mose. Gott will sich aber genau eines Menschen wie Mose bedienen, um sich kundzutun. Gott will sich unser bedienen, um sich zu offenbaren. Wenn ich das so sage, hat es einen zweifelhaften Beigeschmack. Wir meinen dann immer, wir hätten etwas ganz Besonderes zu tun. Wir halten uns dann gleich für die Hauptakteure. Es geht aber um das Göttliche, das in uns aufscheinen und in uns agieren möchte. Je unscheinbarer wir sind, je mehr wir unser Ich zurücknehmen können, um so unverfälschter kann das Göttliche durchbrechen. Eckehart würde sagen, je mehr wir Gott aus dem Weg gehen können, um so besser kann er sich offenbaren.

Es gibt einen schrecklichen religiösen Narzissmus, der uns die Sicht auf Gott hin verstellt. Wir wollen Gott für uns haben. Wir wollen etwas von ihm. Eckehart sagt in einer Predigt: „Du erniedrigst den unendlichen Gott zur Milch-Kuh, die man um der Milch und des Käses, um des eigenen Profits willen, schätzt." (Quint S. 29) Noch schärfer sagt er es in einer anderen Predigt: „Sie machen aus Gott eine Ziege und füttern ihn mit Wortblättern. Ebenso machen sie aus Gott einen Schauspieler und geben ihm alle ihre schlechten Kleider." (ebd.)

Gott offenbart sich als diese gebrechliche Gestalt. Aber wir glauben doch eher, dass der Schmetterling und der schöne Sonnenaufgang eine Offenbarung Gottes sind, als dass wir uns und unsere Mitmenschen als seine Offenbarung sehen. Das kommt daher, dass wir immer nur das sehen, was uns nicht gefällt. Das wahre Auge aber wird uns geschenkt, daran können wir nichts ändern. Nur in der Wüste ereignet sich eine Begegnung mit unserem tiefsten Wesen, eine Begegnung mit Gott, wie sie Mose zuteil wurde. Wir können immer nur Hindernisse freilegen, damit das Licht in uns ungehindert scheinen kann. Mose zieht die Schuhe aus. Nur nackt kann man vor Gott hintreten. Nur in der Wüste wächst dieser brennende Dornbusch. Erst wenn alle störenden Hüllen abgelegt sind, kann man Gott sehen, kann das Göttliche durchscheinen.

Lasst euch deswegen nicht entmutigen, auch wenn es schwer ist, innerlich zur Ruhe zu kommen und die Hektik des Alltags zum Schweigen zu bringen. Wenn wir diese andere Waagschale unseres Lebens, die der Stille, der Einkehr, der Wüste nicht von Zeit zu Zeit füllen, sinkt die andere mit dem Getriebe des Alltags immer tiefer. Wir werden immer weniger Mensch, denn dann reifen wir unserer Bestimmung immer weniger entgegen. Wir verfehlen immer deutlicher unser eigentliches Lebensziel. Die Wüste, die Stille, die wir uns gönnen, die wir aushalten, bringt uns näher zu uns und zu Gott.

Jesus in der Wüste
(Mk 1,12; Lk 4,1–13)

„Danach trieb der Geist Jesus in die Wüste hinaus. Und er war vierzig Tage in der Wüste und wurde vom Satan versucht; und er lebte bei den wilden Tieren, und die Engel dienten ihm." (Mk 1,12; Lk 4,1–13) Die Wüste – Symbol für Einsamkeit. Einsamkeit ist eines der schwierigsten Probleme unserer Zeit. Trotz Internet, das angeblich jeden mit jedem verknüpfen kann, gab es noch nie so viel Einsamkeit in unserer Gesellschaft. Wüste bedeutet Einsamkeit. Die Einsamkeit, die Wüste, konfrontiert uns mit uns selber. Dort tritt sich der Mensch von Angesicht zu Angesicht selbst gegenüber. Um die Wahrheit des eigenen Lebens kennenzulernen, müssen alle Stimmen schweigen. Wüste ist nicht eine Landschaft. Wüste ist jene Zone der Leere, in der uns nichts mehr von uns ablenkt.

Was geschieht, wenn jemand ehrlich in die Wüste geht? Jesus war bei den Tieren, sagt die Schrift im Bericht von den 40 Wüstentagen Jesu. Wer in die Wüste geht, trifft dort keinen romantischen Sonnenuntergang an. Er trifft auf seine Tiere. Er trifft auf sich selber, auf das, was er am liebsten vor sich selber verbergen möchte. Er trifft auf alle ungelösten Probleme, auf seinen Schatten, auf die Dämonen und Teufel, wie das die christliche Tradition nennt. Dann geht es nicht darum, all das fortzujagen und sich zu verweigern, sondern sich damit auseinanderzusetzen, wie uns an Jesus bei seinem Wüstenaufenthalt gezeigt wird, als er versucht wurde. Die Wüste, die Einsamkeit, zwingt uns, uns anzuschauen und anzunehmen. Nicht einmal den Teufel sollten wir hinauswerfen, er ist unser Bruder, und er will als unser Bruder behandelt werden. Er ist nicht der Abfallhaufen, auf den wir auch noch unseren Unrat werfen können. Er ist die Symbolfigur für unsere negativen Tendenzen und Taten. In unseren Kursen stößt man notgedrungen auf seinen Schatten. Reinigung nannte das die Mystik. Der mystische Weg ist zunächst ein Weg der Reinigung. Die Psychologie sagt dazu Weg der Integration.

Jesus zeigt uns in der Wüste, wie wir mit dem Bösen umzugehen haben. Er spricht mit dem Teufel. Auch wir haben mit dem Bösen in uns zu sprechen und zu erkennen, dass es zu uns gehört und akzeptiert werden will. Nur dann plagt es uns nicht mehr. Wir müssen es nicht ausagieren. Mancher hat in diesen Tagen einen Traum von einem bedrohlichen wilden Tier oder von einer Schlange. Eine Frau erzählte mir, dass sie im Traum im Auto saß. Plötzlich saß auf dem Beifahrersitz ein wilder zähnefletschender Hund mit bösen Augen. Sie wollte anhalten und aussteigen. Es ging nicht. Da entschloss sie sich, den Hund zu streicheln. Der Hund wurde zahm und legte seinen Kopf in ihren Schoß.

Wir haben unseren Schatten zu integrieren und Dynamik des Lebens daraus zu gewinnen. Dann beginnen wir auch nicht damit, die Welt von der falschen Seite her zu verändern. Das war die Versuchung Jesu: Sich auf magische Kräfte einzulassen, Wunder zu wirken aus egoistischen Gründen. Falsche Mittel einzusetzen, die den Zweck heiligen sollen. Das Mittel der Magie: Mache diese Steine zu Brot, dann werden dir alle Leute nachlaufen! Springe von der Tempelmauer, zeige ihnen deine Wunderkräfte! Materialisiere Brot, wahrsage ihnen die Zukunft! Komm mit auf die Zinne des Tempels: Das ganze Land werde ich dir unterwerfen, wenn du dich mir unterwirfst!

Wir meiden lieber die dunklen Seiten, möchten gleich ins Licht. Ein apokryphes Wort sagt von Jesus Christus: „Der Christus, der triumphierend über das Dunkel kommt, ist der Antichrist. Der Jesus, der durch das Dunkel hindurch kommt, ist der wahre Christus.“ Die Wüste ist ein Ort der Selbsterkenntnis und der Reinigung. Wer das aushält, dem fängt sie an zu blühen. Die Wüste, die Einsamkeit, macht etwas mit uns. Wer darin aushält, erfährt Verwandlung.

Das Volk Israel wurde in die Wüste geführt, bevor es das Gelobte Land betreten konnte. Die Wüste wurde zur verwandelnden Macht. So ist alles, was wir durchschreiten, eine Kraftquelle für unser Leben. Zu schnell meinen wir, dass wir in eine Depression gefallen seien, in eine psychische Krankheit. In Wirklichkeit ist es oft ein Wandlungs- und Transformationsprozess, wenn wir nur durchhalten.

Der Schatten

Schatten, Teufel, Ungeheuer – wir haben viele Namen für diesen psychischen Komplex, den wir bei allen Menschen finden, sogar bei Jesus. Wir brauchen nur die Versuchungsgeschichte zu lesen. Auch Jesus musste seinen Schatten integrieren.

Der Schatten ist nicht nur ein psychologisches Problem, er ist auch ein religiöses Problem. Jeder, der den Weg der Kontemplation geht, wird mit seinem Schatten konfrontiert. Die Lebensgeschichte des Heiligen Antonius in der Wüste zeigt das sehr deutlich. Wenn wir das Bild von Grünewald „Die Versuchung des hl. Antonius" anschauen, sehen wir, wie hinter den zahlreichen Gesichtern von Dämonen und bösen Geistern die Erfahrungswirklichkeit der Menschheit steht. Die Menschen aller Zeiten und Zonen wurden in Schrecken versetzt. Und es scheint, dass uns unser Schatten in diesen Bildern auch noch einmal in der Stunde des Todes begegnet, wenn wir uns in unseren Lebzeiten nicht mit ihm ausgesöhnt haben.

Der Schatten ist die uns abgewandte Seite unseres Bewusstseins. Darum tun wir uns so schwer, sie zu sehen und, wenn sie auftaucht, als zu uns gehörig zu erkennen und zu akzeptieren. Die Aussöhnung mit diesem unserem Partner und Gegenspieler bleibt eine der wichtigsten Aufgaben unseres Lebens, ja es ist die Voraussetzung für unseren Wachstums- und Ganzwerdungsprozess. Darüber sind sich die Weisheitslehren des Ostens und Westens und die zeitgenössische Psychologie einig. Es sind die beiden Pole unseres Wesens. Für Nikolaus von Kues ist der Zusammenfall der Gegensätze – die *coincidentia oppositorum* – die Voraussetzung, dass wir Gott sehen.

In den auftauchenden schrecklichen Bildern, Fratzen, Tieren, Dämonen und Ungeheuern begegnen wir unseren eigenen Leidenschaften und Tendenzen. Wir begegnen all dem, was wir an uns nicht akzeptieren können. Es reicht aber nicht aus, dass wir unseren Schatten nicht nur nicht negieren, wir haben ihn auch zu bejahen. Vom Negieren zum Bejahen ist ein schwerer Schritt. Wir sind zunächst geneigt, den Schatten nach außen zu projizieren: auf das andere Geschlecht, die andere Rasse, die andere Kultur, die andere Religion, auf Juden, Heiden, Nazis, Ausländer. Damit „verteufeln" wir in den anderen, was wir eigentlich als unseren Partner erkennen sollten.

Leider ist eine solche „Verteufelung" auch auf der religiösen Ebene möglich. Dann wird der Unterschied zwischen Leib und Geist, zwischen Mensch und Gott zur unüberbrückbaren Kluft. Körper, Sexualität, Freude an der Natur und am Leben werden als minderwertig abgestempelt. Natürlich gilt auch die Umkehr. Manche verteufeln das Geistige, Spirituelle und Göttliche. Das ist der Anfang des religiösen Fanatismus. Er entsteht immer dann in einer Religion, wenn die Liebe fehlt. Glaube ohne Liebe führt zu Fanatismus. Glaube, der seinen eigenen Schatten nicht sehen kann, wird zum Fanatismus. Wir brauchen nicht weit zu gehen, um das zu erkennen.

Und ich meine hier zuerst nicht fundamentalistische Gruppierungen. Ich meine hier vor allem unseren eigenen Umgang mit Geschiedenen, mit verheirateten Priestern, Asylanten, aber auch unsere falschen Vorbilder der Perfektion, die uns in der religiösen Erziehung als Ideal vor Augen geführt werden. Viele Christen leiden unter dieser unbarmherzigen Aufspaltung in gut und böse. Und es scheint mir heute mehr Menschen als je zu geben, die mit einem ekklesiogenen Komplex herumlaufen. Ohne dass wir Freundschaft mit unserem Schatten schließen, gibt es kein Wachstum. Letztlich aber haben wir beides zu transzendieren in der Einheit der Persönlichkeit.

Die Projektion nach außen

C. G. Jung[28] sagt, dass die Projektion nach außen die Umwelt in das eigene unbekannte Gesicht verwandelt. Es sind die anderen, die schlecht und böse sind. Die erste Aufgabe besteht also darin, dass wir die Projektionen zurücknehmen und das Schlechte und Böse in uns selber erkennen, sonst wird es seine destruktive Wirkung nicht verlieren. Die Zurücknahme der Projektion ist nichts anderes als das Erwachen der Einsicht, dass so manche unserer Urteile und Annahmen über andere nicht auf diese, sondern auf uns selber zutreffen.

Wir haben also das fast Unmögliche zu vollbringen und gleichsam um die Ecke zu schauen, um das Böse, das wir außen und am anderen sehen, in uns selber zu erkennen. Denn wenn nichts in uns dem Schatten draußen entsprechen würde, wären wir nicht anfällig für seine destruktive Wirkung. Solange wir uns nicht durchschauen, leugnen wir die Verhaltensweisen, die wir an den anderen kritisieren, in unserer eigenen Psyche.

Das gilt auch auf der religiösen Ebene. Die angebliche Sicherheit der Institution, auf der Seite der Wahrheit zu stehen und bestimmte Aktivitäten und Meinungen anderer verurteilen zu dürfen, war immer und ist auch heute die Quelle großen Leides. Es wird zwar niemand mehr verbrannt, aber die psychische Qual, die vielen Menschen anderer Überzeugung bereitet wird, ist nicht weniger schlimm als äußere Qualen. Leider haben wir zu wenig gelernt, uns zu verweigern und auf unser eigenes Gewissen zu bauen. Institutionen tun sich noch schwerer, ihren Schatten zu erkennen als der einzelne Mensch.

Wir fragen am besten unsere Träume, wie sich der Schatten in uns symbolisiert. Im Tibetischen Totenbuch erfahren wir Beispiele, wie sich der Schatten in Fratzen, abscheulichen Tieren und in Dämonen zeigen kann. Ein typisches Merkmal ist, dass uns diese Bilder Angst machen. Der Schatten hat etwas Unheimliches an sich, wie wir in den Bildern des Tibetischen Totenbuches sehen. 52 schreckliche

Gottheiten hat der Mensch dort zu passieren. Wir fühlen eine starke Bedrohung. Wir laufen im Traum davon. Genau das Gegenteil aber sollten wir tun, wir sollten uns umdrehen und hinschauen und ein Gespräch mit der Schattenfigur beginnen

Schauen hinter die Maske

Der Schatten enthält auch Anteile, die wir im Alltag positiv bewerten. Keiner von uns kann alle seine Begabungen und Wünsche ausleben. Vieles fällt ins Unbewusste. Mancher hat z. B. Schwierigkeiten, seine positiven Züge zu sehen und zu akzeptieren. Er hält es vielleicht für unmöglich, Freundlichkeit und Wohlwollen zu zeigen, er möchte solche „Anwandlungen" nicht wahrhaben. Es gibt auch positive Eigenschaften, die wir für unannehmbar halten. Wir haben sie ebenfalls zu erkennen und zu integrieren.

Es ist nicht der Schatten selber, der in unserem Unbewussten zerstörerisch sein Unwesen treibt, sondern die Tatsache, dass wir ihn nicht erkennen und daher nicht akzeptieren. Er kann daher im Dunkeln unserer Psyche sein Eigenleben führen. Die Psychologie nennt das die Abspaltung bestimmter Elemente. Sie erscheinen uns dann als nicht zu uns gehörende Teile, als Dämonen, Fratzen, schwarze Hunde oder auch einfach als unförmige Masse, die uns einzuhüllen droht. Wir haben herauszubekommen, was sich hinter dieser Maskerade versteckt. Das ist eine nicht leichte Arbeit, haben wir doch seit unserer Kindheit solche bedrohlichen Elemente unserer Psyche geleugnet.

Je mehr wir uns gegen diese „Dämonen" wehren, um so schlimmer ist es. Wir verdrängen diese Schattenbilder immer wieder aufs Neue und geben ihnen damit nur mehr Gewalt über uns. Wir möchten diese Schattenseiten vor allem auch vor den anderen verstecken, was freilich selten gelingt. Ein guter Freund kann da unser bester Helfer sein. Er hat einen scharfen Blick für unsere Verdrängungen und kann die Mechanismen aufdecken

Wir selber können am besten auf die Schliche unseres Schattens kommen, wenn wir uns fragen: Was möchte ich vor den anderen verstecken? Uns das einzugestehen fordert eine Tugend, von der wir heute nicht mehr viel reden: Demut. Unser Selbstbild schrumpft dann zusammen wie ein Schneemann in der Sonne.

Das Ja zum Schatten

Im Grunde geht es in der Schattenarbeit nur um das Erkennen und Annehmen. Es ist sehr wichtig zu wissen, dass wir die Schattenseiten nicht unbedingt auszuleben brauchen. Es genügt, sie zuzugeben und zu akzeptieren. Das heißt ja nicht, dass wir negativen Impulsen nachgeben müssen. Solchen Tendenzen ist vielmehr oft ein klares Nein entgegenzusetzen.

Es ist allerdings nicht leicht, die Mitte zwischen Zulassen und Ausleben auf der einen Seite und der Eingrenzung oder dem Nein auf der anderen Seite zu finden. Denn mit dem Prozess eines absoluten Nein blockieren wir den Fluss der Lebensenergie. Wilhelm Reich hat das sehr deutlich herausgehoben. Wir bauen mit diesem Nein eine Art Gefängnis, gegen dessen Mauern wir dann ständig Sturm laufen. Wilhelm Reich spricht vom Charakterpanzer, der uns einengt und an der Entfaltung unserer Persönlichkeit hindert. Die Mitte zwischen Ja und Nein zu finden ist eine nicht leichte Aufgabe und ist doch für unsere Persönlichkeitsreife unbedingt erforderlich.

Koexistenz

Wenn wir uns an das Tibetische Totenbuch erinnern, dann wissen wir um den Kampf zwischen den schrecklichen und den freundlichen Gottheiten. Die Aufgabe des Sterbenden besteht darin, zur Aussöhnung mit beiden zu kommen, d. h. an beiden vorüberzugehen, weil ein Gefangenbleiben in ihrem Bannkreis nach dieser Vorstellung Wiedergeburt verursacht. Viele Menschen erfahren in ihren Träumen diese Auseinandersetzung. Manche erleben einen endlosen Konflikt zwischen Personen, ja oft ist es die gleiche Person, der wir mit Liebe und Ablehnung im Traum begegnen. Es sind die gegensätzlichen Kräfte und Tendenzen, die zur Koexistenz kommen müssen, wenn Friede in uns einkehren soll.

Manche Psychologen meinen, man müsse sich mit diesen Schattenfiguren anfreunden oder wenigstens zur Harmonie mit ihnen kommen. Manche neigen dazu, es bei einer Koexistenz zu belassen. Danach ist der Schatten einfach jene andere Seite, die unsere positive Seite stabilisiert, weil wir ständig wachsam sein müssen auf einen ebenbürtigen Gegner. Einen ebenbürtigen Gegner muss man gut kennen, wenn man das Ringen mit ihm nicht verlieren will. Man muss seine Finessen und Tricks verstehen, wenn man ihm nicht ständig unterliegen will.

Das Tibetische Buch vom Leben und Sterben sagt uns, dass die destruktiven Kräfte in unserer Natur verwurzelt sind. Genau das sagt uns auch der Kampf des hl. Antonius mit den Dämonen. Eines Tages wurde er von ihnen so zugerichtet, dass er wie tot in seiner Grabhöhle lag. Als ihn der Mönch, der ihn mit Nahrung und Wasser versorgte, fand, hielt er ihn für tot. Er schleppte ihn in die nahegelegene Kirche und rief die Verwandten. Sie saßen trauernd um ihn, schliefen aber in der Nacht ein. Als Antonius zu sich kam und sich in der Kirche unter seinen Verwandten fand, schlich er sich heimlich davon und ging zurück in seine Grabkammer. Dort rief er aus: „Wo seid ihr, ihr Dämonen, der Kampf geht weiter."

Swami Siwananda[29] schreibt: „Diese innere Schlacht gegen den Geist, gegen die Sinne, gegen die unbewussten Neigungen (Vasanas) und gegen die Überreste früherer Erfahrungen (Saamskaras) ist schrecklicher als jede Schlacht auf einem richtigen Schlachtfeld." Und Evagrius Pontikus[30] schreibt: „Krachende Geräusche, Gebrüll, Stimmen und Schläge kann der vernehmen, der sich darin übt, zu reinem Gebet zu kommen. All das aber verursacht der Teufel. Du jedoch bleibe unverzagt. Verharre im gegenwärtigen Augenblick!"

Die entwicklungspsychologische Grundlage

Die Konflikterfahrung kommt wenigstens teilweise aus unserer Kindheit, zum Beispiel ein Wettstreit zwischen den Geschwistern um die Zuwendung von Seiten der Eltern und Erwachsenen. Ein solcher Kampf wird oft auch im Erwachsenenalter beibehalten und kommt als Rivalität und Eifersucht in der Partnerschaft und im Beruf wieder zum Vorschein. Die Auseinandersetzung zwischen Brüderpaaren und Schwestern ist in der Literatur reichlich bekannt (Kain – Abel; Jakob – Esau; Aschenbrödel – und ihre Schwester). Wir haben zu akzeptieren, dass sowohl der gute wie der böse Bruder, die gute wie die böse Schwester Symbole für innerlich ablaufende Prozesse sind.

Der englische Schüler Jakob Böhmes, William Law[31], sagte: „Es gibt einen einzigen Feind, der dich in der Hand hat, eine einzige Gefangenschaft, aus der du errettet werden willst, und das ist die Macht deines eigenen irdischen Selbst (Ich). Dieses Selbst (Ich) ist der Mörder des göttlichen Lebens in dir. Es ist dein eigener Kain, der deinen eigenen Abel mordet.“

Die evolutionäre Grundlage

Metzner (siehe Fußnote 35) meint damit die langen Kämpfe zwischen Stämmen und Gesellschaften, zwischen Besitzenden und Nichtbesitzenden. Dieser Kampf dauert noch an, und es ist fraglich, ob die Menschheit fähig ist, ihn in den nächsten Jahrhunderten in friedliche Koexistenz umzuwandeln.

Die theologisch-mythologische Ebene

In der Kosmogonie, in den Geschichten von der Entstehung der Welt, spielen Streit und Zank eine wichtige Rolle. In der Religion Zoroasters im alten Persien steht der Kampf zwischen Licht und Dunkel in der Mitte der Religion. Es ist der Mythos vom langen Kampf zwischen Ahura Masda, dem Schöpfer des Lichtes, und Ahriman, dem Fürsten der Finsternis. Dahinter steht die Vorstellung eines Dualismus, der offensichtlich mit allen Erscheinungsformen gegeben ist. Der Kampf zwischen Ahura Masda und Ahriman endet damit, dass sie sich in ihrer Herrschaft über die Erde als Tag und Nacht abwechseln.

Wir kennen auch die Dualität von männlich und weiblich. Jeder Western-Film zeigt die Dualität zwischen dem Rechtschaffenen und dem Gangster. Das sind aber gleichzeitig auch Typen unserer Psyche. Das wachende Über-Ich spielt sich ständig als Richter über das zu bestrafende Opfer auf. Der Osten kennt die Dualität von Yin und Yang. Aber wie wir im Zeichen Yin und Yang schon erkennen, schmiegen sich beide ineinander zu einer Einheit.

Im Christentum ist es der Kampf zwischen Michael und Luzifer, die Dualität von rechtgläubig und andersgläubig, von Inquisition und Andersdenkenden. Wir haben im Teufel das Böse personifiziert und aus ihm eine Projektionsfigur gemacht, auf die wir alles Böse abschieben. Nach C. G. Jung steht der Teufel für den kollektiven Schatten. Die Religionsgeschichte wird eines Tages ganz neutral feststellen, dass die Personifizierung des Teufels und die Projektionsmöglichkeit, die damit geschaffen wurde, für viele Verbrechen in der christlichen Geschichte verantwortlich gemacht werden muss.

Im den theistischen Religionen neigen wir dazu, viel schärfer zwischen gut und böse zu trennen, zwischen Engel und Teufel, Himmel und Hölle. Die beiden Pole stehen sich unversöhnlich gegenüber. Himmel und Hölle schließen sich aus. Wir haben das Böse aus Gott eliminiert. Im Osten ist die letzte Wirklichkeit gut *und* böse.

Es wurde uns ständig ein unerreichbares, perfektes Heiligenleben als Vorbild hingestellt. Das hat viel zur Frustration in der Persönlichkeitsbildung beigetragen. Der Mensch und auch Gott ist aber nicht perfekt, er ist ganz.

Eckehart konnte sagen: „In jedem Werk, auch im bösen, im Übel der Strafe ebensosehr wie im Übel der Schuld, offenbart sich und erstrahlt gleichermaßen Gottes Herrlichkeit." (Quint S. 450,4) Gott lässt ganze Galaxien entstehen und in sich zusammenfallen. Er ist der größte Zerstörer.

Wenn es uns nicht gelingt, diese Dualität, die offensichtlich zur Schöpfungsstruktur gehört, in uns zur Harmonie zu bringen, bleiben wir den zerstörerischen Kräften des Kampfes ausgesetzt. Damit Transformation stattfinden kann, müssen wir weise Richter über uns selber werden. Der Inquisitor und der Angeklagte, der Richter und der Henker finden sich in uns.

Die inneren Dämonen

Die Dämonen, die wir im Tibetischen Totenbuch erlebt haben, sind Personifizierungen böser und guter Kräfte. Wir projizieren sie nach außen. Das wird im Sterbevorgang nicht anders sein. Und oft scheint es nicht möglich, diese innere Turbulenz zu meistern. Wir erleben uns als Plattform von Kräften, die sich in uns bekämpfen. Wir sollen beim Vorlesen des Buches in der Stunde des Todes erkennen, dass es die eigenen Gefühle, Gedanken, Ängste und Vorstellungen sind, die solche Strukturen entstehen lassen. Es ist besser, sich hier und jetzt damit auseinanderzusetzen, dann lassen sie uns vielleicht in der Stunde unseres Sterbens, wenn das Über-Ich sich noch einmal kräftig aufspielt, in Ruhe.

Der Teufel, unser Bruder

Je weniger wir mit uns im Reinen sind, um so eher neigen wir dazu, durch Betriebsamkeit vor uns selber davonzulaufen. Die Flucht vor uns selber verhindert die Umkehr und den Wandel. Das Allernötigste in unserem Leben ist es daher, die Flucht aufzugeben und uns mit uns selbst zu konfrontieren. Das geschieht in der Wüste, in der Einsamkeit. Dort muss ich mir von Angesicht zu Angesicht gegenübertreten. Um die Wahrheit des eigenen Lebens kennenzulernen, müssen die anderen Stimmen schweigen.

Wüste ist aber nicht einfach eine Landschaft. Wüste ist jene Zone der Leere, in der nichts ablenkt und in der ich mich auch selber nicht ablenke.

Was geschieht, wenn jemand ehrlich in die Wüste geht? „Er lebte bei den Tieren", sagt die Schrift von Jesus. Wer in die Wüste geht, trifft dort auf sich selber, auf das, was er am liebsten vor sich und anderen verbergen möchte. Er trifft auf alle ungelösten Probleme, auf alles, was er verdrängt hat, was er nicht leben konnte oder durfte, auf seinen Schatten, auf die Dämonen und den Teufel. Und es geht nicht darum, all das fortzujagen und sich zu verweigern, sondern sich damit auseinanderzusetzen, wie Antonius es getan hat.

Der Teufel. Nicht einmal dem Teufel sollten wir den Kampf ansagen, denn er ist unser Bruder und er will als unser Bruder behandelt werden. Er ist nicht der Abfallhaufen, auf den wir unseren Unrat werfen können. Wir haben die Aufgabe, unseren Schatten zu integrieren, um so die Dynamik des Lebens daraus zu gewinnen. Dann beginnen wir auch nicht, die Welt von der falschen Seite her ändern zu wollen. Sonst spielen wir nur Schwarzer Peter und schieben die Verliererkarte dem andern zu. Wann hören wir eigentlich auf, die anderen ändern zu wollen? Reformpläne haben die Menschen noch nie sehr weit geführt. Wann sind wir selbst bereit zu einer Metanoia?

Auch Jesus musste sich mit seinem Schatten auseinandersetzen. Auch in ihm gab es die Möglichkeit des Machtmissbrauches wie bei einem großen Politiker, der vom Tempel herabschwebt, um die Massen zu hypnotisieren, und die Versuchung zum großen Magier, der Steine in Brot verwandeln kann. Er hat diese Kräfte nicht abgetötet, sondern hat sie in positive Handlungen verwandelt. Und genau das sollten wir erkennen, dass im Schatten eine ungeheure Kraft sitzt, die wir befreien sollten.

Es gibt nicht nur das Engelhafte in uns, es gibt auch das Teuflische. Diese Polarität zu erkennen und in ihr und mit ihr zu leben ist ganz entscheidend. Nur wer das Böse auch in sich selbst erkennt und ja dazu sagt, muss ihm nicht unbedingt nachgeben, und er muss es auch nicht ausleben. – Die Welt ist polar und nur wenn wir diese Polarität akzeptieren, werden wir die innere und äußere Balance finden, in der allein sich leben lässt.

So ist der Teufel unser Zwillingsbruder, denn er ist in unserer Persönlichkeitsstruktur angelegt. Er gehört auch zu den Strukturprinzipien der Schöpfung. Wie wir selbst ist er Geschöpf Gottes. Wenn es uns gelingt, unsere Schattenenergien für das Gute fruchtbar zu machen, haben wir ihn als Gehilfen gewonnen, der tatsächlich das Gute schafft, obwohl er anscheinend das Böse will.

Wir merken immer stärker, dass wir mit allem verbunden sind, im Guten wie im Bösen. Die Menschheit erfährt sich mehr und mehr als Wir, d. h. als eine kollektive Person. Ich meine jetzt nicht das intellektuelle Erkennen, sondern die Erfahrung. Dieses kollektive Personsein beruht auf noch nicht erkannten Energien.

„Was in einem Teilbereich geschieht, beeinflusst das Geschehen in anderen Teilbereichen. Das Ganze ist mehr als die Summe seiner Teile." Dieser Satz beschreibt ein Gesetz der mathematischen Systemtheorie, die ihrerseits fester Bestandteil der Wissenschaft physikalisch-chemischer Prozesse geworden ist. In der Esoterik ist das eine längst erfahrene Tatsache, denn Leben lässt sich nicht teilen. Wir meinen immer noch, dass Aktionen und Proteste für die Umgestaltung der Welt wichtiger sind als die Kräfte unseres Innern. Wir können nicht so recht an die Wirksamkeit des Geistigen glauben. Nur weil es uns die Naturwissenschaft sagt, kommen wir zwar langsam zu der Überzeugung, dass der Flügelschlag eines Schmetterlings nicht unwirksam bleibt im Zusammenspiel der kosmischen

Kräfte. Aber dass auch unsere geordnete innere Verfasstheit eine Wirkung haben könnte, scheint uns immer noch sehr unwahrscheinlich.

Die Mystik wusste schon immer, dass wir Glieder eines Leibes sind und dass es dem ganzen Leib weh tut, wenn irgendwo eine schmerzende Stelle ist, und dass diese kranke Stelle erst auftreten kann, weil der ganze Leib nicht genügend Abwehrkräfte entwickelt hat. Kranke Stellen im Körper machen nicht nur anfällige Zellen krank, ein geordneter innerer Zustand macht uns auch gesund. Und so wird die Golfkrise nicht nur von den Politikern gelöst und der Friede nicht nur dort eingeleitet, sondern in jedem von uns.

Sünde
(Joh 9,1; Mk 10,52)

Jesus trennt sich von der Ansicht, dass Krankheit eine Folge von Sünde im Sinne von Schuld ist, wie man im Altertum oft annahm. Als Jesus und den Jüngern ein Blinder begegnete, fragten die Jünger: „Meister, wer hat gesündigt, dieser oder seine Eltern, dass er blind geboren wurde?" Jesus antwortete: „Weder dieser hat gesündigt noch seine Eltern; sondern die Werke Gottes sollen offenbar werden an ihm." (Joh 9,3) Jesus zählt niemals Sünden auf.

Als man ihm eine Ehebrecherin zur Verurteilung bringt, sagt er: „Wer von euch ohne Sünde ist, werfe als erster einen Stein auf sie." (Joh 8,7) Er spricht zur kranken Frau: „Tochter, dein Glaube hat dir geholfen; geh hin in Frieden und sei geheilt von deiner Plage!" (Mk 10,52)

Sünde wurde und wird immer noch dargestellt als Beleidigung Gottes. Diese Aussage wird leider auch heute noch in der Erziehung, mindestens in der religiösen Erziehung angewendet. Die Standardaussage heißt da: Wenn du brav bist, kommst du in den Himmel; wenn du brav bist, habe ich dich lieb! Das Sünden-Bewusstsein im Christentum ist sehr stark geprägt von der Vorstellung, man könne Gott beleidigen, ihn erzürnen, zur Strafe herausfordern wie einen Menschen.

Im neuesten Katechismus der katholischen Kirche steht: „Die Sünde ist eine Beleidigung Gottes. Die Sünde lehnt sich gegen die Liebe Gottes auf und wendet unser Herz von ihm ab." (Nr. 1850) Eine andere Stelle lautet: „Christus hat sich für unsere Sünden seinem Vater dargebracht. Das ganze Leben Christi ist eine Opfergabe an den Vater." (Nr. 606)

Ein Gott, der beleidigt werden kann und das Blutopfer seines Sohnes braucht, der ein Menschenopfer zur Sühne fordert, ist eine Chimäre, aber nicht Gott. Ein Gott, der Blut sehen will, ist ein Götze. Ein solches Gottesbild macht krank und neurotisch. Spätestens seit Nietzsche und Feuerbach müsste das klar sein. Mit dieser archaischen Gottesvorstellung und Sündenvorstellung sollten wir uns nicht länger belasten. Es ist ein archaisches Gottesbild, das sich unter Gott eine

Person oder eine Macht vorstellt, die aufpasst, was der einzelne Mensch macht, um ihn dann dafür zu belohnen oder zu bestrafen. Diese Vorstellung macht Gott zu einem Buchhalter, der nichts zu tun hat, als gutes und schlechtes Verhalten zu benoten.

Was war die Einstellung Jesu zu Sünde und Verfehlung? Es gibt viele Aussagen über die Sünde im Neuen Testament. Aber was vorherrscht, ist die Einstellung Jesu zum sogenannten Sünder. Ein Text aus der pharisäisch-rabbinischen Tradition zeigt dies in einem Gleichnis, in dem der Sohn des Königs zu einem „bösen Unternehmen" auszog. Der König schickte ihm einen Wärter nach, der ihm ausrichtete: „Kehre um, mein Sohn!" Der Sohn aber ließ antworten: „Wie kann ich zurückkehren! Ich schäme mich." Da schickte der Vater erneut nach ihm und ließ ihm ausrichten: „Mein Sohn, schämst du dich wirklich, zurückzukehren? Ist es denn nicht dein Vater, zu dem du zurückkehrst?"

Das Verhalten des Vaters gleicht dem in der Parabel von den zwei Söhnen. Der Vater hebt nicht den Zeigefinger und droht nicht mit Strafe, er lädt ein zu einem Fest, als der Sohn zurückkommt. Von Sünde und vom Bösen ist überhaupt nicht die Rede. Es ist die Freude, dass der Sohn erkannt hat, da draußen ist keine Heimat. Da draußen kann man nicht leben. Vater bedeutet in diesen Gleichnissen einfach unser tiefstes Wesen. Es ist ein Erkenntnisvorgang, um nicht zu sagen eine tiefe Erfahrung. Wer vor seinem tiefsten Wesen davonläuft, rennt in Leid und Untergang hinein.

Was man mit Sünde bezeichnet, ist Mangel an Erkenntnis. Als Dummheit wird es in der östlichen Esoterik oft übersetzt. Solange der Mensch nicht weiß, wer er ist, solange er seinem tiefsten Wesen entfremdet ist, solange wird er das tun, was wir böse nennen.

Sünde ist Entfremdung, Entfremdung von unserem wahren Wesen. Wir sind diesem unserem göttlichen Wesen fremd geworden, darum tun wir vieles, was dem wahren Leben widerspricht. Und widersprechen, dem Leben widerstehen, bringt Leid, während Erlösung geschieht, wenn wir aus der Entfremdung heimkehren und den Widerstand gegen das Leben aufgeben.

Nicht um ein Blutopfer für unsere Sünden darzubringen, ist Jesus ans Kreuz geschlagen worden, sondern weil er sich eingelassen hat auf die Gesetzlosen, die Prostituierten, die blutflüssige Frau, die Zöllner und alle sogenannten Sünder. Er wurde dadurch in den Augen der Pharisäer selbst zum Unreinen. Deshalb wurde er zum Häretiker erklärt, der Gottlosigkeit angeklagt und zum Kreuzestod verurteilt; und nicht, weil ein Gott ein Blutopfer für die Versöhnung verlangt hätte. Der Opfertod hat bei Jesus keinen Rückhalt. Ich weiß, dass solche Gedanken für viele ein Umdenken erfordern, das die christliche Tradition verändern wird. Diese Mahlfeier ist dann nicht mehr Sühneopfer, sondern Feier der Gemeinschaft von Gott und Mensch, von Gott und Schöpfung.

Brot und Wein sind nur die Exponenten der Schöpfung. Brot und Wein stehen für Stein, für Blume, für Baum, für Tier und Mensch und Engel. Aber sie sind nicht einfach Brot und Wein. In ihnen geschieht die Epiphanie des Göttlichen. In ihnen manifestiert sich Gott. Und er manifestiert sich in allen Wesen. Jesus fordert zur Umkehr auf. Er sagt immer wieder: Kehrt um, kehrt heim zu eurem tiefsten Wesen, zum Vater! Da ist keiner, der euch strafen will, sondern einer, der euer wahres Zuhause ist.

Das kirchliche Fasten
(Jes 58, 5–10)

„Früher haben vor allem die Täuflinge gefastet. Am Freitag und Samstag vor der Taufe fasteten Täuflinge Taufpaten und diejenigen, die getauft haben. Fasten war früher viel selbstverständlicher als heute. Basilius der Große schreibt im 4. Jahrhundert: ‚Es gibt keine Insel, keinen Kontinent, keine Stadt, keine Nation, keinen Winkel der Erde, so entlegen er auch sei, wo dieses Fasten nicht verkündet wird. Die Heere, die Reisenden, die Matrosen, die Kaufleute hören es alle und nehmen es mit großer Freude auf. Niemand schließt sich aus der Zahl derer aus, die fasten, denn das ganze Menschengeschlecht findet sich darin eingeschlossen, alle Lebensalter und alle Stände. ... Den Frauen ist das Fasten ebenso angemessen, wie es ihnen natürlich ist zu atmen. Die Kinder muss man mit dem Wasser des Fastens begießen, wie man die Pflanzen begießt. Den Greisen fällt das Fasten leicht wegen der großen Vertrautheit, die sie mit ihm eingegangen sind. Den Reisenden ist das Fasten ein Weggenosse, der ihnen einen wertvollen Dienst erweist: es macht ihr Gepäck leicht‘.“ So schreibt Niklas Brantschen[32] in seinem Fasten-Buch.

Wir müssen allerdings wissen, dass es bei diesem Fasten nicht um Nulldiät ging. Im allgemeinen war eine Mahlzeit am Tag gestattet. Es hat sich später sehr stark auf die Enthaltung von Fleisch konzentriert, was die Fischzucht anregte. Die Benediktiner haben, weil sie arbeiten wollten, starkes Bier gebraut, das einen hohen Kaloriengehalt hatte. Trinken brach ja nicht das Fasten.

Im 58. Kapitel macht Jesaia unmissverständlich deutlich, welches Fasten Gott wohlgefällig ist: „Ist das ein Fasten, wie ich es liebe, . . .wenn man den Kopf hängen lässt, so wie eine Binse sich neigt, wenn man sich mit Sack und Asche bedeckt? Nennst du das ein Fasten und einen Tag, der dem Herrn gefällt? Nein, das ist ein Fasten, wie ich es liebe: die Fesseln des Unrechts lösen, die Stricke des Jochs zu entfernen, die Versklavten freizulassen, jedes Joch zu zerbrechen, an die Hungrigen dein Brot auszuteilen, die obdachlosen Armen ins Haus aufzunehmen, wenn du einen Nackten siehst, ihn zu bekleiden und dich deinen Verwandten nicht zu entziehen. … Wenn du der Unterdrückung bei dir ein Ende machst, auf keinen mit dem Finger zeigst und niemand verleumdest, dem Hungrigen dein Brot reichst und den Darbenden satt machst, dann geht im Dunkel dein Licht auf, und deine Finsternis wird hell wie der Mittag.“ (Jes. 58, 5–10)

Das ewige Gesetz
(Mt 5,17; Joh 14,6 ff.)

Jesus sagt: „Ich bin nicht gekommen, um das Gesetz aufzuheben, sondern um es zu erfüllen." Und: „Ich bin der Weg, die Wahrheit und das Leben." – Was ist gemeint? Jesus spricht vom ewigen Gesetz, dem der Mensch sich nicht zu beugen hat wie einem Richterspruch. Es steht nicht länger auf Steintafeln, sondern ist dem Menschen ins Herz geschrieben (Jer 31,33). Gott prägt sich uns ein als ewige Wahrheit, als Weg, als Evolution, die sich fortwährend vollzieht. Alles Existierende fügt sich dem nicht nur ein, sondern ist vielmehr Ausdruck, ist Gestalt dieses ewigen Gesetzes. Im Menschen entfaltet es sich zu dem, was wir als Ich und Ichstruktur bezeichnen. Aus dieser Einheit heraus kann Jesus von sich sagen: „Ich bin Weg, Wahrheit und Leben." Der Taoismus spricht vom „Tao". Eckehart nennt es „Gottheit". Gott ist bereits eine Form der Gottheit, ist bereits gestaltgewordene Gottheit.

ES vollzieht sich als Mensch. Das ewige Gesetz zu leben ist die wahre Religion. Ins Christliche übersetzt, könnte das lauten: „Gottheit vollzieht sich in dem, was ist. Sie vollzieht sich als Schöpfung, sie vollzieht sich als Mensch, als Tier, als Pflanze. Sie kreiert sich zeitlos im evolutionären Geschehen." Dieser Augenblick ist das Ursakrament. Hier steht alles in ständiger Kommunion mit dieser Ersten Wirklichkeit. Doch die Formulierung Erste Wirklichkeit ist irreführend. Es gibt nur die Wirklichkeit des Augenblicks, das Sosein.

Das ist es, was alle Weisen erkannt haben. Shakyamuni erfuhr: „Alle Lebewesen haben die Buddhanatur." Mit andern Worten, wir sind Buddha, wir sind Erleuchtete. Wir verkörpern diesen Kern, den Zen „Leerheit", Yoga „Atman" und das Christentum „Gott" nennt oder „Ewiges Leben". Jesus sagt: „Wenn ihr mich erkannt habt, kennt ihr auch meinen Vater. Schon jetzt kennt ihr ihn und habt ihn gesehen." (Joh 14,7) Mit anderen Worten, wir haben Christusnatur. Wir *sind* das. Aber wir rennen ständig hinterher.

Schon mit der Sprache haben wir die Entfremdung gelernt. Wir drücken uns falsch aus. Wir gebrauchen eine trügerische Sprache. Wir sagen: „Ich bin geboren." In Wirklichkeit müssten wir sagen: „ES ist geboren." Geboren wird immer nur diese Urwirklichkeit. „In Wahrheit wird kein anderer als der Herr wiedergeboren", sagt Shankara, der große indische Mystiker. Oder wir müssen den Satz „ICH bin geboren" im Sinne von „Das LEBEN ist geboren" verstehen. Es ist nicht unser Leben, das wir leben, es ist das Leben der Gottheit. Deshalb sagt Jesus zu Nikodemus: „Wer nicht von oben her geboren wird, kann das Reich Gottes nicht schauen." (Joh 3,3) Wir sind von oben geboren und haben uns dieser Wahrheit entfremdet. Ein Vers aus dem *Mumonkan*[33] fasst das zusammen: „Strahlend blauer Himmel, hell leuchtender Tag! Abscheulich, da umherzujagen. Wer obendrein noch fragt: ‚Was ist Buddha?', beteuert seine Unschuld mit Diebesbeute in der Hand." (Koan 30)

Aber wer so etwas in den theistischen Religionen sagte, wurde umgebracht oder auf dem Scheiterhaufen verbrannt. Jesus versuchte, seinen Jüngern klar zu machen: „Ich und der Vater sind eins". Den Juden gefiel das nicht. Sie schrien vor Pilatus: „Wir haben ein Gesetz, und nach diesem Gesetz muss er sterben, weil er sich als Sohn Gottes ausgegeben hat." (Joh 19,7) Das Gesetz der Steintafeln, niedergeschrieben und entfaltet in heiligen Schriften, war ihnen wichtiger als jener neue Bund, den Gott mit den Menschen schließt, indem er sich und sein Gesetz in ihr Herz einprägt (Jer 31). Auch die Jünger konnten es nicht begreifen. Noch vor seinem Tod musste Jesus zu Philippus sagen: „So lange Zeit bin ich bei euch, und du hast mich nicht erkannt, Philippus. Wer mich sieht, sieht den Vater. Wie kannst du sagen: Zeig uns den Vater?" (Joh 12,45)

Dem Sufi Halladsch ging es wie Jesus. Er wurde im 9. Jahrhundert hingerichtet, weil er gerufen hatte: „Ich bin Gott." Genau sagte er: „Ich bin der, den ich liebe, und der, den ich liebe, ist ich." Es ist genau das Gleiche, was Jesus sagte: „Wer mich sieht, sieht den Vater." Rumi verteidigte Halladsch und benutzte das Beispiel vom Pharao. Als der Pharao sagte: „Ich bin Gott", war das etwas ganz anderes, als wenn Halladsch sagte: „Ich bin Gott". Pharao sprach aus seinem Ich heraus, Halladsch dagegen sprach es aus seiner Einheit mit Gott.

Was im Taoismus Tao, der Weg, genannt wird, kennt Meister Eckehart auch. Er drückt es so aus: „Der dritte Weg heißt zwar ‚Weg' und ist doch ein ‚Zuhause'-Sein, er ist: Gott zu schauen unmittelbar in seinem eigenen Sein." (Quint S. 285,3) – „Lausche auf das Wunder! Wie wunderbar: draußen stehen wie drinnen, begreifen und umgriffen werden, schauen und das Geschaute selber sein, halten und gehalten werden – das ist das Ziel, wo der Geist in Ruhe verharrt, der lieben Ewigkeit vereint." (Quint 285,13)

Religion ist ein wertvoller Schatz. Sie hilft dem Menschen, als Spezies zu überleben. Denn wer Geist entwickelt, braucht Sinndeutung für sein Leben. Er braucht Hoffnungsbilder wie Auferstehung und Nirwana. Er braucht eine Gestalt, an die er sich klammern kann, einen Erlöser. Der Erwachte kennt das alles nicht. Hier und jetzt steht er in ständiger Kommunikation mit dem Ungeborenen und Unsterblichen. Wir sind von Anfang an Erlöste. Rose Ausländer formulierte das in einem Gedicht ganz wunderbar: „Vor seiner Geburt war Jesus auferstanden. Sterben gilt nicht für Gott und seine Kinder. Wir sind Auferstandene vor unserer Geburt".

Noch einige Mystiker möchte ich hier zitieren: Meister Eckehart sagt: „Wer Gott schauen will, muss blind sein." (Quint S. 413,30) „Darum bitte ich Gott, dass er mich Gottes quitt mache, denn mein wesentliches Sein ist oberhalb von Gott, sofern wir Gott als Beginn der Kreaturen verstehen. Denn in demselben Sein Gottes, in dem Gott über allem Dasein und über aller Unterschiedenheit steht, da war ich selbst, da wollte ich mich selbst, und da erkannte ich mich selbst, diesen Menschen zu schaffen. Darum bin ich meinem Sein nach, welches ewig ist, Ursache meiner selbst, nicht aber aufgrund dessen, was ich erst geworden bin, denn das ist zeitlich. Und darum bin ich ungeboren, und darum kann ich niemals sterben. Aufgrund meines Ungeborenseins bin ich ewig gewesen und bin jetzt und werde ewig bleiben. Was ich durch meine Geburt bin, das wird sterben und zunichte werden, denn es ist vergänglich. Darum muss es mit der Zeit vergehen. In meiner Geburt wurden alle Dinge geboren, und ich war Ursache meiner selbst und aller Dinge. Und hätte ich gewollt, so wäre weder ich, noch wären alle Dinge, und wäre ich nicht, so wäre auch Gott nicht. Dass Gott Gott ist, dafür bin ich die Ursache; wäre ich nicht, so wäre Gott nicht ‚Gott'. Dies zu wissen ist nicht not." (Quint S. 308,6)

Eckehart weiter: „Darum bin ich ungeboren und kann niemals sterben". Das ist auch eine der Kernaussagen von Dogen[34] Zenji. Er schreibt: „Leben und Tod sind das Leben Buddhas. Wenn du sie verachtest und verleugnest, verlierst du das Leben Buddhas. Aber wenn du dich an Leben und Tod bindest, verlierst du das Leben Buddhas auch. ... Nur wenn du weder Leben und Tod verabscheust, ... wirst du den Geist Buddhas erfassen." – Warum Angst haben vor einem eventuellen anderen Leben? Wiedergeboren wird immer nur Gott.

Leiden und Reifen
(Mt 16,21)

Leid spielt in unserem menschlichen Leben eine bedeutsame Rolle. Auch Jesus hat gelitten, und im Augenblick seines tiefsten Leides, sagt uns Johannes v. Kreuz, hat er die Welt erlöst. Shakyamuni Buddha behauptet in seinen ersten Verlautbarungen: „Das Leben ist Leiden." Mit dem Tod des Ich hat er Erleuchtung erfahren und den Weg erkannt, den die Menschen gehen müssen, um frei von Leid zu werden.

Das Leben ist schwierig und leidvoll. Auch wir geraten im Leben immer wieder in leidvolle Situationen. Wir können darüber einen Klagegesang anstimmen, oder wir können versuchen, diese leidvollen Situationen zu lösen. Offensichtlich fürchten wir aber die Pein, und deswegen drücken wir uns vor solchen Problemlösungen, denn sie fordern von uns Entscheidungen, die wir nicht gern fällen. Wir hoffen, dass solche Situationen von allein weggehen. Wir versuchen, sie zu ignorieren, und tun so, als ob es sie nicht gäbe. Wir machen die tollsten Versuche, dem Leid zu entrinnen, wenn wir aber das Leid nicht annehmen, das solche Probleme verursacht, hindern wir uns selbst am Wachstum. Dies ist auch der Grund, weshalb es in der psychischen Krankheit kein Wachstum gibt. Wir müssen einfach lernen, dass wir das Leid nicht umgehen können. Nur wenn wir das Leid annehmen und nach Lösungen suchen, werden wir auch im spirituellen Leben weiterkommen.

Krisen in unserem Leben sind Zeiten des Wachstums. Wir müssen aus dem Mutterschoß heraus, um Mensch zu werden, und das ist leidvoll. Wir werden entwöhnt. Wir müssen in die Schule und Ausbildung. Wir müssen aus dem Elternhaus. Wir haben das Altern anzunehmen. Wir haben Krankheit anzunehmen. Wir haben den Tod anzunehmen.

Scott Peck[35], ein amerikanischer Psychologe, hat die wichtigsten Dinge aufgezählt, die im Laufe des Lebens nur unter Leid losgelassen werden können: Die

Kindheit, die keine Forderungen an uns stellt. Die Phantasie, allmächtig zu sein. Die kindliche Abhängigkeit. Entstellte Bilder unserer Eltern. Das Allmächtigkeitsgefühl der Jugendjahre. Die angebliche Freiheit von Verpflichtungen. Die Lebendigkeit der Jugendzeit. Die sexuelle Attraktivität und Potenz der Jugend. Die Phantasie, unsterblich zu sein. Die Autorität über die Kinder. Verschiedene Formen zeitweiliger Macht. Die Unabhängigkeit von physischen Krankheiten. Und letztlich das Ich und das Leben selber.

Die meisten Menschen wollen die Pein des Loslassens nicht annehmen. Sie vergeben sich damit die Gelegenheit zum Wachsen und Reifen. Sie bleiben lieber in ihren alten Mustern und versäumen die Chance und die Freude einer Wiedergeburt in größerer Reife. Die wirkliche Freude des Lebens jedoch kommt durch das Aufgeben und Loslassen von letztlich unhaltbaren Positionen. Wer loslassen kann, wird mehr gewinnen. Loslassen ist der Preis für Reife und Weisheit. Die Pein des Sterbens ist die Pein der Neugeburt, denn alte Konzepte, alte Theorien, alte Lebensweisen und alte Weltsichten müssen sterben. Tod und Geburt sind nur zwei verschiedene Seiten einer Münze, doch bis wir annehmen wollen und können, dass unser Leben eine Serie von gleichzeitigem Tod und Auferstehung ist, bleibt uns die spirituelle Schulung nicht erspart.

Wenn Leid wirklich akzeptiert ist, hört es auf, Leid im üblichen Sinn zu sein. Es wächst mit der Annahme des Leides eine tiefe Freude. Bei manchen leidgeprüften Menschen kommt diese Freude durch, denn sie sind von einer großen Liebe zu ihren Mitmenschen erfüllt. Ein reifer und weiser Mensch kann seine Liebe zu den andern nicht für sich behalten, denn er oder sie akzeptiert die Aufgabe, der Welt und ihren Mitmenschen zu dienen. Das ist freilich nicht einfach, denn den Menschen zu helfen bedeutet, ihnen auch die Wahrheit zu sagen und sie vor Entscheidungen zu stellen. Die Jünger Jesu wollten davon nichts wissen. „Weg von mir, Satan, geh mir aus den Augen“, sagt Jesus zu Petrus, als er ihn am Leiden hindern wollte.

Es gibt in der Mystik eine Einstellung zum Leid, die auf den ersten Blick narzisstisch wirkt. Immer wieder haben Heilige und Weise um Leid gebetet. Wachstum und besonders spirituelles Wachstum – für mich ist das gleichbedeutend mit Reife – geschieht offensichtlich am wirksamsten durch Probleme und Leid, doch das Leid bleibt ein Mysterium. Wer wirklich reifen will, kann ihm offensichtlich nicht entgehen.

Einem Menschen zur Annahme des Leides zu verhelfen ist schwer. Worte des Trostes sind oft auch für den, der sie sagt, schmerzhaft. Scott Peck bringt hier den Vergleich mit zwei Generälen. Sie haben eine Einheit von einigen zehntausend Mann in die Schlacht zu führen. Für den einen ist dies einfach eine Form von kalter Strategie, für den anderen aber sind es Tausende von Menschen, die eine Familie haben. Für wen dieser beiden ist die Entscheidung leichter?

Wer nicht selber unter einer Entscheidung und einem Rat, den er gibt, zu leiden hat, der ist sich seiner Entscheidung nicht ganz bewusst. Wer andere auf ihrem spirituellen Weg begleiten will und selber höhere Ebenen des Bewusstseins sucht, wird sie nicht erreichen ohne Leid. Es ist eine Berufung zum Leid in einer besonderen Weise. Es gibt zu viele Menschen, die sich auf einen spirituellen Weg machen und meinen, sie könnten dem Leid entgehen (ebd. S. 80).

Zieh aus ...

„Und Gott sprach zu Abraham: Geh aus deinem Land und aus deiner Verwandtschaft und aus dem Haus deines Vaters in das Land, das ich dir zeigen werde! Und ich will dich zu einer großen Nation machen und will dich segnen, und ich will deinen Namen groß machen, und du sollst ein Segen sein!“ (Gen 12,1)

Dieser Text wird oft zitiert und oft gedeutet. Heilige Schriften können ganz verschieden ausgelegt werden: moralisch, historisch, psychologisch oder auch spirituell. Um diese spirituelle Auslegung geht es mir, es ist die Auslegung der Mystik.

In diesem Jahr habe ich meinen 75 Geburtstag gefeiert. Von Abraham heißt es, dass er 75 Jahre alt war, als Gott ihm sagte: „Zieh aus!“ Als ich den Text las, hat er mich neu angerührt. Dieses klare „Zieh aus deinem Land und deiner Verwandtschaft aus und auch aus dem Haus deines Vaters in das Land, das ich dir zeigen werde“ wird mystisch gedeutet als Auszug aus den personalen Verhaftungen.

Gott sagt Abraham nicht, wohin er ziehen soll. Er sagt nur, wenn die Zeit kommt, werde ich es dir zeigen. Zieh aus! Darauf kommt es in dieser Stelle an. Lass die Menschen zurück, die dir Heimat bedeuteten, lass das Haus zurück, das dir Geborgenheit gibt, lass dein Volk zurück, zu dem du gehörst. –

Aber der Mystik ist das nicht genug und auch nicht das Wichtigste. Für sie gilt: Zieh aus aus deinen religiösen Vorstellungen. Zieh aus aus den Worten, Bildern und Konzepten von Gott. Zieh aus aus der Sicherheit und Geborgenheit einer schützenden und behütenden Hand Gottes. Zieh aus aus deinem Image, dem Nimbus, den andere um dich legen.

Und das Schwerste von allem: Zieh aus aus deiner vordergründigen Ich-Identität. Der Tod des Ich ist die Voraussetzung für die Erfahrung Gottes.

Zieh aus aus deiner Angst vor dem Ich-Tod. Vertraue!

Die wirkliche Gotteserfahrung befreit von aller Angst, einschließlich der Angst vor dem Verlust des Ich – „Nicht ich lebe, sondern Christus lebt in mir“ (Gal 2,20) –, versucht uns Paulus das nahe zu bringen. Mit diesen Worten meint er nicht, dass Christus in ihm lebt. Er drückt aus, dass im tiefsten Inneren Christusbewusstsein, d. h. Gottesbewusstsein lebt. Er erfährt sich nicht als ‚alter Christus‘, sondern als ‚ipse Christus‘; nicht als ein anderes Christusbewusstsein, sondern als das eine Christusbewusstsein, gleichbedeutend mit dem einen Gottesbewusstsein, außer dem es nichts gibt.

Bewusstsein als solches ist gemeint, nicht Bewusstsein von etwas, nicht Bewusstsein von sich selbst. Und doch spielt diese menschliche Form eine Rolle, sie gehört mit zum Ich Gottes. Ich bin ein Du von Gott. Ich bin eine Welle des Ozeans. Der Ozean erfährt mich als Welle. Wir sind eins mit Gott, ohne aufzuhören, Menschen zu sein. Und jetzt wage ich zu sagen: Ich bin Gott, ohne aufzuhören, Mensch zu sein. – Man braucht die Vernichtung des Ich nicht zu fürchten. Es bleibt als Organisationszentrum für unser Erdendasein.

Zieh aus aus deinem Ich. Die Furcht vor der Vernichtung ist der beste Beweis, dass dieses verängstigte „personale Ich" nicht unsere wirkliche und echte Identität ist. Wir erfahren unsere eigentliche göttliche Identität, wenn wir loslassen können, wenn wir den Mut haben „auszuziehen".

Darin liegt allerdings auch eine Gefahr. Wenn der Mensch sein Ich nicht ganz loslassen kann, kommt es zu dem, was die Psychologie Inflation nennt. Das Ich bläst sich plötzlich auf und sagt: „Ich bin Christus" oder „Ich bin Gott". Das ist genau das Gegenteil von einer wirklichen Erfahrung.

Das ist spiritueller Narzissmus. Es ist noch einmal eine Form von Regression. Es zeigt, dass die spirituelle Ebene auch gefährlich sein kann, doppelgesichtig. Darum hat jede echte Erfahrung drei Aspekte: Sie bringt eine ungeheuere *Freiheit*, eine große *Demut* und eine umfassende *Liebe*. Wenn eines fehlt, ist die Erfahrung nicht echt.

Zieh aus aus deinen *Freundschaften*. Manche werden sich von dir abwenden. Manche werden gegen dich sein. Viele erfahren das, wenn sie sich ernsthaft auf einen spirituellen Weg machen. Es gab kaum jemanden, der einen solchen Weg konsequent ging und nicht in Misskredit geraten wäre. Oft verbrannte man nicht nur die Bücher dieser Menschen, sondern auch sie selber. Toleranz ist nicht gerade Sache der Konfessionen.

Zieh aus aus deiner Rolle: Aus der Rolle des Meisters, des Priesters, des Vaters, der Mutter, des Mannes, der Frau. Die Erfahrung ist wie ein Rollentausch. Nicht ich erfahre Gott, sondern Gott bringt sich in mir zur alleinigen Erfahrung. Das macht alles andere unbedeutend und doch wieder bedeutsam in einer ganz neuen Weise. Es ist ein Erwachen Gottes, wie Johannes vom Kreuz es nennt. Daher sind in der Erfahrung auch keine anderen Dinge oder Wesen. Es ist nur Unendlichkeit, Freiheit, die aber in allen Dingen erfahrbar wird. Darum ist sie nichts Abgehobenes. „Alle Dinge schmecken dann nach Gott", wie Eckehart predigt. Dadurch wird die Gotteserfahrung identisch mit dem Alltagsgeschehen.

Diese Aussagen sind *paradox* und verweisen auf das *Mysterium*. Wirklichkeit ist nichts Festes und Abgeschlossenes, sondern ein Prozess, der sich dem wachsenden Bewusstsein immer umfassender erschließt. Sie ist eine Symphonie, die jedem erklingt nach der Weite und Tiefe seines Fassungsvermögens.

Zieh aus aus deinem *psychologischen Ich*. Die Psychologie hat uns neue Erkenntnisse unserer Psyche gebracht. Natürlich kann man Heilige Schriften auf Grund dieser Kenntnisse auch psychologisch deuten und Lebenshilfe geben. Aber Gotteserfahrung geht über die psychologische Einteilung von unbewusst, unterbewusst und bewusst hinaus. Sie geht auch über die ersten Stufen der transpersonalen Psychologie hinaus. Erst im kosmischen Bewusstsein ist eine wirkliche Gotteserfahrung möglich. Leerheit und Form, Gott und Welt sind nicht getrennt. Aber man ist nicht mehr das Subjekt der Erfahrung, es ist nur die Erfahrung selber. Darin ist nichts anderes. Auch die psychologischen Erfahrungsebenen bleiben zurück. –

Jetzt warnen natürlich die *Psychologen*, nicht abzuheben, und mahnen zur Schattenarbeit. Jeder wirklichen Erfahrung geht eine tiefe Erkenntnis der dunklen Seite der Psyche voraus. So wie eine Nahtoderfahrung oft noch einmal durch das ganze Leben führt und alle Schatten glasklar sichtbar macht, geschieht es auch hier. – Ein Mensch kann tief erleuchtet sein und trotzdem noch Ecken und Kanten haben, an denen er zu arbeiten hat.

Zieh aus aus deinen theologischen Konzepten. Der Mensch erfährt Einheit, wenn er wirklich ganz da ist, offen und unbesetzt. Jede theologische Meinung grenzt ein. Sie bleibt im rationalen Bereich stecken. Das spricht nicht gegen eine Theologie. Aber die Theologie ist nur eine Möglichkeit, sich Gott zu nähern. Bloße Wiederholung der Dogmen und des Katechismus, dessen, was andere gesagt haben, bleibt unbefriedigend. Offenbarung wird zur Offenbarung in dem, der sie empfängt. Nicht die Worte sind es, sondern die Erkenntnisdimension des Empfängers entscheidet. Was wir Gott nennen, ist immer ganz da. Unser Fassungsvermögen entscheidet, wie viel wir davon erfahren. Kontemplation erweitert unser *Fassungsvermögen*. Dieses Fassungsvermögen zieht sich bis in den transmentalen Raum. Zieh aus! Dieses Wort Gottes an Abraham führt zu einem radikalen Identitätswechsel. Er führt in ein neues Land, es ist ein Land, das Gott denen zeigt, die Mut haben auszuziehen.

Und noch etwas sagt Gott: „Ich werde dich zu einem Segen machen.“ Ein solcher Auszug bedeutet nicht Rückzug aus der Welt. Im Gegenteil, er führt zu neuer Verantwortung. Er führt zurück in die Familie und in die Gesellschaft.

Und ein Letztes. Es sind nicht die Großen dieser Welt, die wirklich Bedeutung haben. Und es müssen auch nicht die Angesehenen dieser Welt sein, die ein glückliches Leben führen. Es sind die, die Gott leben in der Tiefe ihres Seins. Und das sind meist sehr einfache Menschen, die kleinen, die wir für unbedeutend halten.

Sorgt euch nicht
(Mt 6.25 ff.)

Wir alle sind von Mustern geprägt. Ein richtiges bürgerliches Leben verläuft ganz gerade: Zuerst kommt ein ordentlicher Beruf, dann der Ernst des Lebens mit Geld verdienen, Existenz gründen, Partnerschaft, Arbeit, Karriere, Grundstück erwerben, Haus bauen, Altersversorgung, Krankenkasse, Pension und den Reisen nach Mexiko oder Kenia. Und dafür brauchen wir das Teakholz des Amazonas, das Erdöl Arabiens und die billigen Arbeitskräfte aus Ostasien und Lateinamerika. Und wir müssen auch produzieren, denn das Sozialprodukt muss wachsen, sonst können wir unseren Lebensstandard nicht halten.

Mit der dahinter stehenden Angst darüber, was wir essen und was wir trinken werden, verwüsten wir die Erde und lassen Millionen unserer Mitmenschen zugrunde gehen. Weil wir uns vor der Logik des Geldes nicht mehr retten können, treiben wir in den Untergang. Dabei sind die Dinge, die unser Leben wirklich ausmachen, kostenlos und gratis. Doch die Frage, was werden wir essen, was werden wir trinken, ist die Existenzfrage, die uns umbringt. Dabei sind wir alle wohlversichert. Für alle eventuellen Fälle haben wir vorgesorgt, uns geschützt vor Krankheit, Alter, Brand, Unfall, Reise usw. – Geld könnte eigentlich etwas ganz Neutrales sein, wie ein Schirm, eine Tasche oder ein Paar Schuhe. Doch es besitzt eine ungeheure Macht, denn es gaukelt uns vor, dass wir damit unser Leben erhalten können. Jeden Abend erfahren wir in den Nachrichten, wie die Börse sich entwickelt, wie die Aktien stehen, wie die Kurse fallen und steigen. Damit beruhigen wir unsere Ängste. Es ist ein Urinstinkt, der sich gegen Urängste wehrt, z. B. nicht genug zu essen zu haben, verlassen zu werden oder schutzlos einer Situation preisgegeben zu sein. Wir Menschen wissen im Gegensatz zu den Tieren, dass es nicht ausreicht, hie und da ein paar Körner zu picken, ein paar Gräser oder Knospen zu fressen. Wir wissen um Alter, um Krankheit, um Einsamkeit und Tod. Je mehr wir aber sammeln und uns versichern, um so größer wird auch unsere Angst.

Im heutigen Evangelium geht es um etwas viel Entscheidenderes. Wir suchen abzusichern, für den Fall des Todes. Wir versuchen, uns einen Platz im Himmel zu sichern, wie das in der traditionellen Religion heißt. Das aber geht nicht mit Geld. Vielleicht glaubte das manch einer im Mittelalter, als Ablässe verkauft wurden. So rückständig sind wir heute nicht mehr. Heute heißt das Stichwort „Wiedergeburt". Wie verschaffe ich mir eine günstige Wiedergeburt? Umgekehrt gefragt: „Was habe ich angestellt, dass es mir in diesem Leben so schlecht geht, dass mein Nachbar eine solche Pechsträhne erwischt hat oder dass dieses Kind als Krüppel geboren wurde?"

Dagegen sagt das Evangelium: „Sorget euch nicht um den morgigen Tag". Gott verlangt von uns nichts anderes, als dass wir ganz Mensch sind. Wenn wir in jedem Leben nur aufpassen, dass wir im nächsten besser dastehen, versäumen wir das wirkliche Leben, das immer im Hier und Jetzt liegt und nicht in der eventuellen nächsten Existenz. Wiedergeboren wird immer nur dieses göttliche Urprinzip, ganz gleich, in welcher Gestalt es herauskommt. Unsere Aufgabe ist in jeder möglichen Existenz die gleiche – zu erfahren, dass dieses Urprinzip Gott sich genau in dieser Form offenbaren will. Wir haben nur herauszufinden, wer wir wirklich sind. Unser wahres Wesen wird uns heute als „Reich Gottes" beschrieben. Reich Gottes aber ist nur ein anderes Wort für göttliches Leben. Und dieses Leben ist nicht in uns wie in einem Gefäß, es ist auch das Gefäß. Gott offenbart sich in der Blume als Blume, im Baum als Baum, im Menschen als Mensch und in mir als genau dieser Mensch.

Ich weiß, das ist rational schwer zu begreifen, vor allem dann, wenn jemand von großem Leid befallen ist und die Frage aufkommt: Warum gerade ich? Wenn wir aber erfahren, dass wir Reich Gottes sind, dann verlieren wir die Angst und brauchen uns nicht mehr abzusichern. Wer erfährt, dass sein tiefstes Wesen „Reich Gottes" ist, ewiges Leben, Form dieser Nichtform Gott, der lebt wie die Spatzen auf dem Dach und die Blumen auf dem Feld. Denn jede Existenz ist die Manifestation Gottes. So etwas darf man aber nicht sagen, ohne es auch zu ergänzen! Damit ist nämlich kein Fatalismus gemeint, und es ist auch nicht gesagt, dass man nun die Hände in den Schoß legen sollte, um dann zuzusehen, wie wir unsere Erde zugrunde richten und wie Millionen verhungern.

Jedem, der eine tiefere Erfahrung macht, geht auf, dass er eins ist mit allem und dass er sich den anderen gar nicht entziehen kann. „Je tiefer meine Erfahrung, um so größer das Mitgefühl", sagt ein Zenwort. Wenn der Mensch erfährt, wer er wirklich ist, erfährt er, dass er Liebe ist. Dann liebt er nicht mehr, sondern er *ist* Liebe, und Gott offenbart sich in ihm als Liebe. Das ist keine affektive Liebe, die jemandem zugetan ist. Es ist diese Einheitserfahrung, die das Leid und die Freude des anderen als eigenes Leid und eigene Freude erfährt und dann entsprechend handelt. Suchet zuerst das Reich Gottes, erkennt, wer ihr wirklich seid, dann wird euch alles andere hinzugegeben.

Karfreitag

Wir sollten an keiner Existenz festhalten wollen. Wir sollten immer bereit sein loszulassen, denn alles, was wir festhalten, hindert uns am Werden. Wenn wir die Nahrung festhalten, vergiftet sie uns. Und wenn wir die Luft festhalten, vergiftet sie uns. Wäre die Schöpfung am zweiten oder dritten Tag stehengeblieben, hätte es keine Entwicklung gegeben. Sterben gehört zum Strukturprinzip der Schöpfung, und nur wer bereit ist zu sterben, kann in eine größere Existenz eingehen.

Unser Ich-Bewusstsein muss lernen, dem Loslassen nicht entgegenzuarbeiten, denn loslassen, bis in die Stunde unseres Sterbens hinein, ist die wichtigste Aufgabe, die wir in unserem Leben lernen sollten. Es ist die Ursünde des Menschen, dass er immer wieder versucht, dieses kleine Ich zu verewigen. Dieses Ich möchte „sein wie Gott", möchte für immer existieren. Dieses Ich jedoch, diese Form unserer Existenz, kann nicht überleben. Es wird zerfallen. Was aber überlebt, ist das Nicht-Ich, das Leben Gottes, das Reich Gottes.

Unser Leben, d. h. unsere wahre Identität, ist nicht identisch mit unserem Ich-Bewusstsein. Unser Leben vollzieht sich nur in diesem relativen Ich-Bewusstsein. Den Milliarden Erscheinungsformen wird Leben für eine befristete Existenz gegeben und auch wieder genommen. Leben selbst bleibt davon unberührt. Unsere wahre Existenz ist nicht statisch, sondern dynamisch. Diese Dynamik fließt in immer neue Formen, d. h. also, dass unsere wirkliche Identität im Fließen liegt. Nur wer das Fließen (das Leben) erfährt und akzeptiert, erfährt seine wahre Identität.

Daher gehört auch Sterben zu diesem Prozess des Lebens, denn es stirbt nur die Form, nicht aber das Leben selbst. Im Sterben liegt auch die Möglichkeit für unsere Transformation, denn im Sterben liegt die Möglichkeit, das Größere zu erfahren. Unser Ich-Bewusstsein aber arbeitet dieser Transformation entgegen, es versucht festzuhalten und zu stabilisieren. Das aber bringt uns in ein menschliches Drama, denn dieses relative Ich will eine feste Ordnung erschaffen, es ist kulturschaffend und stabilisierend. Darum widersetzt es sich auch allem Wandel. Dieses unser Ich-Bewusstsein ist deswegen nichts Schlechtes. Es ist gleichsam die andere Linie des Koordinatensystems, es gleicht einem Lineal, das zwei Seiten hat: Gott – Mensch, Geist – Materie, Übernatur – Natur usw.

Wir Menschen haben kein eigenes Leben. Alles, was existiert, ist nichts anderes als das Geglitzer des Göttlichen. Nicht unser Leben leben wir, sondern das Leben Gottes. Rumi[36], ein Sufi- Dichter, der im 13. Jahrhundert lebte und 1273 starb, hat das einmal so in Verse gefasst:

> „Wie die Feder ward mein Herz in des Liebsten Händen: Heute Nacht schreibt er ein Z, morgen schreibt er R. Er spitzt die Feder an für Fraktur, Kursiv.
>
> Sagt die Feder: Ja, du weißt, wer ich bin. Ich füge mich. Manchmal schwärzt er ihr Gesicht, wischt im Haar sie ab, manchmal hält er sie verkehrt und schreibt mit ihr dann wieder."

Wir alle müssen durch den Ego-Tod hindurchgehen, damit wir erkennen, dass wir mehr sind, als uns Sinne und Verstand glaubhaft machen können. Niemand findet den Eingang zum Bereich des Göttlichen – das gleichbedeutend ist mit vollem Leben –, ohne dass er den persönlichen psycho-physischen Tod gestorben ist. Jede wirkliche mystische Erfahrung ist eine Akzeptanz des Ichtodes.

Den Tod kannst du verdrängen. Du kannst gegen ihn kämpfen, doch es scheint, dass jeder, der gegen ihn kämpft – vor allem in der Stunde des Sterbens –, das Licht und die Chance des Aufstieges übersieht, die auf ihn wartet. Man kann sich darin üben, völlig wach durch dieses Tor zu gehen. Darin liegt ganz sicher ein Großteil der Aufgabe, die uns in diesem Leben gestellt ist. Der Tod ist ein Geburtsvorgang. Der normale Geburtsvorgang lässt uns erleben, dass wir aus einem Zustand der Harmonie durch den Geburtskanal hinaus gestoßen werden in eine Zeit der Bedrängnis. Danach aber erleben wir eine neue Freiheit und Harmonie, ein neues Leben. So ist der Tod nur der „Kuss Gottes", der uns in eine neue Seinsweise führt, wie mir jetzt eine Sterbende sagte. Ein Vers von Rumi sagt es ähnlich: „Bin ich gestorben, so nehmt meinen Leichnam und tragt ihn zu meinem Geliebten. Erschreckt nicht, wenn ich, sobald er mich küsst, wieder zum Leben erwache.“ (Schellenberger B. S. 83)

Wir werden gleichsam aus einem Zustand, den wir festhalten wollen, wie durch einen Geburtskanal in eine neue Existenz gestoßen. Nur wenn wir das Bekannte loslassen, geben wir dem Unbekannten Raum. Oft müssen wir psychologisch sterben und wiedergeboren werden, bis wir ganz verstanden haben, was der Tod wirklich ist, und bis die Angst, das Bekannte zu verlassen, zurücktritt. Wenn wir begreifen, dass Tod und Geburt zwei Seiten des Einen sind, dass das Alte sterben muss, damit das Neue anbrechen kann, verliert der Tod seinen Schrecken. Das Begreifen von Tod und Geburt bringt uns zur kosmischen Bewegung des Lebens. Wir erkennen, dass beide zusammengehören. Wenn wir uns damit anfreunden können, erfahren wir die Schönheit des Lebens. Damit entrinnen wir der Stagnation und erfahren die Dynamik des Lebens in voller Freiheit.

Wo aber bleibt dann unsere Identität? Es gibt eine Identität, von der unsere Ratio keine Ahnung hat und auch keine Ahnung haben kann. Vielleicht geht ein Kontinuum weiter, das nicht an Körper und Psyche geknüpft ist. Doch das hat nichts mit unserem Ich-Bewusstsein zu tun. Es gleicht der Billardkugel, die erstarrt, wenn sie ihren Schwung an eine andere weitergegeben hat. Um diesen Zustand zu erreichen, müssen wir immer wieder loslassen. Selbst den tiefsten Zustand der Erfahrung müssen wir loslassen. Unser Bewusstsein ist wie ein Regenbogen, der viele Farben und Stufen hat. Auf jeder Stufe möchten wir gerne anhalten, jede möchten wir festhalten und möchten genießen. Selbst eine Vision scheint nichts anderes zu sein als der letzte Trick unseres Ich-Bewusstseins, noch etwas zu haben. Aber immer, wenn wir festhalten, hindern wir uns selbst am Werden.

Sterben und Loslassen ist für unser Ich jedesmal ein Akt der Vernichtung. Das macht auch den Weg der Kontemplation so schwer. In unserem Inneren werden wir dabei immer feinere Schichten entdecken. Immer wieder sind wir angehalten, das Gröbere loszulassen, um zum Feineren zu kommen. Wir Menschen tragen in uns eine Sehnsucht, die uns immer wieder anspornt, weiter in das Sein, weiter in unsere eigene Tiefe vorzustoßen, die letztlich Gott selber ist.

Erlösung ist Erwachen. Der Unterschied zwischen den sogenannten Offenbarungsreligionen – Judentum und Christentum – und den östlichen Religionen des Hinduismus und Buddhismus besteht darin, dass Gott für uns im Westen ontologisch anders sein soll, etwas, das seinem Wesen nach von uns getrennt ist und immer getrennt bleibt. Zwischen Gott und Mensch wird dadurch eine tiefe Kluft gesetzt. Dem Abendland ist es nicht gelungen, diese Kluft wirklich zu überbrücken. Die einen haben also einen anthropologischen Ausgangspunkt (sie gehen vom Menschen aus), die anderen einen kosmologischen Ausgangspunkt (sie gehen vom Kosmos aus).

Im Hinduismus und Buddhismus dagegen sind Gott und Mensch zwar verschieden, aber doch eins. Sie sind Nicht-Zwei. Die Einheit ist immer da, der Mensch erkennt sie nur nicht. Diese letzte Wesenheit ist der Urgrund allen Seins.

Sie ist das, was allen Dingen zugrundeliegt. Gott ist sowohl die Form wie auch das Formlose, er lässt sich aber nicht getrennt von uns sehen. Diese letzte Wirklichkeit ist Ursprung von allem, aber nie getrennt von allem und nie essentiell anders als alles. Es ist das gleiche Wasser, das sowohl im Ursprung, in der Quelle also, zu finden ist wie im Fluss. Das Wasser in der Quelle und im Fluss ist eines.

Im Westen muss diese Einheit von Gott und Mensch durch einen Bund wieder hergestellt werden. Gott fügt gleichsam wieder zusammen, was zerbrochen ist. Für dieses Zusammenfügen aber muss – siehe hier den Tod Jesu Christi – ein hoher Preis gezahlt werden. Das jedenfalls hat Paulus, der Jesus nicht persönlich kannte, aus der Lehre Jesu gemacht. Der Tode Jesu wird so zum Sühneopfer für unsere Verfehlungen.

In Wirklichkeit hat nur das einzelne Wesen die Verbindung mit seinem Urgrund verloren. Diese Einheit kann nie so unterbrochen werden, dass der Mensch oder die einzelnen Dinge von ihrem letzten Ursprung getrennt wären. Trennung ist nur durch die Egozentrik des Tagesbewusstseins verursacht, das uns eine Selbstständigkeit vortäuscht und damit abtrennt vom Ganzen. Dass wir Menschen und die Schöpfung von Gott getrennt sein könnten, ist unsere große Täuschung und die Ursache allen Leides.

Hat Jesus nicht vielleicht gerade das gemeint, als er sagte: „Der Vater ist der Ursprung allen Lebens, und er hat dem Sohn Macht gegeben, genauso wie er selbst, Leben zu schenken"? (Joh 5,26) Oder an anderer Stelle: „Vater, die Herrlichkeit, die du mir gegeben, habe ich ihnen gegeben." (Joh 17,22) „Alles, was des Vaters ist, das ist mein, und alles, was mein ist, das ist meines Vaters." (Joh 17,10) Dürfen wir diese Einheit nicht auch für uns in Anspruch nehmen?

Eckehart meint: „Gott unterscheidet sich vom Menschen durch Gebären und Geborenwerden. Aber Gebären und Geborenwerden ist ein Sein, ein Leben." (Quint 102,12) Diese letzte Wirklichkeit, die wir als Christen Gott nennen, ist gleichsam der Ozean, den es schon vor der Welle gibt, aber nicht getrennt von der Welle. Gott ist auch der Stamm, aus dem der Rebzweig kommt, der aber nie getrennt sein kann vom Rebzweig. Diese letzte Wirklichkeit ist das Formlose, das in der Form erscheint. Wir Menschen, wie auch alle anderen Erscheinungsformen dieser Welt, sind nichts anderes als eine Manifestation dieser letzten Wirklichkeit.

Wenn wir Gott so sehen, dann ändert sich auch unser Reden über Gott. Denn solange wir Gott nur von der oberflächlichen Bewusstseinsperipherie her als Vater sehen, analog vielleicht zum menschlichen Vater, der über uns wacht, der uns straft, der uns belohnt, von dem wir etwas erbitten können, der uns etwas versagen kann, der uns durch das, was wir Himmel nennen, ewiges Leben schenkt, der uns aber auch in die Hölle ewig verdammen kann, werden wir ihn nur von außen bitten, wie eben ein Kind seinen Vater bittet.

Wenn wir aber Gott als integrales Ganzes sehen, dann hat Religion den Sinn, uns zu helfen, dieses integrale Ganze zu erfahren. Das Erretten und Erlösen, von dem unsere Religion spricht, ist dann das Erfahren der ganzen Wirklichkeit, es ist dann ein Schauen, eine Visio Beatifica. Wir sind nicht ein Teil von diesem integralen Ganzen, der irgendwie aufgepfropft ist, wir sind vielmehr ein Teil, in dem das Ganze sich verwirklicht. Das ist unsere Heimkehr zu Gott, unsere Einheit mit ihm.

Erlösung ist dann ein Vorgang unserer Integration in das Ganze, weg von diesem Abgetrenntsein von Gott. Wir müssen zu dieser Erfahrung erwachen! So ließe sich Erlösung tatsächlich am besten umschreiben! Dann wird sich der Zweig des Weinstockes, der sich bis jetzt noch getrennt sah, seiner Einheit mit dem Weinstock bewusst. Das wird in der Mystik die mystische Union genannt, in anderen Religionen nennt man es Erleuchtung, Befreiung, Satori, Samadhi usw.

Das Anliegen Jesu ist es offenbar gewesen, uns zu helfen, dass wir in dieser Weise zu Gott erwachen. Erlösung ist somit Metanoia, d. h. diese Wende zur Mitte, zu Gott, zum Reich Gottes. „Das Reich Gottes ist in euch." „Die Zeit ist erfüllt, und das Reich Gottes ist nahe gekommen. Kehrt um und glaubt an die Heilsbotschaft!" (Mk 1,15) Weder in der östlichen noch in der westlichen Mystik ist Erlösung etwas, das ich selber *machen* kann. Es ist immer etwas, das schon da ist, das nur auf mich wartet. Etwas, das ich allerdings erst nach einem „Reinigungsprozess" selbst erfahren kann.

Wandlung, nicht Nachahmung. In der Kontemplation geht es um einen Wandlungsprozess, nicht um einen Nachahmungsprozess. In uns Menschen soll stattfinden, was in Jesus Christus stattgefunden hat. Jesus Christus, der ganz Gott ist und ganz Mensch, ist der Typus für jeden Menschen. Jeder ist wie er, mit der gleichen Aufgabe konfrontiert. Jeder soll das Göttliche in sich selbst ungehindert zum Ausdruck kommen lassen. Wir Menschen sollen Jesus gleich werden im Vollzug unseres eigenen Lebens. Wir haben aber aus Jesus Christus einen Kultgegenstand gemacht, haben ihn zum Glaubensgegenstand erklärt und ihm genaue dogmatische Funktionen zugeschrieben. Er ist zum „Objekt der Nachfolge" geworden, das wir nachahmen sollen. Dadurch ist Jesus Christus zu stark ein „Objekt" der religiösen Praxis geworden und kaum noch das eigentliche Subjekt eines inneren Prozesses, der innere Antrieb zum Erfülltwerden mit der göttlichen Fülle (Eph. 3.19). Zu dieser vergegenständlichten und aufs Podest gestellten Christusgestalt haben viele suchende Menschen keinen Zugang mehr. Andererseits aber sehnen sie sich nach einem echten Zugang zur Gotteserfahrung. Irgendetwas ist in unserer Christusverkündigung zu kurz gekommen.

Als Weg, Tür und Licht öffnet uns Christus einen inneren Zugang zum göttlichen Grund, mit dem wir eins sind, wie er damit eins war. Als Brot, Wasser und Saft des Weinstocks soll er in uns eingehen, damit wir das durch ihn erschlossene göttliche Leben in uns erspüren können. Die johanneischen Christussymbole sind zur Verinnerlichung gedacht. Sie öffnen die göttliche Mitte unseres Lebens und machen deutlich, dass Jesus Christus die Gestalt unseres wahren erlösten Seins verkörpert. Das, was wir in ihm erfahren, ist das, was wir eigentlich werden möchten und im Grunde schon sind. Er begegnet uns nicht von außen, er „erwacht" in uns von innen. Christus ist das Symbol für die erwachende göttliche Gestalt in uns. Dabei ist er uns nicht zur „Imitatio" als vielmehr zur „Conformatio" gegeben. Es geht um die Freilegung des Göttlichen in uns, so wie es in

Jesus Christus offenbar war. Der Erlösungsprozess in uns zielt auf einen Christus-Werdungsprozess, was letztlich der volle Menschwerdungsprozess ist, ja ein „Gott-Werdungs-Prozess".

Weg der Reinigung. Dieser Prozess führt durch die passive Reinigung. Nach Johannes vom Kreuz hat Jesus die Welt erlöst in der Kenosis, in der letzten Entäußerung am Kreuz. Das ist auch jedem betenden Menschen beschieden, wenn er den Weg der Kontemplation geht. In diesem Zusammenhang ist es gut, einmal in seinem Buch „Aufstieg zum Berg Karmel" im 2. Buch, Kap. 7, die Nummern 11 und 12 zu lesen. Hier[37] steht, dass Jesus das Erlösungswerk in seiner tiefsten Erniedrigung, in der Kenosis, vollbracht hat. „Im Augenblick des Todes war er (Jesus) auch der Seele nach vernichtet, ganz ohne Trost und Hilfe, da der Vater ihn dem niederen Bereich innerster Trockenheit überließ. Dies drängte ihn zu dem Schrei: ‚Mein Gott, mein Gott, warum hast du mich verlassen?' Es war die tiefste fühlbare Verlassenheit seines Lebens. Und in ihr wirkte er das größte Werk." Und weiter: „Dem möge der im Geist Strebende das Geheimnis der Tür und des Weges Christi zur Vereinigung mit Gott entnehmen." (Nr. 11)

Für Johannes vom Kreuz ist die Gleichgestaltung mit Jesus Christus in seiner tiefsten Entäußerung die Voraussetzung für die mystische Erfahrung. Diese Entäußerung gilt auch für alles religiöse Erleben wie Vertröstungen, Visionen, Elevationen, ekstatische Erfahrungen und dergleichen. Doch sind die Entäußerung und die Erfahrung der Leere nicht das letzte Ziel. Sie sind vielmehr nur Durchgang und Voraussetzung für die Auferstehung.

Jesus Christus ist gleichsam der Archetypus der Einheit von Mensch und Gott, den wir in uns tragen. Das ist sicher einer der Gründe, warum sich so viele Menschen über die Jahrhunderte hinweg zu Jesus Christus hingezogen fühlten. Er manifestiert deutlich, dass der ganze Mensch „göttlich und menschlich" ist. Die offiziellen Gebete der Kirche schließen mit den Worten „durch Jesus Christus, unseren Herrn". Damit wird diese Einheit immer wieder neu bestätigt. Aus dieser Einheitserfahrung heraus dichtete Angelus Silesius: „Das edelste Gebet ist, wenn der Beter sich in das, vor dem er kniet, verwandelt inniglich." Oder: „Willst du den neuen Mensch' und seinen Namen kennen, so frage Gott zuvor, wie er pflegt sich zu nennen."

Das Göttliche schläft in jedem Menschen wie ein Samenkorn. So wie es sich im Menschen Jesus Christus entfaltet hat, soll es auch in jedem andere Menschen erwachen und sich entfalten. Jesus Christus war ganz transparent. Gott leuchtete durch ihn hindurch, er leuchtete in ihm auf. Das gleiche hat auch mit uns zu geschehen, Gott möchte sich in uns entfalten, sich zeigen, sich auswirken, sich darstellen. So wie Paulus gesagt hat: „Mit Christus bin ich gekreuzigt, ich lebe, doch nicht mehr als ich, sondern Christus lebt in mir." (Gal 2,19 ff.) Jesus ist gekommen, um uns von der falschen Auffassung zu heilen, dass wir von Gott getrennt leben. Sein Kreuzestod am Karfreitag hat diese falsche Auffassung vernichtend getroffen. Wenn es uns geschenkt wird, mit ihm zu sterben, werden wir auch mit ihm leben (Röm. 6.4). Der Weg der Kontemplation ist der Weg durch Leiden und Sterben in die Erfahrung der Einheit mit Gott.

Es geht also darum, das Göttliche in uns zuzulassen, ihm Raum zu geben. Das ethische Bemühen dient der Entfaltung dessen, was in uns lebt, damit das Tun des Menschen ein „Tun Gottes“ wird. Alle die negativen Ausdrücke sollen also nichts anderes als die Freiheit bezeichnen, in die wir gelangen sollen. Sterben im Sinne der Kontemplation ist wirklich Gewinn. Der Gewinn des ganzen, vollen Lebens. Das ist aber nur möglich, wenn der Mensch seine Ichaktivität so weit zurücknehmen kann, dass sein Eigentliches, das Leben Gottes, aufscheinen kann. Es geht in der Mystik um mehr an Leben.

5. Ostern

Exodus
(Ex 33,18 ff.)

Ihr habt sicher schon die einfache Geschichte gehört von der Seele, die sich bei Gott beklagte, dass er sie in ihrer tiefsten Verlassenheit allein gelassen habe. Gott zeigte ihr darauf die Spuren auf dem Weg, den er mit ihr zusammen gegangen war. Plötzlich wird aus der doppelten Fußspur eine einzelne, und die Seele meint vorwurfsvoll: „Hier siehst du ganz deutlich, hier war ich allein.“ „Nein“, sagte Gott zu ihr, „das ist die Zeit, in der ich dich getragen habe.“

Es ist eine alte spirituelle Weisheit, dass uns Gott immer dann am nächsten ist, wenn wir meinen, er sei abwesend. Die folgende Lesung aus dem Buche Exodus (33,18 ff.) macht das deutlich. „Nun bat Mose den Herrn: ‚Lass mich doch deine Herrlichkeit sehen!‘ Der Herr erwiderte: ‚Ich werde in meiner ganzen Pracht und Hoheit an dir vorüberziehen und meinen Namen vor dir ausrufen. Aber mein Gesicht darfst du nicht sehen, denn niemand, der mich sieht, bleibt am Leben. Hier auf dem Felsen neben mir kannst du stehen. Wenn meine Herrlichkeit vorüberzieht, werde ich dich in einen Felsspalt stellen und dich mit meiner Hand bedecken, bis ich vorüber bin. Dann werde ich meine Hand wegnehmen, und du kannst mir nachschauen. Aber von vorn darf mich niemand sehen.‘“

Gott will Mose seine ganze Pracht und Hoheit zeigen. Aber um das zu sehen, muss Mose sich in die dunkle Felsspalte ducken, und Gott legt obendrein auch noch seine Hand auf ihn und drückt ihn gleichsam hinein in diese Höhle. Wir können die Nähe Gottes nicht mit Sinnen und Verstand begreifen.

Im Augenblick, in dem Mose das Gefühl haben muss, alles ist dunkel, eng, bedrückend, leer, da ist ihm Gott am nächsten. Erst hinterher, wenn Gott vorbeigezogen war, wenn er aus der Felsspalte herauskommt, erkennt er, dass Gott ihm da am nächsten war, als alles eng, dunkel, ausweglos schien. So ist es auch in unserem Leben. Das Göttliche ist uns immer dann am nächsten, wenn wir uns verzweifelt und verlassen vorkommen. Es scheint, dass der Transformationsprozess seine eigene Gesetzmäßigkeit hat. Und dass das, was wir Depression nennen, oft das Dunkel der Gegenwart Gottes ist.

Der Transformationsprozess ist ein schmerzhafter Prozess. Nur wenn man ihn nicht als Krankheit und Leid, sondern als Verwandlungsprozess sehen kann, lässt er sich verstehen und ertragen. Nicht umsonst wird in der Mystik das Leid sehr hoch eingeschätzt. Leid ist die Medizin, die den Menschen verwandelt und zur Vollendung führt. Wohl dem, der seine schweren Stunden so sehen kann. Wohl dem auch, der seinen Tod so sehen kann, als die letzte Bedrängnis Gottes, durch die er uns seine Herrlichkeit sehen lässt, wenn er vorüber ist. Das Grab lässt nach keiner Seite einen Ausweg. Es gibt nur die eine Befreiung, die den Körper zurücklässt. Davor haben wir Angst. Aber wie sonst sollten wir aus dem Grab erstehen?

Was ist Auferstehung? Was wäre, wenn sich die These bewahrheiten würde, die heute in manchen Büchern vertreten wird: „Jesus starb nicht wirklich am Kreuz, sondern ging nach Indien? Dort wurde sogar sein Grab gefunden." Was wäre, wenn man historisch nachweisen könnte, dass die Gebeine Jesu gefunden wurden? Wäre dann unser Christentum nur ein übler Scherz? Jesus ging in eine neue Seinsweise ein. Dazu brauchte er nicht seinen Leib. Ostern war ein Ereignis, das wesentlich in den Jüngern stattfand. Äußere Beweise für die Auferstehung gibt es nicht. Es gab keine Begegnung mit einem leibhaftigen Gegenüber, auch wenn das so in den Evangelien geschildert wird, dass Thomas seine Hand in die Seite Jesu legte und dass Jesus mit den Jüngern aß. Die Osterbotschaft wird von Menschen bezeugt, die Jesus als den Weiterlebenden, den Unsterblichen erfahren haben. Auferstehung meint kein Erleben, das in Kategorien von Raum und Zeit einzuordnen wäre. Wer die Auferstehung aus der Ebene der Symbolik entlässt und sie ins Historische einschnürt, missversteht diese Botschaft. Das leere Grab, der Engel, die Erscheinung Jesu beim Gang nach Emmaus sind Ausdrucksformen für diese innere Erfahrung und Überzeugung. Das Wort ‚ophte' (offenbarte; Kor 15,5) deutet an, dass Jesus nicht einfach von den Jüngern gesehen wurde. Er wurde ihnen offenbart, kundgetan. Es ist also nicht eine Begegnung mit einem physischen Gegenüber. Es war wohl mehr ein Bekehrungserlebnis. „Da gingen ihnen die Augen auf." Es geht also nicht um magische, parapsychische und mirakulöse Erfahrungen, sondern um eine innere Gewissheit, die sich manifestiert.

Die Begegnung mit Jesus war ein tief inneres Erlebnis. Die Berichte sind nur anschauliche Einkleidungen. Auferstehung ist eine Erfahrung der Jünger, dass dieses Leben nicht alles ist, dass sie so, wie dieser Jesus auferstanden ist, auch selbst auferstehen werden. Die Ostererzählungen sind ins Verbale und Bildhafte übertragene innere Erfahrungen. Es ist der Stil der Zeit und der Stil der Religion überhaupt, in Bildern und Gleichnissen zu reden.

Wir sind ein anderer Christus. Jesus und Christus sind zwei Aspekte der einen Wirklichkeit. Christus steht für das Göttliche im Menschen Jesus. In der Christenheit gab es schon immer das Wort „alter Christus". Damit wurden die Christen bezeichnet. In anderen Worten heißt das, dass wir alle „Christusse" sind und dass sich an uns auch ereignet, was sich an Jesus Christus ereignet hat. Gott spricht sich genau so in jedem von uns aus, wie er sich in Jesus ausgesprochen hat. Ihn nennen wir den Erstgeborenen. Wir aber sind seine Schwestern und Brüder. Und das gilt nicht nur im analogen Sinn. Das ist die wirkliche Osterbotschaft.

Eckehart sagt das sehr deutlich: „Nun sagt ein Meister: Gott ist Mensch geworden, dadurch ist erhöht und geadelt das ganze Menschengeschlecht. Dessen mögen wir uns wohl freuen, dass Christus, unser Bruder, aus eigener Kraft aufgefahren ist über alle Chöre der Engel und sitzt zur rechten Hand des Vaters. Dieser Meister hat recht gesprochen; aber wahrlich, ich gäbe nicht viel darum. Was hülfe es mir, wenn ich einen Bruder hätte, der da ein reicher Mann wäre und ich wäre dabei ein armer Mann? Was hülfe es mir, hätte ich einen Bruder, der da ein weiser Mann wäre, und ich wäre dabei ein Tor? Ich sage etwas anderes und Eindringenderes: Gott ist nicht nur Mensch geworden, vielmehr: er hat die menschliche Natur angenommen.... All das Gute, das alle Heiligen besessen haben und Maria, Gottes Mutter, und Christus nach seiner Menschheit, das ist *mein* Eigen in dieser Natur. Nun könntet ihr mich fragen: Da ich in dieser Natur alles habe, was Christus nach seiner Menschheit zu bieten vermag, woher kommt es dann, dass wir Christum erhöhen und als unseren Herrn und unsern Gott verehren? Das kommt daher, weil er ein Bote von Gott zu uns gewesen ist und uns unsere Seligkeit zugetragen hat. Die Seligkeit, die er uns zutrug, die war unser. Dort wo der Vater im innersten Grunde seinen Sohn gebiert, da schwebt diese (Menschen-) Natur mit ein. Ich sage ein Weiters und sage ein Schweres: Wer unmittelbar in der Bloßheit dieser Natur stehen will, der muss allem Personhaften entgangen sein, so dass er dem Menschen, der jenseits des Meeres ist, den er mit Augen nie gesehen hat, ebensowohl Gutes gönne wie dem Menschen, der bei ihm ist und sein vertrauter Freund ist. Solange du deiner Person mehr Gutes gönnst, als dem Menschen, den du nie gesehen hast, so steht es wahrlich unrecht mir dir, und du hast noch nie nur einen Augenblick lang in diesen einfaltigen Grund gelugt. Du magst aber wohl in einem abgezogenen Bilde die Wahrheit wie in einem Gleichnis gesehen haben: das Beste aber war es nicht." (Quint S. 178)

Die Aussage ist klar. Unser Leben endet nicht mit dem Tod. Wir gehen ein in eine neue Existenz. Und diese Existenz ist eine umfassendere Erfahrung dessen, was wir das Eine nennen, und das feiern wir hier in der Eucharistie. Wir feiern Tod und Auferstehung Jesu, und wir feiern unseren eigenen Tod und unsere eigene Auferstehung in diesem Mahlmysterium. Wir feiern hier, was wir zutiefst sind: Auferstandene, auch wenn es noch nicht offenbar geworden ist.

Das Beispiel des Jona
(Jona 1,1 ff.)

Die heiligen Schriften können auf ganz verschiedenen Ebenen ausgedeutet werden. So gibt z. B. das Johannesevangelium eine andere Deutung von Jesus als das Markusevangelium. Es wurde als ein esoterisches Evangelium bezeichnet. Vor dem Wort esoterisch haben aber viele Menschen Angst. Esoterische Lehren aber sind Lehren über innere Entwicklungsschritte. Sie bestehen aus Geschichten und Parabeln. Hinter jeder Geschichte, hinter jeder Parabel liegt eine Wahrheit, die vom buchstäblichen Sinn der Worte verschieden sein kann. So gibt es die Geschichte von der Arche Noah, vom Turmbau zu Babel, von Jakob und Esau, von Josef und seinen Brüdern. Es gibt auch die Gleichnisse vom Gärtner, vom Weinbauer, vom Hausvater, vom Öl, Wasser, Wein, Samen und Boden. Wenn wir viele der Geschichten und Gleichnisse wörtlich nehmen, dann können sie voller Widersprüche sein, und manchmal klingen sie sogar unsinnig.

Nun gibt es im Alten Testament auch die Geschichte von Jona. In dieser Geschichte geht es um einen Wandlungsprozess, um unseren eigenen Wandlungsprozess, unsere eigene Verwandlung. Es ist die Geschichte, wie sie uns in vielen Mythen und Märchen dargestellt wird. Die Geschichte unserer eigenen Menschwerdung wird darin erzählt.

Auf dem Weg der Individuation, auf dem Weg zur vollen Menschwerdung also, muss der Held, muss Jona, muss jeder Mensch in den Bauch des Ungeheuers hineingeraten, um verwandelt wieder daraus hervorzugehen. Die Höhle, der Bauch des Fisches, ist eines jener archetypischen Bilder, in dem sich menschliche Erfahrungen verdichten. Auch unser eigener Lebensweg ist darin aufgezeichnet.

Der Bauch des Untieres verkörpert die im Unbewussten eingekerkerte Lebenskraft, die eine spirituelle Kraft ist. Das Unbewusste, das als Dunkelheit erscheint und Angst macht, das auch verwirrt, droht die bewusste Persönlichkeit zu überwältigen. Das Ich bekommt Angst, wenn es wirklich loslassen soll, wenn es sterben soll. Das aber heißt nichts anderes, als bereitet zu werden für diese verwandelnden Kräfte. Es flieht wie Jona in die entgegengesetzte Richtung, möglichst weit weg in die Zerstreuung, in die Arbeit, ins Geschäft, ins Vergnügen. Aber das Ich kann dieser entsetzlichen Nachtmeerfahrt auf die Dauer doch nicht ausweichen. Die Geschichte zeigt uns, dass wir ständig einer Daseinsweise absterben müssen, um zu einer neuen aufzustehen. Denn wer festhält, hindert sich selbst am Wandel.

Wir müssen aus dem Mutterschoß hinaus, wenn wir wirklich Mensch werden wollen. Wenn wir Frau oder Mann werden wollen, müssen wir aus der Kindheit heraus. Wir müssen aus einengenden Mustern und Konditionierungen heraus, wenn wir wirklich frei werden wollen. Wir müssen sogar aus unseren religiösen Vorstellungen, aus unseren Vorstellungen von Gott heraus, wenn wir dem wirklichen Gott begegnen wollen. Eckehart bittet ausdrücklich darum, von diesen Vorstellungen befreit zu werden, indem er sagt: „Darum bitte ich Gott, dass er mich Gottes quitt mache." Wir müssen lernen, mit den Mächten der Finsternis, mit unserem Schatten, mit unserem Leid und unserem Tod ins Reine zu kommen, um geheilt, gewandelt und frei wieder auftauchen zu können.

Genau das versuchen wir auch auf einem spirituellenWeg. Es geht um einen Abstieg in das Unbewusste, in den Bauch des Fisches. Es geht um ein Sterben, sagt die Mystik, um gereinigt und gewandelt wieder aufzustehen. Es geht um die Wiedergeburt, wie Jesus zu Nikodemus sagt, um zum wahren Menschen geboren zu werden. Wie Jona versuchen wir, uns zu drücken. Wir ziehen die Decke über den Kopf und verkriechen uns in der Koje der Regression. Wohl dem, den ein Kapitän herausholt und unbarmherzig über die Reling werfen lässt. Manchmal kann es das sein, was wir einen Schicksalsschlag nennen, wenn jemand die Stelle des Kapitäns übernimmt. Und manch einer springt sogar selber, weil das Leben sonst keinen Sinn mehr macht. Über diese Reling müssen auch wir. In den Bauch des Fisches müssen auch wir. Und am Ende erkennen wir, dass dieser Bauch die Stunde unserer tiefsten Wandlung war.

Wer jedoch gerade darin steckt, meint vielleicht, dass er krank sei, oder er werde gar verrückt, er müsse sterben. Allerdings ist unsere innere Einstellung dabei äußerst wichtig, um diese Zeit als eine Zeit der Verwandlung zu akzeptieren. Seid also nicht verzagt, wenn ihr von Zeit zu Zeit das Gefühl habt, dass ihr im Bauch des Seeungeheuers steckt. Dies sind die Stunden der Verwandlung, und ihr könnt sicher sein, dass ihr wieder ausgespuckt werdet wie Jona. Nehmt allen Mut zusammen und macht euch entschlossen auf diesen inneren Weg. Keiner wird physisch sterben, es ist nur eine Zeit der Verwandlung, wenn man den Mut aufbringt, sich diesen dunklen Kräften zu stellen. Jona ist vor einem Lebensauftrag geflohen. Er wollte nicht nach Ninive. Im Bauch des Walfisches machte er eine Verwandlung durch. Dann aber geht er, nachdem ihn der Wal an Land gespuckt hat, sofort in diese gottlose Stadt Ninive, um seinen Lebensauftrag zu erfüllen.

In Schlesien gibt es die sogenannten Walfischkanzeln. Der Prediger muss durch den Bauch eines Walfisches hinaufsteigen, und das geöffnete Maul ist dann die Kanzel. Die Bedeutung liegt auf der Hand, denn keiner soll vor andere hintreten, der nicht durch den Bauch des Fisches gegangen ist. Und was hat das alles mit dem Christentum zu tun? Die Jonageschichte ist der Typus auch für Jesus. Er ist durch Leid und Sterben in die Auferstehung gegangen. Dies aber ist unser aller Weg. Im Leben des Jona und im Leben Jesu ist er uns vorgezeichnet.

Lazarus
(Joh 11,17)

Wenn wir die Mythen der Völker betrachten, dann sehen wir, dass der Mensch am Anfang den Tod noch nicht kannte. Er verstand die Sprache der Tiere und lebte, ohne hart zu arbeiten, in Frieden mit dem Leben. Damit ist aber nicht ein paradiesischer Ort beschrieben, in dem sich der Mensch vielleicht einmal befunden hätte. Auch nicht die uroborische Einheit des noch nicht erwachten Menschen. Gemeint ist der Zustand des Menschen, der mit Gott, seinem Ursprung, in Einheit lebt.

Aus dieser kindhaften Einheit hat uns das vertrieben, was wir als Christen die Ursünde nennen. Ursünde hat mit Sünde im eigentlichen Sinn des Wortes nichts zu tun. Es geht nicht um Schuld. Hier wird vielmehr das Auftauchen des menschlichen Bewusstseins aus einem archaischen Vor-Bewusstsein in ein personales Bewusstsein beschrieben. Seitdem entwickelt dieses unser personales Bewusstsein eine dominierende Eigenaktivität, die uns oft regelrecht tyrannisiert und die man nicht ohne weiteres abschalten kann. Aber wir ahnen, dass es jenen Ort der Ruhe gibt, an dem wir das Heilige, das Göttliche ungestört erfahren können. Freilich ist dieser Ort offensichtlich nur durch Leid und Tod zu erreichen. Mit Tod ist hier nicht der physische Tod gemeint, sondern der Tod dieses dominierenden Ich, das uns die Einheit mit Gott verstellt.

Der Weg führt bei nicht wenigen durch eine innere Verworrenheit, durch eine Enge, wie sie durch ein Grab symbolisiert wird. Es ist so eine Art Einweihungskrankheit, eine Rückkehr zum ursprünglichen Chaos, aus dem heraus die Umwandlung und Neuwerdung geschieht. Es geht um die Umwandlung des alten in einen neuen Menschen, wie wir als Christen sagen. Es geht um ein Reifen zur vollen menschlichen Gestalt. Der Weg führt meist durch eine grenzenlose Einsamkeit, durch Verzweiflung und seelische Not. Er führt durch die Annahme des Todes. Es scheint, dass nur das Leid den Menschen zu jener inneren Einsicht treiben kann. Hermann Hesse hat einmal gesagt: „Verzweiflung ist das Ergebnis eines ernsthaften Versuches, das Menschenleben zu begreifen und zu rechtfertigen.… Diesseits der Verzweiflung leben die Kinder, jenseits die Erwachten."

Der alte Mensch hat zu sterben. Das ist die Erkenntnis jeder Religion, und alle Religionen haben Riten entwickelt, in denen dieser Durchgang gefeiert wird. Es ist ein Durchgang, eine Heimkehr. Denn es geht nicht um Sterben um seiner selbst willen, es geht um Leben. Das feiern wir Christen am Karfreitag und an Ostern. Genau das feiern wir auch in dieser und im Grunde in jeder Liturgie des Brotbrechens. Wir feiern unsere Auferstehung, die Heimkehr ins verlorene Paradies. Es ist nicht jenes Paradies, das hinter uns liegt. An dessen Tor steht der Cherub mit dem Flammenschwert und lässt niemanden mehr hinein; denn das ist das Paradies der Kinder, das infantile Paradies des vorpersonalen Zustandes. Unser Weg ins wahre Paradies führt durch unser personales Erwachen hindurch in die Einheit mit dem Ursprung, ins Pleroma, in die Fülle.

Wir Christen nennen sie Auferstehung, Himmel oder ewiges Leben. Die Buddhisten nennen sie Satori, die Hindus Samadhi, und andere Religionen haben dafür andere Worte, die alle versuchen, diesen Zustand zu beschreiben. Wenn man theologische Lexika vergleicht, stimmt sicher nicht alles im Wortsinn überein. Wenn man aber von der menschlichen Erfahrung herkommt, wollen alle Religionen letztlich das Gleiche sagen: Der Himmel ist in uns, das Reich Gottes ist in uns, Satori ist hier und jetzt, wenn es uns gelingt, diese Grenze des rationalen Bewusstseins zu überschreiten.

In diesem Sinn verstehe ich auch die Ostererzählungen. Die Auferstehungsberichte sind keine historischen Tatsachenberichte, es sind Erfahrungen, die Menschen mit und an Jesus Christus gemacht haben. Sie haben diese Erfahrungen in Begebenheiten gekleidet, wie wir gerade eine gehört haben. Die Botschaft vom Sterben und Auferstehen des Lazarus symbolisiert auch unser Sterben und Auferstehen. Es ist ein mythisches Erleben, ein mythischer Vollzug.

Wir feiern das in diesem eucharistischen Mahl. Das Mahl ist eigentlich der Abschluss. In den Mysterienreligionen feierte mal ein Mahl, wenn der Eingeweihte symbolisch durch Sterben und Auferstehen hindurchgegangen war. Und das tun auch wir jetzt in diesem Mahl. Wir feiern das Sterben und Auferstehen Jesu, und wir feiern unser Sterben und Auferstehen.

Karsamstag

Was ist ein Mythos? Wenn wir im normalen Sprachgebrauch sagen, das ist ein Mythos, dann hat das den Beigeschmack von etwas Märchenhaftem, Unwirklichem, ja Unwahrem. – In Wahrheit ist ein Mythos aber etwas sehr Wichtiges. Er lässt sich, wie schon oft gesagt, mit einem Glasfenster vergleichen, durch das uns die Wirklichkeit Gott aufleuchtet. Diese Wirklichkeit leuchtet im Mythos viel stärker auf als in abstrakten Formulierungen und Lehrsätzen. Das wird vielleicht nicht jeder akzeptieren können. Trotzdem ist es wahr. Religion drückt sich im Mythos aus. Die interpretierenden Lehren, die aus dem Mythos entstehen, kommen erst nachher. Mythen sind Poesie, Lehre ist Prosa.

Was ist der Sinn von Mythen? Sie wollen uns helfen, unser Leben mit der Wirklichkeit in Einklang zu bringen. Im Mythos wird offenbar, was wir mit allen Menschen gemeinsam haben. Sie erzählen uns von unserem Suchen nach Sinn für unser Leben. Wir müssen den Lebenssinn real erfahren, denn nur in der Erfahrung des Lebens erhalten wir eine Sinndeutung. Die Mythen helfen uns, den Weg zu unserer Transformation zu finden. Die geschieht immer im Hier und Jetzt. Die Mythen sprechen vom Mysterium, das wir selber sind. Durch sie wird uns unser eigener Weg, den wir zu gehen haben, klarer. Sie zeigen uns auch unser Verwobensein in den Kosmos.

Die Mythen sagen uns, dass wir uns, um das Leben zu finden, nach innen wenden müssen, bis dann diese Differenz zwischen Innen und Außen verschwindet. Wenn wir uns auch um die Mythen anderer Weltanschauungen und Religionen kümmern, kann es sein, dass wir unsere eigenen Mythologien besser verstehen.

Der Mythos sagt uns beispielsweise auch in simpler Weise, dass Hochzeit die Vereinigung von Zweien ist, denn Hochzeit hat eine spirituelle Dimension. Hochzeit ist etwas ganz anderes, als wenn jemand auf ein Liebesabenteuer ausgeht. Führt ein Abenteuer zur Heirat, so erkennen heutige Psychologen mehr und mehr, dass die zwei dann bald geschieden sein werden. – Wir sollten im andern und über den anderen unsere eigene Andersgeschlechtlichkeit herausfinden, um dann ganz wir selber zu werden. In einer Hochzeit, die immer ein *Hagios Gamos*, eine Heilige Hochzeit, ist, feiern wir letztlich den inkarnierten Gott, die Einheit von Gott und Mensch und die Einheit von Gott und Kosmos (die Einheit also von Leerheit und Form). In der Hochzeit erkennen wir uns mit unserem gegengeschlechtlichen Teil als wahres Selbst. Es ist also eine Vereinigung des Selbst mit dem Selbst. Hochzeit ist eine spirituelle Angelegenheit. Ob nun die einzelnen Paare darum wissen oder nicht. Hochzeit gibt eine neue Identität, die Erfahrung der Einheit.

Der Mythos bringt uns zur Weisheit des Lebens. Weisheit kann man nicht lernen, nur Wissen und Informationen kann man lernen. Jeder Mythos führt in eine dunkle Zeit, in welcher der Held oder die Heldin nicht wissen, wie es weitergehen soll. Diese dunkle Zeit aber ist immer die Zeit der Transformation. Im dunkelsten Augenblick kommt das Licht. Wir sehen das jetzt wieder im Tod und der Auferstehung Jesu. Wir identifizieren uns mit Jesus Christus, sollten aber darum wissen, dass der Christus in uns nicht sterben kann, so erkennen wir immer wieder auch das Göttliches in uns.

Alle Religionen haben sich im Laufe der Zeit weiterentwickelt und entfaltet. Im Alten Testament war Gott zunächst nichts anderes als der Stammesgott eines Nomadenclans. Dann wurde er zum mächtigsten Gott aller Götter. Er hat in der hebräischen Gesellschaft die Oberhand bekommen. Während der Gefangenschaft von Babylon (im 6. Jahrh.) kam dann noch die Idee eines Retters dazu. – Wenn die Welt sich ändert, ändert sich auch die Religion. Das ist ein schwieriger Prozess. Die Theologie beginnt die metaphorischen Bilder und Parabeln als Fakten festzulegen. Die Metapher aber ist nur eine Maske, durch die eine letzte Wirklichkeit spricht.

Heute stecken die Religionen tief in der Problematik von gut und böse. Sie sind verwickelt in moralische und soziale Probleme. Die mystische Erfahrung der Wirklichkeit jedoch wird zu wenig verkündet und als Ziel gesehen. Theologen das klar zu machen ist sehr schwer. Denn sie sind ja keine Charismatiker. Verkünden sollte nur der, der eine tiefe Erfahrung der Wirklichkeit gemacht hat und nun davon in Parabeln, Metaphern und Bildern sprechen kann. Theologen werden leicht zu Funktionären im Dienste der Religion. Mönche aber sollten nach Erfahrung streben. Ludwig Blosius, ein Benediktiner aus dem Mittelalter, schreibt daher: „Wenn du sagst, diese Vollkommenheit (Kontemplation) ist für mich zu hoch …, so antworte ich dir: dann bist du kein Mönch."

Die Einheit alles Existierenden zu erkennen scheint mir die wichtigste Wahrheit, die mythologisch ausgedrückt wird. Es ist die planetarische Einheit, besser die kosmische Einheit, um die es geht. Zuerst aber sollten wir den Mythos der planetarischen Einheit erkennen; wir stecken immer noch mitten in unseren „Stammesfehden", im Kampf der Gruppierungen, Parteien, Nationen und Religionen. Die Liebe und das Verständnis, das unsere Religion uns vermitteln möchte, erstreckt sich zu leicht nur auf die eigene Gruppierung. Sie sollte sich aber auf alle Menschen, ja nicht nur auf alle Menschen, sondern auf alles Leben in diesem Kosmos erstrecken. Die Astrophysik liefert uns jeden Abend ein holistisches Weltbild in die Stuben. Wir brauchen einen Mythos, der uns aufzeigen kann, dass wir uns nicht nur mit der eigenen Gruppe, sondern mit unserem ganzen Planeten, ja sogar mit unserem Kosmos identifizieren.

Andere Religionen haben andere Vorstellungen und teilweise, wie mir scheint, die eindrucksvolleren. Unser Bewusstsein ist das Bewusstsein Gottes, doch es gibt nur ein Bewusstsein. Dieses Bewusstsein aber sollten wir einer Reinigung unterziehen, dann nämlich hören wir den „Gesang des Universums". Dieses Bewusstsein war nie von Gott abgeschnitten, so wenig wie Leben abgeschnitten sein kann vom einen Leben.

Im sogenannten „Sünden-Fall" im Garten Eden geschah keine totale Abtrennung vom göttlichen Leben. Es war der Übergang in den Bewusstseinsstand unserer Ratio, die gut von böse und richtig von falsch zu unterscheiden weiß. Von da an müssen wir den tragenden Grund suchen, in dem die Einheit herrscht. Häufig sehen wir die Natur nur als ein Objekt, das uns zu dienen hat. Zu einem gewissen Teil stammt diese Vorstellung noch aus der Bibel, die uns berichtet, dass alles in einem gefallenen Zustand ist. Der Retter aber wird kommen, um uns daraus zu erlösen. Aber der Retter liegt in uns. Wir haben ihn zu befreien.

Wenn wir mit unserem Ich-Bewusstsein nach draußen schauen, sehen wir viele Probleme, die wir in dieser Existenz haben. Wenn wir aber nach innen schauen, stellen wir fest, dass wir sie selber projizieren und sie für uns zu riesigen Bergen auftürmen. – Spirituelle Führer sind Menschen, die sich in gewissem Sinn aus der Gesellschaft hinausbewegt haben. Aufgabe der Gesellschaft ist es ja, die Menschen zu beschützen und zu tragen. Sie aber wagten es, ihrer eigenen Überzeugung zu folgen. So sind nicht wenige von ihnen verurteilt, aus der jeweiligen Gemeinschaft ausgestoßen oder sogar verbrannt worden. Wenigstens ihre Bücher hatten oft dieses Schicksal zu erleiden. Die theistischen Religionen vor allem taten sich bei diesen Maßnahmen besonders hervor.

Bei manchen Christen bringt eine solche Vorstellung Glaubenszweifel. Meinen Glauben haben aber solche Erkenntnisse gestärkt. Sie haben mich von der einseitigen kulturellen Last, ja aus dem engen Gefängnis dogmatischer Begriffe befreit. Vor allem haben sie mich von der einseitigen Auffassung befreit, Religion sei im wesentlichen Ethik. Religion aber soll uns die Einheit von Gott und Menschen, von gut und böse, von Himmel und Erde nahe bringen und nicht moralisieren. Sie soll uns zur Erkenntnis verhelfen, wer wir wirklich sind. Sie soll uns auch in Harmonie mit dem Kosmos bringen und somit auch in Harmonie untereinander. D. T. Suzuki soll einmal, sich etwas verlegen die Hände reibend, über das Christentum gesagt haben: „Gott gegen Mensch, Mensch gegen Gott. Mensch gegen die Natur. Natur gegen den Menschen. Natur gegen Gott. Gott gegen die Natur. Eine eigenartige Religion!"

Wir sollten die mythologischen Strukturen einer Religion durchschauen. Wenn wir aber die Metaphern, Symbole, Parabeln und Bilder als historische Fakten interpretieren, geraten wir in größte Schwierigkeiten. Wenn wir z. B. lesen, „Jesus stieg in den Himmel auf", dann dürfen wir nicht annehmen, dass da eine Person an einen bestimmten Ort ins Weltall hochgestiegen ist. Es gibt keinen physischen Himmel! Jesus ging lediglich in eine neue Seinsweise, in eine Erfahrung, die nichts zu tun hat mit Raum und Zeit. Wir sollen mit ihm aufsteigen, indem wir nach innen gehen, zu unserer eigentlichen Quelle des Lebens.

Die Auferstehungsberichte

Der erste Auferstehungsbericht stammt von Paulus. Er dürfte etwa 40 Jahre nach Christus der Auferstehungsbotschaft begegnet sein. Er schreibt darüber ungefähr 15 Jahre später an die Korinther (1 Kor 15): „Christus ist für unsere Sünden gestorben, nach den Schriften; und ist begraben worden. Und er ist auferweckt worden am dritten Tage, nach den Schriften; und ist Kephas erschienen und dann den

Zwölfen. Danach ist er mehr als fünfhundert Brüdern auf einmal erschienen; die Mehrzahl von ihnen ist noch am Leben, einige sind aber schon entschlafen. Danach ist er Jakobus (dem Herrenbruder) erschienen und danach den Aposteln insgesamt. Zuletzt von allen ist er auch mir erschienen – mir, der ‚Missgeburt'."

Vom leeren Grab ist nicht die Rede. Es sind keine Angaben über den Ort der Erscheinungen gemacht. Es handelt sich offensichtlich um innere Erlebnisse, die vermutlich in Galiläa stattfanden. Es ist absolut unbedeutend für meinen Glauben, ob das Grab Jesu leer war. Die Geschichte vom leeren Grab scheint erst relativ spät in die Verkündigung eingegangen zu sein. Im ursprünglichen Text endet das Markusevangelium lakonisch mit dem Satz: „Er ist auferstanden." Es wird von keiner Erscheinung berichtet. Die Erzählungen darüber sind erst später angefügt worden.

Die Erscheinungen haben sich wohl über einen größeren Zeitraum verteilt. Das konkrete Wort für Erscheinung lautet: „Er erschien" oder „Er wurde geschaut". Mit diesem Ausdruck werden alle Gotteserscheinungen im Alten Testament eingeführt. So „erscheint" Jahwe dem Abraham (1 Mos 12,7), dann dem Mose beim brennenden Busch (2 Mos 3), später dem Propheten Jesaja (Jes 6). Der Ausdruck „erscheinen" wird immer dann benützt, wenn dem Menschen Göttliches widerfährt in Form von wahrnehmbaren Erscheinungen, Visionen oder Träumen. Das Schauen ist offensichtlich nicht (rein) optisch gemeint. Es ist vielmehr ein inneres Widerfahrnis. Es ist eine spirituelle Erfahrung. Wir würden sagen: eine Erleuchtungserfahrung. Darum kann Paulus auch seine Jesuserfahrung in diese Reihe eingliedern. Ihm erschien Jesus bei seiner Bekehrung etwa 4 Jahre nach dem Tod Jesu, als er vom Pferd stürzte. – Es ist also eine innere Schau mit der Gewissheit, dass Jesus lebt. Wir können sagen, Erweckung von den Toten war in den Urgemeinden ein Ausdruck für ein intensives Erlebnis dieser Wirklichkeit, die wir Christen Gott nennen. Sie führt zu einer Bekehrung und Nachfolge.

Alle Auferstehungsberichte sind späteren Urspungs. Wahrscheinlich fanden die Erscheinungen in Galiläa statt. Und die letzte Vision hat nicht alle Jünger überzeugt: „Und als sie ihn sahen, warfen sie sich vor ihm nieder, einige jedoch zweifelten." (Mt 28.17) Mirakelgeschichten waren damals so beliebt wie heute. So hat man die Auferstehung Jesu ausgebaut. Wir sehen in Jesus das Modell, an dem wir uns selber deuten können. Die Jünger erkennen, dass sein und ihr irdisches Dasein auch über den Tod hinaus noch sinnvoll ist. Er sagt uns, dass Auferstehung etwas ganz anderes meint, als wir uns gewöhnlich vorstellen. Dort wird nicht mehr geheiratet, dort kann man auch nicht sterben. Es ist also offensichtlich ein ganz anderer Seinszustand. Gott ist ein Gott der Lebenden.

Wir sollten auch die Angst vor einer Hölle ablegen. Dieser gewaltige kosmische Prozess, in den wir Menschen eingeordnet sind, wurde nicht ins Leben gerufen, damit Gott ein paar Wesen in den Himmel und ein paar in die Hölle verbannen kann. Wir müssen unsere allzumenschlichen Vorstellungen ablegen. „Ist jemand in Christus, so ist er ein neues Geschöpf. Das alte ist vergangen, siehe, es ist neu geworden." (2 Kor. 5,17; vgl. Gal. 6,15) Man kann aus diesen Stellen eine Identität ableiten: „Ich lebe, aber nicht mehr ich, sondern Christus lebt in mir."

(Gal. 2.20) „Christus“ ist also eine Seinsweise, es ist die gleiche Seinsweise, die Jesus hatte. Mystische Erkenntnisse sind durch solche Erfahrungen fundiert. Es geht nicht um eine Nachahmung Jesu, es geht um „Christus-Sein“.

Das Weibliche im Auferstehungsgeschehen (Mt 28,5 ff. und Joh 20,11 ff.)

Jesus gibt – so steht es in allen Evangelisten – den Frauen den Auftrag, den Jüngern seine Auferstehung zu verkünden. Geht es Jesus dabei um eine Bevorzugung der Frauen? Mir scheint, dass es um etwas anderes geht, nämlich um die Fähigkeit der Frauen, tiefinnerliche Erfahrungen auf religiösem Gebiet zu machen. Den weiblichen Anlagen ist dies offensichtlich eher gegeben als den männlichen. Nur wer bereit ist zu empfangen, offen zu sein, schwanger zu gehen und zu gebären, wird auch erfassen, was Auferstehung und ewiges Leben ist. Der kann es auch den anderen verkünden. Der Frau scheint dies offenkundig leichter zu fallen, einen Zugang zur Dimension religiöser Erfahrungen zu finden. Die Jünger, die Männer also, ringen sich nachweislich nur sehr viel schwerer zu dieser Erkenntnis durch. Die Psyche der Frau wird zur Geburtsstätte der Auferstehungsbotschaft.

Bede Griffiths[38] schreibt in seinem Buch „Die Hochzeit von Ost und West“: „Ich bin ausgezogen, um die andere Hälfte meiner Seele zu entdecken. Ich hatte herauszufinden begonnen, dass nicht nur in der westlichen Welt, sondern auch in der westlichen Kirche etwas fehlte. Wir haben nur die eine Hälfte unserer Seele gelebt, die bewusste, die rationale (die männliche) Seite.“ „Ich wollte in meinem Leben die Hochzeit dieser beiden Dimensionen der menschlichen Existenz erfahren.“ Jeder von uns, Mann wie Frau, und dann auch unsere Gesellschaft als ganze, muss ausziehen, um den weiblichen Anteil in sich selbst zu entdecken. Es geht um die Hebung der weiblichen Schätze in uns, sowohl im Mann als auch in der Frau.

Diese Schätze liegen auf der Seinsebene. Wir können sie nur tief in uns erfahren, wenn wir das Machen abgelegt haben, denn der *homo faber* ist auch in der Religion dominierend. Es ist im Christentum noch nie so viel organisiert, strukturiert und aktiviert worden wie in unseren Tagen. Das faustische Element prägt unsere Gesellschaft, unsere Industrie, unsere Politik und auch unsere Religion. Dieses Element des Machens ist mit der Ablösung der matriarchalen Religion durch das patriarchale Element in die Menschheit eingedrungen.

Im Matriarchat, das auch im Alten Testament noch nicht ganz überwunden war, ist das Recht immer noch auf Seiten derer, die Schutz brauchen, auf der Seite der Armen und Unterdrückten. Erst die Entwicklung zur patriarchalen Religion gab dem Mann das Recht über die Frau, dem Reichen das Recht über die Armen und dem Stärkeren das Recht über den Schwächeren. Die Ausrottung und Vernichtung anderer auf Geheiß Jahwes füllt viele Seiten des Alten Testaments. Wenn wir in unsere heutige Welt hineinschauen, sehen wir, wie gelehrig wir immer noch diesem Muster folgen.

Der Name Gottes in manchen ‚matriarchalen' Teilen des Alten Testaments ist El, Elohim oder El Schaddaj. Die Worte El und Elohim gehen vielleicht auf eine weibliche Gottheit Eloa zurück und wurden erst später im Plural männlich. Schaddaj bedeutet im Stamm Berg und Mutterbrust. Schaddaj ist allem Kriegerischen abhold, denn sie liebt Ordnung und Harmonie, Gedeihen der Familien und der Herden.

Mit dem Gesagten möchte ich nicht einer einseitigen feministischen Theologie das Wort reden. Es bedarf auch hier einer ausgewogenen Polarität männlich – weiblich, denn ohne diese Polarität gibt es keine Energie. Polarität ist ein Grundgesetz der Weltstruktur. Wenn wir Polarität sagen, denken wir sehr schnell an sich ausschließende Gegensätze, in Wirklichkeit bedingen sich zwei Pole, entsprechen sich und ergänzen einander. Sie sind voneinander abhängig und ermöglichen die Ganzheit. Offensichtlich ist aber in unserer Gesellschaft der männliche Pol so dominierend, dass wir im Ungleichgewicht sind. Offenbar dominiert er auch viele konkrete Frauen, die notgedrungen von dieser Entwicklung geprägt worden sind. Das Ich-Bewusstsein der ganzen Menschheit hat sich auf Kosten anderer Anteile der menschlichen Psyche einseitig entwickelt.

Die Entdeckung des Weiblichen in unserer Zeit ist eine Wiederkehr des Verdrängten. Der weibliche Archetypus, die Mutter allen Lebens, ist nicht nur in den tiefsten Seelenschichten der Frau, sondern auch in denen des Mannes verankert. Ein rein männliches Gottesbild, die Angst der Kirche und die Angst des Mannes vor der Frau weisen auf eine Animaverdrängung hin und somit auf die Verdrängung weiblicher Elemente im Mann selbst. Doch leidet daran auch die Frau und nicht zuletzt die Gesellschaft, was zu einer Einbuße an Ganzheit führt, bis hin zu der Auffassung, dass das Männliche wertvoller sei als das Weibliche. Eine Nichtanpassung an diese innere Struktur der Schöpfung ist eine schlimme Ignoranz und führt zu einseitigen Persönlichkeiten bei Mann und Frau. Vor allem aber führt sie zu einer falschen Religiosität, denn diese Art von Religiosität meint, die Erlösung durch gute Taten *machen* zu können. Entscheidend jedoch ist unsere eigene religiöse Haltung. Wir sollten zurückfinden zur Ruhe des Lauschens nach innen, wo allein Auferstehung und Gewissheit zu finden ist. Oder wollen wir lieber auf äußere Beweise warten? Wie die Jünger, die ihre Hand in die Seite legen wollten, die mit Jesus essen wollten und mirakulöse Erscheinungen brauchten?

Zurück zum Evangelium! Wir haben das Göttliche in uns zu entdecken, wie es auf vielen Ikonen dargestellt ist. Wir sollten auch erkennen, dass wir damit schwanger gehen, dass es sich in uns gebären möchte und dass das nur über Offenheit, Lassen und Hingabe zu erfahren ist. So, wie es uns Maria von Magdala und die anderen Frauengestalten in den Ostererzählungen zeigen.

Auferstehung des Leibes

Dürfen wir heute Religion neu interpretieren? Jede religiöse Botschaft ist zusammengesetzt aus der jeweiligen Kultur und dem jeweiligen Welt- und Menschenbild und will von daher immer wieder neu erklärt und verstanden werden. Sie sollte sich dabei nach der jeweiligen Weltsicht und Weltanschauung auch ändern.

Wir stehen in diesen Tagen vor dem Begriff „Auferstehung des Leibes". Was kann dieses Wort für uns Menschen heute bedeuten, die 2000 Jahre nach Christus leben? Wie kann es unsere jetzige menschliche Existenz mit Sinn erfüllen? Wie interpretieren wir diesen Kerngedanken des Christentums für unsere Zeit?

Manche Leute haben Angst, dass eine Neuinterpretation diese Botschaft von der Auferstehung verdünnen könnte. Doch es ist gerade umgekehrt. Wir erleben heute, dass viele Menschen dem Christentum den Rücken kehren, weil die alten Bilder und Formulierungen immer wieder stereotyp wiederholt werden, obwohl man sie nicht mehr innerlich nachvollziehen kann.

Wir wissen heute, dass die Spezies Mensch als geistbegabtes Wesen wohl gar nicht so einmalig im Kosmos sein dürfte. Vielleicht hätten wir uns auch ganz anders entwickeln können, wenn die Umstände auch nur geringfügig anders gewesen wären. Nehmen wir an, dass es damals kein trockenes Land gegeben hätte. Geistbegabtes Leben hätte sich also nur im Wasser entwickeln können. Vielleicht hätte sich unser Leben nie bis zum jetzigen Zustand entwickelt. Denn der Kosmos könnte ganz gut ohne diese Spezies Mensch existieren. Was verliert er, wenn die Menschheit einmal ausstirbt, wie 99 % aller Spezies, die auf diesem Planeten existierten?

Auferstehung des Leibes kann also wohl nicht bedeuten, dass wir in dieser menschlichen Leibstruktur auferstehen werden, mag sie noch so durchgeistigt sein. Auferstehung bedeutet in der Mystik des Ostens und Westens die Erfahrung der Einheit mit dem Urprinzip Gott. *Unio mystica* nennt es die christliche Tradition. Eins-mit-Gott-sein heißt, so alt sein wie Gott, d. h. zeitloses Leben sein wie Gott. Unser tiefstes Wesen hat kein Alter. Es ist zeitlos wie Gott selber. Wenn wir diese zeitlose Existenz erfahren, sind wir auferstanden. Jesus ist der Typus, an dem wir erkennen können, wer wir sind.

Auferstehung bedeutet also nichts anderes, als dass wir die Erfahrung, die Jesus machte, auch machen können. Diese Erfahrung drückte sich in folgenden Bildern aus: „Ich und der Vater sind eins!" „Wer mich sieht, sieht den Vater." Voraussetzung ist allerdings die Erkenntnis, dass es keinen seinsmäßigen Unterschied gibt zwischen Jesus und den übrigen Menschen, es sei denn in der Tiefe der Erfahrung, aus der heraus Jesus diese Worte sprechen konnte. Sein Bestreben aber war, uns zu dieser gleichen Erfahrung zu führen. Er wurde umgebracht, weil er, wie andere Mystiker auch, diese Erfahrung bezeugte.

Die Jünger und Freunde Jesu kamen zur gleichen Erkenntnis wie er. Sie erfuhren an Jesus die Gewissheit ihrer eigenen Auferstehung und kleideten diese Erfahrung in Geschichten ein, wie das damals üblich war. Geschichten erzählen eine Botschaft und dürfen nicht wortwörtlich genommen werden. Wer sie wortwörtlich nimmt, überhört leicht die eigentliche Botschaft. Ihre Botschaft aber lautet: Was mit Jesus geschehen ist, geschieht auch mit euch. Ihr seid in euerem tiefsten Wesen ewiges, göttliches Leben, das nicht sterben kann. Ihr könnt also die Angst vor dem Tod ablegen.

Was ist dann Erlösung? Diese Auffassung von Religion ist für viele ungewohnt. Alle Religionen, manche buddhistischen Richtungen nicht ausgenommen, setzen auf Leistung und Wohlverhalten. Auch die Karmalehre sagt ja nichts anderes als: Wenn du dich in diesem Leben wohlverhältst, wirst du im nächsten Leben besser wegkommen, bis du dann bei entsprechender Lebensführung eines Tages ins Nirwana eingehen wirst. Von diesem Leistungsdenken – ich nenne es sogar Selbsterlösungsdenken – kommen Menschen nur schwer los. Der frühreligiöse Opfergedanke beruhte auf dem Prinzip: „Do ut des" (Ich gebe, damit du mir etwas gibst!). Das hat sich auch wieder ins Christentum eingeschlichen. Wenn man Gott etwas gibt, muss er etwas zurückgeben. „Wenn ich brav bin, werde ich dafür belohnt!" Jesus selber hat seinen Tod aber nicht als Opfertod verstanden. Er wollte die Menschen in die Erfahrung des Reiches Gottes, des Göttlichen Lebens führen, das in ihnen ist.

Die Mystik des Ostens und Westens sagt uns: Bedeutsam ist, was du zutiefst bist, nicht was du an Eigenleistung vorweist. Ich lese gerade Margareta Porete, eine französische Mystikerin des 13. Jahrhunderts, die ihrer Lehre wegen verbrannt wurde. Warum verbrannte man sie? Sie lehrte wie Jesus und alle anderen Mystiker auch, dass der Mensch in seinem tiefsten Wesen dieses göttliche Prinzip verkörpert. In ihrem Buch „Der Spiegel der einfachen Seelen"[39] schreibt sie zum Wort des heiligen Paulus „Ich bin durch die Gnade Gottes, was ich bin" (1 Kor 15,10) das Folgende: „Also bin ich einzig und allein, was Gott in mir ist, und nichts anderes. Und auch Gott ist eben das, was er in mir ist. ... Also bin ich, sofern ich bin, nur das, was Gott ist. Außer Gott nämlich ist nichts. Und darum finde ich nichts außer Gott, nach welcher Seite ich immer mich wende. Denn, um die Wahrheit zu sagen, außer ihm ist nichts." Dann kommt sie auf die Tugenden zu sprechen und sagt, „dass die Seele die Tugenden verabschiedet hat" (S. 25). Es gibt keine Eigenleistung in der Spiritualität. Nicht seiner Tugenden wegen wird der Mensch gerettet. Es ist unser Sein (bei Porete: die absolute Liebe), das wir von Anfang an haben und das unseren Wert ausmacht. Das natürlich kann nur aufleuchten, wenn die Egostruktur durchlässig geworden ist. Margareta Porete schreibt in ihrem Büchlein weiter: „Jene, welche die Schrift nie begriffen haben, können mit ihrem vernünftigen Denken niemals erklären, was ich in mir selbst gefunden habe – ohne Vermittlung, ohne Schleier." (S. 33)

Margareta macht den Unterschied zwischen ontologischer Einheit mit Gott, die Jesus zugeschrieben wird, und geschenkter, gnadenhafter Einheit, die der Mensch beanspruchen kann. Aber das ist ein intellektuelles Postulat, das die theistischen Religionen benützen, um das System zu stabilisieren: Gott dort, der sündige und zu erlösende Mensch hier. Wer die Ichstruktur zur Sünde macht, wie das in der Ursündentheologie oft geschieht, muss einen Retter postulieren, der die Kluft schließt. Die Mystik reißt keine Kluft auf, sie braucht sie daher auch nicht durch einen Retter zu schließen. Erlösung ist in der Mystik Erkennen. Wer erkennt, wer er ist, braucht keinen Mittler. Er braucht auch keine Gebote oder Tugenden. Denn sein Erkennen ist gleichbedeutend mit Liebe. Liebe aber hat ihr eigenes Gesetz des Handelns. Hadewijch v. Antwerpen sagt Ähnliches: „Ich gehöre nicht mehr mir, es bleibt mir nichts von mir selbst." (S. 24) „Es hat die Substanz meines Geistes verschlungen." – … „Wenn die Seele nichts anderes als Gott hat, wenn sie vernichtet, verschlungen ist, sich in Nichts aufgelöst hat, so wird sie mit ihm gänzlich dasselbe, was Er ist." (S. 23)[40]

Der Betende beginnt mit seiner eigenen Willensanstrengung. Aber mit fortschreitender Übung führt der Weg vom Ich und vom Erreichenwollen weg. Man kann den Fortschritt in der Kontemplation gerade am Zurücktreten des ichhaften Prozesses messen. Je mehr das kontrollierende Ich überschritten wird, um so besser gelingt die Kontemplation. Als Inhalt wird mehr und mehr das formlose Göttliche erfahren, das immer mehr selbst die Führung übernimmt.

Alle Techniken der Esoterik dienen nur dieser Hinführung. Sie öffnen die menschliche Ichstruktur. Das Ich wird immer weniger die antreibende Kraft. Die Antriebskraft und Motivation kommt aus der erfahrenen transpersonalen Wirklichkeit.

Der Mensch ist nicht der Suchende, er ist der Gesuchte. Die evolutionäre Kraft, die Gott selber ist, treibt voran zu einer umfassenderen Durchgeistigung. Die christliche Mystik bezeichnet daher die Erfahrung als Geschenk Gottes. Man kann die Erfahrung nicht machen. Je mehr es gelingt, die verdunkelnden Ego-Schleier fallen zu lassen, um so deutlicher tritt ES hervor. Wir sind nur die Flöte, auf der ES spielt. ES lässt sich um so eher finden, je weniger das Ich aktiv ist, bis hin zu Aufhebung der Dualität. Die Ursünde, aus der ein Mensch erlöst werden muss, ist die Ichzentrierung und die daraus resultierende Dualität. Je mehr Gott zum Spieler wird und je weniger der Mensch Misstöne dazwischen bläst, um so reiner wird der Klang der Flöte.

Auferstehung heute

Wir stehen in der österlichen Zeit. Das Thema ist Sterben und Auferstehen. „Tod, wo ist dein Sieg? Tod, wo ist dein Stachel?", fragt Paulus im Brief an die Korinther (1 Kor 15,51 ff.). Ich weiß nicht genau, wie Paulus dieses Wort verstanden hat, wir aber haben das Recht, heilige Schriften für unsere Zeit und nach unserer Welt- und Lebensauffassung auszudeuten. Jesus und Paulus hatten sicher ein ganz anderes Weltverständnis. Sie lebten wahrscheinlich in einer Naherwartung des Weltendes. In einer solchen Vorstellung legt man heilige Schriften ganz anders aus, redet und schreibt anders, als wir es heute mit unserem holistischen Kosmosverständnis tun.

Eine Geschichte soll uns hier den Einstieg erleichtern. Ein junger Mann, der von seiner Geliebten getrennt war, schrieb ihr jede Woche einen Brief und hoffte, bald zurückzukehren, um sie zu heiraten. Eines Tages erhielt er von seiner Freundin einen Brief. Darin teilte sie ihm mit, dass sie den Postboten geheiratet habe. – Auch wir sind gleichsam mit dem Postboten, mit unserem mentalen Bewusstsein verheiratet. Das mentale Bewusstsein aber ist nur der Briefträger der Botschaften unseres wirklichen Geliebten. Wir nennen es das Gottes-Bewusstsein, andere Religionen sprechen von Sunyata, Wesensnatur oder vom Absoluten.

Mit dem mentalen Bewusstsein verheiratet zu sein bedeutet, mit dem Ich verheiratet zu sein. Mit dem Ich verheiratet zu sein bedeutet, Angst vor dem Tod zu haben. Nur wenn der Mensch sich mit dem zeit- und raumlosen Urgrund allen Seins als eins erfährt, ist er befreit von der Last der Zeit, der Sorgen und der Angst vor dem Tod. Die Ketten der Entfremdung und Sinnlosigkeit fallen ab. Nur die Erfahrung dieser Einheit befreit wirklich.

Sterben

Die Schöpfungsgeschichte sagt uns, dass es einmal keinen Tod gegeben hat. Gott schickte seinen Sohn als Retter, damit er die Schuld ausgleiche und den Tod überwinde, so wie er in Jesu Auferstehung überwunden wurde. Diese Auffassung spielt auch im Christentum heute noch eine wichtige Rolle. Wir wissen aber, dass die Struktur der Evolution im Geborenwerden und Sterben besteht. Es gehört zur Struktur unseres Körpers, dass er sich verbraucht und vergeht. Es gehört zur Struktur der Galaxien, dass sie kommen und gehen. Die Angst vor dem Tod wurde in der Christenheit jahrhundertelang kultiviert.

Wer sein tiefstes Wesen erfährt, der erfährt, dass es Geburt und Tod im Grunde nicht gibt. Das ist die Kernerfahrung jeder echten Mystik. Sterben bedeutet also nur einen Wechsel in eine neue Seins-Form. Wenn ein Mensch seine Kleider wechselt, bleibt er doch derselbe. Wenn wir diese Form wechseln, besteht das, was wir zutiefst sind, Leben Gottes, weiter. Dieses unser tiefstes Wesen wechselt nur die Form, so wie unser Ich in diesem Leben seine Kleider wechselt.

Das Verlangen nach der individuellen Unsterblichkeit des vordergründigen Ich verstellt dem Menschen den Weg zu seinem tiefsten Wesen. Es ist ein letzter Trick, den das Ich erfunden hat, um seine Existenz über den Tod hinaus zu verlängern. Wer den Tod nicht akzeptieren kann oder will, kann auch die Einheit mit dem Urgrund allen Seins nicht erfahren. Eine solche Erfahrung setzt den „Ichtod“ voraus.

Unsere wahre Existenz ist nicht personal im üblichen Sinn, denn Personalität bedeutet Abgrenzung. Diese Abgrenzung wurde im Abendland immer überbetont. Unsere wahre Identität ist aber das, was die Mystik Unio nennt, die Einheit. Was Unio wirklich ist, lässt sich rational nicht mehr erklären; das ist die Schwierigkeit, und es macht nicht viel Sinn, darüber zu reden. Darum eckte auch die Mystik immer an.

Theresa v. Avila spricht von dieser Unio mystica: Sie beschreibt in ihrem Buch die „Innere Burg“ zwei Möglichkeiten der Einheit. Die erste Einheit löst sich auf, wenn der Mensch ins Tagesbewusstsein zurückkehrt: „Bei dieser Gnade des Herrn aber, von der wir jetzt sprechen, gibt es keine Trennung mehr, denn immer bleibt die Seele mit ihrem Gott in jener Mitte. Wir wollen sagen: Die Vereinigung gleicht zwei Wachskerzen, die man so dicht aneinanderhält, dass beider Flamme ein einziges Licht bildet; und sie ist jener Einheit ähnlich, zu der der Docht, das Licht und das Wachs verschmelzen. Danach aber kann man leicht eine Kerze von der anderen trennen, so dass es wieder zwei Kerzen sind." Die wirkliche Einheit beschreibt sie mit folgenden Worten: „Hier jedoch ist es, wie wenn Wasser vom Himmel in einen Fluss oder eine Quelle fällt, wo alles nichts als Wasser ist, so dass man weder teilen noch sondern kann, was nun das Wasser des Flusses ist und was das Wasser, das vom Himmel gefallen; oder es ist, wie wenn ein kleines Rinnsal ins Meer fließt, von dem es durch kein Mittel mehr zu scheiden ist; oder aber wie in einem Zimmer mit zwei Fenstern, durch die ein starkes Licht einfällt: dringt es auch getrennt ein, so wird doch alles zu einem Licht."[41]

Vielleicht geht ein spezifisches Kontinuum über den Tod hinaus weiter. Und damit auch Impulse an eine neue Existenzform, so wie eine Billardkugel, die an eine andere anstößt, den Impuls an eine zweite weitergibt, auch wenn sie selbst liegen bleibt. Was weitergeht, ist aber nicht dieses Ich des Tages-Bewusstseins, dieser Schnittpunkt von Sinneswahrnehmungen, diese Ratio und dieses Gedächtnis. Weiterleben wird das Leben Gottes. Es ist nicht „unser" Leben, das wir leben, sondern Leben Gottes.

Die gleiche Überbetonung der Personalität haben wir auch in Gott hineininterpretiert. Das Ich kreiert sich einen Gott außerhalb, der wiederum nur Wesen außerhalb von sich erschaffen kann. Er soll dann diese individuelle Unsterblichkeit bei Wohlverhalten garantieren. Wenn dieser personale Gott verschwindet, verliert auch das Ich seinen Halt und versinkt in Angst. Das ist daher das Letzte, was wir Menschen lassen müssen, unsere Gottesvorstellung und den vermeintlichen Halt, den wir darin suchen. Die christliche Mystik kennt diesen Zustand als dunkle Nacht, als *horror vacui*, als Sinnlosigkeit, die den Menschen überfallen kann, wenn er wirklich loslässt. Alle Biographien von Mystikern sind voll davon.

Auferstehung ist also nicht ein Ereignis am Ende unseres Lebens. Auferstehung bedeutet nicht ein immerwährendes Fortbestehen in einer Art goldverbrämtem Himmel. Gott ist nicht Statik. Auferstehung bedeutet die Erfahrung der Einheit mit diesem raum- und zeitlosen Urgrund, den wir Abendländer Gott nennen. Ziel ist also nicht individuelle Unsterblichkeit, sondern die Erfahrung der Zeitlosigkeit unseres wahren Wesens, das sich in ganz verschiedenen Formen manifestieren kann.

Auferstehung ist der Durchbruch in die Erfahrung, dass es Geburt und Tod nicht gibt, sondern nur diesen Wechsel der Form. Auferstehung des Leibes meint nicht, dass wir in dieser menschlichen Struktur wiederkommen, mag sie in unserer Vorstellung noch so ätherisch verändert sein. Auferstehung des Leibes bedeutet, dass sich die Urwirklichkeit Gott in jeder Struktur, in jedem Leib manifestiert und in jeder Struktur, in jedem Leib als der Urgrund erfahren werden kann.

Manche meinen, die Menschheit gerate dann in einen ozeanischen Brei, eine Art Trancezustand, in dem die kritischen Fähigkeiten verlorengehen. Das Gegenteil ist der Fall. Einheit, Ganzheit steht nicht in Opposition zur Individualität. Individualität ist vielmehr die Form, in der sich der Hintergrund und der Urgrund immer neu manifestiert. Individualität und Personlität behalten daher ihren hohen Stellenwert. Sie sind der einzigartige Ausdruck dieses Urgrundes. Als Christen sagen wir, dass wir nach dem Bild Gottes erschaffen sind. Wir sind also eine individuelle Ausdrucksform dieser Urwirklichkeit, und darin liegt unsere Würde und Bedeutung. Und Ziel ist es, sich in jeder Existenzform, sei es Engel, Teufel, Geist oder was es sonst noch geben mag, als Ausdruck dieses zeit- und raumlosen Urgrundes zu erfahren. Aber diese Individualität ist nichts Bleibendes. Sie muss in jeder Existenz neu erfahren werden.

Religion kann dem Menschen den Weg zeigen, und sie kann ihm auch den Weg verstellen. Das Weltbild und das Weltverständnis der Menschen verändern sich ständig. Eine Religion hat sich in der Deutung ihrer Lehren mitzuverändern. Sogenannte Wahrheiten werden nicht wahrer, indem man sie ständig unverändert wiederholt. Sie müssen dem jeweiligen Welt- und Lebensverständnis gerecht werden.

Ersatzlösungen

Unser fundamentales Dilemma besteht darin, dass jeder sich zutiefst nach Unvergänglichkeit sehnt, sich aber entsetzlich vor dem Verlust dieses vordergründigen Ich fürchtet. Es möchte ewig existieren. Weil der Mensch den Tod des Ich nicht annehmen kann, sucht er nach Lösungen, die ihn am Erreichen seines eigentlichen Zieles hindern: Sex, Essen, Wissen, Macht, Ansehen, Überaktivität. Das alles sind primitive Ersatzlösungen, die nie zur Befriedigung führen. Wer etwas besitzt, muss zwanghaft nach dem nächsten greifen. Der Fehlschlag ist also bereits im Ansatz vorprogrammiert. Der Mensch kann die Illusion, ewig, stabil, beständig und unsterblich zu sein, nicht aufrechterhalten. Es zerrinnt ihm alles wieder zwischen den Händen, was er zu besitzen glaubt. Immer wieder muss er nach dem Nächsten jagen.

In der Erfahrung unseres wahren Wesens liegt auch die Lösung unserer persönlichen Fragen. Wer den Urgrund des Seins erfährt, wird auch seine psychischen, körperlichen und geistigen Probleme mit anderen Augen anschauen können, denn sie schrumpfen einfach zusammen. Die Weltsicht verändert sich, und so verschiebt sich auch die Wertordnung.

Was wir Gottheit oder Leerheit, das Absolute oder das Numinose nennen, ist das, was sich im evolutionären Geschehen vollzieht. ES ist der Tanz des Alls. ES tanzt das, was wir Schöpfung nennen. ES macht es nicht, denn ES tanzt es. Tanz und Tänzer sind Nicht-Zwei, sie können aber nur zusammen auftreten. Wo Tanz ist, ist auch der Tänzer. Wo ein Tänzer ist, ist auch Tanz. Der Urgrund offenbart sich in Form und Struktur, sonst ist er nicht erfahrbar. Es ist ein zeitloses Geschehen. Ewigkeit ist nicht eine sehr lange Zeit, Ewigkeit ist Zeitlosigkeit. Das große

Andere, Gott, ist nicht etwas Außenstehendes, sondern der zeitlose Urgrund dessen, was wir Evolution nennen.

In diesen Erfahrenszustand zu gelangen ist die tiefste Sehnsucht des Menschen, ob er darum weiß oder nicht. Jeder Mensch hat eine Erinnerung an seinen Urgrund, eine Ahnung, dass da etwas auf ihn wartet, was seine wahre Heimat bedeutet. „Der Ruf des Kuckucks lockt uns nach Hause", sagt ein Zenwort. Der Mensch sucht lange außen, in Dingen, in einer Partnerschaft, in einem personalen Gott, bis er merkt, dass das alles nur die Lockmittel des ewig Zeitlosen sind, die ihn zur Heimkehr rufen.

Vielleicht seid ihr jetzt zu sagen geneigt, dass das auch wieder nur Worte und Bilder waren. Da habt ihr vollkommen recht. Aber es waren Worte und Bilder, in denen ich mich als Mensch des beginnenden 21. Jahrhunderts ganz und gar daheim fühlen kann.

Himmelfahrt

Was sollen wir mit diesem Fest anfangen? Sollen wir glauben – wie es auf unzähligen Bildern dargestellt ist –, dass Jesus mit Leib und Seele in den Himmel aufgefahren ist? Sollen wir glauben, dass er dort zur Rechten des Vaters thront? In einem Himmel, in einer Art Schlaraffenland, in dem jeder bekommt, was er sich wünscht? Oder sollen wir uns von einem solchen infantilen Glauben einfach abwenden und es den naiven Seelen überlassen, die das, was sie hier nicht bekommen konnten, wenigstens im Jenseits haben möchten?

Zunächst ist wichtig, dass Himmel nicht etwas ist, was sich räumlich weit weg von uns befindet. Es ist auch nicht etwas dort über uns, in das man nach oben auffahren kann. Er ist hier und jetzt. Auffahrt in den Himmel heißt nicht, dass Jesus mit seinem Körper abgehoben hat von dieser Erde, sondern: Himmel ist immer und überall. Himmel ist die Erkenntnis, dass wir göttlichen Wesens sind, göttliches Leben in uns tragen und dass das, was wir zutiefst sind, nicht vergehen kann. Nur die Form wird sich wandeln. Das Leben, was wir zutiefst sind, ist ungeboren und unsterblich.

Der Mythos von der Himmelfahrt Jesu sagt uns, dass wir alle berufen sind, in diesen Himmel zu kommen, d. h. Gott zu erfahren, und damit zu erfahren, wer wir wirklich sind. Wir tragen diesen göttlichen Kern in uns, den Zen die Wesensnatur nennt, Yoga Atman und die Christen ewiges Leben, Reich Gottes oder eben Himmel.

Das Bild von der Himmelfahrt Christi ist ein Ausdruck in mythologischer Sprachform. Wir dürfen religiöse Aussagen nicht im historisch-buchstäblichen Sinn wörtlich nehmen. Religiöse Wahrheiten werden eben in Bildern und Mythen ausgedrückt. Ich habe schon oft erwähnt, dass ein Mythos wie ein Glasfenster zu betrachten ist. Das Glasfenster erzählt uns etwas über das Licht, das hinter ihm leuchtet. Das Glasfenster ist nicht das Licht. Wir dürfen nicht bei den Linien und Farben stehen bleiben. Sie verweisen auf das Licht, das dahinter leuchtet. Dieses Licht kommt in uns zum Leuchten, aber nicht als „etwas“, was in uns „drin“ ist, sondern als wir selbst, wie wir sind. Es leuchtet im Menschen als Mensch, im Baum als Baum, in der Blume als Blume, im Tier als Tier und im Engel als Engel. Wir können diesem Licht einen Namen geben, wir können sagen Gottheit, Reich Gottes, ewiges Leben, Wesensnatur oder Atman. Himmelfahrt ist ein solches Glasfenster, an dem uns heute deutlich werden soll, dass es eine Dimension in uns gibt, die wir intellektuell und sinnenhaft nicht begreifen können. Eine Dimension, die wir nur erfahren können, indem wir dazu erwachen.

Wir sind gemeint mit dieser Himmelfahrt. Wir können erfahren, was Jesus Christus erfahren hat. Der Himmel ist immer da. Was uns von ihm trennt, ist unsere Einengung durch unser Ich-Bewusstsein, unser Besetztsein durch das Egodenken. Wenn wir diese Grenze von Raum und Zeit überschreiten könnten, wären wir aufgefahren, wären wir im Himmel. Himmel ist die Erkenntnis, dass wir göttlichen Ursprunges sind, dass wir göttliches Leben in uns tragen.

Und das feiern wir jetzt unter den Gestalten von Brot und Wein, Gestalten, die wir sehen können. Dahinter verbirgt sich jene andere Dimension, die wir göttliches Leben, Himmel, Ewigkeit, Kindschaft Gottes usw. nennen. Jene Dimension, die wir nicht sehen können, die aber da ist und wirkt.

Der Himmel ist hier und jetzt. Auffahrt meint, das Hier und Jetzt erfahren. Dazu haben wir uns auf den Weg gemacht. Auf einen Weg, der kein Weg ist; denn es ist nicht dort, weder oben noch unten, weder gestern noch morgen, sondern hier und jetzt. Wir feiern in der Himmelfahrt Jesu unsere eigene Himmelfahrt. Dieses Fest bewahrt uns vor der Flucht in eine falsche Spiritualität, vor einem Rückzug aus der Welt.

Jüngerschaft
(Mk 3,31)

Wir Menschen sind von Haus aus Herdentiere. Über Tausende von Jahren haben wir in der Gruppe, im Clan, in der Partei, im Verein, im Vaterland, in der Nation, in einer Kaste gelebt. Es gibt gar nicht so viele Individualisten unter uns, wie wir meinen. Selbst die sogenannten „drop outs“ sind noch sehr stark in die Gesellschaft integriert.

Wer einen esoterischen Weg geht, tritt ein in eine Jüngerschaft. Jünger Jesu (oder Jünger Gottes, was das gleiche ist) zu sein aber heißt, Abschied zu nehmen vom Kollektiv, von jedweder Gruppenidentifikation, unter Umständen auch von einer organisierten Religion.

Das ist keine Aufforderung zum Kirchenaustritt. Es geht um etwas ganz anderes. Es geht um die Befreiung von einer Bindung, die tief in unserem Unbewussten sitzt und uns hindert, Individuen zu sein und unser Christentum kompromisslos zu leben. Jünger Jesu Christi, Jünger Gottes, wird man nur als Individuum.

Die einzige Möglichkeit, sich von der Gruppenloyalität zu befreien, die zu den strengsten irdischen Bindungen gehört, ist der Wille, sich in die höhere Loyalität der Jüngerschaft Gottes zu begeben. „Des Menschen Feinde sind die eigenen Hausgenossen“, sagt Jesus (Mt 10,36). „Wenn einer zu mir kommt und nicht Vater und Mutter und Weib und Kinder und Brüder und Schwestern und dazu auch sein eigenes Leben hasst, kann er nicht mein Jünger sein.“ (Lk 14,25 ff.) Das hat nicht primär etwas mit einer äußeren Trennung zu tun. Es geht um eine Selbstwerdung und ein radikales Einlassen auf Gott allein.

Ein Individuum zu werden fordert die Trennung von jeder Gruppenidentifikation, auch von der religiösen. Es ist ein „innerer Hass“, den Jesus fordert, nicht den äußeren. Es geht nicht um Querelen mit unserer Familie, unseren religiösen oder politischen Vorgesetzten. Im Gegenteil, wer innerlich frei geworden ist, kann eine kreative und positive Beziehung zu seinen Mitmenschen aufbauen. Das ist es, was Jesus fordert: „Ich bin gekommen, den Sohn mit seinem Vater zu entzweien und die Tochter mit ihrer Mutter und die Schwiegertochter mit ihrer Schwiegermutter.“ (Mt 10,35)

Wenn wir in unseren Träumen gegen andere kämpfen, wenn der junge Mensch sich darin gegen alle Autorität wendet, wenn wir im Traum mit jemandem streiten, den wir eigentlich lieben, wird diese Auseinandersetzung mit der unbewussten Identifikation sichtbar.

Einmal müssen wir ungeschützt und auf eigenen Füßen unser Heil wirken und dieser inneren Stimme folgen. Wie sich der Mensch von der einschnürenden Loyalität zur Mutter zu befreien hat, hat er sich auch von jeder Verfilzung in eine Gruppe zu befreien. Bevor Individualität wachsen kann, muss die Loslösung kommen. Die unbewusste Bindung muss zerbrochen werden, damit die gottgewollte Einmaligkeit des Individuums zutage treten kann.

Das gilt von jeder Bindung, die ihre Wurzeln tief im Unbewussten hat, auch von unserer Bindung an religiöse Institutionen, theologische Systeme usw. Darf ich noch einmal betonen, dass eine solche Lösung nichts mit Kirchenaustritt zu tun haben muss. Sie soll uns vielmehr zur Freiheit der Jüngerschaft mit Christus in der Kirche führen. Jünger Christi zu sein heißt, alle anderen Loyalitäten zugunsten der Loyalität zu Christus bzw. zu Gott zu brechen.

Der Möchtegern-Jünger kommt zu Jesus und sagt: „Lass mich erst meinen Vater beerdigen“, d. h. meiner familiären Pietät nachkommen. Die Stelle will nicht sagen, dass er nicht seinen Vater beerdigen soll, sie will sagen, dass er die tief im Unbewussten sitzende Bindung an seine Familie noch nicht lösen kann. Er hängt noch fest.

Zu viele in unserer Kirche haben diese unbewusste Bindung an ihre Mutter noch nicht gelöst. Sie sind noch nicht Jünger Christi, auch wenn manche von ihnen hohe Ämter bekleiden. Sie sind noch verhaftet in einer Mutterbindung und tragen so die Maske eines anderen. Aber wenn einer zu Jesus kommt und sagt:

„Meister, ich will dir folgen, wohin du auch gehst“, wird ihm zuerst gesagt: „Die Füchse haben Höhlen und die Vögel des Himmels Nester. Der Menschensohn aber hat nichts, wohin er sein Haupt legen kann.“ (Mt 8,20)

Aber glaubt nicht, dass das etwas mit äußerer Armut zu tun hat! Es hat mit diesem inneren Wagnis zu tun, meine gottgewollte Identität in einer neuen Gemeinschaft zu leben.

Jünger Gottes zu werden gleicht einem Balanceakt. Es geht um die Balance zwischen Individuum und Gemeinschaft. Diese Balance zu finden ist nicht leicht. Wachsen soll dabei vor allem jene innere Freiheit, die uns zur vollen menschlichen Reife führt. Begleitet wird dieser Befreiungsakt von der Liebe. Sie ist das einzige ethische Moment, das dabei eine Rolle spielt. Aber es ist eine Liebe, die bereit ist, Vater und Mutter und Bruder und Schwester zu „hassen“, d. h. sich von allen Bindungen durch unbewusste Konditionierung zu trennen.

Das Übernatürliche möchte sich in uns entfalten. Es will uns nicht hindern an unserer Selbstentfaltung, obwohl es im Laufe der Geschichte oftmals eine Last geworden ist. Dass Religion zur Moral degradiert wurde, war wohl mit das Verhängnisvollste, was geschehen konnte. Theoretisch lässt sich leicht darüber reden. Im Einzelfall kann es jedoch sehr schwierig sein, wenn ich z. B. Kinder erziehen muss. Oder wenn ich die Balance zwischen Gewissensbildung und Freiheit suchen oder wenn ich eine Lebensentscheidung treffen muss, z. B. ob ich in einer Gemeinschaft, einer Partnerschaft bleibe oder mich davon löse. Vor ein paar Jahren habe ich einmal gesagt: „Gott kann einen Menschen ins Kloster hineinführen, er kann ihn aber auch wieder herausführen.“ Das wurde mir damals sehr verübelt. Unbestritten gibt es auch die Tugend der Treue, die abzuwägen hat, ob ich bei einer anfänglichen Entscheidung bleiben muss oder nicht. Aber mir geht es hier vor allem um die innere Freiheit, um der Stimme Gottes folgen zu können. Das ist Religion. Die Vertauschung von Religion und Moral aber war sicher eine der verhängnisvollsten Entwicklungen in der Religionsgeschichte. Religion ist nicht in erster Linie Moral. Religion kündet uns von jener transpersonalen Seite unseres Seins, die wir in uns zu entdecken haben. Das ist auch die Botschaft dieser Osterzeit. Nicht Buße und Vergebung sind das Hauptthema, sondern die Erkenntnis, dass wir Auferstandene sind. Aus dieser Erkenntnis kommt die Umkehr und das rechte Handeln.

Ethisches Verhalten ist dann eine Konsequenz aus der Erfahrung der Transzendenz. Wenn ich zu meinem wahren Wesen gefunden habe, entspringt daraus das rechte Handeln. Im Leben geht natürlich beides Hand in Hand. Ich kann nicht sagen: erst das und dann das. Daher hat Ethik einen legitimen Platz in der Erziehung und in unserem Leben. Und nicht jede mystische Erfahrung lässt den Menschen sofort erkennen, was das Richtige ist.

Die Karmalehre der östlichen Religionen ist oft eine stärkere Motivation für ethisches Verhalten als die westliche Furcht vor Strafe. Diese Lehre besagt, dass ich mir und meinem Reifungsprozess schaden würde, wenn ich moralisch schlecht handle. Weil ich zur religiösen Erfahrung durchbrechen möchte, tue ich manches und anderes nicht. Die Vorstellungen von der Hölle und einem strafenden Gott und die Angst vor einer schlechten Wiedergeburt sind ungute Erziehungsmittel.

Aber es ist kein leichter Weg, den wir gehen. Er ist oft ungeschützt, und es steht uns nicht unbedingt immer jemand zur Seite, der sagt: Du bist auf dem richtigen Weg. Er bleibt ein Wagnis. Des Menschen Hausgenossen sind seine Feinde. In das Reich Gottes können wir nur allein eintreten. Mancher wird unsicher, weil von den Konfessionen teilweise gewarnt wird. Hört auf euer Inneres! Und bleibt in eurer Entscheidung unabhängig von der Meinung anderer, die vielleicht nur wenig von einem solchen spirituellen Weg verstehen!

6. Eucharistie

Der Kelch des neuen und ewigen Bundes
(Gen 9.9 – Jer 31.31)

Tausende Male habe ich dieses Ritual schon im Laufe meines Lebens gefeiert. Und ich hoffe es feiern zu dürfen, solange ich lebe. Warum? – Was ist seine eigentliche Aussage? Dieses Ritual ist die Feier des Bundes zwischen Mensch und Gott. Immer wieder werden bei diesem Mahl die Worte gesprochen: „Das ist der Kelch des neuen und ewigen Bundes." Nach der Wasserflut sagte Gott zu Noah: „Seht, ich schließe meinen Bund mit euch und mit euren Nachkommen nach euch, und mit allen Lebewesen, die bei euch sind: mit den Vögeln, dem Vieh und allem Wild des Feldes." (Gen 9,9 ff.)

Auch andere Stellen verweisen auf den Bund: „Siehe, es kommen Tage – spricht Jahwe –, da werde ich mit dem Hause Israel einen neuen Bund schließen. … Ich werde mein Gesetz in ihr Inneres legen und es ihnen ins Herz hineinschreiben, und ich werde ihr Gott sein, und sie werden mein Volk sein. Dann brauchen sie sich nicht mehr gegenseitig zu belehren und einer zum andern zu sagen: ‚Erkenne Jahwe!' Sondern sie alle werden mich erkennen, klein und groß, spricht Jahwe." (Jer 31,31 ff.) – „Ich werde mit Israel einen neuen Bund schließen." Die Einheit von Gott und Schöpfung erfuhr Israel immer als Bund. Dieses Mahl, das wir hier feiern, ist eine immer neue Bestätigung dieses Bundes zwischen Gott und Mensch, zwischen Gottheit und Schöpfung, zwischen Leerheit und Form.

Was will dieses Wort „Bund" eigentlich sagen? Den Bund schließen zwei Gleichberechtigte. Es bezeichnet etwas, das verbindet und gebunden bleibt. Zwei Wesen oder zwei Parteien schließen sich zu Einem zusammen und feiern diesen Zusammenschluss in einem Mahlritual. Und zur Erinnerung an diesen Zusammenschluss, an diese Gemeinschaft oder Einheit, wird dieses Mahl zum Gedächtnismahl. Damit der Bund nicht in Vergessenheit gerät, wird er immer wieder gefeiert.

Gott ist gebunden mit allen Menschen, ja mit der ganzen Schöpfung. Israel nennt sich das Bundesvolk. Israel steht hier für alle Menschen, ja alle Wesen. Wir Menschen sind das Bundesvolk Gottes. Mensch und Schöpfung treten gleichberechtigt neben Gott. Der Mensch und die Schöpfung bilden die andere Hälfte Gottes. Sie sind die Form Gottes. Wir sind gottesförmig.

Was hier als Geschehen aufgezeigt wird, ist in Wirklichkeit von Anfang an so. Was hier als zeitlicher Vorgang geschildert wird, ist die Gestalt Gottes und des Kosmos. Wir sind eins mit Gott. In uns drückt er sich aus. In uns wird er ganz. Wir sind seine andere Hälfte. Erst in seiner Schöpfung ist Gott ganz. Er kann nicht anders als sich ausdrücken. Es gehört gleichsam zur Struktur Gottes, dass er sich als Form kreiert und eingrenzt. So ist seine Erscheinungsform. Gott ist kein Prozess. Gott ist immer ganz da. Aber wir Menschen können unterschiedlich viel von dieser einen Wahrheit Gott erfahren. Wir sind gleichsam in einem Prozess.

Das Mahl wird zum Symbol des Bundes. Symbol kommt von *symballein*, zusammenfügen. Ihr kennt die Geschichte von den beiden Freunden, die bei der Trennung eine Scherbe auseinander brechen. Jeder nimmt ein Stück mit. Wenn einer der Freunde in Not ist, schickt er einen Boten mit der Scherbe. Wenn die Scherbe in die andere passt, ist die Botschaft beglaubigt.

Was wir auf unserem kontemplativen Weg suchen, ist die Entgrenzung, damit wir die andere Hälfte von uns erkennen können, die wir Gott nennen. Der Kosmos ist gleichsam die eine Hälfte der Scherbe. Wir sind die andere Hälfte der Scherbe. Wir haben vergessen, dass wir die andere Hälfte Gottes sind. Dieses Mahl soll uns wieder daran erinnern. Wir sollen darin unsere Einheit erkennen, die immer wieder neue Bestätigung des Bundes der Einheit von Gott und Mensch. Die Gestalten von Brot und Wein stehen für den Kosmos. Als Christen bekennen wir, dass wir gleichsam mit Brot und Wein auf dem Altar liegen und der ganze Kosmos mit uns. Mensch und Kosmos können allein nicht erscheinen. Sie sind ja Manifestationen dieser einen göttlichen Urwirklichkeit.

Und Gott ist nicht irgendwie „darin", er grenzt sich ein „als" Brot, als Blume, als Baum, als Mensch, als Engel. Er grenzt sich ein, er offenbart sich als dieser Kosmos. Er offenbart sich natürlich nicht nur in materiellen Strukturen, er offenbart sich genauso in allen psychischen und geistigen Vorgängen. Er offenbart sich in Erscheinungsformen, von denen wir Menschen in unserer begrenzten Seinsweise keine Ahnung haben. Das Ganze als Offenbarung Gottes zu erkennen und zu erfahren ist der tiefere Sinn jedes spirituellen Weges.

„... alle werden mich erkennen, klein und groß, spricht Jahwe." Dieses Mahl ist daher nicht eine Belohnung für Fromme und Kirchentreue. Es ist ein Ritual für alle. Niemand hat das Recht, dieses Mahl jemandem vorzuenthalten. Wenn wir das erkennen, heißt es auch von uns: „Sie brauchen sich nicht mehr gegenseitig zu belehren und einer zum andern zu sagen: ‚Erkenne Jahwe!' Sondern sie alle werden mich erkennen, klein und groß, spricht Jahwe." (Jer 31,31 ff.) – Wir werden Gott als unser tiefstes Wesen erkennen.

Die Mahlfeier
(Joh 6,25 ff.)

Warum feiern wir immer wieder diesen Ritus mit dem Brot? Zusammen mit der Taufe ist dies der älteste bezeugte Ritus der Christen. Am Brotbrechen erkannte man sie. Darum werden wir nicht müde, immer wieder dieses Mahl zu feiern. Zunächst aber muss ich sagen, dass dieser Ritus älter ist als das Christentum, denn schon Melchisedech, der Priester und König eines Nomadenstammes, feierte ihn, so jedenfalls berichtet das Alte Testament: „Melchisedech aber, der König von Salem, brachte Brot und Wein heraus, er war nämlich ein Priester des höchsten Gottes.“ (Gen 14.18) Welchen Gott er verehrte, wissen wir nicht. Mahlfeiern sind in vielen Religionen als Rituale bekannt. Das Essen in einem Zen-Kloster verläuft auch nach einem strengen, genau vorgeschriebenen Zeremoniell. Es erinnerte mich immer an eine katholische Eucharistiefeier. Selbst die Schale mit dem Reis wird, bevor man isst, ähnlich wie der Kelch in der Eucharistie, feierlich emporgehoben.

Rituale deuten uns die Wirklichkeit. Man muss sie oft wiederholen. Immer wieder setzen wir die gleichen Worte, Gesten, Zeichen, damit uns die Wirklichkeit dahinter aufgeht. Im Ritual wecken wir ein ruhendes Potential. Wir wecken Kräfte, indem wir nichts anderes tun, als Worte, Schritte, Gesten, Laute zu wiederholen. Immer das gleiche Zeichen, das gleiche Wort, der gleiche Ton, die gleiche Bewegung. Dadurch wird eine Tiefenkraft freigesetzt. Das Gleiche gilt auch von unseren Verbeugungen und Zeremonien.

Es sind heilige, heilende, heilmachende Gesten, Töne, Bilder, die unserem ungeordneten Inneren eine bestimmte Richtung geben. Sie verwandeln uns in eine neue Ordnung. Es geht dabei nicht um ein rationales Erfassen. Wir öffnen uns für eine Kraft, die immer in unserer Mitte da ist. Sie ist nicht nur in uns da, sie ist der Seinsgrund all dessen, was ist.

Unmittelbar nach der Brotvermehrung (Joh 6) kamen die Menschen zu Jesus. Sie wollten Brot. Jesus aber entgegnete ihnen: „Ihr sucht mich nicht, weil ihr Zeichen gesehen habt, sondern weil ihr satt geworden seid.“ Aber diese Speise, von der man satt wird, die will Jesus nicht geben. Wenn Jesus von Brot spricht, dann meint er nicht diese Speise. Brot ist für ihn Symbol für eine viel tiefere Wirklichkeit, diese Wirklichkeit nennt er an anderer Stelle ewiges Leben. „Wer von diesem Brot isst, wird nicht mehr sterben.“ Wer dieses ewige Leben in sich erfährt, der braucht keine Angst zu haben vor dem Tod. Leben stirbt nicht. „Dieses Brot ist anders als das Brot, das euere Väter gegessen haben und doch gestorben sind.“

Dieses Brot ist Zeichen für die Wirklichkeit Leben. Wir beziehen das Wort „Wer von diesem Brot isst“ meist nur auf die Hostie, als ob es allein um dieses Stück Brot ginge. Dieses Brot ist Zeichen für die Wirklichkeit Leben. Diese Wirklichkeit Leben verbirgt sich unserem leiblichen Auge. Im Brot soll sie uns aufleuchten. Und so wie sie uns im Brot aufleuchtet, soll sie uns in allem aufleuchten, was existiert. Es gibt nichts, in dem nicht das Göttliche aufleuchtet. Ob wir es erkennen oder nicht, spielt dabei keine Rolle. Brot ist nur herausgehoben, damit wir an dieser Wirklichkeit erkennen, dass es in allem aufleuchtet. Dieser Kosmos ist nur das Echo dieses Klanges Gott.

Wer das erfährt, der geht mit großer Ehrfurcht durch das Leben. Und geht mit allem sehr ehrfürchtig um. Wenn wir dieses Leben, das im Bilde des Brotes Ausdruck findet, in uns befreien können, verwandelt es uns und die Welt. Dann hindern wir Gott nicht mehr, in uns und durch uns zu leben. Dann erfahren wir ihn als alle Dinge. Wir erfahren ihn als Ich, als Baum, als Blume.

„Müht euch nicht um die Speise, die verdirbt", sagt Jesus, „sondern um die Speise, die für das ewige Leben bleibt." D. h. erkennt euer eigenes tiefstes Wesen, erkennt euren göttlichen Urgrund. Es ist so einfach. Wir sollen das Leben zuerst in uns erkennen, in dieser unserer Übung mit dem Atem, in diesem Schritt, dieser Gebärde. In den einfachen Dingen erkennen wir es leichter.

Damit wir das begreifen, feiern wir immer wieder Eucharistie. Damit wir innewerden, so wie Gott in diesem Brot west, west er in jedem von uns, in jedem Schritt, in jedem Atemzug. Er ist im Baum Baum, im Tier Tier und im Menschen Mensch. Und so west er in allem. Er hat sich nicht eine Symphonie komponiert, die er sich jetzt vorspielt, die er vielleicht von irgendwoher dirigiert und aus der Entfernung zuhört. Er ist selbst die Symphonie, die erklingt. Und wir haben nichts zu tun, als mitzuklingen und möglichst wenig Misstöne von uns zu geben. Das zu verstehen und zu bezeugen, darum feiern wir immer wieder dieses Mahl. Wer vom irdischen Brot gegessen hat, wird wieder hungern. Jesus weigerte sich, Steine in irdisches Brot zu verwandeln. Es ging ihm um das Brot des Lebens, das sich in allen Formen offenbart. Wir sollten uns selber als dieses Brot erkennen. Irgendwo sagt Augustinus, dass wir mit dem Brot auf dem Altar liegen. – „Müht euch nicht um Speise, die verdirbt", sagt Jesus, „sondern um die Speise, die für das ewige Leben bleibt." Das heißt: Erkennt euer eigenes tiefstes Wesen, erkennt eueren göttlichen Urgrund. Es ist so einfach. Wir sollen das Leben zuerst in uns erkennen, in dieser unserer Übung mit dem Atem, in diesem Schritt, dieser Gebärde. In den einfachen Dingen erkennen wir es leichter.

Wir haben die Verantwortung für uns selber zu übernehmen und zu erkennen, dass Gott nicht außen ist, den wir gnädig zu stimmen haben. Der Gott von außen wird in der Erfahrung zu einem Gott des Ganzen, zu einem Gott, der als diese Form lebt. „Ich und der Vater sind eins." (Joh 10,30) Gott offenbart sich als dieser Körper. Gott offenbart sich als dieser Mensch. Er möchte verherrlicht werden als dieser Mensch. Paulus sagt: Der Körper gehört nicht uns selber. Er gehört Gott. Wer eine solche Einstellung zum Körper hat, dem wird er so wichtig wie Wein und Brot auf dem Altar.

Warum soll sich Gott im Körper des Menschen weniger offenbaren als in Wein und Brot? Wer eine solche Einstellung gewinnt, der geht mit Sorgfalt mit diesem seinem Körper um. Der hat Ehrfurcht vor seinem Körper und vor dem Körper des anderen. Paulus drückt das aus, wenn er sagt, dass unser Körper Tempel des Heiligen Geistes ist und dass wir Gott darin verherrlichen sollen.

Liturgie und Rituale

Unsere Ohren sind vollgestopft mit Worten und Redensarten, selbst auf religiösem Gebiet. Wie viele Menschen erinnern sich nur an langweilige Religionsstunden und Gottesdienste oder an moralische Appelle! Unsere Ohren sind nicht mehr offen für die Dimension des Göttlichen. Wir haben zu viel Worte gemacht. Ganze Bibliotheken sind über Gott geschrieben worden. Unser Reden wurde dazu immer abstrakter und theologischer. Das ist ein Grund, dass viele heute Religion einfach ablegen wie ein Kinderkleid. Wer den Mut hat, sich auf Rituale, Symbole und Liturgie neu einzulassen, sie auf sich wirken zu lassen, kann vielleicht zu einem neuen Verständnis von Religion geführt werden. Der Mensch muss zu Gleichnis und Bild, zu Riten und Kulthandlungen greifen, um das Göttliche, das er in sich ahnt und vielleicht auch vernimmt, mitzuteilen.

Es sind archetypische Bilder, in denen sich Gott für das niedrigere Erkenntnisvermögen erfassbar macht. Sie sind die Farben, die den Lichtstrahl zerlegen, damit er anschaubar wird. Licht können wir nicht sehen, aber wohl den Regenbogen, der nichts anderes ist als zerlegtes und damit sichtbar gewordenes Licht.

Es ist leichter, mit heiligen Bildern, Symbolen umzugehen, als mit der Leerheit, dem Nichts, dem bildlosen Ursprung. Über den Kontakt visualisierter Strukturen, die wir in der Vorstellung aufscheinen lassen, gelangen wir leichter in Kontakt mit höheren Kräften. Sie helfen uns, klarere Bewusstseinszustände zu erreichen, um die nichtdualistische Realität zu erfahren, die nicht mehr mit Worten benannt werden kann. Wir benutzen Kräfte der tieferen Ebenen, um in höhere Ebenen vorzudringen, die sich allen Konzepten verschließen. Von den Tibetern wissen wir – und im Grunde gilt das für alle Religionen –, dass sie ihre Gottheiten visualisieren und Zeremonien vor ihnen verrichten, aber gleichzeitig auch sagen können, es gibt keinen Gott.

Archetypische Bilder, Symbole, Rituale, Zeremonien und liturgische Handlungen haben eine weckende Kraft. Sie korrespondieren mit unserer Psyche und können ungehobene Schätze, die in unserem Inneren liegen, wecken und heben. Sie repräsentieren eine mehrdimensionale Wirklichkeit von großer Kraft, die Ratio und Sinne übersteigt. Liturgie und Rituale sind symbolische Handlungen und Zeichen, die Zeugnis geben von einer erahnten Wirklichkeit. Sie kommen durch sie zur Sprache und ermöglichen auf diese Weise den höheren Ebenen unserer Psyche mit den niederen Ebenen zu kommunizieren.

Rituale haben heilende Kräfte. Mit immer wiederkehrenden Worten, Gesten, Bildern oder Tönen geben sie unserem ungeordneten Inneren eine bestimmte Richtung. Sie verwandeln uns in eine neue Ordnung. Es geht dabei nicht um ein rationales Erfassen. Wir öffnen uns für eine Energie, die immer in unserer Mitte da ist. Sie ist nicht nur in uns da, sie ist der Seinsgrund all dessen, was da ist. Rituale stehen an der Nahtstelle zwischen dem Bewussten und Unbewussten. Durch Wiederholung des gleichen Zeichens, des gleichen Schrittes, des gleichen Lautes wird eine Tiefenkraft freigesetzt. Riten können so auch zum Blitzableiter für Angst und Alleinsein werden, sie helfen gegen Stress und Depression. Sie sind unmerkliche Speicher einer psychodynamischen Kraft und gleichzeitig die Transformatoren psychischer Energie.

Gespielte Rituale haben heute auch in der Psychotherapie ihren festen Platz. Das Psychodrama ist eine viel gebrauchte Therapieform. Es scheint, dass wir von außen her das Innere erreichen und das Innere formen, damit wir fähig werden, das Göttliche zu vernehmen. C. G. Jung z. B. baute einen Turm. Das war eine rituelle Handlung, die sich über Jahre hinzog. Es war für ihn ein ganz entscheidender psychischer, ja spiritueller Vorgang. Rituale verhalten sich wie eine Art Akku, der seine Ladung behält, bis man sie abruft. Ein Akku lädt sich auf, er sammelt und speichert, das tun auch die Rituale und Symbole.

In unseren Kursen ist das Tönen am Morgen zu einem festen Ritual geworden. Es geht dabei um ein gemeinsames Einschwingen und Durchlässigwerden. Positive und vielleicht auch negative Energien werden freigesetzt. In manchen Kursen werden morgens auch 21, manchmal auch 100 Verneigungen gemacht. Es hat bei manchen einen unglaubliche Wirkung. Wer sich 100 Mal verneigt, der setzt sich etwas aus, das ihn formt und auch negative Energien in positive verwandeln kann. Er steht am Ende anders da. Doch jeder Kult, jedes Ritual und jede Liturgie sind nur Mittel, um das Allerinnerste des Menschen zu erreichen. Das Geschehen in der Außenwelt wirkt zurück auf die Innenwelt. Daraus sollten wir lernen, dass auch unser Tun im Alltag uns formt. In buddhistischen Klöstern ergreift man keinen Besen, ohne sich nicht vorher zu verneigen.

Benedikt ermahnte seine Mönche, alle Geräte, ob im Haus oder Garten, wie Altargeräte zu behandeln. So kann der ehrfurchtsvolle Umgang mit alltäglichen Dingen und das aufmerksame Handeln uns für das Geheimnis öffnen und unser Allerinnerstes zum Erwachen bringen.

Ikonen

„Das Reich ist in euch und außerhalb von euch." Im Thomasevangelium[42] lesen wir: „Wer von meinem Munde trinkt, wird werden wie ich, und ich selbst werde er werden, und das Verborgene wird sich ihm offenbaren." (Nr. 108) Und: „Es sprachen zu ihm seine Jünger: ‚Das Reich, wann wird es kommen?' Jesus antwortete: ‚Das Reich ist nicht etwas, auf das man warten müsste, bis es kommt; dass man sagen müsste: siehe hier, oder: siehe dort. Sondern das Reich des Vaters ist schon über der Erde ausgebreitet, nur die Menschen sehen es nicht.'" (Nr. 113) Und: „Jesus sprach: ‚Wenn eure Führer zu euch sagen: Siehe, das Reich ist im Himmel – so werden die Vögel des Himmels vor euch da sein. Wenn sie zu euch sagen: Es ist im Meer, so werden die Fische vor euch da sein. Sondern das Reich ist in euch und außerhalb von euch. Wenn ihr euch erkennt, werdet ihr erkannt werden und werdet erkennen, dass ihr Söhne des lebendigen Vaters seid. Wenn ihr euch aber nicht erkennt, so seid ihr arm und seid die Armut.'" (Nr. 3)

Bilder sind Hüter der Schwelle zwischen Welt und Gott, zwischen dem Sichtbaren und dem Unsichtbaren. Sie öffnen den Zugang zur Ewigkeit. Sie sind die Schnittstelle von Zeit und Ewigkeit. Im anschaubaren Bild spiegelt sich das zeitlose, ewige Mysterium. Es befähigt uns, mit Freude und Beherztheit auch am Leid dieser Welt teilzunehmen. Zusammen mit der Welt geht man in die Transzendenz.

Wer das Bild lange genug betrachtet, wird zu dem, was auf dem Bild dargestellt ist. Die Begrenzung durch das rein Irdische wird durchbrochen. Die menschliche Figur geht in das Bild ein. Im Osten gibt es die Geschichte von der Figur aus Salz, die in den Ozean fällt. Sie löst sich langsam auf und wird zum Ozean. Genauso geschieht es mit uns; wenn wir ein Bild liebevoll lange betrachten, gehen wir, wie die Figur aus Salz, in den Ozean der göttlichen Wirklichkeit ein. Wir gehen also in das Bild ein und werden das, was wir zunächst nur schauen. Das erkennen wir im Bild aus dem Thomasevangelium, aus dem wir gerade eine Stelle gehört haben: „Wer von meinem Munde trinkt, wird werden wie ich, und ich selbst werde er werden, und das Verborgene wird sich ihm offenbaren." (108) Wer aus meinem Munde trinkt, d. h., wer eins wird mit mir, dem wird sich das Verborgene offenbaren. Wer eins werden kann mit dem, was er schaut, der *wird* gleichsam das, was er geschaut hat. Das Verborgene, also was er selbst zutiefst ist, dass er nämlich ein anderer Christus, eine andere Gottesgebärerin ist, das soll ihm/ihr bewusst werden.

Der Goldgrund auf den Ikonen symbolisiert dieses Reich, von dem Jesus spricht. Man muss nicht darauf warten, sagt er, es ist schon da. „Wenn ihr euch erkennt, werdet ihr erkannt werden und werdet erkennen, dass ihr Söhne des lebendigen Vaters seid. Wenn ihr euch aber nicht erkennt, so seid ihr arm und seid die Armut." (ebd. Nr. 3) In der Ikone sollen wir uns also selber erkennen. Als Söhne und Töchter Gottes sollen wir uns erkennen.

Gott, das Unsichtbare und Unfassbare, offenbart sich seinen Verehrern als begreifbare Wirklichkeit. Das Bild also eröffnet den Weg in einen heiligen Bereich. Die Unsterblichkeit, die das Bild ausstrahlt, ist schon unser. Im Bild dürfen wir sie erkennen. Im Bild dürfen wir sie schon schauen. Alle Religionen kennen diese Gleichgestaltung mit dem Bild. So sind wir aufgerufen, uns selber als Jesus zu erkennen, als Söhne und Töchter Gottes, wie er sagt. Denn das Reich Gottes ist in uns. In uns offenbart es sich wie in Jesus. Ikonen sind Metaphern unserer physischen Welt. Wie in der Ikone soll das Göttliche in unserem Leben aufleuchten.

Berühren
(Mt 8,1–4)

Da hören wir von jemandem, der aussätzig ist. Er ist ausgestoßen aus der Gesellschaft, allein, gebrandmarkt. Das aber ist kein Leben. Leben beginnt durch Beziehung, Zuwendung und nicht zuletzt durch Berührung. Jesus, so heißt es im Evangelientext, stieg vom Berg herab. Berg ist das Symbol für die Einheit mit Gott, wie z. B. der Berg Tabor, auf dem Jesus seine Einheitserfahrung mit Gott hatte. Zen spricht vom Berge Myo, dem Berg der Erleuchtung. Auf dem Gipfel des Berges aber darf man nicht sitzen bleiben. Jesus stieg vom Berg Tabor herab und erzählte seinen Jüngern vom Leiden, das ihm bevorstand.

Im heutigen Evangelienabschnitt steigt er vom Berg herab, berührt und heilt den Aussätzigen. Auf den Berg der Erleuchtung steigt man, um wieder zu den Menschen hinunterzusteigen. Und dort sollen wir ihnen Nähe und Heil vermitteln, nicht zuletzt die Nähe und Geborgenheit, die von Gott kommt, die sich im transpersonalen Erlebnis erspüren lässt. Jesus stieg herab und berührte den Aussätzigen. Er hatte keine Angst vor Ansteckung, und auch vor Aidskranken hätte er keine Angst gehabt. Haben wir den Mut, uns auf andere in unserem Umkreis einzulassen? Können wir Nähe ertragen? Der andere, das andere ist doch auch die Manifestation der Wirklichkeit, die wir Gott nennen. Der Typ, mit dem wir gerade zu tun haben, mag auf der vordergründigen Ebene unsympathisch sein, aber vom Wesen her ist er eine Offenbarung Gottes.

Wenn Menschen in diesem Haus in eine tiefe Erfahrung durchbrechen, dann höre ich sehr oft das Wort: „Ich könnte alle umarmen." Und manche fügen hinzu: „Sogar diesen oder jenen Typ, der mir so unsympathisch ist." Da geht offensichtlich uns Menschen etwas davon auf, dass wirkliche Liebe mit Gefühlen von Sympathie und Antipathie nichts zu tun hat. Es ist die Liebe der Sonne, die nicht sagt: „Den mag ich, dem scheine ich; den mag ich nicht, dem scheine ich nicht."

Diese Liebe erschöpft sich nicht im Geben und im Nehmen. Sie ist einfach da. Sie gehorcht nicht einem Befehl. Sie ist frei und lässt frei. Sie steigt aus der Rolle aus, aus dem Programm und aus dem Gebot. Sie kennt keinen Stolz und ist immer wieder bereit zum Neubeginn. Sie zertrümmert alles Harte und weckt alles Feine und Reine in uns. Sie säubert unsere Gedanken und bringt Klarheit in die Verwirrung. Ohne eine solche Liebe macht Leben keinen Sinn, und wir finden nicht zu unserer eigentlichen Berufung.

Echte Liebe kann also auch da sein, wenn man verschiedener Ansicht ist, wenn man einen Kompromiss finden muss, wenn Überzeugungen auseinanderfallen, sei es in einer Gruppe, einer Gemeinschaft, einem Staat oder in einer Religion. Gerade da zeigt sich diese universale Liebe. Diese Liebe ist nicht eng, sie kann nicht nachtragen, sie ist immer zur Aussöhnung bereit. Sie ist das, was wir Christen Agape nennen, eine Liebe, die nicht aussondert. Das heißt aber nicht, dass ich nicht auch besondere Freunde haben kann. Gerade da zeigt sich diese Liebe. Bei besonderen Freunden, bei Partnern lässt sich's nicht ausweichen. Je weiter weg der andere ist, um so leichter lässt es sich ja lieben.

Die Entgrenzung zum anderen hin gehört zum Wachstumsziel unseres Lebens. Es wird bei uns viel von Selbstverwirklichung gesprochen. Gemeint ist dann oft die Egoverwirklichung auf Kosten der anderen. Selbstverwirklichung heißt in der Mystik, unserem tiefsten Selbst eine Chance der Öffnung zu geben, heißt sich mit den anderen und dem anderen zusammen verwirklichen.

Es gibt nur Ko-Evolution, um ein zeitgenössisches Wort zu gebrauchen. Jeder Mensch, der seine eigene Selbstverwirklichung oder Entfaltung anstrebt, ohne die Ko-Evolution seiner Umwelt in gleicher Weise in sein Streben mit einzubeziehen, schädigt diese Umwelt. Solange wir in der Illusion eines getrennten Ich verbleiben, treten wir in Gegensatz zum Leben. Leben heißt In-Beziehung-Stehen. Die Masche eines Fischernetztes macht allein keinen Sinn. Erst zusammen mit anderen erfüllt sie ihre Aufgabe.

Wenn wir jetzt zur Kommunion gehen, so heißt der Empfang des Brotes und Weines, wir kommunizieren miteinander in Gott. Brot und Wein sind Symbole für Gott und Mensch. So wie die vielen Körner zerstreut waren über den Acker und zu einem Brot geworden sind, so sollten wir uns als Einzelne in der Einheit erfahren. So wie die Trauben zerstreut waren über den ganzen Weinberg und jetzt zu einem Trank geworden sind, sollten auch wir uns als Einheit erfahren.

Dazu müssen wir herabsteigen vom Ego-Berg und den Mut haben, einander zu berühren, selbst dann, wenn der andere aussätzig, unsympathisch ist, einer anderen Partei angehört, einer anderen Rasse oder einer anderen Religion.

Tanz im Gottesdienst
(2 Sam 6,14–23)

Im 2. Buch Samuel lesen wir: „David und das ganze Haus Israel tanzten und sangen vor dem Herrn mit ganzer Hingabe und spielten auf Zithern, Harfen und Pauken, mit Rasseln und Zimbeln ... Als die Lade des Herrn in die Davidsstadt kam, schaute Michal, Sauls Tochter, aus dem Fenster, und als sie sah, wie der König David vor dem Herrn hüpfte und tanzte, verachtete sie ihn in ihrem Herzen … – Als David zurückkehrte, um seine Familie zu begrüßen, kam ihm Michal, die Tochter Sauls, entgegen und sagte: ‚Wie ‚würdevoll‘ hat sich heute der König von Israel benommen, als er sich vor den Augen der Mägde, seinen Untertanen, bloßgestellt hat, wie sich nur einer vom Gesinde bloßstellen kann.‘ David erwiderte Michal: ‚Vor dem Herrn … habe ich getanzt; für ihn will ich mich gerne noch geringer machen als diesmal und in meinen eigenen Augen niedrig erscheinen. Bei den Mägden jedenfalls, von denen du gesprochen hast, stehe ich in Ehren‘.“

„David drehte sich im Tanz mit aller Kraft vor dem Herrn, mit einem Schulterkleid aus Linnen umgürtet.“ (2 Sam 6,16) Unser Leib ist die Form des Ewigen. Das Ewige gibt es nicht ohne Leib. Dabei ist es nicht nur unser persönlicher Leib, es ist auch der Leib des Nachbarn, des Gegenüber, des Freundes, ja sogar des Feindes und der Leib der Tiere und Pflanzen. Und wenn es Engel gibt, auch die Form der Engel und anderer Wesen. In der Verleiblichung drückt sich das Ewige aus.

Der Leib wird um so mehr Ausdruck, desto mehr er sich in seinen Möglichkeiten zeigt. Und wo zeigt er seine Möglichkeiten besser als im Tanz? Vorbild des menschlichen Tanzes, meinen die Historiker, war der Lauf der Gestirne, aber auch die Tiere haben den Menschen zum Tanz animiert. Das wird vor allem deutlich beim Tanz der Kraniche und der balzenden Hähne. Im Islam sind es vor allem die Sufis, die den sakralen Tanz als Ausdrucksform praktiziert haben. Sie sind als tanzende Derwische bei uns bekannt.

Gott tanzt seine Schöpfung. Das heißt, dass er nicht getrennt ist von seiner Schöpfung. Die Schöpfung ist der Tanz Gottes selber. Von der Weisheit, die nichts anderes ist als diese tanzende göttliche Urkraft, heißt es im Alten Testament: „Als die Urmeere noch nicht waren, wurde ich geboren, als es die Quellen noch nicht gab... Ehe die Berge eingesenkt wurden ... als Gott den Himmel baute ... den Erdkreis abmaß ... war ich dabei ... da war ich sein geliebtes Kind ...ich spielte vor ihm allezeit. Ich spielte auf seinem Erdenrund, und meine Freude war es, bei den Menschenkindern zu sein." (Spr 8,22)

Warum spielen wir dieses Spiel nicht weiter, warum beargwöhnen wir uns, warum verderben wir uns solche Spiele durch Misstrauen und Eifersucht? Warum führen wir Kriege? Warum tanzen wir nicht mehr den Tanz des Lebens, der immer das Leben Gottes ist?

Warum sind wir in unseren liturgischen Gottesdiensten so spröde und langweilig? Warum wagen wir es nicht einmal, „aus der Reihe zu tanzen"? Der Russe Andrej Sinjawiski soll einmal gesagt haben, dass wir erst langsam wieder entdecken, dass unsere Gottesdienste zu wohlerzogen sind, dass wir die Berührung meiden und so die Unmittelbarkeit des Erlebens verlieren. Im Beichtspiegel haben die katholischen Kinder gelernt, dass es eine Sünde ist, im Gottesdienst zu „schwätzen". Dies ist immer noch eine der wichtigsten Sünden, wenn die Erstkommunikanten zum erstenmal zur Beichte gehen.

Manche Leute sehen den Tanz in der Kirche mit scheelen Augen an. Aber das ist schon David passiert. „Michal, die Tochter Sauls, sah, wie der König vor dem Herrn hüpfte und sich im Tanz drehte, und sie hegte Verachtung für ihn in ihrem Herzen." (2 Sam 6,16) Auch manche Kirchenmänner haben den Tanz in der Kirche verworfen. Chrysostomus sah im Tanz etwas Teuflisches: „Wo man tanzt, da ist der Teufel am Werk." Wahrscheinlich dachte er dabei an Salome, deren Tanz zum Tode Johannes des Täufers führte. Alles lässt sich auch pervertieren.

Andere Kirchenmänner dachten aber anders. So nannte Hypolit von Rom den „göttlichen Logos" den Vortänzer im Reigen, wenn der Chor der Tanzenden der Schöpfung zu Gott heimkehrt. Die Liebe Gottes in Christus wird in den apokryphen Johannesakten[43] als graziöser Tanz gesehen und auch von den Jüngern ausgeführt. Darin befinden sich wunderbare Verse, die ganz unserem spirituellen Weg entsprechen. Es heißt da zum Beispiel: „Ein Haus habe ich nicht, und Häuser habe ich. Einen Tempel habe ich nicht, und Tempel habe ich." Wenn ich die Dinge auf der offenen Hand tragen kann und sie loslassen kann, besitze ich alles, denn dann werden sie mir ganz neu geschenkt. Siehe auch den Vers: „Wenn du Folge leistest meinem Reigen, sieh dich selbst in mir." Wir sind dieser Jesus Christus, wir sind diese Ausdrucksform des Göttlichen genauso wie dieser Jesus Christus. Oder den Vers: „Wofür man mich jetzt ansieht, das bin ich nicht." Der historische Jesus muss überschritten werden, wenn man den Christus erkennen will. Das Christus-Bewusstsein offenbart sich in allen Geschöpfen.

Der tanzende Christus spricht auch vom Leid. Es heißt da: „Der du tanzt, erkenne, was ich tue. Weil dein ist dieses Leiden des Menschen, das ich leiden werde."

Für die meisten Menschen ist das eine sehr ungewöhnliche Zusammenstellung. Aber das, was wir Menschen Leid nennen, ist ebenfalls der Tanz des göttlichen Urgrundes. Auch darin drückt er sich aus, selbst wenn es uns Menschen schwer fällt, das auch anzunehmen. Auch das Leid gehört zum Schöpfungstanz, und selbst der Tod. Darum ist es berechtigt, auch in der Fastenzeit und in der Vorbereitung auf Ostern diesen Tanz zu tanzen. Das Ende aber ist immer die Auferstehung.

Mahl der Liebe
(1 Joh)

Der 1. Johannesbrief ist eine Magna Charta der Liebe. Liebe ist nur möglich, weil Gott uns zuvor geliebt hat, besser gesagt: Weil das Wort Gott ein Synonym für Liebe ist. Liebe ist die dynamische Kraft Gottes. Es ist nicht unsere Liebe, mit der wir lieben, sondern die Liebe Gottes. „Geliebte, wenn Gott uns so geliebt hat, müssen auch wir einander lieben. Gott hat kein Mensch je gesehen. Wenn wir einander lieben, dann bleibt Gott in uns, und seine Liebe ist in uns vollendet.“ (1 Joh 3,16; 18,19; 10,11) Wir sehen Gott offensichtlich nur, wenn wir lieben. Gottesliebe ist von der Menschenliebe nicht getrennt. Johannes hätte auch ganz spiritualistisch argumentieren und sagen können: Weil Gott uns geliebt hat, müssen auch wir ihn lieben. Er sagt aber: „Wenn Gott uns so geliebt hat, müssen auch wir einander lieben.“ Gott will die Liebe nicht für sich. Das ist die Liebe des menschlichen Liebenden. Er will die Fortsetzung seiner Liebe unter den Menschen. Er will die Gottwerdung des Menschen über die Liebe. Hadewijch von Antwerpen kann daher sagen: „Das Feuer (der Liebe) macht keinen Unterschied, es verzehrt alles, was es erfasst: ich versichere Euch … von Verdammnis oder Segen ist nicht mehr die Rede. In der Erfüllung der Liebe ist man Gott geworden.“ (a. a. O. Baumer S. 16)

Gottes Liebe ist nicht die Liebe des Einsiedlers zu Gott, es ist nicht eine theologische Theorie, die in die Transzendenz führt, sie ist Liebesspiel und Anstiftung zur Menschenliebe. Gott ist erfahrbar in unserer Liebe zum Mitmenschen. Unsere Menschenliebe ist das untrügliche Maß für unsere Gottesliebe. „Wenn jemand sagt: Ich liebe Gott! Aber seinen Bruder hasst, ist er ein Lügner.“ Liebe ist der Weg in die Gotteserfahrung, über die Mitwelt. „Wer nicht liebt, bleibt im Tod“, sagt der Brief weiter (1 Joh 3,14). Es ist die Liebe, die lebendig macht. Und wir erkennen immer mehr: Es ist wirklich nur Liebe, die lebendig macht.

Liebe ist die Urdynamik des Göttlichen. Sie ist ein anderer Name für Gott. Sie ist in jedem von uns im Übermaß da. Sie will befreit werden. Befreit werden aber kann sie wieder nur durch den anderen. Niemand kann sich offensichtlich selbst zur Liebe befreien. Lassen wir uns zur Liebe befreien vom anderen. Befreien wir andere zur Liebe durch unsere Liebe.

Ich weiß, dass das große Worte sind und dass man vorsichtig sein soll mit großen Worten, vor allem wenn es um das Wort Liebe geht. Aber diese Tage sollen uns wieder Mut machen, diesem großen Wort etwas mehr gerecht zu werden. Und wo sonst sollen sie ausgesprochen werden dürfen, wenn nicht in diesem Mahl, das sich Agape nennt, Mahl der Liebe.

7. *Berufung und Schulung*

Berufung oder die kosmische Religiosität
(Mk 1,16 ff.)

Es gibt einige Ziele und Lebensinhalte, für die es sich lohnt, alles zurückzulassen. Was Ansehen und Stellung in unserer Gesellschaft ausmacht, ist die eine Seite, die andere Seite aber ist es, das zu suchen und zu finden, was unserem Leben Erfüllung und Sinn gibt. Normalerweise ist der Mensch zu feige, seiner inneren Berufung zu folgen. Er findet immer wieder Ausreden. Und andere reden ihm ein, dass es besser ist, das zu bleiben, was man ist. Unabhängige Menschen gibt es sehr viel weniger, als wir meinen. In der Herde lebt es sich viel bequemer. Wer auszieht, verliert oft seine Freunde, die nicht verstehen können, dass es eine Berufung gibt, die stärker ist als jede Bindung

Wir können uns die Berufungssituation der Jünger, von der im Evangelium die Rede ist, nicht drastisch genug vorstellen. Sie geschah in einer Gesellschaftsordnung, die noch nicht die Möglichkeit des *drop out* kannte, das anonyme Untertauchen weit entfernt vom Bekanntenkreis, um dann ganz neu wieder zu beginnen.

Von diesem Jeshua muss eine unglaubliche Faszination ausgegangen sein. Sie hätte aber nicht gewirkt, wenn in den Jüngern nicht auch eine starke Resonanz da gewesen wäre, eine Resonanz, die leider in vielen Menschen heute verschüttet ist. Denn wer wirklich ruft, ist nicht Jesus, wer wirklich ruft, das ist das, was du zutiefst selbst bist, dein göttliches Wesen. Nicht wir sind auf der Suche nach Gott, Gott ist auf der Suche nach uns. Er möchte sich in uns offenbaren.

Es geht um ein „Aussteigen", Berufung hat oft mit Aussteigen zu tun. Berufung kann zum Beispiel den Auszug aus der Familie bedeuten. „Sie verließen ihren Vater Zebedäus mit all seinen Tagelöhnern", heißt es im Evangelientext. Viele junge Leute bleiben heute zu lange in der Familie. Und umgekehrt, wenn das heute ein junger Mensch tut, wenn er wirklich aus dem „Nest" geht und ganz anders denkt und handelt, dann kann er zu hören bekommen, dass so etwas verantwortungslos sei. Viel wichtiger aber scheint mir der Auszug aus Kindheitsmustern, gesellschaftlichen Vorurteilen und ihren Verhaftungen. Man erinnert uns dann an Traditionen, an Regeln und Normen, die zu überschreiten nicht nur gefährlich, sondern auch unverantwortlich wäre. Wer aber am Reiche Gottes teilhaben will, sagt Jesus, muss diese Normen, muss Vater und Mutter verlassen. Als Christen hätten wir in diesem Punkt viel zu lernen, denn immer wieder werden uns Schuldgefühle gemacht, wenn wir nicht mehr tragbare Normen ablegen wollen, mögen sie noch so lebensfeindlich geworden sein.

Die letzte „heilige Ordnung", die wir hinter uns lassen sollten, ist die Gesetzlichkeit der Religion. Gott folgt nicht den religiösen Gesetzen und Vorstellungen einer Religion, die von Menschen gemacht sind. Gott ist sein eigener Vollzug in Zeit und Raum. Von dieser Warte aus gesehen, ist Religion das ganze evolutionäre Geschehen. Es ist der Vollzug des Alltäglichen. Wer diese Sprache der Religion verstehen kann, erfährt sie im Emporstrecken eines Fingers oder im Heben einer Augenbraue. Er erfährt sie im Gehen, im Essen und im Arbeiten, im Leiden und im Sterben. Religion ist unser Leben. Noch oft werde ich das sagen. Gott offenbart sich in dieser meiner ganz konkreten menschlichen Form.

Aber Aussteigen allein reicht nicht. Man kann nur aussteigen, wenn man auch einsteigt. Einsteigen meint hier so etwas wie eine Initiation in eine absolute religiöse Haltung. Denn es gibt kein Außerhalb von Religion. Es gibt nicht Religion im Gottesdienst und getrennt davon Religion im Leben. Religion ist unser Leben, und unser Leben, so wie es verläuft, ist die wahre Religion. Wir sind als Christen zur Freiheit berufen. Und das heutige Evangelium sollte uns den Mut machen, wenn der Zeitpunkt gekommen ist, „auszusteigen" und einer ganz neuen Berufung zu folgen, der Berufung nämlich, den Alltag als Religion zu erfahren. Es existiert nichts Unreligiöses. Man kann keinen Finger krümmen und keinen Schritt machen, der nicht zutiefst religiös wäre, denn Gott vollzieht sich in allem.

Vielleicht kann ich an einem Beispiel klar machen, was gemeint ist. Wasser lässt sich ganz verschieden betrachten und benennen. Es kann Regenwasser sein, Quellwasser, Flusswasser, Schlammwasser, Jauche usw. Wer einige Kenntnis in Chemie hat, weiß, dass dies nur äußere Unterschiede sind. Das Wasser ist entweder rein oder verunreinigt. Aus allem verunreinigten Wasser aber lässt sich reines Wasser destillieren. Wer noch mehr davon versteht, der weiß, dass Wasser im Grunde aus zwei Teilen Wasserstoff und einem Teil Sauerstoff besteht. Und selbst das lässt sich im subatomaren Bereich noch weiter zurückführen, bis am Ende nur Energie vorhanden ist. Wer wirklich religiös ist, der erkennt, dass es Religion als abgegrenzten Bereich gar nicht gibt. So wie es letztlich kein Wasser gibt, sondern nur diese eine Urenergie, die wir Gott nennen. Sie offenbart sich in allem und allen.

Säkularisierung der Religion oder Sakralisierung des Lebens? Wenn ich das sage, werfen mir manche vor, ich säkularisiere die Religion. In Wirklichkeit aber sakralisiere ich das Leben. Das klingt so erhaben. Aber es ist das Alltägliche, das wir leben. Das ganz Leben wird zum Sakrament. Es wäre gut und wichtig, die Sakramentalität der Welt ohne jeden Kult erfahren zu können. Die Dinge selber sind das Ursakrament, in denen sich dieses Ur-Prinzip darstellt. Es gibt darin keine Hierarchie. In allem zeigt sich das „Urantlitz". So wird jede Form zum Sacramentum, zum Ort der Begegnung, besser noch zum Ort der Einheit. Denn nur in der Form lässt sich die Nicht-Form erfahren. So wie sich Feuer nur in etwas erfahren lässt, das brennt, kann göttliches Leben nur in etwas erfahren werden, das lebendig ist.

Wir sind die Benutzer der Dinge. Wir kennen sie und berichten darüber wie Journalisten. Wir erfahren sie zu wenig von innen. Wenn unsere Zeitgenossen über die Auferstehung zu berichten hätten, dann hätten wir eine Fülle von Fotos. Viele bedauern, dass die Evangelisten damals noch keine Kameras hatten oder vielleicht ein verborgenes Tonbandgerät, als der junge Rabbi durch die Lande zog. Welche Sensation wäre die Kreuzigung gewesen und erst die Auferstehung! Wir bemühen uns, die Dinge zu analysieren, um sie dann zu gebrauchen, aber sie wirklich zu erleben, das Leben in ihnen zu erleben, das können wir nicht.

Kontemplativ zu schauen und zu erleben ist eine holistische, unteilbare Erfahrung. Erst später wird sie von unserem Verstand analysiert und in Theorie und Praxis aufgeteilt und so zur mitteilbaren Beobachtung. Je leerer wir sind, um so klarer wird die Schau, desto weniger verzerren wir die Dinge. Wir sind Spiegel des Ganzen. Eine holistische Erfahrung unterscheidet, aber trennt nicht. Die Wirklichkeit selber offenbart sich in mir. Wir müssen aufpassen, dass wir aus Gott nicht eine Schablone machen. Die Gefahr der Bevormundung ist gerade in der Religion sehr groß. Es reicht nicht, zu glauben, was man uns vorsagt. In jedem Schritt, in jedem Atemzug offenbart sich das Ganze!

Der ‚Kult' in dieser kosmischen Religiosität hat eine sehr viel tiefere Bedeutung als in den Konfessionen. Jeder Augenblick wird zur Kommunion mit der Urwirklichkeit Gott. Dabei verehren wir nicht etwas Äußeres. Jeden Augenblick feiern wir die Manifestation der Urwirklichkeit in unserem Tun. Erst wenn wir das Frühstück so wie diese Eucharistiefeier erfahren, als feierliche Handlung nämlich, dann erst haben wir erkannt, um was es eigentlich geht. Und wieder muss ich sagen, das hat nichts mit einem elitären Empfinden zu tun, sondern mit einer tiefen Wahrnehmung des Seins.

Wozu noch Konfessionen? Wozu brauchen wir dann noch jene anderen Formen der Religion wie das Christentum, den Islam, den Buddhismus oder den Hinduismus, Religion also, wie wir sie hier praktizieren? Eigentlich sollten wir sie eher Konfessionen nennen. Konfessionen sind Modelle, an denen wir die Wirklichkeit zu verstehen und zu erklären versuchen. Jede Konfession müsste zum Ziel haben, über sich selbst hinaus zu führen und sich als Finger zu verstehen, der auf den Mond deutet. Der göttliche Mond aber spiegelt sich in allen Wassern. Alle Wassermonde verdanken ihr Sein nur dem einen Mond. Alle Religionen verdanken ihre Existenz dieser einen Urenergie, die wir Gott nennen.

Wir brauchen diese Kulte, damit wir erkennen, dass unser ganzes Leben ein solcher Kult ist. So wenig, wie wir Menschen von reiner Energie leben können, sondern etwas ganz Konkretes brauchen, wie zum Beispiel das konkrete Wasser, so brauchen wir auch Konfessionen. Nur so können wir uns ausdrücken und verständigen und natürlich auch feiern. Der Grund, weshalb wir hier sind, ist die Feier unseres Menschseins. Wir könnten dabei erfahren, dass jede unserer Bewegungen und jeder Akt das gleiche ist wie Göttliche Energie im Vollzug, die kommt und geht. Was wir Gott nennen, ist Kommen und Gehen, Geborenwerden und Sterben. Religionen sind daher nicht überflüssig.

Habt den Mut, auszusteigen aus der Religion, um wieder neu einzusteigen. Dann stört euch auch das oft allzu menschliche Verhalten der Anhänger einer Religion und ihrer Religionsdiener nicht mehr, denn dann wisst ihr, dass Religion nichts anderes ist als eine Einführung in unser Leben. Sie will uns lehren, voll und ganz Mensch zu werden. *Imago Dei*, Bild Gottes nennt das die christliche

Religion. Doch dazu braucht es den Mut, die allzu menschlichen Bilder von Gott und auch von uns selbst fallen zu lassen. „Bis Schule und Minarett zerbröckeln, wird dies unser heiliges Werk nicht vollendet sein. Bis Glaube zur Verwerfung und Verwerfung zum Glauben wird, gibt es keinen wahren Muslim." (Idries Shah)

Reich Gottes
(Lk 12,31)

„Das Reich ist nicht etwas, auf das man warten müsste." In den ersten christlichen Jahrhunderten wurden nur ganz bestimmte Bücher der Bibel anerkannt. Wir wissen heute, dass neben diesen Büchern auch andere vorhanden waren, die von gleichem Inspirationswert sind wie z. B. das Thomasevangelium[44]. Ich möchte daraus einige Stellen vorlesen: Seine Jünger sprachen zu Jesus: „Das Reich, wann wird es kommen?" Jesus antwortete: „Das Reich ist nicht etwas, auf das man warten müsste, bis es kommt; dass man sagen müsste: siehe hier, oder dort. Sondern das Reich des Vaters ist schon über der Erde ausgebreitet, nur die Menschen sehen es nicht." (Nr. 113) Die Jünger sprachen zu Jesus: „Sage uns, wie unser Ende sein wird." Jesus sprach: „Habt ihr denn schon den Anfang entdeckt, dass ihr nach dem Ende fragt? Denn dort, wo der Anfang ist, dort ist auch das Ende. Selig ist, wer am Anfang steht. Denn er wird das Ende erkennen und den Tod nicht schmecken."(Nr. 18)

„Suchet zuerst das Reich Gottes und alles andere wird euch hinzugegeben" (Lk 12,31), hat Jesus gesagt. Dabei steht der Begriff Reich Gottes hier für Gott selber. Was suchen wir im Grunde unseres Herzens? Suchen wir wirklich Gott oder möchten wir nur etwas von Gott? Suchen wir etwas für uns? Wenn das so ist, dann suchen wir nach einem Ersatz und sind meistens nach einiger Zeit von diesem Ersatz enttäuscht. – Eckehart predigte daher einmal: „Aber manche Leute wollen Gott mit den Augen ansehen, mit denen sie eine Kuh ansehen, und wollen Gott lieben, wie sie eine Kuh lieben. Die liebst du wegen der Milch und des Käses und deines eigenen Nutzens. So halten's alle jene Leute, die Gott um äußeren Reichtums oder inneren Trostes willen lieben; die aber lieben Gott nicht recht, sondern sie lieben ihren Eigennutz. Ja, ich sage bei der Wahrheit: Alles, worauf du dein Streben richtest, was nicht Gott in sich selbst ist, das kann niemals so gut sein, dass es dir nicht ein Hindernis für die höchste Wahrheit ist." (Predigt 16)

Solange wir nicht Gott haben, haben wir nicht, was wir eigentlich suchen. Es gibt nicht so etwas wie die Dinge und Gott, denn es gibt nur Gott in den Dingen. „Alle Dinge schmecken nach Gott", sagt Eckehart. Es gibt nicht einen schönen Urlaub und Gott, denn es gibt nur Gott als schönen Urlaub. Es gibt nicht Krankheit und Gott, sondern nur Gott als diese Krankheit. Wenn wir wirklich Gott finden, finden wir ihn in allem. Gott hat alle Formen, und wir können ihn in allem finden. Wer sich auf einen spirituellen Weg macht, sucht oft zuerst etwas für sich selber, wie z. B. Gesundheit, Ausgeglichenheit, bessere Voraussetzungen für sein Studium, Fitness für den Beruf usw. Wenn wir aber tiefer kommen und eine Grenzüberschreitung stattfindet, merken wir, dass eine umfassendere Erfahrung Gottes die anderen Dinge erst wirklich belebt.

So sollen wir Gott suchen ohne Grund, ihn suchen, ohne etwas finden zu wollen als den Grund von allem und als Grund unseres Seins. Wenn wir dort angekommen sind, machen alle Dinge Sinn. Auch die „unsinnigen". – „Suchet zuerst das Reich Gott... Alles andere wird euch hinzugegeben."

Kehrt um!
(Mk 1,14 ff.; Mt 3,1 ff.)

„Johannes trat auf in der Wüste und verkündete Umkehr, Taufe und Vergebung der Sünden." (Mk 1,3) Auch Jesus trat auf. Er aber verkündete die Frohbotschaft. So wird er in den Evangelien eingeführt: „Jesus ging nach Galiläa; er verkündete die Frohbotschaft und sprach: Die Zeit ist erfüllt, das Reich Gottes ist nahe. Kehrt um, und glaubt an die Frohbotschaft." (Mk 1,14 ff.) Jesus ist also kein Bußprediger wie Johannes. Seine Umkehr meint nicht Buße, sie meint Umkehr zu unserem wahren Wesen.

„Kehrt um und glaubt an die Frohbotschaft." Das Wort *Metanoia* – kehrt um – wurde oft mit „Tut Buße!" übersetzt. So wurde dieses Wort auch moralisch verstanden, denn dem Menschen wurde damit sein schlechter Lebenswandel vorgehalten. Buße-Tun verbinden wir meist mit Schuld und Sünde, mit unmoralischem Handeln usw. Das Wort vom Buße-Tun weckt im Durchschnittschristen ganz andere Assoziationen als das, was Jesus eigentlich gemeint hat. Eine solche wertende, moralische, sündenbewusste, intolerante und kleinkarierte Stimmung ist nicht nur lange von der Kanzel verkündet worden, sondern die offiziellen Gebete, Kirchenlieder und Bilder verbreiten das immer noch. Aber dies ist nur der Schatten der Frohen Botschaft! Ich möchte nur zeigen, dass wir unser Welt- und Menschenbild korrigieren dürfen.

Die Übersetzung „Buße" steht in einem auffälligen Gegensatz zur Frohbotschaft Jesu, zu dem also, was er wirklich gemeint hat. Diese einseitige Interpretation hat dem ganzen Christentum einen moralischen Akzent gegeben. Jesus war aber alles andere als ein Moralist. Die eigentliche Sünde von uns Menschen ist, dass wir nicht erkennen, wer wir wirklich sind. Dass wir nicht erfahren, dass das Reich Gottes in uns ist, dass wir Kinder des Ewigen Vaters sind und dass unser wahres Leben Leben Gottes ist. Die eigentliche Sünde besteht darin, dass wir Menschen nicht aus der Polarität unserer Ich-Grenzen herauszukommen versuchen, dass viel zu wenig von unserer göttlichen Herkunft und unserer wahren

Zukunft erzählt wird. Mit anderen Worten, dass man uns nicht sagt, dass wir Sohn und Tochter Gottes sind. Jesus versuchte uns zu sagen, dass wir nicht anthropomorph, sondern theomorph sind – nicht menschengestaltig, sondern gottesgestaltig.

Das griechische Wort *Metanoia* bedeutet „Wendet euch um!“ Wende deinen Sinn in eine andere Richtung. Der areligiöse Mensch müsste z. B. lernen, dass ein rein diesseitiges Leben in diesem kleinen personalen Ich zum Scheitern verurteilt ist. Der Mensch war in seiner Geschichte, soweit wir sie kennen, wohl noch nie in einer so ungeheuren Einseitigkeit auf das Ich und das Leben in dieser Welt zentriert. Er merkt natürlich die Unbeständigkeit dieser Welt, aber das veranlasst ihn, nur noch stärker nach neuen Möglichkeiten und Methoden zu suchen, diese Vergänglichkeit hinauszuschieben. Der Blick ist dabei rein innerweltlich auf materielles Wohlergehen fixiert. Was ihm fehlt, ist wirklich die Metanoia, die Umwendung des Sinnes.

Kehrt um und glaubt an die Frohe Botschaft, dass es noch eine andere Weltsicht und Welterfahrung gibt, dass ihr ewiges Leben in euch tragt, dass ihr Kinder des ewigen Vaters seid, und wie diese Bilder der Schrift alle heißen. Die Metanoia ist der Beginn des Heilsweges, des Weges der Überwindung der Einseitigkeit, der dualistischen Polarität. Früher wurden wir Menschen durch Leid zu einer solchen Einsicht getrieben. Heute treibt uns das Leid mehr in den Wahn, wir könnten es schaffen, doch noch die Lebenspille oder den Jungbrunnen zu finden, die Gene zu manipulieren, die uns Unsterblichkeit garantieren.

Wer sich auf einen spirituellen Weg macht, sagt Ja zur Umkehr. Er ändert die Richtung. Er bekennt damit, dass es eine Wirklichkeit gibt, die umfassender ist als diese rational und sinnenhaft begriffene Welt. Er glaubt an die Frohbotschaft vom Reich Gottes, und das ist nichts anderes als die ganze Wirklichkeit, das volle Leben und die Ausschöpfung aller Potenzen unseres Menschseins.

Die Kontaktstelle zu Gott ist hier und jetzt. Hier und jetzt! Himmel und Hölle sind nur getrennt durch unser Ich. Wer es lassen kann, geht ein ins Reich Gottes. Es gibt keine magischen Rituale, die uns dorthin führen, sondern nur das Sterben unseres vordergründigen Ich. Die Kraft dazu gibt uns einzig die Liebe. Sie allein gibt uns Gewissheit und hilft uns, alles zu lassen, um in diese neue Seinsordnung einzutreten, in die Seinsordnung Gottes.

Die Transformation durchläuft mehrere Ebenen. Wir stehen im allgemeinen in der Ich-Ebene. Die ständige Identifikation mit der Ich-Ebene hat durchsichtig zu werden. Wir haben zu erkennen, dass dieses Ich nur Instrument unseres eigentlichen tieferen Wesens ist. Diese nächste Ebene erreichen wir durch das, was Jesus die Metanoia nennt, die Umkehr, die Wiedergeburt. Es ist das Eintreten in eine Jüngerschaft, die in der neuen Ebene, im Reich Gottes lebt. Immer wieder muss ich sagen, dass es nicht irgendein abgehobener Zustand ist.

Es geht um unser ganz normales Leben. Der Weg führt bei vielen Menschen durch eine Phase der Verwirrung. Für manche ist das ein vollständiger Zusammenbruch. Die Sprechzimmer der Psychotherapeuten sind voll von solchen Menschen. Es ist eine depressive Phase, die durch Unsicherheit und Verwirrung zu einer Neuorientierung führt, wenn der rechte Begleiter gefunden wird. Sie ist auf dem spirituellen Weg von größter Bedeutung. Sie gleicht einem Labyrinth, das durch viele verschlungene Kanäle in die Mitte des Wesens führt. Hier geschieht der Reinigungsprozess, von dem die Mystik spricht. Wenn wir diesen Prozess annehmen können, führt er zum Durchbruch, das heißt auf eine neue Bewusstseinsebene. Falsche Selbstbilder und Lebenserwartungen werden durch die Ich-Transzendierung korrigiert. Die Grundlagen für Angst, Hass, Habsucht, Gier verschwinden. Ein inneres Gleichgewicht, Friede und Harmonie breiten sich aus. Die Ruhe, in die wir eintreten, ist die Ruhe Gottes selber. Sie ist die Heilkraft, die uns verwandelt.

Ich habe den Mut, an Möglichkeiten und Potenzen im Menschen zu glauben, die ihm helfen, aus dieser erschütternden Krise, in der er heute steckt, herauszukommen. Wenn es ihm gelingt, die heilenden Kräfte – das ist für mich nur ein anderes Wort für göttliche Kräfte – zu befreien, erhält er die Chance des Weiterbestehens. Ich kann mir mit Hilfe neuer Ekenntnis-Ebenen eine Welt ausmalen, die harmonischer und friedlicher ist als die jetzige. Auf dieser Ebene ist es möglich, eine globale Spiritualität zu entfalten, die nicht institutionalisiert ist, sondern die Entfaltung einer menschlichen Grundanlage darstellt. Es ist eine Spiritualität, die nicht an der Quantität, sondern der Qualität des Lebens orientiert ist.

Diese Spiritualität bedeutet, die Welt mit anderen Augen anzuschauen, sie in einer Weise zu begreifen, die nicht um das kleine Ich kreist. Das hat Jesus gemeint mit Metanoia, wenn ich ihn richtig verstanden habe.

Wachet!
(Markus 13, 33 ff.)

In einem ist sich jede echte Mystik einig: Die Menschen müssen aus einem Traum erwachen. Die meisten Menschen schlafen. Sie werden schlafend geboren, sie heiraten im Schlaf, erziehen Kinder im Schlaf und sterben im Schlaf. Sie sind nie wach geworden. Sie haben nicht einmal gemerkt, dass es einen Zustand des Wachseins gibt. Darum sprechen alle spirituellen Wege vom Tagesbewusstsein als einem Zustand ähnlich dem Traum. Wer aufwacht, findet sich in einer neuen Welt.

Die meisten Menschen wollen diese Wahrheit auch gar nicht hören. Sie wollen nicht erwachsen werden. Sie hocken im Kindergarten und erwarten höchstens, dass man ihr kaputtes Spielzeug repariert, mit dem sie sich die Zeit vertreiben, so z. B. ihre Autos, Geld, Partnerschaft, Urlaub, Arbeitsplatz usw. Oft ist es erst ein Verlust, ein Leidensdruck, der aufweckt. Alle großen Weisen standen mit ihren Ansichten gegen die Mehrheit der Gesellschaft, sei es in der Religion oder in der Politik. „Jede große Idee tritt an als Blasphemie“, meinte Bertrand Russell, als Zumutung. Darum kann es ein wichtiges Zeichen für das Aufwachen sein, wenn sich jemand fragt: „Bin *ich* verrückt oder die anderen?“

Wach werden und Aufstehen ist unangenehm. Deshalb weckt ein echter spiritueller Führer andere auch nur selten barsch auf. Er wartet, bis die Menschen selber aus dem Bett wollen. Aber nur wenige Menschen wollen aus dem Bett. Jesus ruft immer wieder: „Wachet!, denn ihr wisst nicht, wann der Augenblick da ist! … Wachet, denn ihr wisst nicht, wann der Herr des Hauses kommt, … damit er nicht, wenn er unvermutet kommt, euch schlafend findet. Was ich aber euch sage, das sage ich allen: Wachet!“ (Mk 13,33 ff.)

Jesus heilt die Blinden. Er öffnet ihnen die Augen für das wahre Leben. Er spricht auch vom Blindsein und Sehendwerden (Joh 9,39 ff.). Als Blindheit umschreibt er die Daseinsform, in der wir nicht erkennen, was wirklich ist, wer wir wirklich sind und was die wesentliche Aufgabe unseres Lebens ist. Im Gleichnis von den zehn Jungfrauen erzählt er von den fünf, die einschliefen und ihre Lampen verlöschen ließen, während sie auf den Bräutigam warteten. Die anderen fünf wachten und waren bei seiner Ankunft mit ihrem Licht bereit (Mt 25,1 ff.). Wie kommen wir zu uns selber? Wie kommen wir in diesen Augenblick, um wach und gegenwärtig zu sein?

Die Leute um uns herum laufen auf ihrer Suche einer Illusion nach, die sie für Wirklichkeit halten. Man ließ sich in der ganzen Menschheitsgeschichte kaum zu so viel Verrücktheiten verführen wie in unseren Tagen. Nie hatte der Mensch so viele Möglichkeiten, am Leben vorbeizuleben, wie heute. Es ist so schwer, sich selber kennen zu lernen, obwohl jeder sein tiefstes Wesen, diese kosmische Dimension, in sich trägt und nur anhalten müsste, um unter seine Füße zu gucken.

Wie werden wir wach? Wie kommen wir zu uns selber? Das erste, was man merkt, wenn man den Weg betreten hat, ist, dass man nicht Herr oder Frau im eigenen Haus ist. Wir werden von unserem Tagesbewusstsein hierhin und dorthin gezerrt. Man bekommt gleichsam den Teppich zuerst von der Rückseite zu sehen. Zuerst sieht man die verwirrenden Fäden, die keinen Sinn zu machen scheinen. Es sind Ängste, Gefühle, Gedanken, Abhängigkeiten, die unsere Ichstruktur konstituieren. Weiter hilft uns da eine beharrliche, regelmäßige Praxis. Es ist damit nicht das Sitzen allein gemeint, sondern das Leben, der Alltag. Ein spiritueller Weg, der nicht in den Alltag führt, ist ein Irrweg. Ich habe diesen Satz schon oft gesagt und werde ihn immer wieder sagen.

Im gegenwärtigen Moment leben, das ist die Übung, das heißt, im Schnittpunkt zweier Linien zu leben, die aus dem Unendlichen kommen und ins Unendliche weiterlaufen. Mensch und Gott, Zeit und Ewigkeit kreuzen sich in uns. Hier und jetzt treffen sie zusammen, hier und jetzt sind sie mein Leben. Hier und jetzt sind sie in mir eins. Diese Linien verbinden uns mit allem, mit Vergangenheit und Zukunft. Sie verbinden uns mit dem ganzen Universum. Das bedeutete das gleichschenklige Kreuz, ein religiöses Zeichen aus der matriarchalen Zeit. Dort, wo sich die beiden Balken treffen, ist unsere wahre Heimat. Dort, wo Geist und Materie eins sind, ist unser wirklicher Standort. Aber in diesem Schnittpunkt zu bleiben fällt uns so schwer.

Unser Alltag ist die Übung. Die Praxis verändert uns ganz allmählich, so wie das weiche Wasser den harten Stein verwandelt. Wir Europäer möchten schnell etwas erleben. Wir sind auf Erfolg getrimmt. Nur eine regelmäßige Praxis führt uns in eine Offenheit, die unseren Alltag als unser tiefstes Wesen offenbart. Die Gottheit, das Leben zeigt sich in der Blume als Blume, im Menschen als Mensch. Wenn wir wach sind, erkennen wir sie in Geburt und Tod, als Lachen und Weinen, auch als Schmerz und als Wut. In einer Sache sind sich alle Mystiker einig: Dass alles gut und in Ordnung ist, obwohl äußerlich eigentlich nichts in Ordnung zu sein scheint. Das ist ein seltsamer Widerspruch. Aber er ist die Wahrheit, zu der wir erwachen können. Es ist die innere, vom Verstand nicht wahrnehmbare Ordnung des Chaos.

Für einen Außenstehenden klingt das nach Fatalismus. Es ist aber das Gegenteil, nämlich der Versuch, im Gewöhnlichen das Eigentliche zu erkennen. Es ermöglicht waches Handeln, das von dem ausgeht, was tatsächlich ist. Also weder labil sein, noch rigid und stur. Sich an die Umstände, die man momentan nicht verändern kann, anpassen. Das ist der Ausgangspunkt. Mystiker versuchen nicht, die Welt zu verändern. Sie haben die Welt nicht retten wollen, indem sie Bekehrung predigten. Sie kehrten ein in sich selber, kehrten ihr Herz zu Gott hin und ließen es schweigend verwandeln. *Verwandelt wurden sie zum Sauerteig.* Ihre Verwandlung bedeutete Verwandlung der Welt. In ihrem tiefsten Wesensgrund erfuhren sie, dass alles Eins ist: Christus, Gott als der göttliche Urgrund und ebenso alles Geschaffene und das Ungeschaffene. Ihr Sein verwandelte das Sein der Welt.

Solche Einsicht verändert unsere Weltsicht und damit unser Leben. Da wir alle miteinander verbunden sind, verändert sich die Welt, wenn wir zu uns selber kommen, wenn wir uns verändern. Unsere Taten sind dann nicht mehr ichbesetzte Taten, sondern die Taten unserer Wesensnatur. Meister Eckehart formuliert diese Erkenntnis so: „Wenn der Mensch erhoben ist über die Zeit in die Ewigkeit, so wirkt dort der Mensch ein Werk mit Gott. Manche Menschen fragen, wieso der Mensch die Werke wirken könne, die Gott vor tausend Jahren gewirkt hat und nach tausend Jahren wirken wird, und verstehen's. In der Ewigkeit gibt es kein Vor und Nach. Darum, was vor tausend Jahren geschehen ist und nach tausend Jahren (geschehen wird) und was er jetzt tut, das ist nichts als ein Werk. Darum wirkt der Mensch, der über die Zeit erhoben ist in die Ewigkeit mit Gott, was Gott vor tausend und nach tausend Jahren gewirkt hat." (Quint S. 269,7)

Der Weg der Kontemplation trennt uns nicht vom Alltag. Er schenkt uns eine neue Sicht des Alltags. Das geht nicht ohne Mühe. Man braucht Geduld. Kabir[45] sagt: „Zu welchem Ufer würdest du kreuzen, mein Herz? Da ist kein Reisender vor Dir, keine Straße. Wo ist Bewegung, wo Ruhe an jenem Ufer? Dort ist kein Wasser, kein Boot, kein Bootsmann dort. Dort ist kein Stück Seil, das Boot zu vertäuen, noch jemand, der es an Land zieht. In dieser Leere wirst du nichts finden. Sei stark: geh hinein in dich selbst, denn da ist dein Halt. Bedenke es wohl, mein Herz! Gehe nicht anderswohin. Kabir sagt: Vorstellungen lege beiseite und steh fest in dem, was du bist."

Die Übungsanweisung lautet: „Vorstellungen lege beiseite" und: „Schließe einfach die Türe deiner Sinne". Das ist allerdings das Problem. Was wir hier lernen, ist also nur dieses Eine: Wie schließe ich die Türe meiner Sinne? Wie lasse ich alles, was mich so besetzt hält, los? Wie entkomme ich der Ich-Drehung meines Tages-Bewusstseins? Wie beruhige ich diesen Affen Ich, der ständig von Baum zu Baum hüpft. Mehr ist nicht zu lernen, lediglich zu üben, wie ich die Tore meiner Sinne und meines rastlosen Verstandes schließe.

Schon das Suchen ist eine Fehleinstellung. Die Geschäftigkeit unseres Ich-Bewusstseins ist fast wie eine Zwangsneurose. Erst wenn die Denkabläufe maßvoller geworden sind und der Geist weniger von Objekt zu Objekt springt, werden wir ausgeglichener und können etwas im Hintergrund erkennen, das immer da, aber ständig verdeckt wird. „Wachet auf, ruft uns die Stimme. … Macht euch bereit zu der Hochzeit. Ihr müsset ihm entgegengehn“, singen wir in einem alten Kirchenlied. Es ist in dir. Du hast es zu entdecken. Du hast zu erwachen und zu erkennen, dass du ES bist.

Die Seligpreisungen
(Lk 6,20–26)

Es ist mir heute früh sehr schwer gefallen, eine kurze Ansprache zu diesem Gottesdienst vorzubereiten. Wahrscheinlich habt ihr ebenso wie ich die Nachricht gehört, dass Millionen von Menschen in den Kriegsgebieten verhungern. Millionen sind vertrieben und leiden unter Heimatlosigkeit und Gewalt. Millionen haben nicht das Lebensminimum zur Verfügung. Sind die Seligpreisungen wirklich die Antwort, die uns Jesus in so einer Situation zu geben hat?

Die ersten vier Seligpreisungen sprechen von Zuständen, die wir Menschen als äußerst beklagenswert empfinden, von Armut, Trauer, Hunger und Wehrlosigkeit. Gepriesen werden die Sanftmütigen, die keine Gewalt anwenden. Alle diese Worte bezeichnen eine menschliche Erniedrigung. Sie weisen hin auf das, wovor wir uns fürchten, gegen das wir uns absichern. Gemeint ist alles, was wir zu vermeiden suchen. Wer diese beklagenswerten Zustände annehmen kann, wird selig gepriesen, ihm wird das Reich Gottes verheißen. Dies aber ist ein totaler Umsturz unserer Weltsicht. Wir wollen reich sein, denn nur dann sind wir abgesichert. Wir wollen froh und glücklich sein und nicht trauern müssen. Wir wollen mächtig sein, denn nur dann kann uns einer nichts wegnehmen. Realpolitik lässt sich nicht aus einer schwächlichen Position heraus machen, sagen uns die Politiker. Wer die Macht hat, hat das Sagen. Man sah das in Jugoslawien, man sieht es jetzt im Irak. Man sieht das in allen Krisengebieten der Erde.

Es gibt eine Geschichte, die Konfuzius in den Mund gelegt wird, der eines Tages seine Schüler aufforderte, ihm über ihre Zukunftsambitionen zu berichten. Einer sagte, er wäre gerne Kriegsminister, der andere wollte Finanzminister werden, und der dritte wollte es zum kaiserlichen Zeremonienmeister bringen. Macht, Geld und Prestige suchten sie. Der vierte Schüler jedoch mit Namen

Tseng Tien schenkte diesem Gespräch nicht die geringste Beachtung und zupfte still seine Laute. Nachdem die anderen ihre Wünsche ausgesprochen hatten, bat Konfuzius ihn zu sprechen. Tseng Tien antwortete, er würde gerne im Frühling an das Flussufer gehen, um dort mit seinen Kameraden zu baden, sich des linden Lüftchens zu freuen und dann heimzukehren. Daraufhin sagte Konfuzius: „Tien findet meine Zustimmung." Alle *drop-outs* und Hippies kommen uns bei dieser Geschichte in den Sinn, und wir merken instinktiv, das kann die Lösung doch auch nicht sein. Natürlich sind solche Geschichten einseitig. Sie wollen den Akzent auf eine bestimmte Seinsweise richten. Es ist letztlich der Augenblick des Lebens, der zählt, und nicht das Außerordentliche.

Die Bergpredigt kann nicht als Gebot verstanden werden. Der Grund von allem ist die Erfahrung der Einheit mit allem Seienden. Es ist die Rede eines Erleuchteten. Er sieht die Welt nicht mehr begrenzt auf ihre Endlichkeit und Erbärmlichkeit, sondern als Offenbarung des Göttlichen. Solange wir als Menschen die Not unserer Mitmenschen nicht wie am eigenen Leib spüren, wird sich in dieser Welt nichts ändern. Aber, um so weit zu kommen, muss der Mensch erfahren, dass es Ich und Du im Grunde nicht gibt.

Ich habe keinen anderen Rat, als in unserem eigenen Leben diesen kleinen Kriegsminister, Finanzminister und Zeremonienmeister zu suchen. Denn diese negativen Tendenzen liegen genau so in uns. Wenn wir in einem arabischen Land geboren wären, hätten wir wahrscheinlich auch eine Waffe in der Hand. Es sind unsere Schattenseiten, die da ausgespielt werden. Wenn wir das erkennen, erkennen wir auch unseren Anteil an der katastrophalen Lage unserer Erde. Wir ahnen dann vielleicht etwas von diesen Seligpreisungen, die aus einer inneren Haltung heraus die Welt verändern und so die Lösung, vielleicht die einzige Lösung für die Menschheit sind.

Der reiche Jüngling
(Lk 18,18 ff.)

Wir stehen vor einer zerrissenen Welt. Millionen Menschen verhungern, Millionen werden in Kriegen und Revolutionen geschunden und umgebracht. Wir haben uns zu einer entsetzlichen Spezies entwickelt. Der Hass dominiert. Da kommt nun einer und sagt: „Verkaufe alles, was du hast, und du findest das Leben!" Das ist ein totaler Umsturz unserer Weltsicht. – Man muss dieses Reich Gottes erst einmal geschmeckt haben, um das zu begreifen und so manches von dem, was wir für so wichtig halten, als Ballast zu erkennen, um es dann hinter sich zu lassen. Verkaufe alles! Das ist kein moralischer Appell. Es geht um eine Einladung zur Besteigung eines Berges. Alles, was man nicht wirklich braucht, wird zum Hindernis und soll zurückbleiben.

Die Esoterik lässt keine Askese um der Askese willen gelten. Jesus spricht nicht gegen Reichtum. Er verweist nur auf Binsenweisheiten der Spiritualität.

Wenn deine Hand z. B. gefüllt ist, kannst du nichts Wichtigeres annehmen. Wenn dein Kopf voller Begehren ist, hat nichts anderes Platz. Wer wirklich liebt, der zählt nicht auf, was er für den oder die Geliebte alles aufgegeben hat. Für ihn (sie) zählen Besitztümer wenig. Man lässt sie zurück um der Liebe willen. Es geht in der Aufforderung „Verkaufe alles!" nicht um Armut und Verzicht. Es geht um Befreiung.

Jesus wurde einmal gefragt: „Willst du nicht als unser Brotgeber auftreten? Befehle doch diesen Steinen da, Brot zu werden! Willst du nicht ein Wundertäter werden? Stürze dich hinab von der Zinne des Tempels! Willst du nicht als der große Magier erscheinen? Als der große Politiker? Alle diese Reiche will ich dir geben!" So fragte ihn der Versucher, nahm ihn mit auf die Zinnen des Tempels und beschwor die Gelüste der Macht.

Die eigentlichen Werte sind nicht mit Geld und Macht aufzuwiegen. Aber bleiben wir bei uns. Keiner von uns will vielleicht eine leitende Stellung in der Gesellschaft haben. Aber die Tendenzen liegen genauso in uns. Wir verstecken unsere Armut, unsere Mittelmäßigkeit und unser schlechtes Zeugnis, denn wir möchten überlegen sein und gut dastehen. Wir klammern uns an unsere kleinen Dinge, verteidigen unseren Gartenzaun und gehen vor Gericht, um feststellen zu lassen, wem die Zwetschgen gehören, wenn der Ast über den Zaun in den Garten des Nachbarn wächst. In unserer Umgebung sind wir oft auf der Jagd nach dem kleinen Kriegsminister, Finanzminister und Zeremonienmeister, dem Magier, Wundertäter und Supergescheiten.

Glück oder Heil? Jesus sagt uns aber, dass Glück und Heil verschiedene Werte sind. Es geht in einem erfüllten Leben offensichtlich nicht um Glück, sondern es geht um Heil. Was der Mensch unter Glück versteht und was er unter Heil versteht, ist nicht dasselbe. Glück und Heil gehören zwar irgendwie zusammen, aber wenn wir zu diesen Worten Assoziationen suchen, kommen wir auf ganz verschiedene Begriffsinhalte. Glück hängt zusammen mit angenehmen Erlebnissen. Dazu gehören Geld, Essen, Wohnen, Erfüllung der leiblichen Bedürfnisse, aber auch Angenommensein, Zuwendung, Status-Haben und Geborgenheit. – Nicht zum Glück gehören Angst, Leid, Konflikte, Einsamkeit und Tod.

Heil dagegen meint etwas ganz anderes. Wenn wir von Heil sprechen, denken wir nicht einfach an ein glückliches Leben. Heil meint viel mehr, eine endgültige Antwort auf den Sinn des Lebens gefunden zu haben. Die Heilswege sind zwar ganz verschieden, haben aber alle eines gemeinsam, denn sie führen durch Konfrontation, durch Not, durch Angst, durch Sterben und Tod. Das Leben Jesu, das wir das Jahr über feiern, zeigt uns diesen Heilsweg auf, und wir gehen mit ihm durch alle Etappen von der Geburt über den Berg Tabor zum Berg Golgatha und zur Auferstehung.

Heil und Glück können sich in unserem Leben widersprechen. Der Weg zum Heil ist keine breite Straße, denn er führt durch eine enge Pforte, über einen steilen Weg, durch die Wüste, durch die Nacht. Er führt durch die Tiefen des Unbewussten, dort werden wir konfrontiert mit Menschen, mit der Welt, mit Teufel, mit Tod und mit Gott. Nur wer bereit ist, diesen Weg zu Ende zu gehen, der wird heil.

Alles zu verkaufen, d. h. an nichts zu hängen, ist nicht leicht. Aber wer den Mut hat, findet das Leben. Es geht Jesus dabei nicht um Armut um jeden Preis. Es geht aber darum, den Blickwinkel zu ändern. Der Mensch ist viel mehr, als er von sich zu wissen meint. Sinn im Leben machen nicht die äußeren Dinge, sondern die Landschaft, die es im Inneren zu entdecken gilt, die Jesus „Reich Gottes" nannte. Das den Menschen aufzuzeigen, war das Anliegen Jesu, und es ist auch mein Anliegen, und es ist das Anliegen dieses Hauses. Es gibt ein Sufiwort[46], das lautet so: „Wo immer eine Ruine ist, ist Hoffnung auf einen Schatz – warum suchst du nicht den Schatz ‚Gott' in dem zerbrochenen Herzen." (Rumi) Heil führt oft über das zerbrochene Herz.

Ich kenne einige wenige, die den Mut hatten, nein zu sagen, wenn sie vor der Alternative standen: Karriere oder mehr Zeit zum Leben. Ich kenne auch andere, die meinten, wenn ich höhere Positionen innehabe, kann ich auch mehr für meine Mitmenschen tun. Es ist oft nicht leicht abzuwägen. Und beides kann stimmen. Es gibt jene Geschichte vom Afrikaner, der am See sitzt und einen Fisch für sein Mittagessen angelt. Der Entwicklungshelfer kommt und empfiehlt ihm ein Netz. Der Angler fragt, was soll ich dann mit den vielen Fischen machen? Verkaufe sie doch, dann wirst du reich. Und wenn ich reich bin, fragt der Angler? Dann hast du Zeit und Muße und kannst zum Angeln gehen oder Golf spielen, war die Antwort. Aber das kann ich doch schon jetzt, war die Antwort. – Alle Geschichten verweisen uns auf das Wesentliche, denn es geht im Leben um etwas anderes, um eine innere Haltung aus der Erfahrung des Seins.

Es gehört zur natürlichen Tendenz des Menschen, reich zu sein. Wir wollen reich sein, denn nur dann fühlen wir uns abgesichert. Wir wollen mächtig sein, denn nur dann kann uns keiner etwas wegnehmen. Realpolitik lässt sich nicht aus einer schwächlichen Position heraus machen. Wer die Macht hat, hat das Sagen. So ist es in der Welt. Aber so ist es nicht im Reich Gottes.

Wasser des Lebens
(Joh 7,37)

Von den Strömen des lebendigen Wassers ist hier die Rede, vom Wasser, das aus unserem Innern fließt. Wasser ist ein Symbol für das göttliche Sein. Unser tiefstes Wesen ist göttliches Sein. Am Jakobsbrunnen sprach Jesus von diesem Wasser des Lebens: „Wer von diesem Wasser trinkt, wird wieder Durst bekommen", sagt er zur Frau. „Wer aber von dem Wasser trinkt, das ich ihm geben werde, wird niemals mehr Durst haben; vielmehr wird das Wasser, das ich ihm geben werde, zur sprudelnden Quelle, deren Wasser ewiges Leben schenkt." (Joh 4,14)

Wir Menschen haben einen existentiellen Durst. Wir versuchen diesen Durst auch zu stillen, indem wir vielen Dingen nachlaufen. Hier trifft sich die Aussage Jesu mit der Aussage Buddhas und den Aussagen auch anderer heiliger Bücher.

Solange wir Menschen nur Durst nach Nahrung, Vergnügen und anderen vordergründigen Dingen haben, ist das Leid unumgänglich. Wir Menschen können unserem Triebbedürfnis ohne weiteres nachgeben. Immer wieder wird es sich periodisch melden. Wir können auch unser Leben verschleißen im Gang zum immer gleichen Brunnen. Irgendwann merken wir dann, dass er in Wahrheit gar nicht den Durst unseres Leibes löschen kann, sondern eine viel tiefere Sehnsucht auslöst. Die Sehnsucht zielt auf das Wasser des wahren Lebens. Es ist die Sehnsucht nach dem ewigen Leben.

All unser Glücksverlangen ist latente Verzweiflung. Ruhe und Geborgenheit finden wir nur in unserem göttlichen Kern. Den wahren Durst kann man nicht mit dem Wasser des Irdischen löschen. Die Gefahr, dass wir den Menschen auch in der Religion nur irdisches Wasser anbieten, ist sehr groß. Selbst in der Religion kann man im Formalen hängen bleiben und vergessen, dass Religion eigentlich ein Weg in die Fülle ist. Kein spiritueller Lehrer würde einen Schüler annehmen, der nur Fitness und Entspannung bei ihm sucht. Das Wasser des Lebens ist das Leben Gottes, das wir alle in uns tragen. Es ist das göttliche Prinzip, das unsere wahre Natur ist. Sie ist uns nicht fern. Nur wenn wir dieses Wasser des Lebens finden, macht auch alles andere Sinn, die Freuden und Erlebnisse dieser Welt. Beides gehört zusammen, denn Gott offenbart sich in den Dingen. Aber nur wenn wir Gott und die Dinge haben, wenn sich Gott in ihnen offenbart, werden wir glücklich damit.

Gott allein oder Gott in den Dingen (Lk 18,18)

Man kann aus diesem Evangelium vieles herauslesen. Mir geht es vor allem um die Entschlossenheit, die darin gefordert wird, wenn man einen spirituellen Weg geht.

Die Jünger sind Jesus gefolgt, denn seine Worte sind Geist und Leben, wie es heißt. Aber sie schrecken dann doch vor seiner Radikalität zurück. Man kann sich nach Gott eben nicht erkundigen wie nach einer Straße. Wer einen Menschen lieben will, kann nicht sagen: Erst will ich dich kennenlernen, dann werde ich dich vielleicht lieben. Nur wer liebt, lernt einen anderen Menschen wirklich kennen. Nur wer den Mut hat, mit diesem Jesus einen spirituellen Weg zu gehen, lernt kennen, um was es ihm wirklich geht. Es geht ihm um Gott. Es geht ihm um jene Wirklichkeit, die er Vater nennt. Es geht um diese Letzte Wirklichkeit, von der alles kommt und auf die alles ausgerichtet ist.

Es geht um mehr an Leben. Es ist dieser Gott-Mensch Jesus, der uns allen sagen will, dass auch wir Gott-Menschen sind und dass nur der Gott-Mensch den Namen Mensch verdient. Wer das aber erfahren will, muss sich kompromisslos auf Gott einlassen. Es kommt in jedem Leben einmal der Punkt, wo ihm die Frage gestellt wird: Willst auch du gehen? Dabei geht es mir nicht um die Frage eines Kirchenaustrittes oder die Zugehörigkeit zu einer anderen Religion. Es geht mir auch nicht um eine Lebensform, ob verheiratet, unverheiratet, klösterliche Gemeinschaft usw. Es geht vielmehr um die Entschlossenheit, diese Dimension Gott als wesentliche Dimension des eigenen Lebens zu erkennen. Oft verwechseln wir das Leben mit einer Fata Morgana. Wir laufen Dingen nach, die sich als nichtig herausstellen. Leben bleibt letztlich langweilig, unbefriedigend, enttäuschend, wenn es nur in den Bahnen des Ich-Bewusstseins, des Nur-Menschlichen verläuft. Nur wenn der Mensch erkennt und erfährt, dass er „Gottmensch" ist, macht sein Leben letztlich Sinn. Sonst bleibt es ein langweiliges Getue. Jesus verlangt eine Entscheidung. Es geht um mehr an Leben.

Ihr kennt wahrscheinlich die Geschichte von den zwei indischen Familien, die sich im Kampf gegenüberstanden. Beide Feldherrn, die sie vertraten, beteten zu Vishnu. Dieser bot ihnen ein Doppeltes an: Die Streitmacht der Götter oder seine Nähe selber. Arjuna wählte einzig die Nähe Gottes. Wir stehen immer vor der Wahl, ob wir Gott deswegen gebrauchen, um zu gewinnen, damit uns die Dinge der Welt zu Füßen liegen, oder ob wir das Reich Gottes suchen, in dem uns alles andere in einer ganz neuen Weise geschenkt wird. Reich Gottes, das ist nur ein anderes Wort für Nähe Gottes.

Um genau das geht es uns in diesen Tagen, um diese Nähe Gottes, die uns zu erkennen hilft, dass wir Gott-Menschen sind, Söhne, Töchter, Kinder Gottes. So nennt das unsere christliche Sprache. Man kann nicht die Dinge haben und Gott. Man kann nur Gott haben in den Dingen. Es gibt keinen Kompromiss. Eckehart predigt daher: „Eine Schrift sagt: ‚Niemand erkennt den Vater als der Sohn' (Matth. 11, 27), und deshalb: Wollt ihr Gott erkennen, so müsst ihr dem Sohne nicht allein gleich sein, sondern ihr müsst der Sohn selber sein." (Predigt 16)

Wir feiern Jubiläen. 50 Jahre Profess, 40 Jahre Priester. Wir feiern Ehejubiläen. Genau so könnten wir auch 40 oder 50 Jahre alleinstehend feiern. Letztlich zählt nicht die Lebensform, sondern die Nachfolge. Jesus forderte von den Aposteln keine Ehelosigkeit, und er gab ihnen keine Priesterweihe. Er lud sie zur Nachfolge ein. Dazu sind wir alle berufen. Daran werden wir einmal alle gemessen und nicht an unserer Lebensform.

Einfach dies
Thomasevangelium Nr. 113 u. 77

„Die Jünger sprachen zu Jesus: Das Reich, wann wird es kommen? Jesus antwortete: Das Reich ist nicht etwas, auf das man warten müsste, bis es kommt; dass man sagen müsste: Sieh hier, oder: Sieh dort. Sondern das Reich des Vaters ist schon über der Erde ausgebreitet, nur die Menschen sehen es nicht." (113) „Spaltet ein Stück Holz, und ich bin da. Hebt einen Stein, und ihr findet mich dort." (77)

Gestern schlug ich das Tibetische Buch vom Leben und vom Sterben auf, das Sogyal Rinpoche herausgegeben hat. Es wurde mir von verschiedenen Seiten als etwas ganz Besonderes empfohlen. Ich war neugierig darauf, was er wohl anderes zu sagen hätte, als was ich in den Jahrzehnten meines Lebens gelernt und praktiziert habe. Da las ich nun: „Ein Rinpoche (Meister) fragte den Schüler: ‚Siehst du die Sterne dort oben am Himmel?' ‚Ja'. ‚Hörst du die Hunde im Kloster bellen?' ‚Ja.' ‚Hörst du, was ich dir sage?' ‚Ja.' ‚Nun, die Natur von Dzogchen (das Wesen der Dinge) ist ... einfach das.“[47]

„Hörst du die Hunde bellen?“ „Spalte ein Stück Holz, und ich bin da. Hebt einen Stein, und ihr findet mich dort.“ – Es ist das, was uns jeder spirituelle Weg klar machen will. Da ist die Geschichte vom Mönch, der vom Meister die endgültige Wahrheit erfahren möchte: „Ein Mönch fragte Jôshû: ‚Ich ersuche euch, Meister, gebt mir Unterweisung.' Jôshû fragte: ‚Hast du schon deinen Reisbrei gegessen?' Der Mönch antwortete: ‚Ja, das habe ich.' Jôshû sagte: ‚Dann wasche deine Ess-Schalen!'“ „Wo ist es denn zu finden?“, fragte der Mönch den Jôshû. „Wo ist es denn zu finden?“, fragten die Jünger Jesu? Jôshû antwortete: „Wasche deine Ess-Schalen!“ Jesus antwortete: „Spaltet ein Stück Holz!“ „Hörst du die Hunde bellen?“ fragte der Rinpoche.

Alle drei meinen das Gleiche. Es ist hier und jetzt. Gott ist hier und jetzt zu finden. Das Waschen der Ess-Schale, das Spalten des Holzes, das Bellen der Hunde offenbart es. Hier können wir auch weiterfahren und sagen: Unser Singen, unser Weg nach Hause, unser Abendessen, unser Sitzen, Gehen und Stehen. Genau darin offenbart es sich, offenbart sich Gott, offenbart sich das Reich Gottes. Und das ist die Lehre aller Mystiker des Ostens und des Westens.

Und warum erkennen wir das nicht? Weil unsere Augen gehalten sind. Und warum sind unsere Augen gehalten? Sie sind irritiert von all den vielen vordergründigen Dingen, von unseren Gedanken, unserer Besitzsucht, unserer Angst, und vor allem von unseren Gefühlen, die uns überschwemmen. Sie verdunkeln die Wirklichkeit. Sie blasen sich auf, rauben uns den Schlaf und die Arbeitskraft. Ein Maulwurfshügel wird zu einem riesigen Berg. Unser Ich fühlt sich bedroht von anderen oder von den Umständen. Und so vergessen wir unsere eigentliche Bestimmung. Wir vergessen, warum wir eigentlich Mensch geworden sind.

In den Tischgesprächen von Rumi findet sich eine Geschichte: Eines, meint Rumi, dürfen wir als Menschen nie vergessen. Alles kannst du auf deinem Lebensweg hinter dir lassen. Nur dieses Eine nicht. Stell dir vor, du bist von einem König in ein fremdes Land geschickt, um eine ganz bestimmte Aufgabe zu erledigen. Du gehst und erfüllst hunderterlei Dinge, die dir auf dem Weg begegnen, aber du vergisst die eine wichtige Aufgabe, die dir aufgetragen ist. Wenn du diese unerledigt lässt, ist es, als hättest du gar nichts erreicht. Genau so kommst du auf die Welt, um eine ganz bestimmte Aufgabe zu erfüllen, zu erkennen, wer du wirklich bist, zu erkennen, dass du Tochter, Sohn Gottes bist, dass das Reich Gottes in dir ist. Hast du diese Aufgabe nicht im Auge, hast du ein sehr erbärmliches Leben gelebt.

Verkauft alles, sagt Jesus. Erwerbt den Schatz im Acker, seid klug wie der Kaufmann, der die kostbare Perle erwirbt. „Sucht zuerst das Reich Gottes, alles andere wird euch hinzugegeben." Das Reich Gottes aber ist im Hier und Jetzt zu finden. Spaltet Holz, hebt den Stein auf. Dieser Atemzug, dieses Wort, dieser Gesang, diese Sorge, dieses Problem, ja sogar diese Emotion, die dich quält. Wenn du dein Ich loslassen kannst, bist du dort. Du findest das Reich Gottes im Hier und Jetzt. Das ist es, was wir in dieser Eucharistie feiern. Schaut das Brot an und den Wein. Darin ist es zu finden. Schaut die Blume an und die Kerze, darin offenbart es sich. Schaut einander an, in euch offenbart es sich.

Rein – unrein
(Mk 7,1 ff.)

Vieles wird als Gottes Gebot ausgegeben, was in Wirklichkeit Menschengedanken sind. Sie können sich am Ende gegen den Menschen selber richten, wie es im Evangelium gezeigt wird. Wenn man etwa das, was man seinen Eltern schuldig ist, als Weihegabe benennt, braucht man für sie nicht mehr zu sorgen. Die Masse der Israeliten konnte die Gebote nicht befolgen, weil sie die komplizierte Auslegung der Tora nicht verstand. Wer aber das nicht konnte, dem war nach der Meinung der Pharisäer auch der Zugang zu Gott verwehrt. Die Gefahr, dass eine Religion zur Ideologie wird und die bestehenden Verhältnisse um jeden Preis stützt, ist groß.

Eine Religion macht im allgemeinen drei Stadien durch. Einmal ist es das anfängliche Erlebnis und die Urerfahrung des Heiligen, dann kommt die Dogmatisierung und Konfessionalisierung dieses Urerlebnisses. Es folgt dann die Weitergabe dieses Urerlebnis des Meisters. Schließlich kommt es zu einer organisierten Religion. Beamte, Funktionäre und eine Hierarchie sind die Folge davon. Die Religion wird verwaltet. Das ursprüngliche Charisma wird ersetzt durch Studium und Weihe der Kandidaten und die spontane religiöse Erfahrung durch dogmatische Lehrsätze.

Der Kult wird organisiert. Richtig und falsch, gut und böse werden von einer kasuistischen Ethik bestimmt. Während die Charismatiker der religiösen Urerfahrung Vertreter der Freiheit sind, muss eine Institution äußere Autorität fordern. Sie garantiert bei Wohlverhalten ewige Belohnung und Rettung. Das ist wohl eine unvermeidbare Entwicklung der Religion. Aber damit wird eine Religion leicht intolerant gegen alle mystischen Erlebnisse ihrer Anhänger, die notgedrungen mit einer solchen Dogmatisierung in Konflikt geraten. Nur was intellektuell nachvollziehbar und kontrollierbar ist, liegt im Interesse der Konfession. Konfessionen sind wie Eisberge. Das Wichtigste liegt unterhalb des Wasserspiegels. Man muss also tief tauchen, um das Eigentliche zu finden. Aber wir schleppen die religiösen Programmierungen unserer Kindheit und

Jugend bis ins Erwachsenenalter mit, obwohl sie uns längst fragwürdig geworden sind.

Religionen sind wie Glasfenster. Man muss hinter die Farben und Fassetten schauen, um das Licht zu sehen. Die christliche Religion soll uns in die Urerfahrung des Charismatikers und Mystikers Jesus führen. Das wäre ihre vornehmste Aufgabe. An Jesus sollen wir erkennen, wer wir sind. Ihm sollen wir in die Erfahrung des göttlichen Urprinzips folgen. Unser Bemühen muss letztendlich darum gehen, die Urerfahrung Jesu zu erhalten. Was war diese Urerfahrung? „Gott ist in euch“, sagt er. „Ihr seid seine Söhne und Töchter. Sucht zuerst dieses Reich Gottes, das in euch ist, und alles andere wird euch hinzugegeben.“

Diese Urerfahrung ist die Antwort auf die Frage nach dem Sinn unseres Lebens. Dieses Leben ist zeitlos. Jesus hat es den Juden verheißen, als sie ihn nach der Brotvermehrung suchten und zum König machen wollten. Das Brot, das er gibt, ist ewiges Leben. Das Wasser, von dem er spricht am Brunnen in Samaria, ist Wasser, das ewiges Leben bedeutet. Er rät uns, den Schatz zu suchen, der im Acker verborgen liegt, für den es sich rentiert, alles zu verkaufen. Man kann ihn aber nur erkennen, wenn man wiedergeboren wird, d. h., wenn die Augen für die ganze Wahrheit geöffnet sind.

Wir müssen die Verantwortung für uns selber übernehmen, um zu erkennen, dass Gott nicht außen ist und wir ihn gnädig zu stimmen haben. Der Gott von Außen wird in der Erfahrung zu einem Gott von Innen. Wie Jesus müssen wir endlich begreifen, dass auch wir von Gott sind. Jesus wollte den Menschen einen Weg in die Erfahrung Gottes zeigen. Und wenn es eine Kirche gibt und eine Religion, dann hat sie die Aufgabe, uns zurückzuführen in die Urerfahrung Jesu, die ausgedrückt ist in dem Satz: „Ich und der Vater sind eins.“

Werden wie die Kinder
(Lk 19,15)

Zu werden wie die Kinder ist offensichtlich die Grundlage für unser christliches Selbstverständnis. Religion bedeutet nicht eine soziale Revolution, sondern eine Neubegründung unseres Daseins. Sie bedeutet einen neuen Umgang mit Macht, Geld, Verwaltung, Rechtsprechung und Gerechtigkeit. Und auf religiösem Gebiet einen neuen Umgang mit Schuld, Strafe, Gebet und Almosen. Alles, was man so die Gesellschaftsordnung und Wirtschaftsordnung eines kultivierten Landes nennt, gerät ins Wanken.

Auch unser religiöses Selbstverständnis gerät in Unsicherheit. Die Botschaft Jesu hat ja zunächst nichts zu tun mit Kirchbauten, Orgeln, Kleidung, Beamten, Angestellten, Büchern, Grundbesitz, Konkordaten, Gesetzen, Fahnen und Kostümen. Religion soll man nicht mit einer festgeschriebenen Wahrheit verwechseln, sie ist kein Katechismus, auch nicht identisch mit Psychotherapie. Religion soll uns ein neues Weltgefühl und ein neues Daseinsgefühl geben. Sie will uns die Gewissheit vermitteln, dass wir so, wie wir sind, in Ordnung sind, dass wir nicht nach Leistung gefragt werden, sondern dass wir liebenswert sind, ohne eine Gegenleistung erbringen zu müssen.

Ich habe in diesen Tagen gelesen: In der Bergpredigt (im Christentum also) gehe es um nicht mehr und nicht weniger als um die Wiederherstellung der Welt, die Gott am Paradiesesmorgen meinte, als er sie erschuf. – Aber es kann doch nicht um eine Rückkehr ins Paradies gehen! Das Christentum meint nicht die Veränderung der Welt in einen paradiesischen Zustand. Die Welt, so wie sie ist, ist die Welt Gottes, ist das Paradies. Das Paradies ist etwas zutiefst Innerliches, etwas, was von dort nach außen dringt und Angenommensein vermittelt, ganz gleich, in welcher Situation wir sind. Wir werden keine gerechtere Welt schaffen. Wir können nur unsere Selbsterfahrung in dieser Welt ändern, und das wird die Welt verändern. Ich weiß sehr wohl, was ich hier sage. In diesen Tagen erreicht uns die Nachricht, dass in Indien Zehntausende unter den Trümmern ihrer Häuser begraben wurden und jämmerlich zu Grunde gingen. Vorgestern bekam ich einen Brief von einer Frau, die drei hilflose alte Menschen pflegt und nach dem Sinn des Lebens dieser drei Menschen fragt.

Für ein Kind ist es nicht entscheidend, dass die Eltern reich sind und ohne Sorgen ein glückliches Leben führen können. Ein Kind will die Gewissheit haben, dass es angenommen und geliebt ist, ganz gleich, in welcher Situation es sich befindet. Es kann Krieg sein, es kann Hunger herrschen, ein Kind kommt durch alles hindurch, wenn es sich geliebt weiß. Es ist nicht die erste Aufgabe von Christen, als Weltverbesserer aufzutreten. Die Fixierung auf die sozialen und psychologischen Probleme verdunkelt den eigentlichen religiösen Auftrag. Religion hat auch keinen primär moralischen Auftrag. Das „Du sollst" hat die Menschheit keinen Schritt weiter gebracht und wird sie auch keinen Schritt weiter bringen. Die Verquickung von Moral und Religion war eine – zwar kaum vermeidbare – schlimme Symbiose, die Religionen im Laufe ihrer Geschichte eingegangen sind. Als ob diese Urwirklichkeit Gott auf Wohlverhalten reagieren würde. Die Moral kommt aus der Einheitserfahrung mit dem göttlichen Urprinzip und nicht umgekehrt. Die gängige Rationalität, an die sich die Theologie krampfhaft anzupassen versucht, erweist sich als Reduktion der Wirklichkeit.

Die christliche Religion sollte uns in die Urerfahrung Jesu führen. Das wäre ihre vornehmste Aufgabe. Wie Jesus sollen wir uns erfahren als Kinder im Schoß einer Mutter oder an der Hand eines Vaters. Das ist die einzige Zuwendung, die letztlich befriedigt. Jede andere Zuwendung ist nur eine kleine Hilfe auf unserem Weg. Letztlich können wir Geborgenheit nur in der Tiefe unseres göttlichen Seins finden. Das hat Jesus gemeint, als er sagte, wir sollen werden wie die Kinder. Unser ganzes Bemühen sollte auf die Urerfahrung Jesu gerichtet sein: „Gott ist in euch. Ihr seid angenommen als die Töchter und Söhne eines liebenden Vaters. Sucht zuerst dieses Reich Gottes, das in euch ist, und alles andere wird euch hinzu gegeben!" Das war die Urerfahrung aller Weisen dieser Erde. Menschen in diese Erfahrung zu führen sollte das erste Anliegen einer Religion sein. Alles weitere, auch der soziale Auftrag, ist eine Konsequenz daraus.

Wir versuchen hier in diesem Haus, den Menschen zu seinem Fundament zu führen, wo er nicht mehr daran zweifeln kann, dass er angenommen ist, bis er erfährt, dass das, was ihn annimmt, sein eigenes tiefstes Wesen ist. Er ist nie herausgefallen aus dieser Einheit mit Gott. Er kann sie momentan nur nicht erfahren, weil zu viele Dinge sie verdecken. Wenn ihr nicht werdet wie die Kinder, wenn ihr in diesem Vertrauen nicht leben könnt, hat euch die Botschaft Jesu noch nicht erreicht.

Liebet eure Feinde
(Lk 6,27)

„Liebet euere Feinde, tut Gutes denen, die euch hassen, und segnet die, die euch verfluchen; betet auch für die, die euch misshandeln. Dem, der dich auf die eine Wange schlägt, halte auch die andere hin, und dem, der dir den Mantel wegnimmt, lass auch das Hemd!" So lesen wir im Lukasevangelium.

Das ist falscher Idealismus, sagt der gesunde Menschenverstand. Denkt doch einmal an die KZ, an Bosnien, an Tschetschenien und all den Terror in unserer Welt! Auf einer solchen Ethik kann man keine Sozialordnung gründen! Die Bösen werden das ausnützen, und sie werden dominieren. So kann ein Sozialstaat nicht funktionieren.

Die Liebe, von der hier die Rede ist, hat aber mit Moral nichts zu tun. Sie kennt kein „du sollst" und „du musst", auch keine Verheißung von Lohn. Wer nämlich das Leben in den Dingen und in sich selbst erfährt, der kann dem anderen nicht mehr weh tun, denn er steht in Ehrfurcht vor allem, was lebt. Der Moralist mag seinen Zeigefinger heben und sagen: „So müsst ihr werden!" So aber müssen wir nicht werden, denn so sind wir. Thomas Merton[48] hat es einmal so ausgedrückt: „Plötzlich war mir, als sähe ich die geheime Schönheit der Herzen, die Tiefe, wo weder Sünde noch Gier hinreichen, das Geschöpf, wie es in Gottes Augen ist. Wenn sie sich nur selbst sehen könnten (die Geschöpfe), wie sie selber sind. Wenn wir einander in dieser Weise sehen könnten, dann wäre kein Grund für Krieg, Hass, Grausamkeit … Ich glaube, das große Problem würde dann sein, dass wir niederfallen würden, um einander zu verehren."

Das klingt sehr abgehoben und schwärmerisch. Als ob in uns etwas Spezielles, etwas ganz anderes verborgen wäre, das wir verehren sollten. So könnte das vielleicht von einer Religion hochstilisiert werden, wenn man meint: Da ist einer, der besonders verehrungswürdig ist, der etwas ganz Besonderes und Herausragendes darstellt! Doch in Wahrheit gilt das von allem und jedem, denn alles ist heilig. Heilig kann man nicht werden, denn heilig ist alles von Grund auf. Das gilt von unseren Mitmenschen, von den Tieren, den Bäumen und den Pflanzen. Den Mönchen wurde von Shakyamuni verboten, Pflanzen oder Bäume abzuschneiden. Das kommt aus Shakyamunis Grundeinstellung zum Leben, denn für ihn waren Tiere, Bäume und Pflanzen heilig. Wer einmal in Thailand oder Japan war und gesehen hat, wie Bäume an den unmöglichsten Stellen am Leben erhalten und gestützt werden, ahnt etwas von der Ehrfurcht vor dem Leben.

Schintoisten und Animisten haben diese Einstellung aus ihrer Religion, auf die wir manchmal etwas verächtlich herabblicken. Ihr kennt wahrscheinlich die fiktive Rede des Häuptlings von Seattle, in der er dem Präsidenten der USA Antwort gibt: „Ihr müsst euch daran erinnern und euere Kinder lehren: Die Flüsse sind unsere Brüder – und ihr müsst von nun an den Flüssen eure Güte geben …Das Land ist uns heilig. Wir erfreuen uns an den Wäldern. … Alle Dinge teilen denselben Atem – das Tier, der Baum, der Mensch. … Ich habe tausend verrottende Büffel gesehen, vom weißen Mann zurückgelassen – erschossen aus einem vorbeifahrenden Zug. Ich kann nicht verstehen, wie das qualmende Eisenpferd wichtiger sein soll als der Büffel."

Die Indianer und auch unsere Ahnen entschuldigten sich noch bei Bäumen und Tieren, wenn sie ihnen aus Gründen des Überlebens das Leben nehmen mussten. Und auch wir müssen Leben nehmen, um selber zu überleben. Das gehört zur Struktur des Kosmos, dass das weniger Entwickelte dem höher Entwickelten dienen muss. Aber es geht um die Art und Weise, wie wir das tun, ob nämlich die Ehrfurcht dabei durchscheint, die dem Leben gebührt.

Esoterik erfährt den und das andere als vollkommen, so wie er, wie es ist. Auch das, was wir Menschen mangelhaft, schlecht, ja böse nennen, leuchtet in dieser Weise und ist verehrungswürdig, denn Heiligkeit ist überall in das Leben integriert. Das Leben kann nicht aufgeteilt werden in heilig und unheilig. Das aber begreift unser Intellekt nicht, weil er nicht einsehen kann, dass die wahre Liebe nichts mit Moral zu tun hat, nichts mit „du sollst" und „du musst". Wirkliche Liebe erfährt das andere als vollkommen, so wie es ist, denn Liebe kann nichts Böses denken und nichts Böses antun. Nur sie kann die andere Wange hinhalten, nur sie kann auch noch das Hemd weggeben, wenn der Mantel verlangt wird. Wenn diese Haltung aus Wohlverhalten käme, wäre sie unwahr. Die wahre Liebe kann nicht anders, denn sie erfährt die Einheit des Lebens und würde sich selber das antun, was sie dem andern antut. Thich Nhat Thanh fragt immer wieder in seinen Vorträgen: „Können wir jede Tasse und jeden Teller waschen, als ob wir ein neugeborenes Kind waschen würden?" – Und Benedikt rät seinen Mönchen: „Alle Dinge behandelt wie heiliges Altargerät."

Diese Liebe umarmt auch den Gegner, jenen also, der uns hasst. Sie sieht im Konträren und Oppositionellen die Dynamik des Lebens. Sie hört auch auf, perfekte Eltern haben zu wollen, perfekte weise Lehrer, eine perfekte Familie, einen perfekten Staat und eine perfekte Kirche. Sie hat begriffen, dass alles auch das Gegenteil mitbeinhaltet. Ein chassidisches Wort drückt es so aus. „Einer kauft sich im Winter einen Pelz, ein anderer Brennholz. Und was ist der Unterschied zwischen ihnen? Jener will nur sich, dieser auch anderen Wärme spenden." – Der Mystiker kauft Brennholz, er will alle wärmen.

Je reifer man im spirituellen Leben wird, um so leichter kann man das Paradoxe akzeptieren und die verschiedenen Möglichkeiten von Konflikten aushalten. Man lernt das Ganze zu schätzen und über vieles zu lachen, was misslungen zu sein scheint. Man erfährt dabei auch, dass Freude und Leid zusammengehören. Man erkennt, wie beides das Leben zu bereichern vermag und zum Wachstum beiträgt. Man lernt, das Einmalige unseres Lebenstanzes zwischen Geburt und Tod zu würdigen und zu feiern, und lebt in Frieden und Heiterkeit. Spirituelles Leben verlangt nichts Besonderes von uns, außer Gemeinschaft mit allem, was zur Familie gehört. Präsenz im Atem, im Augenblick, in dem, was ist. Denn da und nur da ist Gott zu finden. Alles Denken und Reden darüber ist nur ein zweiter Hut auf den ersten. Das schließt natürlich auch ein, dass wir uns selber akzeptieren und in Freiheit leben. Heiligkeit gilt auch unserem Körper und unserer Umgebung. Religion ist nicht eine grimmige Pflicht, die uns Askese abverlangt, denn sie ist das Leben selber. Auch die Selbstannahme wächst aus einer tiefen Barmherzigkeit zum Leben.

Liebe deinen Nächsten wie dich selbst (Mt 19,19)

Wer politisch wach durch unsere Zeit geht, die Weltnachrichten hört und im Fernsehen sieht, fragt sich manchmal, wohin die Spezies Mensch wohl treibt. Was wir meist zu hören bekommen, ist wie ein Hohn auf diese Spezies Mensch. 99 % aller Arten, die einmal auf dieser Welt existierten, sind ausgestorben. Die meisten deswegen wohl, weil sie sich aus biologischen Gründen nicht durchsetzen konnten. Ich kann mir gut vorstellen, dass wir uns heute aus psychischen und intellektuellen Gründen zugrunde richten. Da ist z. B. die Gier nach Geld und Besitz, nach Macht und die Abschirmung gegen andere Volksgruppen. Jeder kämpft verbissen um seinen Vorteil und ist nicht bereit, auch nur im geringsten von seiner Position zu lassen.

Wenn ich vom zerstörerischen Defizit in unserer Spezies spreche, meine ich nicht einmal die konkreten Folgen im materiellen Bereich, die ein solches Verhalten bringt. Ich sehe eine große Veränderung in der Sexualisierung, Brutalisierung und Demoralisierung unserer Spezies. Ich glaube, dass man als Spezies auch durch eine Degeneration des Geistes und der Psyche lebensuntüchtig werden kann, um dann eines Tages von dieser Erde zu verschwinden. Unser Egozentrismus ist lebensfeindlich und durchaus in der Lage, uns von diesem Planeten verschwinden zu lassen.

Ich frage mich oft, ob das, was wir in diesem Haus zu vermitteln versuchen, Hilfe oder Nachteil ist für unsere Spezies Mensch. Müssten wir nicht vielmehr demonstrieren, protestieren und aufbegehren, um diese Lage zu verändern? 15 Jahre lang stand ich einer Aktion vor, die sich „Aktion Missio“ nannte, die sich mit sozialen, rassistischen, wirtschaftlichen, ökologischen und auch mit religiösen Fragen der Dritten Welt befasste. Ich versuchte in vielen Konferenzen und Vorträgen, die Mission von der „Arme-Heidenkind-Mentalität“, dem „Nickneger“, und die Entwicklungshilfe von der „Gebermentalität“ zu befreien, um Verantwortungs-Bewusstsein für die Dritte Welt zu wecken. Über Nacht gab ich diese Arbeit auf und ging nach Japan, um bei einem buddhistischen Meister Zen zu praktizieren. Sechs Jahre zog ich mich zurück. Längere Zeit verbrachte ich in einer Einsiedelei. Viele konnten es damals nicht begreifen.

Meine damalige Arbeit hatte sicher ihre Bedeutung. Es ist notwendig, im konkreten Fall auch zu demonstrieren, zu protestieren und politisieren. Aber es scheint mir wichtiger, dass der einzelne Mensch sich von innen her wandelt. Ich bin überzeugt, dass wir Menschen unser wahres Wesen erkennen müssen, wenn wir überleben wollen und wenn sich mit dieser menschlichen Rasse etwas grundlegend ändern soll. Wir sind zuerst spirituelle Wesen, die in diesem Körper existieren. Und wir sollten uns um die Erkenntnis mühen, dass wir als spirituelle Wesen mit allen anderen Wesen diesen Lebensraum teilen.

Deswegen bin ich aber auch nicht ängstlich. Diese Urwirklichkeit, die wir Christen Gott nennen, wird sich durchsetzen. Sie braucht dazu letztlich weder den Menschen, noch eine Religion, noch eine Kirche. Religionen sind nur Hilfen, deren sich diese Wirklichkeit bedient. Ich weiß nicht, wie lange sie als Bekenntnisse noch bestehen werden, weil die Evolution neue Bewusstseinsebenen hervorbringen wird. Nicht nur der Christ der Zukunft wird ein Mystiker sein, sondern der Mensch der Zukunft wird ein Mystiker sein.

Der Mensch der Zukunft wird ein Erwachter sein. Vielleicht seid ihr geneigt zu sagen, das ist doch Utopie. Für mich aber ist es die Utopie, die allein unsere Spezies retten wird. Ich habe in diesen Tagen folgende wahre Begebenheit erfahren. Ein Sechsjähriger brachte einem armen Drehorgelmann vor der Haustüre etwas von seinem Taschengeld. Der Drehorgelmann kam am nächsten Tag wieder, und der Bub lief wieder hinaus, um ihm etwas zu bringen. Das Gleiche geschah auch an den folgenden Tagen. Als sich die Mutter wunderte und fragte, ob es ihm denn nicht zu viel werde, antwortete er: „Mutter, das tue ich doch für mich selbst.“ – Dieses Kind spürte noch die Einheit mit dem Drehorgelmann. Erst wenn wir Nächstenliebe für uns tun, wenn sie nicht mehr Gebot, sondern Erfahrung ist, sind wir wirkliche Menschen geworden. Nur dann werden wir aufhören, einander totzuschlagen.

Wie werden wir Mensch? Vielleicht kennt ihr die Rede von Sloterdijk: „Regeln für den Menschenpark“. Es geht darin um die Frage des Humanum, um das, was den Menschen zum Menschen macht. Es ist eine Abrechnung mit dem Humanismus, der es nicht geschafft hat, aus dem Menschen ein Wesen zu machen, das den eigenen hohen Ansprüchen entspricht. Hinter der Rede steht die bange Frage nach dem Wohin der Spezies „homo sapiens“. Die Entartung des Menschen ist offensichtlich. Weder die Religionen, noch der Marxismus und Existentialismus, die nach dem Sinn des Seins fragen, haben es letztlich geschafft, aus dem Menschen ein besseres Wesen zu machen. Der Humanismus in seiner antiken, christlichen und aufklärerischen Form hat den Menschen nicht wesentlich vorangebracht. Man weiß nicht mehr, wo die Menschheit ihre Grundlage für ihre Sinndeutung und auch für eine Werteordnung herbekommen soll, die nicht nur aufgestellt und verkündet wird, sondern auch die Kräfte benennt, die zu ihrer Verwirklichung führen.

Nach Stalin, Hitler, Mao, Pol Pot – und das sind nur die herausstechenden Namen, um die sich eine menschenverachtende Gruppe gesellt hat –, nach den Stammeskämpfen in Afrika, der Verarmung vieler Menschen in Lateinamerika, dem Anstieg der Kriminalität auf der ganzen Welt müssen wir uns notgedrungen neu die Frage nach den Grundlagen für eine ‚Hominisierung' des Menschen stellen. Angesichts eines so ungeheuerlichen Versagens geht die Frage nach der ‚Menschenzähmung und Menschenbildung' um. Es stellt sich also die verzweifelte Frage nach dem Sinn von Erziehung überhaupt. Gibt es eine Möglichkeit für eine Sozialisierung des Menschen und seine Domestizierung? Wie bauen wir das „Haus des Menschen" (Heidegger)? Wie erreichen wir ein menschenwürdiges Zusammenleben?

Die *Zähmung des Menschen* geschieht offensichtlich nicht über Moral, Gebote und Verbote. In ‚Also sprach Zarathustra' vergleicht Nietzsche die Jugendzeit – und wir dürfen das auf unser ganzes Leben ausdehnen – mit einem Kamel. Es geht geduldig auf die Knie und lässt sich beladen. Dann steht es schwankend auf und trägt seine Last in die Wüste. Dort verwandelt es sich in einen Löwen. Je mehr es geschleppt hat, um so stärker ist der Löwe. Und dann hat der Löwe einen Drachen zu töten. Der Name des Drachen ist: ‚Du sollst!'. Wenn dieser Drache getötet ist, verwandelt sich der Löwe in ein Kind, das sich zu dem entwickelt, was es zuinnerst ist. Nietzsche wendet sich gegen Priester und Lehrer, die angeblich die Züchtungsmonopole besitzen. Er wendet sich damit gegen die Auffassung, Erziehung könne den Menschen wirklich ändern. Wir werden den richtigen Menschen auch nicht durch ‚Züchtung' bekommen, durch „Anthropotechniken" (Sloterdijk), durch pränatale Selektion und das „Designer Baby". Wir brauchen nicht nur Regeln, um unser Zusammenleben zu regulieren. Wir brauchen Motivation, diese Regeln einzuhalten. Woher aber soll diese Motivation kommen?

Sloterdijk meint, dass es ‚postlagernde Briefe' gibt, die nicht mehr zugestellt werden können, Botschaften, in den zeitlosen Archiven versunken. Vielleicht, meint er, müssten wir in den Archivkellern recherchieren. Für mich ist es ein Hinweis auf metaphysische Kräfte, auf mystische Bewusstseinschichten, von denen uns Hilfe kommt. Schickt das Sein, unser wahres Wesen, gleichsam Briefe an Menschen, die dafür empfänglich sind? – Wie war das doch mit dem jungen Mann, der weit entfernt von seiner Geliebten ihr oft einen Brief schrieb und ihr die Heirat versprach. Eines Tages schrieb sie ihm zurück, sie habe den Postboten geheiratet. – Wir sind mit dem Postboten, mit dem Verstand verheiratet. Den Absender, das Wahre und Eine, haben wir vergessen.

Wie kann der Mensch zu einem wahren und wirklichen Menschen werden? Der Mensch ist eben mehr als ein *animal rationale*. Er kann nicht in biologischer und zoologischer Definition beschrieben werden. Wir partizipieren alle an der gleichen Dimension des Seins als einer „ekstatischen Existenz“ (Heidegger). Um diese ekstatische Existenz zu erfahren, muss der Mensch stiller werden und in seiner Tiefe suchen.

Das eine Bewusstsein ist die nächste Stufe unseres Menschseins, und die Evolution wird es hervorbringen. Alle anderen Bewusstseinszustände bewegen sich darauf zu. Diese universale Liebe ist konsequent. Sie ist auf den Weiterbestand der Spezies Mensch angelegt. Sie ist nichts Erzwungenes und Erkämpftes, nichts Verordnetes und Befohlenes, sie ist die natürliche Frucht einer tiefen Erfahrung und die Grundtendenz dieser Urwirklichkeit Gott.

„Je tiefer meine Erfahrung, desto größer mein Mitgefühl“, sagt die Mystik. So verstehe ich den Satz, den wir eben gehört haben: „Selig sind die Barmherzigen …“ Wer Gott erfährt, erfährt, dass er Liebe ist. Das sagen uns alle Religionen. Aber so lange es ein Gebot bleibt, bleibt es unwirksam, wie die Geschichte der Religionen und ihre Irrwege zeigen. Die Evolution wird für den rechten Fortgang dieser Entwicklung sorgen. Liebe aber ist der Motor der Evolution. So wie jede Zelle unseres Körpers die Nähe aller anderen spürt und sofort darauf reagiert, werden wir einmal auf unsere Mitmenschen und alle Wesen reagieren. Ich glaube an die heilende und wandelnde Kraft der Kontemplation und aller esoterischen Wege. Und so glaube ich auch, dass der Weg, den wir gehen, den wir in diesem Haus lehren, ganz entscheidend am Wohl der Menschheit arbeitet.

Messe auf dem Berg
(Mt 6,18)

Warum sind wir hier auf den Berg gestiegen? Weil wir einen romantischen Zug haben? Weil es einmal etwa anderes ist und Abwechslung ganz gut tut? – Zwei Dinge möchte ich bei diesen Gottesdiensten auf dem Berg bewusst machen: Wir sind Kinder des Kosmos, und wir sind die Geschwister der Pflanzen, der Tiere und aller Wesen.

Wir sind Kinder des Kosmos. Das klingt so ein bisschen nach Science fiction. Aber für mich ist es der Hintergrund meines Lebens. Ich erfahre mich als Kosmopolit. Die 60, 70, 80 Jahre eines Lebens machen nur Sinn, wenn wir uns verwoben in den Kosmos erfahren. Wir sind Eintagsfliegen, was unsere jetzige Erscheinungsform betrifft. Das kann unmöglich der Sinn dieser Existenz sein. Wir sind verwoben mit allem. Wir sind das alles. Die Wissenschaft spricht vom holistischen Weltbild. Wir haben mit allen Lebewesen den gleichen Ursprung. Erst seit drei Millionen Jahren gibt es uns. 18 Milliarden Jahre kam der Kosmos ohne uns aus. Und er wird eines Tages wieder ohne uns weiterexistieren. Der Sinn unseres Lebens liegt in dem, was wir göttliches Leben nennen.

Geschwisterlichkeit meint, dass wir eins sind mit Gras und Blumen, mit Bäumen und Bergen, mit Gestirnen und Galaxien. Und das feiern wir hier mit Brot und Wein. Sie sind Exponenten des Kosmos. Symbol für alles, was existiert. Wir sind hier mitten in der Natur, zu der wir viel mehr gehören, als wir Abendländer in unserer anthropologischen und anthropozentrischen Weltsicht erkennen. Im Zen sprechen wir das sogenannte Bodhisattwa-Gelübde: ‚Die Lebewesen sind zahllos, ich gelobe sie alle zu retten.‘ Und Johannes definiert diese Liebe in einem Brief: ‚Gott ist die Liebe, und wer in der Liebe bleibt, bleibt in ihm‘. ‚Wer seinen Bruder nicht liebt, den er sieht, kann Gott nicht lieben, den er nicht sieht.‘

Was heißt das eigentlich? Rettung geschieht nur über unsere Verbundenheit mit allen und allem. Um dieser Erfahrung willen gehen wir einen spirituellen Weg. Denn diese Erfahrung bringt Verbundenheit, was die östlichen Religionen Mitgefühl nennen und das Christentum Liebe. Diese Liebe, dieses Mitsein kommt nicht aus dem Willen. Liebe ist kein Gebot. Liebe ist erst wirkliche Liebe, wenn uns Leid und Freude des Gegenübers als eigenes Leid und eigene Freude erfahrbar wird. Wenn Liebe aus dieser Tiefe kommt, erstreckt sie sich auf alles, was lebt. Denn in diesem gemeinsamen Leben sind wir miteinander verbunden. Durch alles pulsiert diese gemeinsame göttliche Energie. Wie in einem Bruch besitzen alle Zähler den einen Nenner. Das soll uns klar werden an diesem Brot und diesem Wein. Als Christen glauben wir, dass hier nicht nur Brot ist und nicht nur Wein, sondern dass diese Gestalten die Form Gottes sind. Aber wir dürfen dabei nicht stehen bleiben. Wir selber sind genau so die Form Gottes und Pflanzen und Bäume ebenfalls. Der Umgang mit ihnen ist der Umgang mit einer Manifestation Gottes. Wer so spürt, der wird mit Tieren und Pflanzen anders umgehen als der, der das nicht spürt. Für den ist der rechte Umgang mit der Natur nicht Gebot, sondern kommt aus der Erfahrung. So feiern wir hier unsere Verwandtschaft mit allem, was lebt. Wir gehören zur gleichen Familie, zur Familie Gott.

Die zwei Söhne
(Lk 15,11–32)

Die Parabel vom verlorenen Sohn findet sich in vielen Kulturen und Religionen. Diese Geschichte ist unsere eigene Geschichte. Sie zeigt uns den Weg, den wir gehen. Sie ist gleichsam ein Spiegel, in dem wir unseren eigenen Lebensprozess erkennen können; denn offensichtlich haben wir vergessen, wer wir eigentlich sind.

Der Vater symbolisiert unseren Wesensgrund, unsere Heimat, unseren göttlichen Ursprung, unsere Mitte, Gott. Der jüngere Sohn symbolisiert unser Ich-Bewusstsein. Wir können uns leicht mit ihm identifizieren. Er agiert, wie wir es gewohnt sind, bevor wir wissen, wer wir wirklich sind. Wir denken und handeln dualistisch, egozentrisch, narzisstisch, vordergründig und einseitig. Dieser Weg führt notgedrungen ins Elend, denn Leid ist die natürliche Folge des Besitzenwollens und Sich-Abtrennens vom Wesensgrund. Dieses Leid befällt uns Menschen, wenn wir alles durchgebracht haben, wenn wir allem nachgejagt sind und jede Ersatzbefriedigung versucht haben. Wir müssen leider oft hinuntersteigen bis zum Schweinehirten. Nur der Leidensdruck scheint uns dann auf den richtigen Weg zu bringen. Leid ist immer das Erkennungszeichen des Ego. Seinen Egoismus kann man vielleicht vertuschen, nicht aber seine Wirkung, denn die Wirkung des Egoismus ist immer Leid. Es gibt einen Schlager, in dem der Satz steht: „Du kannst das Feuer zwar verbergen, was aber machst du mit dem Rauch?“ Der Rauch, das ist das Leid des Feuers Egoismus.

Diese Parabel ist unsere eigene Geschichte. Die Geschichte unserer Transformation. Wir kommen aus Gott. Diese Geschichte nennt diesen Urgrund Vater. Vater, das ist dieser Ozean des Lebens, und unser Ich-Bewusstsein ist wie eine Welle auf diesem Ozean. Die Welle mag sich eine Zeit lang der vermeintlichen Trennung freuen. Sie meint vielleicht sogar, ohne diesen Ozean leben zu können. Sie kann unter Umständen sogar den Ozean für das große Hindernis der Freiheit halten, bis sie eines Tages merkt, dass sie selbst Ozean ist.

Wohl dem Menschen, der rechtzeitig mit seinem Suchen an ein Ende kommt und erkennt, dass er umkehren muss, wie der jüngere Sohn in der Geschichte. Wohl dem Menschen, dessen Leidensdruck so stark ist, dass er nicht mehr anders kann, als umzukehren und einzusehen, dass er beim Vater alles in Fülle hat, da er ja die Quelle des Lebens ist. Alles haben wir von ihm. Wir müssen nur erkennen, dass die erträumte Unabhängigkeit eine Illusion ist und in die Entfremdung führt.

Die Heimkehr ist signalisiert mit dem Ring, den Schuhen und dem Fest. Es ist schlimm, dass man diese Parabel zum moralischen Paradestück gemacht hat. Denn in der Geschichte gibt es eigentlich keinen moralischen Zeigefinger, auch kein Bußgewand und kein „Ich hab dir's ja gleich gesagt“, sondern ein Festkleid für den heimgekehrten Sohn. Da ist Einsicht, Angekommensein, Vollendung und Transformation. Die Parabel ist unsere eigene Geschichte. Sie ist unser Lebensskript. Die Geschichte soll uns helfen, uns zu öffnen und über alle Überlegungen hinaus in die Einheit zu finden. Dann beginnt unser eigentliches Leben, denn dann können wir hinausziehen oder daheim bleiben. Dann gibt es weder draußen noch drinnen. Dann erfahren wir alles als Ausdruck unseres Wesens, als Form Gottes. Dann gibt es nicht mehr gut und böse, nicht mehr oben noch unten und auch nicht mehr reich und arm.

Aber dann west in uns auch ein neues Gesetz, das wir Menschen Liebe nennen. Wir werden dann zwar nicht mehr alles tun, was möglich ist. Die Liebe wird die Norm für unser Verhalten sein. Und wir werden mit Augustinus sprechen können: „Liebe, und dann tue, was du willst!“

Jakobs Kampf mit dem Schatten
(Gn 32,23 ff.)

Auch das Alte Testament ist voller Geschichten, die eine andere Art von Erkenntnis vermitteln wollen, als der buchstäbliche Sinn auf den ersten Blick offen legt. Die Geschichte von der Arche Noah, vom Turmbau zu Babel, von Jakob und

Esau und vom Auszug Abrahams zum Beispiel. Wenn alle Gleichnisse etwas anderes bedeuten, warum sagt man dann nicht gleich, was sie bedeuten? Warum denn die Verschleierung? Weil es um eine Wahrheit geht, die nicht erklärbar ist, die der Mensch nur innerlich erkennen oder erfahren kann. Es geht um die Vermittlung eines höheren Wissens.

Wahrscheinlich war die ganze Geschichte von Jakobs Kampf zu Anfang eine Gespenstergeschichte. Ein Flussgeist, so meinen manche, der einem Menschen erschien, spielt die Hauptrolle. Der Flussgeist ist vom Menschen nicht zu bezwingen. Aber auch umgekehrt gilt: Der Flussgeist, das Ungeheuer, kann den Menschen nicht bezwingen. Der Geist verliert seine Macht in dem Moment, wo das Tageslicht anbricht. Und so lautet die spirituelle Erfahrung: Wenn der Mensch im Dunkeln aushält, gewinnt er etwas aus diesem Kampf, selbst aber bleibt er auch ein Leben lang gezeichnet.

Der Flussübergang ist ein Archetyp der Wandlung. Der Flussübergang kennzeichnet das Gefährliche in einer Krisensituation. Mit dem Fluss wird die Mächtigkeit des Unbewussten symbolisiert. Der Mensch fühlt sich dem nicht ohne weiteres gewachsen.

Der Kampf Jakobs mit dem Engel zeichnet eine Konfrontation Jakobs mit sich selbst, mit den dunklen Mächten in ihm. Es ist der Kampf der bewussten mit der dunklen (animalischen) Schicht, den wir alle zu bestehen haben. Äußerlich liegt die Geschichte eingebettet in die Versöhnung Jakobs mit Esau. Jakob hatte sich (gleichsam) seinem dunklen Bruder Esau entfremdet. Zunächst waren Familiengründung, Erwerb, Besitz, Geld ganz im Vordergrund. Das aber hatte eine Hinkehr zum Inneren verhindert. Jetzt aber ist die Stunde gekommen, wo Jakob daran nicht mehr vorbeigehen kann. Er versucht zwar wieder nach altbewährter Methode, das Ganze zu überspielen, aber es gelingt ihm nicht. Im Kapitel 32 wird nun erzählt, wie Jakob sich unweigerlich dieser dunklen Seite seines Lebens stellen muss. Er wird gleichsam gezwungen, sein Leben neu zu strukturieren.

Der Fluss ist die Grenze. Nur als gewandelter Mensch kann er sie überschreiten. Es geht dabei wirklich um Leben und Tod. In dieser Situation befindet sich nicht nur Jakob, sondern mit ihm jeder Mensch. Er versucht sich abzusichern, bevor er diesen Schritt tut. Er teilt seine Habe auf, um wenigstens die Hälfte zu retten, wenn etwas schief läuft. Er sucht Geschenke aus für Esau, den dunklen Bruder, den er betrogen hat, um ihn zu beschwichtigen. Er bittet Gott in einem hilflosen Gestammel um Verschonung, wie ein Kind das macht. Das alles sind aber nur Zeichen, dass in Jakob selbst ein Umbruch geschieht.

Das Ereignis nun geschieht in der Nacht, in der Stille der Einsamkeit. Nacht ist immer der Zustand, wo das Tages-Bewusstsein nicht mehr voll zuständig ist, wo der Mensch sensibler ist. Der Text sagt dann, Jakob blieb allein zurück. Seine Familie und seinen Besitz hat er über den Fluss geschafft. Diesen Kampf muss er ganz allein ausfechten. Mit diesem anonymen Kampfpartner muss er allein ringen. Als er aber den Schatten bezwungen hat, erfährt Jakob, dass er nicht nur einen Kampf bestanden hat, sondern dass er in die Tiefe seines Bewusstseins eingestiegen ist, dort wo der Mensch Gott begegnet. Jenseits dieses

Schattenkampfes kommt er in die religiöse Dimension, in die Dimension der Erfahrung.

Es sind noch einige wichtige Stellen in diesem Ringen zu berichten: Jakob fällt wieder in seine alte Manier zurück. Er versucht, sich wieder von diesem starken Gegenüber einen Segen zu erzwingen. Er versucht noch einmal, sich einen Vorteil zu verschaffen wie damals, als er Esau betrog. Er möchte sich des Fremden bemächtigen, indem er nach seinem Namen fragt. Offensichtlich versucht er das Göttliche manipulierbar zu machen. Er hat zum Göttlichen immer noch ein magisches Verhältnis wie ein Kind. Aber der Fremde geht weder auf die Frage nach dem Namen ein, noch gibt er ihm den Segen. Die Jakob bekannten Mittel der Lebensbewältigung werden ihm also versagt.

Im Gegenteil, Jakob wird sogar gezwungen, dem anderen seinen Namen zu sagen. Er wird gezwungen zu bekennen, wer er wirklich ist, ein Lebenslügner. Und indem er seinen Namen nennt, gibt er sich dieser unbekannten Macht preis und sucht nicht mehr seinen Vorteil, sondern setzt sich seinem Schatten wirklich aus, der dunklen Seite seines Wesens. All das, was er verdrängt hat, wird zurückgeholt. Der Kampf endet auch nicht mit dem Tod, sondern er mündet in die Geburt eines neuen Menschen. Denn jetzt erhält Jakob einen neuen Namen, seinen wirklichen Namen: Israel. Dieser Name wird dann so erklärt: „Du hast mit Gott und Menschen gerungen, und der Sieg ist dir zugefallen." Mit Menschen heißt, dass er mit seiner eigenen dunklen Seite gerungen hat, mit sich selber also. Jakob bleibt vom Kampf gezeichnet, denn er hinkt. Von nun an ist er ein Behinderter. Er wird die Spuren des Kampfes immer an sich tragen.

Jakobs Kampf ist der Kampf eines jeden Menschen mit der dunklen Seite seines Wesens. Nur gezeichnet, nur hinkend kommt man aus dieser Wandlung heraus. Aber besser hinkend und reif als unwahr und verlogen.

Eifersucht
(Mk 9,38 ff.)

Neid und Eifersucht flammen im Kreis der Jünger auf. „Da gibt es andere, die das auch tun, was wir tun. Sie tun es sogar in deinem Namen, im Namen unserer Gruppe, unserer Methode, um anderen Leuten zu helfen. Sie werden uns zur Konkurrenz, wenn wir nichts unternehmen", denken die Jünger. Eifersucht und Neid sind die Grundübel unter uns Menschen. Wir finden uns nur schwer damit ab, dass andere (vermeintlich) besser sind als wir, dass sie bestimmte Veranlagungen haben, die wir selbst nicht besitzen. Wir können es nur schwer ertragen, wenn anderen etwas gelingt, wenn ein anderer Anerkennung bekommt.

Das geht bis in Kleinigkeiten. Wer wird zum Beispiel von diesem oder jenem mehr beachtet? Zu wem ist er freundlicher? Wer ist mehr beliebt? Wer darf dieses oder jenes tun, ich aber nicht? Allein schon die Gegenwart von Menschen, die uns in einer Sache überlegen sind, die mehr Zuwendung und Beachtung bekommen, wird zu einer tiefen Wunde, die manche von uns bekümmert, ja sogar quält. Es ist sehr schwer, mit einer solchen Wunde zu leben. Man sollte doch etwas tun. Am einfachsten wäre es, diesen Menschen einfach umzubringen. So wurde Sokrates umgebracht, Jesus aus der Welt geschafft, und viele Frauen wurden als Hexen verbrannt. So werden auch in einer Gemeinschaft Menschen isoliert und hinausgeekelt. Mobbing nennt man das heute. Es ist oft erschreckend, wie wenig eine Gruppe spezielle Begabungen erträgt. Die einen fühlen sich minderwertig neben solchen Begabungen, andere werden gereizt oder fühlen sich ständig zurückgesetzt und mit mangelnder Zuwendung konfrontiert.

Man könnte an seinem Platz eigentlich zufrieden sein, aber die anderen wecken ständig den Wunsch, mehr zu sein. Wenn jemand die Sympathien der anderen oder die eines Höherstehenden besitzt, wird es besonders schlimm. Das Ego fühlt sich zutiefst verletzt. Man kann es einem solchen Menschen nicht verzeihen, und es kommt zu Sticheleien, die jede Atmosphäre vergiften, es kommt zu Verleumdungen, zu Verdächtigungen und zu Misstrauen. Eifersucht in der Partei, bei Ärzten, bei Politikern, Theologen, Therapeuten und Hausgenossen. Man setzt die/den anderen herab und macht sie/ihn klein, um selbst größer zu erscheinen.

Das aber macht uns Menschen äußerst mittelmäßig. Begabungen dürfen sich nicht entfalten, und so manches wird eben nicht getan. Und die Begründung dabei ist: „Wenn ich das tue, habe ich die andern gegen mich.“ Dabei bräuchten wir nur zu sein, da zu sein und uns in einer Gruppe wohl zu fühlen. Aber das Ich hat Machtansprüche. Es möchte glänzen, etwas zu sagen haben. Es verteidigt Besitz und Position, um des Besitzes und der Position willen, nicht um der Sache willen. Das gemeinsame Ziel wird zweitrangig. „Er folgt uns nicht nach“, sagen die Jünger. Er gehört nicht zu unserer Gruppe. Er darf das nicht tun. Das ist unser Revier.

Was lässt sich da tun? Einmal, sich immer wieder bewusst zu machen, dass solche Gefühle der Eifersucht und des Neides normal sind. Sie sind Grundtendenzen unseres Ich. Das Ich muss sich erhalten. Aber man muss solchen Tendenzen nicht nachgeben. Man sollte eigentlich erkennen, dass sie der Gemeinschaft und dem Einzelnen eine Menge Energie entziehen und zermürbend und lähmend wirken.

Jesus sagt die wunderbaren Worte: „Hindert ihn nicht! Keiner, der in meinem Namen Wunder tut, kann so leicht schlecht von mir reden. Denn wer nicht gegen uns ist, der ist für uns!“ Es geht nicht darum, dass ich das tue und jenes bin. Es geht darum, dass den Menschen geholfen wird.

Die enge Türe
(Mt 7,13 f.; Lk 13,24)

Jesus spricht heute von der engen Türe. Diese enge Türe wird oft moralisch ausgelegt. Durch Wohlverhalten, meinen die Moralisten, könnten wir es schaffen, durch diese enge Türe einzutreten. Jesus war kein Moralist. Er hat den Menschen nicht gesagt, was sie tun sollen; er hat ihnen gesagt, wer sie sind. Kinder Gottes, die das Reich Gottes, das göttliche Leben in sich tragen, ja die dieses göttliche Leben sind.

Die enge Türe – das ist unsere Ichstruktur, von der wir ständig besetzt sind. Sie sagt: Ich und du! Das gehört mir und nicht dir! Das ist mein Haus und nicht deines! Ich liebe dich, aber dich liebe ich nicht! – Unsere Ichstruktur ist es, die ständig unterscheidet und ausgrenzt. Wir machen einen Zaun um uns und sagen: Das ist mein, du aber geh weg! Aber das ist kindisch. – Reif werden, erwachsen werden bedeutet, diese Ichenge abzustreifen. Wir werden geblendet durch unsere Ichstruktur, durch Umstände, durch vorgefasste Meinungen, durch Sympathie und Antipathie. Wir wissen nicht, dass wir geblendet sind. Wir meinen, diese Welt des Ich sei die eigentliche Welt. Wir halten uns für Deutsche, für Mann, für Frau, für reich, für arm, für gescheit oder dumm. Aber das hat nichts mit unsrem eigentlichen Wesen zu tun. Wir werden nur glücklich, wenn wir diese Einengung aufgeben. Nur dann werden wir wirklich glücklich.

Wir sollten unsere Zeit nicht vergeuden. Es ist unsere Lebensaufgabe, zu erfahren, wer wir wirklich sind. Es ist die Hausaufgabe unsres Lebens. Das ist der Grund unserer Menschwerdung. Wir sind in Wirklichkeit vollkommen. Alles zeigt diese Vollkommenheit. Wenn wir unsere Blindheit aufgeben können, merken wir das. Wir halten manches für wichtiger als das andere. Aber eigentlich ist alles nur eine Blüte dieses einen Baumes, den wir Gott nennen. Wir sind Zweige am Weinstock, am Weinstock, den Jesus Vater genannt hat. Wir sind es bereits. Nichts hat dieses unser wahres Leben je beschmutzt oder gestört. Das ist die gute Nachricht. Das ist keine kleine Sache.

Es gibt eine Geschichte, in der fragt der Schüler seinen Meister: „Ich fühle mich so einsam und so arm. Kannst du mir nicht das rettende Wort sagen? Kannst du mir nicht das Fehlende geben?“ Der Meister lacht ihn aus und sagt: „Du hast schon drei Schalen vom besten Wein getrunken und meinst, du hättest noch nicht einmal deine Lippen benetzt.“ Wir sind alle Gottes trunken und sagen und meinen, wir kennen ihn nicht. Und wir machen uns dann auf, ihn zu suchen. Eckehart sagt daher in einer Predigt: „All das Gute, das alle Heiligen besessen haben, und Maria, Gottes Mutter, und Christus, nach seiner Menschheit, das ist *mein* Eigen in dieser Natur. Nun könntet ihr mich fragen: Da ich in dieser Natur alles habe, was Christus nach seiner Menschheit zu bieten vermag, woher kommt es dann, dass wir Christum erhöhen und als unsern Herrn und unsern Gott verehren? Das kommt daher, weil er ein Bote von Gott zu uns gewesen ist und uns unsere Seligkeit zugetragen hat. Die Seligkeit, die er uns zutrug, die war *unser*. Dort, wo der Vater im innersten Grunde seinen Sohn gebiert, da schwebt diese (Menschen-)Natur mit ein. Diese Natur ist Eines und einfaltig.“ (Predigt 6)

„Jesus sagte zu Thomas: Ich bin nicht dein Meister. Denn auch du hast getrunken und bist trunken von der sprudelnden Quelle.“ (Thomasevangelium Nr. 13) Wir haben alle getrunken von dieser sprudelnden Quelle, die wir Gott nennen. Wir sind Gottes voll.

Ihr kennt das berühmte Wort von Meister Eckehart: „Denn, wahrlich, wer glaubt, Gottes mehr zu erlangen in Innerlichkeit, in Andacht und süßer Verzückung als bei dem Herdfeuer oder in dem Stalle, der tut wie einer, der seinen Gott nähme, ihm einen Mantel um das Haupt wände und ihn dann unter eine Bank schöbe." (Quint S. 180,11) Wir tun so, als ob diese Erste Wirklichkeit nicht da wäre, als ob wir sie zu suchen hätten, als ob wir sie um etwas zu bitten hätten. Wir wickeln ihr einen Mantel um den Kopf und machen uns auf, sie zu suchen. Ob wir im Stall sind oder in der Kirche. Es ist immer dieses Göttliche, das da ist. „Ein gerechter Mensch bedarf Gottes nicht. Was ich habe, dessen bedarf ich nicht" (Quint S. 381,23), meint Eckehart weiter.

Was wir sind, können wir nicht werden. Wasser kann nicht Wasser werden. Feuer kann nicht Feuer werden. Unser tiefstes Wesen ist göttlich und kann daher nicht göttlicher werden. Wir benehmen uns kindisch. Wir verdecken unsere Augen wie kleine Kinder und sagen: Such mich! Wir leben ein kindisches Spiel. Wir sind im hellen Tageslicht und sagen zu unserem göttlichen Wesen: Such mich! Erwachsen werden heißt, dieses Kinderspiel beenden. Reife meint zu entdecken, wer wir sind. Da ist keine enge Pforte. Unser Ich baut sie nur ständig auf. Da ist keine Schranke. Es ist ein torloses Tor.

Wie erkennen wir, dass da kein Tor ist? Wir müssen alles aufgeben, was wir wissen und haben. Aber wir denken immer an materielle Dinge. Nein, das ist es nicht. Es ist das Loslassen unserer Vorstellungen, Ängste, Intentionen. Es ist gar nicht möglich, etwas anderes zu sein als ein Ausdruck unseres Wesens. Der Mechanismus des Intellekts hält uns ab, das zu erkennen. Die Tendenz des individuellen Geistes macht das Tor so eng. Es ist unsere Anhänglichkeit an unsere Vorstellungen und Muster, welche die Türe verengen. Unser Ich macht uns zu Menschen. Aber es blendet uns auch. Wir tun uns viel Leid an damit. Alles, was wir zu lernen haben, ist Mensch zu sein. Da zu sein. Nicht zu werten, nicht uns zu fürchten, sondern nur Mensch zu sein.

Mehr Zeit nehmen zum Sein. Wir sind Macher. Wir sind zu Machern erzogen worden. Mache etwas aus dir, hat man uns gesagt. Werde etwas, wurde uns eingetrichtert. Du musst auch im Reiche Gottes der Erste sein, haben wir im Religionsunterricht gelernt. Du musst heilig werden. Du musst dich anstrengen, damit du in den Himmel kommst. Aber es sind nicht die Streber, die zuerst in den Himmel kommen. Ihr kennt die alte Geschichte, die erzählt, dass beim jüngsten Gericht die Menschheit schön aufgereiht war. Vorne die Päpste und Bischöfe und Pfarrer und Mönche und Nonnen und dann das gewöhnliche Volk. Da öffnete sich hinten eine Türe. Und Jesus kam durch die Hintertüre. Und er sagte noch einmal: „Die ersten werden die letzten sein!"

Hier in diesem Haus lernen wir zu sein. So absurd es klingt. Denn wir sind es ja schon. Wir können es nur nicht erkennen. So lernen wir hier zu erkennen, wer wir sind. Das ist der Sinn dieses Hauses. Das ist der Sinn unseres Lebens. Das ist unsere Lebensaufgabe. Daran will uns das Evangelium erinnern.

Blindheit
(Mk 10,46 ff.)

Ihr wisst, dass man Texte der heiligen Schriften der Menschheit auf ganz verschiedenen Ebenen ausdeuten kann. Der Pfarrer dieser Pfarrei von St. Peter hat ganz sicher für seine Gemeinde heute anders gepredigt. Und das mit Recht. Man könnte die Begebenheit mit dem blinden Bartimäus so auslegen, dass dadurch die außerordentliche Gestalt Jesu besonders hervorgehoben wird, dass Jesus also mehr war als ein Mensch und dass er deswegen Wunder wirken konnte. Dadurch hat er seine Göttlichkeit bewiesen.

Aber das war, meine ich, nicht die Absicht Jesu. Mit Zeichen und Wundern wollte er auf eine Metawirklichkeit hinweisen. Diese Metawirklichkeit hat er Reich Gottes genannt oder ewiges Leben oder auch Vater. Blindheit bedeutet in allen Religionen das Beherrschtsein vom Ich-Bewusstsein, vom Alltags-Bewusstsein. Diese Begebenheit sagt uns also: Wir sind blind. Und so sagt uns Jesus, dass wir umkehren müssen und wiedergeboren werden sollten. Das Reich Gottes ist in euch, euer wahres Leben ist hinter dieser vordergründigen Existenz. In dieser personalen Existenz drückt sich diese Urwirklichkeit aus, die wir Abendländer seit einigen Jahrtausenden Gott nennen. Und darin liegt ihre Einmaligkeit und Kostbarkeit. Sie offenbart sich in der Blume als Blume, im Baum als Baum und im Menschen als Mensch. Aber eine Blume ist mehr als eine Blume und der Mensch ist mehr, als er von sich zu wissen glaubt.

Blindheit ist die Bezeichnung für einen Zustand der Abgrenzung gegen alles andere. Sie beruht auf der Angst vor dem Tod, vor Veränderung oder Verwandlung, vor der Vernichtung aller Sicherheiten und Stabilisierungen. Diese Angst hindert uns loszulassen, um die grundlegende Einheit des Bewusstseins zu erfahren. Diese Einheit des Bewusstseins bedeutet für mich das Gleiche wie die Einheit mit Gott.

So sind wir wie der Blinde Bartimäus zu Bettlern geworden. Besser gesagt, wir halten uns für Bettler, obwohl wir reich sind wie ein König. Aber wir kommen an unseren Reichtum nicht heran. Er liegt zwar unter unseren Füßen, doch sehen können wir ihn nicht. Wir sind blind. Wir sind uns viel zu wenig bewusst, wie stark wir eingegrenzt, abgeschnitten, vereinsamt sind durch die Eingrenzung unserer Ichstruktur. Wir sind vollkommen eingenommen von unserem Tages-Bewusstsein, von unserem personalen Ich, das von den Fähigkeiten der Psyche, des Verstandes und des Gedächtnisses konstituiert wird. Diese Eingrenzung macht uns auf der einen Seite zu Menschen, auf der anderen Seite macht sie uns aber auch blind gegen die anderen und gegen unser wahres Wesen. Der Mensch aber ist viel mehr. Dieses Mehr wollte Jesus die Menschen lehren. Das war sein Anliegen.

Dieses Mehr ist aber nicht etwas, was außerhalb von uns zu erreichen wäre. Es ist unsere Mitte, unser Grund. Wir haben dahinein einzubrechen, wo wir sind. Es ist dieser Augenblick, in dem es offenbar wird. Es kostet keine Anstrengung. Es kostet nur das Loslassen aller Anstrengung. Wir holen uns viel zu wenig Orientierung und Kraft aus dieser Metawirklichkeit, aus unserem wahren Wesen. Wir sind nicht genug in Kontakt mit ihr. Ich bin fest überzeugt, dass aus dieser Metastruktur die eigentlichen transformierenden Kräfte für uns und für die Spezies Mensch kommen. Das Höhere wirkt auf das Niedere, sagt uns die humanistische Psychologie. Nicht unsere guten Vorsätze werden uns verwandeln, sondern die Erfahrung unseres göttlichen Kernes.

Ich glaube an diese universale, göttliche Kraft, die sich in der Evolution offenbart. Darum habe ich auch keine Angst um den Menschen. Der Mensch der Zukunft wird ein Mystiker sein, nicht nur der Christ. Immer wieder stellen wir fest, dass in einem Evolutionsbereich ganz plötzlich neue Formen erscheinen können. Es gibt Entwicklungssprünge, die als „Quantenevolution" bezeichnet werden (so von Simpson). Neue Arten sind nicht aus gleichmäßig aufeinanderfolgenden Stadien hervorgegangen. Es gibt Lücken in den fossilen Zeugnissen. So entstehen auch mystische, transpersonale Erkenntnisse ganz plötzlich und werden dann in den Evolutionsprozess eingegliedert. Diese Meta-Ebene wird auf die Entwicklung unserer Spezies Einfluss haben. Für mich bedeuten sie die Rettung für unsere Spezies, die sich in der Einbahnstraße von Intellektualismus, Aktivismus und Machertum verlaufen hat. Sie braucht notwendig eine Weiterentwicklung oder Ergänzung aus der Tiefe des Seins.

Ich weiß natürlich, dass solche Gedanken von vielen als Phantasterei lächerlich gemacht werden. Wenn wir unsere Tagesprobleme anschauen, erscheinen solche Gedanken als reichlich abgehoben und utopisch. Aber man hat diesen kleinen Zimmermann aus Nazareth schon immer als Utopisten verschrien. Doch nur die Verwirklichung dieser Utopie wird uns retten. Es war und ist die Aufgabe der weisen Frauen und Männer, immer wieder darauf hinzuweisen, dass unsere personale Struktur ein Gefängnis ist, dass sie uns blind macht. Wir sitzen darin und weigern uns, durch die weit offen stehende Türe hinauszutreten. Viele behaupten sogar, dass es ein „Draußen" gar nicht gibt. Zum Heraustreten aus dem Gefängnis braucht es Mut. Denn draußen gibt es keine Sicherheit mehr. Draußen gilt das Gesetz des Wandels. Und davor hat unser Ich bekanntlich eine entsetzliche Angst.

Es gibt dieses Draußen. Es gibt die große Weite. Und nur wenn wir hinaustreten, werden wir das Drinnen recht begreifen. Nur wenn wir als Spezies den Mut haben hinauszutreten, werden wir menschengerecht leben und überleben können. Drinnen werden wir uns umbringen durch unseren Egozentrismus. Der Ego-Raum ist zu eng geworden für die Spezies Mensch.

Spiritualität ist Lebensqualität. Es geht mir freilich jetzt nicht darum, Kassandrarufe auszustoßen. Es geht mir um ein Mehr an Menschsein, das wir verpassen, wenn wir uns nicht auf diese unsere wahre Dimension hin ausrichten. Das gilt für unseren Beruf, unsere Arbeit, unsere Beziehungen und für unseren Alltag. Schon diese Ausrichtung wird uns verändern, ganz gleich, wie tief dabei unsere Erfahrung sein wird. Unser tiefstes Wesen offenbart sich aber nur in der Stille, in der Wüste, in der Einsamkeit. Und darum ist es so wichtig, Räume der Stille zu schaffen. Wir rechnen noch nicht genug mit der Kraft, die aus dieser Dimension, die wir Gott nennen, kommt. Darum steht sie uns auch nicht zur Verfügung. Dabei wäre das Aufmachen keine Tat, die wir vollbringen müssen. Es vollzieht sich als Loslassen, im Aufgehen und Hingeben. Dazu soll uns das Evangelium von heute ermutigen. „Dein Glaube hat dir geholfen“, sagt Jesus zu Bartimäus.

Diese Metawirklichkeit aber ist nicht außerhalb von uns. Sie drückt sich aus in dieser Personalität, nur ist sie viel gewaltiger als diese Personalität. Unser Ich ist nichts anderes als die Identifikation mit den Zuständen, die durch die psychischen Aktivitäten geschaffen wird. Wir sagen: Das (der) andere ist mir angenehm, und es entsteht Begierde. Oder er ist mir unangenehm, und es entsteht Ablehnung und Aggression. Oder er ist mir egal, und es entsteht Gleichgültigkeit und Ignoranz. Daraus fließt dann das entsprechende Handeln. Wir unterliegen ständig einer Art Hypnose, die uns ein stabiles Ich vorgaukelt. Wir befinden uns in einem Rauschzustand. Wir sind vergiftet durch das Gift der Wut, der Eifersucht, des Neides, der Ignoranz und der Angst. Wer so besetzt ist, hindert den freien Fluss der Energien. Die Identifikation mit diesen Zuständen grenzt uns ein. Wir leben nicht in der Wirklichkeit. Wir leben in einem abgegrenzten Areal. Wir richten Zäune auf. Unser Leben ist gleichsam eingefroren.

Demut
(Lk 18,9)

Der Pharisäer und der Zöllner. Es gibt kaum jemanden, der diese Parabel nicht kennt. Zu gerne schieben wir den Pharisäer den anderen zu, werten uns also auf und den anderen ab. Demut ist keine moralische Tugend, sie ist eine innere Haltung. Sie ist ein spiritueller Weg. Das lateinische Wort *humilitas* hängt zusammen mit *humus* und bedeutet „Boden, Erde, Erdboden“. Der Aufstieg zu Gott geschieht durch Abstieg, durch die Erkenntnis also, dass ich es nicht selbst machen kann.

Ich bin nur die Form, in der sich das Göttliche präsentiert. Stolz ist nichts anderes als ein Vernarrtsein in die menschliche Ichstruktur, in das Gefäß also. Der Mensch vergisst leicht darüber den Inhalt, sein wahres Wesen. Demut bedeutet, „Ja“ zu sagen zur eigenen Menschlichkeit und zu akzeptieren, dass diese Form kommt und geht. Die Form zu akzeptieren bedeutet auch, dass sich Gott in ihr vorübergehend ausdrückt und sie dann fallen lässt wie ein Kleid. Wir sollten erkennen, dass wir in Wahrheit dieses göttliche Element sind und dass dieser Körper nur das Kleid ist, das Gott wechselt. Was wir aber wirklich sind, das bleibt, geht weiter und erscheint wieder in einem neuen Kleid.

Demut hat also nichts zu tun mit Selbsterniedrigung, sie ist vielmehr Selbsterkenntnis. Wir Menschen erkennen unser Maß als Mensch. Demut bezieht sich weniger auf unser zwischenmenschliches Verhältnis, es geht vielmehr um unser Verhältnis als Menschen zu Gott. Augustinus hat ausführlich über die Demut geschrieben. Er wagt es sogar, an einer Stelle zu sagen, dass Sünde verbunden mit Demut besser sei als Tugend ohne Demut. Dabei geht er mit der Parabel vom Pharisäer und Zöllner ganz konform. Demut bewirkt, dass wir uns auch mit unseren Schattenseiten identifizieren können. Manche Menschen neigen zu dem, was C.G. Jung als „puer aeternus" beschreibt. Ein Mensch, der sich zu sehr mit hohen Idealen identifiziert, vergisst leicht seine Schattenseiten. Doch beide Gestalten der Parabel stecken in uns, der Pharisäer und der Zöllner.

Demut bedeutet, „Ja" zu sagen zu unserem Menschsein, auch „Ja" zu diesem ganz speziellen Menschen, der ich bin. Demut bedeutet, dass ich mich selber annehme mit all meinen Gebrechen und mit all meinen Begabungen. Sie bedeutet „Ja" zu meinem Nachbarn, der ganz anders ist, als ich es möchte. Demut realisiert sich in dem Augenblick, in dem wir uns als eins erfahren mit allem Leben. Die Abgrenzung hält uns ab vom Mysterium des wahren Lebens.

Gott will nicht verehrt werden, er will gelebt werden. Demut verlangt von uns, ganz Mensch zu sein. Viele können z.B. ihren Körper nicht annehmen und schauen voller Neid auf andere. Viele können ihre Familie, ihre Eltern nicht annehmen. Sie meinen, sie seien zu kurz gekommen in diesem Leben. Gott will nicht „verehrt" werden, er will gelebt werden. Gott ist in uns Mensch geworden und möchte genau in diesem Körper, zu dieser Zeit in dieser Umgebung sich manifestieren. Darin liegt unsere Einmaligkeit und Einzigartigkeit und unser unverwechselbarer Wert. Es geht nicht darum, möglichst bald zu sterben und in den Himmel zu kommen, den wir uns vorstellen. Es geht vielmehr darum, das Göttliche hier und jetzt in dieser Form zu leben. Deswegen ist Gott in uns Mensch geworden.

Jeder von uns ist ein ganz individueller Tanzschritt Gottes. Dieser Tanzschritt hat seine einzigartige Bedeutung. Man tanzt nicht deswegen, um mit dem Tanz bald an ein Ende zu kommen. Man tanzt um des Tanzes willen. Jetzt sollten wir nichts anderes sein als dieser Mensch, aber ein Mensch, der alle Potenzen seines Wesens entfaltet. Doch für uns ist es wichtig zu wissen, dass jede Identität, die wir festhalten wollen, flüchtig ist. Das schafft manchmal Verwirrung. An die Flüchtigkeit jeder Existenz zu glauben bedeutet nicht, aus der Verantwortung des Hier und Jetzt zu fliehen. Demut verlangt von uns, das Hier und Jetzt ernst zu nehmen und es zu akzeptieren, es aber auch wieder zu lassen, wenn es uns aus der Hand fallen will.

Die arme Witwe
(Mk 12,37)

Da saß Jesus im Tempel einmal in der Nähe des Opferkastens. Die Frommen kamen und legten ihre Spenden hinein. Eine arme Witwe ist auch darunter und bringt ihre Pfennige. Eine Witwe zu sein in der damaligen Zeit war fürchterlich, denn es bedeutete, keinen Schutz, keinen Unterhalt, keinen gesellschaftlichen

Status zu haben. Vielleicht hatte sie auch noch Kinder und wusste am Morgen noch nicht, was sie ihnen an diesem Tag zu essen geben sollte.

Jesus hatte es in dieser Begebenheit wieder einmal mit den Pharisäern zu tun. „Hütet euch“, so beginnt er. Wenn ein Prediger „Hütet euch!“ sagt, dann folgt darauf meist etwas Schreckliches: Hütet euch vor Dieben, Mördern, Lügnern und anderen Bösewichten. Wenn Jesus sagt „Hütet euch!“, dann folgt hier eine Warnung vor den Pharisäern. Die Pharisäer, das sind die repräsentativen Funktionäre einer Religion. Heute müssten sie sich noch genauso angesprochen fühlen wie damals. Immer noch gibt es den Kostümzwang wie damals. Denn als Kleriker geht man draußen so und so, und zum Gottesdienst so und so, und dazu gehören dann auch noch die hohe Mütze und das spezielle Gewand. Und Titel wie Eminenz und Hochwürden sind in Umlauf. Sie haben die Ehrenplätze in den Kirchen und bei den Gastmählern wie damals.

Und was machen wir? Da ich ja auch dazu gehöre, spreche ich in der Wir-Form. Wir interpretieren also einen großen Mann, der Jesus genannt wird. Wir schreiben dicke Bücher über ihn, obwohl wir wissen, dass er selber kein Wort geschrieben hat und vielleicht nicht einmal lesen und schreiben konnte, wie so mancher andere Große der Weltgeschichte. Franz von Assisi zum Beispiel wollte nichts schreiben, nicht einmal eine Regel. Er verkaufte sogar seine Bibel, um das Geld einem Armen zu schenken. Ich glaube nicht, dass das Christentum aufgerufen ist, die Menschheit von der Armut zu befreien. Eher glaube ich, dass es eine Anleitung zur Armut ist und zur Menschlichkeit.

Als Theologen und Priester reden wir über Gott und die Welt. Das aber ist oft wie das Drucken von „Blüten“: Je mehr davon in Umlauf kommen, um so weniger ist das Geld wert. Offensichtlich ist das aber normal in der Menschheitsgeschichte, denn dort werden die Großen von Kleingeistern verwaltet. Jesus sitzt dem Opferkasten gegenüber und beobachtet die Menschen. Da kommen die Reichen mit viel Getue und legen ihre Gaben hinein. Sie wollen dabei gesehen werden. Aber auch die Armen kommen. Sie haben eher Angst, gesehen zu werden. Bei den Armen aber geht uns etwas auf. Nehmt es einfach als ein Stück zur Gewissenserforschung! Solche Menschen, wie z. B. die Witwe, werden nie aussterben, denn es sind Menschen, die einfach durch ihr Dasein und Sosein mehr Einfluss gewinnen als Theologen mit all ihren Abhandlungen. Es geht um das Beispielhafte auch in unserem Leben. Die Menschen sind mehr von dem beeindruckt, was wir tun, als von dem, was wir sagen. Das war schon immer das Beunruhigende auch in meinem Leben. Vielleicht ist es auch beunruhigend in eurem Leben. Die Bemerkung, die Rabbi Löb über den Maggid machte, eine Geschichte aus den Erzählungen der Chassidim, kommt mir nicht aus dem Sinn: „Dass ich zum Maggid fuhr, war nicht, um Lehre von ihm zu hören: nur um zu sehen, wie er die Filzschuhe aufschnürt und wie er sie zuschnürte.“ (S.205) – Und am Ende unseres Lebens werden wir sicher nicht nach unserer Leistung gefragt. Darum möchte ich noch die Geschichte vom Rabbi Balschem erzählen: Als er im Sterben lag, sagte sein Sohn zu ihm: „Wie schön wäre es doch, wenn du sagen könntest, ich bin Abraham, wenn du jetzt vor Gott trittst.“ Balschem antwortete ihm:

„Gott wird mich nicht fragen: ‚Warum warst du nicht Abraham?‘ Er wird mich fragen: ‚Warum warst du nicht Balschem?‘“

Gemeinschaft
(Joh 17,9–19)

Jede spirituelle Praxis möchte uns in die Erfahrung dessen bringen, was wirklich ist. Wirklichkeit ist die Einheit allen Lebens. Dies ist eine Grunderfahrung jedes Durchbruches. Einen spirituellen Weg gehen heißt, die Abgrenzungen zwischen sich und einem anderen Menschen oder einem Ding aufzugeben. Das Gefühl des Getrenntseins ist der Grund allen Leidens in der Welt.

Im Koanbuch *Mumonkan* gibt es einen Vers[49], der lautet: „Des anderen Bogen spanne nicht! Des anderen Pferd besteige nicht! Des anderen Fehler betratsche nicht!“

Das heißt, du spannst immer nur den einen Bogen! Es gibt nur diesen einen Bogen: „menschliche Gemeinschaft“. Du kannst einen anderen Bogen gar nicht spannen. Du bist immer mit allem verbunden, ob du das erfährst oder nicht. Der Kosmos, wie wir ihn heute kennen, ist nur holistisch zu verstehen. Wie in einem Netz alle Maschen miteinander verbunden sind, sind auch wir, Masche für Masche, in das Ganze eingewoben. Evolution und Kommunikation sind Synonyme. Evolution vollzieht sich in Kommunikation. Schon im Atom, sagt uns die Naturwissenschaft, ist alles auf Beziehung angelegt. Der Kern kann nicht allein existieren, ebenso wenig die darum herum schwirrenden Teilchen. Nichts existiert für sich. Nur in Beziehung sind sie, sind wir lebensfähig. Das Biotop hat überlebt, sagt die Entwicklungsgeschichte, nicht der mit dem größten Gebiss und dem giftigsten Stachel.

Dieser Einsicht verschließt und verweigert sich unser Ich permanent. Warum haben wir diese Ichstruktur entwickelt, die auf Abgrenzung aus ist? Offensichtlich brauchten wir sie, um zu überleben im Laufe der Evolution. Aggression, Angst, Wut und Selbstverteidigung sind wohl die Voraussetzungen für eine Spezies, um sich behaupten zu können. Diese Merkmale sind aber heute weitgehend zum Anachronismus geworden. Wir brauchen heute eine ganz andere Grundausstattung. Es wäre höchste Zeit, dass wir unser frühmenschliches Gehabe ablegen und neue Beziehungsformen entwickeln, die heute für unser Überleben und das Überleben unseres Planeten wichtig geworden sind. Wir gehen immer noch so miteinander um wie Steinzeitmenschen, die sich von allen Seiten bedroht fühlten.

Unser Ich möchte sich um jeden Preis behaupten. Es hat einen Ewigkeitswahn entwickelt. Es lebt in einer permanenten Angst, hinweggefegt zu werden. Unsere Angst, physisch oder psychisch verletzt zu werden, ist im Laufe der Entwicklung eher noch schlimmer geworden. Wir haben einen Zaun um uns errichtet, der alle

Kränkungen und Verletzungen abfangen soll. Versteht mich recht, ich meine das nicht moralisch, nichts liegt mir ferner als das. Ich meine das existentiell. Mit Moral und guten Vorsätzen werden wir am Menschen nur wenig ändern. Unser spiritueller Übungsweg soll uns von der Angst befreien und uns in die Erfahrung der Einheit führen. Nur dann werden wir auch offen für Kommunikation, Geschwisterlichkeit und Gemeinschaft.

Wir werden uns nur verwandeln und neue zeitgemäße Grundstrukturen entwickeln, wenn wir in die Tiefe unseres Wesens vordringen. Dazu möchte dieses Haus anleiten, dazu haben wir diese unsere Weggemeinschaft gegründet. Nur wenn wir Menschen unser wahres Wesen erfahren, erscheint mit großer Intensität das, was wir Liebe nennen. Nicht mehr eine affektgeladene Liebe, sondern die Liebe, die wir Christen Agape nennen, die Hindus Bhakti und die Buddhisten Mitgefühl. Liebe zielt auf Kommunikation. Solche Liebe entspringt nicht mehr unserm Ego, sondern unserem göttlichen Kern. Erst wenn wir unsere Doppelnatur als Gott-Mensch mehr und mehr entfalten, wird uns diese Liebe geschenkt.

Diese selbstlose Liebe in uns aufscheinen zu lassen und auch dem Ego seinen Platz zuzuweisen, damit es gemeinschaftsfähig wird, dafür braucht es einen langen Weg. Ein junger Mann, der Aikido macht, fragte mich dieser Tage nach den Kriterien dafür, wann er sich verteidigen dürfe und wann er Unrecht an sich geschehen lassen müsse. Dies ist eine Frage, auf die Militärs vielleicht eine schnelle Antwort geben können, nicht aber diejenigen, die auf einem spirituellen Weg sind.

Es gibt eine alte Geschichte. Soldaten fegten in Japan in einem Bürgerkrieg zerstörend durch das Land. Sie näherten sich auch einem Kloster. Der Meister schickte seine Mönche in die umliegenden Wälder, um sich dort verbergen zu können. Er selbst setzte sich zum Zazen im Tempel nieder. Ein General trat ein. Verwundert über den ruhig dasitzenden Mönch fragte er: „Siehst du nicht, dass ich dir den Kopf abschlagen kann?“ Die Antwort des Mönches war: „ Und siehst du nicht, dass ich einer bin, dem du den Kopf abschlagen kannst?“

Jesus sagt: „Leistet dem, der euch etwas Böses antut, keinen Widerstand, sondern wenn dich einer auf die rechte Wange schlägt, dann halt ihm auch die andere hin. Und wenn dich einer vor Gericht bringen will, um dir das Hemd wegzunehmen, dann lass ihm auch den Mantel. Und wenn dich einer zwingen will, eine Meile mit ihm zu gehen, dann geh zwei mit ihm.“

Eines wissen wir heute. Gewalt wird nicht durch Gewalt und Egoismus gebrochen. Das deutlichste Beispiel sind die Krebszellen. Wenn eine Zelle ihre in Jahrtausenden gelernte dienende Funktion vergisst und auf Kosten aller anderen zu wuchern anfängt, schadet sie sich am Ende selber. Zwar scheint es zuweilen, dass die Mächtigeren sich in unserem Gesellschaftssystem durchsetzen, aber langfristig schaden sie allen und damit auch sich selber. Jedwede spirituelle Praxis zielt auf Liebe, auf Wohlwollen, auf Hochachtung, auf Kommunikation, auf Gemeinschaft. Kommunikationsfähig ist letztlich nur der Liebende. Beziehung lernen wir Menschen am besten mit einem liebenden oder geliebten Menschen. Mit Recht wird Religion immer an diesem Kriterium gemessen. Das meint wohl auch

Jesus in den Abschiedsreden, wenn er in seinem Vermächtnis an seine Jünger und an uns sagt: „Alle sollen eins sein!“ (Joh 17,21)

Selbsttranszendenz. Ich möchte diese Ansprache nicht schließen, ohne auf ein Phänomen aufmerksam zu machen, das die Naturwissenschaft Holon und Selbsttranszendenz nennt. Ein Holon ist auf der einen Seite ein Ganzes und auf der andren Seite Teil von etwa anderem. Z. B. ist ein Atom ein Teil von einem Ganzen, einem Molekül. Ein Molekül ist ein Teil einer ganzen Zelle und die Zelle ist ein Teil eines ganzen Organismus. Nichts ist ausschließlich ein Teil oder ausschließlich ein Ganzes. Es gibt nichts, was entweder das eine oder das andere wäre. Wir haben es immer mit einem Holon zu tun. Jedes Holon ist Teil und ist ein Ganzes. Es hat daher zwei Tendenzen: Es muss sowohl für seine Ganzheit wie auch sein Teilsein einstehen. Ein Holon muss also seine Identität aufrechterhalten, sonst verschwindet es, muss aber auch seine Beziehung zum Ganzen aufrechterhalten. Je mehr es zu einer Seite neigt, um so stärker verliert es die andere Seite. Wenn ein Holon nicht beides aufrechterhalten kann oder will, also seine Identität als Teil und seinen Bezug zum Ganzen, vergeht es. Es zerfällt in immer kleinere Teile. Die Vielheit entspringt dem Einen, und das Eine offenbart sich als die vielen Dinge. Holons haben sich aber nicht nur horizontal entwickelt, sie haben sich auch auf der vertikalen Ebene entwickelt.

Die Selbsttranszendenz bleibt im Materiellen nicht stehen. Sie erschließt auch größere Holons, in denen Geist als das ordnende Prinzip stärker zum Tragen kommt. Geist transzendiert alle Holons und durchdringt sie gleichzeitig auch. Holons bilden immer neue Organismen, bis der Organismus auch zu einer Geistigkeit kommt, wie sie der Mensch heute besitzt. Aber die Evolution wird nicht stehen bleiben. Sie wird immer neue Holons bilden, in denen Bewusstsein immer umfassender evolviert und die Menschheit sich wirklich als eins erfährt. Einheit wird es wohl erst geben, wenn die Menschen auf diese Erfahrensebene durchbrechen. Erst wenn der Mensch wirklich fühlt: ‚Was ich dir antue, tue ich mir an‘, werden sich die Verhältnisse auf unserer Erde ändern. Auch als Menschen sind wir ein Holon. Wir stehen nicht isoliert in diesem Kosmos. Wir sind wirklich Kinder des Kosmos; nicht im Sinne von ET oder andern Sciencefiction-Romanen. Wir sind von unserem Wesen her mit allem vernetzt. Das vernetzende nennt die Mystik Einheit (Leerheit) und Liebe.

Gewissen scheint mir nichts anderes zu sein als der Trieb, der die Verbundenheit mit dem Ganzen aufrechterhält. Wenn ich das ungewöhnliche Wort Trieb hier gebrauche, dann meine ich diese innere Tendenz zum Ganzen und Einen hin, die zum Wesen der Evolution gehört. Dieser Trieb hat für mich etwas tief Religiöses. Er ist ein wesentlicher Faktor im Evolutionsprozess. Er hilft die Differenzierung Subjekt und Objekt zu überwinden und größere Organismen möglich zu machen. Nur in der Überwindung des Dualen und im Erleben der Einheit werden wir die Entfremdung zurücklassen und uns als eins erfahren. Diesen Trieb nannten die Religionen seit alters Liebe oder Mitgefühl. Wer ihm nicht folgt, vergeht sich gegen das Ganze und gegen das Gesetz der Evolution und damit gegen die Urtendenz des Einen.

Die Geheimnisse des Reiches Gottes
(Mk 4,11)

„Euch ist das Geheimnis des Reiches Gottes anvertraut, denen aber, die draußen sind, wird alles in Gleichnissen gesagt.“ (Mk 4.11) Wenn man so einen Satz hört, klingt das nach einer willkürlichen Bevorzugung einiger Freunde. Aber manche Wahrheiten können nur denen mitgeteilt werden, die sie fassen können. Die große Gefahr allerdings ist, dass dann in einer Gruppe ein elitäres Gefühl entsteht: Wir sind die Besseren, die Bevorzugten. So eine Haltung würde aber bedeuten, dass die Wahrheit dieses Wortes nicht verstanden wurde.

Alle großen Religionen haben eine äußere und eine innere Geschichte. Die äußere Geschichte zeigt sich in Tempeln, Schulen, Dogmen, Moral, Kult und Volksglauben. Die innere Geschichte leuchtet in den großen Mystikern der Menschheitsgeschichte auf. Sie zeigen uns, wenn wir hinzuhören verstehen, die Lichtseite, das Wesen der menschlichen Existenz. Die sogenannte Wissenschaft, die uns alle ihre Errungenschaften vor die Füße legt und weitere vor die Füße legen wird, befasst sich mit einer ganz äußerlichen Schicht unserer Spezies. Hier aber geht es um Weisheit statt um Wissenschaft.

Mystik wurzelt im Urgrund. Glaubenssysteme gleichen Eisbergen. Das Wichtigste liegt unter dem Wasser. Glaubenssysteme sind nur die Spitze. Die Spitze kann uns den Weg in die Tiefe weisen. Die Sprache der Mystik ist die der Umgangssprache. Aber sie bedient sich nur der Worte und Bilder der Umgangssprache, meint aber etwas ganz Neues. Für die Mystik sind Bilder und Worte nur Glasfenster, die etwas über das Licht dahinter aussagen wollen. Die mystische Sprache hat es mit der geistigen Ebene zu tun. Sie zu verstehen bedarf es tiefer Einsichten in die transpersonale Ebene des Bewusstseins. Es ist eine metaphysische Sprache. Sie überschreitet die Begriffsinhalte der gewöhnlichen Sprache.

In der arischen Rasse hat sich diese Weisheit der Mystiker zuerst in den Veden niedergeschlagen. Voran ging die Geheimlehre der Ägypter, die sich im Dunkel der Geschichte verliert. Wir wissen, dass die Priester von Theben und Memphis, den Zentren dieser Erkenntnis, im Grunde das Gleiche lehrten wie die Weisen am Ufer des Ganges und Shakyamuni unter dem Bodhibaum.

Kommt an einen einsamen Ort. Jeder erhält in einer Religion so viel, wie er im Augenblick erfassen kann. Der geistig-religiöse Entwicklungsstrom fließt breit, aber verborgen durch die Geschichte. Es hängt von der individuellen Wachheit ab. Die gleichen Worte erwecken in den Einzelnen ein ganz verschiedenes Echo. Das zu hören, muss man in die Stille gehen. „Kommt an einen einsamen Ort“, sagte Jesus manchmal zu seinen Jüngern. Von ihm heißt es auch: „Er stieg auf einen Berg, um in der Einsamkeit zu beten. Spät am Abend war er immer noch allein auf dem Berg.“ (Mt 14,23) Er ging also immer wieder in die Einsamkeit. Er zog sich zurück, tat das, was wir hier tun. Nicht wenige werden deshalb verständnislos angeschaut oder gar ausgelacht. Nicht jeder kann das verstehen.

Jesus sagte: „Ich preise Dich, Vater, … weil du all das den Weisen und Klugen verborgen, den Unmündigen aber offenbart hast." (Mt 11,25) Es gehört offensichtlich eine gewisse Einfalt dazu. Einfalt, das Wort hat in unserer Sprache einen negativen Beigeschmack, meint hier aber sicherlich die schlichte Einfachheit und Sammlung des Geistes, die Fähigkeit, nicht zerfahren zu sein, beim Einen zu bleiben, ganz präsent zu sein im Hier und Jetzt. Das ist der Kern unserer Übung.

Sie führt zu dem, was die Mystik Weisheit nennt. Jesus versuchte, das in der Bergpredigt zusammenzufassen. Er verkündete keine Moral, kein Fasten, keine Kasteiung, keine öffentliche Buße, kein Strafgericht Gottes. Er sagt: „Selig, die da einfältig sind, denn ihnen gehört das Reich Gottes." Selig, die da weinen, die hungern nach Wahrheit und Gerechtigkeit, nach Werten also, die jenseits des Materiellen in einer geistschauenden Erkenntnis zu finden sind. Das versuchen auch wir auf dem Weg der Kontemplation. Euch ist es gegeben, die Geheimnisse des Reiches Gottes zu finden. Es gilt nur loszulassen. Das Reich ist nicht in einem fernen Himmel. Es ist da, sagt Jesus im Thomasevangelium, aber ihr erkennt es nicht. Wer in die Ruhe dieses Reiches vordringt, erfährt Heilung. Die Ruhe ist es, die heilt, harmonisiert und ordnet. Nicht wir verändern uns. Wir werden verändert, wenn wir uns einlassen in die Ruhe und das Innerste des Reiches Gottes.

Seid vollkommen
(Mt 5,43 ff.)

Wenn von Heiligen die Rede ist, dann wird meist von ihren heroischen Tugenden gesprochen, die uns dann auch noch zur Nachahmung empfohlen werden. War es aber wirklich die menschliche Leistung, die sie zu Heiligen gemacht hat? Meinen wir wirklich, durch Leistung so vollkommen werden zu können, wie der Vater im Himmel vollkommen ist, um die Worte Jesu zu gebrauchen? Können wir uns wirklich bei Gott etwas verdienen? Etwa so: „Lieber Gott, das und das habe ich für dich getan, so und so habe ich mich verhalten, jetzt musst du mir auch etwas dafür geben." Dies wäre ein fürchterliches Gottesbild, leider wird es mancherorts immer noch an Kinder so vermittelt. Nach dem Motto: „Wenn du brav bist, dann habe ich dich lieb." Dieses Schema wird dann auf Gott übertragen. Mit wirklicher Religion hat das absolut nichts zu tun. Und doch ist dies eine leider von allen Religionen gepredigte Fehlhaltung und Irrlehre, die oft sogar zu einer neurotischen Psyche führt.

Unser Sein, besser gesagt, das göttliche Sein in uns, macht uns heilig, und nicht unsere Leistung. Es ist unsere Einheit mit Gott, die uns alles schenkt, was wir brauchen, und nicht unser Wohlverhalten oder unser Bitten. Es ist sehr schwer, dem Menschen den Glauben an seine eigene Größe nahezubringen, denn er ist durch den Glauben an seine gefallene Natur gehemmt. Aber Gott hat nichts Minderwertiges erschaffen. Außerdem hat er uns im Paradies auch nicht eine Falle gestellt. Der Mensch aber hat während der notwendigen Entwicklung seines Ich seine Verwandtschaft mit Gott vergessen. Mit diesen unseren Minderwertigkeitsgefühlen verbauen wir uns den Weg. Angelus Silesius dichtet deshalb: „Wer mir Vollkommenheit, wie Gott hat, ab will sprechen, der müsste mich zuvor von seinem Weinstock brechen." Oder: „Ich bin so reich als Gott, es kann kein Stäublein sein, das ich – Mensch, glaube mir! – mit ihm nicht hab gemein." Die Aussage ist deutlich: Wir sind ganz und gar – so wie wir sind – göttliche Wesensnatur. Wir sind genauso Söhne und Töchter Gottes wie Jesus Christus. Er hat dieses göttliche Leben deutlicher und vollkommener ausgelebt als wir, aber sonst war er uns gleich und sind wir ihm gleich. Was hülfe es uns schon, wenn Jesus Sohn Gottes wäre, aber wir nicht, würde Eckehart sagen. Gott vollzieht sich in dieser unserer menschlichen Natur wie in der Jesu. Das zu erfahren sollte Ziel der Religion sein.

Eckehart weist in seiner Predigt darauf hin (Predigt 6). In dieser Predigt erläutert er in drastischen Beispielen, dass es nur auf unser Sein ankommt und nicht auf unsere Leistung. Dafür bringt er den folgenden Vergleich: „Gott ist Mensch geworden, dadurch ist erhöht und geadelt das ganze Menschengeschlecht. Dessen mögen wir uns wohl freuen … Der Meister, der das gesagt, hat recht gesprochen; aber wahrlich, ich gäbe nicht viel darum. Was hülfe es mir, wenn ich einen Bruder hätte, der da ein reicher Mann wäre und ich wäre dabei ein armer Mann? Was hülfe es mir, hätte ich einen Bruder, der da ein weiser Mann wäre, und ich wäre dabei ein Tor?" (Quint S. 179,15)

Eckehart will damit sagen, dass wir genau so Söhne und Töchter Gottes sind wie Jesus Christus. Eckehart fährt dann fort: „All das Gute, das alle Heiligen besessen haben und Maria, Gottes Mutter, und Christus nach seiner Menschheit, das ist mein Eigen in dieser Natur. Nun könntet ihr mich fragen: Da ich in dieser Natur alles habe, was Christus nach seiner Menschheit zu bieten vermag, woher kommt es dann, dass wir Christum erhöhen und als unseren Herrn und unseren Gott verehren? Das kommt daher, weil er ein Bote von Gott zu uns gewesen ist und uns unsere Seligkeit zugetragen hat. Die Seligkeit, die er uns zutrug, die war unser. Dort, wo der Vater im innersten Grunde seinen Sohn gebiert, da schwebt diese Menschennatur mit ein. Diese Natur ist Eines und einfaltig." (Quint S. 179,25)

Wir sind alle aus Gott geboren, so wie Jesus Christus aus Gott geboren ist. Er ist der Typus, der uns zeigt, wer wir sind. Eine solche Erkenntnis hat bei Eckehart auch Folgen für das Bittgebet: „Die Leute sagen oft zu mir: ‚Bittet für mich!' Dann denke ich: ‚Warum geht ihr aus? Warum bleibt ihr nicht in euch selbst und greift in euer eigenes Gut? Ihr tragt doch alle Wahrheit wesenhaft in euch.'" (Quint S. 181,27) – „Wer Gott um Gaben bitt', der ist gar übel dran, er betet das Geschöpf und nicht den Schöpfer an." So sagt Angelus Silesius. Dürfen wir jetzt überhaupt nicht mehr bitten? Doch! Aber unsere Bitten sollen eine *innere* Ausrichtung auf Gott sein und kein Betteln. Eigentlich gibt es nur ein einziges Gebet für uns Christen, jenes der Hingabe. Da bleibt kein Platz für ein Eigenverdienst: „Solange du deine Werke wirkst um des Himmelreiches oder um Gottes oder um deiner ewigen Seligkeit willen, also von außen her, so ist es wahrlich nicht recht um dich bestellt." (Quint S. 189,11) Das Wirken des Menschen ist nur dann recht, wenn es ohne Warum geschieht. Denn bei diesem Wirken gilt dann: „Gottes Grund ist mein Grund und mein Grund Gottes Grund." (Ebd. S. 180,5)

In dieser Predigt steht auch dieses andere berühmte Wort: „Nun denn, lieber Mensch, was schadet es dir, wenn du Gott vergönnst, dass Gott Gott in dir sei?" (Quint S. 181,5) Unsere Heiligkeit kommt nicht aus unserem Wohlverhalten oder aus unserem Bravsein. Sie kommt aus unserer Einheit mit dem Göttlichen, weil wir vollkommen sind, wie unser Vater im Himmel vollkommen ist. Das aber wird nie unsere eigene Vollkommenheit sein, denn immer ist sie die Vollkommenheit Gottes, die unser ist.

Aus der Einheitserfahrung nimmt der wirklich Heilige auch seine Moral. Sie kommt also nicht von außen durch Gebote. Wie zwingend diese vom Inneren her erfahrene Moral ist, deutet Eckehart an mit den folgenden Worten: „Wer unmittelbar in der Bloßheit dieser Natur stehen will, der muss allem Egohaften entsagen, so dass er dem Menschen, der jenseits des Meeres ist, den er mit Augen nie gesehen hat, ebensowohl Gutes gönne, wie dem Menschen, der bei ihm steht und sein vertrauter Freund ist." (Quint S. 178 ff.)

Bei einer anderen Gelegenheit predigt er: „Wer das Leben fragte tausend Jahre lang: ‚Warum lebst du?' – könnte es antworten, es spräche nichts anderes als: ‚Ich lebe darum, dass ich lebe.'" (Quint 180,25) Mein Wert liegt in diesem göttlichen Leben, das ich lebe. Eckehart fährt fort: „Wer nun einen wahrhaftigen Menschen, der aus seinem eigenen Grund wirkt, fragte: ‚Warum wirkst du deine Werke?' – sollte er recht antworten, er spräche nichts anderes als: ‚Ich wirke darum, dass ich wirke.'" (Quint S. 180,27) Dieser eigene Grund ist immer Gottes Grund, und wer aus diesem Grund wirkt, der wirkt die Werke Gottes. Der Zweig kann nicht anders, als das Leben des Weinstockes zu leben. Es ist nicht unser Leben, das wir leben, sondern Gottes Leben. Ein chinesisches Sprichwort sagt: „Ich bat den Mandelbaum, mir von Gott zu erzählen, da fing er an zu blühen."

Der Weinstock
(Joh 15,5 ff.)

Religion lebt von Bildern. Bilder reichen tiefer in unsere Erkenntnis als mathematische Formeln. Die mathematischen Formeln sind mit einer dreidimensionalen Form vergleichbar, Bilder jedoch bringen noch eine weitere, eine vierte Dimension ins Schwingen. Diese Dimension hat mit unserer Intuition zu tun und führt deswegen auch zu einer ganzheitlichen Erfahrung, die uns noch mehr an Erkenntnis bringt. Deswegen bringen uns Bilder auch mehr als die Dogmatik, die ja noch in den dreidimensionalen Raum gehört. Wir haben zu viel Logik in der Religion und zu wenig Erfahrung. Wir haben ein Übermaß von

Theologen und einen Mangel an Priestern. Wir haben zu viele Wörter und zu wenig Bilder.

Heute wird uns das Bild vom Weinstock vor Augen geführt. Jesus, so heißt es, ist der Weinstock, und wir sind die Zweige, Blätter und Wurzeln. Es ist also das gleiche Leben, das ihn und uns durchpulst. Wir geben dieser Urwirklichkeit Gott den Namen Vater. Der Vater oder der Winzer ist die Urenergie des Universums. Damit ist nichts anderes gesagt, als dass es eine letzte schöpferische Macht gibt, die das ganze Universum hält und trägt. Eine Macht ist damit gemeint, die auch durch den Weinstock fließt wie der Saft. Als Brüder und Schwestern dieses Jesus gehören wir alle zusammen, denn zusammen mit ihm stellen wir das sichtbare Universum dar. Zwischen ihm und uns gibt es keinen seinsmäßigen Unterschied. Wer in dieser Urkraft des Vaters bleibt, der kann wachsen, reifen und sich entfalten. Wer in dieser göttlichen Urkraft bleibt, sagt Jesus, der trägt viel Frucht. Er entfaltet sich als Mensch.

Der Weinstock, hier dem Sohn gleichgesetzt, hat nicht zwei Leben. Ein einziges Leben durchpulst alles, den Stock, die Rebzweige, die Blätter und die Wurzeln. Alles ist dieses Leben des Winzers, den Jesus Vater nennt. In ihm entfaltet sich die universale göttliche Kraft, und in dieser göttlichen Kraft sind wir eins. Der Vater wird uns alles geben, um was wir bitten. Es ist ja letztlich die Kraft des Vaters, in der wir bitten, denn niemals kann er gegen sich selbst bitten.

Religion müsste uns sagen, wer wir sind und was der Sinn unseres Daseins ist. Wir sind eine Rebe am Weinstock Gott. Es ist also nicht *unser* Leben, das uns durchpulst, sondern das Leben Gottes. Religion sollte uns auch nicht Angst machen vor einem rächenden Gott, der uns am Ende unseres Lebens richtet. Es ist schlimm, wie dieses primitive Gottesbild immer noch in den Köpfen der Menschen spukt und ihnen Angst macht. Gott ist unser tiefstes Wesen. Wie also könnte es gegen uns sein? Nie waren wir ohne ihn, nie werden wir ohne ihn sein, so wenig, wie das Blatt am Rebstock ohne den Rebstock sein kann.

Weinstock und Rebzweige sind hier nur ein anderes Bild für Vater und Sohn. Es kündet uns von der Einheit, denn der Vater und der Sohn bilden eine Einheit. Weinstock und Reben bilden eine Einheit, die man nicht trennen kann. Es gibt keinen Rebzweig ohne Weinstock und keinen Sohn ohne Vater. Gott und Mensch sind eine Einheit, die sich nicht trennen lässt. Wir gehören in diese Familie Gott. Gott ist gleichsam unser Nachname. Und wenn man uns fragt: Woher seid ihr?, können wir antworten: Wir sind Söhne und Töchter des göttlichen Vaters, Brüder und Schwestern Jesu. Wir sind Reben am Weinstock, den wir Gott nennen.

Das ist auch die Basis unserer Nächstenliebe. Wir sind *ein* Weinstock. Wie könnte die Wurzel gegen den Stamm und der Stamm gegen die Blätter oder ein Blatt gegen ein anderes sein? Erst wenn ein Mensch das spürt, hat seine Nächstenliebe auch die rechte Grundlage. Viel wird in unseren Tagen von Reinkarnation geredet, aber immer ist es nur eine neue Rebe, die aus dem Weinstock wächst. Der Saft kehrt im Herbst gleichsam zurück ins Innere, um im Frühjahr neu zu treiben. Da mag ein Rebenblatt im Herbst abfallen, im Frühjahr kommt ein neues wieder. Ein Mensch mag zwar sterben, doch sein Wesen kommt so sicher wieder, wie der Rebzweig im Frühjahr. Wir können nicht getrennt sein von diesem Weinstock. Und es ist die Hausaufgabe unseres Lebens zu erkennen, dass diese Form, die wir jetzt haben, nichts anderes ist als eine Rebe am Weinstock. Sie mag eines Tages vergehen, aber im Frühjahr wird der Stock wieder ausschlagen und wird neue Reben treiben. Ob eine Identität des alten Blattes erhalten bleibt, ist für mich nicht wichtig, das alte Leben kommt wieder in einem neuen Blatt.

Das ist mit der Auferstehung gemeint. Der Rebstock Gott treibt neue Zweige und Blätter. Wie das im einzelnen sein wird, das braucht uns keine Sorgen zu machen. Es ist immer der Lebenssaft Gott selber, der wieder aus dem Stamm treibt und in die Zweige, Blätter und Reben geht.

Der Sämann
(Mk 4, 3 ff.)

Ich war kürzlich in einer kleinen Ausstellung über Labyrinthe. Eines der Labyrinthe war dem von Chartres nachgebildet. Man konnte den Weg mit dem Finger nachfahren, und wenn man geduldig war und die vielen Windungen mitmachte, kam man am Ende in die Mitte, dorthin, wo die vielblättrige Rose des Ewigen zu finden ist.

Ein anderes Labyrinth zeigte eine sentimental dreinblickende Ordensfrau, die offensichtlich in ihrem „religiösen Labyrinth“ gezeigt werden sollte. Religion also als Labyrinth, in dem man sich verirren kann! Offensichtlich sollte dies ein Lächerlichmachen des Göttlichen in uns sein oder auch eine naive Einstellung, jedenfalls aber eine unverbesserliche Dummheit. Religion, so meinen viele, sei nur aus der Angst heraus entstanden, weil der Mensch es nicht aushalte, nur ein Mensch zu sein, um dann irgendwann unterzugehen. Zunächst gab es tatsächlich die Angst vor den Elementen der Natur, die Angst auch vor ihren dämonischen Mächten; dann kam auch die Angst vor der Leere des Daseins hinzu. Ist diese Angst eine Projektion, die dieses fatale Unendlichkeitsstreben des Menschen beruhigen soll? Oder gar eine Zwangsvorstellung, die es zu kompensieren gilt? Warum dieser Unsterblichkeitswahn, der uns die Hoffnungslosigkeit unserer Existenz vergessen lassen soll?

Dass die Menschen diesen Klang der Ewigkeit nicht hören können, ist wohl die eigentliche Misere unserer Zeit. Tschuangtse, ein chinesischer Weiser des 4. Jahrhunderts vor Christus, der wahrscheinlich wesentlich zum Taoteking beigetragen hat, war nur ein einfacher Mann. Verheiratet lebte er sehr arm und lief in geflickten Kleidern herum. Als der König ihm helfen wollte, sagte er, er brauche nichts. Seine einzige Not bestünde darin, dass er seine Einsichten über das Tao den verwirrten Menschen nicht mitteilen könne. Der Mensch unserer Tage hängt sich leicht an mathematische Formeln. Der Glaube an die Zahlen hat den

Glauben an die ewige Bestimmung des Menschen verdrängt. Mit all unseren Computerprogrammen lässt sich aber das Unendliche nicht einfangen. Man kann mit den vom Lärm der Dinge betäubten Ohren keine Ewigkeitsbotschaften hören! Es fehlt uns die Resonanz für den Klang des göttlichen Wortes. Darum fällt es auf den Weg, und deswegen wird es auch zum Fraß für die Vögel. Es ist nicht die Bosheit und Schlechtigkeit des Menschen, sondern seine Unfähigkeit, auf den Klang des Ewigen in sich zu hören. Der Klang des Göttlichen kommt nicht an. Obwohl er in der Tiefe eines jeden Menschen tönt, dringt er nicht durch, wenn die Resonanz fehlt.

Andere sagen: „Wir begreifen schon, was Jesus wollte, als er vom Reich Gottes sprach. Es ist etwas Zauberhaftes um seine Botschaft, von der Sorglosigkeit der Vögel des Himmels und der Lilien auf dem Feld. Aber wer kann eine solche Poesie leben? Die Zwänge des Alltags hindern uns daran. Wir werden verschlissen und sind überfordert. Wir sind gehetzt, und dagegen kommt keiner an. Das Reich Gottes hat keinen Termin in unserem Kalender. Den Sonntag brauchen wir ohnehin für gesellschaftliche Verpflichtungen. Von Innenleben steht nichts im Programm unserer Firma. – Der Dornen sind zu viele. Warum nehmen wir viele Dinge so wichtig? Warum lassen wir uns von ihnen tyrannisieren? Warum gieren wir so nach Besitz und Einfluss, als ob uns das alles vor der großen Angst schützen könnte? Sie ist geblieben, diese Existenzangst, auch wenn sie mancher zu verlachen sucht. Sie holt uns immer wieder ein.

Habt Mut zum eigenen Leben, zur eigenen Persönlichkeit! Fürchtet weder die Tiefen des Unbewussten, noch die Unsicherheit von außen. Habt Mut, auch eine Zeitlang auf einem schwankenden Brett zu schwimmen und anders zu sein als die anderen! Geht nicht gleich wieder konform mit den Nachbarn, auch wenn sie über euch lachen! Tief in unserem Inneren lebt die Gewissheit, dass wir der Klang des Göttlichen sind, auch wenn unsere Ohren manchmal zu verstopfen drohen. Nehmt euch die Zeit zur Ruhe und Stille! Horcht auf dieses ewige Wort in euch, das hinter all diesem Getriebe laut und deutlich ertönt!

Die selbstwachsende Saat
(Mk 4,26 ff.)

Was tun wir hier? Heute Vormittag habe ich euch gesagt, dass wir alle Symbole und Bilder hinter uns lassen, wenn wir einen spirituellen Weg gehen. Jetzt haben wir uns zu einem Ritual versammelt. Alle mystischen Wege haben auch Rituale. Rituale sollen in die Tiefe des Seins führen. Rituale und Symbole (symballein – zusammenwerfen) führen zusammengehörende Teile zueinander. Ein Symbol übersteigt Ratio und Sinne und repräsentiert eine mehrdimensionale Wirklichkeit mit großer Kraft. Es bringt eine Ebene zum Schwingen, die dem Verstand verschlossen bleibt. Symbole reichen in Tiefen, die über eine verbale Mitteilung hinausgehen. Sie bringen in uns etwas zum Klingen, was da ist und auf einen Anstoß wartet. So wollen wir auch diesen Gottesdienst als ein uraltes Ritual sehen, ein Ritual des Mahles.

Wir wollen uns dem Ritus überlassen. Viele unserer Gottesdienste folgen dem allgemeinen Grundgesetz der Rationalisierung unseres Lebens. Unser Alltag ist durchrationalisiert bis zum Letzten: der Arbeitsplatz, der Haushalt, der Verkehr, der Arztbesuch, ja selbst noch der Urlaub. Wir sind auch im spirituellen Leben gedrillt auf Zweck, auf Erreichenmüssen. Auch in der Religion sind wir besessen vom Krampf der Aktion und der Machbarkeit. Wir sind so arm an absichtsfreien Lebensäußerungen! Es fällt uns einfach so schwer, nur da zu sein.

Vor ein paar Tagen war ein Pfarrer da. Er erkundigte sich nach dem, was wir hier tun. Er erzählte mir, wie ausgepumpt er sich fühle. Er sei eigentlich in der Hoffnung hierher gekommen, etwas zu finden. Immer wieder fragte er: Kann ich das oder jenes für meine Gemeinde brauchen? Wie kann ich das verwerten, wenn ich hierher komme? Es ist mir kaum gelungen, ihm klar zu machen, dass er hier nur etwas für sich selbst bekommen kann, wenn hier etwas mit ihm passiert, wenn er sich einlässt. Und wenn in ihm etwas passiert, dann passiert auch in der Gemeinde etwas, und zwar durch das, was er ist und was von ihm ausgeht.

Da kommt diese Botschaft Jesu, dass Menschen nichts weiter zum Heranwachsen tun müssen, als ihr Innerstes sich entfalten zu lassen. Jesus vermeidet die Moral. Er hebt nicht den Zeigefinger. Er ruft nicht zur Aktion auf. Wenn er von Metanoia – von Umkehr – spricht, dann meint er die Wendung nach innen. „Mit dem Reich Gottes verhält es sich wie mit der Saat, die von selber wächst", sagt Jesus. Ist das nicht gleichbedeutend mit dem alten Axiom: Mensch erkenne, wer du bist! Unser tiefstes Wesen weiß ja, wer wir sind, es weiß auch, wie wir uns zu entfalten haben. Wenn es uns nur gelänge, aus dieser Tiefe heraus zu wachsen, wie ein Samenkorn, das weiß, wie es zu werden hat. Wir setzen alle möglichen Schädlingsbekämpfungsmittel ein, und manchmal meinen wir, dass das Unkraut immer gleich ausgerissen gehört; denn wir können ja nicht zuwarten, bis die Ernte reift. Würden wir uns mehr der Sonne und dem Regen öffnen, würden wir uns Zeit für uns selber nehmen und für einander, dann kämen wir viel weiter. Gott ist das Innerste dessen, was wir Menschen Evolution nennen. Die Saat wächst ohne unser Zutun. Sie wächst gleichsam automatisch. Das griechische Wort „autos" bedeutet „selbst, von selbst". Womit soll man das Reich Gottes vergleichen? Mit einem Senfkorn. Es ist das kleinste unter allen Körnern, aber es wird zum Baum. Wir brauchen Vertrauen in die Göttliche Kraft, die alles durchpulst.

Der Same ist vom Sämann gesät. Er schläft und steht wieder auf, es wird Nacht und wird Tag, der Samen keimt und wächst, und der Mann weiß nicht, wie das geschieht. Die Erde bringt von selbst ihre Frucht.

Die Provokation des Gewöhnlichen
(Mk 6,1 ff.)

Gott ereignet sich im Allergewöhnlichsten. Gott ist zu finden im Durchschnittlichen und Banalen. Wir aber sind auf das Ungewöhnliche aus, auf das Besondere. Das sitzt uns im Blut, besonders wenn es um eine religiöse Erfahrung geht.

Man nahm Anstoß an Jesus, als er in seine Vaterstadt kam: „Wer soll denn das schon sein, wir kennen doch seine Schwestern und Brüder, den Sohn des kleinen Zimmermanns da unten an der Ecke. Er ist doch ein ganz gewöhnlicher Mensch. Er soll doch nicht so angeben! Dazu kommt er noch aus Nazareth, diesem Dorf, aus dem sowieso nichts Gutes kommt." Jesus hat in der Versuchungserzählung alles abgelehnt, was ihn zum Besonderen stempeln könnte: den Fachtheologen, den Politiker, den großen Zauberer. Er war einfach ein Charismatiker, ein Prophet. Als solcher wurde er vom Volk geehrt und später auch verurteilt.

An Jesus zeigt uns Gott, dass wir lernen sollen, einfach nur Menschen zu sein. Das aber zu glauben fällt uns so schwer. Dass Gott uns einmal nicht nach der Leistung fragen wird, sondern nach dem Sein, ist für uns Macher kaum nachvollziehbar. Wir sind als Christen ja auch darauf gedrillt, dass wir gute Werke vorzeigen müssen, wenn wir hinüber kommen.

Aber das Sein ist unser eigentlicher Adel, das, was wir von Geburt an sind: Söhne und Töchter des Ewigen Vaters und Erben des Himmels. Dass einer Professor ist, Politiker, Millionär, das zählt so wenig, wie der Himalaya zählt, wenn man vom Mond aus auf die Erde schaut.

Die Erzählungen der Chassidim sind voll von dieser Erkenntnis. Ein Mann begründete seine Fahrt zum Maggid, einem der großen Lehrer der Chassidim, mit den Worten: „Dass ich zum Maggid fuhr, war nicht, um Lehre von ihm zu hören, sondern nur um zu sehen, wie er die Filzschuhe aufschnürt und wie er sie schnürt." Eine andere Geschichte der Chassidim berichtet vom Maggid, einem Rabbi, zu dem sein Sohn auf dem Sterbelager sagte: „Es wäre wunderbar, wenn du jetzt hinüberkommen würdest und Gott sagen könntest, ich bin Abraham." Der Lehrer antwortete: „Gott wird mich nicht fragen: ‚Warum warst du nicht Abraham?' Er wird mich aber fragen: ‚Warum warst du nicht Maggid?'"

Gott will uns nicht ändern. Er hat uns beim Eintritt ins Leben mit allem ausgestattet, was wir brauchen. Er will, dass wir das, was er uns mitgegeben hat, auch entfalten. Ob uns diese Ausstattung passt oder nicht, spielt keine Rolle. In dieser Vorgabe haben wir unser Leben zu leben. In dieser Vorgabe möchte das Göttliche sich in uns offenbaren und nicht anders. Unsere Individualität ist es, die Gott von uns erwartet. Wir sollten Gott immer nur bitten, dass wir das Vollmaß dieses unseres Menschseins erreichen dürfen.

Es ist Mode geworden, von schlechtem Karma zu reden, das der einzelne abzutragen hat. Wenn es dieses Karma gibt, dann ist es unsere Chance, darin zu reifen, um ganz zu werden und Gott darin zu verherrlichen. Es geht nicht um eine Strafe, die wir abzubüßen haben.

Man sollte einmal auch zu uns sagen können: Er kommt aus Nazareth. Das Außerordentliche an ihm war, dass er das ganz Gewöhnliche außerordentlich gelebt hat. Er hat das verwirklicht, was Gott ihm mitgegeben hat. – Wir werden dann auch anderen zugestehen, dass sie so sind, wie sie sind.

Narr, noch in dieser Nacht
(Lk 12,20)

Jami, ein Sufimystiker, sagt in einem Gedicht: „Wer die Stadt der Liebe betritt, findet dort nur Raum für Einen." Dort gibt es das Wort „Ich" nicht. Dort gibt es nur das Wort „Wir", besser noch, das Wort „Eins". Sich getrennt von allem zu erleben ist der Zoll, den wir in der Geschichte der Evolution für unsere Menschwerdung – für das Auftauchen aus dem symbiotischen Vor-Bewusstsein – zu bezahlen haben. Wir wissen noch nicht, wie wir mit dieser Gabe „Ich" umzugehen haben. Sie hat uns in die Isolation geschleudert. Wir bauen Zäune um uns herum, sagen „mein" und verteidigen unseren Besitz oder wollen den anderen etwas wegnehmen. Wir bauen immer neue Scheunen, um eine Ernte einzubringen, die uns am Ende doch nichts nützt. Im Evangelium heißt es daher: „Du Narr! Noch in dieser Nacht wird man dein Leben von dir zurückfordern. Wem wird dann all das gehören, was du angehäuft hast?" (Lk 12,20)

Wir wissen noch nicht, wie man sich als Gemeinschaft fühlt und wie man als Gemeinschaft lebt, wie man mit anderen teilt. Wir wissen das nicht, weil es an Moral fehlte – das ist sehr wichtig –, sondern weil wir uns nicht als Familie erfahren, die aus einer gemeinsamen Quelle lebt. Wir erfahren uns nicht als Eins. Das ist das große Problem des Einzelnen, aber auch der Stämme und Völker.

Wer in die Dimension des Göttlichen (als Christen sagen wir ‚Reich Gottes') eintreten will, muss eine Grenzüberschreitung vornehmen. Er muss heraus aus der Ich-Isolation. Er tritt in einen Bereich ein, der noch nicht aufgespalten ist in Mein – Dein, Geist – Materie, Licht – Dunkel, Gut – Böse, Heil und Unheil. Was wir Person nennen, ist eine falsche Person. Unsere echte „zeitlose Person" erfahren wir, wenn diese „Person auf Zeit" zurücktritt. Denn diese „Person auf Zeit" lebt von der Abspaltung.

Aber schon die Quantenphysik sagt uns, dass es eine durchgehende Isolierung nicht gibt. Der Naturwissenschaftler Bohr sagt: „In der Quantenphysik interagiert der Beobachter so sehr mit dem System, dass man sich die interagierenden Partikel nicht als von separater Existenz vorstellen kann." In der Sprache der Spiritualität lautet das: „Wer die Stadt der Liebe betritt, findet dort nur Raum für Einen." Dort wechselt meine Identität zur einzigartigen ersten Person Singular, die niemand anders ist als diese Urwirklichkeit Gott selber. Das kann sich unser Verstand nicht vorstellen, daher enthält man sich am besten jeder Diskussion.

Unsere Gesellschaft hat uns zerstörerische Grundhaltungen beigebracht: Mein und Dein, Eigentum, gewaltsames Verteidigen, rücksichtsloses Erobern, Anhäufen und Absichern. Wer Mitglied dieser Gesellschaft werden will, wird aus der wirklichen Sicht der Welt, wie sie kleinen Kindern noch eigen ist, herausgerissen. Jesus sagte, dass wir wieder wie die Kinder werden müssen, wenn wir ins Reich Gottes eintreten wollen. Wir leben so sehr in der Täuschung, dass wir glauben, mit diesem Ich-Bewusstsein in einer stabilen Welt verankert zu sein. Wir meinen, im Ich sei Sicherheit, aber tief in uns ahnen wir, dass es keine Sicherheit gibt. Darum plagt uns auch die Angst, und wir suchen verzweifelt Halt in Besitz, Macht und Abgrenzung, bauen uns noch eine Scheune mehr, um uns abzusichern.

Schon unsere Sprache drückt diese Entfremdung vom Einen aus. Wir gebrauchen trügerische Worte. Wir sagen: „Ich bin geboren." In Wirklichkeit müssten wir aber sagen: „Es ist geboren", denn es ist nicht unser Leben, das wir leben, sondern Gottes Leben.

Das führt zur Erkenntnis, die Shakyamuni Buddha bei seiner Erleuchtung hatte: „Ich bin der Einzige im Himmel und auf Erden." Gleichzeitig erkannte er, dass alle diese Wesensnatur haben, dass jeder das sagen kann. Jeder kann mit Shakyamuni ausrufen: „Ich bin der Einzige." Vielleicht sagen wir im Deutschen besser: „Ich bin das Einzige." Und jeder kann mit Jesus sprechen: „Ich und der Vater sind eins."

Eckehart meint, dass wir nur das Überfließen Gottes sind. Das, was überfließt, unterscheidet sich nicht von dem, was drinnen ist. „Sein Gebären ist (zugleich) sein Innebleiben, und sein Innebleiben ist sein Ausgebären. Es bleibt immer das Eine, das in sich selber quillt. *Ego*, das Wort Ich, ist niemandem eigen als Gott allein in seiner Einheit." (Quint S. 302,23) Es ist ein weiter Weg, bis wir Menschen das so erfahren. Aber es ist der einzige Weg, der aus der Misere von Kriegen und Feindschaften herausführt.

Kommt an einen einsamen Ort
(Mk 6,30)

Es gibt ein falsches christliches Ideal, das die Psychologie Helfersyndrom nennt: „Sich bis zur eigenen Erschöpfung seinen Mitmenschen widmen." Jesus hatte kein Helfersyndrom.

Das Evangelium berichtet uns von den Jüngern, die vom Predigen zurückkehrten. Jesus treibt sie nicht von neuem hinaus, sondern sagt: „Kommt nur her an einen einsamen Ort und ruht euch ein wenig aus." Jesus stand nicht unter dem Druck, alle Welt heilen und speisen zu müssen. Er fühlte sich nicht verpflichtet, alle Menschen dieser Welt zu bekehren. Er hat uns nicht aufgerufen, uns unruhig und rastlos für den Nächsten einzusetzen. Er hat nicht alle Kranken geheilt. Er hat nicht alle Leidenden getröstet.

Er hat uns gelehrt, uns auch Zeit zu nehmen, um allein zu sein. Zweimal verwendet Markus in diesem kurzen Abschnitt den Ausdruck „um allein zu sein“. Unser Leben in Partnerschaft und in Gemeinschaft wird nur fruchtbar, wenn es in ausgewogener Weise zwischen Abgrenzung und Verschmelzung, zwischen Ich und Du, zwischen Stille und Wort, zwischen Einkehr und Hinaustreten, zwischen Arbeit und Ruhe Gestalt annehmen kann.

Jesus konnte Nein sagen. Er konnte sich zurückziehen auf einen einsamen Berg, um dort die Nacht zu verbringen. Er war 40 Tage in der Wüste. 40 ist eine symbolische Zahl. Er war sicher lange in der Einsamkeit der Wüste. Die Wüste ist ein Symbol für die Begegnung mit Gott, ein Symbol, das sich durch das ganze Alte Testament hindurchzieht.

Die Propheten Hosea und Amos fanden ihre Zeitgenossen schon so überflutet mit Reizen, übersättigt und geschäftig, dass sie baten, Gott möge sein Volk zurückführen in die Wüste. Die Wüste, der Wüstentag, die Einsiedelei ist auch in unseren Tagen wieder Symbol für Selbstbesinnung geworden. Ein Kurs soll ein Stück Wüste sein, eine Zeit der Stille, eine Möglichkeit, sich zurückzuziehen. Ein Raum, um sich selber zu begegnen und das unschätzbare Glück zu erfahren, dass es uns gibt, dass wir sein dürfen. Unser von außen gesteuertes Leben selber in die Hand zu nehmen und von innen her zu leben und auch den schweigenden Gesang der Dinge und des Lebens zu erfahren.

Nur in der Stille wird uns auf die entscheidenden Fragen unseres Lebens Antwort gegeben. Wer bin ich wirklich? Wer ist es, der durch diese Augen schaut? Wer ist es, der durch diese Ohren hört?

Wir laufen Gefahr, von außen gelebt zu werden. Am Ende wissen wir nicht mehr, für was all unsere Sorge, unser Rennen und Schaffen gut sein soll. Nur in der Stille können wir in uns hineinhorchen. Es ist nichts wichtiger, als das Leben selber zu spüren, und das heißt letztlich, Gott zu spüren.

Benedikt hat seinen Mönchen zwei kurze Sätze geschenkt, die das ausdrücken: „Vacare Deo“, Zeit haben für Gott, müßig sein vor Gott oder müßig sein mit Gott,“ und „Habitare secum“, bei sich wohnen, bei sich zu Hause sein.

Frei sein für Gott – St. Benedikt

St. Gregor berichtet uns von Benedikt. „Der Gottesmann Benedikt stand schon vor der nächtlichen Gebetszeit auf, während die Brüder noch ruhig schliefen. Er stand am Fenster und betete… Wie er so um Mitternacht hinausblickte, sah er plötzlich ein Licht, das sich von oben her ausbreitete und mit einem Mal alle Dunkelheit der Nacht vertrieben hatte. Es erstrahlte in solchem Glanz, dass es, wie es so in die Finsternis leuchtete, sogar heller war als das Tageslicht. – Eine wunderbare Wahrnehmung war damit verbunden. Wie er später selbst erzählte, wurde ihm die ganze Welt wie in einem einzigen Sonnenstrahl gesammelt vor Augen geführt.“

Benedikt war ein Mystiker. Die oben beschriebene Begebenheit zeigt das ganz deutlich. Es gibt eine Meta-Wirklichkeit, die wir mit unserem physischen Auge nicht sehen können. Sie wird manchmal von innen als Licht erfahren, wobei Licht auch nur ein Symbol für diese Wirklichkeit ist.

Der entscheidende Satz in dieser Beschreibung der Schau des heiligen Benedikt ist: „…wurde ihm die ganz Welt wie in einem Sonnenstrahl vor Augen geführt." Diese Meta-Wirklichkeit, die wir als Christen Gott nennen, ist eine holistische Wirklichkeit, um ein zeitgemäßes Wort dafür zu gebrauchen. Benedikt hat Gott in seiner kosmischen Einheit erfahren.

In uns Menschen sind Möglichkeiten angelegt, die alles, was wir kognitiv wissen können, überschreiten. Im Grunde tun wir mit unserer Übung nichts anderes, als uns für diese holistische Wirklichkeit zu öffnen. Wir bemühen uns, in diesen feinstofflichen Bewusstseinsraum zu kommen, der normalerweise von den grobstofflichen Räumen überdeckt wird. Dieser grobstoffliche Bewusstseinsraum ist ein Gefängnis. Es dauert lange, bis der Mensch das überhaupt merkt, und noch länger, bis er heraus möchte. Dann sucht er nach einem Weg, wie wir ihn hier gehen.

Was uns dabei widerfährt, muss uns nicht unbedingt auf unserem Kissen widerfahren. Benedikt stand vor Tagesanbruch auf dem Turm und schaute in die Landschaft. Eine tiefe mystische Erfahrung hängt nicht von unserem Glaubensbekenntnis ab. Es hängt von der Kraft unserer Hingabe und Entschlossenheit ab, dieser Meta-Wirklichkeit Gott nichts vorzuziehen, wie Benedikt es formuliert. Alles, was ist, kann Tor in die Erfahrung dieser Wirklichkeit werden. Erst wenn wir erkannt haben, dass Religion Alltag ist, dass sich das Göttliche in dem vollzieht, was gerade ist, dass wir nur hier und jetzt einzubrechen haben, werden wir unser Leben in jener Haltung einer heiligen Pilgerreise leben, als die wir es verstehen sollten.

Benedikt wollte nichts anderes als für Menschen einen Platz schaffen, an dem sie ungestört die Hausaufgabe ihres Lebens erfüllen können, nämlich zu erkennen, wer sie sind und was Gott ist. Er hat ihnen ein paar Worte mitgegeben, die ihnen helfen sollen, das zu erreichen.

1. *Vacare Deo*, d. h. frei sein für Gott, unbesetzt sein von anderen Dingen, sich Zeit nehmen für Gott. Im Wort *vacare* steckt das englische Wort *vacation*, Ferien. Es ist gut, sich von Zeit zu Zeit zurückzuziehen und mit Gott Ferien zu machen. Das ist nichts anderes als der Wandel in Gottes Gegenwart, und das wiederum unterscheidet sich nicht wesentlich von Shikantaza. Präsenz im Hier und Jetzt.

2. *Habitare secum*, d. h. bei sich wohnen, bei sich bleiben, gesammelt sein. Man könnte das mit Shikantaza übersetzen.

3. Zum *Ora* muss das *Labora* kommen, das Arbeiten, der Alltag. *Ora et labora* ist seitdem die Devise des Benediktinerordens. Der Alltag, die Arbeit wird dem Gebet gleichgestellt. Sie wird zu einem spirituellen Akt.

4. *Alles behandeln wie heiliges Altargerät.* Es gibt nichts, was nicht heilig wäre. In allem offenbart sich diese Urwirklichkeit Gott. Daher kommt die Ehrfurcht vor allen Lebewesen und vor allen Dingen. Es gibt keine Trennung zwischen Gott

und Welt, zwischen Religion und Alltag. Das bedeutet eine Sakralisierung unseres Lebens. Aber wenn ich das sage, dann klingt das in den Ohren vieler so, als ob sie mit einem Heiligenschein herumlaufen müssten, der ihnen jeden Augenblick vom Kopf fallen könnte, wenn sie nicht aufpassen.

Welt und Gott sind Eines. Reich Gottes meint das Sichtbare und das Unsichtbare. In und durch die Welt erfahren wir die Einheit Gottes. Jeder Grashalm, jede Blume, jeder Mensch ist eine Manifestation der Gottheit. Das Eine offenbart sich durch seine unzählbaren Kleider. Es gilt die Einheit durch diese Formen hindurch zu erfahren. Jedes Einzelne legt Zeugnis vom Einen ab. Gott zelebriert sich gleichsam selber in der Vielfalt der Evolution. „Die ganze Erde ist erfüllt mit der Glorie Gottes." Alles außer Gott ist eine Illusion. Es gibt nichts, was nicht durch das Eine existieren würde. Das Eine jenseits allen Begreifens und das Sichtbare sind Eines.

Man kann das innere Tor des Begreifens nicht erreichen, ohne durch das äußere Tor der Dinge zu gehen, die es zu umarmen gilt, um zum Einen zu kommen. Wir brauchen eine religiöse Sprache, die alle Trennung zwischen Gott und Welt überwindet. Der Gott, von dem man reden kann, ist nicht der ganz andere. Wir sind keine getrennten Geschöpfe. Es gibt nichts, was nicht ein Porträt Gottes wäre. König und Königreich Gottes sind ein und dasselbe. Einsiedler und Abstinenzler sind nicht das Ziel. Gott will sich offenbaren in der Vielfalt der menschlichen Möglichkeiten. Wir müssen nicht Abstand vom Leben nehmen, um es zu heiligen. Wir heiligen es, indem wir leben. Gott will gelebt werden. Das Einfache und Materielle wird so zum Heiligtum Gottes. Was zum physischen Leben gehört, wird geheiligt, wenn wir darin Gott erkennen.

Viele, die in dieses Haus Sankt Benedikt kommen, sind kirchengeschädigt. Manche haben eine Kirchen-Neurose. Nichts geht ihnen mehr auf die Nerven als diese religiöse Terminologie. Dabei wollte Benedikt nichts anderes sagen als Bodhidharma vor dem Kaiser Wu. Als er nach dem Wesen gefragte wurde, antwortete er: „Nichts ist heilig." Es ist alles so, wie es ist. Und so wie es ist, ist es heilig, heiliges Altargerät. Nicht weil wir es für religiöse Zwecke benützen. Es ist in sich „heilig". Alles ist Ausdrucksform des Göttlichen. Religion ist Alltag und Alltag ist Religion, weil der Alltag der Vollzug des Göttlichen ist. Erst wenn wir das verstanden haben, sind wir religiöse Menschen.

8. Gebet und Heilung

Über das Gebet
(Gal 4,6)

Alle Religionen sind auf eine letzte Wirklichkeit gerichtet. Wir Abendländer nennen sie seit einigen tausend Jahren Gott, andere nennen sie Tao, Nirwana oder Brahman. Gebet ist Kommunion mit dieser letzten Wirklichkeit. Es ist der Versuch, mit dieser letzten Wirklichkeit, die uns immer durchflutet, bewusste Verbindung aufzunehmen.

Das Gebet setzt eine gewisse Polarität voraus. Es ist die Polarität zwischen Mensch und Gott, zwischen dem Endlichen und dem Unendlichen, dem Individuellen und dem Universalen, dem Unvollkommenen und dem Vollkommenen. Gebet entsteht aus diesem Zustand einer inneren Spannung. Das Gebet versucht etwas, was auseinanderklafft, zu einen. Es versucht, unser Tages-Bewusstsein in Verbindung zu bringen mit unserem wahren Wesen, mit dem Göttlichen in uns. Das Gebet schafft Einheit zwischen zwei Aspekten der Wirklichkeit, die in uns Menschen auseinanderfallen.

Zum Menschen gehört das Personale und das Transpersonale oder, wie wir in der religiösen Sprache sagen, das Menschliche und das Göttliche. Es ist wie ein Koordinatensystem aus Natur und Übernatur. Nur wenn wir in der Mitte dieses Koordinatensystems stehen, können wir ganz Mensch sein. Wer dieses Göttliche in seiner Existenz vernachlässigt oder gar negiert, bleibt in seinem Wachstumsprozess stecken. Er bleibt ein halber Mensch.

Wirkliches Gebet ist Hingabe. Der Mensch sollte beten, um sich dem Göttlichen in sich zu öffnen, damit es gleichsam in ihm betet. So jedenfalls meint Paulus: „Weil ihr aber Söhne seid, sandte Gott den Geist seines Sohnes in unser Herz, den Geist, der da ruft: ‚Abba, Vater!'" (Gal 4,6) Wirkliches Gebet bittet um nichts. Wirkliches Gebet ist reine Hingabe. Bittgebet ist in der Mystik die unterste Form der Annäherung an Gott. Die Mystik kennt im Grunde genommen das Bittgebet nicht. So dichtet z. B. Angelus Silesius: „Wer Gott um Gaben bitt', der ist gar übel dran. Er betet das Geschöpf und nicht den Schöpfer an." – „Das edelste Gebet ist, wenn der Beter sich in das, vor dem er kniet, verwandelt inniglich." – „Gott liebt und lobt sich selbst, so viel er immer kann, Er kniet und neiget sich, er bet't sich selber an." – „Mensch, so du Gott noch pflegst für dies und das zu danken, Bist du noch nicht versetzt aus deiner Schwachheit Schranken."

Eckehart spricht von den Menschen, die sich selbst behindern im Gebet, indem sie zu viel auf das Äußere achten. „Dann wieder gibt es gute Leute, die hindern sich selber, indem sie zuviel haften an Reue und Buße und bleiben auf dem Zeichen und bemühen sich nicht, zu der lauteren Wahrheit zu kommen." Und an anderer Stelle: „Das Gebet des Mundes aber, das hat die heilige Christenheit darum eingesetzt, damit die Seele gesammelt werde von den äußeren Sinnen, in denen sie sich zerstreut hatte, auf die Mannigfaltigkeit der vergänglichen Dinge. Wenn sie dann zusammengefasst wird in die oberen Kräfte (in Vernunft, Wille und Gedächtnis), so wird sie vergeistet. Und wenn nun der Geist festhaftet an Gott mit ganzer Einung des Willens, so wird er vergottet. Dann allererst steht er in der wahren Anbetung, wenn er kommen ist zu seinem Ziel, zu dem er geschaffen ist. Wir sind aber einzig zu Gott geschaffen und dem gemäß nach ihm gebildet. Wer es nicht bringt zu dieser Einung des Geistes mit Gott, der ist kein rechter geistlicher Mensch." Wer meint, Beten habe nur etwas mit Verstand und formulierten Worten zu tun, ist ein Anfänger im Beten.

Ein Sufi denkt ganz anders darüber: „Frag sie", bat mich abermals der Abbé, „wie sie sich vorbereiten, vor Gott zu treten, durch Fasten?" „Aber nein", antwortete ein junger Derwisch lachend, „wir essen und trinken und loben Gott, der dem Menschen Essen und Trinken geschenkt hat." „Und auf welche Weise?" beharrte der Abbé. „Tanzend", antwortete der älteste Derwisch mit dem langen, weißen Bart. „Tanzend?" fragte der Abbé. „Warum?" „Weil Tanzen das Ich auslöscht", meinte der alte Derwisch. „Wenn das Ich erstorben ist, gibt es kein Hindernis, sich mit Gott zu vereinen."

Die eherne Schlange oder die höchste Potenz
(Num 21,8)

„Da schickte Jahwe Giftschlangen gegen das Volk los. Sie bissen das Volk, so dass viele Leute aus Israel starben. Daraufhin kam das Volk zu Mose… und bat: ‚Bete zum Herrn, damit er die Schlangen von uns entferne!' Mose legte Fürsprache für das Volk ein. Und Jahwe antwortete Mose: ‚Fertige eine Schlange aus Metall an und befestige sie an einer Stange! Jeder, der gebissen ist und sie anschaut, soll am Leben bleiben!' Mose verfertigte also eine eherne Schlange und brachte sie an der Stange an. Wenn nun die Schlangen einen gebissen hatten und dieser dann auf die eherne Schlange blickte, so blieb er am Leben."

Die Wirksamkeit eines homöopathischen Medikaments kommt aus seiner Potenzierung. Man verdünnt das Medikament so weit, dass am Ende die Substanz, aus der es gewonnen wurde, chemisch nicht mehr nachweisbar ist. Aber die Information, die Heilkraft also, gibt es noch in der größten Verdünnung. Ja, sie scheint um so stärker zu sein, je mehr das Medikament verdünnt ist.

Ein Teil des Mittels, oft ist es ein Gift, z. B. von der Tollkirsche oder Schlangengift, wird abgewogen. Man gibt dazu neun Teile Lösungsmittel. Meist ist es Alkohol, man könnte aber auch Wasser nehmen. Die Tinktur wird dann stark geschüttelt. Dadurch entsteht eine Verdünnung, die man als D1 bezeichnet: Ein Teil Arzneimittel, neun Teile Lösungsmittel. Die Information des Heilmittels wird übertragen, nicht das Mittel selber.

Von dieser D1-Tinktur wird wieder ein Teil genommen und mit neun Teilen Alkohol oder Wasser verdünnt. Das ergibt D2. Wenn man das fortführt erhält man D3, D4 usw. Und so wird immer weiter verdünnt und geschüttelt, verdünnt und geschüttelt. Das ursprüngliche Heilmittel wird immer dünner. Die heilende Information aber bleibt erhalten, ja sie verstärkt sich offensichtlich.

Die Homöopathie verdünnt bis zu D1000 und mehr. Vom Urstoff, vom Gift, ist dann chemisch nichts mehr vorhanden. Nur die Information ist noch in der Trägerflüssigkeit, also im Alkohol oder im Wasser. Die Verdünnung führt aus dem materiellen Bereich heraus. Die Wirkung liegt in der Information, die mit dem Gift selber nur noch bedingt zu tun hat.

Diese hochpotenzierten homöopathischen Mittel enthalten also am Ende immer die gleiche Grundmaterie, meist Alkohol, aber für ganz verschiedene Informationen. In allen Fläschchen ist chemisch das Gleiche, nämlich Alkohol. Aber die Information ist verschieden. Wenn ein Chemiker die verschiedenen Fläschchen untersucht, findet er immer das Gleiche darin, z. B. Alkohol. Die heilende Information selber kann er nicht entdecken. Daher lachen Skeptiker über die Homöopathie. Für den Kenner aber gilt, je höher die Potenzierung, d. h. je dünner das ursprüngliche Heilmittel, um so stärker die Wirkung.

Eigentlich will ich euch aber keine Aufklärung über Homöopathie geben. Was hat das mit der ehernen Schlange des Mose zu tun? Wir nehmen heute an, dass zwischen Geist und Materie ein stufenloser Übergang besteht. Es ist also durchaus möglich, dass eine Trägermaterie eine rein geistige Information enthalten kann. Die Potenzierung führt ins Geistige hinein. Und so würde ein echter Homöopath die Wirkung der heilenden, errettenden Schlange sehen, zu der jemand aufblickt, um vom giftigen Biss gerettet zu werden. In dieser ehernen Schlange ist eine heilende Information in geistiger Gestalt. Wer sie aufnehmen kann, wird gerrettet.

Im Griechischen haben wir für Gift und Heilmittel das gleiche Wort. „Pharmakon" bedeutet sowohl Gift als auch Heilmittel. Das Gift ist auch das Heilmittel. Das Gift transmutiert zum Heilmittel. Wir können uns das wie folgt vorstellen. Wenn jemand erkrankt, ist er in seinem Bewusstsein nicht mehr heil. Ein Bewusstseinsanteil stürzt ab, wird unbewusst zum Schatten, stürzt in die Materialisierung und wird so zum Gift. Aus dem geistigen oder psychischen Gift wird materielles Gift, das im Körper Krankheitssymptome hervorruft.

Die Heilung gibt dieses geistige Prinzip zurück. In der Heilung versucht man an die Ursache der Symptome heranzukommen. Diese liegen im geistigen oder psychischen Bereich. Daher ist Homöopathie nicht einfach eine Pillentherapie, die, wenn sie verabreicht wird, auch das physische Gift ausscheidet. Krankwerden ist eine Art Selbstvergiftung. Homöopathie kann zwar einen Menschen heil machen, doch das wird manchmal schwierig sein, weil das entsprechende Heilmittel nicht leicht zu finden ist.

Um zum Bericht zurückzukehren, könnt ihr euch also vorstellen, dass in der Lebensführung der Israeliten etwas nicht in Ordnung war. Die Schlange wird zum Symbol dieser Unordnung. Die Heilung geschieht durch eine geistig-psychische Umstellung.

Was will ich damit sagen? Wir sind ständig irgendwelchen Informationen ausgesetzt und senden ständig positive und negative Informationen aus durch unsere Gedanken, Gefühle und Willensimpulse. Wir sind so, wie wir sind, Informationsträger für Gutes und Böses. Wir sind aber auch Empfänger für hochpotente Informationen. Wir sind nicht nur Informationsträger, wir nehmen auch ständig Informationen auf. Wir können uns bewusst für Informationen öffnen, z. B. in Ritualen wie der Eucharistiefeier. Wir öffnen uns für positive Informationen, wenn wir z. B. eine Kerze, ein Weihrauchstäbchen anzünden, wenn jemand vor einem Heiligenbild, einer Ikone, betet, an einer religiösen Feier teilnimmt, wenn jemand in eine Kirche geht oder an einen stillen Platz in der Natur. Es gibt Orte der Heilung, Informationsträger mit positiven Energien. Wir sollten vielleicht auch manches meiden, was negative Informationen trägt. Vielleicht sind es Menschen, Gelegenheiten oder bestimmte Orte.

Früher hat man uns eingetrichtert: Wenn du das und das tust, wirst du von Gott bestraft. Heute formuliere ich: Wenn ich das und das tue, schade ich meiner Entwicklung als Mensch und der Entwicklung anderer. Wenn man an diesen oder jenen Ort geht, sammelt man positive bzw. negative Informationen, die nützen oder schaden, die geistig und vielleicht sogar körperlich gesund oder krank machen.

Es geht mir heute freilich noch um etwas anderes. Wenn ich zu mir selber komme, finde ich die höchste Potenzierung aller Heilmittel, das göttliche Urprinzip. Es ist der in seiner Wirkung nicht mehr steigerbare Informationsträger des Heiles und der Heilung schlechthin. Das göttliche Urprinzip selber ist es, das in mir wirksam wird. Das schützt mich auch vor allen negativen Energien.

Wir brauchen nicht ängstlich zu überlegen, wo die positiven Informationen und wo die negativen sind. Wenn wir uns an unser Innerstes anschließen, an unseren göttlichen Kern, dann haben wir die höchste Potenzierung, den stärksten Informationsträger, den es geben kann. Er wird uns erstens schützen, wird uns also immun machen, wenn wir in eine negative Einflusssphäre kommen, und zweitens von innen her erfüllen und heilen.

Manchen wird in der Krebstherapie gesagt, dass sie gegen den Krebs ankämpfen sollen. Ich sage, wir sollten uns dieser unserer göttlichen Energie öffnen. Die Informationen des Heils und der Heilung sind in uns. In diesen Tagen öffnen wir uns diesen Informationen. – Ich glaube sogar, dass wir Informationsträger für andere Wesen sind, falls es sie um uns gibt. Wir können ihnen durch die positiven Energien, die von uns ausgehen, helfen.

Darum suche ich mein Heil nicht bei Steinen oder Amuletten, obwohl ich auch diesen Dingen eine Kraft zuspreche, wie auch der ehernen Schlange. Ich suche meine Kraft in meinem tiefsten Wesen.

Von den rechten Gästen
(Lk 14.12–14)

Wir betrachten dieses Gleichnis meist unter moralischen Gesichtspunkten. Ihr wisst jedoch, dass ich immer versuche, die Schrift esoterisch auszulegen. Religion hat für mich mit Moral nur indirekt zu tun. Religion hat uns zur Erkenntnis unseres Selbst zu verhelfen. Aus dieser Erkenntnis kommt alle Moral. Wenn wir wissen, wer wir sind, handeln wir auch entsprechend.

In meinen Kursen stoße ich oft auf ein eigenartiges Phänomen. Menschen, die durch große Verletzungen in ihrer Kindheit und überhaupt im Leben gegangen sind, brechen eher in eine tiefe Erfahrung durch, vorausgesetzt, dass sie sich mit ihren Wunden aussöhnen. Es sind meist die Wunden, die ihnen geschlagen worden sind, als sie Kinder waren. Der eine ist ständig lächerlich gemacht, der andere unrecht geschlagen worden, und wieder eine andere wurde sexuell missbraucht und als reines Triebobjekt behandelt. Es sind die Wunden, die geschlagen worden sind, als man sich noch nicht wehren konnte. Auf diese Wunden stoßen die Menschen zuerst, wenn sie einen spirituellen Weg gehen.

Am schlimmsten aber sind die Wunden, die John Bradshaw „spirituelle Verletzungen" nennt. Er versteht darunter die Wunden, die geschlagen worden sind, als diesem wunderbaren, einmaligen, kostbaren, unverwechselbaren Wesen „Kind" das Gefühl für sein „Ich bin, wer ich bin, und ich bin so richtig" ausgetrieben wurde. Viele von uns können oder müssen sagen: „Ich durfte und konnte nicht sein, der ich wirklich war!" Oft ist zwar niemand da, dem man die Schuld dafür geben kann, trotzdem gibt es die Verletzung.

Manche verkrampfen sich dann innerlich, um überhaupt überleben zu können. Eine solche Verkrampfung aber hindert am Leben. Andere verdrängen die Wunden, sie halten sie verschlossen unter einem festen Deckel, leben aber in ständiger Angst davor, dass der Deckel nicht halten könnte. Andere werden von ihren Wunden gelähmt und weigern sich aus Angst, sich auf das Leben einzulassen, um nicht wieder verletzt zu werden.

Zuerst machen sie den Eltern, der Religion oder der Gesellschaft Vorwürfe, dass sie diese Wunden geschlagen haben. Dann machen sie auch Gott Vorwürfe, dass er diese Wunden zugelassen hat. Sie fordern dann auch, dass die anderen diese Wunden zu heilen haben. Unter einer solchen Heilung verstehen sie, dass man die Wunden nicht mehr spüren soll. Das aber ist eine Illusion! Solcher Art geschlagene Wunden lassen sich so nicht heilen. Wenn wir uns aber mit unseren Wunden aussöhnen, werden sie zum Tor in die Erfahrung. So eigenartig es klingt, aber solche Wunden können auch das Tor in diesen heilen, heiligen Raum unseres wahren Wesens sein. Denn dort, wo wir verwundet sind, wo wir gebrochen sind, sind wir auch aufgebrochen für Gott. Dort können wir auch unserem wahren Selbst begegnen. Die Wunden zerbrechen die Panzer und legen den wahren Wesensgrund frei.

Sicher kennt ihr das Märchen vom Dümmling, der immer ausgelacht wird und vom Vater in die Welt geschickt wird, um was Rechtes zu lernen. Zurückgekehrt fragt ihn der Vater, was er denn gelernt habe. Er antwortet: „Ich habe gelernt, was die Hunde bellen." Das zweite Mal: „Ich habe gelernt, was die Vögel sprechen." Das dritte Mal: „Ich habe gelernt, was die Frösche quaken." Der rationale Vater weiß mit solcher Kunst nichts anzufangen und verstößt ihn im höchsten Zorn. Auf seiner Wanderschaft kommt der Jüngling in eine Burg. Der Burgherr kann ihm zum Übernachten nur einen Turm zuweisen, in dem wilde Hunde hausen. Die haben schon so manchen verschlungen. Der Jüngling spricht mit den Hunden, und da verraten ihm die Hunde, dass sie nur deswegen so wild sind, weil sie einen Schatz zu bewachen haben. Und sie zeigen ihm den Weg zum Schatz.

Der Weg zum Schatz geht über den Dialog mit den wilden Hunden, über den Dialog also mit allem, was in mir bellt und meine Energie verschlingt. Manche möchten diese Hunde im Zwinger einsperren und sie so los werden. Sie aber sperren sich dann selber vom Leben aus, denn die wilden Hunde sind die Verletzungen. Wer sich mit ihnen auszusöhnen weiß, kann sich der Kraft dieser bellenden Hunde bedienen. Zunächst haben wir Menschen Angst vor diesen bellenden Hunden, wir haben auch Angst, in diesen Turm zu gehen. Aber je mehr man die Hunde einsperrt, desto gefährlicher werden sie.

Der Weg zu Gott führt über den Abstieg in die eigene Dunkelheit. Wir müssen in die Tiefe steigen, um eine Quelle für unser Leben zu entdecken, denn dort ist die Kraft der Verwandlung. Das Gleichnis von den rechten Gästen ist für uns hier und jetzt geschrieben. Die rechten Gäste können unsere Verletzungen sein. Wenn du ein Essen gibst, dann lade die Blinden, die Armen, die Krüppel, die Lahmen ein, wie es bei Lukas heißt (12,13)! Und rede mit deinen Verletzungen, diesen wilden Hunden und söhne dich mit ihnen aus! Dann werden sie zum Tor in dein tiefstes Wesen. Wer sich mit seinen Verletzungen ausgesöhnt hat, wird eher zu einem reifen Menschen als andere. Das Leid der Verletzung – und es ist oft ein furchtbares Leid – wird zum Segen, wird zum Tor in unser wahres Selbst.

Heilung von Psyche und Leib
(Mk 1,23 ff.; Joh 9,1; Mt 4,23 ff.; Mt 9,1 ff.; Mt 10,1; 14,14)

Jesus heilte. Sein Auftreten wird angekündigt mit den Worten: „Er zog in Galiläa umher, lehrte in den Synagogen, verkündete das Evangelium vom Reich Gottes und heilte im Volk alle Krankheiten." Was sollen wir im 21. Jahrhundert mit so einer Erzählung anfangen? Einmal heißt es, dass Jesus einen bösen Geist als Ursache der Krankheit austrieb, und ein anderes Mal heißt es, „er trieb viele Dämonen aus". Sollen wir an Dämonen glauben, die uns bedrohen, die unsere Krankheiten verursachen? Oder hat das eine andere Bedeutung für unser Leben?

„Dämonen" lassen sich heute übersetzen mit „psychische Krankheiten". Wir haben gelernt, dass der Mensch ein Leib-Psyche-Geist-Wesen ist. Wir wissen längst, dass die Ursachen unserer Krankheiten nicht unsere Symptome sind.

Unser Ich widersetzt sich auf geheime Weise der Heilung, so eigenartig das klingen mag. Wir wollen unsere Schattenseiten nicht integrieren. Wir verdrängen die Wunden, die uns das Leben geschlagen hat. Wir wollen nichts damit zu tun haben. Wir möchten auch nicht mehr daran rühren. Es tut uns weh, wenn so manches ans Tageslicht kommt, was wir gut verstaut zu haben meinen. Wir schauen lieber nicht hin.

Heilung aber muss sich mit der Ursache befassen. Aber wir wünschen uns die Pille, die uns für eine gewisse Zeit schmerzfrei macht. Wir hätten gerne ein Pflaster, das die Oberfläche der Wunde schließt. Heilung aber kann nur von innen geschehen.

Normalerweise handelt unser Ich wie ein Heer, das in Bedrängnis geraten ist. Es zieht sich vor dem übermächtigen Feind in eine Fliehburg zurück und überlässt das offene Feld kampflos dem Gegner. Damit hat es den Vorteil, dass es sich momentan relativ sicher fühlt. Aber es unterliegt einem ständigen Belagerungszustand, aus dem es nur herauskommt, wenn es den offenen Kampf wieder aufnimmt. Was wir verdrängt haben, stört unser Leben. Nur wenn wir uns ihm offen stellen, geschieht Heilung.

Es gehört Mut dazu, in einen solchen Heilungsprozess einzutreten, d. h. sich einzugestehen, dass es weh tut, wenn uns Kindheitsmuster plagen; wenn wir übergangen werden und nicht die gewünschte Zuwendung bekommen; wenn eine Beziehung zu Ende geht; wenn ein lieber Mensch stirbt.

Wenn wir uns ruhig hinsetzen zur Meditation, kommen solche Verletzungen hoch. Es sind diese Ursachen, die das Neue Testament „Dämonen" nennt. Sie stören aus dem Untergrund, bis wir ihnen Beachtung schenken. Sie zwingen uns, herauszutreten aus unserer falschen Geborgenheit, denn Heilung kann nur geschehen, wenn Verdrängtes wieder bewusst werden darf. Das bringt natürlich zunächst neues Leid, denn das Ich wehrt sich gegen das Auftauchen des Feindes mit allen Mitteln.

Während der Arzt den Schmerz bei der Behandlung mit Medikamenten wegnimmt, geht es im Wandlungsprozess eines spirituellen Weges – in der dunklen Nacht – darum, die schmerzlindernde Selbstbetäubung der Verdrängung rückgängig zu machen. Es entsteht daher zunächst mehr Leid. Für manche ist das ein Grund, den heilenden Weg zu verlassen. Sie wollen lieber in der Selbstbetäubung bleiben.

Wir brauchen eine ganz neue Auffassung von Körper, Seele und Geist, von Krankheit und Schmerz. Unsere Körper sind nicht gefrorene Eisklumpen, sie sind vielmehr unbegrenzte Felder von Informationen und Rezeption aus der größeren Tiefe. Je mehr wir davon erfahren, um so mehr werden sie uns von innen heraus verwandeln. Wir können diese Tiefe Licht nennen, wir können sie mit Energie bezeichnen, wir können sie unser wahres Wesen nennen. Es ist etwas, das immer da ist, für das wir uns nur zu öffnen brauchen.

Wir wollen nicht nur möglichst schnell durch das Feuer der Läuterung hindurch. Es soll auch möglichst ohne Anstrengung geschehen. Wenn einer einen spirituellen Weg geht, dann will er meist zu einer glückbringenden, erhebenden mystischen Erfahrung kommen, wie sie uns in vielen New-Age-Programmen als rasch und ohne viel Anstrengung zu erreichen verheißen wird. Doch dahin gelangen wir nicht, ohne dass wir auch das Leidvolle zulassen, ja, es direkt ansprechen und uns damit auseinandersetzen.

Jesus spricht den unreinen Geist an. Er holt ihn aus seiner Unterdrückung heraus. Er befreit ihn, damit er entweichen kann. Genau das tun auch wir, wenn wir das Verdrängte ans Licht kommen lassen. Es ist heilend, eine Frustration zu durchleben, Trauer und Wut und Angst aufsteigen zu lassen und auch einen passenden Ausdruck dafür zu finden. Verletzungen gehören zu unserem Leben. Auch sie sind Ausdruck der Wirklichkeit Gott. Wir sollten sie annehmen, ohne uns in sie zu verlieren. Annehmen und loslassen bedeutet Reifung. Wer in diesem Karussell von bedrängenden Denkstrukturen und Vorstellungen kleben bleibt, hindert sich selbst am Leben. Er bleibt von seinen Dämonen geplagt und besessen.

Manchmal braucht es erst den Zusammenbruch unserer bisherigen Lebenseinstellung oder wenigstens die Zurücknahme dieser verdeckenden Ichaktivität, um aus diesem Ghetto der Angst herauszukommen. Wir müssen gleichsam eine Plattform schaffen, auf der sich all das zeigen kann.

Es gibt folgendes apokryphe Wort über Jesus: „Der Jesus, der triumphierend über das Leiden kommt, ist der Antichrist. Der Christus, der durch Leid und Dunkelheit hindurchkommt, ist der wahre Christus."

Jede Religion hat ihre Rituale. Wenn eine Weltsicht oder Religion wirklich keine Rituale hat, dann ist der Alltag zum Ritual geworden. Das ist das Ziel, den Alltag zu feiern wie einen Gottesdienst.

Bis wir das können, feiern wir dieses Mahl. Es ist ein besonderes Mahl. Es findet sich in fast allen Religionen. Und immer ist es die Feier der Einheit von Gott und Welt. Hier auf dem Altar liegen Brot und Wein. Aber hier liegen nicht nur Brot und Wein. Als Christen glauben wir, dass sich in ihnen noch eine Dimension zeigt, die Dimension des Göttlichen. Brot und Wein sind nur die Repräsentanten für diese göttliche Wirklichkeit, die sich auch in jeder Blume, in jedem Tier, in jedem Menschen und in jedem Wesen offenbart.

Heilen
(Joh 9,1; Mt 4,23 ff.; Mt 9,1 ff.; Mt 10,1; 14,14)

Jesus war ein Heiler. Man nimmt heute an, dass er einige Zeit, vielleicht sogar lange in der Wüste bei einer der esoterischen Schulen des Judentums verbracht hat, bevor er auftrat. Es heißt von ihm bei Matthäus: „Man brachte Kranke mit den verschiedensten Gebrechen und Leiden zu ihm, Besessene, Mondsüchtige und Gelähmte, und er heilte sie alle." (Mt 4,24)

Einmal schickte er die lebensfeindlichen Energien, die einen Besessenen banden, in eine Schweineherde, die sich dann in den See stürzte. An einer anderen

Stelle heißt es: „Er verkündete die Frohbotschaft vom Reich und heilte alle Krankheiten und Leiden." Jesus benützt die Dinge, um die heilenden Kräfte zu aktivieren. Er sagt nicht einfach: „Du sollst wieder sehen können." Er benützt den Speichel, der als heilend galt. Ebenso benützt er Wasser und sagt dem Blinden: „Geh und wasche dich!" Er aktiviert die heilenden Kräfte in den Dingen und über die Dinge. Das scheint mir besonders wichtig zu sein: Es gibt transformierende Kräfte und Energien. Jesus deutet das an bei der Heilung des Blinden, wenn er sagt, warum er heilt: „Das Wirken Gottes soll an ihm offenbar werden." Diese Energie des Heilens hat eine transformierende Kraft. Dass du gesund wirst, ist gar nicht das Wichtigste, sondern dass dir in diesem Geschehen die Wirklichkeit Gott aufgeht.

Ähnlich ist es nach dem Wunder der Brotvermehrung. Da kamen die Juden und wollten diesen Zauberer, der Brot machen kann, zu ihrem König haben. Er sagt ihnen glatt ins Gesicht, dass sie nur gekommen sind, um auf leichte Tour satt zu werden. Für ihn aber ist das Brot ein Symbol für göttliches Leben, für die Energie, die den ganzen Menschen verwandelt. Er ist nicht gekommen, die Menschen satt zu machen, nicht einmal, um sie von allen ihren Krankheiten zu heilen, sondern um durch die sichtbare Energie des Heilens auf das Unsichtbare hinzuweisen.

Zum Gelähmten, den er heilte, sagte er zunächst: „Hab Vertrauen, mein Sohn, deine Sünden sind dir vergeben." (Mt 9.2) Und als zwei Blinde zu ihm kamen und um Heilung baten, fragte er sie erst einmal: „Glaubt ihr, dass ich euch helfen kann?" Erst als sie mit Ja antworteten, berührte er ihre Augen und sagte: „Wie ihr geglaubt habt, soll es geschehen." (Mt 9,28) Jesus weiß, dass man nicht nur Symptome heilen darf, sondern die Ursache heilen muss. Die falsche Lebensweise, die Verlorenheit im Diesseits, kann Grund für eine Krankheit sein.

Was ist die eigentliche aktivierende Kraft, die hinter diesen Energien steht? Es ist die Liebe. Es ist die Erfahrung der Einheit mit allen Wesen, die so weit geht, dass der Schmerz des anderen mein Schmerz wird.

Rumi[50] meint: „Der Selbstlose (der sich selbst ganz vergessen hat) ist ein Spiegel geworden: nichts ist mehr da als das Spiegelbild des Gesichtes eines anderen. Wenn du darauf spuckst, so spuckst du in dein Gesicht; und wenn du den Spiegel schlägst, schlägst du dich selbst; und wenn du ein hässliches Gesicht im Spiegel siehst, bist es du; und wenn du Jesus und Maria siehst, bist es du."

Liebe hat ein offenes Auge für die Leiden anderer und drängt zur Teilnahme und Hilfeleistung, weil sie die Einheit mit dem Leidenden spürt. Sie sendet Stärkung zu jedem, den sie leiden sieht. Sie weiß sich eins mit dem anderen in der Urenergie, an der alles Teil hat. Das geschieht, indem man sich einfach öffnet und in Barmherzigkeit mit dem anderen Kontakt aufnimmt.

Das Leid, an dem wir nicht vorübergehen können, wird uns plötzlich zum persönlichen Anliegen: Ein verletztes Tier, ein behinderter Mensch, ein Autofahrer, der mit einem Motorschaden am Straßenrand steht, oder auch einer, der uns gerade im Verkehr geschnitten hat und seinen Vorteil sucht, die Opfer eines Verkehrsunfalles, das unsagbare Leid, das uns Nachrichten und Fernsehen täglich bewusst machen, ein weinendes Kind, ein trauriger oder geängstigter Mensch, ein Kranker, an dessen Bett wir sitzen, gar ein Kranker, der im Koma liegt.

Man geht plötzlich anders durch die Welt. Wir fühlen uns als Mitmenschen, die um ihre helfenden und heilenden Kräfte wissen.

Wie kann man diese Energie aktivieren? Diese Energie wird oft in einer helfenden Gestalt imaginiert: die Kannon oder Kanzeon mit ihren elf Köpfen und hundert Armen, Avalokitesvara im Buddhismus, die weiße Tara bei den Tibetern, Maria oder einer der 14 Nothelfer im Christentum. Es sind nicht die Gestalten, die helfen, sondern die kosmische Energie, die sich in der Vorstellung in diesen Gestalten konzentriert und durch sie wirksam wird.

Jeder Wallfahrtsort ist nichts anderes als eine Stätte, an der heilende Kräfte zum Fließen kommen. Nicht Maria oder die Kannon wirkt da Wunder, aber durch ihre Visualisierung oder Anrufung werden Energien mobilisiert, die Trost, Heilung, Beruhigung und Zuversicht bringen. Es entstehen Mitgefühl, Gleichmut, Ehrfurcht und Ergebung, wenn keine Hilfe möglich ist.

Die Energie kumuliert an bestimmten Plätzen oder bei bestimmten Gelegenheiten, z. B. auch in einem Sesshin, in einem Gottesdienst, bei einer Feier, in einem Konzert oder bei anderen Gelegenheiten. Immer, wenn wir selber und andere ruhig werden, wenn die Ichenergie zurückgeht, fängt diese Urenergie an zu fließen. Es ist, als ob die Energien sich bündeln und verstärken würden. Manche Menschen spüren diese Energie. Manche merken nichts, was nicht heißt, dass sie nicht da ist. Helfen bedeutet ja nicht immer, Angenehmes zu verursachen; es muss auch nicht immer Heilung im physischen Körper bedeuten.

Die heilende Kraft kann man in einem Mantra mobilisieren und jemandem schicken. Wie wir es am Anfang taten und mit dem Tönen von *Shalom* wieder tun werden, oder mit Om, Jesus, Kyrie eleison usw. Oft ist es nicht möglich, physisch in einen Zustand oder in eine Situation einzugreifen, aber das Mitfühlen und Wohlwollen ist immer möglich und sendet helfende Kräfte zu anderen. Man kann so auf eigene und fremde Angstzustände, geistige Verwirrung und Krankheiten beruhigend und heilend einwirken.

Jeder Segen, jedes Gebet ist nichts anderes als ein Senden von positiver Energie. Jedes Kreuzzeichen über sich selbst ist Aktivierung heilender Energie. – Wenn wir drei Brüder während des Krieges nach einem Urlaub wieder aus dem Elternhaus gingen, machte die Mutter auch den erwachsenen Söhnen mit geweihtem Wasser ein Kreuzzeichen auf die Stirne. Man kann so etwas als magische Geste abtun, aber es ist nichts anderes als die Übertragung positiver Energien. Wenn man für andere betet, ist da nicht einer, der dem anderen etwas zukommen lässt. Es ist wie ein Naturgesetz auf einer höheren Ebene. Liebe und Gebete kreieren einen positiven Energie-Fluss.

Ich werde immer wieder gefragt: Wie bringt man die apersonale Wirklichkeit, von der so oft gesprochen wird, mit einem Fürbittgebet zusammen? Die Gebete und Zeremonien, die bei Anrufungen verrichtet werden, gleichen sich in allen Religionen. Es werden Kerzen angezündet, Weihrauch, Blumen oder Speisen dargebracht. Es wird Rosenkranz gebetet, sei es buddhistisch, moslemisch oder christlich. Man geht zu Fuß den Berg hinauf, man rutscht auf den Knien, man misst den Weg mit seiner Körperlänge aus, hinterlässt eine Opfergabe für einen wohltätigen Zweck. Solche Handlungen sind nichts anderes als die Aktivierung positiver Energien. – Auf dem Georgenberg habe ich das Gleiche erlebt wie der Hase Kannon (einem Wallfahrtsort) in Kamakura. Zu Tausenden kamen jeden Tag die Menschen und suchten Zuflucht beim Bodhisattva Chizo oder Kannon.

Gebetsgebärden sind besonders geeignet, diese Kraft zum Fließen zu bringen. Sie aktivieren eine starke verwandelnde Kraft sowohl für den, der sie für sich macht, wie auch für den Empfänger. Einst wurde ein Heiler zu einem kranken Kind gerufen. Man bat ihn, über dem kranken Kind zu beten. Ein Skeptiker unter der Menge drückte deutlich seine Zweifel aus über so einen Aberglauben. Der Meister drehte sich um und fuhr ihn an: „Du bist ein unwissender Dummkopf, du verstehst nichts von dieser Angelegenheit." Der Skeptiker wurde wütend und fühlte sich beleidigt. Bevor er aber aufbegehren konnte, sprach der Heiler wieder: „Wenn diese paar Worte die Kraft hatten, dich wütend zu machen, warum sollten andere Worte nicht die Kraft der Heilung haben?"

Heilende Energie strahlt durch unsere Hände und durch unseren ganzen Körper, wenn wir uns positiv einer Person oder Situation zuwenden. Jede positive Energie, die wir aussenden, stärkt auch uns selber. Segnen oder positive Energie aussenden kann man mit Worten, mit Gebärden, mit Handauflegung, aber auch mit einem Mantra oder einer Gebärde.

Alle esoterischen Wege kennen diese heilenden Kräfte. Das universale Bewusstsein ist kreativ. Es ist auch heilend. Es ist eine transformierende Energie, die jedem Wesen innewohnt, die manche Menschen stärker aktivieren können als andere, je nachdem, wie weit die Barrieren zwischen der Egostruktur und dem universalen Bewusstsein gefallen sind. Hier liegt auch das Geheimnis der Wunderheilungen. Man nennt sie in der Medizin Remission. Das sind plötzliche Heilungen, die man sich nicht erklären kann.

Wenn man auf die Kraft Jesu vertraut oder im Buddhismus auf die Kraft des Bodhisattva Kannon, aktiviert man die Kraft des Universums, die Kraft Gottes im Bilde Jesu oder eines Heiligen. Die Kraft ist latent in jedem vorhanden, sie entwickelt sich unter einem Bild oder auch bildlos. Die Tibeter stellen sich zur Heilung von Krankheiten Lichtblitze vor, die an die kranke Stelle gesendet werden. Nach der Simpton-Heilmethode stellt sich der Krebskranke kleine Fische vor, die alle Krebszellen auffressen. In Wirklichkeit aktiviert dieses Bild das Immunsystem. Man nimmt an, dass über Thalamus und Hypophyse die übrigen Drüsen aktiviert werden, die das Immunsystem stärken.

Viele physische und psychische Blockierungen lassen sich auf die Behinderung dieser zutiefst religiösen Störungen der Einheit zurückführen. Es ist kein Fluss zwischen den Ebenen. Gebärden sollen uns helfen, durchlässiger und eins mit uns und allem zu werden. Wenn uns das gelingt, werden wir nicht nur in der rechten Weise in der Gebärde da sein, sondern auch in der rechten Weise im Leben da sein. Einüben in eine Gebärde ist Einüben ins rechte Dasein in der Welt.

Sie beschert uns eine Erfahrung des raumhaften und gleichzeitig auch raumlosen Charakters unseres Menschseins. Der Mensch ist um so klarer, je mehr sein Innerstes durch Seele und Körper scheint.

Fürbittgebet und Energie
(Ex 17,8 ff.; Lk 18,1 ff.)

Zwei Lesungen handeln heute vom Gebet. Wir hören zuerst die berühmte Stelle vom Gebet des Mose. Wenn er seine Arme zum Gebet erhob, siegten die Israeliten, wenn er sie sinken ließ, wandte sich der Sieg den Feinden zu. – In der zweiten Lesung erzählt uns Jesus etwas Ähnliches im Gleichnis von der Frau, die den Richter nicht in Ruhe lässt. Sie lässt nicht nach, ihn zu bitten. Nur damit er sie in Ruhe lässt, hilft er ihr schließlich. In anderen Worten heißt das, wenn wir Gott nicht in Ruhe lassen, dann wird er uns helfen.

Gleichnisse und Bilder wollen uns helfen, das Wesentliche zu erfahren. Ich möchte euch sagen, was ich aus ihnen lerne. Wir nehmen die physischen Energien als etwas Selbstverständliches hin. Wir wissen heute, dass es auch feinstoffliche Energien gibt, die nicht weniger wirksam sind.

Manche erfahren diese Energien auf der physischen Ebene. Schütteln, Prickeln, Zuckungen können ganz ungewollt und unkontrollierbar auftreten. Manche Energien reichen über den physischen Körper hinaus, so z. B. Telekinese, Telepathie, Präkognition u. a.. Das sind einige sehr auffällige Energiedemonstrationen. Daneben gibt es die unauffälligen und nicht messbaren, welche durch unsere Hände und durch unseren ganzen Körper strahlen, wenn wir uns positiv einer Person oder Situation zuwenden. Segnen oder positive Energie aussenden kann man mit Worten, mit Gebärden, mit Handauflegung, aber auch mit einem Mantra oder einer Gebärde, mit Gebetsgebärden.

Aber wir dürfen das nicht magisch verstehen. Diese Energien helfen nicht unbedingt so, wie wir es uns vorstellen. Sie folgen vielmehr dem kosmischen Gesetz, das Leben fördert. Aber diese Lebensförderung kann oft auch ganz anders verlaufen, als wir uns das wünschen. Oft ist es gerade das Leid, der sogenannte Schicksalsschlag, der den Menschen weiterbringt.

In der tibetischen Meditation gibt es eine Übungspraxis, die man Tonglen nennt. Es bedeutet Nehmen und Aussenden. Sie besitzt eine ganz starke verwandelnde Kraft. Sie wird nur den fortgeschrittenen Schülern vermittelt. Daher wurde sie von den Tibetern bis in die jüngste Zeit hinein geheim gehalten. Ken Wilber[51] beschreibt sie so: „Bei der Meditation vergegenwärtigt man sich (möglichst bildhaft) einen Menschen, den man kennt und liebt und der durch eine Krankheit, einen Verlust, durch Depression, Schmerz, Angst und Furcht schwer zu leiden hat. Man stellt sich beim Einatmen das Leiden dieses Menschen als schwarze, rauch- oder teerartige, dichte, schwere Wolke vor, die man durch die

Nase einatmet und dann ins Herz sinken lässt." Beim Ausatmen gibt man all seinen Frieden, seine Freiheit, Gesundheit, Güte und Kraft mit in die Atemluft, um sie diesem Menschen als heilendes und befreiendes Licht zu senden. Man kann sich auch eine Gegend und die Menschen vorstellen, die dort leben. Man kann den ganzen Kosmos einbeziehen und ihm Gesundheit, Glück und Güte zukommen lassen.

Kalu Rinpoche wurde nach so einer Unterweisung einmal gefragt, ob man dann vielleicht Krankheiten übernimmt. Er antwortete ohne Zögern: „Sie sollten denken, dass es funktioniert!" Sonst wird man sofort ertappt mit seinem Egoismus. Wir sind immer bereit, unser eigenes Leid zu vermindern, aber das Leid anderer auf uns zu nehmen, sei es auch nur in imaginärer Form, das kommt nicht in Frage.

In allen Religionen gibt es Rituale, die mit Imaginationen verbunden sind. Im allgemeinen imaginiert man Avalokitesvara, die Kannon, wie sie in allen buddhistischen Schulen bekannt ist. Man imaginiert sie als helfendes Wesen. Für manche Menschen ist das sehr wichtig. Für andere sind Imaginationen nicht das Wesentliche. Es reicht meiner Ansicht nach vollkommen, wenn man sich selbst in Licht getaucht imaginiert. Das Licht, das vom Herzen oder von oben kommen kann, lässt man bis in die Fingerspitzen und Zehen fließen. Licht ist die reinigende Kraft, die von allem Negativen befreit. Licht ist nur eine Imagination der Energie, aber nicht die Energie selber.

Es gibt keine religiöse Gemeinschaft, die ganz auf Rituale verzichten würde. Verneigungen, der Gebrauch von Weihrauch, Blumenschmuck, Prozessionen werden zu Trägern von Energien. Diese Rituale werden nicht mit der Erwartung vollzogen, etwas zu erlangen. Sie öffnen vielmehr diese Urenergie, die gleichsam geballt in ihnen erfahrbar wird. Darin haben alle Rituale ihren Sinn. Die Zeremonien bei Taufe, Eheschließung, Krankensalbung bündeln gleichsam diese Urenergie und lassen sie wirksam werden. Im Ritual drücken sich Achtung und Ehrfurcht aus für das, was als die Wirklichkeit des Seins erkannt worden ist. Rituale können auch eine tiefe psychologische Wirkung hinterlassen. Im Ritual etwas abzuschließen, etwas neu zu beginnen oder Versöhnung zu schaffen, hat in der zeitgenössischen Psychotherapie wieder eine wichtige Bedeutung erhalten. Auch da werden Rituale praktiziert. Über Rituale können wir etwas erfahren, was im Körper und in der Psyche gespeichert ist. Wir sind ja überzeugt, dass sich das Spirituelle im Materiellen offenbart. In unserem Körper sind spirituelle Kräfte gespeichert, die unser Verstand nicht kennt oder nicht mehr kennt.

Es gilt die Weisheit unseres tiefsten Wesens zu entdecken, die auch in unserem Körper gespeichert ist. Dieses unser tiefstes Wesen ist die göttliche Dynamik selber. Gott ist der Drang zur Rückkehr in die Einheit und der Drang in die schöpferische Vielfalt. Aufgabe der Rituale ist es, den Menschen in Bewegung zu setzen und nach oben und nach unten in eine pulsierende Einheit zu führen.

Die Biologie sagt uns, dass die Information für den ganzen Menschen in der einzelnen Zelle zu finden ist. Auch hier herrscht das Gesetz „pars pro toto". Die Physik bestätigt uns das Gleiche im Hologramm. In jedem kleinsten Bildabschnitt ist das ganze Bild enthalten. Der Mensch ist eine Einheit von Leib, Seele und Geist. Darum ist es möglich, durch das Bewusstwerden unserer Zellen in den transpersonalen Raum vorzudringen. Dort erfahren wir uns als Einheit. Die Unterteilung in Körper, Psyche und Geist fällt weg. Dass wir den Menschen überhaupt so einteilen, ist bereits ein Ergebnis des Denkens und nicht des Erfahrens. Erfahren können wir uns immer nur als Ganzes. Denken können wir uns als zusammengesetzte „Dreiheit". Eins sind wir dann, wenn unser tiefstes Wesen in Leib, Seele und Geist transparent geworden ist. Das Maß der Durchlässigkeit bekundet das Maß der Reife. Ein Mensch, der kerngesund und fit ist, muss noch lange nicht durchlässig sein für sein tiefstes Wesen.

Trotzdem müsst ihr nicht unbedingt nach Lourdes wallfahren. Letztlich haben diese Energien mit Religion nicht mehr zu tun, als dass sie durch die Religion ausgelöst, aktiviert und praktiziert werden. Letztlich ist nur eines nötig: Zu sich selber zu kommen und sich in den Quell der Energie einzulassen. In einem Sesshin kumulieren Energien. Wir helfen einander, ohne dass wir es merken. Wir helfen den Menschen und der Welt, ohne dass wir es merken. Es geht immer etwas von uns aus. Je nach dem, wie wir da sind, strahlen wir. Das kann auch negative Energie sein wie Hass, Misstrauen, Ärger, Zorn usw.

Das heißt wiederum nicht, dass wir Aggressionen, Zorn, Hass schlucken und verdrängen sollen. Man kann solche Energien ruhig auch ablassen, aber man sollte sie nicht an Menschen ablassen. Wir können gehen und sie in den Boden laufen oder in der Trommel verpuffen lassen, wir können im Wald schreien oder sonst was tun Aber man sollte sie nicht gegen jemand richten, sondern einfach nur sich verpuffen lassen. Solche Energien sind nicht gut und nicht schlecht, solange man sie nicht gegen jemand richtet.

Besser ist noch, wenn man sie umwandeln kann. Hass ist eine starke Energie. Man kann sie abkoppeln und für eine wichtige Arbeit verwenden.

9. Pfingsten und das Weibliche

Weisheit
(Sir 24,9)

Weisheit ist ein abstrakter Begriff. Er ist nicht unbedingt mit einer personalen Gestalt verbunden. Und doch war *Choma* (Weisheit) ursprünglich wohl eine weibliche Gottheit, eine mythische Figur, die im Judentum später als abstrakte, männliche, göttliche Kraft bezeichnet wurde.

Weisheit ist zunächst Lebensweisheit. Die Weisheit des Abwartens, Annehmens und Reifens. Sie steht dem Wachsen und der Ganzheit sehr nahe. Sie ist unbewusst schöpferisch, vergleichbar einer Schwangerschaft, die sich unabhängig vom Bewusstsein der Frau vollzieht. In den Weisheitsbüchern spricht die Weisheit den Sohn an, nicht die Tochter. Unsere weibliche Hälfte spricht gleichsam zur männlichen. Es geht hier zunächst nicht um Mann und Frau, sondern um männliche und weibliche Grundhaltungen.

Von der Weisheit wird im Buch Jesus Sirach (24,9) gesagt: „Von Urzeit an, von Anfang an ward ich erschaffen, und bis in Ewigkeit vergehe ich nicht." Die Weisheit ist ein den ganzen Kosmos durchdringendes weibliches Prinzip. Es ist ein Prinzip, das über den Tod hinausreicht. Darum heißt es im Buch der Sprüche (8,35 f.): „Wer mich findet, findet das Leben und erlangt Heil vom Herrn. Wer aber mich verfehlt, schädigt sich selbst: alle, die mich hassen, lieben den Tod."

Die Weisheitslehre ist eine Art „Anima-Erziehung". Das Weibliche spricht zum Männlichen. Das Weibliche ist das Umfassendere, das Schöpferische, das bei der Erschaffung der Welt dabei war, das aber auch in uns der Urquell des Lebens ist.

Wir haben uns im Westen in eine Richtung entwickelt, in der die Tat, die Leistung zählt und nicht das Sein. Das Herrschen, Dirigieren, Ordnen und Schaffen steht oben an. Logik und intellektuelles Wissen werden geschult und zählen dann auch in unserer Gesellschaft.

Weisheit jedoch ist nicht intellektuelles Wissen. Sie ist Einsicht in die wahre Natur der Dinge. Sie ist das ordnende Prinzip im Kosmos und im Menschen. Während das männliche Prinzip sich leicht selbstherrlich gegen die Ordnung des Kosmos vergeht und sich auflehnt, ist es das weibliche Prinzip der Weisheit, das identisch ist mit der Grundordnung der Welt und so auch mit dem Willen Gottes. Als die Grundordnung der Welt ist sie der Wille Gottes selber.

Das patriarchale Element hat die Gebote geschaffen, die unbedingten und oft sogar unsinnigen Gehorsam verlangen. Sie können so verabsolutiert werden, dass sie sich gegen die Natur richten. Oftmals tyrannisieren sie den Menschen, man nehme hier nur die Reinheitsgebote für eine menstruierende Frau.

Weisheit ist nicht orientiert an einem maskulinen, autoritären Willen Gottes, sondern an der kosmischen Ordnung, die der Mensch erfährt, wenn er in sein

Inneres einkehrt. Dabei geht es um das wirkliche Leben von uns Menschen. Es ist nicht ein Denken in Gegensätzen, sondern ein Erfahren der Einheit und Ganzheit. Die Bilder der Weisheit sind der Lebensbaum, der wächst und sich von innen her entfaltet, und die Lebensquelle, aus der die Weisheit fließt.

Daher ist es auch die Weisheit, die den vollendeten Menschen prägt. Weise zu werden ist unser Ziel. Am Ende des esoterischen Weges steht der Weise.

Die Gestalt der Weisheit entstammt einem matriarchal geprägten Traditionsstrang, der in der Bibel der späteren patriarchalen jahwistischen Tradition entgegensteht. Die Gestalt der Weisheit kommt aus der matriarchalen Phase der Religion, und so ist sie eine notwendige Ergänzung zu unserem patriarchalen Gottes- und Menschenbild. Sie ist aber auch eine Seite in uns, die es zuzulassen und zu entfalten gilt.

Schaddaj
(Gen 49,25)

Im Alten Testament finden sich verschiedene Namen für Gott: Herr, Hirte, König, Vater, Fels. Mit Leichtigkeit sagen wir: Gott der Herr, Gott unser König, Gott mein Hirte und Fels.

Es gibt aber einen Namen für Gott, der für die meisten Menschen vollkommen unbekannt ist. Es ist ein weiblicher Name und heißt: Schaddaj. Im Buche Genesis (Gen 49.25) heißt es: „Schaddaj segnet dich mit der Segensfülle des Himmels droben und mit der Segensfülle der Tiefe, die unten sich lagert, mit der Segensfülle aus Brust und Mutterschoß, mit der Segensfülle der Ähren und Blüten, mit der Segensfülle der ewigen Berge und der Pracht der uralten Hügel." Und im Buche Ijob: „Was verwundet, das verbindet sie; wenn sie zerschmettert, heilen ihre Hände. In Ängsten wird sie sechsmal dich erretten, und in der siebten plagt das Leid dich nicht. In Hungersnot erlöst sie dich vom Tode, zur Zeit des Krieges aus der Hand des Schwertes." (Ijob 5,18)

„Schad" heißt in dieser Sprachgruppe so viel wie Berg, aber auch die weibliche Brust. Schaddaj ist also im Grunde ein weiblicher Name für Gott, die Gottheit mit der Mutterbrust. Gott als Vater anzusprechen fällt uns nicht schwer. Warum aber haben wir so viel Hemmungen, ihn als Mutter anzusprechen? Gott ist weder das eine noch das andere. Er steht hinter all diesen Namen, die wir ihm geben. Und doch hat es unsere Vorstellung von Gott geprägt, dass wir ihn immer nur unter einer männlichen Metapher angesprochen haben. Es fällt uns schwer, zu beten: „Gott Schaddaj, Gott unsere Mutter."

Wenn wir einem Kind sagen „Male ein Bild von Gott", malt es einen alten Mann mit einem langen Bart. Wie hätte es unsere Gottesvorstellung geprägt, wenn unsere Kinder gelernt hätten, eine mütterliche Frau zu malen? Dieser rächende, strafende Gott, der so viele Menschen plagt, hätte dann keinen Eingang gefunden in unsere Vorstellungswelt.

Aber warum sage ich das hier bei einer Hauseinweihung? Gott hat man unter dem Namen Schadai immer dann angerufen, wenn es um Haus, Familie, Sippe und Eigentum gegangen ist.

Und daher wollen wir dieses Haus segnen unter diesem Gottesnamen. Ich will euch einen solchen Segen vorsprechen, wie er im Alten Testament steht (Gen 49,25):

„Schaddaj möge dieses Haus segnen.
Schaddaj möge euch Hilfe senden.
Schaddaj möge euch segnen mit der Segensfülle
des Himmels droben
und mit der Segensfülle der Tiefe,
die unten sich lagert,
mit der Segensfülle aus Mutterbrust und Mutterschoß,
mit der Segensfülle der Ähren und Blüten,
mit der Segensfülle der ewigen Berge,
und der Pracht der uralten Hügel.
Schaddaj segne euch und schütze euch,
sie lasse ihr Antlitz über euch leuchten
und sei euch gnädig.
Schaddaj wende euch ihr Angesicht zu
und schenke euch Heil."

Pfingsten

In diesen Pfingsttagen gibt es hier im Haus einen Kurs, der sich mit dem Wort und Inhalt von Weisheit auseinandersetzt. Weisheit ist ein Begriff, der in der Bibel immer wieder vorkommt. Zunächst verstand man darunter keine Person, denn ursprünglich war es ein Wort für die Erfahrung des nicht benennbaren Urgrunds alles Geschöpflichen. Das erfahrungsmäßige Vertrautsein mit dem Göttlichen ohne festgeschriebene Wahrheit oder Mittler, ohne Tempel und Priester. Das Unaussprechliche dringt im Mythos, im Tanz, im Ritual, in sich wiederholenden Gesängen und Gebärden ins Bewusstsein. Der Körper wird mit hineingenommen und die Kräfte des Lebens können frei fließen.

Aber der erfahrungsmäßige, direkte Umgang mit dem Göttlichen wird von den Nachfolgern solcher Mystiker immer in Begriffe, Bilder und Erlasse gefasst. Das Nicht-Benennbare wird so handhabbar und lässt sich manipulieren, und so kommt es dann zu Scheiterhaufen, zum Dschihad (zum heiligen Krieg) und zu den Kreuzzügen.

Am Anfang stand das Wort Weisheit als Bezeichnung für die Erfahrung des Unaussprechlichen, das nicht benannt werden kann. Die Urtexte, die wohl später von der patriarchalen Religion abgewandelt worden sind, lauteten daher ganz anders. Am Original der Texte orientiert, könnte die Stelle aus dem A.T. aus dem Buch der Sprüche (8,22 ff.), die sich mit der Weisheit befasst, wie folgt lauten:

„Bevor die Welt geschaffen wurde, war ich da.
Ich, die heilige Weisheit.
Ich war da von Anfang an, von Ewigkeit zu Ewigkeit.
Ich war da, bevor die Erde geschaffen wurde,
da die Tiefen noch nicht waren, da war ich schon da,
da die Brunnen noch nicht mit Wasser quellen.
Ehe denn die Berge eingesetzt waren, vor den Hügeln war ich da.
Noch bevor der Himmel feststand, bevor die Wolken zogen,
bevor das Meer der Erde Grenzen setzte, da war ich da,
ich, die Mutter alles Lebendigen. Ich bin die Mutter Gottes,
er spielte auf dem Erdboden vor mir.
Meine Lust ist bei den Menschenkindern.
So erlauschet sorgsam meine Stimme!
Wohl denen, die in meinen Wegen wandeln!
Wer mich findet, der findet das Leben,
wer an mir vorübergeht, der verletzt seine Seele.
Alle, die mich hassen, lieben den Tod."

Wahrscheinlich hat sich die Vorstellung von Weisheit im Laufe der Zeit – auch im Westen – zu einer Frauengestalt gewandelt. Sie nimmt also die Gestalt einer Frau an und wird zu einer Gottheit, die benannt und angerufen werden kann. Manchmal hat sie die Züge einer jungen attraktiven Frau, manchmal auch die Züge der barmherzigen Mutter. In den westlichen Religionen wurde sie vielfach zur tanzenden jungen Frau, die tanzend die Schöpfung hervorbringt. Ihr Wirken ist unberechenbar, denn sie schafft aus dem Chaos, sie ist reine Lebenskraft, voller Schwung, Kreativität und Inspiration.

Die Weisheit verwandelt sich im Alten Testament weiter in „Ruah". Das hebräische Ruah ist das Wort für Atem, oft auch mehr als Atem, ja mehr als eine Person, denn Ruah ist voller Kraft und Dynamik. Ruah ist weiblich. Erst in unserer Sprache wechselt dieses Wort das Geschlecht und wurde zum griechischen *Pneuma* und dem lateinischen *Spiritus*, zum Wind, zum Atem, zum Geist, zu etwas Männlichem also.

Die Lesung aus dem Weisheitsbuch des Alten Testaments, die wir vorhin gehört haben, zeigt, dass „Weisheit" die schöpferische Urenergie bezeichnet. Wahrscheinlich ist auch die Einleitung des Johannesevangeliums nur die Abwandlung eines alten matriarchalen Textes. Dieser Text könnte ursprünglich[52] wohl so geheißen haben:

„Am Anfang war die Weisheit; sie ist die uranfängliche Gottheit.
Alle Dinge sind durch sie geschaffen, nichts entstand ohne sie.
In ihr war das Leben, und das Leben war das Licht der Menschen.
Und das Licht scheint in der Finsternis,
und die Finsternis hat es nicht begriffen.

Sie war das wahrhaftige Licht, das alle Menschen erleuchtet,
die in diese Welt kommen.
Sie war in der Welt, und die Welt ist durch sie gemacht.
Doch die Welt kannte sie nicht.
Sie kam in ihr Eigentum, und die Ihren nahmen sie nicht auf.
Wie viele sie aber aufnahmen, denen gab sie Macht,
Kinder der Weisheit zu werden, die an ihren Namen glauben.
Und die Weisheit wurde Fleisch und wohnte unter uns,
und wir sahen ihre Herrlichkeit, eine Herrlichkeit
des eingeborenen Sohnes voller Gnade und Wahrheit.
Und von ihrer Fülle haben alle genommen Gnade um Gnade."

Die Weisheit wandelt sich zu Atem, zu Geist und zu Pneuma. Der ursprüngliche Charakter des Weiblichen schwingt noch mit, wenn wir den Pfingsthymnus auf eine weibliche Gestalt hin verändern. Er klingt dann etwa so:

„Komm herab, o Heil'ge Geistin, die die finstre Nacht zerreißt,
strahle Licht in diese Welt.
Komm, die alle Armen liebt, komm, die gute Gaben gibt,
komm, die jedes Herz erhellt.
Höchste Trösterin im Leid, die uns Herz und Sinn erfreut,
köstlich Labsal in der Not.
In der Unrast schenkst du Ruh, hauchst in Hitze Kühlung zu,
spendest Trost in Leid und Tod.
Komm, o du glückselig Licht, fülle Herz und Angesicht,
dring bis auf der Seele Grund.
Ohne dein lebendig Wehn kann im Menschen nichts bestehen,
kann nichts heil sein noch gesund.
Was befleckt ist, wasche rein, Dürrem gieße Leben ein,
heile du, wo Krankheit quält.
Wärme du, was kalt und hart, löse, was in sich erstarrt,
lenke, was den Weg verfehlt.
Gib dem Volk, das dir vertraut, das auf deine Hilfe baut,
deine Gaben zum Geleit.
Lass es in der Zeit bestehn, deines Heils Vollendung sehn
und der Freuden Ewigkeit. Amen Halleluja."

Wir wissen, dass Gott weder männlich noch weiblich ist. Gottesbilder können uns Zugang zum bildlosen Göttlichen geben oder diesen Zugang auch verschließen. Dieser Zugang ist aber durch die patriarchalen Bilder Herr, König und Richter viel zu einseitig. Von daher ist es gut, wenn wir uns wieder mit weiblichen Bezeichnungen für die göttliche Urwirklichkeit vertraut machen. Dann gäbe es nicht so viele ekklesiogene Komplexe, die durch den verurteilenden, männlichen Richtergott verursacht sind, wenn dieses Gottesbild ergänzt würde durch weibliche Züge des Erbarmens, Heilens und Sorgens.

Der Gott Jesu ist ein fürsorgender Gott mit weiblichen Zügen. Ich erinnere nur an die Parabel vom verlorenen Sohn. Der Vater erscheint da bei der Heimkehr des

Sohnes eher wie eine Mutter, die den Sohn neu einkleidet, ihm einen neuen Ring an den Finger steckt und ein Fest hält.

Letztlich geht es aber nicht darum, dass wir diese weiblichen Züge der Weisheit in unserem Gottesbild verankern, vielmehr geht es darum, dass wir sie in uns selber erkennen und zum Leben erwecken. Wir tun das, indem wir diese Weisheit, diesen Ur-Geist in uns selber lebendig werden lassen, wenn wir ihn anrufen.

Unser Schlussgebet lautet: Heiliger Geist, hauche mich an! Wenn ich wie ein Schiff ohne Wind bin, füll' meine Segel mit deinem Atem! Wenn ich ein müdes Feuer bin, fache meine Flammen wieder an! Wenn ich ein Vogel bin mit gebrochen Flügeln, heile mich mit deinem Hauch! Wenn ich keuchend vor dem Ziel ermatte, sei ein Sturmwind, der mich weiterträgt! Heiliger Geist erfüllt den Erdkreis. In ihm hat alles Bestand. Amen

Die Weisheit ist also diese erste Wirklichkeit, die noch keinen Namen hat. Sie ist vergleichbar mit dem, was Meister Eckehart mit dem Wort „Gottheit" sagen wollte, mit der namenlosen Matrix also, aus der das Universum entsteht. Eckehart nannte diese erste Wirklichkeit Gottheit, die selbst den ansprechbaren Gott erst erschafft. Gottheit ist bei Eckehart etwas Überquellendes, Überfließendes und Sich-Selbst-Schaffendes. Gott dagegen ist etwas, das begriffen werden kann, ist schon etwas, was herausgetreten ist aus dem unbenennbaren, rational nicht fassbaren Hintergrund oder Urgrund, wie ihn die Mystik nennt.

Hl. Geist – Hl. Geistin

Wir wissen, dass Gott weder männlich noch weiblich ist. Und doch haben männliche Gottesbilder auf uns einen starken Einfluss ausgeübt. Was wäre in unserer Vorstellung vom Hl. Geist passiert, wenn in der Vergangenheit immer nur von der Hl. Geistin gesprochen worden wäre? Es ist gar nicht auszudenken, was das in unserem christlichen Selbstverständnis hervorgerufen hätte, wenn wir das Weibliche in Gott nicht aus Gott hinaus auf Maria hätten übertragen müssen.

Wenn unsere Künstler auf ihren vielen Bildern (an Stelle von Maria Magdalena) die Erotik Gottes in ihm selber, in einer Frauengestalt, als Hl. Geistin hätten darstellen können, hätten wir vielleicht zu einem weiblichen Bild-Archetyp beten können. Gott wäre in unsere bildhafte Vorstellung ganz anders eingegangen. Die Kinder hätten nicht einen alten Mann mit einem Bart gemalt, wenn sie mit ihren Farbstiften Gott malen wollten. Sie hätten eine liebende Mutter oder einfach eine Frauengestalt gemalt, und das wäre für sie durchaus legitim gewesen.

Der älteste Gottesname im Alten Testament ist El shaddaij. Shaddaij aber bedeutet im Hebräischen Mutterbrust. Der älteste Gottesname der Juden stammt also noch aus der matriarchalen Zeit bzw. aus der matriarchalen Religion.

Auch in der Sprache Jesu war der Geist weiblich (ruah). Wenn in einer Sprache eine Gestalt weiblich ist, dann schwingt da auch etwas Weibliches im Wort mit:

Erbarmen, Mütterlichkeit, Nähe, Geborgenheit, Wärme, Gefühl, Schönheit, Körperlichkeit und Eros.

In einem kleinen Dorf am Chiemsee, in Urschalling, steht eine alte, halbzerfallene Kirche. In ihr ist ein Bild, auf dem der Hl. Geist als Frauengestalt aus den Falten der Gewänder des Vaters und des Sohnes hervorgeht. Was würde geschehen, wenn ein Künstler das heute in einer Kirche wagen würde, so den Hl. Geist darzustellen? Das Bild wäre sicher nicht angenommen worden.

Aus lauter Angst vor der Frau als Gebärerin musste der Hl. Geist aus dem Männlichen hervorgehen. Im Credo heißt es vom Hl. Geist: „Qui ex patre filioque procedit – Der aus dem Vater und dem Sohn hervorgeht.“ Dass wir den Geist männlich gemacht haben, hat auch unsere Auffassung vom Geist Gottes und von Gott verfälscht und verkürzt. Das aramäische Wort für Geist heißt, wie erwähnt, Ruah. Ruah ist weiblich und hat auch die Bedeutung von Atem. Die Ruah Gottes schwebte bei der Schaffung der Welt über den Wassern.

Durch Yoga und die östlichen Religionen erfahren wir heute wieder, dass Atem etwas mit Spiritualität zu tun hat. Wir hatten im Westen vergessen, dass richtiges Atmen und Geist etwas miteinander zu tun haben. Wir erleben, wie eng Geist und Körper miteinander verbunden sind, wenn es darum geht, zu uns selbst zu kommen, in unsere Mitte zu finden. Der Atem spielt dabei eine ganz entscheidende Rolle.

Ein amerikanischer Professor will festgestellt haben, dass der Atem unsere Gefühle zeigt. Er hat mit dem Atem experimentiert und herausgefunden, dass jede seelische Regung einen anders gefärbten Niederschlag der Atemluft erzeugt. Der Atem eines Traurigen ist z. B. grau, der eines Menschen mit schlechtem Gewissen rot.

Geist, Atem, Gefühl stehen offensichtlich in engem Zusammenhang. Aber wir haben aus dem Geist eine männliche, intellektuell-kühle Angelegenheit gemacht. Wir haben ihn, wie alle unsere Bilder von Gott, vermännlicht. Damit haben wir uns die Möglichkeit genommen, in Gott auch das Weibliche zu erkennen. Dabei geht es letztlich gar nicht darum, das weibliche Element in Gott zu erkennen, sondern in uns selber. Und noch mehr geht es darum, es zu leben. Wir wollen im Pfingsthymnus den Geist als weibliche Kraft des Göttlichen ansprechen und uns diesem Geist Gottes öffnen. Und das, was vom Geist Gottes gesagt ist, auch in uns zu erkennen versuchen.

Weibliche Fähigkeiten

Wir suchen unsere weiblichen Anlagen und Fähigkeiten, denn wir haben Gott gegenüber nichts, aber auch gar nichts einzusetzen als unsere Offenheit und Bereitschaft. Er verlangt unbedingte Hingabe und Empfangsbereitschaft, das aber ist das eigentlich Weibliche. Und nur über diese weibliche Grundhaltung – ganz gleich, ob wir Mann oder Frau sind – können wir das Göttliche erfahren.

Es ist die kosmische Kraft der Hingabe, die wir in der Gestalt der Frau feiern und die uns in der Gestalt Mariens ins Bewusstsein gerufen wird. Die Schöpfung selber ist weiblich, denn sie existiert nur aus der Kraft Gottes. Auch wir Menschen sind es im Grunde unserer Existenz, ganz gleich, ob wir Mann oder Frau sind. Wir sollten Jungfrau sein, die empfängt, d. h., wir sollten Empfangende sein, denn nur dann können wir auch Gott gebären.

Ob Maria, biologisch gesehen, Jungfrau war, ist ohne Bedeutung. Der Mythos der Jungfrauschaft verkündet eine spirituelle Wahrheit. Maria hat in ihrem ‚fiat' (es geschehe) ihr Ich geopfert. Sie hat die Anhänglichkeit an ihr Ich losgelassen, als sie sagte: „Mir geschehe nach Deinem Wort." Maria stellt sich uns dar als reine Empfänglichkeit. Sie kann Gott empfangen und gebären. In ihr kann sich die Gottesgeburt vollziehen.

Unser Ich zu lassen, das ist es, was wir auf unserem Weg einüben wollen. Darin liegt auch unsere Miterlöserschaft. Nicht im männlichen Tun und Machen, sondern im Empfangen und Gebären. Es ist ein optimistisches Menschenbild, das durch Maria gegeben wird. Es tut uns gut bei all den Unkenrufen, die uns aus Literatur und Nachrichten in den Ohren dröhnen.

Zum Schluss noch ein paar Sätze von Gertrud von Le Fort[53]: „Der Mann steht, kosmisch betrachtet, im Vordergrund der Kraft, die Frau lagert in der Tiefe. Wo immer die Frau unterdrückt wurde, geschah es niemals, weil sie schwach war, sondern weil sie als mächtig erkannt und gefürchtet wurde – mit Recht: denn in dem Augenblick, wo die stärkere Gewalt nicht mehr die Hingebung, sondern die Selbstherrlichkeit sein will, entsteht natürlicherweise eine Katastrophe. In der dunklen Kunde vom Kampf um das stürzende Matriarchat zittert noch die Furcht vor der Macht der Frau."

Wir sind geneigt, das Weibliche in uns zu unterdrücken. Es ist oft dunkel, nicht klar fassbar. Wir wissen oft nicht, mit was wir da schwanger gehen. Diese Ungewissheit auszuhalten, zu warten, bis die reife Frucht sich selbst gebiert, fällt uns sehr schwer. Und doch ist alles wirklich Große nicht etwas, was wir gemacht haben, sondern was in uns gereift ist.

Maria

Es gibt vier Mariendogmen in der katholischen Kirche: Unbefleckte Empfängnis, Gottesmutterschaft, Jungfräuliche Geburt und die Aufnahme Mariens in den Himmel. Ursprünglich waren es wohl symbolisch verstandene Wahrheiten. Sie wurden aber zu starren, nicht mehr symbolisch verstandenen Dogmen erklärt, also zu „sprachlichen Formulierungen der um unseres Heiles willen erfolgten Selbstmitteilung Gottes", wie der Dogmatiker Michael Schmaus einmal formuliert hat.

Mythen und Symbole sagen uns viel mehr als rationale Wahrheiten oder historische Tatsachen. Religiöse Traditionen versuchen immer wieder, Offenbarung, die sich zunächst in Mythen, Bildern und Symbolen ausdrückt, in rationale Kategorien zu fassen. Die Überbetonung der Objektivität der intellektuellen Glaubensinhalte geht aber auf Kosten eines umfassenderen Verständnisses in den Tiefen der Seele. Ohne dieses tiefere Begreifen bleiben die dogmatischen Aussagen tot und können niemand überzeugen.

Was will die Marienverehrung? Gott hat sich in Maria, den Mariendogmen entsprechend, als Jungfrau und Mutter offenbart. Wir werden in diesen Bildern auf die weibliche Seite Gottes verwiesen und gleichzeitig auf unsere eigene weibliche Seite. Alle Marienerscheinungen unserer Zeit tun im Grunde das Gleiche. Sie stoßen uns Menschen auf unsere eigene vergessene Weiblichkeit. Nach C. G. Jung handelt es sich dabei um eine Reaktion des kollektiven Unbewussten, das einen Ausgleich zum Männlichen schaffen will. Die männliche Einseitigkeit soll im Aufscheinen weiblicher Bilder kompensiert werden.

Der Inhalt der Dogmen ist eigentlich viel älter als das Christentum. Was in ihnen ausgesagt wird, liegt in der menschlichen Seele verborgen und wird in den Dogmen nur artikuliert. Es sind menschliche Urbilder, die ans Licht gehoben werden. Vor allem: Es sind Bilder des Heiles und nicht Aussagen über historische Fakten. Es sind also unsere ureigensten Wahrheiten, die in diesen Urbildern ausgedrückt werden, mit denen wir die Marienfeste feiern. Sie sollen jeweils eine tiefe Wahrheit vermitteln, die sich hinter der Oberfläche von Worten oder Bildern befindet. Diese Urbilder enthalten geschaute Wahrheiten. Das bildlos Geschaute wird so in uns in ein zugängliches Bild übersetzt.

Maria war das einzige weibliche Symbol in dem sonst sehr männlichen Himmel. Die Kirchenmänner hatten daraus allerdings ein Weiblichkeitsklischee entwickelt, das jeden Reiz der Nachahmung ausschloss. Wir feiern in einem Marienfest jedenfalls nicht ein einmaliges historisches Ereignis, sondern bekommen eine zeitlose Wahrheit mitgeteilt. Wir sollten uns nicht nur verstandesmäßig auf ein solches Fest einlassen.

Erich Neumann sagt von Symbolen, dass sie „die Ganzheit der menschlichen Persönlichkeit, die von ihnen erregt und fasziniert wird", ergreifen und das Bewusstsein anziehen, das sie zu deuten sucht. In unserem Fall führt die Mariensymbolik zu unserem eigenen weiblichen Wesen zurück. Symbole wirken auf unsere Gesamtpersönlichkeit. Sie wandeln uns von innen her. In diesem Fall befreien sie uns von der dominierenden patriarchalen Auffassung der christlichen Religion.

Maria zeigt sich beispielsweise als Jungfrau. Bei Matthäus lesen wir: „Und sie empfing vom Heiligen Geist." Matthäus schrieb für Juden und konnte unter „Geist" nur die Ruah Gottes verstanden haben. Ruah ist die weibliche Kraft Gottes. Es geht Matthäus also um die Vermittlung eines geistigen Inhaltes. Es geht dabei nicht etwa um ein göttliches Sperma, nicht um die Darlegung eines biologischen Tatbestandes. Matthäus bringt auch den Stammbaum Josefs. Und wer den Stammbaum Josefs berichtet, nimmt wohl auch an, dass Josef der Vater Jesu war. Abgesehen davon, dass Matthäus in der Geburt Jesu die Erfüllung von Jesaja 7,14 sieht, in dem von einer jungen Frau die Rede ist, die schwanger wird, und keineswegs von einer Jungfrau.

Das Neue geschieht durch die Hingabe Mariens an den Ruah Gottes. Es geht also um eine Neuschöpfung. Der Mensch des Reiches Gottes ist aus Gott gezeugt. Diese Neuschöpfung entsteht nicht aus dem Mann.

Maria lehrt auch den Mann, sich mit den weiblichen Erziehungsidealen zu identifizieren. Auf diese Weise werden einige geschlechtsspezifische Unterschiede aufgehoben. Auch an die Männer werden die gleichen Anforderungen gestellt wie an Frauen: Jungfräulichkeit ist eine Geisteshaltung und nicht eine biologische Gegebenheit.

Das Weibliche ist durch die Vorherrschaft des Patriarchats jahrhundertelang unterdrückt worden. Leonardo Boff, der die besondere Stellung der Frau in Lateinamerika kennt, schreibt mit Recht: „Ohne die Frau wüssten wir weniger von Gott. Sie ist ein eigener und unersetzlicher Weg zu Gott. Jedesmal, wenn die Frau in der Kirche an den Rand gedrängt wird, leidet unsere Gotteserfahrung. Dann werden wir ärmer und verschließen uns einem Grundsakrament Gottes. Zugleich verschütten wir eine Tiefe in uns, die in jedem menschlichen Wesen wirksam ist: jene weibliche Struktur, die nicht nur der Frau zu eigen ist, sondern eine Dimension jedes Menschen darstellt, je nach Geschlecht und in unterschiedlicher Dichte und Konkretisierung. – Die Frau und das Weibliche sind aber auch Wege Gottes auf seiner Suche nach dem Menschen. Gott trägt nicht nur väterliche, sondern auch mütterliche Züge. Sein Offenbarungs- und sein Befreiungshandeln haben weibliche, jungfräuliche, ehefrauliche und mütterliche Merkmale.… Für den christlichen Glauben ist Maria das große Vorbild, das uns das weibliche Antlitz Gottes zeigt.“

Unbefleckt empfangen
(Mt 12,49)

In dieser Woche feiern wir das Fest der Unbefleckten Empfängnis Mariens. Das Fest besagt, dass Maria ohne Erbsünde empfangen wurde. Was immer andere darunter verstehen mögen, für mich ist es die Feier unseres göttlichen Wesens. Es geht bei diesem Fest nicht nur um Maria. Sie ist nur der Typus für alles Lebendige. Wir alle sind unbefleckt empfangen. In diesem Fest feiern wir unsere eigene unbefleckte Empfängnis.

Daher schließt Eckehart ganz richtig: „Und es gebiert der Vater seinen Sohn in der Seele, in uns also, in derselben Weise, wie er ihn in der Ewigkeit gebiert und nicht anders. Er muss es tun, es sei ihm lieb oder leid. … Er gebiert mich als seinen Sohn und als denselben Sohn. Ich sage noch mehr: Er (Gott) gebiert mich nicht allein als seinen Sohn; er gebiert mich als sich und sich als mich und mich als sein Sein und als seine Natur. … Darum ist der himmlische Vater in Wahrheit mein Vater, denn ich bin sein Sohn und habe alles das von ihm, was ich habe, und ich bin derselbe Sohn und nicht ein anderer.“ (Quint S. 185,17)

In jedem Wesen gibt es etwas, an das Schuld nicht hinreicht. Dort haben wir nichts falsch gemacht. Dort ist das „unentweihte Antlitz“ des Menschen, wie Gertrud von Le Fort sagt. Dort ist das „Antlitz *vor* unserer Geburt“, wie der Buddhismus sagt. Dorthin kommt weder die Bosheit der Welt noch die eigene Schuld. Unbefleckte Empfängnis will sagen, dass unser eigentliches Wesen göttlich ist. Dieses göttliche Urprinzip hat sich diese menschliche Form, die Jesus war, die Maria war und die wir sind, kreiert. Sie hat sich in dieser Form und in allen Formen physischer, psychischer oder geistiger Art eingegrenzt. Dieses unverfälschbare Urprinzip, das wir Gott nennen, lebt als diese Form. Es kann nicht befleckt werden. Es zeigt sich leuchtend klar sogar in Leid und Versagen. Es manifestiert sich im Baum als Baum, im Tier als Tier und im Menschen als Mensch.

Wir feiern in diesem Fest unsere göttliche Natur. Man kann es Zufall nennen, dass im Buddhismus am gleichen Tag die Erleuchtung Shakyamuni Buddhas gefeiert wird. Die Erfahrung, die er an diesem Tag machte, als der Morgenstern noch am Himmel stand, war genau die gleiche. Er sagte: „Alles verkörpert von Anfang an die Wesensnatur.“ Das heißt nichts anderes, als dass alle Wesen eine Manifestation dieses Urprinzips sind, das wir Europäer Gott nennen.

Dieses göttliche Prinzip ist uns bei der Taufe bestätigt worden. So wie über Jesus eine Stimme erscholl: „Dieser ist mein geliebter Sohn“, „Diese ist meine geliebte Tochter“, so erschallt über jedem Kind, das getauft wird, diese Stimme, die bestätigt, dass wir Kinder Gottes sind, dass wir göttlichen Ursprungs sind, dass wir unbefleckt empfangen sind. Die Taufe hat uns nichts Neues gebracht, sie hat uns nur unser göttliches Wesen bekräftigt.

Christlich ausgedrückt heißt das: Wir sind göttliches Leben, das diese menschliche Erfahrung macht. Wir sind göttliches Leben, das sich inkarniert hat und Mensch geworden ist. Das ist die Botschaft von der Inkarnation Gottes in Jesus. Wie in Jesus ist dieses göttliche Prinzip in jedem von uns Mensch geworden. Das Universum ist nichts anderes als ein Bewusstseinsfeld, das sich immer wieder materialisiert. Gott kreiert sich selber in jedem Augenblick. Warum denn verkürzen wir diese Botschaft nur auf Jesus und Maria?

Wenn wir Christen an Rettung und Erlösung denken, dann denken wir an Predigen, Taufen, Bekehren und Überzeugen-Wollen. Doch wir retten niemanden durch unser Tun. Wir sind einfach ganz große Macher! Wir retten durch unser Sein, nicht durchs Machen. Eckehart würde formulieren: „Was schadet es Dir schon, wenn Du Gott aus dem Wege gehst?“ Unser tiefstes göttliches Wesen ist es, das Rettung bringt, das heilt und verwandelt. Es sind nicht unsere Verdienste. Es ist auch nicht unser Wohlverhalten oder unser Bravsein. Was wäre das für ein Buchhalter-Gott, der kontrolliert und notiert, was seine Geschöpfe tun?

Wir sind allzu verkopft. Unsere Erziehungszentren sind keine Lebensschulen, auch wenn sie das für sich beanspruchen. Sie sind auf die mentale Leistung ausgerichtet, auf Beruf, auf Karriere, Prüfungen, gute Abschlüsse und nicht auf unser Sein. Differenziertes Spezialwissen muss deswegen unsere ganze Kraft beanspruchen. Unser Geist wird in diese engen Leitplanken gezwängt. Er kann sich kaum frei entwickeln. Der Haben-Modus steht im Vordergrund, nicht der Sein-Modus, wie Erich Fromm festgestellt hat.

Selbst die Religion fährt auf dieser Schmalspur-Ausbildung. Zum Doktor der Theologie wird man, wenn man nachgewiesen hat, dass man viel über Gott weiß und gelesen hat. Und selbst in unserer Spiritualität sind wir auf Leistung gedrillt. Auch da sind wir Macher. Wir glauben, uns durch gute Werke und Wohlverhalten den Himmel zu verdienen.

Das Fest der Unbefleckten Empfängnis ist das Fest unserer eigenen unbefleckten Empfängnis. Unsere eigene Zeugung aus Gott feiern wir in diesem Fest. Wenn Gott unser Vater ist, dann sind wir Gott-Menschen. Stellt euch einmal vor, wir würden dieses Wort „Kinder Gottes“ ernst nehmen! Wir sind doch die Brüder und Schwestern dieses Sohnes Gottes, der Jesus genannt wird.

Darauf weist auch Jesus selbst im Evangelium hin: „Als Jesus noch mit den Leuten redete, standen seine Mutter und seine Brüder vor dem Haus und wollten mit ihm sprechen. Das sagte jemand zu ihm: Deine Mutter und deine Brüder stehen draußen und wollen mit dir sprechen. Dem, der ihm das gesagt hatte, erwiderte er: ‚Wer ist meine Mutter, und wer sind meine Brüder?‘ Und er streckte seine Hand über seine Jünger aus und sagte: ‚Das hier sind meine Mutter und meine Brüder.‘“ (Mt 12,46)

Wir sind seine Brüder und Schwestern. Wenn er „Sohn Gottes“ ist, sind auch wir „Söhne und Töchter Gottes“, und wie Jesus und Maria sind wir alle aus Gott geboren. Wie könnte aus Gott etwas anderes geboren werden?

Das Hohe Lied

Am Anfang war die Ganzheit. Gott ist das Ganze, das Ungeteilte, das Eine. Aber dieses Eine trat aus der Fülle des absoluten Seins heraus. Manch einer nennt das den „Sündenfall Gottes“. Aber dass Gott in die Schöpfung ging, war kein Sündenfall. Ich glaube nicht, dass es das göttliche Prinzip ohne die Schöpfung gibt. Ich glaube nicht, dass Gott ohne Gegenüber sein kann. Auf jeden Fall könnte er dann nicht erfahren werden, denn erfahren werden kann er nur in einer Struktur, ob diese nun in einer materiellen, psychischen oder geistigen Art existiert. In der Schöpfung wird sich vielmehr dieses Urprinzip, das wir Gott nennen, seiner selbst bewusst. Die zwei Pole unserer Wirklichkeit als das Eine, Ungeteilte zu erfahren, das ist das Ziel der Evolution.

Das Ungeteilte, das Eine wieder zu erfahren ist auch das Ziel von uns Menschen. Der Garten Eden, das Paradies, die Insel der Seligen, das Goldene Zeitalter, das alles sind nur Umschreibungen der Grunderfahrungen des Urverlustes der Einheit. Wir Menschen tragen noch die Ahnung in uns, dass es diese Ganzheit gibt. Es ist dieses metaphysische Heimweh, das uns Menschen plagt und die Geschlechter zueinander führt. Wir haben diesem Heimweh einen Namen gegeben, und der Name heißt Liebe.

Seit dem Eintreten in die Individuation, die nicht Ursünde des Menschen war, sondern ein notwendiger Entwicklungsschritt, spüren wir Menschen diese Trennung. Und aller Schmerz ist ein Trennungsschmerz, der sich steigert, bis wir Menschen den anderen Pol in uns wieder erfahren, diesen Pol, den die abendländische Tradition seit einigen Jahrtausenden Gott nennt.

Ich bin überzeugt, dass Gott und Schöpfung koexistent sind. Vater und Sohn sind gleichzeitig. Keiner war zuerst, sagt die christliche Dogmatik. Der Vater ist das Urprinzip und der Sohn ein Symbol für die Schöpfung. Der Kosmische Christus ist also der andere Pol dieses Urprinzips. Die Wirklichkeit hat zwei Pole, wie ein Stab, der zwei Enden hat und nur mit beiden Enden existieren kann.

Und so hat alles, was existiert, diesen anderen Pol Gott. Alles in dieser Wirklichkeit ist Sohn Gottes. So wenig wie der Vater existieren kann ohne Sohn, so wenig kann irgend etwas einpolig existieren. Jeder Einzelne von uns ist koexistent mit Gott. Wir sind keine anthropomorphen Wesen, wir sind theo-morph, gottesgestaltig.

Das nicht zu erkennen, ist – in seiner äußersten Zuspitzung – die eigentliche Sünde des Menschen, wenn das individuelle Ich sich in seiner Isolation selbst genügt und zu behaupten versucht. Die Esoterik nennt eine solche „Sünde" schlicht Dummheit.

So ist aller Schmerz der Schöpfung Trennungsschmerz. Und darum suchen wir Menschen immerzu Ersatzobjekte. Darum verlieben wir uns in materielle Dinge, darum verliebt sich die Frau in den Mann und der Mann in die Frau und erwarten vom Gegenüber die Erlösung aus der Einsamkeit. Und wir merken nicht, wie sehr wir den anderen damit überfordern.

Wir merken nicht, dass wir für einander ein „ungehaltenes Versprechen" sind, wie Paul Claudel einmal gesagt hat. Wir merken nicht, dass der andere der Lockvogel Gottes ist, dass er die Maske bedeutet, hinter der sich Gott verbirgt.

Aber dieser andere Pol offenbart sich nur denen, die sich gemeinsam auf die Suche nach dem machen, was Gott ihnen im jeweils anderen versprochen hat. Unser Ziel ist ja doch nicht das Männliche oder das Weibliche. Unser Ziel ist Gott. Aber das öffnet sich nur dem, der in seinem Partner, in seiner Partnerin, das Ganzandere aufzuspüren vermag.

Die Liebe ist es, die uns Menschen vom „Sündenfall" der Individualität und Absonderung erlöst. Und so suchen wir – bewusst oder unbewusst – letztlich in der Partnerschaft nichts anderes als die Einheit mit diesem Urprinzip. Was ich hier sage, klingt in manchen Ohren vielleicht sehr abgehoben. „Da hat wieder einmal ein Vertreter der Kirche versucht, Eros und Sexualität, die Geschlechterbeziehung, aus der Realität des Lebens hinauszureden und zu idealisieren."

Meine Aussagen aber wollen genau das Gegenteil. Erotik, Sexualität, Liebe sind etwas zutiefst Religiöses. Und wenn das Christentum dies aus dem innersten Kern der Religion verdrängt und dem profanen Bereich zugeordnet hat, hat es damit den Boden für ungeheure Schuldgefühle, Gewissenskonflikte, Ängste und

Schrecken bereitet. Erotik und Sexualität sind die stärksten Mittel der Ichtranszendierung. Sie können das Ego aufbrechen, damit Ganzheit und Einheit als universale Erfahrung entstehen.

Keine Stelle der Bibel hat das deutlicher werden lassen als das Hohelied. Wir wollen einige Gedanken daraus hören. Vielleicht spüren wir hinter diesem Liebeslied die Sehnsucht des Menschen nach Einheit, die sich weit über die andere Person hinaus erstreckt, hin zu Gott. In den matriarchalen Kulten wurde die Einheit des Menschen mit der Gottheit in einer sexuellen Begegnung des Königs mit der Hohenpriesterin des Tempels bis ins Körperliche hinein symbolisiert. Vielleicht hören wir aus den Worten des Hohenliedes, das wohl bis in diese Zeit zurückreicht, nicht nur den Gesang zweier Verliebter, sondern den Urschrei von Mann und Frau nach Ganzheit, nach der Ganzheit Gottes.

Was Mann und Frau verbindet, nennt die spirituelle Tradition Hagios Gamos (Heilige Hochzeit). Sie wird zu einer Kommunion, welche die Einheit des Göttlichen mit dem Menschlichen symbolisiert. Über die Partnerin bzw. den Partner ahnen wir Menschen – und manch einer erlebt sie auch wirklich – die Einheit mit dem Göttlichen. Über den Partner, die Partnerin sollen wir den Weg zurück zu Gott finden, zurück zum Einen. Viele Beispiele aus der Hl. Schrift symbolisieren das auch. So steht z. B. bei Hosea (2, 22): „Dann wirst du mir angetraut auf immer, angetraut in Gerechtigkeit und Recht, in Liebe und Erbarmen. Du wirst mir angetraut in Treue, auf dass du erkennst, dass ich Jahwe bin."

Und bei Jesaia heißt es: „Dein Gemahl ist ja dein Schöpfer – Jahwe, Zebaot ist sein Name –, und dein Erlöser ist der Heilige Israels.... Denn wie ein verlassenes und herzbetrübtes Weib ruft dich der Herr zurück. ‚Kann man die Gattin der Jugend verschmähen?' spricht dein Gott." (Je 54,5 ff.)

Der wahre Mensch ist der Gottmensch, d. h. der Mensch, der weiß, dass zu seiner Ganzheit die göttliche Dimension gehört. Letztes Ziel einer Partnerschaft ist nicht der andere. Das gemeinsame Ziel unseres Weges ist Gott. Und das ist der letzte Grund, warum Menschen sich finden, damit sie sich gemeinsam auf den Weg zu Gott machen. Eine Hochzeit ist ein Hagios Gamos, eine Initiation, eine Einweihung für diesen Weg nach Hause.

Ich halte es für eine schlimme Ausdeutung der theistischen Religionen, die zwischen Gott und Schöpfung eine unüberbrückbare Kluft aufgerissen haben, eine Kluft, die keine Erlösungslehre richtig überbrücken kann. Anscheinend haben die Christen eine höllische Angst, dass sie zu nahe an Gott heranrücken könnten.

Heilige Hochzeit – Hagios Gamos
(Mt 5,14; 6,23)

Religionen zeigen uns in Bildern das Ziel und die Bestimmung des Menschen. Das Organ, das unser wirkliches Ziel schaut, ist nicht unser altes, rationales Bewusstsein. Es ist ein viel tiefer liegendes Organ. Wir nennen diesen Bereich transpersonal oder mystisch. Ich will versuchen, ein uraltes religiöses Bild auszudeuten, das im rationalen Bereich eine ganz andere Bedeutung hat.

Es ist das Bild von der Hochzeit, vom Hagios Gamos. Wie komme ich gerade heute auf dieses Bild? Wir stehen mit der Sommersonnenwende an einem Höhepunkt des Lichtes. In allen Religionen hatten diese Tage eine besondere spirituelle Bedeutung. Wir feiern den längsten Tag. So ausgedrückt besagt das Fest wenig. Wenn ich aber sage, wir feiern das Licht, bekommt der längste Tag eine viel tiefere Bedeutung.

Aber wir feiern nicht einfach das Licht. Wir feiern eine hl. Hochzeit mit dem Licht. Licht bedeutet in diesem Zusammenhang das Göttliche. Licht war immer das Symbol für Gott. Die matriarchalen Religionen feierten an diesem Tag die Vermählung des Menschen mit dem Gott des Lichtes. Sie feierten die frohe Botschaft, dass wir alle „Kinder des Lichtes sind". Sie feierten den Hagios Gamos, die hl. Hochzeit mit Gott unter dem Bild des Lichtes. Eine solche heilige Hochzeit kennt auch das Alte Testament.

Was damit gemeint ist, zeigt uns sehr deutlich ein apokryphes Evangelium. Es ist das sogenannte „Evangelium nach Maria[54]". Es wurde als gnostisches Evangelium von den Kirchenvätern nicht in den Kanon aufgenommen. Es ist ein esoterisches Evangelium und spricht von der Hochzeit zwischen Seele und Gott, zwischen Mensch und Gott. Es sagt uns gleichsam, wie diese Vermählung stattfinden kann und was die Seele zu tun hat, um sich auf diese Hochzeit vorzubereiten.

Mit seinem natürlichen Streben, mit Verstand und Willen kann der Mensch sein Ziel nicht erreichen. Es hat keinen Zweck, sich mit Intellekt, Willen und natürlicher Sehnsucht von den Gewalten der Vergänglichkeit distanzieren zu wollen, denn diese Kräfte gehören selber der Vergänglichkeit an. Das ist hart für den Christen, der getrimmt ist auf gute Vorsätze, auf Gebotehalten und auf Gesetzesfrömmigkeit und der meint, er könne sein Heil durch Wohlverhalten erringen.

Man sieht die Wahrheit mit dem, was „zwischen Gemüt und Geist" ist. Das ist im Evangelium nach der Maria von Magdala eine Bezeichnung für das Schauen. – Jede Religion schenkt dem Menschen eine visionäre Vorwegnahme des Zieles. Aber nicht allen Menschen ist es offensichtlich auch geschenkt, dieses Ziel zu erschauen. Denn das Organ, welches das neue Ziel schaut, kann nicht das alte Bewusstsein sein. Es muss schon Teil des neuen Menschen sein, des Menschen, der die Initiation der Wiedergeburt, der Metanoia, vollzogen hat. Nur wer aus der Wahrheit geboren ist, wer wiedergeboren ist, kann die Stimme der Wahrheit hören. „Nur in seinem Licht schauen wir das Licht", sagt die Bibel. Es muss im Menschen ein Organ sein, das ansprechbar ist. Der Mensch muss einen Resonanzboden haben, sonst klingt diese ewige Melodie nicht in ihm. Er muss eine Membrane in seinem Herzen haben, die schwingt, wenn sie angerührt wird.

Die meisten Menschen, die von diesem neuen Leben, dieser neuen Existenzmöglichkeit eine Ahnung bekommen, wehren sie zunächst instinktiv ab. Sie ahnen, dass dieses Neue ihr altes Leben erschüttern würde. Dieser Erschütterung wollen sie sich nicht aussetzen. Oft höre ich in den Kursen, dass jemand sagt:

„Ich getraue mich nicht, ganz loszulassen, denn ich habe davor Angst, mich jemandem auszuliefern, der mich ganz in Anspruch nimmt.“ Ja, „Gott ist ein eifersüchtiger Liebhaber“.

Nicht durch die Seele, nicht durch den Geist, nur mit dem Herzen kann der Mensch gut sehen. „Der Mensch sieht nur mit dem Herzen gut“, sagt Antoine de Saint-Exupéry. Maria von Magdala war wohl so ein Mensch, der mit dem Herzen gut sah. Jesus hat sie offensichtlich bevorzugt, und sie galt in der Urkirche als seine Jüngerin.

Es ist das weibliche Element, das Empfangende und Hörende, das allein als Instrument tauglich ist, das neue Bewusstsein zu spüren und zu ahnen. So sagt es uns das Evangelium der Maria. Das neue Bewusstsein, das Weibliche und Empfangende der Seele wird von einer Frau namens Maria dargestellt. Die natürlichen seelischen Kräfte, Verstand und Wille, die als Hindernisse dagegen stehen, werden von drei Männern – Petrus, Andreas und Jakobus – repräsentiert. Alle Personen sind nur Symbolfiguren, die mit den historischen Gestalten nicht viel zu tun haben. Sie haben auch letztlich mit Mann und Frau nichts zu tun. Denn jeder ist Maria und jeder ist Petrus, Andreas und Jakobus.

Das erste große Hindernis, sichtbar gemacht an der Symbolfigur des Petrus, ist der Zweifel, der die Sehnsucht des Menschen als Täuschung entlarven will. Der Zweifel ist raffiniert. Er versucht, Maria (der Seele) einzureden, dass sie sich selbst belügt. Die Sehnsucht nach dem Ewigen sei nur eine Kompensation unerfüllter und enttäuschter Wünsche, letztlich sei sie nur ein Kindheitsmuster, nichts als eine regressive Tendenz und eine Reaktion auf Verlassenheitsgefühle und Enttäuschungen. Durch den Zweifel versuchen alte Leidenschaften und Sehnsüchte sich auch des neuen Bewusstseins zu bemächtigen. Du meinst, deine Sehnsucht sei von oben und richte sich nach etwas Unvergänglichem. In Wirklichkeit sind es alte Muster. Du hältst die Unsicherheit des Daseins nicht aus und flüchtest dich in eine falsche Geborgenheit. So mancher Psychologe versucht religiöse Tendenzen genau so abzuschmettern. Das alles ist ja nur Regression, sagt er, und ihr wollt bloß zurück in den Mutterschoß.

Das zweite große Hindernis, das in der Symbolfigur von Andreas dargestellt wird, ist der Verstand. Er wirft dem neuen Bewusstsein Unwissenheit vor. Der Verstand ist doch schließlich die Instanz, nach der man sein Leben auszurichten hat. Das soll auch für den religiösen Bereich gelten. Warum meinst du mehr zu wissen, sagt der Verstand zu dieser inneren Erkenntnis? Du hast keine Maßstäbe für deine innere Erfahrung. Woher willst du deine Sicherheit nehmen? Ist deine Erkenntnis wirklich authentisch? Läufst du nicht wieder einem Phantom nach? – Es gehört viel Mut dazu, sich auf die erste schwache innere Tendenz zu verlassen, bis sie so stark wird, dass sie sich vom Verstand nicht mehr beurteilen und abbringen lässt. Bis sie vor der „Wissenschaft“ keine Kniebeugen mehr macht.

Die dritte Kraft, dargestellt in der Symbolfigur des Jakobus, ist der Wille. Er sagt der Seele, dass er doch eigentlich zuständig sei für den Weg zu Gott. Mit Bemühen, Anstrengung und Energie meint er es zu sein, der letztlich die Motivation und Kraft für die Heimkehr zu Gott hervorzubringen hat und hervorbringen kann. Unser Machertrieb kommt da zum Vorschein.

Die Seele, in der Gestalt der Maria, muss ihm aber sagen, dass er auf einem Ego-Trip ist, ohne es zu merken. Er meint, er könne das Heil erreichen mit eigenem Wohlverhalten, mit Methoden und Bemühungen, mit Planen und Streben und Gebotehalten. In Wirklichkeit geht es dabei aber nur um dieses alte Ich, das seinen Herrschaftsbereich auch in der neuen Welt aufrechterhalten will.

Die Kräfte des alten Bewusstseins versuchen den Menschen zurückzuholen in ihren Machtbereich. Sie können nicht annehmen, dass Ruhe, Ausschau-Halten, stille Aufmerksamkeit, Schauen nach innen und reine Empfänglichkeit die einzigen Haltungen sind, mit denen wir unser wahres Wesen, das Göttliche, in uns erkennen. Wo doch auch in der Religion Aktivität und Planen, intellektuelle Wahrheiten und gute Vorsätze als die Hauptinstrumente gelehrt werden, die zum neuen Bewusstsein führen sollen.

Auch auf einem spirituellen Weg kann man in diese Versuchungen kommen. Dann wächst der Zweifel. Wir sollten aber dabei auf das Weibliche in uns vertrauen. Letztlich sind wir Gott gegenüber die weiblich Empfangenden. Maria ist die Symbolfigur des Weiblichen im Menschen, man kann sagen des neuen Menschen des Reiches Gottes. Es geht also im Evangelium nicht um Maria versus Petrus, Andreas und Jakobus, sondern darum, dass das Weibliche, das Empfängliche eher geeignet ist, das Göttliche zu erfahren als das Aktive, Männliche. Das Weibliche schenkt uns den Zugang zu unserem tiefsten Wesen. Es hat eine Affinität zu Gott, die dem Verstand und Willen nicht eigen ist.

So ist der mystische Weg, der von manchen als etwas sehr Hartes angesehen wird, in Wirklichkeit ein sehr weiblicher Weg. Unsere weiblichen, empfangenden Fähigkeiten werden aufgerufen. Auch die Mystik verlangt weibliche Fähigkeiten, die Fähigkeit des Offenseins, Wartens, Wachsenlassens und der Hingabe. Nur so können wir den Hagios Gamos, die Heilige Ehe mit Gott eingehen.

Zur Hochzeit (Trauungsansprache)

Dieser Raum hier ist euch sehr vertraut. Ihr seid immer wieder hierher gekommen zu Stunden und Tagen der Einkehr und Besinnung. Heute hat nicht nur der Raum einen ganz anderen Charakter, auch ihr seid aus einem ganz anderen Grund da. Ihr habt euch für ein Ritual für euern gemeinsmen Weg entschieden. Warum? Mancher eurer Bekannten schüttelt vielleicht den Kopf und sagt: „Na ja, lasst ihnen ihre fixe Idee. Es gehört eben immer noch zu unseren Gesellschaftsformen.“ Euer Hiersein ist mehr als ein religiös verbrämter, von der Gesellschaft gewünschter oder noch akzeptierter Akt.

Ehe ist die Initiation für einen Heilsweg. Was sich in einer Hochzeit vollzieht, ist die Initiation für eine Weggemeinschaft. Es ist die Einweihung in einen

Lebensweg, mehr noch in einen Heilsweg. Die Ehe ist nicht ein Glückshafen, sondern ein Heilsweg. Wer in der Ehe nur narzisstische Selbstbefriedigung sieht, wird scheitern; das weiß heute jeder Therapeut, der Ehepaare zu beraten hat.

Zwei Menschen finden sich nicht zufällig. Sie finden sich, weil sie zusammen ihrer endgültigen Bestimmung entgegengehen und entgegenreifen sollen. Ich möchte etwas weiter ausholen, um das zu erläutern.

Das Wesen Gottes ist Eins. In der Schöpfung teilt sich das Eine in eine unbegrenzte Zahl von Möglichkeiten. Das Eine manifestierte sich im Vielen. Es teilte sich in eine unbegrenzte Zahl von Erscheinungsformen, die alle aufeinander bezogen bleiben und doch ein ganz individueller Ausdruck des Einen sind.

Am Anfang steht also das Eine. Das Eine ist das Heilige, das Heile, Ungeteilte. Aller Schmerz ist Trennungsschmerz. Alle Erlösungssehnsucht ist Ergänzungsdrang, Sehnsucht des Teils nach dem Ganzen, nach der Überwindung des Urleidens der Vereinzelung.

Wir haben eine Ahnung vom Ganzen behalten, und das weckt die Sehnsucht in uns. Heimweh gibt es nur, weil man weiß, dass es eine Heimat gibt. Jede Liebe ist der Eingang und Anfang des Weges nach Hause, d. h. zu Gott, zum Einen.

Das Eine muss aus sich heraustreten. Ohne dass es aus sich heraustritt und zwei und viele wird, gibt es keine Schöpfung. Aber mit der Schöpfung kommt es zu einer Spaltung des Einen und damit zur Unruhe. Alle Wesen spüren, dass sie nicht mehr ganz sind. Und so drängt das Aufgespaltene zurück zur Einheit. Einheit ist auch euer tiefstes Wesen.

Als Menschen spüren wir dieses Defizit der Spaltung stärker als andere Wesen. Und so musste mit der Menschwerdung die Suche nach dem ergänzenden Teil beginnen. Denn jede Hälfte braucht die andere, um sich als Ganzes zu erleben. Unser tiefstes Wesen ist nämlich nicht weiblich und nicht männlich, sondern eins.

Wir haben dieser unserer Sehnsucht nach Einheit einen Namen gegeben. Dieser Name ist Liebe. Liebe sprengt die Grenzen der Einsamkeit, in der jeder Mensch gefangen ist, und befreit ihn zum Ganzen. Die Liebe ist Sehnsucht nach der verlorenen Einheit, nach unserem ursprünglichen Zustand.

Mit unserer Menschwerdung begann die „Urtragödie der Vereinzelung“. Sie ist der Urschmerz des Menschen, ein Trennungsschmerz, der nicht aufhören wird, bis der Mensch wieder ins Eine zurückgefunden hat. Und was wir Sünde nennen, ist im Grunde nichts anderes als Absonderung, Absonderung von unserem tiefsten Wesen. Sie ist dieser eigenartige Trieb zur Autonomie, Individualität und Abgrenzung.

Unsere wahre Identität liegt viel tiefer. Wir finden sie nur, wenn wir dieses vordergründige Ich lassen. Ehe ist die Initiation für den gemeinsamen Versuch, diesen Grund zu finden, wo allein Einheit erfahren werden kann.

Liebe ist ein anderes Wort für Heimweh. Die Aufspaltung des Einen brachte eine Trennung. Sie brachte aber auch etwas absolut Neues: die Energie der Liebe. Liebe ist weit mehr als der Trieb zur Fortpflanzung. Sie ist jene zentripetale Kraft, die mit Macht zurückdrängt zum Einen. Sie ist zwischen den Geschlechtern besonders stark. So wie zwischen zwei Magnetpolen die Kraft der Anziehung entsteht, entsteht zwischen Mann und Frau die Liebe.

Damit erscheint in der Schöpfung ein neues, starkes Energiefeld, das viel mehr ist als die Summe seiner Teile. Liebe ist etwas, was sich nicht erklären lässt, weil es weit über die körperliche und seelische Struktur des Menschen hinausgeht. Sie ist jene metaphysische Sehnsucht, die wiederum die Urkraft der Evolution darstellt. Sie führt zu jener unbegreiflichen Ichentgrenzung, die notwendig ist, damit wir zum Einen zurückfinden.

Unser Ich aber hat die Tendenz, sich der Grundkraft zur Verschmelzung mit dem Einen entgegenzusetzen. Es steht jeder mystischen Einung entgegen, weil es sich nicht aufgeben will. Es unterscheidet sich von diesem mystischen Drang zur Einheit dadurch, dass es festhalten und für sich haben will. Zum Ganzen kommen wir aber nur zurück durch Hingabe, nicht durch Besitzen-Wollen oder Eroberung. Darin liegt die Tragik des Menschen und vor allem die Tragik des Mannes, der immer wieder versucht hat und versucht, Einheit und Ganzheit zu machen.

Das Ich hat die Tendenz, den anderen zu benützen, um sich zu bereichern und davon zu profitieren. Es will etwas haben und sich steigern, sucht aber nicht die höhere Einheit in der Vereinigung mit dem anderen. Es will der Angelpunkt seiner kleinen Welt bleiben. Es macht den anderen zum Mittel für persönliche Zwecke und zum Mittel des Genusses.

Es erniedrigt die Partnerin oder den Partner zur Ware, die beliebig gebraucht und verbraucht werden kann. Es saugt ihn aus und wirft ihn weg. Eine solche Liebe ist nur Erweiterung der Selbstsucht. Niemand hat das mit einem liebloseren Wort benannt als Kant, der schreibt, Ehe sei ein „Vertrag auf gegenseitige Benutzung der Geschlechtseigenschaften“. Die Gefahr jeder Ehe ist, dass sie nicht zur Einheit drängt, sondern zum Besitzenwollen.

Euer gemeinsamer Weg ist also ein Wachstumsprozess. Ein Wachstumsprozess ist schmerzhaft. Liebe und Leid stehen eng beieinander. Und es scheint, dass die Liebe sogar das Leid braucht, um reif zu werden. Seid also gefasst auf Stunden, in denen euch Zweifel kommen, in denen ihr voreinander davonlaufen wollt. Es sind wichtige Stunden des Reifens und Wachsens.

Der Mystiker und der wirklich Liebende haben viel Ähnlichkeit miteinander. Der Weg der Wüste und der Nacht ist der Mystik wohlbekannt. Diese Dunkelheit gibt es auch in der menschlichen Beziehung. Es geht darum, das Sinnliche durch das Übersinnliche zu ergänzen, und das ist offensichtlich ohne Leid nicht möglich.

Was Mann und Frau verbindet, nennt die spirituelle Tradition „Hagios Gamos“, Heilige Hochzeit. Ehe wird zu einer Kommunion, zum Symbol für die Einheit des Göttlichen mit dem Menschlichen.

Viele Beispiele aus der Hl. Schrift symbolisieren das. So steht z. B. bei Hosea: „Dann wirst du mir angetraut auf immer, angetraut in Gerechtigkeit und Recht, in Liebe und Erbarmen. Du wirst nur angetraut in Treue, auf dass du erkennst, dass ich Jahwe bin.“ (2,22) Bei Jesaja heißt es: „Dein Gemahl ist ja dein Schöpfer

– Jahwe Zebaoth ist sein Name –, und dein Erlöser ist der Heilige Israels … Denn wie ein verlassenes und herzbetrübtes Weib ruft dich der Herr zurück. ‚Kann man die Gattin der Jugend verschmähen?‘ spricht dein Gott.“ (Jes 54,5 ff.)

Das wahre menschliche Wesen ist das Paar aus Mann und Frau. Das ist es, was uns der Schöpfungsbericht sagt: „Als Mann und Frau erschuf er sie.“ Der wahre Mensch ist der Gottmensch, der Mensch, der weiß, dass zu seiner Ganzheit die göttliche Dimension gehört.

Euer letztes Ziel ist nicht die andere Person. Euer gemeinsames Ziel ist diese göttliche Dimension, die ihr miteinander finden sollt. Und das ist der eigentliche Grund, warum ihr euch gefunden habt und euch nun gemeinsam auf den Weg machen sollt. Ihr seid euch gegenseitig Führer zur Einheit. Eure Liebe ist Aufbruch aus der Einsamkeit zur Heimkehr in Gottes Ganzheit. Eure Hochzeit ist die Initiation, die Einweihung für diesen Weg nach Hause.

Die Koevolution des Kosmos
(1 Kor 12,7–13)

Im ersten Brief des Apostels Paulus an die Korinther (12,7 ff.) lesen wir: „Jedem wird die Offenbarung des Geistes geschenkt, damit sie anderen nützt. Dem einen wird vom Geist die Gabe geschenkt, Weisheit mitzuteilen, dem anderen durch den gleichen Geist die Gabe, Erkenntnis zu vermitteln, dem dritten im gleichen Geist Glaubenskraft, einem anderen die Gabe, Krankheiten zu heilen. Das alles bewirkt ein und derselbe Geist; einem jeden teilt er seine besondere Gabe zu.“ Also wird jedem die Offenbarung des Geistes geschenkt, damit sie anderen nützt. Denn wie der Leib eine Einheit ist, doch viele Glieder hat, alle Glieder des Leibes aber, obgleich es viele sind, einen einzigen Leib bilden, so ist es auch mit Christus. Durch den Hl. Geist wurden wir in der Taufe alle in einen einzigen Leib aufgenommen, Juden und Griechen, Sklaven und Freie; und alle wurden wir mit dem einen Geist getränkt.

Leib Christi ist für mich das ganze Universum. Da ist nichts ausgeschlossen. Dieses Universum ist mit dem einen Geist getränkt, wie Paulus sagt. Der göttliche Geist ist das innerste Prinzip dieses Universums. Heiliger Geist, darunter verstehe ich Gott unter dem Aspekt der Dynamik oder das „Göttliche Leben im Vollzug“, das alle Formen hervorbringt und sich darin manifestiert. Eckehart hat diese Dynamik des Geistes Gottes wunderbar geschildert. Er spricht von einem gewissen „Kochen oder Sich-selbst-Gebären, das in sich glüht und in sich selbst und über sich selbst verfließt und kocht.“

Ich möchte ein modernes Wort für das Wirken des Hl. Geistes gebrauchen und spreche dann vom „Prinzip der Evolution“ oder, bezogen auf den Kosmos, von „Koevolution“. Vielleicht sträubt sich etwas in euch, einen so unreligiösen Begriff wie Koevolution[55] ins Religiöse zu übernehmen. Aber genau das ist es, denn das Wort Leib ist mir zu statisch. Der Geist Gottes ist diese Urdynamik, die alles schafft und alles eint und vorantreibt.

1. Wir wissen heute, dass niemand und nichts gesondert existiert. So wenig wie der Finger einer Hand ohne den Körper existieren kann, so wenig kann irgend etwas in diesem Kosmos allein existieren. Wir können nicht eintreten, wir sind in diesem kosmischen Geschehen. Ja, wir sind dieses kosmische Geschehen. Wir sind der Vollzug dieses Geistes Gottes. – Wie in einem Fischernetz hängt alles zusammen. Keine Masche ist isoliert. Gleich, an welcher Ecke man zieht, das ganze Netz bewegt sich. In ihm ist alles gefangen, das Gute wie das Böse, Engel, Teufel, Mensch, Tier, Pflanze, Materie. Es ist also diese holistische Wirklichkeit, um ein anderes zeitgenössisches Wort zu gebrauchen.

2. Wir Menschen haben einen wichtigen Lernschritt vor uns. Es geht nicht in erster Linie um die individuelle Entfaltung der Persönlichkeit, wie uns oft gepredigt wird, sondern um die Koevolution mit dem ganzen Universum. Es gibt im großen System des Kosmos einzelne Organisationsmuster, so wie das Blutsystem mit Herz und Adern im Körper ein Organisationsmuster ist. Aber nur im Körper macht dieses System einen Sinn. – Die Spezies Mensch gehört zu solch einem untergeordneten Organisationsmuster. Dadurch sind wir von vielen anderen Erscheinungsformen abhängig. Nur im Zusammenhang mit dem ganzen Kosmos machen wir Sinn. Eine solche Erkenntnis bewahrt uns vor der Hybris, wir seien die Mitte des Universums, und auch vor der Angst, bedeutungslos unterzugehen. Richtig verstanden, sind wir dadurch auch so etwas wie die Mitte, weil das Ganze ohne uns nicht existieren will.

3. Eine wichtige Erkenntnis ist folgende: In diesem kosmischen Geschehen kann man sich nicht allein entwickeln. Wer sich allein außerhalb der allgemeinen Vernetzung entwickeln will, isoliert sich und schadet dem Organisationsmuster und letztlich sich selber. Die Krebszelle, die rücksichtslos wächst, schadet am Ende sich und dem ganzen Körper. Im übrigen kann auch niemand ganz aussteigen. Wir sind Teil unserer Beziehungsstrukturen und die Beziehungsstrukturen sind Teile von uns. Der Entwicklungsprozess vollzieht sich in ständigem Austausch mit unserer äußeren Umgebung und unseren innerseelischen Prozessen. – Deswegen kommt es aber nicht zur Auflösung der Individualität. Individualität und Ganzheit schließen sich nicht gegenseitig aus. Sie sind koexistent, so wie das Blut-System in unseren Adern koexistent mit unserem ganzen Körper ist.

4. Koevolution bedeutet nichts anderes als Wachsen in Beziehung und Gemeinschaft, in Beziehung mit unserem Lebenspartner und mit der Gemeinschaft, in der wir leben. Wir brauchen das Gegenüber zur Selbstwerdung. Wir brauchen den ganzen Kosmos zur Selbstwerdung. Wir brauchen auch die Widerstände. Wir werden Mensch in der Begegnung. Selbstverwirklichung wird mehr und mehr zur Koevolution. Je mehr wir uns verwirklichen, desto weniger autonom werden wir, um so mehr öffnen wir uns in Liebe zu allem anderen.

Koevolution bedeutet auch die Entfaltung eines kollektiven menschlichen Bewusstseins. Was das ist, lässt sich schwer erklären. Vielleicht hilft der Vergleich mit einem Vogelschwarm, der plötzlich wie auf ein Kommando die Richtung wechselt. Das Kommando kommt nicht von außen. Es muss eine innere Verbindung vorliegen, die über die Sinne hinausgeht. Kollektives Bewusstsein könnte bedeuten, dass wir uns mehr mit allen Menschen identifizieren als mit uns selber. Es würde unser Abgespaltensein überschreiten und uns die Möglichkeit des Verbundenseins mit allem geben. Wir würden wie ein Vogelschwarm auf Schmerz und Freude reagieren. Es gibt wohl in der Tiefe einen Resonanzboden, auf dem alle gleichzeitig angesprochen werden können. Aber man muss Zugang zu diesem Resonanzboden haben. Der Mensch ist dann nicht mehr der Gefangene seiner Vorstellungen und Absichten, sondern würde mit allen fühlen.

5. Unser tiefstes Wesen entwickelt sich nicht allein aus sich selber. Es bedarf der Provokation durch die Interaktion mit der Umgebung, also der Bezugspersonen, der Religion und der Gesellschaft. Wieviel ein Mensch von seinen Anlagen zur Entfaltung bringt, hängt also sehr stark auch von der Provokation von außen ab und von der Öffnung zum anderen hin. Wir sind in dieser Beziehung sehr viel mehr füreinander verantwortlich, als wir meinen. Solange die Illusion eines getrennten Ich besteht, besteht auch der Gegensatz zur Natur. Wer die Welt nur aus der Sicht seines Ego-Gefängnisses betrachten kann, also aus der Sicht seiner Begierden und Bedürfnisse, bleibt abgesondert. Wer sich auf seine Wesensmitte beziehen kann, erfährt sich nicht mehr vereinzelt, sondern als das Eine. Dieses Eine ist das Zentrum des Universums. Der Tropfen löst sich nicht im Meer auf, wie das oft der Mystik vorgeworfen wird. Das Meer wird vielmehr im Tropfen erlebbar.

6. Der Geist Gottes durchdringt und umschließt alle Möglichkeiten des Universums. Er ist das Leben selber. Wir stehen in einem gewaltigen, übergreifenden Prozess, und das Ziel dieses Prozesses ist die Selbstverwirklichung des göttlichen Prinzips in der Vielzahl der individuellen Formen. Das Universelle verwirklicht sich im Individuellen und das Individuelle im Universellen.

Ich habe hier eine idealistische Theorie entworfen. Wie jedoch verwirklichen wir sie im Alltag, in der Partnerschaft, in einer Lebensgemeinschaft, in einem Volk, in der Menschheit? Ich glaube, dass zunächst sehr viel menschliches Wohlwollen zum Reifungsprozess gehört. Vieles, was uns heute so Bestandteil einer religiösen Mottenkiste zu sein scheint wie Demut, Ertragen, Verzeihen, Annehmen, hat nach wie vor seine Bedeutung. Wenn ich von den Stasi-Akten höre, kommt mir bei aller Forderung nach Gerechtigkeit immer wieder das Wort „verzeihen" in den Sinn. Gerechtigkeit allein kann die Nazivergangenheit nicht aufarbeiten, sie wird auch nicht die DDR-Vergangenheit aufarbeiten.

Unsere persönlichen Dramen, die sich so in den Vordergrund spielen, sind unnötiger Kraftverbrauch und unnötige Leidensquellen. Wir schleppen zu viel emotionales Gepäck mit, das unsern Schritt schwer macht.

Ich wünsche euch etwas von der Leichtigkeit des Lebens, wie sie im Pfingsthymnus beschrieben wird und die ihr auch im Tanzen erfahren könnt.

10. Vergehen und Entstehen

Alter und Tod
(Joh 21,18)

„Amen, ich sage dir: Als du noch jung warst, hast du dich selbst gegürtet und konntest gehen, wohin du wolltest. Wenn du aber alt geworden bist, wirst du deine Hände ausstrecken, und ein anderer wird dich gürten und dich führen, wohin du nicht willst." (Joh 21,18) Diese Worte sprach Jesus einmal zu Petrus. Viele von uns erfahren oder werden eines Tages schmerzlich erfahren, dass sie nicht mehr gehen können, wohin sie wollen, und dass sie dorthin gehen müssen, wohin sie nicht wollen.

Wenn wir unser Leben in drei Teile teilen, dann kommt einmal der letzte Abschnitt unseres Lebens. Viele geraten im Alter noch einmal in eine Krise. Wir leben in einer Kultur, in der das Jung-Sein verherrlicht wird. Jeder fühlt sich verpflichtet, jung zu bleiben. Alter erhält wenig Verständnis und Unterstützung. Aber unser menschliches Leben ist ein dauerndes Werden und Vergehen. Ziel ist es, zur Fülle voranzuschreiten und die reife Frucht des Lebens zu ernten. Wer ewig jung bleiben will, verweigert die Reife.

Das gilt auch dann noch, wenn die Körperkräfte nachlassen, wenn Hören und Sehen eingeschränkt werden. Gerade dann stellt sich die Frage nach dem Sinn des Lebens in entscheidender Weise neu. Das Durchleben von Krankheit kann zu einer neuen Begegnung mit sich selber führen und zu einem ganz neuen Offensein für Gott und die Mitmenschen. Reifen durch Leid, ist das möglich? Ich habe immer wieder mit Kranken und auch Krebskranken zu tun. Die eigentliche Reife des Menschen beginnt tatsächlich dann, wenn er sich nur noch in den Willen Gottes fügen kann.

„Gehen, wohin du nicht willst." Wir müssen den Prozess des Alterns annehmen und zu jeder verändernden Stufe des Lebens Ja sagen. Wenn wir erst einmal die neuen Möglichkeiten entdecken, die nur das reife Alter zu geben vermag, dann wird diese Zeit nicht ein passives Dahindämmern, sondern die Erfüllung menschlicher Existenz. Gerade dann, wenn dem Menschen die Initiative des Handelns aus der Hand genommen ist, ereignet sich das Eigentliche im Leben. Dann können wir Gott nicht mehr ins „Handwerk pfuschen". Wir können nur noch sagen: „Dein Wille geschehe", und das gibt dem Meißel Gottes freie Hand, um uns die letzte Formung zu geben. Gott macht uns in dieser Zeit noch einmal ein Angebot, mit ihm in eine tiefe Gemeinschaft einzutreten. Einfach nur da sein! Ängste, Gedanken und alles, was uns treibt, loslassen! Dasein – und die Hände in den Schoß legen; das sollten wir im Alter sehr viel mehr üben. Dasein in Wohlwollen und Liebe für unsere Umgebung. Die Effektivität unseres Lebens liegt nicht mehr so sehr in der Leistung, sondern in der wohlwollenden Präsenz. Wohlwollen und Liebe strömen lassen, das ist dann unsere eigentliche Aufgabe. Wir müssen nichts vorweisen, wenn wir sterben. Das göttliche Leben in uns ist der Adel, auf den wir bauen können. Eckehart[56] kann daher predigen: „Man gedenke nicht, Heiligkeit zu gründen auf ein Tun, man soll Heiligkeit vielmehr gründen auf ein Sein, denn die Werke heiligen nicht uns, sondern wir sollen die Werke heiligen."

„Ein anderer wird dich gürten und führen", wird uns gesagt, wenn wir ins letzte Drittel unseres Lebens einsteigen. Ein anderer wird uns gürten und zum Aufbruch mahnen. Der Tod ist ein so wichtiges Ereignis wie das Geborenwerden. Er ist in Wirklichkeit wieder eine Geburt. Wir sollten vor allem auf das Neue schauen, das vor uns liegt. Manche meinen, sie hätten sich diesen Platz auf Erden ausgesucht, um zu reifen. Nicht wir haben uns diesen Platz ausgesucht, Gott hat ihn uns ausgesucht, um sich in dieser unserer Gestalt zu verwirklichen. Wir sollten den Mut haben, das durchzustehen und uns nicht ständig einen anderen Platz wünschen, eine vermeintlich bessere Situation. Unser Aufenthalt hier auf dieser Erde ist ein Akt Gottes. Es ist nicht *unser* Spiel, das wir hier spielen. Es ist das Spiel Gottes, das er mit uns spielt.

„Du wirst deine Hände ausstrecken." Du brauchst keine Angst zu haben. Strecke deine Hände aus! Du bist geführt. Angst greift oft nach den älteren Menschen. Aber Angst und Bedrohung können auch eine positive Wirkung haben, indem sie ein Ja zu unserer Begrenztheit bewirken, die uns unsere Abhängigkeit von Gott bewusst macht. Angst wird zur heilsamen Erfahrung der Wahrheit über die Begrenztheit und Sterblichkeit des Ich. Strecke deine Hände aus! Da ist einer, dem du die Hände hinstrecken kannst. Er wird dich führen.

„Vollende deine Geburt!" Unser Denken sollte weniger um Verlorenes kreisen. Wir sollten stärker auf Zukunft hin leben. Der Tod wird zu unserem Freund als der große Begleiter in die Vollendung, zur Aussöhnung mit uns selber. Aussöhnung mit unserem Leben, wie es war. Aussöhnung ist nicht leicht. Es bedeutet, Ja zu sagen zum Schmerz, zu Verdemütigung, zu Ungerechtigkeit, die mir angetan worden sind, und alles als Teil meines Lebens zu akzeptieren. Die alten Verletzungen kommen noch einmal hoch. Eine Therapie kann helfen, solche Verletzungen zu erkennen und zu deuten; Heilung jedoch geschieht nur durch Aussöhnung mit sich selber. Unser Leben mag einem Zickzackweg geglichen haben. Wenn wir ganz offen sind, können wir vielleicht dankbar entdecken, dass es ein Zickzackweg nach oben auf den Gipfel Gott war. Gott führt uns Menschen nie den direkten Weg, den wir uns ausgemalt haben. Heilswege führen durch ein Labyrinth. Manche Biegung geht nach außen und scheint von der Mitte wegzuführen. Aber wer auf dem Weg bleibt, erreicht das Zentrum. Bleibe auf dem Weg, schaue nach vorne, nicht mehr nach hinten!

Der Tod – Kuss Gottes, der zu neuem Leben weckt. Wenn ich mich jetzt ganz auf Gott einlasse, mich jetzt an den lebendigen Gott halte, der in mir über diese Erde gegangen ist, dann brauche ich mich nicht zu sorgen, was nach dem Tod geschieht. Er ist es, der auch der Grund eines neuen Lebens sein wird. Ob von dieser Individualität, die ich jetzt habe, etwas mit hinübergeht, braucht mich nicht zu kümmern. Ich bin hineingenommen in die göttliche Wirklichkeit. Spekulationen über die Zeit nach dem Tod kann ich mir sparen. Ich lebe im Jetzt Gottes.

Am Ende haben wir nur eines zu tun: loszulassen. Was wir zutiefst sind, kennt den Weg und wird sich vereinigen mit dem Einen, das als diese Form über die Erde gegangen ist.

„Sich nicht von Sorgen niederdrücken lassen!" Ein Japaner wurde von einem Missionar gefragt, was ihn denn veranlasst habe, Christ zu werden. Ohne Zögern antwortete er: „Die Stelle der Bergpredigt: ‚Sorgt euch nicht um euer Leben und darum, dass ihr etwas zu essen habt, noch um euren Leib und darum, dass ihr etwas anzuziehen habt'." (Mt 6,25) Und er fuhr fort: „Ich machte mir im Laufe des Lebens um vieles Sorgen. Sorgen um die Gesundheit, um die Kinder, um die Zukunft, um das Altwerden. Ich konnte mich niemals wirklich gelöst und glücklich fühlen, weil ich mich immer um etwas sorgte. Dann las ich die Stelle aus der Bergpredigt über die Vorsehung Gottes, der sich sogar um die Vögel des Himmels und um die Lilien auf dem Feld kümmert. Da fühlte ich mich plötzlich befreit von meinen Ängsten."

Nahtod-Erfahrungen

Menschen mit einer Nahtod-Erfahrung sind nicht biologisch tot gewesen. Sie waren klinisch tot, d. h., sie waren in einem Zustand, in dem Atmung, Herztätigkeit und Gehirnreaktionen ausgesetzt hatten, aber wieder zurückkamen. Die Null-Linie beim EEG war erreicht. Eine Wiederbelebung – etwa durch künstliche Beatmung oder Herzmassage – war aber doch noch möglich. Eine solche Reanimation muss innerhalb von 5 Minuten geschehen, bei Unterkühlung innerhalb von 30 Minuten. Biologisch tot zu sein bedeutet, dass das Gehirn seine Funktion endgültig eingestellt hat und nicht mehr wiederbelebt werden kann.

Wer also ein Sterbeerlebnis hatte, machte nicht eine Todesphase durch, sondern eine ganz bestimmte Lebensphase. Sterbeerlebnisse dieser Art beweisen also nichts über ein Leben nach dem Tod. Es lässt sich weder beweisen, dass es ein Weiterleben gibt, noch lässt sich beweisen, dass es kein Weiterleben gibt. Der Wunsch nach dem ewigen Leben ist uns allen mitgegeben. Man muss sich Auferstehung aber nicht als eine grobsinnliche Wiederkehr der menschlichen Lebensform vorstellen. Schon Paulus spricht vom „soma pneumatikon", einer geistigen Leiblichkeit also. Das kann sich unser Intellekt natürlich nicht vorstellen. „Was keines Menschen Ohr gehört und kein Auge gesehen hat", heißt es gelegentlich in der Bibel.

Der Tod ist nach der Geburt das wichtigste Ereignis unseres Lebens. Er ist die Vollendung unserer Geburt. Wir fügen uns nicht dem Tod, wenn wir sterben, wir fügen uns ein in den Fortgang des Lebens, das weitergehen möchte. Leben und

Tod sind nur scheinbar Gegensätze, die sich ausschließen. In Wirklichkeit sind sie – wie der positive und negative Pol des elektrischen Stroms – nur zwei verschiedene Aspekte ein und derselben Lebensdynamik. Und das Nichtvorhandensein des einen würde das Verschwinden des ganzen Systems bedeuten. Es bleibt uns der Schmerz der Trennung. Er gehört zum Sterben. Aber wiederum, wer sein Wesen erfährt, kennt keine Trennung, er erfährt Einheit in einer viel umfassenderen Weise, eine Einheit, die zeitlos ist. Wir werden als Menschheit reifen und zum Punkt kommen, wo Sterben und Leben sich nicht mehr unterscheiden. Ich bin überzeugt, dass Menschen, die eine Nahtod-Erfahrung hatten, an dieser Schwelle standen. Sterben wird dann ganz anders sein. Wir werden erkennen, dass uns das Leben einholt, nicht der Tod. Wir werden ein Fest daraus machen, wie bei unserer Geburt, denn das Leben geht weiter, nicht der Tod.

Wer sein wahres Wesen erfährt, deutet den Begriff Unsterblichkeit neu. Es geht nicht um ein Auslöschen des Todes, um ewig zu leben, sondern um ein Transzendieren von Geburt und Tod. Unser tiefstes Wesen offenbart sich als Geborenwerden und Sterben, bleibt aber von Geburt und Tod unberührt. So wie unser Körper unberührt bleibt, wenn wir die Kleider wechseln. – Geburt und Tod werden transzendiert. Was wir zutiefst sind, ist zeitlos. Es erscheint nur in Zeit und Form.

Was wir zutiefst sind, ist weder geboren, noch stirbt es.

Über die Nahtod-Erlebnisse gibt es einige Berichte, die Sogyal Rinpoche[57] in seinem Buch zusammengestellt hat: „Mein ganzes Leben zog an mir vorbei. – Viele dieser Erfahrungen empfand ich beschämend, da ich jetzt ein erweitertes Wissen besaß. Mir war nicht nur klar, was ich getan hatte, sondern auch, was es in anderen bewirkt hatte. Ich erkannte, dass nicht einmal unsere Gedanken verlorengehen.“ „Mein Leben zog an mir vorbei. Ich durchlebte jede Emotion nochmals, durch die ich in meinem Leben gegangen war. Und es öffneten sich mir die Augen dafür, wie diese Emotionen mein Leben beeinflusst hatten, und wie mein Leben das Leben anderer beeinflusst hat.“ „Ich wurde zu den Menschen, die ich verletzt hatte, und ich wurde zu den Menschen, denen ich geholfen hatte.“ „Es war ein totales Wiedererleben jedes einzelnen Gedankens, den ich je gedacht hatte, jedes Wortes, das ich je gesagt hatte; zusammen mit der Wirkung, die jeder Gedanke, jedes Wort und jede Handlung auf alle Menschen gehabt hatte, die je in meinen Einflussbereich gekommen sind, ob ich sie nun gekannt habe oder nicht; und auch die Wirkung von Gedanken, Worten und Taten auf Wetter, Pflanzen, Tiere, Erde, Bäume, Wasser und Luft.“ Einstein sagte: „Der Mensch ist ein Teil des Ganzen, das wir Universum nennen, ein in Raum und Zeit begrenzter Teil. Er erfährt sich selbst, seine Gedanken und Gefühle als abgetrennt von allem anderen – eine Art optischer Täuschung des Bewusstseins. Diese Täuschung ist für uns eine Art Gefängnis, das uns auf unsere eigenen Vorlieben und auf die Zuneigung zu wenigen uns Nahestehenden beschränkt. Unser Ziel muss es sein, uns aus diesem Gefängnis zu befreien, indem wir den Horizont unseres Mitgefühls erweitern, bis er alle lebenden Wesen und die gesamte Natur in all ihrer Schönheit umfasst.“

Zur Beerdigung eines Kindes

Wir dürfen ein Kind, wenn es in die Ewigkeit geht, nicht als Kind sehen, sondern als ein erwachsenes Wesen. Wir sollten mit ihm sprechen wie mit einem Erwachsenen, dessen Leben sich erfüllt hat, von dem uns niemand trennen kann. An diesem Tag wird sich alles erhellen, und wir werden wissen, warum unsere Begegnung miteinander genauso war und warum sie uns zum Heile gereicht hat.

Und so sprechen wir dich an, lieber M., wie jemand, der uns – deine Eltern J. und W. ausgenommen – zwar nicht persönlich begegnet ist, der aber doch Einfluss genommen hat auf unser Leben, vor allem aber auf das Leben von deinen Eltern.

Dein kurzes Leben hat Spuren auch in uns hinterlassen. Vielleicht kamst du sogar vor allem unseretwegen, damit wir an deinem Schicksal reifen und wachsen. – Wer kann schon die Bedeutung von Tagen und Stunden ermessen? So bleibt uns bei all dem Schmerz vor allem Dankbarkeit. Dankbarkeit für diese kurze Spanne Zeit, in der du in unser Leben getreten bist.

O Gott, wir kennen Deine Wege nicht. Wir vertrauen, dass Du uns führst, auch wenn es durch Dunkel und Leid geht. Warum Du das Leben von M. schon beendet hast, bevor es richtig begann, ist für uns unfassbar. Aber wir wissen, dass es M. gut geht und dass sein Leben erfüllt war. Wir bitten Dich um Trost für seine Eltern und für uns alle.

Zur Beerdigung eines Erwachsenen
(Lk 23, 44–46; 24,1–5)

Wenn ein lieber Mensch von uns geht, ist jedes Wort zu viel. Alles, was wir sagen, wirkt eigentlich nur wie eine Floskel. Es bleibt meist ein unangenehmes Gefühl zurück.

Ich möchte an meiner Stelle die Tote selber sprechen lassen und einfach fragen: „Was hast du uns in dieser Stunde zu sagen?"

Das erste ist wohl: „Sucht mich nicht unter den Toten!“ So haben wir eben im Evangelium gehört: „Sucht den Lebenden nicht unter den Toten!“ Sucht die Lebende nicht unter den Toten! Leben kann nicht sterben. Leben kann nur in eine neue Existenz eingehen. Sie lebt! Wir wissen nicht wie, aber wir wissen, – und mancher spürt es sehr deutlich, – sie lebt. Ihr Tod war kein Unglück, kein Schicksalsschlag, sondern ein Transitus, ein Hinübergang. – Nur ein Teil ihres Lebens ist zu Ende gegangen. Andere Teile werden folgen. Wir haben gleichsam nur eine Spielgefährtin unseres eigenen Lebensspiels verloren. Wir werden uns wieder treffen. Vielleicht sogar in einem neuen Akt des Welttheaters, das Gott selber ist. Dann werden wir weiterspielen, bis wir in jenen Endzustand eingegangen sind, den wir Christen Himmel nennen.

Als Zweites würde sie uns wohl sagen: „Trauert, aber lasst mich meinen Weg in die Vollendung weiterziehen." Ja, wir dürfen trauern. Auch Jesus hat getrauert. Er hat am Grab seines Freundes Lazarus geweint. Doch die Verstorbene dürfen wir nicht festhalten. Sie ist in eine neue Phase des Reifens und Wachsens eingetreten. Wir müssen ihr Mut machen, diesen Weg in die Vollendung weiter zu gehen. Wir dürfen sie ziehen lassen, auch wenn wir eine Zeit lang ohne spürbare Verbindung mit ihr sind. Wir trauern, aber wir wissen, sie lebt, und daher ist unsere Trauer nicht uferlos.

Als Drittes würde sie uns wohl sagen: „Sterben ist ganz anders." Die Menschen, die eine Nahtod-Erfahrung hinter sich haben, sprechen von einer „liebenden Macht", der sie begegnet sind, in der sich das Leben spiegelt. Der Mensch erkennt dann alles Negative und Leidvolle seines Lebens im wahren Licht, im Licht Gottes. Gott ist nicht eine richtende und rächende Macht. Wer sich Gott so denkt, der macht eine Chimäre aus ihm. Gott ist Liebe, und wir dürfen in dieser Liebe erkennen, was recht und falsch war in unserem Leben.

Wenn wir sie fragen könnten, was sie wohl anders machen würde, wenn sie dieses Leben noch einmal leben dürfte, was würde sie uns wohl antworten? Sie würde uns wohl sagen, was nahezu alle, die aus einer Nahtod-Erfahrung zurückkehren, auf eine solche Frage antworten. Ich würde noch mehr lieben und Gott noch mehr suchen, d. h. der transzendenten Wirklichkeit in meinem Leben einen noch wichtigeren Platz einräumen.

Und als Viertes würde sie uns wohl sagen: „Seid bereit loszulassen!" Loslassen ist nur ein anderes Wort für Hingabe. Sterben gehört zum Strukturprinzip der Schöpfung. Geboren werden und Sterben bildet zusammen das kosmische Gesetz oder, wie wir Christen sagen: das ist der Wille Gottes. Wäre die Welt am letzten Schöpfungstag stehen geblieben, gäbe es keine Entwicklung. Was wir festhalten, hindert uns am Werden. Wenn wir den Atem festhalten, ersticken wir daran. Wenn wir die Nahrung festhalten, vergiftet sie uns. Nur wer wirklich loslassen kann, kann weiter reifen. Es gibt keine Stagnation. Unser Leben ist ein großes Spiel. Zu diesem Spiel gehört das Lassen-Können. Es ist Gottes Spiel, in dem wir mitspielen dürfen. Wer festhält, ist ein schlechter Mitspieler. Er hindert den Fortgang des Spieles. Und er hindert sich an seiner eigenen Entfaltung und Reifung. Sterben ist vielleicht das wichtigste Ereignis unseres Lebens. Wir sollten daraufhin leben wie auf ein Fest. Denn der Tod ist das Fest unserer Heimkehr zu unserem Ursprung. Bei aller Trauer, lasst uns die Heimkehr in diesem Sinne feiern und zur Freude am Leben zurückkehren, zum Leben, das nicht sterben kann!

Allerheiligen und Allerseelen

Wir feiern Allerheiligen und Allerseelen. Es geht mir in dieser Stunde aber nicht so sehr um jene Menschen, die ihre Heiligkeit von der Kirche bestätigt bekamen. Jüngste Ereignisse in Rom zeigen, wie subjektiv eine solche Beurteilung sein kann. Es geht mir um die „Suchenden", die „Noch-Christen", die „Nicht-mehr-Christen" und die „Nicht-mehr-Gläubigen". Um ihre Heiligkeit geht es. Und die hat nichts mit Wohlverhalten zu tun. Obwohl ich weiß, dass christliche Texte für viele nicht mehr „griffig" sind, wage ich, euch einen Text aus dem Römerbrief vorzutragen. Dort heißt es: „Wir sind also durch die Taufe auf den Tod mit Christus begraben, damit, wie Christus durch die Herrlichkeit des Vaters von den Toten auferweckt wurde, so auch wir in einem neuen Leben wandeln. … Denn wenn wir mit dem Bilde seines Todes zusammengewachsen sind, so werden wir es erst recht auch mit dem Bild der Auferstehung sein. … Sind wir aber mit Christus gestorben, so glauben wir, dass wir auch mit ihm leben werden." (Röm 6,3 ff.)

Paulus stellt uns in diesem Text mit Christus gleich. Was an ihm geschehen ist, ist auch an uns geschehen. Wie Jesus Christus eins ist mit Gott, so sind auch wir in unserem tiefsten Wesen eins mit Gott. Er offenbart sich als das, was wir sind. Je mehr wir das erkennen, um so mehr werden wir auch entsprechend handeln. „Gott wurde Mensch, damit der Mensch Gott werde", wagte der Kirchenvater Irenäus noch zu sagen. Es ist unsere Aufgabe, die Göttlichkeit in uns zu entdecken und aus ihr zu leben. Wir haben den Trennungsgraben zwischen Gott und Welt zu weit aufgerissen. Klemens von Alexandrien (vor 216 gestorben) schreibt: „Der göttliche Logos ist Mensch geworden, damit wir von einem Menschen lernen können, wie ein Mensch vergöttlicht werden kann." Es gehe darum, so schreibt er, hier in dieser irdischen Wirklichkeit bereits „Gott zu werden" und „als ein Gott im Fleische umherzugehen". Und der Kirchenlehrer Basilius wagt den Gläubigen zu sagen: „Es ist uns aufgegeben, Gott gleich zu werden nach dem Vermögen der menschlichen Natur."

Und Eckehart, der Plato und Plotin folgt, predigt: „Er (Jesus) ist aus dem Grund Mensch geworden, dass er (Gott) auch dich als seinen eingeborenen Sohn gebäre und als nicht weniger ... Denn deine menschliche Natur und seine (Jesu Christi) haben keinen Unterschied." Gott grenzt sich ein in diese unsere menschliche Natur. Wir können von ihm nur so viel erfassen, wie wir fähig sind. Einheit mit Gott bedeutet einen dynamischen Lebensprozess, der auf unsere Umwandlung und auf die Umwandlung der Welt ausgerichtet ist. Eckehart würde sagen: Wir sollen „Gott in uns Gott sein lassen". Aus der Erfahrung Gottes soll ein „Gott-Leben" werden. Damit werden wir in den Alltag verwiesen, wo alle Mystik beginnt und endet.

Die Väter hatten Bilder für die Einheit von Gott und Mensch, z. B. Sonne und Licht. Ohne Sonne gibt es kein Licht. Oder: Quelle und Bach, Wurzel und Baum. Wer nur den Baum anschaut, kann vergessen, dass er Wurzeln hat. Wer nur den Menschen anschaut, kann vergessen, dass Gott seine Wurzel ist. Hat nicht auch Jesus vom Weinstock und den Rebzweigen gesprochen? Damit ist auch der Unterschied zwischen Gott und Mensch klar ausgedrückt. Sie sind Nicht-Zwei. Das Eine ist in allem, und alles ist auch im Einen. Die Welt ist ein einheitlicher Organismus. Wir haben uns leider in eine Welt verrannt, in der wir Fremdlinge geworden sind.

Gotteserkenntnis führt zu keinem Wissen über Gott, sie führt zur Erfahrung der Einheit. „Wer da glaubt, dass er Gott erkannt habe, und dabei irgendetwas erkennen würde, der erkannte Gott nicht", sagt Eckehart. Gott wirkt und der Mensch wird. Das ist die Gottesgeburt in der Seele. Gott kann nichts Abgespaltenes sein, er kann nicht gegenüberstehen, von uns getrennt, sondern er ist die Quelle, die uns hervorbringt. Jedes Seiende ist in das Eine eingefügt. Das führt zu einer umfassenden Lebenserfahrung mit und aus Gott und zu einem sinnerfüllten Leben. Aus dem „An-Gott-Glauben" wird ein „Aus-Gott-Leben". Gott verströmt sich im Menschen.

Wir haben Angst, so etwas zu sagen. Der Unterschied zwischen Gott und Mensch ist uns eingetrichtert worden, die Einheit von Gott und Mensch wurde uns leider nicht genug vermittelt. Wir haben Gott und den Menschen, Gott und die Welt auseinandergerissen. Wir haben Gott ins Jenseits abgeschoben. Die Vorstellung von Gott im Jenseits und dem Menschen im Diesseits verfestigte die dualistische Trennungslinie zwischen Gott und Welt. Das hat auch die Trennung von Macht und Unterordnung nach sich gezogen, ebenso die Trennung von Mensch und Natur, von Mann und Frau. Wir haben Gott ins Jenseits verschoben und uns für anders, für autonom erklärt.

Nur die christliche Mystik belebte immer wieder den Gedanken der Einheit von Gott und Welt. Und diese Tradition wollen wir wieder aufgreifen. Das heißt konkret: Wir müssen unser wahres Wesen immer tiefer erkennen. Unsere Empfänglichkeitsanlage muss größer werden, würde Eckehart sagen.

Wir leben nicht nur in Gott, wir sterben auch in Gott. Das ist gerade in diesen Tagen unser Thema. Gott selber stirbt in uns. Aber sterben meint hier nicht tot sein für immer, sterben heißt ganz in die Seinsweise Gottes eingehen, besser noch: die Seinsweise, die wir immer waren, klar zu erkennen. Gott ist Kommen und Gehen, er ist Geborenwerden und Sterben. Gott offenbart sich als Geborenwerden *und* Sterben. – Gott stirbt in uns, d. h., Gott ist auch der Prozess des Sterbens. Wir sollten die Angst vor einem strafenden Gott endlich fallen lassen. Gott selber stirbt mit uns und offenbart uns sein Wesen als unser wahres Wesen. Sterben führt ins Erkennen. Erkennen, wer wir sind und immer schon waren, das ist der Himmel. Das nimmt dem Sterben jede Angst, denn was wir zutiefst sind, kennt den Tod nicht.

Diese neue Seinsweise verbindet uns auch mit den Verstorbenen. Das Leben Gottes verbindet uns mit ihnen, nicht die individuelle menschliche Beziehung von Person zu Person. Das ist zu wenig. Die Seinseinheit ist eine viel tiefere Verbindung. Wenn der Ast erfährt, dass er Baum ist, eins mit Wurzel, Stamm und allen anderen Zweigen, ist das weit mehr, als wenn er die Zweige nur als Gegenüber wahrnimmt. Lasst uns jetzt die Einheit mit Gott suchen, indem wir stille werden.

Es ist ein menschliches Bedürfnis, der Toten zu gedenken. In früheren Zeiten hat man an den Begräbnisstätten Mahl gehalten. Es ergab sich daraus sogar ein Brauch, den Armen an Allerseelen Brot und Wein zu schenken. Man hat das Totenmahl später mit der Eucharistie verbunden. Wir wollen jetzt dieses Mahl als

Agape feiern und der Toten dabei gedenken. Rituale bringen unser Innerstes nach außen und in die Sichtbarkeit, lassen es so Gestalt werden. Habt den Mut mitzufeiern, auch wenn euch manches ungewohnt erscheint.

Weltuntergang – Weltaufgang

In Zeiten großer Unsicherheit rechnen Menschen mit dem Weltuntergang. Propheten treten auf und verkünden ihn, so zum Beispiel der Prophet Habakuk in alttestamentlicher Zeit (Hab 1,2–3). In ganz Israel herrschte damals Weltuntergangsstimmung. Die Chaldäer bedrohten das Land. Vielleicht war es auch die Angst vor den Babyloniern oder Assyrern, die das Volk beunruhigte. Aus so einer Stimmungslage stammt auch der folgende Text aus dem Buch Maleachi: „Denn seht, der Tag kommt, er brennt wie ein Ofen. Da werden alle Überheblichen und Frevler zu Spreu, und der Tag, der kommt, wird sie verbrennen, spricht der Herr der Heere. Weder Wurzel noch Zweig wird ihnen bleiben.“ (Mal 3,19 ff.)

Es gibt ein Koan in der Sammlung Hekiganroku (Fall 29), in dem der Schüler den Meister fragt: „Wenn das Kalpafeuer brennt (wenn die Welt untergeht) und der große Kosmos vernichtet wird, wird ES dann auch untergehen?“ Der Meister antwortete: „ES wird untergehen!“ Der Mönch fragte ungläubig: „Wird ES wirklich mit dem andern verschwinden?“ Der Meister antwortete: „ES wird mit dem andern verschwinden!"

Ins Christliche übersetzt lautet die Frage: Wenn die Welt untergeht, geht Gott dann auch unter? Die Antwort wäre: ER geht auch unter! Die Frage des Mönches kommt aus dem rationalen Bewusstsein. Das rationale Bewusstsein kann sich Gott nur getrennt von allem vorstellen. Als ob er irgendwo säße und sich den Weltuntergang wie einen Film anschaute, um dann vielleicht eine neue Welt zu kreieren. Wir wissen heute, dass es nicht nur einen Kosmos gibt, sondern viele Kosmen, die zeitlos kommen und gehen. Die Urwirklichkeit, die wir Christen Gottheit nennen, vollzieht sich im Kommen und Gehen, im Aufgehen und Untergehen.

Wenn der Meister im Koan sagt, ES (Gott) geht mit allem anderen dahin, meint er: Gott ist der Weltuntergang, denn Gott und Welt sind nicht getrennt. Wenn die Welt untergeht, geht auch Gott unter. Aber das ist schon wieder missverständlich, denn der Meister meint nicht, dass Gott dann verschwindet, er meint schlicht und einfach: Gott vollzieht sich in allem, was ist. Er entsteht als Kosmos, entfaltet sich als Kosmos, vergeht als dieser Kosmos und kommt wieder als das, was dann kommt.

Gott ist die Gestaltungskraft in jeder Gestalt, denn Gott ist nie ohne Gestalt. Gott ist in ständiger Inkarnation. Diese Urwirklichkeit, die Jesus „Vater“ genannt hat, wird Gestalt als Logos, er wird Gestalt als Blume, als Tier, als Galaxie, als Kosmos, als Mensch und als Ich. Sie wird Gestalt als alles, was Gestalt hat. In jeder Gestalt ist Gott ganz. So wie er Gestalt war in Jesus, ist er Gestalt in diesem Brot und diesem Wein, in diesen Blumen und in uns Menschen.

Das ist die wahre Inkarnation. Warum denn sie nur auf den Menschen Jesus einschränken? Inkarnation, Menschwerdung, Geschöpfwerdung, das ist permanente Gestaltwerdung Gottes. Das feiern wir in dieser Eucharistie. Darum werden wir nicht müde, dieses Ritual ständig zu wiederholen, denn es ist die Feier der Wirklichkeit schlechthin. Alle Religionen haben viel zu viel vom Vergehen und vom Sterben gesprochen. Der Kosmos ist ebenso sehr Auferstehen, wie er Vergehen ist.

Letztlich gibt es keinen Untergang, denn der Untergang ist nur Übergang in neue Existenzmöglichkeiten. Untergang ist ein Überleben anderer Art – und das nicht im Sinne eines Überdauerns, sondern im Sinne eines Neuerstehens. Wenn ein Tänzer eine Schrittfigur verlässt und eine neue macht, ist das nicht der Untergang des alten Schrittes, sondern ist der Fortgang des Tanzes. Gott tanzt seine Schöpfung. Er ist Tänzer und Tanz in einem.

Wohin geht das Feuer, wenn es ausgeht? fragt ein Koan. Das Feuer geht nirgendwohin und kommt nirgendwoher. Es entsteht, wenn die Bedingungen des Brennens da sind. Feuer ist überall und nirgends. Feuer ist da, wo Grund für das Entflammen vorhanden ist. Nichts kommt von oben oder von außen, sondern ist ein Sich-Selbst-Entflammen. Es ist der Herzschlag Gottes, der aus seinem Innersten ertönt, wenn Schöpfung wird.

Daher gibt es auch kein Ziel. Es gibt keinen Punkt Omega, an dem alles in statische Ruhe versinkt. Es gibt nur Alpha und Omega als zeitloses Werden und Entwerden Gottes. Es gibt keinen Weltuntergang, es gibt nur das Sich-selbst-Gebären Gottes im Kommen und Gehen. Und das Gehen ist genauso bedeutsam wie das Kommen. Auch das Untergehen ist der Herzschlag Gottes, nicht nur das Auferstehen.

Das eigentliche Problem, das wir haben, ist nicht das Sterben, sondern unsere Anhänglichkeit an eine bestimmte Form, an diese Form, die wir jetzt haben. Wohin geht das Leben, wenn es entschwindet? Es geht nirgendwo hin, es kommt nirgendwo her, denn es ist zeitlos da, wenn etwas ins Leben tritt. Gott ersteht im Baum als Baum, im Menschen als Mensch und in der Galaxie als Galaxie. Im Untergang ist er Untergang, und so ist der Untergang in Wirklichkeit Aufgang, ist Vollzug Gottes, ist Evolution Gottes. Auch als Sterben offenbart sich Gott.

Jede Gestalt hat ihre unverwechselbare Bedeutung. So wie ich bin, bin ich die Manifestation der Urwirklichkeit Gott. Darin liegt meine einmalige Bedeutung – ganz gleich, als was ich wieder entstehe. Wiedergeboren wird immer nur diese Urwirklichkeit, die wir Gott nennen. In jeder möglichen Gestalt bin ich die Gestalt Gottes. Darum sage ich zu jeder möglichen Gestalt Ja und zelebriere sie wie einen Gottesdienst. Das aber ist der eigentliche Gottesdienst: die Zelebration unseres Lebens, denn Gott zelebriert sich in uns als Mensch.

Woher die Welt kommt und wohin sie geht, ist eine Frage des Intellekts, der immer von einem statischen Sein ausgeht. Wir können das göttliche Urprinzip gar nicht verfehlen. Er ist immer schon vor uns da. „Wenn du anfängst Feuer zu machen, ist der Reis schon gar gekocht", heißt es in einem Koan.

Das ist die wahre Religion. Gott wird nicht auf diesem oder jenem Berg angebetet. Er wird im Geist und in der Wahrheit angebetet. Ihn so zu erkennen, nenne ich „Gott im Geist und in der Wahrheit anbeten". Jede Religion sollte ihre Anhänger in diese Erkenntnis führen. Alle Religion ist nur ein Weg in die Mystik, in die Erfahrung des Kommens und Gehens Gottes.

Andere Kosmen

Wahrscheinlich gibt es viele andere Kosmen, – das jedenfalls meint die zeitgenössische Naturwissenschaft –, so dass wir auch dem evolutionären Geschehen Zeitlosigkeit zubilligen müssen. Eckehart würde sagen, dass die Welt von Ewigkeit her gewesen ist (Quint S. 450). Welten sind so alt wie Gott. Unser Kosmos existiert etwa 18 Milliarden Jahre. Kosmen scheinen zu kommen und zu gehen, Galaxien entstehen und vergehen, selbst die verschiedenen Spezies in ihrer millionenfachen Vielfalt kommen und gehen, auch die Spezies Mensch.

Wenn wir die 18 Milliarden Jahre auf ein Jahr zusammenziehen, dann war das in der letzten Minute vor Jahresschluss, als unsere Spezies auftauchte. Sie wird wohl noch einige Millionen Jahre weiterbestehen, dann aber untergehen, wie Millionen anderer Spezies auch. Es wird für das kosmische, evolutionäre Geschehen nicht viel bedeuten, denn es werden andere geistbegabte Wesen entstehen. Wahrscheinlich gibt es solche Wesen außer uns, und es hat sie sicher schon lange vor der Spezies Mensch irgendwo im Weltenraum gegeben. Wir Menschen leiden an einer unglaublichen, lächerlichen Arroganz. Wir halten uns immer noch für die Mitte der Welt.

Wo war Gott, bevor dieser Kosmos entstand? Wenn es damals intelligente Wesen gab, hatten sie ganz andere Verstehensmodelle von dem, was wir Gott nennen, entsprechend ihrem Welt- und Wesensbild. Für mich ist immer die kosmische Sicht wichtig. Aber auch das ist nur eine Möglichkeit, sich selbst und diese Welt zu verstehen.

Als diese Spezies Mensch auftauchte, musste sie sich selber in diesem evolutionären Geschehen verstehen. Sie entwarf das Bild eines Schöpfergottes, der alles gemacht hat und der alles lenkt und leitet, einen Außen-Gott also. Dieses Bild dominiert heute noch im religiösen Selbstverständnis der meisten Menschen. Aber was wir Gott nennen, ist dieses evolutionäre Geschehen selber.

Der Mensch entwarf dann auch Bilder der Erlösung, Bilder, in denen er sich selber definieren konnte. So entstanden die Mythen. An den Gestalten der Mythen deutet der Mensch seine eigene Existenz. Es entstand der Mythos von Hermes Trismegistos und der Mythos von Isis und Osiris. Shakyamuni Buddha wurde so zum Amida Buddha, an den man sich wenden kann, der alles für den

Menschen gemacht hat, an dessen Mantel man sich nur zu hängen braucht. Ähnlich ist es Jesus gegangen, er wurde zum Erlöser, aus dessen Reservoir der Mensch schöpfen kann.

Wir können aber auch unsere eigene Existenz an der Gestalt Jesu ausdeuten. So wie Jesus Sohn Gottes ist, sind auch wir Söhne und Töchter Gottes. Wir sind in der Tat Gott von Gott, Licht von Licht. Jesus ist also ein Verstehensmodell, an dem ich mein Menschsein in dieses gewaltige kosmische Geschehen einordnen kann. Nur das bedeutet in Wahrheit Befreiung und Erlösung.

Gott – das kosmische Spiel

Immer wieder wird mir die Frage gestellt, wie sich das, was ich in Teishos und Vorträgen sage, mit meinem christlichen Selbstverständnis verträgt. Manchmal frage ich mich in der Tat, ob ich nicht besser aufhören sollte zu reden. Dann aber kommt ihr mit euren Fragen nach dem Sinn von Christentum und Religion, deshalb mache ich doch wieder einen Versuch zu sagen, wie ich Religion verstehe. Der Ehrlichkeit wegen halte ich das für notwendig, denn ich möchte euch nichts vormachen. Ihr sollt wissen, wie ich zur Religion im allgemeinen und zum Christentum im besonderen stehe. So könnt ihr euch eventuell einen anderen Wegbegleiter suchen.

Es ist wohl so etwas wie eine kosmische Religiosität, die mehr und mehr in mir lebendig wird, zugleich eine post-konfessionelle Religiosität. Sie kennt keinen personalen oder geformten und nach außen abgegrenzten Gottesbegriff. Für Gott gibt es keine Grenzen. Der Begriff „Person" erscheint mehr und mehr als ein Gefängnis, ein Gefängnis für Gott ebenso wie für den Menschen. Unser Bewusstsein drängt in die Erfahrung der Einheit mit allem Seienden, denn es sucht das Umfassende. Wenn von Gott als Gegenüber gesprochen werden soll, dann nur in einem analogen Sinn des Wortes.

Oft habe ich daher schon die folgenden Sätze Eckeharts[58] zitiert: „Alles, was du da über deinen Gott denkst und sagst, das bist du mehr selber als er, du lästerst ihn, denn was er wirklich ist, vermögen alle jene weisen Meister in Paris nicht zu sagen. Hätte ich auch einen Gott, den ich zu begreifen vermöchte, so wollte ich ihn niemals als meinen Gott erkennen. Darum schweige und klaffe nicht über ihn, behänge ihn nicht mit den Kleidern der Attribute und Eigenschaften, sondern nimm Ihn ‚ohne Eigenschaft', als er ein überseiendes Sein und eine überseiende Nichtheit ist." Diese Sätze von Eckehart drücken aus, was ich zutiefst erfahre. Religionen sind nur Verstehenshilfen, aber keine Lehrsätze. Sie sind Modelle, an denen wir Menschen uns selber zu verstehen und die Welt zu erklären versuchen.

Religion ist eine Landkarte. Keine Dogmatik, kein System kann letzte Antworten geben, weder die Schriften, die Shakyamuni Buddha zugeschrieben werden, noch die, die über das Leben Jesu nacherzählt werden. Alle diese sogenannten

Religionsstifter – keiner wollte eine neue Religion stiften, das haben ihre Nachfolger gemacht – wollten nur in die Urerfahrung des Seins führen, die sie selber gemacht haben. Das ganze Panorama der theologischen und philosophischen Literatur ruht auf ihrer Erfahrung.

Religionen können höchstens die Landkarte sein, die uns den Weg in die Urerfahrung der Weisen zeigen können. Höchstenfalls können sie uns auf die Spur setzen, damit wir im Wust der Ansichten und Meinungen überhaupt Orientierung finden. Aber wir sollten deswegen nicht Buddhisten werden, um Zen zu praktizieren, und nicht Christen, um Kontemplation zu üben, noch müssen wir Hindus werden, um Yoga zu machen.

Die theistische Glaubensvorstellung von Gott als einer beschützenden, allmächtigen und personalen Wesenheit gegenüber der Welt lässt sich in unserem Weltbild nur schwer aufrechterhalten. Dabei kann auch eine rein psychologische Deutung des Neuen Testaments nicht weiter helfen und auch nicht neue theologische Interpretationen. Kaum ein Theologe hat diese traditionellen Glaubensvorstellungen in Richtung auf einen transpersonalen Gott überstiegen. Sie sind traditionelle Theisten geblieben.

Der Kosmos ist das Spiel eines leidenschaftlichen Spielers. Aber dieser Spieler sitzt nicht irgendwo außen davor. Er vollzieht sich selbst als dieses Spiel, er selbst kreiert sich als kosmisches Spiel. Unsere Lebensaufgabe ist es, gute Mitspieler zu werden und entsprechend den Spielregeln mitzukreieren. Wir werden aber daran gehindert durch unsere Eigenwilligkeit, durch unsere eigenen Spielregeln, nach denen wir spielen wollen. Das sind vor allem gedankliche Vorstellungen, Konzepte, Muster und Konditionierungen, die uns niederdrücken und uns eine Welt vorgaukeln, die nicht existiert. Wenn man erst einmal erfahren hat, wie sehr wir uns selber durch das „Dazwischenpfuschen" unseres Ich niederhalten, schütteln wir manches ab. Wenn wir zu merken beginnen, dass unser „Dazwischenpfuschen" für uns Leid bedeutet, dann hören wir stärker auf unsere Tiefe.

Wir wünschen uns einen Himmel, in dem es kein schlechtes Wetter, keine Zahnschmerzen, keine Erdbeben, Überschwemmungen, Kriege, Feindschaften und Probleme gibt. Aber es gibt nichts außerhalb dieses Ur-Prinzips. Es ist alles eingeschlossen, was sich da in uns und um uns vollzieht, auch Leid, Krieg und Tod. Es gibt nichts außer diesem göttlichen Tanz, der wird und entwird. Religiös sein heißt, mitzutanzen und sich als Tänzer und Tanz zu erfahren. Es fehlt uns leider die Leichtigkeit des Lebens, die Leichtigkeit des Tanzes, die Leichtigkeit des Kommens und Gehens, des Geborenwerdens und Sterbens. Wir sind schlechte Tänzer, denn immer möchten wir den Schritt machen, der nicht dran ist. Dadurch aber verhaspeln wir uns, treten uns und anderen auf die Zehen.

Die Erfüllung unserer Sehnsucht liegt in uns. Die Menschen suchen den Erlöser draußen. Sie hoffen, dass es Jesus, Shakyamuni, Amida Buddha oder Shiva für sie machen. Unser Ich kann sich Erfüllung nur im Du vorstellen. Dass wir aber dieses Du selber sind, von dem wir alles erwarten, lässt sich rational nicht begreifen. Die Erfüllung unserer Sehnsucht liegt in uns. Religion ist unser Leben, so wie es sich vollzieht. Dieses Ur-Prinzip manifestiert sich im Baum als Baum, im Tier als Tier und im Menschen als Mensch, und wenn es Engel und Teufel gibt, im Engel als Engel und im Teufel als Teufel. In diesem Vollzug unseres Lebens sind auch die Dinge, die wir angenehm oder unangenehm nennen. Die schlechten Sachen schreiben wir oft den anderen zu oder dem Teufel. Sobald wir aber an einen Teufel glauben, geraten wir in Schwierigkeiten, denn dann erschaffen wir eine separate Macht neben diesem Ur-Prinzip.

Der Mensch sieht sich vor drei große Fragen gestellt: Sie betreffen den Kosmos, Gott und den Menschen. Sie lauten: Wer bin ich? Gibt es hinter all dem Sichtbaren und Vergänglichen etwas Bleibendes? Was geschieht nach dem Tod? Was ist die Wirklichkeit? Bin ich mehr als diese meine momentane Persönlichkeitsstruktur, mehr als die Muster und Fixierungen, in denen ich lebe? Gibt es mehr in meinem Leben zu erfahren, als meine Ratio zulässt? Kann ich die Ichstruktur öffnen, um mehr zu erfahren? Die Psychologie verlangt ja die Treue zur Ichstruktur, und die Spiritualität die Treue zu unserem wahren Wesen.

Worte wie Gottheit, Gott, das Numinose, das Absolute, Wesensnatur, Sunyata, Leerheit, Allah, auch christliche Ausdrücke wie Vater, Reich Gottes, Ewiges Leben[59], sind nichts anderes als Versuche, etwas zu benennen, was sich eigentlich nicht benennen lässt. Damit ist aber nur der eine Aspekt der Wirklichkeit angesprochen. Es gibt auch den anderen Aspekt, den man mit Schöpfung, Welt, Maya, Form und Farbe bezeichnen kann. Beide Aspekte zusammen machen die ganze Wirklichkeit aus. Und beide sind eins und „Nicht-Zwei“. Diese beiden Aspekte lassen sich nicht auseinandernehmen. Sie sind koexistent. Das eine kann nicht ohne das andere bestehen. Das lehrt die Esoterik aller Religionen, auch die christliche, wo sie sich unzensiert äußern darf. Dionysius[60], ein christlicher Mönch, der um 400 n. Chr. lebte, formulierte das wie folgt: „Die erste Ursache von allem ist weder Sein noch Leben; denn sie ist es ja gewesen, die Sein und Leben erst erschaffen hat. – Die erste Ursache ist auch nicht Begriff oder Vernunft; denn sie ist es ja gewesen, die Begriffe und Vernunft erst erschaffen hat. – Die erste Ursache ist auch nicht an einem bestimmten Ort zu finden, weder an einem Ort im Raum, noch einem Ort in Gedanken; denn jeder Ort ist ja nur ein Geschöpf. Nichts in dieser Welt ist die erste Ursache; denn alles in dieser Welt ist ja von ihr erschaffen. – Und dennoch ist sie keineswegs ohne Macht: Denn sie hat doch alles erschaffen, alles ins Sein gerufen, was ist. – Und Schöpfung, Ruf ins Sein, braucht eine Macht, damit auch wirklich etwas entsteht. Und dennoch ist diese erste Ursache auch keine Macht; denn sie ist es ja gewesen, die die Macht erst erschaffen.“

Dionysius galt lange als Schüler des Apostels Paulus, darum waren seine Texte auch geduldet. Seitdem man aber weiß, dass er nur ein christlicher Mönch aus späterer Zeit war, zählt man ihn lieber zu den Abweichlern und Irrlehrern.

Trotz dieser sprachlichen Beschränkungen brauchen wir als Menschen auch Rituale und Zeremonien. Besonders wichtig und tiefgehend sind die universalen, die keiner Religion allein zugeordnet werden können. Sie haben eine ganz wichtige Bedeutung. Die Taufe ist eine Initiation für den Heimweg zu unserem wahren Selbst, ein Heimweg aber, der im Grunde kein Heimweg ist, weil wir ja eigentlich nie ausgewandert sind. Uns ist nur die Sicht auf unser wahres Wesen verstellt. Die Eucharistie wird zur zeitlosen Mahlfeier der Nicht-Zweiheit des Urprinzips, das sich als Form von Brot und Wein offenbart. Den anderen Aspekt, den wir Gottheit nennen oder Leerheit, kann man mit Sinnen und Verstand nicht begreifen.

Hilfe bringen uns die spirituellen Wege, die uns über alles rein kognitive Erkennen hinausführen. Das ist der Weg, die Wahrheit und das Leben. Es ist die Lehre Jesu und aller großen Weisen unserer Erde.

Kosmischer Christus

Jesus Christus wurde im Abendland, ähnlich wie andere Religionsstifter, als ein persönlicher Erlöser verstanden. Dadurch wurde das Christentum zu einer sehr anthropozentrisch ausgerichteten Religion. Es wird lange dauern, bis wir diese einseitige Ausdeutung der Christusgestalt revidieren können. Unser Weltbild hat sich aber inzwischen so radikal verändert, dass eine rein anthropozentrische Sicht des Kosmos nicht mehr möglich ist, die alten Schläuche des anthropozentrischen, rationalistischen, antimystischen und antiweiblichen Welt- und Menschenverständnisses tragen nicht mehr.

Der historische Jesus wurde überbetont. Das führte zu einer narzisstischen Erlösungslehre. Wir Christen sind mehr an uns interessiert als an Gott. Wir glauben immer noch, dass sich alles um die Erde dreht. Wir glauben immer noch, dass der Mensch die unüberbietbare Krone der Schöpfung wäre. Wir glauben immer noch, es gäbe eine paradiesische, statische Form von Endzeit.

Aus den Schriften des Alten und Neuen Testamentes kann aber ebensogut eine kosmische, ja mystische Theologie entwickelt werden. Was Jesus über Gott gesagt hat, war seine persönliche Erfahrung. Es war eine mystische Erfahrung. Die Worte „Vater“ und „Kind“, die er aus dem jüdischen Familienverständnis entliehen hat, bezeugen eine Einheitserfahrung, wie sie alle Mystik kennt. „Ich und der Vater sind eins.“ Statt jedoch die Einheit im Familiengedanken zu betonen, haben wir postuliert, dass die Schöpfung ontologisch verschieden und getrennt ist von Gott. So haben wir einen Keil zwischen Gott und Mensch bzw. Schöpfer und Schöpfung getrieben.

Jesus hat das Reich Gottes für hier und jetzt verkündet. „Es ist in euch“, hat er gesagt. Wir haben es in eine ferne Zukunft verlegt und die Menschen auf einen undefinierbaren Himmel vertröstet. Evagrius Pontikus[61], ein Mystiker des 4. Jahrhunderts, schreibt: „Wenn der Geist den Stand … der Gnade erreicht hat, dann sieht er im Gebet seine eigene Natur wie einen Saphir oder wie die Farbe des Himmels. Dies wird in der Schrift Reich Gottes genannt, das die Väter auf dem Berg Sinai gesehen haben.“

Statt uns als Brüder und Schwestern des „Erstgeborenen“ zu fühlen und mit ihm zu sprechen „Ich und der Vater sind eins“, haben wir Jesus zu einem von uns getrennten Objekt der Verehrung und Anbetung gemacht. Statt uns als „alter Christus", als anderer Christus, zu betrachten, haben wir uns zu Sündern und Büßern degradiert und von ihm distanziert. Statt aus seiner Lehre unsere Seinseinheit mit ihm und dem Vater zu erspüren, wie es im Bild vom Weinstock und den Rebzweigen zum Ausdruck kommt, haben wir ihn zum Moralisten abgestempelt. Statt in ihm unser eigenes Urbild und das Abbild des Vaters zu erkennen, haben wir ihn als den Ganzanderen von uns weg in unerreichbare Ferne gerückt. Statt ihn anzunehmen als „Emanuel", als „Gott hilft uns", als der er angekündigt wurde, haben wir ihn zum kleinlichen, vergeltungshungrigen Weltenrichter herabgewürdigt.

Jesus Christus hat als der Kosmische Christus die Bedeutung und Wirkung eines Archetypus, der für das Göttliche in der Schöpfung steht. Er ist der Archetypus für das Göttliche in uns. Uns durchpulst das Göttliche, das er Vater genannt hat, genauso, wie es ihn durchpulst hat. Was sich an ihm ereignet hat, hat sich an uns ereignet, nur ist es für uns nicht offenbar.

Als dieser Kosmische Christus zieht Jesus in Jerusalem ein und sagt uns, dass auch Leiden und Sterben Manifestation des Göttlichen sind. Als dieser Jesus Christus ziehen aber auch wir mit ihm in Jerusalem ein. Mit ihm gehen wir durch Tod und Auferstehung. An diesem Ereignis sollen wir lernen, dass Leben durch viele Tode und Auferstehungen zu gehen hat. Wir sollen lernen, uns mit dem Leben zu vereinigen, das Tod und Auferstehung nicht kennt. Wir sollen lernen, dass Tod immer nur der Verwandlungsprozess in eine neue Form des Lebens ist. Nur wenn wir bereit sind, durch Tod und Auferstehung immer wieder in eine neue Form zu gehen, werden wir dem dynamischen göttlichen Prinzip gerecht.

Immer, wenn wir beginnen, eine Form – wie etwa diesen Leib – festzuhalten, verstoßen wir gegen das Strukturprinzip der Schöpfung, gegen den Wandel von Geborenwerden, Leben, Sterben und Auferstehen. Immer, wenn wir festhalten, verstoßen wir gegen Gott, der nicht Statik ist, sondern Dynamik. Das ist die eigentliche Sünde des Menschen, dass er klammert. Er überlässt sich nicht dem Leben, er klammert sich an eine Vorstellung von Leben.

Leben bedeutet Mitgehen in einen immer neuen Akt der Evolution Gottes. Leben bedeutet Mittanzen und Mitfeiern, und der Rhythmus ist: Geborenwerden, Leben, Sterben, Auferstehen. Nur wenn ich dazu fähig bin, kann ich mich dem Leben hingeben, bin ich ein Auferstandener, ganz gleich in welcher Form. Denn Gott ist ein Gott des Lebens, nicht des Todes.

Zeit – Ewigkeit
Alles hat seine Zeit (Pred 3,1 ff.)

Wir leben gleichzeitig in Zeit und Ewigkeit. Die Zeit wird von unserer Ratio gemacht, die Zeitlosigkeit aber ist unser tiefstes Wesen. Nehmen Sie zum Vergleich ein Lineal. Es hat auf der einen Seite eine Einteilung und auf der anderen Seite ist es frei von solchen Einteilungen. Nur von innen kann man beide Seiten gleichzeitig erfahren, von außen jedoch kann man immer nur zuerst die eine, dann die andere Seite anschauen. Ewigkeit können wir nicht denken, denn denken können wir immer nur aneinandergereihte Zeitabschnitte. Raumlosigkeit können wir nicht denken, denn unser mentales Bewusstsein kann immer nur Raum in einem anderen Raum denken.

Das göttliche Urprinzip aber ist zeitlos und raumlos. Darum können wir es nicht denken. Wir können ihm einen Namen geben: Gottheit, das Numinose, Nirwana, Sunyata und Leerheit. So benennen wir, was wir nicht begreifen können. Wir müssen das Namenlose zerstückeln, wenn wir es denken wollen. Wenn wir ‚hell' sagen, implizieren wir auch ‚dunkel', und wenn wir ‚ich' sagen, implizieren wir auch ‚du', auch wenn wir das nicht aussprechen. Mit jeder positiven Aussage schließen wir anderes aus.

Daraus hat sich die sogenannte Negative Theologie entwickelt. Sie sagt von Gott nur das, was er nicht ist. Wer sagt: „Gott ist gut", würde Gott eingrenzen. Durch Eingrenzung würde man ihn zu einem menschlichen Wesen machen, das der Polarität des irdischen Seins ausgesetzt ist. Worte wie Leerheit, Gottheit, das Numinose usw. weisen darauf hin, dass diese letzte Wirklichkeit noch nicht in einer Form erschienen ist. Diese eine Seite des Lineals hat also noch keine Einteilung. Tritt Gott in eine Form ein, geht er in eine Existenz, dann ist diese genauso polar wie wir Menschen.

„Exsistere" heißt heraustreten. Die Welt ist also nichts anderes als dieses Urprinzip, das herausgetreten ist und Formen angenommen hat. Alles, was wir sehen, ist daher Theophanie, d. h. Erscheinung Gottes. Wir selbst sind eine Erscheinung Gottes, genauso wie Pflanzen und Tiere eine Erscheinung Gottes sind. Auch das, was wir böse nennen, ist eine Erscheinung Gottes. Auch der Teufel ist eine Erscheinung Gottes. Gott und Schöpfung treten also immer zusammen auf. Unsere Augen aber sind gehalten und können das nicht sehen, und unser Verstand ist begrenzt und kann das nicht begreifen.

Was hat das mit der heutigen Lesung zu tun? Da heißt es: „Alles hat seine Zeit." Dass es eine Zeit des Liebens gibt, leuchtet uns ein. Dass aber auch eine Zeit des Hassens richtig sein kann, das weniger. Gerade um diese von uns negativ eingestuften psychischen Zustände geht es mir heute. Versucht aber nicht, auf die übliche Art und Weise an die Gegebenheiten des Lebens heranzugehen. Es ist viel wirkungsvoller und heilsamer, in Ruhe seinen Hass anzuschauen, statt ihn auszuleben. Denn dann löst er sich auf, wenn man ihn nicht gegen jemanden richtet.

Es gibt eine Zeit zu weinen und eine Zeit zu lachen. Wenn wir traurig sind, dann ist da offensichtlich nur Traurigkeit. Hier aber wäre wichtig, mir klar darüber zu werden, dass ich jetzt zwar die Traurigkeit habe, die Traurigkeit aber nicht mich hat.

Eine Zeit zu klagen und eine Zeit zu tanzen, heißt es in dieser Schriftstelle. Immer soll nur dieses Eine sein und sonst nichts. Und in diesem Einen, im Klagen und im Tanzen, im Steinewerfen und Steinesammeln, offenbart sich in gleicher Weise diese Urwirklichkeit Gott.

Manchmal dauert es lange, bis wir verstehen, dass unser Leben nicht unbedingt aus dem bestehen kann, was unser Ich haben möchte, ja, dass eigentlich nichts, was man „haben“ kann, glücklich macht. Was wir Glück nennen, muss nicht unbedingt zu unserem Heil sein. Ein erfülltes Leben besteht im Entdecken und Erfahren der eigenen Tiefe, in die alles fließt, was unser Menschsein ausmacht, auch das, was wir Unglück oder böse nennen.

Alles zu einer heiligen Handlung werden lassen! Wenn es einmal gelingt, mit der ganzen Tiefe hineinzugehen und dieses höchste Bewusstsein wirksam werden zu lassen, dann gibt es nichts mehr, was negativ wäre. Das sollten wir auf verschiedene Weise praktizieren!

Stellt euch einmal in diesem Bewusstsein vor jemanden, der ganz anders denkt, der euch kritisiert und heruntersetzt. So lassen sich die größten Hürden überwinden und die schwierigsten Situationen bewältigen. Wenn einen ein leiblicher oder gar seelischer Schmerz befällt, soll er bewusst in diesen Schmerz, in dieses Leid hineingehen. Wichtig ist so ein bewusstes Hineingehen in die Unruhe, ein Hineingehen auch in die Aggression. Das nenne ich dann bewusst leben, bewusst mit dem Leben umgehen. Das richte ich dann aber nicht gegen jemanden, sondern ich bin mir bewusst, dass ich mich in dem anderen dann ja auch selbst erfahre.

Was wir hier tun, kann man mit dem vergleichen, was in einer Fahrschule geschieht. In der Fahrschule lernt man die Verkehrsregeln. Es gibt auch so etwas wie eine Lebensschule, in der die geistigen Gesetze gelernt werden sollen. Die aber kann man erst dann lernen, wenn man sich auf sie einlässt.

Das Leben ist nicht mehr als ein Spiel, in dem ich mein wahres Wesen begreifen soll. Alles, was existiert, ist nicht mehr als Spielfiguren. Das gilt für Arbeit, Besitz, Geld, Macht, Erfolg, Talente, Partner und Partnerin, Familie, Kinder. Das gilt auch für meine religiösen Vorstellungen und persönlichen Überzeugungen, Hass und Liebe, Krieg und Frieden, Bauen und Niederreißen, Zerreißen und Zusammennähen, Geborenwerden und Sterben.

Alles das gehört zu diesem Lebensspiel, es ist aber nicht mein Besitz, und es darf mich nicht besetzen. Es soll mir lediglich helfen, mich selbst zu erkennen, zu wachsen und zu reifen.

Wir sind also zum Spielen aufgerufen. Spielen aber geschieht immer in Beziehung. Wenn ich einen Spielzug mache, dann geschieht auch ein Gegenzug, auch der andere zieht. Die Situation verwandelt sich ständig. Das formt, motiviert, aktiviert und verwandelt. Spielen bringt zuweilen in Bedrängnis, manchmal sogar in die Zwickmühle, aber auch das gehört zum Spiel. Man braucht sich auch nicht über einen guten Zug des Spielgefährten zu ärgern. Er sollte mich lediglich provozieren, denn er bringt mich weiter. Manchmal muss ich etwas opfern, um etwas Größeres zu gewinnen.

Der Weg ist das Ziel. Der Weg, der uns all das bringt, was wir in der Lesung gehört haben, ist bereits das Ziel. In alledem, ob wir es nun gut oder schlecht nennen, offenbart sich die Urwirklichkeit Gott. Das Leben liegt im Augenblick. Gott ist nur im Augenblick zu erfahren. Alles hat seine Zeit, und in allem offenbart sich Gott.

Endzeit
(Mk 13,24 ff.)

Weltuntergang. Was sollen wir mit diesem Evangelium anfangen? Dass wir es nicht wörtlich nehmen dürfen, sollten wir wissen. Es handelt sich um eine mythische Aussage. Was ist das? Wir sollten es auf unsere Subjektebene zu heben versuchen, d. h., wir sollten uns fragen: Welche Horizonte müssen in uns selber fallen? Was muss in uns untergehen, welche Sonne muss sich in uns verdunkeln, welche Sterne müssen in uns vom Himmel fallen, damit das Göttliche, das immer da ist, in uns aufscheinen kann? Das aber heißt nichts anderes, als die Vollendung in uns selbst zu erkennen und zu erfahren.

Es geht also wesentlich um einen inneren Vorgang hier und jetzt, nicht um etwas historisch Zukünftiges. Wir sollen heraustreten aus der überkommenen Bewusstseinsverengung. Jesus hat für dieses Heraustreten das Wort „Metanoia" gebraucht, das heißt Umkehr. Er hat auch das Wort „Wiedergeburt" benützt. Das hat natürlich nichts mit einer leiblichen Wiedergeburt zu tun, sondern mit der Erweiterung unserer Bewusstseins durch die Dimension des Göttlichen.

Eigentlich sind wir immer in dieser Dimension. Das Göttliche ist unsere wahre Natur. Was wir Gott nennen – als das Hier und Jetzt, als unser oft so bizarr verlaufendes Leben zu erfahren –, ist die Frucht einer tiefen Erfahrung. Es dauert lange, bis wir das Göttliche auch als unsere dunklen und leidvollen Stunden erfahren. Gott ist auch da, wo wir meinen, unsere persönliche Welt gehe unter. Gott ist auch der Untergang, er ist auch das Sterben. Er stirbt in uns als Mensch. Er stirbt in einem lieben Menschen. Er ist es, was da anscheinend vernichtet wird.

Das Geborenwerden betrachten wir als freudiges Ereignis. Im Untergang sehen wir eine Katastrophe. Es dauert lange, bis wir erkennen, dass Gott auch die Katastrophe ist, die Katastrophe in unserem persönlichen Leben und die Katastrophe im Kosmos. Das zu erfahren und zu erkennen wäre unsere Metanoia. Dass Gott Auferstehung ist, fällt uns leicht zu glauben, dass er auch der Weltuntergang ist, können wir nicht verstehen. Aber eine Erleuchtungserfahrung ist genau das, nämlich das Göttliche als Kommen und Gehen zu erfahren. Gott ist nicht *in* dem, was kommt und geht, er ist das, *was* da kommt und geht. Er erscheint nicht *in* unserem Leben, sondern *als* unser Leben.

Die Esoterik kennt keine Absicherung, es gibt keinen Bezugspunkt außer dem Augenblick. Das ist dem Ich nicht besonders willkommen. Das Bedürfnis nach einem festen Himmel und ewiger Dauer ist vom Standpunkt der Esoterik aus ein kindliches, unerwachtes Bedürfnis. Es ist unnötig, sich um Wiedergeburt Sorgen zu machen. Hier erleben wir Ewigkeit, wenn wir in unser wahres Selbst schauen können. Denn dies kennt weder Geborenwerden noch Sterben.

Wir sitzen wie in einem Aquarium und meinen, dass an der Glaswand der Kosmos zu Ende sei. Und dann sind wir frustriert und deprimiert, weil diese Enge keinen Sinn macht. Wir besitzen chronische Abwehrmechanismen, die uns hindern, aus dem Aquarium hinauszuschwimmen ins offene Meer. Das ist die Ursünde. Wir wissen nicht, wir wissen noch nicht, wer wir wirklich sind. Wir erfahren noch nicht, dass sich das Göttliche in uns als Mensch und im Baum als Baum und im Tier als Tier offenbart. Und darum machen wir alle die Dummheiten, die wir Sünde nennen.

Wir halten uns für eingeschlossen in eine Miniwelt. Wir kehren an der Glasscheibe des Aquariums um und merken nicht, dass sie nur unser Ich aufbaut, dass sie in Wirklichkeit gar nicht besteht. Drinnen in diesem Aquarium herrscht Angst, die Angst, dieses kleine Leben könnte einmal zu Ende gehen. Diese Miniwelt muss untergehen, sagt Jesus, damit die Welt Gottes aufgehen kann. Die falschen Sterne, an die wir uns klammern, von denen wir die Erfüllung unseres Lebens erwarten, müssen vom Himmel fallen. Die falsche Sonne unseres kleinen Ich muss sich verdunkeln. Wir gehen dabei durch persönliche Ängste und Nöte, durch Beziehungsschwierigkeiten und Arbeitslosigkeit, durch gesellschaftliche und politische Umwälzungen. Darin die Offenbarung des Reiches Gottes, wie Jesus diese andere Dimension auch nennt, zu erkennen, fällt uns schwer. Den Weltuntergang als Manifestation des Göttlichen zu sehen ist für den Verstand unmöglich. Aber Gott offenbart sich *als* Geborenwerden und *als* Sterben. Er offenbart sich als Weltaufgang und als Weltuntergang. Gott offenbart sich als Kommen und Gehen, als Entstehen und Vergehen.

Der Menschensohn wird in Macht und Herrlichkeit kommen. Darunter verstehe ich nicht die Rückkehr eines historischen Jesus, sondern das Erscheinen des wahren Menschen in uns, das Aufbrechen des Göttlichen in uns, das wir in der christlichen Sprache die Kindschaft Gottes nennen. Der neue Himmel und die neue Erde sind nicht Plätze irgendwo im Weltenraum. Sie sind hier und jetzt, es ist unser Leben. Und nur, wenn wir dieses Leben, wie es ist, segnen, werden wir merken, dass die Glasscheiben des Aquariums nie existierten.

Diese Generation wird nicht vergehen, bis das alles eintrifft. Das hat nichts mit Zeit zu tun. Die Wiederkunft Christi ist eine zeitlose Erscheinung. Der Menschensohn, der neue Mensch, der göttliche Mensch ist schon da, es ist unsere Berufung, ihn zu erkennen.

Und was hat das alles mit diesem Gottesdienst zu tun? Hier feiern wir den gekommenen Menschensohn und die gekommene Menschentochter. Hier feiern wir, was wir wirklich sind und noch nicht erkennen. Hier feiern wir den neuen Himmel und die neue Erde und den neuen Menschen. Hier feiern wir das Göttliche, das nicht nur alle Universen durchdringt, sondern das sich in allen Universen manifestiert, als Aufgang und als Untergang. Wir sind nicht diese armseligen Fische, die immer wieder stumpfsinnig an die Glaswand des Aquariums stoßen müssen. Wir sind mit allem durch dieses göttliche Leben verbunden, ob wir das erkennen oder nicht. Hier und jetzt feiern wir es.

Das Neue Jerusalem
(Off 21,1 ff.)

Religion drückt sich in Bildern, Parabeln und Mythen aus. Abstrakte Lehrsätze sind eine Erfindung der Ratio und führen im Grunde nicht weit genug. Vielen fällt es nicht leicht, dieses angeblich so feste Fundament der Ratio zu verlassen und sich einer tieferen Erfahrung anzuvertrauen. Im Westen ist die Ratio zur obersten Instanz für das Erfassen von Wirklichkeit geworden. Wir meinen, alles mit der Ratio begreifen zu können. Aber hinter der Ratio liegt noch einmal eine andere und sehr viel umfassendere Dimension des Begreifens.

Der Text, den ich jetzt lese, versucht, uns hinter das rationale Begreifen zu führen. Dafür werden uns zwei Bilder ins Bewusstsein gerufen: Das Neue Jerusalem und das Zelt Gottes unter den Menschen. Es ist ein Bild für einen Bewusstseinsstand, kein Ort. Dieser Bewusstseinsstand kann hier und jetzt eintreten. In der Schrift wird dieser Bewusstseinsstand auch ewiges Leben genannt oder Reich Gottes. Es ist nicht etwas Kommendes. Es ist hier und jetzt. Nur eine Erkenntnisschranke trennt uns davon. Wenn wir diese durchschreiten können, erfahren wir, dass wir den göttlichen Funken in uns tragen, von dem alle Religionen sprechen. In diesem Bewusstseinsstand offenbaren „Tränen" und Freuden die Herrlichkeit Gottes.

Es wird keinen Tod mehr geben. Wer das Leben in seiner Tiefe erfährt, weiß, dass Geborenwerden und Sterben der Vollzug des Göttlichen sind. Er erfährt Einheit mit dem Leben. Er wohnt im Neuen Jerusalem. Das Neue Jerusalem ist nicht ein Ort, sondern die Erfahrung des Göttlichen hier und jetzt. Das soll uns auch das Bild vom „Zelt Gottes unter den Menschen" sagen. Das Bild des Zeltes stammt aus der Vorstellung der Nomaden. Die Bilder unseres Innern gehen weit zurück in die menschliche Vergangenheit. Es sind archetypische Bilder. Das Zelt ist die Behausung der Nomaden, ihr Daheim. Das Göttliche kann als unser Daheim erfahren werden, als unsere wahre Natur. Gott ist daheim bei uns, und wir sind daheim bei Gott. Da gibt es kein Klagegeschrei mehr. Denn der Tod wird als Übergang in eine neue Existenzform verstanden. Er ist der große Verwandler. Das, was an uns göttlich und ewig ist, bleibt in allen Existenzformen gleich.

Was hat das mit diesem Ritual zu tun, das wir hier feiern, mit der Eucharistie? Wir feiern unseren Hinübergang in die neue Existenz, die wir Christen Auferstehung nennen. Wir feiern in der Eucharistie *unsere* Auferstehung. Wir feiern diese neue Wirklichkeit, obwohl sie uns oft so ganz fern zu sein scheint. Wir glauben daran, und indem wir daran glauben, erhalten wir Motivation für unseren Weg, der uns in die Erfahrung dieser Wirklichkeit führen soll.

Jesus Christus ist der Typus, an dem wir unseren eigenen Weg erkennen. Er ist durch Leid und Tod hinübergegangen in die Auferstehung. Genau das wird auch uns beschieden sein. Wir feiern, was wir zutiefst schon sind, aber nicht erfahren. Wir wohnen schon in diesem Neuen Jerusalem. Der Punkt Omega ist nicht zeitlich von uns entfernt, sondern nur erfahrungsmäßig. Der neue Himmel und die neue Erde sind schon da. Das Zelt Gottes ist mitten unter uns.

Wir sind hier, um etwas davon zu erfahren. Im Ritual, das wir hier feiern, wecken wir ein ruhendes Potential. Wir wecken Kräfte, indem wir nichts anderes tun, als Worte, Schritte, Gesten und Laute zu wiederholen. Immer das gleiche Zeichen, das gleiche Wort, der gleiche Ton, die gleiche Bewegung. Dadurch wird eine Tiefenkraft in uns freigesetzt. Es sind heilige, heilende, heilmachende Gesten, Töne, Bilder, die unserem manchmal ungeordneten Inneren eine bestimmte Richtung geben. Sie verwandeln uns in eine neue Ordnung. Es geht dabei nicht um ein rationales Erfassen. Wir öffnen uns dadurch für eine Kraft, die immer in unserer Mitte da ist. Sie ist nicht nur in uns da, sie ist der Seinsgrund all dessen, was da ist. Diese Kraft feiern wir hier und jetzt.

Nachwort

Am Schluss möchte ich danken. Vor allem Prof. Peter Lengsfeld, der sich die Mühe machte, die Ansprachen zu ordnen und in einem Vorwort auf die Intention der Ansprachen hinzuweisen. Dankbar bin ich auch Frau Lilo Eckstein, die sich die Mühe machte, die Korrekturen zu lesen. – Was den Inhalt der Ansprachen betrifft, so haben mich viele angeregt. Ich bitte um Verzeihung, wenn ich die Quellen nur mangelhaft zitiert habe. Die Ausführungen zum Markusevangelium und Matthäusevangelium von Eugen Drewermann und die Bücher von Christa Mulack gaben mir oft Anregung für meine Ausführungen.

Es sind viele Worte über das gemacht worden, was man in Worte nicht fassen kann. Der alte Spruch mag manchen in den Sinn kommen: „Wer redet, weiß nicht, und wer weiß, redet nicht". Aber Sprache ist das Instrument der Vermittlung unter Menschen. Immer wieder kam mir beim Schreiben das Wort aus der Tora in den Sinn: „Wir können das Werk nicht vollenden, aber wir können uns ihm auch nicht entziehen."

Die Ergebnisse der Bibelkritik, von der Kirche lange verschwiegen, werden heute auch unter den Gläubigen bekannt. Beiträge erscheinen in der Boulevard-Presse und jedermann kann sie nachlesen. Viele sind irritiert. Die einen reagieren darauf mit Ablehnung des Christentums und treten aus der Kirche aus, die anderen flüchten sich in einen fatalen Fundamentalismus. Dieses Buch nimmt die Bibel nicht als historisches Buch, sondern als Heilsgeschichte. Die Erzählungen, Mythen, Geschichten, Sagen, Legenden, Märchen und Novellen wollen nicht berichten, wie es wirklich war. Mythische Weltsicht, mythische Rede, symbolische Sprache versuchen in urmenschlichen Bildern eine Sinn-Deutung des Menschen und der Welt. Sie sind zeitlos und müssen für jede Zeit neu ausgedeutet werden.

Die Deutung kann verschieden sein. Ich versuche eine Deutung aus der *Erfahrung* der Wirklichkeit, die wir Abendländer Gott nennen. Die Erkenntnisse der Naturwissenschaft wie auch die der Psychologie führten zu einer ganz neuen Anthropologie, und die Astrophysik verweist Erde und Mensch an einen absolut unbedeutenden Rand des Kosmos. Wir sind an einer Grenze angelangt, die ein rationales Begreifen des Universums zutiefst erschüttert. Gleichzeitig entdeckt die Transpersonale Psychologie Bewusstseinsräume, aus denen uns Menschen ganz neue Erkenntnisse über uns und die Welt zuwachsen. Wir werden deutlich auf das verwiesen, was wir Transzendenz nennen. Der Kosmos und unsere menschliche Existenz lassen sich aus der Ratio allein nicht erklären. Die Evolution scheint uns in transpersonalen Bewusstseinsräumen neue Möglichkeiten des Verstehens zu erschließen. Es sind Räume, die der Mystik seit Jahrtausenden bekannt sind. Alle Religionen entwickelten Wege, um das zu *erfahren*, was in den Heiligen Büchern ausgesagt wird. Es sind die mystischen Wege, wie sie auch den

Christen bekannt sind. Aus dieser mystischen Sicht und Erfahrung will das vorliegende Buch verstanden werden und so Deutung und Lebenshilfe geben.

Mit Eckehart, der einmal eine Predigt mit dem folgenden Text schloss, möchte ich das Buch beenden. „Wer diese Predigt verstanden hat, dem vergönne ich sie wohl. Wäre hier niemand gewesen, ich hätte sie diesem Opferstocke predigen müssen. Es gibt manche arme Leute, die kehren wieder heim und sagen: „Ich will an einem Ort sitzen und mein Brot verzehren und Gott dienen!" Ich (aber) sage bei der ewigen Wahrheit, diese Leute müssen verirrt bleiben und können niemals erlangen noch erringen, was die anderen erlangen, die Gott nachfolgen in Armut und in Fremde. Amen." (Predigt 26)

Anmerkungen

1) Ken Wilber, Der glaubende Mensch, Goldmann TB 14042, S. 129 (Die Zusätze in Klammern sind von mir, W. J.).
2) Zitate aus dem Werk Meister Eckeharts werden auf diese abgekürzte Weise gekennzeichnet, gemeint ist die Ausgabe von J. Quint, Deutsche Predigten und Traktate, München [5]1978.
3) Joh. v. Kreuz, Empor den Karmelberg, übertr. von Oda Schneider, Einsiedeln-Trier, [4]1989, S. 86 f.
4) Hadewijch v. Antwerpen, (Manuskript von) Odette Baumer-Despeigne, 1988, S. 16, 20.
5) F. Pfeiffer, Meister Eckehart, Aalen – München 1990, S.183,14.
6) Platon, Sämtliche Werke, Bd. I (= Rowohlts Klassiker), S 131.
7) J. G. Jung, Gesammelte Werke, 11. Bd., Zürich 1963, S. 362.
8) Dionysius Areopagita, Ich schaue Gott im Schweigen, Herder TB 1221, Freiburg 1985, S. 69.
9) Capra F., Steindl-Rast D., Wendezeit, S. 166.
10) Kabir, Im Garten der Gottesliebe, Hermes Verlag Heidelberg, 1984, S. 63.
11) Zitiert bei R. Manstetten, Esse est Deus, Freiburg 1993, S. 508.
12) S. Grof, Spirituelle Krisen, München 1990, S. 13.
13) Kabir, a.a.O. S. 1.
14) Zitiert bei Schuré E., Die großen Eingeweihten, Bern 1986, S. 83 f.
15) Erinnerungen, Träume, Gedanken von C. G. Jung, hgg. von Aniela Jaffé, Olten-Freiburg [10]1979, S. 327.
16) Martin Buber, Die Erzählungen der Chassidim, Zürich 1949, S. 534.
17) Rumi, zit. Nach: Nicholson, Rumi, Poet and Mystic, S. 87.
18) Dschelaladdin Rumi, Vierzeiler, Amsterdam 1989, S. 35.
19) Kabir, Im Garten der Gottesliebe, Hermes Verlag Heidelberg 1984, S. 14.
20) Zitiert nach Hildegunde Wöller, Ein Traum von Christus, Stuttgart 1987, S. 54.
21) K. Dietzfelbinger, Apokryphe Evangelien aus Nag Hammadi, Andechs 1988, Das Evangelium nach Thomas, S. 192–221, Ziff 3, 50 und 51.
22) Vgl. dazu: Jürg Willi, Ko-evolution, Hamburg 1987.
23) Vgl. Newsweek vom 4. 4. 1994.
24) Kabir, Im Garten der Gottesliebe, Heidelberg 1984, S. 1.
25) Dschalaluddin Rumi, Vierzeiler, 1989, S. 26.
26) F. Steffensky, Feier des Lebens, Kreuz Verlag Stuttgart 1984, S. 59.
27) Pagels, Elaine, Die Evangelien, Insel Verlag, Frankfurt 1984. Vgl. auch K. Dietzfelbinger, Apokryphe Evangelien aus Nag Hammadi, Andechs 1988.
28) C. G. Jung, Gesammelte Werke, Bd. 9, S.18.
29) R. Metzner, Der Brunnen der Erinnerung, S.78.
30) Evagrius Pontikus, Praktikos. Über das Gebet, Münsterschwarzach 1986, S. 97.
31) Bei Metzner, a.a.O. S. 79.
32) N. Brantschen, Fasten, Lausanne 1987, S. 65.
33) K. Yamada, Die torlose Schranke. Mumonkan, München 1989, S. 170.
34) Dôgen Zenji, Shôbôgenzô Bd. I, Theseus-Verlag Zürich 1975, S. 44 f.
35) Peck M. S., The road less travelled, London 1990, S. 74
36) Annemarie Schimmel, Rumi, Köln 1978, S. 76.
37) Joh. v. Kreuz, Empor den Karmelberg, übertr. von Oda Schneider, Einsiedeln-Trier, [4]1989, S. 86 f.
38) B. Griffiths, Die Hochzeit von Ost und West. Hoffnung für die Menschheit, Salzburg 1984, S. 8.
39) M. Porete, Der Spiegel der einfachen Seelen (übers. v. Louise Gnädinger), Artemis Verlag Zürich u. München, 1987, S. 109.
40) Zitiert nach Baumer-Despeigne, Hadewijch v. Antwerpen.
41) Die Innere Burg, Herausgegeben und übersetzt von Fritz Vogelsang.

[42]) Vgl. bei K. Dietzfelbinger, Apokryphe Evangelien aus Nag Hammadi, Andechs 1988, 192–220.
[43]) aus: Der Hymnus Christi, Neutest. Apokryphen, 1. Johannesakten, nach Pulver M., in: ERANOS-Jahrbuch 1942, S. 144–177.
[44]) Text bei K. Dietzfelbinger, Apokryphe Evangelien aus Nag Hammadi, Andechs 1988, 192–220.
[45]) Kabir, Im Garten der Gottesliebe , Heidelberg 1984, S.32.
[46]) Schimmel A., Die mystische Dimension des Islam, München 1985 S. 272.
[47]) Sogyal R., Das Tibetische Buch vom Leben und Sterben, Barth Verlag 1993, S. 191.
[48]) Zitiert nach Kornfield J., A Path with Heart, Bantam Book 1993, S. 313.
[49]) Vers zu Fall 45. Vgl. Kôun Yamada, Die torlose Schranke. Mumonkan, München 1989, S. 237.
[50]) So bei Nicholsen, Rumi – Poet and Mystic, S. 87.
[51]) K. Wilber, Mut und Gnade, Scherz Verlag 1992, S. 276 f.
[52]) Christa Mulack, Im Anfang war die Weisheit, Kreuz Verlag, Stuttgart 1988, S. 76.
[53]) Gertrud v. Le Fort, Die ewige Frau, Kösel Verlag, München 1962, S. 21.
[54]) Vgl. K. Dietzfelbinger, Apokryphe Evanglien aus Nag Hammadi, Andechs 1988, S. 258 ff.
[55]) Vgl. dazu: Jürg Willi, Ko-evolution, Hamburg 1987.
[56]) Zitiert bei K Ruh, Meister Eckhart, Theologe, Prediger, Mystiker, München 1985, S. 35.
[57]) Sogyal Rinpoche, Das Tibetische Buch vom Leben und vom Sterben, München 1994, S. 124 ff. Vgl. zum Ganzen auch: H. Küng, Menschenwürdig sterben, München 1995.
[58]) F. Pfeiffer, Meister Eckehart, Aalen, München 1990, S. 183, 14.
[59]) Wenn ich das Wort Gott gebrauche, hat es immer diese umfassende Bedeutung
[60]) Text bei: Dionysius Areopagita, Ich schaue Gott im Schweigen, Herder TB 1221, Freiburg 1985, S. 69.
[61]) Evagrius Pontikus, Praktikos, Über das Gebet, Münsterschwarzach 1986, S. 16.

Literaturhinweise

Die Zitate von Eckehart sind zumeist der folgenden Ausgabe entnommen:
Quint J., *Meister Eckehart*, München 1977

Angelus Silesius, *Der cherubinische Wandersmann*, Diogenes TB 20644.
Apokryphe Evangelien aus *Nag Hammadi,* Andechs 1988.
Ausländer R., *Wieder ein Tag aus Glut und Wind*, Frankfurt 1986.

Baumer-Despeigne, *Hadewijch v. Antwerpen*, Copr.: Bannhalde 25, CH-8500 Frauenfeld.
Bonaventura, *Itinerarium*, München 1961.
Buber M., *Die Erzählungen der Chassidim,* Zürich 1949.

Capra F.; Steindl-Rast D., *Wendezeit im Christentum*, München 1991.
Cassian, *Collationes*, in: Cassianus Johannes, *Spannkraft der Seele*, Freiburg 1985.

Drewermann E., *Tiefenpsychologie und Exegese*, Bd. II, Olten 1984.
Drewermann E., *Das Matthäusevangelium, Olten 1989.*
Drewermann E., *Das Markusevangelium, Solothurn 1993.*
Dürr H. (Hrsg.), *Physik und Transzendenz*, Bern 1986.

Esser W., *Philosophische Gottsuche*, München 2002.
Evagrius P., *Praktikos. Über das Gebet*, Münsterschwarzach 1986.

Ganoczy A., *Suche nach Gott auf den Wegen der Natur*, Düsseldorf 1992.
Ganoczy, A., *Chaos-Zufall-Schöpfungsglaube*, Mainz 1995.
Gebser P., *Einbruch der Zeit*, Schaffhausen 1995.
Görg M., *Mythos, Glaube und Geschichte*, Düsseldorf 1998.
Görg M., *Nilgans und Heiliger Geist*, Düsseldorf 1997.

Gregor d. Große, *Der heilige Benedikt*, Band II der Dialoge, St. Ottilien 1995.
Griffiths Bede, *Die Hochzeit von Ost und West*, Salzburg 1984.
Grof S., *Spirituelle Krisen*, München 1990.
Grün, Anselm, *Spiritualität von Unten*, Viertürme-Verlag Nr. 82.

Haak E., *Christus oder Buddha?*, Schwerin 1898.
Halladsch, *Texte zum Nachdenken*, Herder TB 1240.
Hollenweger W., *Geist und Materie*, München 1988.

Jäger W., *Kontemplation*, Salzburg 1982.
Jäger W. (Hrsg.), *Gehe den inneren Weg*, Freiburg 1999.
Johannes v. Kreuz, *Sämtliche Werke*, Einsiedeln 1977.
Jung C. G. *Gesammelte Werke*, 11. Bd., Zürich 1963.
Jung C. G., *Gesammelte Werke*, 9. Bd. 2. Halbband, Olten 1976.

Kabir, *Im Garten der Liebe*, Heidelberg 1984.
Keating T., *Das Gebet der Sammlung*, Münsterschwarzach 1987.
Kornfield J., *A Path with Heart*, Bantam Book 1993.
Küng H., *Credo*, München 1992.

Le Saux H., *Das Feuer der Weisheit*, Wien 1979.

Manstetten R., *Esse est Deus*, Freiburg 1993.
Mieth D., *Meister Eckehart*, Olten 1979.
Mulack C., *Maria, die geheime Göttin im Christentum*, Stuttgart 1985.
Mumonkan, Yamada K., *Gateless gate*, Los Angeles 1979.

Needleman J., *Lost Christianity*, San Francisco 1980.
Nikolaus von Kues, *Philosophisch – theologische Schriften*, Bd. III, Wien 1982.

Ornstein R., *Psychologie des Bewußtseins*, Fischer TB 6317.
Otto R., *Das Heilige*, München 1991.

Painadath, in: *Christ in der Gegenwart*, Nr. 47, Freiburg.
Peck S., *The road less travelled*, London 1990.
Pfeiffer F., *Meister Eckehart*, Aalen, München 1990.
Porete M., *Der Spiegel der einfachen Seele*, Zürich 1987.
Publik Forum Nr. 15, Jahrgang 22, 2/2003.

Quitton J. & Bogdanov G., *Gott und die Wissenschaft*, Artemis & Winkler 1991.

Ruh K., *Meister Eckhart*, München 1985.
Rumi D., *Vierzeiler*, Amsterdam 1989.

Schimmel A., (Hrsg.), *Rumi*, Köln 1982.
Schimmel A., *Die mystische Dimension des Islam*, München 1985.
Schimmel A., *Rumi*, Friedrichs Gelbe Reihe 1982, S. 198.
Schmidt-Leukel, *Den Löwen brüllen hören*, Paderborn 1992.
Schubart W., *Religion und Eros*, München1978.
Sloterdijk P., *Weltrevolution der Seele*, Zürich 1993.
Sloterdijk P., *Mystische Zeugnisse*, DG 100.
Sogyal Rinproche, *Das tibetische Buch vom Leben und vom Sterben*, München 1994.
Steindl-Rast D., *Die Achtsamkeit des Herzens*, Darmstadt 1988.

Tart Ch., *Transpersonale Psychologie*, Olten 1978.
Tauler J., *Predigten, Band I und II*, Einsiedeln 1979.
Time Magazin 15. II. 93, S. 54.

Wilber K., *Der glaubende Mensch*, Goldmann TB 14042.
Wilber K., *Mut und Gnade*, München 1992.
Wilber, K. (Hrsg.), *Das holographische Weltbild*, Bern 1986.
Writtings from the Philokalia, Faber and Faber, London 1979.

Zukav G., *Die tanzenden Wu Li Meister*, Hamburg 1997.

Der Benediktushof – Zentrum für spirituelle Wege

Spirituelle Leitung: Willigis Jäger

- Der Benediktushof steht für eine Spiritualität, die auf die Fragen des heutigen Menschen Antwort geben will, indem sie ihm Erfahrungsräume öffnet, die ihm helfen können, die eigenen Probleme und die Probleme der Zeit durch eine Deutung des Daseins aus der Erfahrung zu meistern.
- Der Benediktushof vermittelt eine integrale Spiritualität. Er ist keine konfessionsgebundene Institution, sondern ein Haus, das allen spirituell Suchenden eine Heimat bieten möchte. Er ist offen für alle, die auf der Suche nach dem Wesenskern im persönlichen Leben und im kosmischen Geschehen sind.
- Der Benediktushof versteht sich vor allem auch als Begegnungsstätte für junge Menschen. Er möchte ihrer Sehnsucht nach Transzendenz Richtung und Erfüllung geben. Alle, die eine Einführung und Begleitung auf einem spirituellen Weg suchen, sind eingeladen.
- Der Benediktushof ist die lokale Mitte einer Weggemeinschaft. Ihr tragendes Element ist Mitgefühl und Liebe, die aus der Erfahrung eines umfassenderen Bewusstseins erwachsen.
- Die Menschen der Zukunft werden Erwachte sein, oder sie werden nicht mehr sein. Die mystische Erfahrung wird sie einen. Menschen aller Religionen und Suchende außerhalb der Religionen sind daher im Benediktushof willkommen.

Weitere Bücher aus dem Verlag Via Nova:

Suche nach dem Sinn des Lebens

Willigis Jäger

272 Seiten, Paperback, Award-Preis in den USA **6. Auflage**
ISBN 3-928632-03-5

Alle wichtigen Themen des spirituellen Lebens werden von dem Zenmeister Pater Willigis Jäger in diesem Buch grundlegend behandelt und in Bezug gesetzt zur christlichen Mystik, aber auch zu den großen Traditionen der esoterischen Wege anderer Religionen, zu den Ergebnissen moderner Naturwissenschaft und zu den Erkenntnissen der transpersonalen Psychologie. Die psychologischen Aspekte des inneren Weges, seine Tiefenstrukturen und Stadien, der Umgang mit den Gefühlen und die Verwandlung des Schattens werden eingehend beschrieben. In diesem Buch geht es um den inneren Weg der christlichen Religion, um einen Bewusstseinswandel in der Gleichgestaltung mit Christus, um eine neue – von innen geprägte – Ethik, die Verantwortung für die Mitwelt übernimmt. Das Buch befreit zu einem sinnerfüllten Leben; motiviert, den inneren Weg zu gehen, provoziert zu einem neuen Denken und Handeln und tröstet in dunklen Stunden.

Suche nach der Wahrheit

Wege – Hoffnungen – Lösungen

Willigis Jäger **3. Auflage**

232 Seiten, Broschur – ISBN 3-928632-41-8

Spirituelle Weisungen aus der Sicht des Mystikers

Wer bin ich? Woher komme ich? Warum bin ich? Welcher Weg führt zur Wahrheit? Welches Leben eröffnet Sinn? Nur in der Tiefe unseres Seins gibt es eine wahre Antwort auf diese bohrenden Fragen. Um sich dieser Wahrheit zu nähern, wurde dieses Buch geschrieben. Der Verfasser begleitet den Leser auf der Suche nach der Wahrheit. Alle wichtigen Themen des spirituellen Lebens werden behandelt und zur christlichen Mystik, zu den Erkenntnissen der Naturwissenschaften und der Transpersonalen Psychologie in Bezug gesetzt. Ein spiritueller Meister unserer Zeit hat den Mut, grundlegende Glaubensinhalte des Christentums aus der Sicht des Mystikers neu zu interpretieren. Er will die Erkenntnis vermitteln, dass allein die religiöse Erfahrung zu den Quellen der Religion führen und so mithelfen kann, dass das kommende „Jahrhundert der Metaphysik" für alle Religionen eine Zeit der Regeneration wird.

Das immerwährende Jetzt

Bericht über eine spirituelle Reise nach innen mit Willigs Jäger

Ingeborg Hesse-Nowak

112 Seiten, Paperback – ISBN 3-936486-22-0

Das Buch *„Das immerwährende Jetzt"* von Ingeborg Hesse-Nowak ist der Erfahrungsbericht einer äußeren und inneren Reise. Die Autorin meint damit einen Lebensweg mit Stationen, die auf der Landkarte zu finden sind (Schwarzwald, Mexiko, Indien, Würzburg) und zugleich Wegmarken einer Suche und inneren Entwicklung darstellen, die mit den Namen von Martin Heidegger, Dethlefsen, Sai Baba und Willigis Jäger verbunden sind. Letztgenannter wurde schließlich ihr spiritueller Lehrer und Begleiter auf dem Weg nach innen. Es war alles andere als ein einfacher Weg, vielmehr ein Weg mit strahlenden Gipfel-Erlebnissen und dunklen Schluchten. Die Verfasserin beschreibt diesen Weg nach innen, in die Stille, in die Erfahrung des Göttlichen. Sie will ihre Leser ermutigen, diesen Weg gegen alle Zweifel, Nöte sowie inneren und äußeren Widerstände zu gehen. „Dann ist unsere Welt hell, und das Geheimnis des Lebens entfaltet sich in und durch uns."

Die Vision vom göttlichen Menschen

Eine spirituelle Weg-Begleitung in das neue Jahrtausend

Barbara Schenkbier

424 Seiten, Paperback, 21 ganzseitige Bilder – ISBN 3-928632-68-X

Prachtband: 424 Seiten, geb., Einband Kunstleder mit Goldaufdruck, 21 ganzseitige Bilder, Zweifarbendruck – ISBN 3-928632-18-3

Das Buch ist ein umfassendes Standardwerk, das den Durchbruch einer neuen Evolutionsstufe im Bewusstsein des Menschen vorbereiten hilft. Aufbauend auf wissenschaftlichen Erkenntnissen und der mystischen Tradition aller Religionen führt es zu einem tieferen Wissen über das menschliche Bewusstsein, um dann den Weg zum göttlichen Menschen zu beleuchten. Alle wichtigen Schritte werden beschrieben, wesentliche Übungen aus einer neuen Sicht heraus dargestellt und die Transformationsstufe zu einem neuen Bewusstsein geschildert. Beim Lesen und Anwenden der beschriebenen Wahrheiten eröffnet sich dem Leser eine neue Sicht auf den Sinn des Lebens. Alle, die den geistigen Weg beschreiten, werden ihn besser verstehen, ihn bewusster, mutiger und konsequenter weitergehen. Das Buch ist aus der eigenen spirituellen Erfahrung der Autorin heraus geschrieben und eröffnet den Blick in eine Zukunft, die die evolutionäre Schöpferkraft selbst schaffen wird.

You can change the world

Wie kann ich die Welt verändern?

Anleitung zum persönlichen Handeln

Ervin Laszlo

168 Seiten, Hardcover – ISBN 3-936486-23-9

Mit diesem Buch will Ervin Laszlo als Präsident des Club of Budapest einen praktischen Leitfaden anbieten für alle jene Menschen, die einen ganz persönlichen Beitrag zu einer besseren Welt leisten möchten. Es ist ein Leitfaden, der das Denken und Handeln miteinander verbindet. Er reicht von der Frage, welche ethischen Werte der Realität einer zusammengewachsenen Menschheit gerecht werden können, bis zu der Frage, mit welchen Gedanken, Haltungen und Handlungen wir zu aktiven und wirkungsvollen Mitgestaltern unseres gemeinsamen Schicksals auf dieser einen Erde werden können. Ein im doppelten Wortsinne notwendiger und überaus ermutigender Leitfaden aus der Ohnmacht heraus. Im Anhang finden sich ferner die beiden vielleicht wichtigsten Ethik-Dokumente der Gegenwart: die Erd-Charta sowie die Weltethos-Erklärung. „Lesen Sie dieses Buch und denken Sie darüber nach. Dies ist wichtig für Sie, für Ihre Familie, für Ihre Kinder und Enkel, für Ihre Freunde, für jeden um Sie herum." Michail Gorbatschow

Das Vaterunser

Ein Weg für die persönliche und die globale Transformation

C. G. Weeramantry

272 Seiten, Paperback – ISBN 3-928632-63-9

Dieses Buch ist eine zupackende Darstellung richtungsweisender Lebensregeln und zugleich eine Antwort, wie in einer Zeit ohne verbindliche Orientierung religiöse – und das heißt für den Autor: in allen Kulturen wirkende – Prinzipien und Werte im praktischen, alltäglichen Leben und auf dem Gebiet der Rechtsprechung verwirklicht werden können. Im christlichen Kulturkreis sind diese in allen Weltreligionen gültigen Prinzipien besonders prägnant im Vaterunser zusammengefasst. Es ist faszinierend, dem Autor zu folgen, wie er in diesem logisch-sachlich aufgebauten Werk zeigt, dass das Vaterunser nicht nur **das** Gebet des Christentums ist, sondern zugleich auch eine unerschöpfliche Schatzkammer an allgemein menschlichen und juristisch fassbaren Regeln und Rechten enthält. Ziel des Autors ist es, die hohen und zugleich einfachen Prinzipien des Vaterunsers in Regeln praktischen Verhaltens umzusetzen.

50 Wege, loszulassen und glücklich zu sein

3. erweiterte Auflage

Wegweiser, Vergangenes loszulassen und glücklich in der Gegenwart zu leben

Chuck Spezzano

192 Seiten, Hardcover – ISBN 3-936486-20-4

Dieses Buch des weltweit bekannten Lebenslehrers Chuck Spezzano – eine erweiterte Neuauflage von „Glücklichsein ist die beste Vergeltung" – ist ein wichtiger Wegweiser für alle, die einen Ausweg aus ihrer Lebenskrise suchen, eine Veränderung in ihrem Leben herbeiführen und eine bessere und glücklichere Gegenwart und Zukunft für sich eröffnen wollen. In kurzen und einprägsamen Lektionen erklärt der Verfasser an vielen Beispielen, wie alte Muster aus der Vergangenheit unser Handeln in der Gegenwart beeinflussen, und macht deutlich, dass wir nur dann wahrhaftig glücklich sein können, wenn wir die Fähigkeit entwickeln, Vergangenes loszulassen. Die Wahrheit seiner Lehren und Prinzipien erweist sich immer wieder in ihrer praktischen Umsetzung im Alltag, ganz gleich, ob die Krise durch den Verlust einer Beziehung, den Tod eines geliebten Menschen oder den Verlust der Gesundheit oder des Arbeitsplatzes ausgelöst wurde. Dieses Buch wird zu einem Ratgeber, Lehrer und weisen Freund werden, der dem Leser jederzeit hilfreich zur Seite steht.

Ken Wilber – Denker aus Passion

Eine Zusammenschau

Frank Visser

312 Seiten, Hardcover – ISBN 3-936486-00-X

Im Werk des Philosophen Ken Wilber gehen alle bedeutenden Themen der großen philosophischen und spirituellen Traditionen der Menschheit eine eindrucksvolle Synthese ein. Wilber ist ein passionierter Sucher nach der Wahrheit und einer der letzten großen Systemphilosophen, der Wissenschaft und Religion, Kunst und Kultur, Ost und West miteinander verbindet und in eine umfassende Perspektive der Evolution stellt. Der Autor dieses Buches zeichnet nicht nur das Entstehen und den Werdegang der Bücher von Wilber auf, er stellt nicht nur das Gesamtwerk des großen Bewusstseinsforschers dar, sondern beleuchtet auch die Geschichte hinter seinen Gedanken und Erkenntnissen. Er beschreibt eindringlich den Lebenslauf von Wilber bis in die Gegenwart, die Motive, die Wilber zur Auswahl seiner Themen veranlasst haben, die intellektuellen und persönlichen Krisen seines Lebens und nicht zuletzt seine persönliche spirituelle Erfahrung. Frank Visser hat Wilber in der Vorbereitungszeit zu diesem Buch einige Male persönlich besucht und ausführliche Interviews mit ihm geführt.

Der mystische Weg zu Christus

Andrew Harvey

304 Seiten, Hardcover – ISBN 3-928632-91-4

In diesem Buch nimmt uns einer der originellsten und berühmtesten religiösen Denker unserer Zeit auf eine Einweihungsreise in das voll erwachsene Christentum mit. Es enhüllt einen Christus, der allen engagierten Christen direkt zugänglich ist und dessen lebendige Botschaft jenseits der Strukturen existiert, die von den Kirchen in seinem Namen geschaffen wurden. Indem er die besten unter den modernen Geschichtsgelehrten und das Zeugnis der größten christlichen Mystiker aller Zeiten verwendet, belebt der Autor und Lehrer Andrew Harvey das revolutionäre Versprechen des frühen Christentums neu und stellt Jesus als den Sohn des Menschen vor: ein von Gott Erfüllter, dessen Ziel die Initiation aller menschlichen Wesen in die Kraft und die Glorie der ihnen innewohnenden Göttlichkeit, der Sturz aller ungerechten Hierarchien und die Verwandlung der Erde in das Königreich Gottes war. Anleitungen und Übungen aus den frühen mystisch-christlichen Traditionen vermitteln lebendige Inspirationen, Christus zu erfahren.

Überwindung der Dunkelheit

Bede Griffiths – ...das Leben des Mystikers und Meisters

Shirley du Boulay

312 Seiten, Paperback – ISBN 3-928632-92-2

In diesem Buch wird die Geschichte eines der größten spirituellen Denker dieses Jahrhunderts, des Benediktinermönchs Bede Griffiths dargestellt. Er besaß ein sehr ausgeprägtes Charisma und wurde als „durchscheinend heilig“ beschrieben. Sein Leben war der ständigen intellektuellen und spirituellen Forschung gewidmet. Seinem tiefen Bedürfnis folgend, „die andere Hälfte meiner Seele zu finden“, ging er 1955 nach Indien, wo er in Shantivanam in Tamil Nadu eine blühende spirituelle Gemeinschaft aufbaute, die später von vielen tausend Menschen besucht wurde. Er glaubte, dass die östlichen und westlichen Religionen sich gegenseitig bereichern können, und er wollte eine christliche Theologie entwickeln, die aus dem Reichtum östlicher Spiritualität schöpfen sollte. Mit zunehmenden Alter wurde Bede Griffiths zu einem Mann tiefgründiger Weisheit und Heiligkeit, der bedingungslose Liebe ausstrahlte. Viele betrachteten ihn als Propheten, als Weisen, als Mystiker und sogar als Heiligen.

Auf halbem Weg zum Gipfel der Erleuchtung

Die Gefahren und Irrtümer verfrühter Ansprüche, erleuchtet zu sein.

Mariana Caplan

272 Seiten, Paperback – ISBN 3-928632-95-7

Welches sind die Maßstäbe für Erleuchtung? Werden wir jemals ganz oben auf dem Gipfel ankommen? Welche Fallen und Krisen erwarten uns auf dem Weg zum Gipfel? Diesen und vielen anderen Fragen ist Mariana Caplan in dem vorliegenden Buch nachgegangen. Zu diesem Zweck studierte sie die Schriften berühmter spiritueller Lehrer aus allen Epochen, unter ihnen Johannes vom Kreuz, Carlos Castaneda, Chogyam Trungpa und viele andere. Des weiteren führte sie viele persönliche Interviews mit bekannten spirituellen Meistern unserer heutigen Zeit. Dieses Buch beschreibt offen alle Fallgruben und Hindernisse, die dem Menschen auf seinem spirituellen Weg begegnen können. Es zeigt uns, wie Macht und Korruption unser Ego verführen, und welche Krisen uns auf unserem Weg erwarten. Zugleich weist es aber auch Wege durch das „Minenfeld" falscher Erleuchtung und zeigt, wie man trotz aller Gefahren auf den richtigen Weg zurückfindet.

Kontemplation und Mystik

48 Seiten, Paperback, zwei Ausgaben: Frühjahr und Herbst

ISSN 1610-2185

Kontemplation und Mystik ist eine **Zeitschrift** zu Praxis und Theorie kontemplativen Lebens. Ihr Anliegen ist, den alten, fast vergessenen christlichen Gebetsweg der Kontemplation wieder bekannt zu machen, der in den Raum mystischer Erfahrungen führt. So möchte diese Zeitschrift all jenen als Forum dienen, die sich der mystischen Tradition verbunden fühlen und konkrete Anregungen und Impulse für den eigenen spirituellen Weg suchen. Damit dient die Zeitschrift dem Dialog sowohl innerhalb der christlichen Tradition sowie zwischen den verschiedenen mystischen Erfahrungswegen der Religionen, als auch den angrenzenden Wissensgebieten und Forschungsfeldern, insbesondere der transpersonalen Psychologie.

Die Beiträge in **„Kontemplation und Mystik“** sind aus der Erfahrung heraus für die Erfahrung transpersonaler, mystischer Bewusstseinsräume geschrieben. Sie berücksichtigen gleichermaßen die mystische Tradition sowie deren Verwirklichung im spirituellen Alltag. So ist diese Zeitschrift ein wichtiger Begleiter auf dem Weg nach innen.